KB265674

건국60년 한국의 역사학과 역사의식

— 잃어버린 역사와 문화를 찾아서 —

건국60년 한국의 역사학과 역사의식

박 석 흥 지음

− 잃어버린 역사와 문화를 찾아서 −

한국학술정보㈜

|서론|

　건국 60년 한국역사학은 중국·일본·북한과의 역사전쟁과 친북자학사학의 도전으로 혼란스럽다. 일제식민사학을 완전히 청산하지 못한 상황에서 고조선·부여·발해·고구려 역사를 중국 변방 지역사라고 주장 하는 중국 동국공정의 도전과, 일제 침략이 한국을 각성시켰다고 주장하는 일본의 오만한 오리엔탈리즘 부활 속에, 친북주체사관 추종 세력들은 북한의 대한민국 60년 역사 폄훼에 동조하고 있어 한국정통사학은 사면초가다. 역사는 민족·국가·조직의 능력과 모순을 포함한 총체를 밝혀 현안을 풀 방법·교훈·새 방향을 제시하는 거울의 기능도 하는 것이다. 그런 역사 해석엔 이견과 논쟁이 있을 수 있지만 그 논쟁은 진실에 바탕을 둔 것이어야 한다. 그러나 이른바 민주화이후 백가쟁명의 논쟁으로 내우외환인 한국역사학은 중국의 동북공정과 일본의 신식민사관의 역사 왜곡은 물론 김영삼·김대중·노무현 정권의 대한민국사 폄훼도 정치적 선전선동을 우선시해서 진실과 거리가 있었다. 거짓 역사가 진실을 가려, 국민의 역사의식이 지금처럼 잘못된 시대는 일찍이 없었다. 김대중·노무현 좌편향 정권 집권기 대한민국 건국까지 부정하는 친북 좌파 세력의 현대사 왜곡이 학교 교육까지 흔들어, 새 세대의 역사인식을 혼란시켰다. 김영삼 정부에서 시작돼 노무현 정부까지 지속된 대한민국사를 부정하는 자학사관은 심각하다. 대한민국 건국과 제3공화국의 산업화 기반 구축 등에 기여한 지도자의 리더십과 기성 세대의 헌신과 성취는 낮게 평가되고 부정적인 면이 과도하게 부각되었다. 전후 세대의 왜곡된 현대사 인식은 건국 60년 역사를 버려야할 유산으로 낮게 평가할 뿐만 아니라 그 60년 역사를 피땀흘려 이룩한 할아버지 아버지 세대까지 멸시하고 증오한다. 대학에서 강의하면서 대학생들의 한국현대사 인식과 세대간 갈등에 놀라는 것은 나만이 아닐 것이다. 21세기 한국의 지성과 지식 기반이 이렇게 빈곤한가 하는 자문까지 하게된다.

건국 60년 역사학은 양과 질 모두 성장했다. 그러나 고조선에서 대한민국까지의 한국사 해석과 통사 체계화가 아직도 선명하지 않다. 그중에도 대한민국사는 교과서까지 혼란스럽다. 북한과 일본학계의 왜곡된 주장을 맹목적으로 추종하거나 표절하는 논문과 저술이 여러 번 역사학계의 쟁점이 되었다. 김대중, 노무현 정권의 국무위원과 좌파 정당의 일부 실세들은 건국과 산업화를 비난하며 동족상잔의 6·25 비극까지 그 원인이 남한정부에 있다는 북한 주장에 동조했다. 건국 60주년 한국의 역사인식·역사학·역사교육은 혼돈이다. 노무현 정부 시대 일부 북한 주체사상을 맹종하는 교사들은 대한민국의 정통성까지 부인하는 현대사 교육 지침을 학교에 보급하기도 했다. 이른바 민중사학자를 자처하는 일부 좌파 지식인과 학자들은 대한민국사와 그 리더십을 폄훼하는 반면 북한의 김일성 체제를 찬양하고 북한이 선전하는 '우리끼리'를 자라는 세대에게 역설 주입했다. 좌파지식인들이 구호로 내걸은 '우리끼리'의 '우리'는 주체사상을 신봉하는 사람들 사이에 공유하는 이념을 전제로한 개념이다. 우리가 인식하는 일인칭 복수개념과는 다른 것이다. 80년대에 권위주의 정치를 청산하고 건국, 6·25, 압축경제 성장 과정의 모순에 대한 한국 지식사회의 내부 자성적(自省的) 비판이 있었던 것은 한국사회의 발전이었다. 폭압적인 정치 현실에 대한 혐오감에서 비롯된 이 비판이 한국의 60년대 압축경제성장에 적극 참여한 경제학·정치학·사학·사회학 분야에서 제기된 것도 의미가 있다. 그러나 한국지식사회의 이러한 내부 비판 과정에서 친북좌경세력의 선전 선동에 휩쓸려 대한민국 건국까지 부정하는 자학사관이 좌편향 정권 집권기에 정치 이념으로 자리잡게 방치했던 것은 큰 잘못이다. 좌경화된 사회분위기에 좌고우면하며 일종의 테러리즘인 자학사관이 역사교육에 침투하도록 사학계가 동조 묵인한 것은 학문의 기능을 포기한 것이다. 이 자학사관(自虐史觀)은 노무현 정권기 국가의 이상·국정 운영 방식·정치의식의 기반을 흔들고 국민 개개인 삶에도 절대적인 영향을 미쳤다. 21세기 초 한국은 잘못된 역사인식의 부작용을 비싼 월사금을 주고 학습했다. 이제 문제의 자학사관을 극복하기 위해선 먼저 한국 현대사와 건국 60년 한국 사학사를 바르게 인식하는 작업을 서둘러야 할 것이다. 이 작업을 위해 먼저 건국 후 한국사학의 발자취와 논쟁사를 정리하는 것이 필요하다. 이것은 좌경정권 10년이 남긴 한국사회의 사상적 혼란의 원인을 규명하고 극복하는 한 방안도 될 것이다. 그러나 지금처럼 극심한 이데올로기 대치 상황에서 이 작업이 결코 쉬운 일이 아니다. 다만 주요 역사논쟁의 경우 어떤 학자가 언제 어떤 논문 혹은 저서나 토론장에서 어떤 주장을 했으며 그것은 종래 어떤 학자의 학설과 어떤 점에서 다르며 그것이 우리 사회에 어떤 영향을 미쳤는가를 밝히는 것은 가능할 것이다. 역사학 논쟁은 결론을 도출하기보다는 결론을 도출하는 문제의식과 방법을 먼저 규명하는 것이 순서다.

필자는 언론자유 일부가 통제 받았던 60년대에 신문사에 입사하여 동아·조선 사주 구속이 초읽기에 들어간 2001년 문화일보 사규가 갑자기 바뀌어 퇴직하기까지 대학·문공부·문교부·교육부·정문연·국사편찬위원회·박물관·학회·종교계·국회도서관·국립중앙도서관·문예진흥원·유네스코·민족문화추진회 등을 취재하는 학술 전문기자로 33년간 일했다. 2년의 논설위원과 기획위원을 한 기간을 제외하고는 30여 년을 편집국에서 식민지 근대화 모순 극복을 아젠다로 설정, 식민사관 극복·학문의 토착화·교육개혁·종교개혁·청소년문제 등을 제기하고 그 추진 과정을 탐사보도했다. 한국사의 상한선을 바꾸는 구석기, 청동기, 철기 유물 발굴을 취재 보도하고 학술전문기자로서 60년대 후반부터 2001년까지 역사학계와 정부·재야·반체제 세력 사이에 벌어진 사관 논쟁 이면도 지켜보았다. 학계의 연구와 논쟁, 정부의 국학 지원, 국사교과서를 둘러싼 역사 논쟁, 김일성 주체사상 추종 세력의 현대사 왜곡 등을 보도했던 기사와 취재 노트를 검증해 한국역사학의 진면목과 이면을 재조명해 본다. 경향신문 기자·부장·논설위원, 문화일보 부국장·편집국장대우·출판국장 겸 편집국 오피니언 포럼 담당 에디터로 취재 보도했던 신문 기사와 신동아 고정칼럼 '뉴스와 화제', 연합연감·동아연감 등에 기고했던 글과 8년간의 대학 강의록 등을 기초 자료로 항목별 연대순으로 정리하였다.

한국사는 우리 민족의 영광과 고난이 밀물과 썰물같이 밀려오고 쓸려간 과거 문화의 총량이다. 특히 한국 근·현대사는 영광과 고난, 야망과 비굴함이 혼재된 역사였다. 이것을 우리는 새로운 역사 창조의 거울로 삼아야 한다. 그러기 위해서 우선 일제식민사학·유물사관·김일성 주체사관·수정주의 사관이 왜곡한 한국역사의 진실부터 바로보아야 할 것이다. 건국 60주년 한국역사학은 왜곡된 사관을 바로잡고 민족의 바람직한 새 문화방향을 제시해야 할 것이다. 이 책을 정리하며 국사교과서 개편, 국어순화, 교육개혁, 독도탐사 등을 함께 논의하고 지도해주셨던 아버지(박재규)와 어머니(유정숙) 그리고 아내(황규인), 자문해 주셨던 홍이섭, 김철준, 최창규, 노재봉 교수를 생각했다. 기사를 정리할 때마다 도움을 주었던 학자들의 얼굴이 떠오른다. 채종준 한국학술정보(주) 대표이사와 김수영 편집자, 김남동 기획위원의 친절한 도움으로 책이 나온 것을 고맙게 생각한다.

이 책은 방일영문화재단의 지원을 받아
저술 출판되었습니다.

제1부 잃어버린 역사와 문화를 찾아서

제Ⅰ장 건국 60년 한국역사학과 역사의식 / 19

제2장 한국역사학의 식민잔재 청산과 잃어버린 역사 찾기 / 48

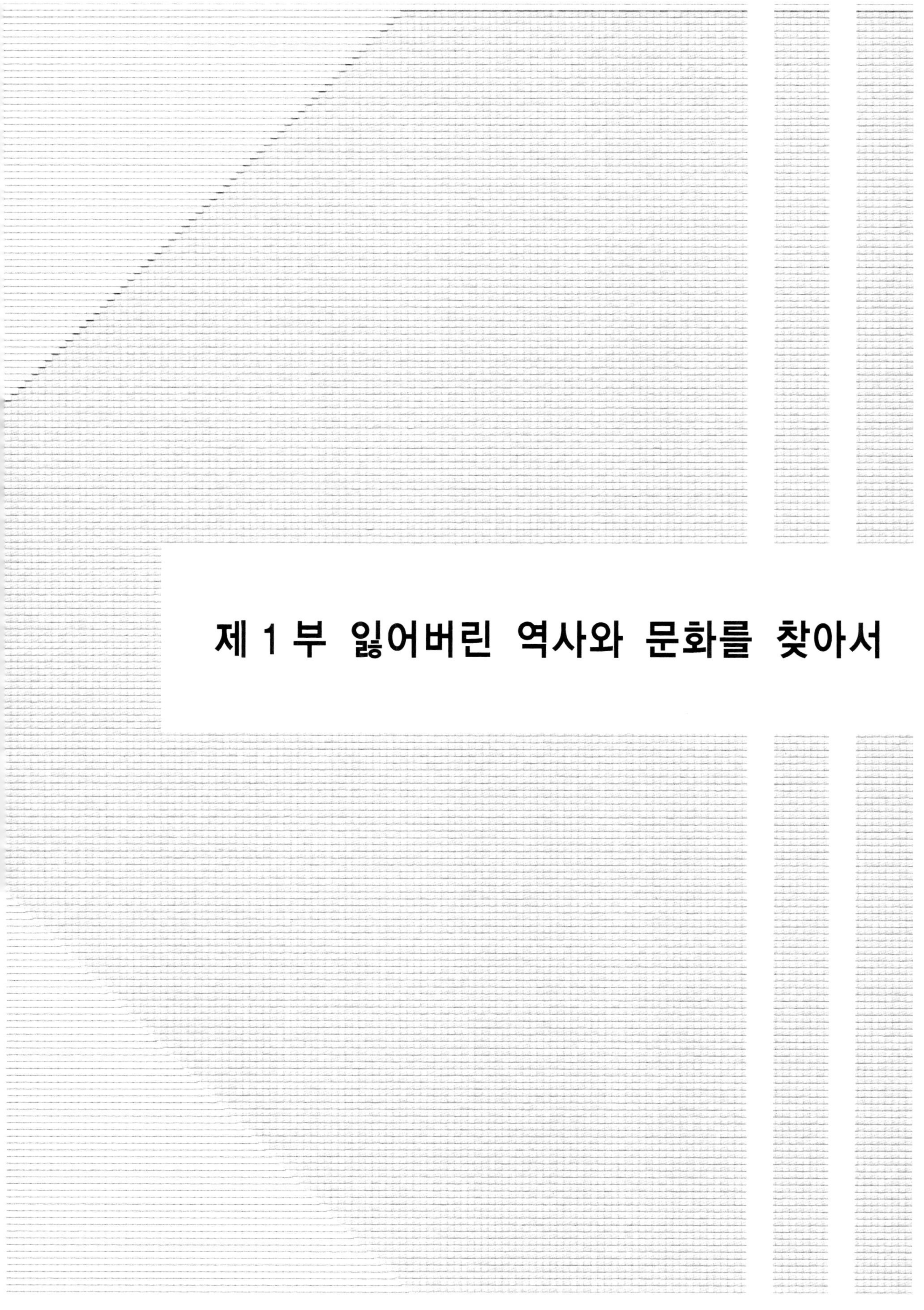

제 1 부 잃어버린 역사와 문화를 찾아서

제 I 장 건국 60년 한국역사학과 역사의식

1. 한국역사학과 한국현대사 어느 것이 낙제점인가.

1) 사관의 혼란 — 식민사관·주체사관의 멍에

　　1948년 대한민국 정부 수립 후 한국역사학의 제일 과제는 일제식민사학과 유물사관 극복이었다. 건국 60주년 대한민국 역사학은 이 식민사관과 사회주의사관에 덧붙여 대한민국사를 폄훼(貶毁)하는 친북자학사관 극복 과제까지 안고 있다. 우월한 일본민족이 조선의 야만민족을 지배 교육했다는 일본 제국주의의 오만한 오리엔탈리즘의 잔재인 식민사관과 유물사관 극복을 위해서 한국역사학은 많은 노력을 했으나 아직도 그 찌꺼기가 남아 확대 재생산되고 있다. 분단 후 북한의 유물사관 도전을 역사학은 정치적 선전 선동으로 묵살했으나 좌편향 정권 10년 동안 자생적으로 뿌리내린 친북자학사관은 대한민국 체제 전복 도구로 부상했다. 김영삼 정부 이후 노무현, 이명박 정부까지 지속된 역사 바로세우기·과거사 정리·근현대사 교과서 논쟁 밑바닥에는 일본 오리엔탈리즘의 변형인 신식민사관과 친북자학사관의 역사인식이 깔려 있다. 건국 초기 역사학은 민족주의 사학·사회경제사학·실증사학의 세 산맥 모두 일제식민사관 극복에 몰입했으나 현대 학문으로 발전하지 못했기 때문에 일본의 신식민사관과 북한 주체사관의 도전에 크게 흔들리고 있다.

　　일제 침략기에 민족의 독립을 위한 정신적 기반을 민족사에서 찾고자 한 신채호·박은식·정인보 등 민족주의 사학자들은 조선의 유학과 불교 유신(維新) 등을 제기하며 기존체제의 모순을 반성했으며 조선 후기의 새로운 활력으로 실학을 조명하고 민족의 정체성을 밝히는 상고사 연구를 통해 민족의식을 고취했다. 그러나 광복 후 일제식민사학이 왜곡한 한국사를 바로잡고 민족의 정체성을 밝혀야 할 민족주의 사학은 해방

정국의 좌우 이데올로기 대립에서 남북한에서 동시에 소외되어 역할을 제대로 하지 못했고 학문적인 발전도 제자리걸음을 했다. 일제 반도사관 극복에 앞장섰던 김상기 전 서울대교수는 74년 '동방사 논총' 출간 후 경향신문 인터뷰에서 "이승만 건국대통령이 58년 12월 역사학자 5명을 경무대로 초청 독립정신과 자긍심이 담긴 한국사 정리를 당부했으나 해방 전 세대 역사학자들이 부응하지 못했다."고 고백했다. 해방이 되었으나 일제시대 활약했던 학자들이 주도한 한국사학이 일제식민사학을 탈피하지 못했음을 털어놓은 증언이었다. 일제 침략기에 민족의 독립과 정체성 확립을 위해 노력한 민족주의 사학은 연세대 홍이섭 교수와 건국 1세대 학자 김철준 서울대교수, 천관우 동아일보 편집국장, 이기백 서강대교수 등이 맥을 이어 식민사학 극복에 앞장섰으나, 한편으로는 학문 수준을 못 갖춘 이른바 재야사학이나 좌편향사학으로 변질되기도 했다. 민족주의 사학이 정체된 것과 마찬가지로 문헌고증실증사학·사회주의경제사학도 한국사회의 고도성장에 따라가지 못하는 지체 현상을 드러냈다.

　그래서 세계가 새 질서를 구축하는 21세기에 한국사학은 김대중, 노무현 정권 시대 일부 3·86세대 진보 이론가들에 의해 역사학은 정치변혁의 정치도구로 전락했다. 민족 분단 책임을 대한민국 건국 때문이라고 주장하는 북한 주장을 추종하는 역사해석이 김대중 정부 이후 중·고교 학교교육에까지 확산되었다. 대한민국 건국을 부정하고 대한민국사를 부끄럽고 실패한 역사라고 주장하는 친북자학사관이 과연 객관적이고 진실에 적합한 논리일까. 건국 전후 자료만 정밀하게 검토해도 그렇지 않다는 것을 누구나 쉽게 알 수 있다. 1948년 8월 15일 대한민국 건국 전에 소련군은 38선 이북에 소비에트사회주의 종속국가 건국 준비를 완료했고 남한에도 남로당이 사회주의 국가 설립을 추진하기 위해 제주, 대구의 폭동까지 획책했었다. 남한까지 북한식 사회주의 국가가 될 위기에서의 대한민국 건국은 애국가 가사처럼 '하나님이 보우하신' 기적이었다. 건국 60주년에 고도성장을 성취, 젊은이들이 각 분야에서 세계 1위에 나서고 선진국 진입을 눈앞에 둔 대한민국과 국민을 굶겨 죽이는 중세적인 세습 왕조 조선인민공화국 중 어느 것이 나은 건국이었던가는 어린아이도 쉽게 판단할 수 있는 문제다. 그러나 김대중, 노무현 시대 역사교육을 받은 6·25 후 세대들은 할아버지 아버지 세대가 피와 땀으로 이룩한 대한민국 역사에 대한 자긍심을 갖지 못하고 친북 세력의 자학적인 대한민국사 폄훼에 동조하고 있다. 역사교육이 잘못된 결과다. 좌편향 정권이 집권한 후 남한의 친북세력과 이른바 민중사학자들은 대한민국사를 집요하게 헐뜯는 반면 북한의 김일성 체제가 민족의 통일을 지향하는 바람직한 세력이라고 대중을 설득했다. 6·3

세대가 정권 주도 세력으로 부상한 김영삼 정권의 '역사바로세우기' 이후 김대중, 노무현 정권의 이른바 진보 개혁 세력의 이론가들은 대한민국 건국부정뿐만 아니라 6·25, 제3공화국의 압축성장 과정의 모순을 부각시켜 대한민국사 흠집 내기를 하고 있다.

역사교육은 정치가의 편견이나 학자의 대립하는 학설까지 아동에게 주입 암기시키는 것이 결코 아니다. 학계가 인정하고 공유한 역사인식 중에서도 초·중등 학생이 인식 가능한 것을 교육시키는 것이다. 김대중, 노무현 정부에서 일부 주사파들의 편향된 검증 안 된 주장을 학교교육을 통해 일반화시킨 것은 성급한 것이었으며 이 부작용은 오래갈 것이다. 이런 실책은 담당 교육관료와 역사학자들이 응분의 책임을 져야 할 것이다. 역사교육까지 좌편향되자, 노무현 정권의 일부 국무위원과 3·86 실세들은 동족상잔의 6·25전쟁까지 남한과 미국이 책임져야 한다는 북한의 선전에 공개적으로 동조했다. 역사교육과 역사학의 모순이 이렇게 나타난 것이다. 3·86세대 정치가의 잘못된 역사관은 국가 이상·국정 운영 방식·정치의식의 기반을 혼란시키고 국민 개개인 삶에도 절대적인 영향을 미쳤다. 19세기말 국제사회의 변화에 대응하지 못해 나라를 빼앗긴 구한말 집권 세력의 역사인식 수준을 크게 뛰어넘지 못한 3·86세대 일부 정치가들의 전근대적이고 유치한 역사인식은 21세기 대변혁의 시기에 대한민국을 새 국제질서 편성에서 변방으로 밀려나게 했다. 대한민국 정체성 위기까지 초래한 21세기 역사인식의 혼란을 한국역사학은 깊이 반성해야 한다. 한국사는 새로운 정치바람이 불 때마다 흔들렸다. 광복직후, 4·19, 10·26 등 격변기마다 좌파 사관이 고개를 내밀고 역사학을 흔들었다.

한국사를 해석하는 사관이 새 바람이 불 때마다 흔들였기 때문이다. 역사는 역사가의 사관과 역사인식에 따라 역사해석과 평가가 다른 것이다. 역사해석 방법은 크게 역사의식과 사관을 중요시하는 철학적 접근 방법과 객관적 경험적 이해를 내세워 가치중립과 실사구시를 강조하는 실증적 분석 방법 두 가지로 나눈다. 사관이 투철한 역사해석 방법은 실천성과 호소력은 강하지만, 역사적 사실들을 단순화시키고 역사를 지나치게 주관적으로 왜곡하기도 하고 정치와 연결되어 정치가의 선전 선동에 이용되는 사례도 종종 있었다. 일본의 황국사관으로 무장한 일본군이 한국·중국·동남아 침공에 나서 이웃나라를 괴롭혔으며, 마르크스의 유물사관은 스탈린주의로 변용돼 많은 사람을 학살하고 주변 국가를 적화했다. 북한의 주체사관은 북한 주민을 김일성교의 맹신도로 만들었다. 김대중, 노무현 정권의 일부 교직자와 3·86 정치가들의 친북자학사관은 대한민국의 정체성을 무너뜨리려 북한 주도의 통일정권 수립을 도우려하고 있다는 의심까지 받고있다. 21세기 한국 좌파 정치가들의 왜곡된 역사인식과 무지를 그들의 콤플렉스와 정치적 야망만 탓할 수는 없다. 3·86세대들이 그런 오류를 범할 수 있는 정보를 제공한 역사학과 지식사회에 더 큰 책임이 있다는 비판을 귀담아 들어야할 것이다.

2) 자학사관과 신식민사관에 의한 대한민국 부정

김대중 정권 등장 이후 지난 10년 좌파 이론가들은 대한민국사를 전면 부정한 북한의 선전과 북한의 남한 침략을 옹호한 6·25전쟁에 관한 이른바 수정주의 사관을 학문적 검증 없이 학생과 대중을 향해 쏟아 부었다. 한국역사학의 이런 혼란을 목격한 이기백 교수는 역사학자에게 정직한 역사 연구가 무엇보다도 중요하다고 충고했다. 그는 "역사학은 민중을 포함한 모든 역사적 사실을 상대화시키는 학문"이라고 전제하고 "민족·민중이라든가 하는 절대적인 가치 판단 기준을 내걸고 학문의 자유와 독립을 직접·간접으로 위협하는 것을 우려한다."고 지적했다. 이런 혼란을 정리하기 위해 이기백, 유영익, 민현구, 이태진, 이기동 교수 등 역사학자들은 '한국사 시민강좌'를 펴내기도 했다.

건국 직후 한국역사학은 일제식민사학의 세례를 받은 실증사학 계열의 학자가 대학 강단을 장악, 식민사학을 극복하는 논문과 저술을 꾸준히 발표했으나 곧 한계를 드러냈다. 실증사학은 일제식민사학의 굴레를 완전히 벗어나지 못했고 연구 방법의 후진성으로 친북좌경 이데올로기 공격에도 쉽게 흔들렸다. 실증사학 자체가 문제가 있는 것은 아니다. 실증사학을 개척한 독일 역사학자 랑케(1795~1886)는 철학으로부터 역사학의 독립을 제기했다. 랑케는 과거 사실을 '있는 그대로' 보아야 한다고 했다. 그는 '역사를 위한 역사'를 주장했다. 그러나 랑케의 실증주의 사학을 일본 관학자들은 일제(日帝) 황국사관(皇國史觀)의 도구로 삼아 한국사를 후진적이고 정체된 역사로 해석하는 사료만을 실증자료로 찾아내 한국사를 왜곡했다. 일제 황국사관의 세례를 받은 한국의 실증사학자들은 해방 후에도 일본 식민사학이 체계화한 한국사 이해체계의 포로가 되어 한국사 인식을 단조롭게 했다. 광복 후 실증사학이 무기력하게 표류할 때 한편 사회주의 경제사학은 정치 일선에 뛰어들어 학문 본연의 진실 탐구보다 정치가들의 선전 선동의 도구가 되어 역기능을 하기도 했다. 건국 전야 혼란기에 이어 김대중, 노무현 정부 시대 역사학의 현실 참여는 친북자학사관에 의한 현대사 왜곡과 역사교육의 부작용으로 표출됐다. 권위주의 시대 정치 현실에 대한 강한 반발로 정권 타도에 나선 3·86세대들은 이승만, 박정희 시대에 대한 북한의 선전 선동이나 이른바 수정주의 사관을 학문적인 비판 검증 없이 수용, 정권타도 이념으로 활용했다. 이들은 정권 장악 후에도 이런 역사인식을 뛰어넘지 못했다. 노무현 정부 출범 후 권력 핵심에 들어간 3·86세대들의 정책 결정이나 사관 피력에서 북한의 선전선동과 유사한 대한민국의 정체성 부정이 자주 표출되었다. 노무현 정부의 국무위원이나 3·86 정치가들은 건국, 6·25전쟁 책임 등에 관한 북한 측 주장을 반박할 수 없다고 발언하기도 했다. 3·86 정치가 뿐만 아니라 일부 역사학자의 근현대사 인식은 아직도 상해 임시정부 시절 좌우 이데올로기 대립 수준을 크게 뛰어넘지 못하고 있다. 상해 임정 초기부터 이승만 대통령의 미국식 민주주의 지향과 이동휘 국무총리의 소련식 사회주의 혁명 추구가 팽팽하게 대립, 건국 후에도 그 논쟁은 재연되었고 지금도 좌편향 지식인들은 그때의 주장을 앵무새처럼 계속 복창하고 있다. 망국 후 많은 한국 지식인들은 지리적으로 가까운 일본, 중국, 소련을 통해 소련식 사회주의 혁명이론을 탐닉했다. 미국식 민주주의 수용은 기독교를 통한 학습으로 제한되었기 때문이다. 때문에 임정이나 건국전야 파워엘리트는 좌편향 인사들이 많았다. 광복 후 좌파 경향의 역사학자들은 현실 정치에 직접 참여, 미군정 시대 남로당 정부수립 획책과 미군 철수 운동 등에도 앞장서 분단 고착화와 좌우 이데올로기 대립에 한몫을 크게 했다. 건국 전후와 6·25 혼란기에 역사학의 사회 참여와 실천을 내걸고 정치 일선에 참여했던 이들은 월북하거나 납북당했다. 좌파 사학자들의 대거 월북으로 건국 직후 한국역사학의 인적 손실은 컸고 금기시하는 연구 분야도 많았다. 그러나 북으로 간 좌파 역사학자들의 순수한 한국사 연구는 대체로 정지되고 북한 정권의 들러리가 되어 김일성 중심의 조선사 체계화의 조연자로 전락하기도 했다. 그러나 사회참여와 실천을 중요시한 이들의 사회 참여와 실천 작업 일부는 권위주의 시대 3·86세대의 기존 체제 타도 이데올로기와 접목되어 남한 체제 비판 도구로 이용되었다. 실증주의 사학이 한계를 드러내자 남한학계의 2세대 일부 사회주의 경제사학자들은 식민사관 극복 대안으로 북한학계의 주장과 비슷한 자본주의 맹아론 등으로 내재적 발전을 주장했으나 그것이 벽에 부딪히자 이들 중 일부는 북한 역사학 연구 방법론에서 돌파구를 찾기도 했다. 역사학의 참여와 실천운동은 이른바 민주화 투쟁과정에서부터 북한 주체사관을 학문적인 검증 없이 밀수입한 3·86세대 운동권의 일부 좌경 세력과 전교조 일부 교사는 이승만, 박정희 시대 전면 부정으로 자라는 세대에게 대한민국 60년 역사가 존경할 지도자가 없는 혼란스런 시대로 각인시켰다. 이러한 역사학의 현실 참여와 역사교육은 권위주의 체제 전면 부정으로 이른바 민주화운동에 한 역할을 하기도 했으나 대한민국의 정체성 혼란과 사회통합은 깨고 있다. 건국 전후 좌파 역사학자들의 현실 참여의 모순을 지켜본 남한의 건국 제1세대 역사학자들이 현실과 담을 쌓고 문헌고증 실증사학에만 전념했던 현실 도피 자세가 김대중, 노무현 시대에도 재현됐다. 친북좌경사학의 전횡을 묵인하거나 양시론이 보편화되고 있다.

3) 인접학문의 역사학 비판

21세기 초에 이미 실험이 끝난 좌파 이데올로기 사관과 역사인식이 한국사회에서는 아직도 발붙이고 행세할 수 있게 한 것은 건국 60년의 한국역사학과 역사교육이 현대 학문으로 발돋움하지 못한 지체 현상이라고 사회과학자들은 비판한다. 4·19, 5·16 뒤 한국사회를 휩쓴 민족주의 열풍이 대한민국 정통성을 부정하는 부메랑으로 돌아온 것도 정체된 한국 지식사회의 한계였다. 좌편향 역사학자들의 빈약한 근·현대사 역사 연구 논문과 저술이 국민의 역사인식을 뒤죽박죽이 되게 한 것은 역사학계가 적극적으로 새로운 가설을 비판 검증하지 않고 방치했던 결과였다.

역사 연구는 사료의 발굴, 사료 비판, 개별적 사실의 확인 등 실증의 기초 위에 역사 해석·역사 평가·사관의 정립으로 발전한다. 역사 연구는 비록 문제의식을 내세우지 않았어도, 학문적인 접근으로 귀중한 성과가 나오기도 하고 그것이 결과적으로 역사해석에 커다란 영향을 미치기도 한다. 문제의식은 빈약한 것 같았으나 학문의 순수성을 지킨 열정이 역사학 발전에 기여한 연구로 높이 평가되기도 하는 것이다. 반면 문제의식은 충만했으나 진실까지 왜곡하고 이데올로기에 종속되어 선전 선동의 도구가 되었던 역사 연구는 사회에 큰 부담이 되기도 한다. 최근 일부 한국 근·현대사 연구가 그런 맹점을 드러냈다. 북한을 김일성을 신봉하는 사이비 종교 집단으로 만들어 놓은 주체사관을 남한의 친북좌경사학이 추종하고 6·25를 왜곡한 이른바 수정주의 사관을 검증 없이 베끼어 우리 사회에 나팔 분 결과가 노무현 시대, 3·86세대 일부 정치인의 역사의식으로 표출되었다. 중국 문화혁명의 홍위병에 비유되는 3·86세대의 왜곡된 역사인식 배양을 묵인해 온 한국역사학의 직무 유기는 정치학, 사회학 등 인접학문으로부터 비판받고 있다.

역사학계도 현실 정치가 개입된 친북좌경 세력의 대한민국사 부정 등 역사 왜곡에 처음엔 수수방관했으나 이런 가설과 역사학 논쟁이 역사학 비판으로 불똥이 튀어 오자 '한국사 시민강좌' 등을 통해 87년부터 20년간 40여 권의 계간지를 통해 역사 왜곡과 역사학의 정치화를 비판 계몽하고 있으며 학자끼리만 교신하는 암호문 같았던 역사 관련 저술을 대중 친화적인 평이하게 읽히는 책으로 내놓고 있다. 사회과학자들은 한 걸음 더 나가 이른바 수정주의 사관과 북한 주체사상 추종 세력에 의해 왜곡된 한국현대사 검증 작업에 나섰다. 한국정신문화연구원 현대사연구소(소장 한흥수)의 '한국현대사 재인식'(1998년), 연세대한국학연구소의 '이승만 재평가'(2004년), 교과서포럼의 '한국 현대사의 허구와 진실' 등이 나왔다. 정치학, 사회학, 역사학의 학제적 연구에 의해 이승만, 박정희 시대사 논의를 통해 한국현대사 연구를 한 단계 끌어올리고 있는 것이다.

건국 60주년, 정부는 지난 10년 좌편향 정부가 저지른 역사교육의 파행을 바로잡아야 할 것이다. 역사학이 김대중, 노무현 시대의 역사교과서와 좌편향 교사들의 대한민국사 왜곡을 방관한다면 그것은 학문의 직무유기다. 대한민국 건국과 분단 책임론, 6·25, 한미 방위 협정의 역사성, 통일정책, 김대중의 노벨상 수상과 햇볕정책, 김일성, 김정일의 적화통일에 동조하는 남한의 좌경세력 등은 가설과 실체적인 사실의 차이를 공개적으로 규명해야 할 현안 쟁점들이다. 쟁점에 함의된 문제 설정·분석 방법·실증에 대한 공통 인식이 어디까지 진행되어 있는지 먼저 규명하고 객관적이고 정확하게 분석하여 진실을 밝혀야 한다. 그 작업은 문제마다 대립자를 포함한 많은 연구자의 공동 연구를 거쳐 긴 시간 엄밀한 검토에 의해서 완성되어야 할 것이다. 일본과 북한 책을 베끼는 표절과 협잡부터 바로잡아야 한다. 2000년 초부터 정치학 사회학계의 중진과 소장학자들이 남한의 좌경세력들이 검증 없이 베끼는 북한 주체사상과 이른바 수정주의 사관을 비판하고 역사학계 안에서도 해방 후 3세대와 4세대 학자들의 자본주의 맹아론·실학·친일 문제 등의 쟁점을 치열하게 검토하고 있음은 역사학의 발전이다. 건국 60주년 한국역사학은 백가쟁명의 시대다. 이 혼란이 새로운 역사학 정립의 좋은 기회일 수도 있다.

필자는 60~70년대에 김철준, 홍이섭, 이기백, 고병익, 천관우, 신용하, 김용섭, 한영우, 이성무 교수 등 중진 교수들의 치열한 역사학 논쟁도 취재 보도했다. 20여 년 전에 쓴 기사를 다시 읽어 보아도 해방 후 제1세대 학자들은 비교적 객관성과 진실 규명을 위해 논쟁한 것을 확인할 수 있었다. 논쟁 자체가 학문 발전의 앙금이었다. 건국 후 한국사학이 무엇을 위해 논쟁했고 무엇을 위해 연구했으며, 또 무엇을 어떠한 의미에서 규명하려고 했는가 하는 것을 조명하는 것은 건국 60년 한국역사학의 혼미를 검증하는 데 도움이 될 수 있을 것이다. 이것은 한국사회의 사상적 혼란의 원인을 규명하고 극복하는 한 방안이 될 것이며 역사학과 역사인식 역사교육의 현주소를 파악하고 한국역사학의 새 좌표를 설정하는 지름길일 것이다.

2. 건국 1세대의 일제식민사관(日帝植民史觀) 극복 논의

　건국 후 국사학의 식민사학 극복은 다양하게 전개됐다. 58년 이승만 건국대통령은 이병도, 이선근, 김상기, 이홍직, 신석호 등 일제 시대에도 활약했던 당대 정상급 학자를 경무대로 초청하여 식민사학 청산을 당부했다. 국사편찬위원회에 특별분과위원회가 구성되어 '국사상의 제 문제'라는 보고서로 정리됐으나 식민사학의 굳은 껍질을 벗어 던지지는 못했다. 4·19, 5·16의 충격으로 60년대 한국 대학과 지식인 사회의 화두는 식민지 시대 청산과 국가 근대화였다. 60년대 한국사학계는 일제 어용식민사학이 심어놓은 '한국사의 반도적 성격론'·'정체성 이론'·'당파성 이론' 등의 허구를 반박했다. 홍이섭 교수의 '한국 식민지시대사의 이해 방법'(동방학지, 1963), '한국 식민지시대정신사의 과제'(한국사상, 1962.12), 김용섭 교수의 '일제 관학자들의 한국사관'(사상계, 1963.2), 이기백 교수의 '한국사의 새로운 이해'(한국사신론의 서장, 1966) 등이 대표적인 논문들이다. 이들은 일제식민사학의 세례를 직접 받지 않은 사학계의 새로운 세력이었다. 식민사관 극복 방안으로 단재·백암·위당 등의 한국사 이해가 대안으로 제시됐다. 그중 홍이섭, 김철준 교수가 앞장서 주창한 단재의 한국고대사 이해는 식민사관 극복 대안으로 폭발적인 반응을 일으켰다. 고대사 무대를 산동반도, 만주, 동북삼성, 일본 지역으로 확산한 삼한·가야 등 고대국가에 대한 가설은 일제(日帝)식민사학의 반도사관을 해체하는 한국사 논쟁의 실마리가 되었다. 사학계의 일제식민사학 청산이 지지부진하자 재야 지식인들도 단재의 고대사 가설을 근거로 강단사학을 성토하기 시작했다. 그러나 단재류의 민족주의 사학 열기에 일부 동양사학·서양사학·철학자들은 역사학의 국수주의화를 우려하기도 했으나 식민사관 극복을 역설했던 홍이섭 교수는 "국수든 나물이든지 짠지처럼 전 식민사관은 우선 극복해야 한다."고 주장했다. 이러한 학계의 대립 속에서 단재가 제기한 김부식의 삼국사기사관을 비판하는 논쟁이 재연돼 일제식민사관 극복을 위한 진통도 있었다.

1960년대는 한국·한국인의 정체성을 찾는 역사의식이 고조된 시기였다. 국사학계의 식민사관 비판인식을 수용해 제3공화국은 국사교육강화위원회 구성, 국사교과서 개편, 한국사 25권 편찬에 이어 국학 총본산으로 한국정신문화연구원을 설립하고 국사편찬위원회와 대학 국사학과에 특별연구비를 지급 한국사 연구를 지원했다. 제3공화국의 이러한 민족주의 열기에 대해 미국 시사주간지 뉴스위크와 언론 등이 주목하는 해설 기사를 싣기도 했다. 역사학자들도 진단학회의 '한국사(韓國史)'를 63년 현대편 출간으로 완간하고 이병도의 '국사대관(國史大觀)'을 뛰어넘는 해방 후 제1세대 사학자 이기백의 '한국사신론(韓國史新論)'(63)이 나와 일제식민사관 극복에 박차를 가했다. 해방 후 1세대 학자들은 6·25전쟁 피난 시절 부산에서 역사학회를 만들어 역사학의 발전과 일제식민지 학풍 청산에 앞장선 데 이어 67년에는 한국사연구회를 비롯하여 한국고고학회, 한국미술사학회 등 국학연구학회를 발족, 국학 연구의 기반을 다졌다. 대학 부설 연구소와 국회도서관, 민족문화추진회, 국사편찬위원회, 서울대출판부 등이 국학 자료집을 앞 다투어 냈다.

1) 국학연구의 디딤돌 서울대·연대·고대 사학과와 부설 연구소

* 동아문화·한국문화·동방학·민족문화연구소

60년대 국학 연구는 서울대·고대·연대 사학과와 대학 부설 국학연구소가 중추적인 역할을 했다. 서울문리대 국어국문학과 강사 민병수 씨(90년대 서울대 학생처장)가 간사로서 기획 출판 등을 전담하고 있었던 서울대 문리대 동아문화연구소, 한우근 교수가 소장인 한국문화연구소, 홍이섭 교수가 소장인 연세대 동방학 연구소, 박성의 교수가 소장인 고대 민족문화연구소가 앞장서 한국학 연구를 독려했다. 서울문리대 동아문화연구소와 쌍벽이었던 고대 민족문화연구소는 뒷날 고대 총장이 된 홍일식 간사(국문학·육당 연구)가 중심이 되어 '한국문화사대계', '한국학 논저 목록해제', '현대사문화대계' 등을 내놓았다. 이러한 한국학 관련 저서와 기초 자료가 대학 부설 연구소에서 나온 것은 연구 인력이 늘고 정부와 기업의 한국학 연구비 지원이 시작되어 대학 부설 한국학연구소가 활성화된 결실이었다. 64년부터 70년까지 고려대 민족문화연구소가 내놓은 '한국문화사대계' 7권은 비록 체계화된 작업이라고는 할 수 없으나 해방 후 대학을 나온 1세대 학자들의 국학 관련 주목할 논문들이 다수 수록됐다. 제1권 '민족·국가사'에는 김원룡 교수의 '한국문화의 고고학적 연구', 김철준 교수의 '한국고대국가발달사' 등을 실어 일제식민사학이 꾸겨 놓은 한국고대사 체계를 재구성했다. 제2권 '정치·경제사'에도 강진철, 천관우 씨 공동 집필의 '한국토지제도사' 등의 새로운 논문을 실었다. 제3권 과학·기술사 제4권 풍속·예술사 제5권 언어·문학사 제6권 종교·철학사에도 당시로서는 신선한 감각의 새 논문이 상재됐다. 전 7권의 두툼한 전집이 서가에 꽂혀 한국학의 성장에 자부심을 갖게는 했으나 후진들에 의해 수정 보완돼야 할 부분이 많았다. 필진이 화려하고 장정이 고급스런 이 전집은 브리태니커 백과사전과 함께 아파트 서가를 장식했다. 21세기 TV드라마 거실의 장서로도 자주 등장한다.

서울대 문리대 부설 동아문화연구소 창설(1961) 발기인이었던 한우근 교수가 70년 초대소장으로 창설한 한국문화연구소는 문교부(당시차관 박희범)의 학술 연구 기금으로 한국학 발전의 초석이 될 개척적인 연구 업적을 남겼다. 당시 시간강사·조교 등 소장 교수들이 맡은 조선 후기에 관한 공동 연구는 70년대 국학 분야의 새 지평선을 여는 개척적인 과제로 학계에 신선한 충격을 주었다. ◊최창규(한국인의 정치의식) ◊김용섭(조선 후기 농학의 발달) ◊신용하(독립협회의 민족운동연구) ◊최승희(조선초기 언관 언론연구) ◊한영우(정도전 사상의 연구) ◊조동일(신소설의 문학사적 성격) ◊신용하(독립협회의 사회사상연구) ◊이기문(개화기의 국문연구) ◊한우근(개항기 상업구조의 변천) ◊한우근(동학란 기인에 관한연구) ◊이기문(훈몽자회연구) ◊박병호(전통적 법체계와 법의식) ◊김영모(한말 지배층연구) ◊송찬식(이조후기수공업에 관한 연구) ◊김완진(중세국어 성조의 연구) ◊이기문(국어음운사 연구) ◊송욱(동서사물관의 비교) 교수 등의 연구는 해방 후 남북한의 한국학계의 획기적인 업적으로 평가되고 대부분 일조각(사장 한만년)에서 출간되었다. 이 공동연구 중 한말 국어연구는 연구는 소기의 성과를 거두지 못했으나 '독립협회연구', '조선 후기 농업사연구', '정도전 연구', '신소설 연구' 등은 국학 분야의 스테디셀러가 됐다. 문리대 동숭동 연구실은 학술기자에게 좋은 취재원이었다. 나는 한국문화연구소의 학제적 연구를 주목하고 이기문, 한우근, 송욱 교수에게 연구보고서 완성을 열심히 확인, 첫 4권의 보고서 발간을 70년 8월 12일 경향신문 문화면에 머리기사로 실었다. 대학의 집단국학연구 결과가 신문 기사로 크게 나간 것은 처음으로 대학가의 반응이 좋았다.

　＊ 내재적 발전론과 국학 공동 연구

　[한국학의 학제적인 연구를 지원하고 있는 서울 문리대 부설 민족문화연구소는 '한국근대화 과정에 있어서의 사회와 사상연구' 총서로 김용섭 교수의 '조선 후기 농학의 발달', 이기문 교수의 '개화기 국문연구', 한우근 교수의 '개항기 상업구조의 변천', 송욱 교수의 '동서사물관의 비교' 4권을 1970년 발간했다. 이와 함께 유수원의 '우서'를 송찬식, 한영국 교수의 국역으로 1차 사업을 끝낼 예정이다. 문교부 학술 연구 조성비 지원으로 지속될 이 사업의 2차연도인 71년에는 개화기 의식을 4분야로 나누어 정리한다. ◇개화기 정치 엘리트의 정치의식 구조분석＝최창규, ◇근대적 법의식의 형성 과정＝박병호, ◇근세조선에 있어서의 언어생활과 언어의식＝이기문, ◇근대화 과정에 있어서의 한국인의 역사의식 변천＝한우근 등이다. 문교부의 학술 연구 조성비를 지원받는 민족문화연구소(한국문화연구소로 개칭)의 이러한 작업은 포드재단이나 하버드 엔칭 등의 외국 연구비에 의존한 산발적인 국학 연구나 외국학술단체나 정부의 한국 연구를 위한 기초 자료 정리인 보세가공식 한국학을 탈피하는 바른 한국학 정립이라는 의미에서 높이 평가되고 있다. 1차연도 사상총서는 모두 획기적인 연구 업적이다. 영문학자 송욱 교수의 '동서사물관의 비교'는 율곡과 퇴계에 대한 현대적인 해석과 문명 비판으로 눈길을 끌었다. 벨그송과 율곡을 비교 연구한 송 교수는 "오늘 한국문화의 모순은 전통 사상이 새로운 창조를 위한 바탕을 마련하지 못하고 있으며 서구사상은 선택과 여과를 거치지 않고 밀려들어와 사상의 혼란과 공백을 가져왔다."고 지적하며, 판소리, 민속놀이 중심의 한국 전통문화 이해를 철학적인 고급문화 차원으로 끌어올려야 한다고 주장했다. 동문선, 여유당전서 등 한국 고전의 국역과 아울러 현대적인 재창조 작업과 실험도 제기했다. 한우근 교수는 '개항기 한국상업구조의 변천'에서 한국의 자생적인 자본주의 초기 단계 정립을 모색했다. 개항을 전후한 한국 상업체들의 변모 과정과 외국자본 침투와의 알력을 조명하고 있다. 한교수는 일성록 통리기무아문 비변사등록 외교문서에 근거한 논증으로 새로운 사실을 밝혀내고 있다. 김용섭 교수의 농업관계 연구도 조선 후기 자생적인 한국경제의 변화를 밝히는 가설로 의미가 있다.](경향신문 1970.8.12. 박석홍 기자)

60년대 서울 동숭동 서울대 문리과대학 교정에 있던 중앙도서관과 연결된 문리대 교수연구동의 한우근, 송욱, 허웅 교수 연구실과 한국사학과 조교실은 밤 늦게까지 불이 켜져 있었다. 서울 문리대 교수연구실을 드나들며 취재원으로 만났던 김철준, 한우근, 송욱, 허웅, 김원룡, 민석홍, 노재봉, 최창규 문리대 교수와 중앙도서관과 규장각의 국학 관련 1차 자료를 정리했던 박병호, 이성무, 신용하, 정석종, 한영우 교수 서울대 중앙도서관에서 밤늦게까지 공부했던 강우방, 금장태, 김병모, 최병헌, 안휘준 교수들의 국학 분야 연구 업적이 한국학 발전에 크게 기여했다.

2) 한국·한국인의 정체성 탐구 열기와 국학자료 정리

사료집 영인 간행 등 한국학 기본 자료 정리가 60년대 말 본격화됐다. 국사편찬위원회가 조선왕조실록 비변사등록 승정원일기, 서울대출판부가 임원경제지 청장관전서 일성록, 성균관대 대동문화연구원이 지봉집 송강전집을 영인 간행했고, 민족문화추진회가 고려사절요, 열하일기 연려실기술 동문선을 한글 번역했다. 하버드 엔칭 연구비 지원으로 서울대 동아문화연구소가 규장각도서 한국본 총목록을 국립중앙도서관이 미국 몰몬교 지원으로 한국족보 마이크로 필름화 작업을 착수했으며, 국회도서관이 한국사 연구 총목록을 정리했다. 새로운 시각에 의한 연구 논문과 영인자료집 연구목록집 등이 쏟아져 나왔다. 60년대는 국학 체계화를 위한 열기가 고조된 시대였다. 제3공화국의 정신문화 진작 사업의 일환으로 68년 12월 5일 국민교육헌장 선포, 69년 4월 29일 아산 현충사 보수 '성역화' 지방 민속 발굴 작업이 활발한 가운데 신문도 한국인의 정체성을 찾는 역사 기획물이 늘었다. 경향신문도 69년에 '역사와의 대화—선각의 땅을 찾아'를 1년간 연재했다. 나는 기독교 청년운동의 선구자 월남 이상재(69.9.27.) 판소리의 대가 신재효(11.9.)를 한산과 고창에서 재조명하는 인물탐구를 3면에 실었다. 이어서 72~73년에는 건국의 주역이었던 원로와의 대화 '내가 겪은 20세기'를 기획, 해방 후 미국식 교육을 우리나라에 이식하는 데 앞장섰던 용재 백낙준(72.5.19.)과 시인 김광섭(72.6.2.) 중요무형문화재 1호 성경린 씨(73.5.26.)를 며칠씩 만나 취재하여 중요 인물과 얽힌 비화를 통해 현대사의 숨겨진 단면들을 발굴했다.

　4·19와 5·16 등 거센 정치적 소용돌이 속에서 보낸 격동의 60년대는 정태적인 전

통사회의 껍질을 탈피하고 근대사회로 지향한 시기로 발전과 정체, 참여와 소외가 쌍곡선을 그렸으며 이 시대 화두인 근대화·민족주체성·세대교체·식민잔재 청산 등의 쟁점을 풀기 위한 '우리가 무엇인지를 체계적으로 정리하는 정체성 탐구'가 지속적으로 전개된 시기였다.

[4·19와 5·16 등 역사의 거센 소용돌이 속에서 근대화를 지향한 60년대는 민족주의와 국학 연구가 불붙은 시대였다. 역사학자와 도서관 서지학자의 공동 작업으로 시작된 한국학 기초 자료 정리는 괄목할 만하다. 서울대 중앙도서관(사서 백린·유동열)이 규장각목록 한국서지문헌목록 국회도서관(관장 강주진)이 한국사 연구 논문 총목록 등을 정리했으며 국사편찬위원회와 서울대가 승정원일기 일성록을 영인 간행했다. 민족문화추진회 동국대 역경원 세종대왕기념사업회 등이 고전 국역 사업을 정부 지원금으로 시작했다. 한국사연구회 등 국학 연구 학회가 식민사관 극복 작업에 나섰다. 40대 학자 32명이 '한국사 반성'을 공동 집필했다. 최인훈의 '광장', 안수길의 '북간도' 등이 발표되었으나 박태순은 60년대가 소설가의 시대는 아니었다고 말했다. 60년대 종교는 기독교 신구교 일치운동으로 성서공동 번역을 시작했고 가톨릭은 김수환 추기경, 서임과 함께 군사정권의 개발 독재를 견제하는 세력으로 급부상했다. 국악을 학문으로 체계화한 이혜구 교수의 '한국음악서설'이 출간되고 민요 거문고 악보 채집 등이 있었다. 역사학자 홍이섭 교수는 60년대가 자의식이 강한 시대였다고 평했다.](경향신문 69.12.15. '60년대 문화결산', 박석홍 기자)

문공부 문교부 문집 영인과 국역 지원

[문공부와 종교단체에 의해 주도돼 온 고전영인과 국역사업이 대학출판부와 문중을 중심으로 한 민간단체의 적극 참여로 저변을 확대 시키고 있다. 서울대출판부는 고전 간행회를 상설, 대동야승4권 청장관전서(3권 이덕무 저) 임원16지(6권) 일성록 등을 내놓았고 성균관대 부설 대동문화연구원은 여계문집(麗系文集, 이색, 이제현, 길자헌 등) 퇴계문집, 율곡전서, 서애문집, 지봉전집, 송강전집 등을 영인 간행했다. 1965년 문교부 산하 기관으로 발족한 민족문화추진회와 세종대왕기념사업회 동국대 역경원이 연려실기술, 대동야승, 목민심서 등 고전과 조선왕조실록, 팔만대장경 국역 작업에 나선 데 이어 최근 율곡 퇴계 등 기념사업회의 참여로 고전 국역 영인 사업의 저변 확대와 고전 대중화가 활기를 띠고 있다. 지방대학 중에는 충남대출판부가 유형원의 반계수록을

5개년 계획으로 국역을 하고 있다. 문중 사업으로는 야은 길재문집·김굉필의 경현록·최익현의 면암집이 출간되었다. 한헌당(寒暄堂) 선생 기념사업회가 국역한 경현록은 한학의 대가인 성락훈 씨가 국역을, 임창순 씨가 교열을 맡아 원문·토·국역·각주를 수록하고 해제는 박종홍 교수가 집필했다. 김굉필 철학의 현대적 의미를 부각, 고전의 현대적 해석을 실험했다. 경현록, 경현속록 및 율곡 우암 남명문집에 수록된 장편시까지 채록, 김굉필의 유문 시사적 서간을 총망라했다. 스스로 소학동자로 자처했던 김굉필은 조광조, 감안국, 이장곤 등을 배출했고 갑자사화에 51세로 희생되었으나 광해군이 퇴계와 함께 문묘 5현의 수위로 정했다. 김굉필 국역문집 출간에 박종홍 교수(한양대 문리대학장)는 "이 책이 널리 읽혀 우리 자신을 아는 데 도움이 되고 도의 앙양과 전통문화 재창조에 도움이 되길 기대한다."고 했다. 면암선생 기념사업회가 낸 영인 면암집은 한말 의병장 최익현의 시·서·서간문·상소문을 망라한 48권 24책의 개인문집을 영인 간행한 것이다. 전후 30여 차례 재야를 대변한 상소문과 을사조약 후 최초의 지방격문 16토죄문(討罪文)과 밀양박씨 오충실기 정려비음기(旌閭碑陰記)·의병기록·이화서·기노사 관련 문건 등 귀중 사료가 포함되어 있다. 이런 문집류가 영인·국역되어 공개됨으로써 국학 연구의 지평선이 확대되고 있다. 쏟아져 나온 시·서·서간문·비문·기행문·인물평 등은 한글 문학에 한정돼 있는 문학사 이해의 폭을 넓히는 데 기여할 것이다. 이런 문집류의 재창조 작업이 문중 작업으로는 벅찬 일이고 객관성 문제도 있다. 규장각 중앙도서관 등에 산적한 문집의 국역을 위한 장기 계획을 세워야 할 것이다.](경향신문 70.9.29. 박석홍 기자)

3) 한국사연구회 발족, 국사학과 독립, 공산권 한국학의 충격

67년 일제식민사학에 짠지처럼 전 전 세대의 역사인식 극복을 선언하고 발족한 한국사연구회는 창간호부터 일제식민사학을 청산하는 참신한 논문과 한국사를 획기적으로 바꾸는 고고학 발굴 보고서를 실증 자료로 한국사연구회보에 실었다. 한국사 상한을 구석기로 끌어올린 석장리 구석기 발굴을 비롯해, 중석기, 청동기, 초기 철기 시대 고고발굴 논문이 학회지에 발표되었다. 회원들의 고구려 신라 백제 고려 조선사 등에 관한 진일보한 연구 결과가 단행본으로 쏟아져 나와 식민사학 청산의 기폭제가 되었다.

60년대와 70년대 경주 공주의 신라와 백제 왕릉 발굴과 고속도로 건설 공사 등 개발에 따른 구제 발굴로 신문엔 발굴기사와 유물 컬러사진 특집이 자주 등장했다. 민족주의를 주창한 박정희 정부의 국학진흥정책으로 한국사를 비롯한 국악·국어·국문학 등 국학 분야의 기반이 넓어졌고 대중매체가 한국사를 비롯한 한국학 관련 보도에 열을 올렸다. 70년대에는 일본, 중국, 소련, 몽고 등 외국학계의 한국학 연구도 한국사 지평을 확대시키는 데 크게 기여했다. 재일 조총련계 학자였던 이진희 씨의 '광개토왕비연구', 소련 푸친의 '고조선 연구', 몽고학자 베 수미야바타르의 '몽골 한국 민족의 기원에 관한 언어관계 연구' 등은 국내학계의 한국고대사 인식 수정과 새 연구 방법론 수용의 결정적인 단서를 제공했다. 제자리걸음을 하고 있던 국내학계에 신선한 충격을 던진 공산권 학자의 한국 연구를 국내학계에 알린 사람은 핀란드에서 한국학을 강의하고 있던 고송무 씨였고 매체는 경향신문이었다. 구소련 지역에서 한국학 관련 자료 수집 중 타계한 고송무 씨가 경향신문에 보내온 '고조선' 등 공산국가의 한국학 자료는 월북 학자들의 선점으로 금기시 했던 한국고대사 연구의 지평을 확대시킨 충격이었다. 국학계가 국내외의 자극으로 오랜 잠에서 깨어나 기지개를 켜면서 일반 국민의 역사에 대한 관심은 높아졌지만 국사교과서 재판시비·역사학 국회 청문회 등으로 아카데미사학이 홍역을 치렀다. 그러나 역사학 대중화 바람에 편승한 검증 안 된 역사해석 범람으로 한국사가 혼란스럽게 된 부작용도 발생했다. 일제식민사관 극복을 위한 대안으로 이른바 내재적 발전론이 제기돼 농업사·상공업사·유학사상사 등의 분야에서 개척적인 연구가 쏟아져 나오긴 했으나 일본학계의 식민지 근대화론 제기를 침묵시키지 못했다. 조선 시대 인물 연구가 붐을 이뤄 역사 연구가 보완되기도 했으나 일부는 가문을 미화하는 문벌사학으로 전락, 사육신 교체 파동 등이 발생하기도 했다. "이데올로기 기치를 선명하게 내세운 이른바 재야사학은 한말 일제 강점 초기의 국수주의 역사해석을 들고 나와 강단사학을 비판했고, 민중사학은 유물사관을 저변에 깔고 과학적, 실천적 역사학을 주창하면서 기성학계를 비방했다."고 서울대출판부가 펴낸 '한국사 특강' 서문은 지적했다(1990년). 이런 혼란기에 권위주의 체제에 도전하던 반정부 세력의 일부인 민중사학파와 좌파 수정주의 및 김일성 주체사상 추종 세력들은 한국현대사 정설을 뿌리부터 부정하여 대한민국 정통성까지 흔들어 놓았다. 김대중, 노무현 좌경정부가 들어선 이후 역사교육은 일부 전교조 교사들의 선전 선동 도구로 전락, 친북 이념사관을 학생들에게 주입하며 사상 통제 수단으로 전락했다는 신문 기사가 자주 보였다. 대형 서점 역사교육 서적 판매대에는 대한민국 역사를 비하하고 6·25 전범 김일성을 찬양하거나 북한을 변호하는 책들이 늘어났다. 제3공화국이 고취한 민족주의 역사인식이 북한 주체사상과 접합되어 대한민국 헌법과 대한민국 역사를 부인하는 뜻밖의 부작용을 가져왔다. 3·86세대의 현실 정치에 대한 불만과 좌파 역사학자들의 선전 선동이 결합돼 김일성 체제를 이승만, 박정희 체제보다 호의적으로 평가하기에 이르렀고 그것이 교육 현장에까지 파급되어 역기능을 하게 된 것이다.

국민의 역사의식은 시대 따라 변해야 한다. 광복 전과 광복 후가 달라져야 하고 건국전후, 근대화, 민주화 과정 전후도 마찬가지다. 특히 국민의 역사의식을 고취하는 역사교육만은 자라는 세대에게 급변하는 시대에 무엇을 해야 국가와 민족의 번영과 행복을 실현하게 되는지를 자주적으로 판단할 수 있는 지식과 능력을 가르치는 내용이어야 한다. 우리나라 역사학과 역사교육은 건국 60주년에도 아직도 해방 직후 이데올로기 논쟁 수준을 크게 뛰어넘지 못했다. 정치가의 선전 선동 수준의 역사교육이 진행되고 있다. 한국역사학은 왜 학문의 자유와 독립을 지키는 힘을 발휘하지 못하는 것일까? 건국 60주년 역사학은 무엇을 했으며 그 한계를 얼마나 자각하고 있는 것일까? 이것이 21세기 초 역사학이 자신에게 던지는 질문이다.

권위주의 정권 타도를 부추기는 변혁 추구 세력의 반정부 투쟁과 역사학·역사교육의 결합이 본격화 될수록 학문과 정치, 교육과 정치 관계를 어떻게 해야 할 것인가 하는 새로운 문제가 생겼다. 역사학과 역사교육의 진실 추구와 정치 선전 선동으로부터 독립·자율성·과학성 문제를 자각하게 된 것은 이른바 민주화 이후의 일이다. 과거사 정리 논의 과정에서 자주 쟁점으로 등장하는 대한민국 건국, 6·25, 근대화 등을 빈곤과 전쟁을 모르는 전후세대들에게 과연 어떻게 설명해서 바른 역사인식 갖게 할까하는 것이 역사교육의 현안이다. 좌편향 정부 등장이후 제기된 쟁점들은 대체로 학계의 토론을 거친 정설이 있지만 목소리 큰 좌파들의 선전 선동에 밀려 정설을 발표한 학자들도 진실을 굳이 밝히려 하지 않고 침묵으로 일관, 주사파와 민중사관 재야사학(?)의 검증 안 된 주장만이 난무하고 있다. 해방 후 역사학은 무엇을 해 온 것인가? 이런 비판적인 질문에 역사학이 자신 있게 말할 수 없는 것은 그동안의 실적이 공허하기 때문만은 아니다. 정부의 이념과 정체성이 선명하지 않았기 때문이다.

* 한국사연구회의 한국사 연구 검증

1967년 한국사를 과학적으로 연구하고 새롭게 체계화하여 민족문화 발전에 기여하자는 목적으로 해방 후 1세대가 중심이 되어 한국사연구회가 발족했다. 한우근, 홍이섭, 김철준, 손보기 등 중진학자가 앞장서 4·19세대를 학회 중심세력으로 키웠다. 창립 당시에는 회장, 부회장, 대표간사 체제였으나 73년 회장, 부회장을 없애고 대표간사 체제로 전환 해방 전 세대 학자와 결별했다. 1968년 1월 제1회 월례연구 발표회를 시발로 매월 신진 세력의 새로운 연구와 사료 발굴이 공개되었다. 구석기 발굴, 독립협회 연구, 최치원 사산비명 연구 등 해방 후 한국사 연구가 이 연구회 중심으로 진작되었다. 1981년 2월 건국 후 한국사 연구를 1차 결집 '한국사연구입문'(지식산업사)을 펴냈다. 3년간 준비한 이 책은 56명의 학자가 참여 총론과 시대편으로 나누어 한국사 연구의 새 방향과 연구 업적을 총정리했다. 총론 부분에 천관우(한국근대사학의 발달), 이기백(한국사의 시대구분문제), 김철준(한국사학의 몇 가지 문제) 교수가 집필했고 원시, 고대중세, 근대사회 부분에 56명의 학자가 참여했다. 87년 제2판에는 80년대 전반기 업적을 정리했으며 2008년에 제3판을 냈다. 제3판 한국사연구입문은 상권은 원시에서 조선 시대까지를 537면으로 정리했으며 하권은 근대에서 현대를 493면으로 체계화했다. 한국사연구입문서만으로도 분량과 집필진이 2배가 되고 연구 영역의 지평도 확대됐다.

3. 역사 연구 백가쟁명시대(민족주의·민중·분단·주체사관)

역사학회 200회 월례발표회

[창립 26년을 맞은 역사학회가 78년 4월 22일 부산에서 2백 회 월례발표회를 가졌다. 한국학회 관련 학회로는 최초의 2백 회 월례학술발표회 돌파 기록이다. 1952년 3월 1일 피난지 부산에서 한우근, 김철준, 천관우, 정해종, 고병익, 정병학, 민석홍, 이보형, 안정모 씨 등 서울대 사학과 1, 2회 졸업생들이 주동이 되어 창립한 역사학회는 그해 6월부터 월례발표회를 시작 78년 4월 발표회로 200회를 돌파한 것이다. 그동안 월례발표회에 보고된 논문 370여 편 가운데 기존 학설을 바꾸는 주목할 논문도 많았다. 한국고대사 이해에 인류학 이론을 최초로 도입한 김철준 교수의 '신라 상대사회의

이중구조'(2회)를 비롯하여 실학 연구의 새장을 열어 준 천관우 씨의 '반계유형원연구', 한우근 교수의 '임진왜란 원인에 관한 연구' 등이 학회 발족 초기에 발표되었던 논문들이다. 월례발표회에 발표된 논문을 묶어 '역사학보'를 내고 있는 역사학회는 78년 6월 현재 77집을 내었으며 한국사 182편, 동양사 26편, 서양사 46편, 고고미술사학 42편 등 모두 296편을 게재했다. 화제를 불러일으킨 논문도 있었다. 익산 미륵사 건립 연대를 둘러싼 이병도, 황수영 박사의 논쟁을 비롯하여 첨성대를 주제로 한 이용범, 김용운, 남천우 씨의 공방전, 문무왕수중릉 논쟁 등이 역사학 월례발표회에서 벌어졌다. 26년 전 역사학회 발족은 문헌고증학 단계를 탈피하지 못한 해방 전 학계의 학풍을 비판하고 나온 획기적인 움직임이었다. 9명의 소장학자가 주동이 되어 발족한 역사학회는 78년 현재 1312명 회원이 가입한 대학회로 성장했고 발족 당시 소장학자들이 모두 학계 중진으로 활약하고 있다. 60년대부터 분류사 연구가 강조되면서 동양사, 서양사 전공학자들은 독립된 학회를 만들었고 한국사연구회도 창립되어 각기 독립된 연구를 하고 있다. 진단학회를 뛰어넘기 위해 역사학회가 발족되고 역사학회 연구를 보다 발전시키기 위해 한국사연구회가 발족되었다. 역사학회는 역사학의 학문적 성장과 한국사회의 역사학에 대한 기대에 부응하기 위한 새로운 움직임이 있어야 할 것이다.](신동아 1978년 6월호 뉴스와 화제, 학술, 박석흥)

  * 민족주의 · 민중 · 분단 · 주체사관

대한민국임시정부 설립 초기부터 시작된 좌·우 이데올로기 대립에 의한 정치적·사상적 혼란은 김대중, 노무현 정부에서 최절정에 이르러 역사학계도 백가쟁명의 혼돈에 빠지게 됐다. 식민주의 사관·김일성 주체사관·브루스 커밍스류의 수정주의 사관·민족주의 사관·식민지 근대화를 인정하는 중진자본론·분단사학론·민중사학론 등 다양한 사론이 꽹과리소리처럼 세상을 시끄럽게 했다. 소련과 동구 공산국가의 소멸로 이미 폐기 처분된 좌파 이데올로기 사관이 한국사회에서 발붙이고 행세하는 것은 역사학과 역사교육이 현대 학문으로 발돋움하지 못한 지체 현상이라고 사회과학자들은 비판했다. 그러나 역사 연구 성과에 근거한 역사 관련 저술이 늘어나고 널리 읽혀 그것이 국민의 역사의식 형성에 이바지한 것은 바람직하다. 역사학은 역사학자의 전유물은 아니다. 누구나 역사를 연구할 수 있다. 향토사가의 지역 연구와 한 가족사 연구가 역사 해석에 도움이 되기도 한다. 국민 모두 나름의 역사관을 가질 수 있고 역사를 쓸 수도

있다. 그러나 역사 연구가 대중화되면서 정치권력·매스컴에 이용되고 학문의 순수성
이 훼손되기도 한다. 제3공화국의 국학 지원의 부산물인 역사 대중화 바람은 역기능을
하기도 했다. 고조선, 고구려사 연구를 통한 고대사 지평 확산을 주창하는 이른바 재야
인사들은 강단사학을 비판하는 법정 소송과 '자유' 잡지를 통한 인신공격 등으로 아카
데미사학의 권위를 무너뜨렸다. 재야인사들의 공격을 받으면서도 아카데미사학의 권위
를 지켰던 해방 후 1세대 학자들이 타계하자 역사학은 백가쟁명의 시대에 돌입했다.
그래서 많은 북한 인민을 살상하고 6·25를 일으킨 전범 김일성을 찬양하고 대한민국
발전에 기여한 주역들을 터무니없이 비방하는 저술이 나와도 역사학계는 오불관언이었
다. 북한 책과 수정주의 사관을 표절하고 짜깁기한 책이 나와도 비판하는 학자도 없다.
일군의 젊은 사회과학자들이 수정주의 사관에 제동을 거는 공동 작업에 나섰을 뿐이다.
  역사학은 역사 연구·전통문화의 전수·시대정신 창출·현실 문제 해석과 방향 제
시·구성원 간의 유대 강화·다음 세대의 역사교육 등에 기여하는 다양한 기능을 한
다. 한국역사학은 건국 후 우리 사회의 시대정신을 창출하고 한국사회 변화의 결정적
인 영향과 방향타가 되었다. 일제 침략 시 독립정신과 구국운동·해방 전후 사회주의
운동에 의한 사회 변혁 촉구·세계를 놀라게 한 근대화 추진의 정신적인 동력 제공 등
의 정기능을 했다. 그러나 건국 전야의 남북분단의 이데올로기 전쟁 촉발·6·25 동족
상잔의 이데올로기 제공·이른바 민주화 이후 주체사상 추종 세력에 의한 남남갈등·
국가 정체성 혼란 등의 역기능을 했고 지금도 하고 있다. 김대중, 노무현 정권에서 역
사학의 혼란은 최절정이었다. 역사학은 역사를 해석하는 시각 차이에 따른 학설의 대
립이 심각해 '정설'을 만들기가 어렵다. 그래서 역사교육의 목표 설정도 쉽지 않다. 그
렇기 때문에 정부가 역사교육의 준거틀을 정하고 학교교육은 그 가이드라인을 지키게
한다. 이견이 분분한 역사 학설이 그대로 학생들에게 전달되면 혼란스럽기 때문이다.
  재야 시절 민중사관을 찬양했던 김대중 씨 집권 후 나온 일부 현대사 교과서가 친북
좌파 편향성이 있다는 비판(교과서포럼: 한국현대사의 허구와 진실, 2004)과 전교조 일
부 교사의 역사교육 지침에 대한 우려가 자주 신문에 보도되었다. 김대중 정부가 충분
한 준비 없이 시작한 현대사 교육이 사회통합보다는 국론을 분열시키고 있다는 반성론
도 제기됐다. 역사교육을 통한 교육·사상 통제를 우려하는 지적도 있었다. 그래서 정
치학·북한학·외교학·사회학·경제학·경영학자가 참여한 교과서포럼은 '한국현대사
의 허구와 진실'(고등학교 근·현대사 교과서를 비판한다)을 통해 "좌파 정권 시절 만
든 교과서는 나라를 세우고 지키며 가꾸기 위해 최선을 다한 모습, 삶의 질을 높이기

위해 피와 땀을 흘린 우리의 자화상이 보이지 않는다. 독재와 억압, 자본주의의 참담한 모순만이 있을 뿐이다. 대한민국의 미래 세대가 언제까지 주홍글씨가 쓰인 옷을 입고 다녀야 할 것인가.”라며 고등학교 근·현대사 교과서를 비판했다. 이들은 2008년 대안교과서 ‘한국근·현대사’를 내놓았다. 그러나 이 대안교과서 일부가 신식민사관의 재판이라고 역사학계가 입을 모아 비판했다. 첨예하게 대립된 현대사 논쟁은 쉽게 종결될 것 같지 않다. 역사학 특성상 모든 연구자의 해석과 역사 평가가 일치 되지는 않는다. 그리고 뜨거운 쟁점이 많은 것은 사실의 복잡한 관련성을 종합적으로 파악해야 할 한국현대사의 특성 때문에 어쩔 수 없다. 학설이 대립하고 논쟁이 활발한 것은 학문의 발전이다. 지배적인 통설이 부단히 의심받고 비판되고 뒤집히는 것은 연구가 정체되지 않았다는 증거이다. 결론을 도출한 과정, 그 고찰을 위해서 제기하는 문제 설정과 그 문제를 풀기 위한 방법, 그리고 그것을 어디까지 증명할 수 있는가의 실증에 눈을 돌린다면, 결론의 차이에 상관없이 대립과 결론을 통하여 학계의 공유 재산이 축적될 수도 있다.

한국사학의 맹점은 사관의 차이에 의한 현대사 논쟁뿐만 아니라 사실 자체를 해석하지 못하는 고대사의 수수께끼도 많다는 점이다. 수수께끼투성이의 한국고대사 탐구는 미로를 영원히 벗어나지 못하는 것일까? 실증 자료가 풍부한 임진왜란 병자호란 전후 처리에서 책임져야 할 인물과 집권 세력을 징계하지 못한 배경은 무엇일까? 독도 근해를 갑자기 한일 공동 관리 수역으로 바꾼 김대중 정부 대일 외교의 숨은 진실은 무엇일까? 한때 기적으로 평가 받았던 우리나라 경제가 김영삼 정부 말기 ‘IMF사태’라는 국가 파산 위기 사태를 초래한 원인은 무엇일까? 노무현 정권은 무엇을 위해 대한민국의 정체성을 뿌리부터 흔드는 헌법 개헌을 검토했을까? 혈맹관계였던 미국이 독도 및 북한핵무기 협상과정에서 한국을 섭섭하게 한 배경은 무엇일까? 우리 민족이 새 밀레니엄 초에 겪는 진통은 어느 민족보다 극심한 것이다. 이 사태를 역사학은 어떻게 진단하고 있을까. 이런 것들이 일반시민들이 역사학자에게 묻는 질문이다. 대전환을 모색하던 시대마다 역사가들은 옛것을 교훈 삼아 당대의 모순과 과제를 풀어 나갈 방향을 제시했다. 건국을 주도한 광복 전 세대와 광복 후 배출된 제1세대 역사학자들은 광복, 6·25, 4·19, 10·26 등 격변기마다 한국사회의 격동에 뛰어들어 나름대로 한국사회의 바른 방향 설정에 기여하기도 했다. 그러나 일군의 통일지상주의 사학자들의 편향된 역사의식과 잘못된 사회참여는 사회를 혼란시키는 역기능을 하기도 했다. 60년대에 홍이섭 연세대 교수, 김철준 서울대 교수, 이기백 서강대 교수 등 해방 후 1세대 국사학자들은 현대 한국역사학과 현대문화의 과제와 새 방향을 제시했다. 80년대에는 광복

1세대의 교육을 받은 3·86세대 일부와 건국 후 제2세대 학자들이 수정주의와 주체사관을 수렴하고, 민중사관을 주창했다. 이들 중 급진적인 세력은 조국 통일을 명분으로 내세우고 대한민국 건국, 6·25전쟁 수행 등 대한민국사의 중요 사실을 부정하며 사회주의 혁명과 통일국가 건설을 역사적 과제로 제시하고 있다. 좌익 우익으로 편 가르기를 하고 분열과 혼란을 획책했던 해방 직후의 좌파 투쟁을 재연했다. 김영삼 정부의 '역사 바로세우기'에 이어 노무현 정부의 '과거사 정리'는 현대사 논의를 활발하게 했으나 대한민국의 정통성을 뿌리째 흔들었다. 이제 한국역사학의 정치 참여도 검증받아야 할 주제가 됐다.

4. 을사국치 100년 광복 60돌의 한국현대사:

* **영광과 치욕이 겹쳐진 한국현대사 100년과 역사학**

[2005년은 을사국치 100년, 광복 60돌이 되는 해다. 치욕과 영광이 겹쳐진 100년의 역사에서 우리 민족은 과연 어떠한 역사적 교훈과 깨달음을 얻었는지 점검하고 민족의 새 진로를 설정해야 할 시점이다. 식민지 전락의 치욕과 10대 선진국 진입의 성취가 점철된 100년의 역사를 어떻게 해석하느냐는 우리의 미래를 어떻게 열 것인가 하는 문제와도 직결된다. 역사는 그것이 현명했던가 현명하지 못했던가, 역사적 과제를 과감하게 해결했는가 그렇지 못했나, 문화의 한계를 극복했나 아니면 정체됐나, 문화가 탄력성이 있었나 단조로웠나, 세계사의 진전에 기여했나 못했나, 대외 교섭 관계의 융통성 여부 등의 잣대로 평가 기록되어, 후세의 거울이 된다. 과장이나 날조 왜곡으로 역사의 거울을 흐리게 하면 그것은 귀감이 되지 않는다. 김일성의 날조된 치적(?)으로 도배한 북한 역사는 귀감이 될 수도 없고 북한을 미래가 없는 암흑사회로 만들었다.

한국현대사는 냉철하게 비판 검증되어야 한다. 지난 100년의 한국역사는 일본 식민지로 전락하던 구한말과 유사한 상황에서 일어나는 국내외 파동과 혼란의 되풀이와 그를 극복하는 고난의 연속이었다. 그러나 좌우 이념 대립의 갈등, 불량한 정당과 저질 정치, 부패행정 등의 모순을 안고서도 우리는 다른 민족이 200년 걸려서도 못 이룰 과제를 불과 60년의 짧은 기간에 달성, 10대 선진국 대열의 문턱에 들어섰다. 국제공산주의와 '김일성 주체사상'의 직·간접 침략과 위협 속에서도 한국이 이룩한 민주화와 압축경제성장을 세계는 놀라워하고 부러워하고 있다. 그럼에도 불구하고 피와 땀으로 일구어 낸 반백년의 역사 창조를 버려야 할 부끄러운 유산이라고 폄하하는 사람도 많다. 한국현대사를 치욕의 역사로 혹평하는 자학적인 사관이 이 시대 역사의식을 지배하고 있기 때문이다.

지향해야 할 새 문화 목표 설정은 역사의 바른 전망을 세울 수 있는 시대정신(역사철학)이 건전해야 한다. 국민 각자가 그런 역사적 신념을 가잘 수 있도록 지도층과 지식층의 정치 철학과 사관이 건전해야 한다. 고려를 부정하고 개국한 조선왕조가 정리한 고려사 열전에 등장하는 인물들은 그들이 활약했던 시대의 모순과 한계를 극복하려고 노력한 출중한 인물들로 평가했다. 그런데 한국현대사는 친일파와 독재자 등 추악한 인물이 역사의 주역이었던 이상한 시대로 정리되고 있다. 식민지 시대와 기백만의 동족을 살상한 6·25 동족상잔의 후유증이라고는 하나 분노와 증오로 얼룩진 자학사관으로는 역사가 바르게 정리될 수도 없고 바람직한 미래를 그릴 수도 없다.

한국현대사는 왜 자학적인 역사관의 포로가 되었을까. 상해 임정 시절부터 시작된 뿌리 깊은 좌우 대립 갈등이 빚은 한풀이와 흑백 논리 수준의 유치한 정치문화의 폐습이 이 자학적인 역사관을 배태시켰다. 문제는 이 자학적인 역사관의 영향으로 국권 상실기에 선각자들의 애국 계몽으로 심어 준 국민의 공동체 의식과 나라사랑 정신까지 퇴색되고 이념 논쟁과 계급투쟁 의식만이 선명하게 되었다는 사실이다. 이러한 사회분위기는 국치·광복·대한민국사를 제대로 비판 정리하여 국가의 정체성을 인식시키는 국민교육을 충실하게 하지 못한 정치문화의 한계에서 비롯된 것이다. 건국 60주년의 우선 과제는 국치로부터 선진국 대열에 들어선 오늘까지의 현대사를 정리하여 국민의 바른 역사의식을 선도하는 작업이다.

그러면 과연 건국 60년의 역사는 급진주의자들이 주장하는 것처럼 타기할 부끄러운 역사로 평가되어야 하나. 압축성장과 광복 직후 국가 건국 과정, 김일성 남침에 대항하는 과정에서 잊어버리고 싶은 부끄러운 일도 물론 있었다. 그러나 6·25 비극을 극복하고 선진국 대열에 진입한 대한민국사 전체가 모두 부정적인 것은 아니다. 최근 2차 세계대전 후 공산주의를 채택했던 국가들에 다녀온 사람들은 입을 모아 광복 직후 좌파의 사회주의 국가 수립을 막고 대한민국을 건국한 선택과 압축경제성장 정책을 재평가해야 한다고 말한다. 이것은 정권 교체기마다 주기적으로 이승만, 박정희 시대를 청산의 대상으로 몰아붙여 온 매스컴의 폭격에 대한 보통 시민들의 소박한 반론이다. 이승만 건국대통령과 박정희 대통령을 매도했던 언론도 과거 정파주의 보도를 지양하고 객관적인 평가를 하고 있다. 이승만 비판에 앞장섰던 신문사의 전직 국장들이 연세대 한국학연구소가 주최한 이승만 재평가 세미나에 참석, 건국대통령의 역사적 평가를 경청하기도 했다. 언론의 정파주의적 보도에 의한 현대사 해석의 오류도 검증돼야 할 것이다.

"건국 후 새 정권 들어설 때마다 진행된 전 정권에 대한 평가가 과거 조선·고려·통일신라 시대의 왕권 교체기 수준에도 못 미친다."고 김철준 서울대교수는 '민족문화의 반성'이라는 논단을 통해 지적한 바 있다. 이 지적을 입증하는 사례를 추가하려는 듯 한국 전통문화와 현대사의 진정한 의미와 실상을 제대로 인식하지 못한 특수 분야 전문가들이 단편적인 사건을 바탕으로 우리 시대 역사를 제멋대로 해석 재단하며 흥분하는 일이 자주 일어나고 있다. 구소련의 문서 공개로 허구가 된 브루스 커밍스의 수정주의 사관을 따르는 많은 현대사 논문과 저술이 그런 것들이었다. 이런 걸러지지 않은 역사해석에 의한 문화 혼란은 심각하다. 최근의 역사 논의가 국가권력에 의한 민권 침해 규명과 강압적인 통제에서 풀려난 표현의 자유라는 긍정적 평가도 있지만 편향된 시각에 의한 흑백 논리의 역사 재단이 진실을 왜곡하고 있다는 비판도 고개 들고 있다. 브루스 커밍류의 한국현대사 해석이 허구라는 정치 사회학계의 문제 제기도 있었다.

문민정부 출범 후 참여정부에 이르기까지 역사 논쟁은 가열되고 있다. 과거사 청산 논의뿐만 아니라, 대외적으로 중국의 동북공정 파동으로 인한 중국과의 역사전쟁, 일본 정치가들의 망언과 일본 교과서 파동으로 인한 일본과의 역사전쟁이 줄을 이어 벌어지고 있다. 노무현 정부시대 정치 실세 조상들의 친일 경력시비, 중요 정부 기관장 인선을 둘러싼 잡음 등으로 매스컴과 인터넷 매체는 하루가 멀다 하고 역사를 들먹이고 있어 대중은 혼란스럽다.

망언 만발과 중국·일본과의 역사전쟁

새 시각에 의한 현대사 정리 과정의 진통이라고는 하나 일부 좌파의 선동적인 폭로 저널리즘과 망언은 가볍게 넘겨 버릴 사항이 아니다. 이것이 젊은 세대의 부정적인 역사인식을 부추기고 있기 때문이다. 한국역사에 관한 의도적인 망언은 이제 일본 정치인만의 전유물이 아니다. 특히 김대중, 노무현 정권 시절 일제 침략에 관한 한국 정치인 학자 언론의 무지와 망언은 심각한 수준이다. 일본의 한국 침략을 수탈만이 아니라 개발이라는 측면에서도 보자는 한국 경제학자의 주장을 필두로 정신대에 관한 경제사학자의 망언, 고구려사는 중국 동북아사라는 동양사학자의 망언, 일진회와 손잡고 일본의 작위와 돈까지 받은 구한말 고관대작과 일제 밀정의 후손들까지 독립유공자 후손이라고 나서는 망언과 그것에 동조하는 신문의 보도 등 망언 만발이다. 이처럼 망언이 횡행한 이 시대의 무지를 뒷날 역사는 무어라고 평가할까. 부끄러운 일이다.

한국현대사 체계화의 시발점인 일제 침략에 관한 이른바 민주화 이후 정치가들의 무지와 적절치 못한 발언의 파장은 더욱 황당하다. 노벨상 선정을 앞둔 시기에 동북아 화해의 상징으로 국제사회가 평가했던 98년 한·일 공동 파트너십 선언에 앞서 가진 한·일 양국 정상 회담에서 김대중 전 대통령은 "일제 침략문제는 이제 더 이상 거론 안 하겠다."고 선언했다. 문제의 발언이 김대중 씨 노벨상 수상식장에서도 언급되고 국제사회는 2차 세계대전 전후 문제 처리의 획기적인 진전이라고 높이 평가하기도 했다. 과연 그럴까. 당시 한국역사학계는 성명서 발표 등으로 즉각 잘못된 발언이라고 반박했으며 많은 지식인은 김대중 씨의 발언이 적절치 않다고 지적했다. 김대중 씨의 발언이 잘못이라고 비판하는 학자들은 일제 침략사가 아직 객관적으로 소상하게 파헤치지도 못했고 일본이 한국인에게 준 엄청난 피해를 반성하지 않고 있다는 점을 이유로 지적했다. 현대 100년 역사 정리는 일제 침략사 정리에 앞서 안으로 구한말 집권 세력의 부패 무지 무능의 실체 규명, 밖으로 일제 침략 세력의 실체와 죄악상을 소상하게 밝혀내는 것에서 시작되어야 한다. 역사 정리 차원에서도 일제의 한국 침략은 더욱 심도 있게 더 거론해야 할 것이다. 북한핵문제로 미국과 일본의 공조가 부각되고 있는 상황에서 100년 전 일본의 한국 침략 범죄를 명확하게 밝혀 일본군 활약의 한계를 분명히 해야 할 것이다. 뿐만 아니다. 일제 침략이 남긴 생채기가 너무 크고 치유할 수 없어 우리 민족은 쉽게 잊을 수도 용서할 수도 없는 것이다. 부정적인 한국현대사의 큰 비중을 차지하고 있는 가해 주체 일본의 침략 실체를 거론하지 않고 현대사 모순 청산은 어렵다. 김대중 씨의 일제 침략에 관한 통 큰 소리를 기다렸다는 듯이 때맞추어 일본에서는 이웃 나라 침략사를 왜곡한 '신편교과서'가 정식 교재로 채택되었고 일본총리가 2차 대전 전범들의 위패를 안치한 야스쿠니신사를 참배했다. 피해자인 이웃 나라 국민의 분노는 전혀 아랑곳하지 않고 고개를 빳빳이 세우고 야스쿠니신사를 참배하는 일본 정치인의 후안무치한 작태를 누가 방조한 것일까. 사려 깊지 못한 발언을 한 정치인뿐만 아니라 일본의 한국 침략이 한국 근대화의 밑거름이 되었다며 제국주의 시혜론을 들먹이고 있는 일부 한국 학자와 언론인들도 그 방조 세력들이다. 60년대 한국 등 아시아 몇 나라의 경제성장은 일본 제국주의 침략이 깔아 놓은 경제성장의 연장이라며 중진자본주의론을 제시한 나카무라사토루(中村 哲) 교토대(京都大) 교수의 가설은 한국과 미국의 경제학계에 전파되어 학설로 자리잡아 가고 있다. 한국사학계는 일제 침략 전 조선 시대의 사회를 노예제 사회를 탈피 못 한 정체사회라고 왜곡한 일제 식민사관을 청산하기도 전에 다시 일본학계가 제기한 일제식민 지배 미화론에 곤혹스럽기만 하다. 참으로 딱한 형국이다. 한국 현대문화가 외양은 화려하게 갖추었지만 학술 등 고급문화 내용이 빈곤해 이런 문화 혼란 사태가 발생한 것이다. 100년 전 '을사국치'를 반성하고 바른 문화방향 설정을 위해 한국 현대문화의 빈곤을 다양한 시각으로 검토 비판해야 할 것이다. 김대중 씨의 돌출 발언 뒤에 나온 '적절한 역사인식에 입각해 교육하겠다.'는 98년 한·일 공동 선언을 명백히 위반한 일본의 '신편교과서 파동'이 전연 정리되지 않은 상태에서 노무현 참여정부 출범 후 이번엔 중국이 고구려 발해 역사가 중국사라고 주장했다. 한국에서 지난 정권의 과거사를 들추고 있는 동안에 이웃 나라들이 한국사의 시작에서 현대까지를 뿌리부터 흔들고 있는 것이다. 중국 및 일본의 역사전쟁 도발은 단순한 과거사 기술만의 문제가 아니다. 21세기 한국의 중국·일본과의 정치 외교 문제와 직결되고 미래의 한·중·일 관계사를 설정하는 문제이기 때문이다. 일본 교과서 검인정을 둘러싸고 더욱 첨예화될 일본의 한국 침략사 왜곡을 과연 어떻게 대응할지 걱정이다.

광복 후 한국 역대 정권의 문화정책에 많은 문제가 있었다. 중국이 이번에 문제를 제기한 고구려, 발해, 고조선 문제는 일본이 한국 침략을 정당화하기 위해 한국고대사를 왜곡한 이른바 일제식민사관과 크게 다를 것이 없는 알려진 쟁점들이었다. 정신문화(한국학 중앙)연구원 국사편찬위원회 독립기념관에서 당연히 학술적으로 정리했어야 할 과제들이다. 노무현 정부가 기왕에 학계의 공동 연구로 정리했어야 할 것을 중국이 문제를 삼자 기존 연구기관을 제외하고 또 하나의 연구소를 급조해 임기응변하고 있는 것은 국가 재정의 낭비다. 1977년 국학 총본산으로 출범한 한국정신문화(한국학 중앙)연구원은 중국과의 역사전쟁에 당연히 앞장서야 할 학술연구기관이지만 윤리 교육학자들의 정신교육기관 기능 역설로 연구원의 기능이 모호해지고 최근에는 총리나 장관 등 여권 중진들의 퇴임 후 보직처로 전락, 본래의 국학연구 기능이 퇴색됐다. 정신문화(한국학 중앙)연구원을 출범 당시 목표인 국학 연구 본산으로 27년간 고구려 발해 고조선 연구를 꾸준히 연구케 했다면 중국의 동북공정 작업에 놀라 호들갑을 떨며 또 하나의 연구소를 서둘러 만들지는 않았을 것이다. 1982년 일본 역사교과서의 한국 침략사 왜곡에 분노한 국민의 성금으로 건립된 독립기념관도 건립 취지는 망각한 채 한일 역사 전쟁 논의에서 항상 비켜서 있다. 국학 관련 중요 국가기관을 설립 목적보다 단기적인 정치 목적으로 운영해 온 정부의 파행 행정은 예산 낭비는 물론이고 대외정책 대응에도 취약점을 드러내고 있다.

불확실성의 정치

새로운 꿈을 안고 출범한 뉴밀레니엄의 서막이 불확실성의 연속이다. 냉전은 갔으나 지역 분쟁으로 평화는 불안하고, 과학기술의 발전으로 생산은 늘었으나 분배는 오히려 악화되어 국가 간 격차가 더욱 심해지고 있다. 유감스럽게도 우리나라가 뉴밀레니엄 초에 겪는 진통은 다른 어느 나라보다 극심한 것이다. IMF관리 체제 이후 국가 대표적인 기업들의 지배 구조가 외국에 넘어갔고 북한핵문제로 국가 안보도 위태롭다. 북한의 핵무기 보유 폭탄선언과 장거리 미사일 실험에 세계 여론은 연민과 우려가 섞인 깊은 관심을 표명했다. 북한의 핵무기 보유선언은 북한 정권의 존립 여부만이 아니라 한국의 지속적인 발전과 동북아의 지배 구도 변혁에도 결정적인 영향을 미칠 것이다. 이 세기적인 사건을 통일의 기회로 삼을 것인지 아니면 한반도를 분쟁 지역으로 만들어 다시 일본이 동북아의 맹주가 되도록(분쟁에 개입하도록) 방조할 것인지는 한국의 외교 능력과 국제 정세를 내다볼 수 있는 정치 역량에 달려 있다. 100년 전 국권 상실기 외세의 실체를 잘못 파악했던 대원군과 민비일파와 왕실 측근 세력의 무지·부패·패거리 정치가 나라를 망하게 한 것을 반면 교재로 삼아야 할 것이다. 1905년 한국의 자주권 상실이 열강의 묵인하에 이루어진 것을 시발로 8·15, 6·25, 박정희 정권의 경제성장, 민주화, IMF사태 등이 크든 작든 국제 파동의 산물이거나 국제역학 관계로 이루어진 것이 사실이다. 경이적인 한국의 압축경제성장도 내부 역량의 결집이었지만 외부 변수가 그 어느 때보다 크게 작용했던 사실을 인정해야 한다. 그러나 그 외부 변수까지도 한국민의 지혜로 선택하여 국부로 창출했던 점을 역사는 평가할 것이다.

우리는 큰 사건에 직면할 때마다 1905년 을사국치를 생각하며 반성한다. 1868년 명치유신을 단행한 일본은 1875년 강화도에 쳐들어온 후 30년간 미국, 러시아, 영국, 독일 등 당시 강대국과 한반도의 일본 식민지화를 전쟁·협상 등으로 침묵하게 하는 사전 작업을 했다. 이 기간은 국제사회의 대변혁을 몰고 올 1차 세계대전과 러시아혁명

전야로 중국에서도 양무 변법 혁명, 무술개혁, 의화단운동 등이 전개되던 시기로 한국만 잠자고 있었다. 고작 중국을 드나들던 역관들이 밖의 변화에 놀랐으나 그들이 내건 개화도 일제 침략의 도구로 이용당한다. 박은식은 한국통사 제1장 서두에 "대원군이 제대로 배운 것이 없어, 내정을 다스리되 사사로운 지혜를 사용하여 파동이 크고 거동이 지나쳤으며 외국을 배척하여 스스로 소경이 되고, 왕실 안에서 변이 발생, 화가 나라에 미쳤으니 한국통사의 비극이 여기에서 비롯됐다." 탄식했다. 정상적인 교육을 받지 못하고 요즈음 양아치처럼 행세하다 왕권을 장악한 대원군뿐만 아니라 대원군 집권 전의 부패한 안동김씨 세도정치, 대원군 다음의 민씨 세도정치, 망국직전 관료의 무식과 패거리 정치가 국가 패망과 선량한 국민의 풍찬노숙과 유리걸식을 자초한 것이다. 박경리의 '토지'가 이 시대 비극의 한 단면을 그렸다.

1백 년 전 한국의 주권을 일본이 강탈할 때 강대국들은 한국보다는 일본을 높게 평가, 일본의 한국 침략을 눈감아 주었다. 일본의 한국 침략을 묵인한 열강을 비난하기보다 우리 역사의 모순을 반성해야 앞으로 바른 역사를 기록할 수 있을 것이다. 나라 망한 뒤 선교사들이 번역한 한글 성경 보급과 함께 일반 국민의 나라 사랑 교육이 비로소 시작되었다. 이런 교육이 밑거름이 되어 기미년 거족적인 독립운동이 가능했던 것이다. 국권 회복을 위해 선각자들은 좌우 대립 없이 역사교육, 국어교육으로 나라 잃은 민족의 각성을 촉구했다. 조선동아의 학예면 기사와 '조선민족갱생의도', '나라사랑의 길' 등 저술이 나라 잃은 일반 국민의 애국정신을 고취했다. 한서 남궁억은 '삼천리반도 금수강산' 등 찬송가를 지어 대중의 애국심을 종교를 통해 호소했다. 이데올로기를 초월했던 선각자들은 광복 후 국가 건국에 참여해 교육 문화정책을 바르게 세워 국가 발전의 기초를 다졌다. 그러나 광복 후 일부 좌파 지식인들은 이념의 노예가 되어 좌익정부 설립을 위해 투사로 나서 월북, 북한정권 건국에 참여했다. 그들의 좌익 활동은 민족상잔의 비극과 60년 뒤 북한 동포를 기아와 폭압 속에 허덕이게 하는 데 방조한 한심한 결과가 되었다. 그런데 남한의 일부 급진주의자 학자들은 대한민국 역사는 혹독하게 비판하면서 6·25를 일으켜 기백만의 인민을 회생시킨 김일성의 주체사상을 찬양하고 북한 역사의 치부는 눈감아 주고 미화까지 한다. 정직하지 못하다. 역사는 사실대로 냉철하게 기술해야 한다. 독립운동사와 일제 침략사를 이제는 있었던 사실대로 밝혀서 정리해야 할 때가 되었다. 먼저 가해자 일본이 허심탄회하게 침략의 실상을 공개해야 하며 국가 산하 연구기관에서 국내외에 산재한 자료를 수집하여 사학, 정치학, 철학, 사회학, 통계학, 문학 등의 공동 연구와 토론을 거쳐 체계화해야 한다. 독립운동사를 한국사 전체 맥락과 세계사의 시각으로 재조명해야 하며 한 사람의 의견이 아닌 학계 전체의 의견을 수렴한 것이 되어야 한다. 아직도 미화되고 있는 일제 한국 침략의 앞잡이였던 이른바 개화승 이동인과 고종 측근의 일부 개화파 관료의 변절과 친일을 밝혀 재정리해야 한다. 코민테른도 불신했던 한국의 사회주의 계열 일부 인사의 활약도 신중히 평가해야 한다. 8·15 후에도 미국은 한국을 일본의 하위 체제계로 편입하는 대소련 동북아정책을 추진했다. 이런 악조건과 싸우며 대한민국의 기초를 다진 건국 지도자들과 근대화를 성취한 그다음 세대 엘리트들의 피 마르는 고뇌와 국민의 땀과 피로 성취한 압축성장도 정당하게 객관적으로 평가받아야 한다.

한국현대사 체계화 작업에서 특히 인물 평가는 객관적으로 공정하게 해야 한다. 건국과 근대화에 큰 자취를 남긴 이승만, 박정희 대통령이 국익 추구를 위해 미국과 초긴장 관계였던 사실 등은 미국 문서 공개로 다 밝혀졌다. 이제는 미국 시각이 아닌 한국의 시각으로 이들을 평가할 때도 됐다. 이승만은 4·19 나던 해 2월 국무회의에서 "내가 미국의 덫(trap)에 걸린 것 같다."고 말했다. 일본의 장난 때문인 것 같다며 "머지않아 미국이 국제사회에서 어렵게 될 때 미국을 도울 나라는 한국뿐임을 미국이 알아야 한다."며 참모총장 등이 미국에 건너가 미국 조야를 설득하라고 당부한다. 이승만 대통령은 부산 정치파동 이후 한일국교 정상화 반대, 반공 포로 석방 등으로 미국과 마찰, 미국의 이승만 제거 계획(Plan Ever ready)을 간파하고서도 미국과의 피의 동맹을 고수한다. 박정희 대통령도 집권 후 피살당할 때까지 미국과는 피를 말리는 긴장 관계였으나 반미정책을 공개적으로는 안 했다. 국익을 위해서 인내했던 것이다. 건국 60주년에 역사 기술까지 포퓰리즘의 압력의 영향을 받아서는 안 된다. 상해 임시정부 시절부터 시작된 좌우 대립의 실상도 밝혀 그 역사적 공과를 분명히 해야 한다. 광복 후 좌파의 공산 정권 수립을 저지하지 못했다면 남한도 후진 빈곤 국가군에서 헤어나기 어려웠을 것이다. 100년 전 망국은 밀려오는 세계사적인 역사 파동을 극복할 국민적인 힘의 결집도 지도 세력의 지혜도 모자랐기 때문에 저항 한번 제대로 못 해 보고 당한 부끄러운 역사였다. 을사국치로 망국의 역사를 체험한 우리 민족은 나라와 헌법을 수호해야 한다는 굳은 국가 보위 의식을 가져야 한다. 밖으로부터 오는 역사전쟁 도전과 자생 주사파들의 주체사관 도전을 잠재울 투철한 역사의식의 공유화가 절실하다. 100년 전의 수치와 동족상잔의 비극을 망각하고 김일성 주체사상의 포로가 된 일부 지식인의 선전 선동에 세뇌당한 신세대에게 설득력 있는 역사교육을 서둘러야 할 것이다. 을사국치로부터 100년 한국은 선진국으로 발돋움했다. 이제 정치도 한풀이는 끝내고 국제경쟁력 있는 고품격 정치로 발전해야 한다. 그러기 위해서는 국민의 정치교육을 담당한 언론이 제일 먼저 각성해야 한다. 정당의 앞잡이 역할을 벗어나 정론을 펴야 한다. 비록 지금은 불확실한 시대지만 기미독립선언서에서 기약했던 위력의 시대는 가고 양심과 진리가 함께 하는 '신천지'가 우리에게 다가오고 있다. 우리 선조들이 피 흘리며 갈구했던 신천지를 구현하기 위해 우리는 좌우 이념 대립으로 일어난 문화 혼란을 극복할 나라사랑의 철학을 정립해야 할 것이다(나라사랑. 2005년 제109집 광복 60돌 특집. 박석홍 대전대 겸임교수)

제2장 한국역사학의 식민잔재 청산과 잃어버린 역사 찾기

1. 일본제국 침략과 한국사 왜곡

　노무현 정부 시대 한국역사학과 역사교육은 사회로부터 불신받았다. 건국 60주년이 되었으나 역사학은 일제식민지사관의 굴레를 완전히 벗어나지 못한채 이데올로기 논쟁을 계속하고 있고 북한·일본·중국과의 역사전쟁에 한국사 전체가 흔들리고 있기 때문이다. 일제가 남긴 문화적인 생채기가 쉽게 없어지지 않은 분야가 역사학이다. 역사학자들에게 일제식민사관 극복은 멍에처럼 따라다닌다. 식민사관 추종자나 극복을 외치는 사람이나 모두에게 일제식민지사관은 큰 부담이 되고 있다. 광복 후 1세대 학자들은 식민사관 청산 이야기만 나오면 점잖은 학자도 거친 말을 썼다. 일제식민사관을 금과옥조처럼 신봉하는 사람들을 '빌어먹을 사람들', '똥물에 튀어 죽일 놈들', '식민사관에 짠지처럼 전 사람들'이라고 거침없이 비난했다. 60년대 한국사학계를 대표하는 일본 제국대학 출신 학자의 연구실엔 일본 제국대학 학생증을 서가에 핀으로 꽂아놓고 자랑스러워한다고 비웃는 학자도 있었다. 그래서 일제 어용 식민사학 추종 학자와 이것을 비판하는 역사학자들 사이의 논쟁엔 쉽게 씻어 버릴 수 없는 앙금이 있었다.

　우리에게 문제의 식민사관은 무엇인가. 일본제국주의 한국 지배는 한국역사의 후진성과 모순에 따른 필연이라며 한국사를 왜곡한 것이 식민사관이다. 반도사관·정체성이론·당파성론 등이 대표적인 식민사관이다. 일본 사학자들은 일제의 한국 식민지 지배를 역사적 필연이라고 주장하기 위해 한국사는 고대로부터 중국과 일본의 지배를 받는 강대국 종속 역사였다고 했다. 대륙에 붙어 있는 반도국가였기 때문에 강대국에 빌붙어서 살아온 사대주의 국가였다는 것이다. 반도라는 지리적 조건으로 항상 타율적으로 역사가 결정되었다며 4세기경 이미 한반도 남단이 일본의 식민지였다는 임나일본부설 등을 주장했다. 그러나 사실은 한반도는 오히려 여러 문명이 들어와 쌓이는 지역이었으며 그렇기 때문에 외침과 몰려오는 문화파도의 충격이 잦았으나 그때마다 외침의 충격을 극복하여 새로운 문화로 건너가는 발전의 계기를 삼았다. 반도사관은 문헌자료와 한중일 삼국에서 쏟아져 나온 고고유물로 극복되었다. 한일 양국의 고고 유물의 발굴로 한반도가 고대 일본문화의 젖줄이었음이 확인되었고 임나일본부의 실체는 백제의 가야 지부로 확인되었다. 반도사관은 많은 우수한 문화가 한반도에 들어와 온축되어 고급문화로 전환되는 특성으로 수정되어야 할 것이다.

　제국주의 침략시기에 자주적으로는 발전할 가능성이 없는 정체된 나라 한국을 일본이 식민지로 경영하여 비로서 근대로 넘어가게 하고 한국의 경제적 진보 발전을 도왔다는 '정체성'론의 오류가 밝혀졌으나 최근 중진자본론으로 다시 고개를 들고 있다. 정체성론을 반박하는 한국사학계의 방법론이 빈약해 신식민사관이 한국사학을 흔들고 있기는 하지만 후쿠다 도쿠조(福田德三, 1873~1930)나 시가타 히로시(四方博, 1900~1973)의 정체성론의 허구는 이미 드러났다. 후쿠다 도쿠조(福田德三)는 일본 침략기 한국의 경제발전 단계를 고려 중기에 해당하는 일본의 후지와라(藤原) 말기의 자급자족경제·촌락경제라고 비정하며 한국경제의 정체성을 봉건제도 부재로 설명했다. 서양의 자본주의 발달 과정을 도식적으로 적용한 후쿠다 도쿠조(福田德三)의 이론을 한국사학계는 농업, 상업, 광공업 분야의 자주적인 발전을 증거로 반박하며 자본주의 맹아론을 60~70년대에 제시하기도 했다. 시가타 히로시(四方博)도 조선은 분권적 봉건제도 결여, 화폐경제 미발달, 당쟁 격화. 관료체제의 모순 등에 의한 정체사회라고 규정하고 한국의 자본주의는 자율적, 내재적 요건 결여로 결국 외래 세력에 의한 타율적 강제가 불가항력이라고 주장했다. 히로시(四方博)는 견제와 균형 장치 등 조선이 지향한 근대국가체제를 이해하지 못하고 일본과 같은 무단전제 체제를 이상으로 설정했다. 조선이 일본의 식민지로 전락한 것은 후쿠다 도쿠조(福田德三) 시가타 히로시(四方博) 등이 주장하는 일본과 같은 봉건제도나 무가사회(武家社會)가 없었기 때문이라는 정체성론은 잘못이다. 고려의 모순을 극복한 조선 초기의 사회는 근대적인 관료체제를 갖추었던 국가였다. 태종, 세조, 인조의 쿠데타와 숙종, 영조가 왕권 강화를 위해 이조 전랑을 통한 견제와 균형 장치를 규제한 것이 오히려 근대국가로의 발전을 막았다. 당파성론도 조선의 붕당정치를 이해할 수 없는 일인 학자들의 궤변이었다.

　1910년 전후에 시작된 일본 어용학자들의 한국사 연구는 조선을 일본 식민지로 경영하기 위한 정책 수립의 일환으로 진행되었다. 연구 방법은 역사인식 범위가 편협한 문헌고증학에만 의존하여 한국사의 내적 성장이나 주체적 성격 등 특수성에 대해 각별한 관심을 가질 수가 없었다. 한국 전통문화에 대한 충분한 이해 없이 출발한 이들은 당시 일본의 식민통치를 위한 논리와 자료 수집이 목적이었다. 일본 어용사학자의 조선 연구는 한국의 문화적 성장 과정의 주류를 파악하여 한국사의 주체적 성격이 무엇인가를 밝히는 정상적인 방법 추구와는 거리가 먼 것이었다. 한·중·일 세 나라의 국제관계를 한국사의 줄거리라고 보는 초보적인 인식이었다. 그 국제적인 인식조차도 역사 무대가 한반도에 국한되고 일본이 4세기경에 한국을 식민지로 경영했다는 등 왜곡된 것이 많았다. 고조선, 부여 등 만주 일대에서 중국 한족과 각축한 역사는 부인했다. 일본인이 저술한 한국사 개설인 쓰에 마쓰(末松保和)의 '조선사 길잡이' 등이 그런 것이었다. 특히 '조선사'는 조선왕조실록, 비변사등록, 승정원일기 각종 문집 등 방대한 자료를 정리하지도 않고 당쟁사와 제국주의 침략 과정에 조선이 허물어지는 것을 연결시켜 조선사 줄거리를 만들었다. 그래서 이들의 한국사는 역사 무대를 한반도 안으로 꾸며 놓았고, 역사 발전은 고려 중기 시대의 촌락경제 단계에 머물러 있는 '정체된 사회'로 정치는 당쟁으로 지새우는 후진 정치로 먹칠했다. 일본 조선총독부의 '조선사' 편찬에 참여했던 학자들은 건국 후에도 이것을 탈피하지 못했고 그 제자들도 영향을 받았다.

일본 패망 후 식민주의 사학을 극복하기 위한 노력이 남북한과 일본에서 동시에 본격화되었다. 1951년 일본어로 출판되고 1969년 영역된 하다다 다카하시(旗田 巍)의 조선사(朝鮮史)는 이와 같은 일인 학자의 잘못을 수정하는 내용으로 한국학계에도 큰 영향을 미쳤다. 그러나 이 충격으로 과거 일본 학자의 식민사관을 완전하게 탈피할 수는 없었다. 1945년 이후 1970년까지 일제식민사관을 수정하기 위해 한국인 학자가 펴낸 한국사 개설서로는 진단학회 편 '한국사(韓國史)' 6권, 이병도 '한국사대관(韓國史 大觀)', 이인영 '국사요론(國史要論)', 이기백 '한국사신론(韓國史 新論)', 한우근 '한국통사(韓國 通史)' 등이 있었다. 일제 침략기 일본 어용사학의 한국사 왜곡을 수정하는 새 한국사 개설에 대한 검증과 비판이 1970년 공식 제기됐다. 김철준 서울대교수는 1970년 서울대 문리대 동아문화연구소가 기획한 '한국학 입문서'(An introduction to Korean Studies)에 낸 논문을 통해 "해방 후 나온 개설서들의 공통적인 결함은 모두가 일제식민사관의 영향에서 벗어나지 못했으며 뚜렷한 사관이 결여됐다."고 비판했다. 새 사관을 확립하기보다는 새 지식을 수집하는 데 불과했다고 지적하며 아직도 한국사학이 자기 성격을 갖추지 못한 데서 온 결과라고 힐난했다. 김철준 교수는 한국사 개설류가 근대적인 자유와 민족의 주체성을 확립할 만한 명확한 사관을 성립시키지 못한 것은 사상적 빈곤의 결과이며 아직도 근대사학정신 성립 이전 단계에 머물러 있기 때문이라고 자성했다. 이러한 김 교수의 한국사학 비판은 1970년 2월 18일 경향신문 5면에 머리기사로 실리고 다음 날 한국일보가 재수록하여 학계에 큰 반향을 일으켰다. 필자는 '한국학 입문서'에 수록된 김철준 교수의 논문을 동아문화연구소 민병수(국문학) 간사에게서 입수, 다른 역사학 교수의 자문을 받아 보도했다. 서울대 동아문화연구소의 '한국학 입문서'는 현암사가 한글판 '한국학'으로 출판 한국학 전공자들의 필독의 입문서가 됐다.

2. 60~70년대 본격적인 식민사관 극복 논의

1) 김철준 교수 서울대 국사학 인맥의 개설서 비판

[69년 서울 문리대 부설 동아문화연구소가 기획한 영문 '한국학 입문서'는 박종홍, 김재원, 김철준, 정병욱, 이기문, 이혜구, 이기영, 이두현, 이만갑, 변형윤, 최창규, 홍이섭, 임석재 등 당대 최고의 한국학 전문가가 집필하고 문상득 교수 등이 번역한 공동작업이다. 식민지 시대 일본 학자들의 한국학 왜곡을 수정하겠다는 목적으로 기획한 이 작업은 해방 후 25년의 한국학 각 분야의 연구 결과를 조감하고 비판하는 내용을 담아 먼저 국내학계에 충격을 주었다. 국사학 분야를 검증한 김철준 교수는 45년 이후 한국 학자가 펴낸 진단학회 한국사 6권·이병도 한국사대관·이인영 국사요론·이기백 한국사신론·한우근 한국사통론 등의 한국사 개설서의 공통적 결함이 모두가 일제 식민지사관의 영향에서 벗어나지 못했다는 것과 뚜렷한 사관이 결여됐다는 점이라고 지적했다. 진단학회 편 한국사 6권은 일제 시기에 활동한 구세대 학자들의 식민지 시대 연구 업적을 정리한 것으로 많은 사료가 다루어졌다는 점이 참고가 될 뿐이라는 것이다. 이병도 한국사대관도 국사 사전적 성격을 갖추고 있으나 45년 전후 연구 업적이 집대성된 것에 지나지 않는다는 것이다. 이기백의 한국사신론은 해방 후에 발표된 연구 업적을 중심으로 옛 연구 업적을 정리하려는 새로운 구상에서 나온 것이며 그 서술

이 평이하고 참고 논문이 게재되어 처음으로 한국사를 이해하려는 사람들에게 편리한 것이다. 그러나 한국사 신론 등의 개설서들이 새로운 사관 확립보다는 증가된 지식 수집에 불과하다는 것이다. 김철준 교수는 개설류가 근대적인 자유와 민족의 주체성을 확립할 만한 명확한 사관을 성립시키지 못한 것은 체질적으로 아직 근대사학 정신이 성립하지 못한 한국의 사상적 빈곤에서 온 것이라고 지적했다. 사관의 유무를 가지고 논한다면 지금까지 나온 개설서들은 성리학적 사관으로 중세사회의 국사 인식체계를 확립하지 못했던 안정복의 동사강목만도 못하다고 김철준 교수는 비판했다.](경향신문 70년 2월 18일, 박석흥 기자)

서울대 김철준 교수의 이병도의 국사대관, 이기백의 한국사신론, 한우근의 한국통사에 대한 비판은 서울대 국사학 전통에 대한 자체 비판으로 이후 활발한 역사학 논쟁의 시발이 되었다. '한국학의 새 방향 제기'라는 제목의 70년 2월 18일 경향신문 기사에는 '왜곡된 것 바로잡아야', '신랄한 자아비판·새 이론 논란 불러' 등의 부제목이 있었고 이 기사 옆에는 67년 발족 창간한 한국사연구회의 회보가 연구비, 출판비 부족으로 고전한다며 정부의 학술지 지원을 촉구하는 기획기사가 있다. 문제의 '한국의 역사학'은 김철준 교수의 '한국사학사 연구'에 '한국의 역사학'이란 논문으로 정리돼 수록됐다. 당시 대학 부설 국학연구소로는 90년대 서울대 학생처장이 된 민병수 씨가 대학 강사로서 기획 출판 등을 전담하고 있었던 문리대 동아문화연구소와 한국문화연구소, 연세대 동방학 연구소, 고대 민족문화연구소가 있었다. 서울문리대 동아문화연구소와 쌍벽이었던 고대 민족문화연구소는 뒷날 고대 총장으로 활약하는 홍일식 국문과 강사가 간사로 '한국문화사대계', '한국학 논저 목록해제', '현대사문화대계' 등을 내놓는다. 연구 인력이 늘어 연구 결실이 쌓이고 정부와 기업의 한국학 연구비 지원이 시작되어 대학 부설 한국학연구소가 활성화된 결실이었다.

2) 제3공화국 '한국사 25권' 편찬

70년 2월 18일 한국사 개설류의 한계를 비판한 기사에 이어 70년 5월 13일 경향신문 5면에 45년 이후 25년의 한국사 연구를 총정리한다는 국사편찬위원회의 한국사 편찬 기획이 머리기사로 실렸다.

[국사편찬위원회(위원장 최영희)는 6천만 원의 예산으로 '한국사'(고대 6권, 중세 12권, 근세 12권) 30권을 73년에 간행한다고 발표했다. 고려의 삼국사기, 조선의 고려사에 이은 대한민국 정부의 관찬 사서 기획에 학계는 찬반 반응을 보였다. 일제식민사관 극복을 외쳐 온 사학계는 해방 25년의 업적을 정리할 만하다고 대체로 환영했다. 그러나 개설서 29종을 비롯하여, 농업사, 과학사, 미술사 등 분류사 연구가 있지만 30권은 너무 방대하고 관찬사서의 역사인식 문제를 들어 걱정하는 소리도 있다. 기왕에 정리된 한국사는 조선총독부 간행 '조선사(朝鮮史)' 37책, 진단학회 '한국사(韓國史)' 6권, 신구문화사 '한국현대사' 8권이 전부이며 이들 개설서에 수록된 논문 중에는 미흡한 부분도 많았다. 홍이섭, 김원룡 교수 등 국사편찬위원회 위원들도 시기상조라고 걱정하며 통사 정리보다 규장각 문서 실록자료 문집 등 사료부터 정리해야 한다고 주장했다.](경향신문 70.5.13. 박석흥 기자)

'삼국사기 고려사에 이어 **한국사 편찬 착수**'라는 제목에 '관찬 오류 범하지 않을 까 우려', '학계 민감한 찬반 반응' 등의 부제가 붙은 이 기사는 다음 날 모든 신문이 받아썼고 사설을 다룬 신문도 있었다. 학술기사도 특종이 되었다.

* 한국사 편찬 항목과 편찬위원 결정

[16명의 한국사편찬위원회(고대＝김원용, 김철준, 이병도, 최영희, 고려＝고병익, 김상기, 이기백, 조선＝김성균, 유홍열, 신석호, 한우근, 근대＝백낙준, 이광린, 이선근, 조기준, 홍이섭, 간사＝이현종, 윤병석)는 반년간의 토론을 거쳐 '한국사'를 구석기부터 8·15까지 정리하기로 결정했다. 김철준(고대), 이기백(고려), 한우근(조선), 홍이섭, 이광린(근대) 등 5명의 상임위원과 최영희 국편 사무국장, 윤병석, 이현종 실장이 월요일마다 모여 주제·학술용어 설정과 필자 선정에 열띤 토론을 벌였다. 상임위원회는 주제 중심의 통사체로 서술을 원칙으로 하고 크게 고대, 고려, 조선, 근대 4부로 나누어 총 2백37절의 토픽을 다루기로 했다. 76년 완간을 목표로 한 한국사 편찬 요강은 ① 올바른 사관에 의한 체계적인 민족문화 집대성 ②민족주체성에 입각한 한국사 편찬 ③ 문화 성장 발달 중심으로 한 역사 ④민족의 내재적 발전방향을 인식한 한국사 ⑤민중의 활동 부각시킨 한국사를 편찬한다 등이었다.](경향신문 71.1.25. 박석흥 기자)

＊ 한국사연구회장 "근·현대사 연구 시급하다."

[신석호 한국사연구회장(67)은 71년 국사학의 과제는 19세기 이후 한국근현대사 연구가 중요한 과제라고 말한다. "국사편찬위원회가 펴낼 '한국사' 중 공백기로 남아 있는 현대사 정리는 사학계의 학문적 과제일 뿐만 아니라 한국의 새 진로를 내다보기 위해서도 서둘러 체계화해야 할 대상입니다." 한국사연구회는 월례발표회도 근현대사 주제로 돌리고 연구지와 학술세미나 발표 기회도 크게 이 시기에 할애할 계획이라고 신 회장은 밝힌다. 국사편찬위원회 위원인 신석호 교수는 한국사 25권의 2백40항목 가운데 19세기 이후의 현대사가 가장 큰 난제였다고 털어놓으며 국사 체계화에서 기점인 고조선과 종점인 현대사 정리가 문제라고 말했다. "8·15가 독립·해방·광복으로 개념조차 통일되지 못했으며 건국, 분단, 6·25, 4·19, 5·16 등 현대사의 제 문제에 대한 해석과 구한말의 위정척사와 개화의 평가도 학문적으로 통일되지 못했다."며 열띤 토론이 있을 것이라고 내다본다. "대학교수들의 호주머니를 털어 지탱하는 한국사연구회의 활동으로는 한국사의 많은 쟁점을 서둘러 정리하기 어렵다."며 정부의 체계적인 국학 연구 지원이 시급하다고 촉구한다. 교과서에 아직도 일제가 왜곡한 학설이 남아 있다며 한국사 인식 지평을 넓히기 위해 사회과학 분야의 국학 연구 참여를 주장한다.](경향신문 1971년 1월 21일 박석흥 기자)

71년 새해 문화계를 전망하는 연속인터뷰 취재에 역사학계를 대표하는 학자로 식민사관 극복을 외쳐 온 홍이섭 교수를 선정하고 인터뷰를 요청했으나 홍 교수는 한국사연구회장을 추천했다. 70년대는 식민사관 극복을 역설하는 해방 후 1세대학자들이 부상하여 한국사연구회의 중심세력이 되었고 일제 시대 학자들이 이미 학계 일선에서 물러나고 영향력도 축소된 시기였다. 홍이섭 교수는 해방 전 세대에게 한국사 체계화의 문제점을 들어보라고 추천했던 것 같다.

경성제대 법문학부 사학과 졸업 후 16년간 조선사편수회 촉탁·수사관보·수사관으로 재직했던 신석호 한국사연구회장은 해방 후 고려대 사학과 교수로 고대역사학의 기초를 다지고 국사편찬위원회 사무국장 재직 중 ◇조선왕조실록 48책 영인간행 ◇승정원일기 영인착수 ◇비변사등록 ◇매천야록 ◇서정일기 ◇한국계년사 ◇음청사 ◇삼봉집 등 17종 희귀사료를 수집 간행했으며 고려대 아세아 문제연구소 사업으로 '구한국외교문서' 21권을 펴냈다. 간도수복론을 1966년에 발표, 백산학보를 중심으로 한국고대사 무대였던 만주 지역사 연구를 촉발했다. 국편 재직 중 1958년 12월 10일 이승만 대통령의 독립정신이 담겨 있는 역사책을 만들어 식민사학을 청산하라는 특별 지시로 국사편찬위원회에 특별분과위원회를 조직하여 국사상의 제 문제 연구를 착수했다. 건국대통령 지시로 일제식민사학 청산의 첫 공동 작업에 나선 것이다. 식민사학 청산을 위해 정부가 만든 특별위원회 위원은 이승만 대통령이 경무대로 초청한 이병도, 이선근, 김상기, 이홍직, 신석호 교수였다. 특별위위원회 분과위원장은 김선기 차관, 부위원장은 신석호 국편 사무국장이 맡았다. 이 대통령의 특별지시로 국편은 '국사상의 제 문제' 보고서를 펴내 한국사학계의 공동 과제를 제시했다. 제3공화국의 식민사관 청산 작업도 이승만 건국대통령이 국사학계에 제시한 문제 제기에서 비롯된 것이다.

국편사무국장국·국사편찬위원회 위원·고려대 교수로 활약한 신석호 교수 사후 최영희 국편위원장·김철준 서울대교수·황원구 연세대교수·이용범 동국대교수 등이 발의하여 발족한 치암학술상은 식민사학 청산에 기여한 저술을 시상했다. 84년 ◊김용섭 교수의 '한국근대농업사연구(일조각)'가 제1회 수상 저술이다. ◊최승희 '한국고문서연구(지식산업사)' ◊한영우 '조선 전기 사회사상연구'(일조각) ◊천관우 '고조선사 삼한사연구(일조각)' ◊이수건 '조선 시대 지방행정사'(민음사) ◊박영석 '일제하 독립운동사 연구'(일조각) ◊방동인 '한국의 국경획정연구'(일조각) ◊김원모 '개화기 한미교섭사연구'(단국대출판부) ◊이현희 '대한민국임시정부사 연구'(집문당) 등 식민사학 극복 저술과 개척적인 연구 업적들이 치암학술상을 수상했다.

* 한국사 25권 완간 – 김용섭, 강만길 교수 집필 거부

78년 2월 1일 경향신문과 신동아 4월호 뉴스와 화제 학술란에는 국사편찬위원회가 주관한 '한국사'가 8년 만에 완간됐다는 기사가 실렸다. 한국사 25권 간행에 강만길, 김용섭 등 일부 학자의 집필 거부 등 문제가 있었으나 일제가 왜곡했던 한국사를 한국인의 시각으로 체계화한 첫 공동 업적이라고 학계는 높이 평가했다.

[국사편찬위원회(위원장 최영희)가 지난 70년에 착수한 '한국사' 편찬 작업이 78년 3월 초 '민족의 성장'(2권)과 '양반사회의 모순과 대외 항쟁'(12권) '한국민족'(23권)을 펴냄으로 만 8년 만에 끝냈다. 광복 후 한국학계의 업적을 집대성한 '한국사' 완간은 일제에 의해 왜곡됐던 우리 역사와 문화를 주체적으로 인식하는 획기적 업적이다. 최근까지도 한국사에 대한 근대적 이해를 주로 일제 총독부가 정리한 '조선사(朝鮮史)'

36권과 일인 학자들의 저술에 의존했던 학계는 이제 비로소 한국인의 시각에 의한 한국사 이해 기반을 마련한 셈이다. 발전적인 민족의 역사와 문화의 성장 발달을 부각시켜 체계화한 '한국사'는 고대 3권, 고려 5권, 조선 7권, 근대 7권, 총론 1권 등으로 4만 4천7백94장의 방대한 원고를 2백79명의 학자가 집필했다. 이 작업에는 한국사학자 외에도 동양사학자, 국문학자, 지리학자, 과학자 등 국학 분야 학자가 대거 참여했다. '한국사'는 해방 후 학계의 분류사 업적을 반영해 과거 개설서가 권력 중심의 정치사에 국한되었던 한계를 뛰어넘었다. 김철준(고대), 이기백(고려), 한우근(조선), 홍이섭, 이광린(근대) 교수와 최영희 국편위원장, 이현종 편사실장, 윤병석 국편 전 조사실장 등으로 구성된 상임위원회가 1만 6백76항의 목차 작성에만 반년의 토론을 거치는 신중을 기했다. 집필진이 해방 후 세대로 세대교체했으나 기획 중 일부가 김용섭, 강만길 등 일부 학자의 집필 거부로 적임자를 찾지 못해 포기하는 사태도 있었다. 그러나 해방 후 이룩한 분류사 업적을 과감하게 반영시켜 과거 개설서가 정치사 위주였던 한계를 뛰어넘은 것이 특기할 일이다. 신진학자들이 대거 진출하여 역사 이해의 폭이 넓어지고 사회경제 문화 분야의 인식 수준이 올라간 것은 큰 수확이다. 반면에 각 분야의 방법론과 이해 체계가 고르게 정립되지 않았다는 한계점을 입증하기도 했다. 새로운 분야의 개척은 있었으나 그것이 아직 외면적 형식적인 것에 머물러 있음이 드러났다. 자연과학사는 홍이섭 단계에서 전상운 단계로 발전하고 의학사가 김두종에 의해 정리되는 진전을 보였으나 유교사는 과거 일인들인 세운 체계를 크게 뛰어넘지 못하고 가학(家學)적인 성격을 탈피하지 못했다. 사관이 정립되지 못해 정신없는 역사책이 됐다는 지적을 받기도 했으나 23권 전편을 통해 한국역사의 주체적인 발전 능력을 부인하려고 한 일제식민사관을 극복하려고 한 노력은 높이 평가해야 할 것이다.](신동아, 화제와 뉴스, 학술, 78.4. 박석홍)

3) 유네스코 한국위원회 The History of Korea 출간

1970년 8월 19일 경향신문 5면에 홍이섭, 손보기, 김철준 교수 공동 집필 영문 한국사 출간이 머리기사로 나온다. '그릇된 인식 씻고 참모습 담은— **영문 한국사 발행**'이란 표제의 이 기사는 일본 학자들이 왜곡한 영문 한국사를 수정하는 해방 후 최초의 한국사학자가 공동 집필 작업이라고 평가했다.

[한국사학자들이 공동 집필한 최초의 영문 한국사(The History of Korea)가 유네스코 한국위원회에서 출간됐다. 해방 이후 한국사학계의 숙제였던 일제식민사관 극복 개설서 제시라는 의미도 있다. 집필진은 일제식민사관 극복을 주장해 온 홍이섭 교수, 한국사학계의 근대사학 정신 진작을 제기한 김철준 교수, 구석기 주거지 발굴로 한국고대사의 새 국면을 개척한 손보기 교수다. 구석기~청동기는 손보기, 고조선~고려 김 교수, 이조~18세기 손보기, 19세기~현재 홍이섭 교수로 나누어 1천5백 장으로 정리했다. 캘리포니아대 로저스 교수가 교열을 맡았다. 신국판 3백 면 본문 외에 구석기 주거지 유물, 고구려 고분 금관 등 30면의 화보(흑백 24면, 컬러 6면)도 실었다. 한국인의 시각에서 정리한 한국사 이해라는 중요한 의미가 있다. 식민사관을 탈피한 한글 한국사 개설서도 아직 내놓지 못한 상황에서 유네스코가 영문 한국사를 기획한 것은 63년 스에마쓰(末松保和)의 '조선사 입문'을 동경동서문화센터가 영문 '한국 소사'로 번역 출간, 해외 한국학 연구자들의 한국사 인식에 문제가 되기 때문이었다. 스에마쓰의 '조선사 입문'은 일본의 한국 침략 25주년 기념으로 총 25장에 한국의 식민지 전락이 필연적인 것으로 정리한 대표적인 식민사관 개설서였다. 스에마쓰는 한국사 연구를 문헌고증학에만 의존하여 한국사를 외침당한 역사로 파악하고 조선 시대는 당쟁사로 얼룩진 정체사회로 보았다. 일본 패전 후 하다다 다카하시(旗田 巍) 교수가 한국사를 사회경제사로 다룬 '조선사'를 영어로 출간해 스에마쓰의 오류를 수정했다고 하나 일본 학자의 영문 한국사는 대체로 일제식민사관 틀을 크게 벗어난 것은 아니다. 식민사관을 탈피하지 못한 일본인의 영문 한국학 연구서는 외국인들의 한국 이해를 왜곡되게 하고 또 이것을 기초로 출발하는 한국학 연구는 시초부터 한국에 대한 편견을 가지고 있어 외국학계의 일제식민사관 확대 재생산이 위험이 있었다. 김철준 교수는 "1920년대 일본학자의 한국사 연구는 식민지 정책 수립을 위한 조사였으며 이들의 한국 연구가 문헌고증학에만 치우쳐 한국민족의 내적 경험과 성장 과정의 주류를 파악하는 진실 접근과 객관성이 결여된 것"이라고 지적했다. 유네스코 영문 한국사는 한국사의 상한을 금석병용 시대에서 구석기 시대로 끌어올렸다. 독립운동사를 대학에서 최초로 개설했던 홍이섭 교수는 일제 침략에서 현재까지의 현대사를 정리했다. 일제사학자들이 정체(停滯)사회로 혹평했던 조선 후기의 변화를 증명하고 이러한 변화를 식민지 지배체제로 좌절시킨 일제 총독 정치를 고발했다. 일제 패망 후 진주한 미국이 남한까지 좌경화하게 한 정책 실패는 한국을 과소평가한 때문이라고 홍 교수는 지적했다. 정치 경제사 위주

기술과 문헌고증학의 한계를 탈피한 이번 공동 작업은 국외에 한국을 바르게 알리고 한국사 인식체계를 바꾸는 획기적인 실험이다.](경향신문 70.8.19. 박석홍 기자)

영문 한국사를 공동 집필한 3교수 중 홍이섭, 김철준 교수는 식민사관 극복에 앞장 섰던 사학자로 기자들에게도 좋은 스승이었다. 필자가 이 세 교수와 각별한 관계가 된 것은 이 기사 보도가 계기가 되었던 것 같다. 홍 교수는 책이 출간된 뒤 원고 정리 과정의 후일담으로 일제 한국 침략이 한국사회에 남긴 생채기를 고발한 홍 교수의 일제 침략기 영문 원고를 교열본 미국 학자 로저스가 교정지에 "정직하시오."라고 써놓은 것을 보았다며 일본 학자들의 영향을 받은 미국 학자에게 바른 한국을 알리기는 간단한 일이 아니라고 말했다. 이 기사를 쓰기 일 년 전인 1969년 9월 6일 경향신문 문화면에는 서울에서 열린 국제학술회의에서 문제의 캘리포니아대 마이클 로저스 교수가 고려 성종 때 서희(徐熙) 장군의 글안과의 담판은 조작된 전설이라고 주장했다는 기사가 나온다. 경향신문 문화면 '낙서함'은 로저스 교수의 잠꼬대 같은 말을 반박하는 김상기 교수의 주장과 이 학술대회 참가를 거부했던 교수의 말을 인용하며 당시 외국 연구비로 진행되는 한국학을 보세가공식 학문이라고 비판했다. 일본 학자들의 오리엔탈리즘을 따르는 미국 학자들은 60~70년대 한국의 경제발전까지 일제식민지 지배의 덕분이라고 주장하기에 이른다. 이런 미국 학자의 주장을 근거로 2000년대 일부 한국 경제학자들도 식민지 근대화론을 추종하고 있다. 식민사관 극복이 쉽지 않다.

4) 일본 식민사학의 잔영과 미국학계의 한국학 문제점

* 마이클 로저스-"서희외교 조작된 전설"

[○ - 고려사의 영웅 서희 장군을 한갓 조작된 전설뿐이라는 놀라운 학설(學說(?))이 한국학을 전공한다는 미국 교수 입에서 나와 한국 학자들을 어리둥절하게 했다. 이 기발한 주장은 69년 9월 1일 아카데미하우스에서 열린 고려대 주최 '한국의 전통과 변천'을 주제로 한 국제학술회의에서 캘리포니아대 마이클 로저스 교수의 '신라·고려시대의 한·중(韓·中)의 자세'라는 논문 발표에서 나온 것이다. 로저스 교수는 고려 성종 시대 글안의 80만 대군을 돌려보내고 압록강 동쪽의 6성을 탈환한 서희의 담판 사실(史實)은 뒷날 역사가가 드라마틱하게 꾸민 허구임에 틀림없다고 주장했다. 그는 중

국 측 사료에 서희의 담판이 나오지 않는다는 사실을 근거로 제시했다. 그는 이병도, 김상기 교수의 저술을 빈정거리는 투로 인용하며 "서희 전설은 두 차례의 요(遼)의 침략을 막아낸 1026년경에 만들어진 것"이라고 역사소설가 같은 추리를 했다.

ㅇ－로저스의 서희 전설론에 대해 이병도 박사는 "한국사가 반드시 중국 기록에 의해 확인되어야 한다는 고정 관념은 일제식민사관보다 한술 더 뜨는 짓"이라고 불쾌해하며 "서희 담판 사실은 신빙성 있는 고려사, 고려사절요 등에 기록돼 있으며 고려 시대 금석문(서희 5대손의 묘비명)에도 새겨져 있다."며 로저스 주장은 일고의 가치도 없다고 일축했다. 미국사회과학연구원과 고대 아시아문제연구소가 공동 주최한 이번 학술회의는 국내 일부 중진학자가 참가를 거부했으며 미국 학자의 오만 불손한 태도로 부드럽지 않은 분위기 속에서 5일 막을 내렸다.](경향신문 1969.9.6. 낙서함, 박석홍 기자)

고려대 아세아문제연구소 김 모 간사는 기사 말미 내용(국내 학자의 참가 거부)에 대해 기자에게 항의를 하고 편집국장에게 사실이 아니라고 전화까지 했다. 이 시기 미국 학술 연구비의 지원을 받아 이루어지는 한국학 연구와 학술회의를 미국의 지역 연구를 위한 보세가공학문이라고 홍이섭 교수는 꼬집었으며 이 학술대회 참석도 기피했다. 마이클 로저스 교수의 서희 담판 부정은 동북아 역사를 인식하지 못한 망발이었다. 몽골, 거란 등 북방민족이 중국의 중원을 공격하기 전에 이웃 나라를 미리 제압하는 것이 순서였다. 거란이 요나라를 건국하기 전 고려를 침공했을 때 서희의 강경한 담판에 거란은 중원 진출을 위해 기꺼이 응한 것이었다. 문제는 로저스의 동양사 무지보다 일본 학자들의 한국사 왜곡이 국제사회에서 공인되는 한국학의 이상 기류였다. 중공의 2000년대 동북공정도 중국 측 자료만 가지고 한국고대사를 부인하고 있다. 로저스의 망발에 대한 한국학계의 대응이 완벽하지 못해 2000년대 중국과의 역사전쟁에 당황하게 된 것이다.

5) 3·1운동 50주년 기념 역사학대회

1969년은 3·1운동 50주년이 되는 해로 3·1운동 재조명이 활발하게 진행됐다. 일제 침략 자료 등을 찾아내 일제 침략사와 독립운동을 다양하게 정리하는 작업이 이루어졌다. 3·1운동 50주년 특집기사를 해마다 봄철에 열리는 전국역사학대회에 보고된 논문을 종합 취재해 정리했다. 69년 5월 30~31일에 열린 제12회 전국역사학대회는 동양사학회가 주관했다. 대회장은 고병익 동양사학회장(서울대 동양사학과 교수)이었다. 조선일보 논설위원을 역임했던 고병익 대회장이 29일 발표논문을 인쇄하고 있던 서울신문 공무국에 목요일 밤에 기자를 데리고 가서 논문 일부를 뽑아 주었다. 그래서 사학계의 3·1운동 50주년 기념학술 활동을 정리한 기사를 전국역사학대회에 맞춰 31일 보도할 수 있었다. '역사학대회에 비친 3·1운동 **재평가**' 표제의 이 기사는 3·1운동 50주년 학계의 연구 성과 정리와 역사학대회에 보고한 천관우 씨(전 동아일보 주필)의 '3·1운동 연구의 문제점'과 김용덕 교수(중앙대)의 '일제의 한국 지배(1910~1918)성격' 논문을 지상 중계한 것이었다. 전국역사학대회가 신문에 주요 기사로 부상하는 계기가 됐다.

3·1운동 일본 측 자료 입수 공개

[69년(금년) 사학계의 과제는 3·1운동 재평가와 3·1운동 관련 사료 정리 작업이다. 국회도서관(관장 강주진)이 일본 외무성 육군성 마이크로필름과 재조선 경찰, 헌병, 법원 기록, 일본정부 문서를 연구 자료로 학계에 내놓았으며 학계도 일제 침략 연구를 구체화했다. 경희대 중앙도서관에서 5월 30, 31일 열린 전국역사학대회에 보고된 천관우, 김용덕 교수의 3·1운동 연구풍토 개선과 개선 방향 주제의 논문은 사학계의 주목을 받았다.

○─ 금년에 학계가 내놓은 3·1운동 공동 연구 중 주목할 만한 것은 동아일보의 '3·1운동 50주년 기념 논문집', 역사학회의 '역사학보 41집', 아세아 문제연구소의 '일제하 한국연구' 6권 등이다. 동아일보가 낸 기념 논문집에는 3·1운동 배경, 운동 전개, 일본 반응, 외국의 반응, 3·1운동 평가, 영향, 1919년 전후의 아시아 민족운동과 관계 자료 등을 8부로 나누어 76편 논문을 실었다. 역사학보 41집은 김용덕의 '일본의 경제 수탈과 민요', 안병직의 '3·1운동 성격과 사상', 성대경의 '3·1운동 당시의 노동운동', 조기준의 '3·1운동후 산업 장려책'을 내놓을 예정이다. 고려대 아세아문제연구소의 '일제하 한국연구' 6권은 1권. 일제하 문화 침탈사, 2권. 일제의 산업정책, 3권, 일제의 재정금융정책, 4권. 일제하 문화운동사, 5권. 일제하 민족운동사, 6권. 일제하 사회경제 실태 분석을 이만갑, 오주환, 김성식 등 24명이 정리한다. 이 같은 광범위한 정리는 발표 논문의 증가뿐만 아니라 종래 애국 활동의 단순 기술을 지양, 종합 분석적

인 사실 해석을 종합적으로 접근한 것이 특기할 점이다.

○-30~31일 경희대중앙도서관에서 열린 12회 전국역사학대회에서 보고된 천관우, 김용덕 씨의 논문은 3·1운동 연구의 새 국면을 제시한 것이다. 김용덕 교수는 1년간 일본에서 3·1운동 당시의 잡지 태양(太陽) 조선급만주(朝鮮及滿洲), 조선시보(朝鮮時報), 사내문서(寺內文書), 중앙공론(中央公論) 등 120권의 자료에서 일제 침탈을 구체적으로 밝혔다. 김 교수는 일제의 잔악한 침략상으로 ①토지 임야조사 사업으로 나타난 약탈성, ②교육령, 사회령 등으로 빚어진 차별 대우, ③태형 형사처벌의 포악성 등을 지적하고 "일제의 1910~1918년의 한국 침략은 무자비한 폭력 정치였고 지능적인 약탈 행위였다."고 고발했다. 전농가의 반이 경작지를 잃고 고향을 떠났으며 임야의 9할이 총독부로 귀속됐다고 통계 숫자를 열거했다. 천관우 씨는 3·1운동 연구의 정밀한 학문적 검토를 지적했다. ①사실에 대한 충실한 실증을 요구했다. 3·1운동을 계급해방운동이나 노동자 농민운동이라는 계급사관의 도식적인 해석을 불식해야 한다. ②3·1운동의 신비화, 우상화와 근거 없는 3·1운동 격하 등을 지적하고 객관적인 인식을 촉구했다. ③3·1운동 주체와 전개 과정 근대화 관련 등에 대한 실증적인 연구를 역설했다.](경향신문 1969.5.31. 박석흥 기자)

학술회의에 보고된 자료를 사전에 입수해 일제 침략 실상을 밝히고 3·1운동 연구의 문제점을 지적한 이 기사는 학계의 좋은 반응을 받았으나 편집국에서는 반응이 안 좋았다. 당시에는 금기시하던 다른 신문사 사업(동아일보의 3·1운동 50주년 기념논문집)에 대한 호의적인 평가와 기피 인사(천관우 씨)를 부각시켰기 때문이었다.

6) '한국현대사' 표절 파동 - 70년대 학계 빈곤상

3·1운동 50주년을 기념하는 학계의 분위기에 때맞추어 신구문화사는 70년 한국현대사 5권을 펴냈다. 민간출판사로서는 획기적인 작업이었다. 희귀사진 자료 발굴과 평이한 문체로 판매도 겨냥한 민간출판사의 야심적인 역사 편찬이었다. 신문사 외신부장 출신과 문학 평론가들이 대거 편집에 참여해 방문 판매를 위한 전집류로는 높이 평가할 만한 기획이었다. 그러나 전집 2권 '열강의 침략' 가운데 '독립협회' 항목이 대학

시간강사의 석사논문을 표절한 것으로 밝혀졌다. 국사편찬위원회 사무국장 집필로 출간된 문제의 항목 47면 중 30면이 연세대 전임강사 한홍수 씨의 63년도 연세대 대학원 논문 '독립협회에 관한 연구'(부제 한국민족주의·민주주의 운동의 초기 현상)를 베낀 것이었다. 이 논문의 표절은 이 논문에서 인용한 통계 숫자가 한홍수 씨만이 소유하고 있는 '대조선독립협회보1~17'의 자료를 근거로 한 씨가 최초로 집계한 것이며 각주까지 그대로 옮겼다. 표절 사실이 드러나자 사무국장은 "아직 연구가 미흡한 부분을 편집진들이 정리했다고 해서 필자 이름으로 허락한 것이 잘못"이라고 사과했다. 책 출판에 깊이 관여했던 한 연구원이 석사논문을 베끼고 국편사무국장 이름으로 게재한 것이 잘못이었다. 대학원생이 만든 원고를 이름 있는 교수 이름으로 발간하던 당시 출판 관행을 이 전집에서도 반복했던 것이다. 학기 초 연세대 총장실에 들러 새 학기에 나온 논문을 취재 중 비서실 직원에게 이 사실을 듣고 한 달간 취재해 기사를 만들었다. 연세대 총장실의 제보는 사실로 확인돼 기사는 썼으나 편집국 동료 선배기자로부터 협박까지 받기도 하며 기사를 넘겼으나 기사가 안 나가 고민 중인데 연세대 손보기 교수가 야근하는 필자에게 전화로 "당신도 돈 받고 기사를 안 내느냐?"고 모욕적인 말을 했다. 그리고 연세대 교수 사회에서는 이 기사가 보도 안 되는 것이 휴게실의 화제라는 말까지 덧붙였다. 부패한 기자라는 오명을 듣기 싫어 나는 이 기사를 다른 신문 문화부 후배 기자에게 넘겨 기사화됐다(1970.6.3). 그러나 이 사건으로 나는 선배기자에게 '촌닭'이라는 놀림을 받았다. 한홍수 교수는 이 논문을 '근대 한국민족주의 연구'(연세대출판부, 77년)로 출간했고 정문연에서 현대사연구소장으로 한국현대사 재인식 작업을 지휘한다. '독립협회 연구'는 76년 신용하 교수가 두툼한 책을 냈고 이 책 서평을 둘러싸고 김용섭 교수와 논쟁도 벌이지만 70년 초에는 표절이 쉽게 밝혀질 정도로 연구인원이 적었다.

* 대학가의 표절시비 - 정치학, 인류학, 철학계도

[학자의 양심이 그 어느 때보다도 절실히 요구되는 요즈음 대학교수의 표절시비가 빈번하게 일어나 대학가에 큰 파문을 던지고 있다. 우리 사회의 최고 지성으로 존경받는 대학교수의 신뢰도를 뿌리부터 흔들어 놓은 대학교수 표절시비가 정치학, 철학, 인류학 논문과 저술 등 다양한 분야에서 벌어지고 있으며 북한 저술을 베낀 것도 있다. 충남대 김영성 교수의 '4강과 평화 통일의 문제'라는 논문을 비롯해 전 경북대 유명종

교수의 '한국 철학사', 서울대 이광규 교수의 '한국가족연구' 등이 시비의 대상이 되고 있다. '4강과 평화 통일의 문제'라는 논문은 김학준 서울대교수의 '한국문제와 국제정치'(박영사 75년 간행)의 제2부 '주변 강대국의 한반도 구상'을 베꼈다는 학생들의 항의로 표절시비가 표면화됐다. 충남대 부설 통일문제연구소 연구보고서 제1집에 발표된 문제의 논문 16페이지 가운데 9페이지가 김학준 교수 저서 78페이지를 압축한 것으로 밝혀졌다. 항의했던 학생의 징계시비로 불거져 정치 학계의 화제가 된 논문은 각주까지 그대로 옮겨 실은 표절 논문이었다는 지적을 받았다. 이광규 서울대교수 저술의 표절시비는 그동안 일본책을 베끼던 관행에 대한 반성으로 학계에 경종을 울렸다. 이 표절시비는 한국가족제도 연구에서 쌍벽이었던 최재석 고려대교수(사회학)와 이광규 서울대교수(인류학)가 한국학보 5집과 7집에서 주고받은 논쟁 과정에서 드러났다. 최재석 교수는 이 교수가 "각주조차 없이 내 논문과 유사 내지 동일한 내용의 글을 여러 차례 발표했다."고 고발했다. 최 교수는 "일본의 역사적, 사회적 사실을 실증 연구하여 얻은 학술 용어를 이 교수가 검증 없이 쓰는 것은 학술 논문의 개념을 혼란시키는 위험한 일"이라고 걱정했다. 최 교수는 이 교수의 논문이 표절투성이라고 걱정하며, '한국가족의 구조적 분석'의 '한·중·일 3국의 속성'은 일본 '비교문명론'이란 책의 내용과 동일하다고 비난했다. 이런 비판에 대해 이광규 교수는 "최 교수가 동일한 현상에 대해 설명이 동일한 표현이 있다는 것을 타인의 문장도용으로만 보지만 동일한 것을 전혀 다르게 볼 수도 있고 다르게 표현할 수도 있는 것"이라며 일본 학술 용어 차용이 문제가 될 수 없다고 해명했다. 한국철학회가 '한국철학사'를 집필하기 위해 기존 자료 분석 과정에서 드러난 유명종 교수의 '한국철학사'는 북한철학사를 거의 다 베낀 것이라고 한국철학회 한국철학사 준비간사가 밝혔다. 유명종 교수의 한국철학사는 광복 후 최초로 나온 한국철학사로 철학계가 주목했던 저서로 일본에서 번역한 조선철학사를 압축 개작한 것으로 분석돼 학계를 당혹게 했다. 서울대 이남영 교수는 "기초적인 학문 연구에 열의를 갖고 온축(蘊蓄)해야 할 학자가 남의 논문을 훔친다는 것은 수치스런 일"이라고 개탄했다. 광복 30년이 지났는데도 이미 낡은 이론이 돼 버린 일본책을 표절한다는 것은 부끄러운 일이다.](경향신문 1977년 8월 17일, 박석흥 기자·신동아 1977년 9월 뉴스와 화제, 학술, 박석흥)

7) 국사학계의 세대교체 한국사연구회 간사 30대로

70년대 들어서 국사학계는 광복 후 2세대 학자를 부각시킨다. 해방 전 세대의 퇴역을 위한 전주곡이었다. 73년 12월 27일 경향신문 문화면 머리기사 표제는 '국사(國史)학계 세대교체(世代交替)'였다. '30대에 간사 바통 넘겨', '연구풍토 체질 개선 박차' 등의 부제가 달린 이 기사는 73년 12월 22일 열린 정기총회에서 그동안 학계 원로를 모시기 위해 형식상 두었던 한국사연구회 명예회장(이병도), 회장(신석호) 등의 임원 제도를 없애는 정관 개정을 결의하고, 실질적으로 학회를 이끌 간사를 50대에서 30대로 바통을 넘겼다고 보도했다. 70년대 역사학계는 홍이섭, 김철준, 고병익, 한우근, 이기백, 이보형, 민석홍, 양병우, 이우성, 이광린, 민현구, 변태섭, 차하순, 최영희 교수가 주도하던 시대다.

* 한국사연구회 73년 간사 30대로

[한국사를 새 시각으로 정리하자는 새 물결을 학계에 던진 한국사연구회는 발족 5년 만에 30대를 학회 중심세력으로 내세워 국학 연구 풍토의 체질 개선을 꾀했다. 73년 12월 22일 서울 문리대 시청각 연구실에서 열린 한국사연구회 정기 총회는 그동안 학계 원로를 모시기 위해 형식상 두었던 명예회장(이병도), 회장(신석호) 등의 임원 제도를 없애는 정관 개정을 의결하고 실질적으로 학계를 이끌 간사를 50대에서 30대로 바통을 넘겼다. 67년 12월 "한국사를 과학적으로 연구하고 체계화함으로써 민족문화 발전에 기여할 것을 목적으로 한다."고 선언하고 한국사연구회를 5년간 이끌어 온 50대 사학계 중진은 모두 평의원으로 물러앉았다. 연세대 사학과 이종영 대표간사는 "대가 위주의 형식상 조직으로 선배들의 눈치를 살피고 활발한 토론이 위축될 염려가 있어 학회 운영을 30대로 넘긴 것 같다."고 설명했다. 간사가 된 30대의 이만열(숙대), 정석종(숙대), 정창열(한대), 신용하(서울대), 원유한(국편) 씨 등은 주목할 논문을 발표하고 저술 출판을 준비 중인 소장학자들이다. 학계는 이들을 포함한 이성무, 한영우, 최병헌, 박용운, 안병직 등 30대 학자들의 성장이 일제식민사관에 젖어버린 한국사 인식을 수정하는 지름길로 기대하고 있다. 한국사 연구회는 발족 5년 만에 해방 후 3세대를 내세워 체질 개선을 모색했을 뿐만 아니라 학회지 9집 발간, 42회 월례회, 발표회를 통해 왜곡됐던 많은 부분을 수정했다. 한국사 연구회 9권 수록 50여 편 논문 가운데는

한국문화사 상한을 구석기 시대로 끌어올린 구석기 발굴 논문과 조선 후기 사회경제 발전사 고대사 논문이 발표됐다. 73년 3월 한국사 연구 9집에 발표된 서울대 김철준 교수의 '삼국사기 성격에 대한 재인식'은 고려 중기의 문화의식과 역사학의 성격을 정리한 것으로 삼국사기를 실증 사료로 한국 고대문화를 왜곡한 일제식민사학의 원천적인 문제점과 삼국사기의 한국 고대문화 인식의 한계를 지적했다. 60년대 후반에 일어난 민족문화 재인식운동으로 출범한 한국사연구회는 73년 현재 회원이 1백60여 명으로 늘었고 사회학, 미술사학, 경제학 등 인접학자도 참여, 과학적 한국학 이해의 폭을 넓혔다. 우수한 논문 게재로 국내학계는 물론 멀리 프랑스, 미국 등지의 도서관에서까지 학회지 구독을 요청해 오고 있다. 학회지 발간은 광명출판사, 지식산업사 등의 협조와 회원들의 찬조비로 유지해 왔다. 5년간 연구회를 이끌어 온 김철준 교수는 "새로운 세대가 성장하여 틀은 잡혀 가는 것 같지만 연구비 지급할 길이 없어 안타깝다."며 국학 발전을 위한 특수 연구비 지원을 촉구했다.](경향신문 73.12.27. 박석홍 기자)

8) 74년 국사교과서 국정으로

* 국사편찬위원회 편집

제3공화국은 68년 12월 5일 국민교육헌장 선포·72년 3월 24일 **총력안보**를 위한 전국교육자대회에서 국적 있는 교육 강조·72년 5월 11일 국사교육 강화위원회 구성·72년 7월5일 대학에 국사를 특수교양과목으로 신설·중고교 국사독립교과로 신설한 데 이어 73년 8월 31일 문교부령 제325호로 중학교 교육과정 개정 및 고등학교 국사교육강화안을 확정하여 중고교 국사교과서를 국정으로 개편한다고 발표했다. 해방이 되었으나 국사교과서는 일제식민사학의 틀을 못 벗어나, 한국문화사의 첫 장을 '금석병용 시대'로 시작하여 고대국가 건국을 기원후로 설정하고 조선 시대를 당쟁과 사화로 얼룩진 역사로 가르쳤다. 1958년 12월 10일 이승만 대통령이 독립정신 부각과 식민사학을 청산하는 역사연구 특별지시로 국사편찬위원회에는 특별분과위원회를 조직, '국사상의 제 문제 연구'를 착수했다. 식민사학 청산을 위해 정부가 만든 특별위원회 위원은 이승만 대통령이 경무대로 초청하여 식민사학 청산을 당부한 학자는 일제 때 활약했던 이병도, 이선근, 김상기, 이홍직, 신석호 교수였다. 이 자리에 참석했던 김상기 교수는 대통령이 당부했으나 큰 진전이 없었다고 고백했다. 5·16 뒤 해방 후 학계에 진출한 1세대 학자들의 식민사관 극복 논의가 가열되어 문교부도 장학실과 편수국에서 이 문제를 공식 논의하기 시작했다. 1969년 말 한우근, 이기백, 이우성, 김용섭이 공동 연구 발표한 '중고등학교 국사교육 개선을 위한 기본 방향'은 한국문화사의 상한을 구석기 시대로 끌어올릴 것과 새로운 발굴로 확인된 청동기 시대 설정 등을 지적하며 '시안 작성의 기본 원칙' 5가지를 제시했다.

　① 국사의 전 기간을 통하여 민족의 주체성을 살린다.

　② 민족사의 각 시대의 성격을 세계사적 시야에서 제시한다.

　③ 민족사의 전 과정을 내재적 발전 방향으로 파악한다.

　④ 제도사적 나열을 피하고 인간중심으로 생동하는 역사를 서술한다.

　⑤ 각 시대 민중의 활동 참여를 부각시킨다.

이러한 사학계의 **공식제안을** 반영해 73년 문교부 교육과정은 국사교육의 일반 목표 5가지를 제시했다

　① 주체적인 입장, 민족사의 정통성 인식, 문화민족 후예로서 자긍심

　② 시대적 특성의 종합적인 파악, 민족사의 특색

　③ 세계사적 차원의 이해, 민족사의 특징 탐구

　④ 우수한 민족문화의 창조적 역량 이해, 민족문화의 계승 발전 의식 함양

　⑤ 실증적 탐구와 민족적 가치관에 입각 국사 체계화 등 5가지를 제시했다.

73년 8월 31일 개정 공포한 교육과정(커리큘럼)에는 구석기 시대의 존재, 고조선의 성립과 문화가 처음 교육 내용으로 들어갔다. 식민사관을 극복하는 해방 후 학계의 업적을 반영하는 국정국사교과서 편찬을 문교부가 확정했으나 필진 선정이 쉽지 않았다. 국정국사교과서 편찬은 '한국사 25권' 작업을 진행 중인 국사편찬위원회(위원장 최영희)가 맡게 되었다. 식민사관 극복을 역설했던 국사학계는 문교부가 막상 교과서 개편 작업을 결정하자 대부분의 학자가 외면했다. 식민사관에 의해 만들어진 국사 이해의 기본 틀을 깰 용기가 없었고 편찬 후의 역풍이 두려웠던 것이다. 식민사관 극복을 주장했던 한 중진 교수도 책이 나오면 시끄러울 것이라고 단언하며 집필을 거부했다. 첫 국정국사 고교교과서의 집필은 김철준, 한영우, 윤병석, 중학교과서는 신형식, 변태섭, 이현종 씨 등이 맡았다. 74년도 보급을 위해 출간을 서두르고 있는 12월 국편에 가서 진행 상황을 취재했다. 교열본을 보던 위원장이 구석기 발굴 등 해방 후 새 연구 결과는 수록했으나 고조선, 동학란, 친일인사문제 정리 등이 미흡하다고 털어놓는다. 위원

장이 걱정하는 주제를 취재 기사화했던 필자는 고조선 문제는 "일연의 삼국유사에 따르면 B.C. 2333년에 단군왕검이 고조선을 건국했다고 한다."고 고조선을 교과서에 올려 고조선 논의를 공식화할 것을 제의했고, 동학란은 한우근의 '동학란 기인에 관한 연구', 친일인사문제는 "개화에 기여했으나 친일했다."고 육당과 춘원을 평가한 홍이섭 교수의 논문 '한국정신사의 과제'를 반영하면 되겠다고 조언했다. 국정 고교 국사교과서의 고조선 건국은 "삼국유사의 기록에 따르면 고조선은 단군왕검이 건국하였다고 한다(B.C.2333). 단군왕검은 당시 지배자의 칭호였다."로 기술되었다가 2007년에 "삼국유사와 동국통감의 기록에 따르면 단군왕검이 고조선을 건국하였다(기원전2333)."로 바꾼다.

74년 봄학기 국사교과서가 배포되자 새 교과서에 대한 비판이 일어났다. 교과서 발간과 함께 즉각 제기된 것은 춘원과 육당 친일 단죄에 대한 문단의 거센 반발이었다. 문단 일각의 춘원 추종 세력의 마지막 안간힘이었다. 77년 임종국 씨의 '친일 문학론' 재판으로 이 시비는 일단락되었다. 두 번째 제기된 주제는 '동학'이었다. 서울음대교수로 한국 강단사학을 비판해 온 박시인 서울음대교수가 새 국사교과서의 긍정적인 동학 평가가 부당하다고 비판하는 글을 대학신문에 기고했다. 박시인 교수의 동학 문제 제기도 뜨거운 논쟁이 되어 한 달간 신문에 공방전이 지상 중계됐다.

집필 기간이 1년밖에 안 되는 새 교과서가 나오자마자 국사학계는 벌집 쑤셔 놓은 것처럼 시끄러웠다. 창작과비평은 1974년 여름호 제9권 제2호(통권 32호)에 특집 국사교과서의 문제점을 43면에 걸쳐 다루었다. 강만길(사관과 서술 체재의 검토), 김정배(상고사에 대한 검토), 이우성(고려 시대), 이성무(조선 전기), 송찬식(조선 후기) 씨가 새 교과서의 문제점과 국사학의 쟁점을 심도 있게 다루었다. 고대 출신 국편위원장이 책임편집위원이었던 이 교과서에서 한영우 씨(당시 서울대 강사)가 집필한 조선사 부분을 서울대 선배 이성무, 송찬식 씨가 날카롭게 비판했다. 창비에 기고한 교과서 비판 글들은 주관적인 시각이나 편견도 있었지만 해방 후 2세대의 성장과 역사인식을 반영하는 내용이었다. 그러나 이 비평은 아마추어 역사 애호가들의 국사 논쟁 시비의 문을 열어주는 계기가 되었다. 이때 혹독한 비판을 받은 한영우 씨는 교과서 집필 홍역이 밑거름이 되어 1997년 '다시찾는 우리 역사'를 발간한다. 한영우 교수의 '다시찾는 우리 역사'는 '한국사대관'(이병도), '한국사 신론'(이기백)에 이은 대표적인 통사로 자리매김한다.

3. 제3공화국의 식민사관 극복 작업과 국사편찬위원회

1) 최영희, 이현종, 박영석, 이성무, 이만열, 유영렬, 정옥자 국편위원장

해방 후 국사 연구 실적은 서울대 문리대 국사학과, 연세대 사학과, 고려대사학과, 을유문화사, 일조각, 지식산업사, 탐구당 등 출판사와 국사편찬위원회에서 주로 나왔다. 국사편찬위원회는 조선총독부 조선사편수회를 46년 경복궁 집경당에서 국사관으로 개편했다가 49년 문교부 직속 국사편찬위원회로 개편, 조선왕조실록, 비변사등록 등 한국사 기초 사료 편찬에 주력했다. 국사편찬위원회는 문교부 산하 기관으로 사회부 기자의 출입처로 가끔 학술원과 함께 사회적 대우가 낮다는 동정 기사가 고작이었다. 70년 한국사 25권 편찬 계획을 문화부 기자가 터트리고 나서 국사편찬위원회의 취재 담당 부서가 사회부에서 문화부로 바뀌었다. 필자는 국편이 69년 말 이화여대 앞 서울시 교육원에 더부살이하면서 한국사 25권 편찬 준비를 할 때부터 취재를 시작해 과천 중앙동 새 청사로 옮기기까지 15년간 공식 출입했다. 한국사 25권 기획에서 완간·신편한 국사 50권 편찬 기획·독도연구·한국독립운동사·자료대한민국사·국사교과서 개편·사육신 교체 파동·안중근 의사 의거 직후 기록 등을 특종보도했다. 49년부터 65년까지 국사관장과 국편사무국장으로 국편 초석을 다진 신석호 교수는 한국사연구회 창립 회장으로 인터뷰를 했고 한국사 25권 계획을 착수한 2대 위원장 김성균 씨(65~72)는 취재할 기회가 없었다. 3대 최영희 위원장(72~82)은 경향신문 기획 연재물을 두 번이나 맡아 주었으며 한림대로 옮긴 뒤에도 문화일보의 임진왜란 특집 좌담에 참여해 주었다. 이현종, 박영석, 이성무, 이만열 위원장 모두 많은 업적을 남겨 문화부 학술 담당 기자에게 좋은 취재원이 되었다.

국사편찬위원회는 1946년 3월 미군정하에서 국사관(國史館)으로 발족, 대한민국 건국 후 1949년 7월 국사편찬위원회로 개편했다. 경복궁 집경당(緝敬堂)에서 발족한 국사관의 초대관장은 조선사편수회 수사관이었던 신석호(1904~1981) 씨였다. 건국 후 국사관장은 문교부장관이 겸직하고 사무국장을 신석호 씨가 맡았다(1949~1965). 경성제대 법문학부 사학과를 졸업하고 조선사편수회 촉탁이 되어 조선사 편찬에 참여했던 신석호 국사관장은 패전 일본이 폐기 처분하는 자료 중 일본 공사관 기록과 일제 시대 사진

원판 4만여 장을 보존하여 일제 시대사 연구 자료를 남겼다. 국사편찬위 사무국장 재직 중 1955년부터 3년간 조선왕조실록을 영인 간행했고 비변사등록, 승정원일기 간행도 착수했다. 국사관장 사무국장 재임 중 고려대 성균관대학 동국대 서울사대에 출강, 고대·성대·국편에서 후진을 양성하여 사학계에 인맥을 구성했다. 국편은 신석호 교수가 구축한 고대 인맥이 오래 존속했다. 1965년 국사편찬위원회가 독립돼 제1대위원장으로 김성균 씨가 맡아 72년까지 2대위원장을 역임했으나 국편이 본격 활동한 것은 3대 최영희 위원장부터다. 중앙청 후편 가건물과 중앙청 옥상, 광화문 상공부 청사, 국민학교 교실 등을 전전하다가 서울시 시청각 교육원에서 비로소 일을 할 만한 공간을 확보했고, 서울시 학교 건겅관리소를 거쳐 75년 10월 남산 KBS 앞 예장동 중앙교육연구소 건물로 옮겨 독립 청사를 갖게 되었다. 남산에 독립 청사를 마련한 제3대 최영희 위원장부터 이현종 위원장 시절까지 비변사등록, 승정원일기, 자료대한민국사, 각사등록 등 사료 출간과 한국사 체계화 작업을 활발하게 벌였다. 대마도문서 등 총독부 문서 중 일부가 국편에 보관되어 신문기자에게는 특종거리가 많았다. 82년 예장동 청사에서 개최된 사료전시회 자료에는 안중근 의사와 거사 참여자들을 거사 직후 일경이 찍은 유리원판 사진이 공개됐다. 거사 직후 늠름한 모습의 안 의사 유리원판 사진은 이날 전시회 중 햇볕에 훼손되었으나 경향신문이 찍은 사진을 한국일보가 복사한 것이 남아 있다. 부산포 왜관을 채색화로 그린 개항 전 부산항 전경도 이때 일반에게 공개됐다.

* 한국사 고려편과 승정원일기 등 자료집 간행

[75년 10월 예장동 청사로 옮긴 국사편찬위원회(위원장 최영희)는 76년 3월 초 '한국사' 5·6·14·15·16권 등 5책과 '일제침략하 한국36년사' 1권, '승정원일기' 6권, '윤치호일기' 2권, '소의신편' 1권, '한국교육사자료' 1권, '독립운동사자료' 1권 등 사료집을 내놓았다. 변태섭, 이기백, 하현강, 강진철, 이용범, 안계현, 최병헌, 이혜구, 윤남한, 김열규 교수 등이 집필한 '한국사' 고려편 2권은 고려 귀족국가와 고려 귀족사회의 문화는 이른바 '문벌 귀족'의 성격 규명 등의 숙제가 남아 있긴 하나 귀족사회의 경제적 기반과 고려불교에 대한 정리는 높이 평가된다. 한우근, 최석우, 황원구, 신용하, 조기준 교수 등이 집필한 '근대적 사상의 맹아', '민중의 항거', '개화 척사운동'은 해방 후 한국학계의 근세사 연구 업적이 집성되었다.](신동아 76년 4월호, 화제와 뉴스, 학술, 박석흥)

2) 독도학술조사

[국사편찬위원회가 주관한 울릉도·독도 학술조사단(단장 최영희)이 77년 10월 19~23일 현지조사에서 독도가 울릉도에 귀속되었던 한국 영토임을 재확인하는 장한상의 '울릉도 사적기' 등 문헌 기록 금석문 등을 발굴했다. 역사·지리·고고·국제법·국문학 분야의 학자 45명으로 구성된 학술조사단은 독도(獨島)가 국제 분규의 대상이 된 후 정부가 지원한 가장 큰 규모의 학술조사단으로 국내외 눈길을 모았다. 이 조사단은 본격적인 조사에 앞선 예비조사의 성격을 띠었지만 ①독도 울릉도 관련 문헌과 금석문 발굴, ②울릉도와 독도가 청명한 날 볼 수 있다는 고문헌 기록 사실 확인, ③ 울릉도 사람들이 독도를 삼봉도(三峰島)로 보았다는 사실 확인, ④ 독도가 옛날이나 오늘이나 울릉도민의 생활권이라는 사실들을 밝혔다. 독도 조사에 앞서 울릉도 조사에서 박석창 순찰비(朴錫昌 巡察碑), 울릉도 개척사 이규원(李奎遠), 울릉도 첨사(僉使) 조종성(趙鍾成), 울릉도 군수 심흥택(沈興澤)의 영세불망비 조사에서 일본이 1905년 일본 시마네현(島根懸) 소속 오끼(隱岐) 섬의 부속 섬으로 발표하기 20여 년 전인 1882년부터 조선정부가 울릉도 독도를 개척했음을 확인했다. 울릉도 교육청이 공개한 강원도 삼척영장(營將) 장한상(張漢相)의 '울릉도 사적기(事蹟記)'에 독도에 관한 기술이 보인다. 삼척영장 장한상이 숙종 20년 관할 도서 울릉도를 시찰한 기록으로 12대손 장재수 씨(울릉도 서중교장)가 공개했다. 장한상 삼척영장은 울릉도 사적기에 세종실록과 고려사지리지에 기록된 울릉도에서 독도가 보인다는 사실을 확인했다. 울릉도 사적기는 "산에 올라 바다를 보니 동으로 3백 리에 작은 섬이 있는데 섬 크기는 울릉도의 3분지 1 정도"라고 기술하고 있다. 신라 지증왕 시대부터 삼국사기에 등장하는 울릉도는 통일신라 시대부터 거대한 석곽 고분을 축조할 정도의 세력을 형성했음을 이번 조사에서 확인했다. 울릉도 정상 화산이 터진 분화구에는 계단식 논과 바람에 적응하는 너와집 등이 조사됐고 가사·민요·전설 등도 채록했다. 홍일식 교수는 "초기 이주자들이 동학란 때 온 사람이었다."고 밝히고 울도가에는 "이주 동기와 풍습을 읊고 말미에는 피난 중이지만 글 읽는 소리가 낭랑했다."고 채집 가사를 분석했다. 22일 상오 1시 5분 울릉도를 떠난 조사단은 새벽 5시 23분경 독도에 도착, 울릉도에서 본 독도가 삼봉도(三峰島)임을 확인했다. 크고 작은 32개의 섬과 암초로 구성된 울릉군 남면 도동 산 42~76번지가 독도의 행정구역이다. 동도에 경비대가 주둔하고 있으며 서도에는 최종덕

씨(52, 어업) 일가 3명과 해녀들이 거주하고 있다. 조사단은 예비조사를 통해 독도는 울릉도와 한 단위로 연구되어야 한다고 의견을 모으고 종합적인 연구체제를 범정부적으로 구성해야 한다고 의견을 모았다. 독도가 한·일 간의 분규 대상으로 부상된 후 우리나라에서도 독도 연구 논문이 나오긴 했으나 일본학계와 일본정부의 치밀한 연구에는 미치지 못하고 있다. 울릉도와 독도에 대한 공도(空島)정책으로 울릉도를 일본에 빼앗길 위험이 몇 차례 있었으나 그때마다 울릉도와 독도를 지킨 것은 울릉도 주민이었다. 이번 조사에서도 5~6년 전부터 어부가 독도에 상주해 왔음을 확인했다. 그러나 신문보도 후 일본정부의 항의에 외무부가 국회에서 상주 어민이 아니라고 답변했다. 울릉도 군수가 독도에 어부의 주민등록을 옮겨 상주케 하려 한 계획이 일단 좌절되었다. 엠바고를 지키지 않은 신문이나 외무부의 국회 답변 모두 엉성했다.](경향신문 77.10.25. 신동아 77년 12월 뉴스와 화제, 학술, 박석흥)

학술 담당 기자에게 대학 졸업 시즌에 각 대학에서 통과되는 석사·박사논문은 좋은 기사가 됐다. 행정대학원·교육대학원 논문은 현장의 사회문제를 다룬 논문이라 특히 그랬다. 1969년에는 서울대 박사논문 중 이한기 교수(국제법)가 우리나라 영토문제를 국제법으로 다룬 논문을 입수하여 3면에 기사화한 적이 있었다. 고조선, 고구려, 발해의 역사 무대와 한말의 간도 등 국경 문제에 관심이 있었던 기자에게 간도 독도 문제를 국제법으로 정리한 이한기 교수의 논문은 좋은 기사가 됐다. 국사학자들이 독도가 삼국 시대부터 우산국에 소속된 섬으로 역사적으로 한국 영토였다고 하던 시기에 이한기 교수의 논문은 독도 문제를 한 단계 끌어올린 것이었다. 그러나 일본의 독도 주장은 좀 더 치밀했고 학계 연구도 우리나라보다는 한 단계 높았다는 것을 알게 되어 문교부 장학관이셨던 아버지에게 독도 연구를 정부가 정책적으로 추진할 필요가 있다고 설명하고 국사편찬위원회가 그 일을 맡을 적임기관이라고 말씀드렸다. 며칠 뒤 대통령 사정 특별보좌관을 역임한 신두영 감사원장에게 상의했더니 대통령이 연구의 필요성을 수긍했다고 아버지가 말씀을 해 국편위원장에게 이 사실을 알렸다. 독도 학술조사 출발 전 박 대통령이 국편위원장을 불러 독도 고지도 한 부를 주며 "독도가 일본 땅이라니……" 하며 독도 연구를 당부했다는 말을 내게 털어놓았다. 울릉도에 갔을 때 홍순칠 등 독도의용대가 독도를 지켰다는 무용담도 들었다. 군수는 해마다 여름이면 독도 서도에서 고기를 잡는 어부가 있다며 독도 주민증을 만들어 상시 주민 거주지로 만드는 것을 준비 중이라고 했다. 독도에 상주하는 어부가 있다는 것은 뉴스가 되지만 정식 독도 주민이 되면 국제법상 독도 영유권 주장에도 도움이 되니 이 문제는 울릉도 군수의 보도 보류를 들어주기로 돌아오는 차 속에서 엠바고를 약속했으나 한 신문의 특종기사로 보도되고 일본정부의 강한 추궁에 정부는 상주 주민이 아니라고 국회에서 답변해 군수의 좋은 계획이 일시 수포로 돌아갔다. 국편에 독도 연구를 위해 지급된 연구비는 당시에는 큰돈이었으나 예비조사 후 연구보고서 발간이 지연되어 박 대통령 서거 후 추궁당했다. 이 학술조사에 참여했던 최문형, 김찬규, 임영정 교수가 독도 연구에 관한 논문을 지속적으로 발표했다.

3) 한국사 연구 진흥 계획 – 80년대 정부의 국학 지원 확대

[제5공화국도 제3공화국의 국학진흥정책을 계승했다. 문교부는 80년 6월 26일 체계적이고 집중적인 한국사 연구를 추진할 한국사연구협의회를 설립하고 1차연도 사업으로 연구비 1억 5천만 원을 73명에게 지급했다. 국사편찬위원회에 사무소를 둔 한국사연구협의회는 국사 관련 8개 학회가 참여, 식민사관 극복을 위한 주체적 사관 정립, 국사 연구 지원사업, 국내외 연구기관과 학술 지원, 국학 기초 자료 발굴 정리, 전공학자 양성 등을 추진할 장기계획 수립 연구를 착수했다. 이 작업은 40대 초반의 신진학자 이태진, 박용운, 신해순, 임영정, 임병태, 김호일 교수가 맡았다. 지금까지 한국사학계의 식민사관 극복을 위한 공동 작업은 진단학회가 착수 6년 만에 65년에 펴낸 '한국사(韓國史)' 7권, 국사편찬위원회가 착수 8년 만에 완간한 '한국사' 25권이 있지만 일제식민 사관을 완전히 탈피했다고 주장하기에는 미진한 부분이 있다. 한국사연구협의회는 발해사 가야사 고대국가 기원 등 그동안 미진했던 90여 항목의 연구 주제의 담당 연구자와 공동 연구를 검토 중이다. 한편 정신문화연구원도 기초 학문 분야 연구 주제로 서양사관의 변천과 중국과 일본의 근대사학 발전 과정을 금년 연구 과제로 위촉했다. 박사과정 90명과 석사과정 1백76명에게 장학금을 지급하는 연구학자 양성책도 마련했다. 73명에게 지급된 제1차연도 연구 주제는 다음과 같다.

◆삼봉집의 재검토(정두희 윤사순) ◆익재집의 재검토(민현구 정구복 최신호) ◆국사교과서에 반영된 고대사 내용 분석(이원순 윤세철 정선영 남도영 김구진 이범직 신형식 최완기 권인혁 박중현) ◆한국 청동기문화연구(윤용진 정징원 김양옥) ◆한반도 거석문화원류에 관한 연구(김병모 지건길 최몽룡 심봉근) ◆근대사회의 중산층 연구(허

선도 송찬식) ◆삼국 시대미술사(김정기 맹인재) ◆연도별 한국역사학 논저목록 분류 연구(전해종 이기백) ◆한국근대 민족의식 연구(유홍렬 이만렬 박한설 박성수 조동걸 김창수 박영석 신재홍 유영렬 이현종 최창희) ◆조선 시대의 국방(차문섭 강영철 차용걸 유승주 이봉래) ◆신라골품제연구(이기동 이종욱) ◆고려사회사연구(박용운 홍승기) ◆조선초기정치사 연구(유승원 정두희 김동수) ◆백제석실분 연구(안승주 전영래) ◆조선 시대과학기술서연구(전상운) ◆조선선사토기문화연구(김원룡)](경향신문 1980.6.27. 박석홍 기자)

해방 후 일제식민사관 극복은 역사인식의 변화와 담당 학자의 교체가 문제였다. 60년대에 본격화된 이 개혁의 바람은 한국사연구회가 73년 세대교체를 단행한 9년 뒤 1982년 국사편찬위원회 국사편찬위원도 해방 후 세대로 전원 교체됐다. 1982년 7월 정부는 국사편찬위원장 교체와 함께 46년부터 연임해 온 이병도, 백낙준, 유홍열, 이선근 씨와 한우근, 조기준 씨 등 65세 이상 된 위원을 재위촉에서 제외하고 50대와 40대 학자 8명을 새 위원으로 선임했다. 경향신문은 82년 7월 8일 국편위원장 교체와 해방 전 세대를 전원 퇴출시킨 국편 개편을 3면에 특집으로 분석했다.

4) 5공화국 국편위원장 승격과 위원 물갈이

[한국사 연구편찬과 사료 간행을 하는 국사편찬위원회가 국편위원장과 편찬위원을 대폭 개편했다. 정부는 82년 7월 7일 국편위원장에 이현종 편사실장을 승진 발령하는 한편 6월 30일로 임기 만료된 15명 정원의 위원 가운데 8명을 교체 위촉했다. 국편의 대대적인 개편은 학예술원 한국정신문화연구원에 이은 제5공화국의 문화기관 개편 작업의 일환으로 사학계 일각에서는 국사 연구 풍토 개선의 전기로 보고 있다. 새 국편 위원에 위촉된 학자는 손보기(연대, 구서기 및 인쇄 발달사), 민석홍(서울대, 서양사), 천관우(언론인, 고대사 및 실학), 변태섭(서울대, 고려 시대사), 유원동(숙대, 근세경제사), 최정호(연대, 신문학), 김정배(고대, 고대사), 이현종(국편위원장, 근세사) 씨 등으로 보수성이 강하고 권위주의적인 사학계 풍토로는 파격적인 인선이라고 평가하고 있다. 이번 개편으로 임기가 3년이지만 초대부터 연임해 온 이병도, 백낙준, 유홍렬, 이

선근 씨와 한우근, 조기준 씨 등 65세 이상의 학자가 재위촉에서 제외된 대신에 해방 후 역사학을 배운 학자로 전원 세대교체된 것이 특색이다. 이병도 사학의 공식퇴진이다. 65세 이상 된 6명의 위원과 작년에 작고한 신석호 위원, 국회 공청회 뒤 사표를 낸 이기백 위원 등 8명이 물러남으로써 위원회는 50대가 주축을 이루며 40대 학자도 위원으로 등장했다. 개편 전 위원회 최소연령은 55세였다. 제3대위원장 최영희 씨 (72~82)가 취임해 73년에 고병익, 김원룡, 김철준, 이기백, 조기준 씨를 위촉한 것을 제외하고는 위원이 작고할 때나 결원 위원을 보충해 온 국편이 위원을 대폭 개편한 것은 획기적인 일이다. 해방 전 세대가 상징적인 지도 세력으로 머물러 있던 국편의 중심인물 개편은 일제식민사학과의 결별과 해방 후 한국사학 업적에 대한 자유로운 토론의 장 마련의 계기가 될 것으로 보는 학자도 있다. 사회의 깊은 관심권 밖에서 사료 간행과 한국사 정리를 해 온 국사편찬위원회가 사회의 주목을 끌기 시작한 것은 해방 후 한국사 연구 업적을 1차 집대성한 한국사 25권 간행과 국정국사교과서 편찬이 계기가 됐다. 국사편찬위원회가 추진한 한국사 25권 편찬은 국민의 바른 역사의식 고취와 정체성 확인을 위해 국학 전공학자가 총동원된 작업으로 학계의 해방 후 연구 결과를 온축한 것이었으나 반5·16세력의 반발과 비판도 있었다. 특히 연구학자의 부족으로 취약한 고대사에 대한 재야인사들의 강단사학에 대한 비판은 국사교과서 국회 공청회 사태까지 몰고 갔다. 해방 후 국사학계는 일제가 심어 놓은 식민사관 극복을 하기 위한 지루한 논쟁을 벌이며 한국사 체계화를 위한 부단한 노력을 기울였으나 흡족할 만한 성과를 거두지는 못했다. 일제 침략에 의한 단절로 고려 시대 삼국사기, 조선 초 고려사 편찬과 같은 전 시대 역사 정리를 하지 못했다. 뿐만 아니라 러시아혁명 후 한국 지식인에게 충격을 던진 사회주의 사관에 휩쓸려 한국 현대역사학이 이데올로기 논쟁으로 지체 현상을 보여주게 되었다.

　새 위원은 김정배, 변태섭, 손보기 등 고대사 전공학자가 다수 위촉되고 천관우, 최정호 등 언론인, 민석홍 서양사학자 등 전공 분야가 다양해진 것이 눈에 띈다. 국사편찬위 개편은 고위 담당자 교체만으로는 실효를 거둘 수 없다. 국편이 사학계 연구 분위기 조성에 기여해야 할 것이다. 학계는 국편 개편을 계기로 학문 외적인 방법으로 부상되고 있는 고대사 논쟁을 국편 등 연구기관이 주도해야 한다고 지적한다. 국편은 국내외에 산적한 사료를 우선 정리해 학계에 연구 자료로 제시해야 할 것이다. 40대 학자의 부상과 연구 축적으로 한국사는 과거 일인들이 조잡하게 세워 놓은 가설을 전면 수정할 때가 되었다. 신임 이현종 위원장은 학자마다 주장이 다른 고대사 문제 등 국사학계의 쟁점을 정리하는 한편 연구가 빈약한 부분은 한국사 진흥기금으로 연구를 지원하겠다고 밝혔다. 1946년 3월 국사관 설치 규정이 제정되어 경복궁 집경당(緝敬堂)에서 국사관으로 출범한 국편은 2차례 기구 개편과 7번의 이전으로 우리나라 유일의 한국사 연구기관으로 자리잡았다. 30여 년의 짧은 역사에도 국편은 조선왕조실록, 승정원일기 등 사료 간행과 한국사 25권, 한국독립운동사, 일제침략하 한국36년사, 자료대한민국사 등을 편찬하며 많은 학자도 배출했다. 윤병석·강만길·김용섭·송병기·박성수·이현희·임병태·최병헌·박용옥·김진봉·차문섭·임영정·차용걸·원유한·유승주·유영렬·김호일·최완기 교수가 국편을 거쳐 간 학자들이다. 연구진의 대학으로의 전직은 국편의 연구기능을 약화시킨 일면도 있다. 사료집 정리 등 기본 사업 강화와 연구담당자 보강과 유인체계 확립이 국편체제 강화하의 열쇠가 될 것이다. 민족사 체계화를 위한 정부의 관심이 위원 교체로 끝나지 않고 국학진흥으로 이어지길 학계는 기대하고 있다(경향신문 1982.7.8. 4면, 박석흥 기자).

70년대 최영희 위원장 시절 국편위원은 평안도 출신 학자가 대부분이었다. 기독교 초기 선교지였던 평안도의 저력이 해방 뒤 역사학계에도 반영된 것이다. 국사편찬위원회 위원장과 위원 교체를 계기로 국편과 국사학의 현황을 4면에 심층 분석한 '진용 바뀐 국사편찬위……대폭개편의 저변' 기사는 '한국사 조명에 새 시각 등장', '세대교체 − 보수학계 새바람', '고대사 논쟁 정리 주목', '해방 후 역사 전공한 학자로 국사 체계화 전기 기대' 등의 표제와 10년 만에 국편 떠나는 최영희 위원장과 신임 이현종 위원장 인터뷰 기사로 4면을 거의 다 할애했다. 정치, 경제, 국제기사만이 실리던 4면에 문화 관련 기사가 비중 있게 실린 것도 변화였다.

* 20년 근속 최영희 국편위원장−한국사 25권 편찬

["국사 연구를 계속하면서 20여 년 공직에 봉사할 수 있었던 것을 감사하게 생각합니다."(신군부 등장으로) 국사편찬위원회 개편으로 10년 근속에서 2달여 모자라는 국사편찬위원장직을 떠나는 최영희 박사(56세, 임진왜란사·대한민국사)는 대학(한림대)강단에 서겠다며 이임소감을 담담하게 말했다. 50년 고대 국사학과를 졸업한 후 서울사범교사(50~53), 해사교수(53~57), 숭실대교수(57~60)를 거쳐 62년부터 국편에서 20년을 봉직했다. 국사편찬위원회로 개편되기 전 국사관 시절에도 신석호 국사관장 권유로 촉탁으로 1년간 근무했던 최 박사는 국사편찬위원회의 산 역사다. 재임 중 한국사 25

권·승정원일기·고종 시대사·한국독립운동사·여지도서 등을 펴냈다. 문공부 문화재 위원으로 경주 황룡사 익산 미륵사 공주산성 지도위원으로 문화재 보수정화에도 기여 했다. 사육신 교체, 진주 삼장사 시비, 목화재배 공로자 시비, 교과서 소송 등으로 곤욕 을 치른 최 박사는 문벌사학, 사이비 역사학, 민중사학이 한국사학의 걸림돌이라고 격 정한다. 재임 중 독도학술조사단을 구성하여 종합적인 독도 학술 연구를 시도했으며 재일 사학자 이진희, 강재언, 김달수 씨 등을 한국에 초청하여 재일 조총련에 충격을 주었다. 북한에서 월남 고대재학 중 중앙박물관에서 웅천패총을 발굴하기도 했던 최 박사는 '임진왜란의 사회동태사'로 박사학위를 받았으며 최근에는 북한사와 한국현대사 연구를 시작했다.](경향신문 1982.7.8. 물러나는 최영희 전 위원장 인터뷰, 박석홍 문화 부차장)

* 2년 단임 이현종 국편위원장 격무로 타계 국사관 건립 추진

1982년 10월 국사편찬위원회(위원장 이현종)가 예장동 청사에서 주최한 사료전시회 에 민정당 이종찬 의원 등 민정당 민족사관 정립추진위원회 위원들이 참석, 국편의 낡 은 사고를 둘러본 뒤 청사(국사관) 건립을 12월 청와대에 건의, 3개년 계획으로 12월 7일 국사관 건립이 확정됐다. 제5공화국의 실세였던 이종찬 씨는 일제 침략 후 중국으 로 망명 만주에 경학사 신흥무관학교 등을 세우고 독립운동을 했던 이회영, 이시영 형 제의 후예로 독립운동과 식민사관 극복에 깊은 관심을 갖고 국편의 위상을 높이는 데 한 역할을 했다. 과천 종합청사 옆에 건립된 한식 국사관은 민족사관 정립추진위원이 었던 이 씨의 건의가 결정적 역할을 했고 국편위원장의 직급을 차관급으로 끌어올리고 한국사(신편) 53권 정리를 위한 연구비 지원에도 도움을 주었다.

이현종 국편위원장(1930~1984) obituary

[이현종 국편위원장이 84년 1월 10일 하오 5시 반 서울 강남구 방배동 산 73 자택 서 과로로 별세했다. 이 위원장은 82년 7월 취임과 동시에 일본교과서 왜곡 파동·새 정부의 국편기구 개편 작업·새 청사 건립 추진 사업·대마도 문서 유출사건 수습 등 으로 격무에 시달렸다. 2일 전 이선근, 정문연 전 원장 추도식에도 나왔던 이 위원장의 타계에 학계는 순직이나 다름없다며 고인을 애도했다. 전북고창 태생인 이 위원장은 55년 서울대 사학과 졸업과 동시에 국편에 들어와 조사실장, 편사실장을 거쳐 위원장

을 역임했다. 대학 강단으로 옮기려다가 국편위원장이 된 이 위원장은 과천 새 청사 착공을 앞두고 타계했다.](경향신문 84.1.11.)

* 국편 체질 개선과 국사관 개관

[제5공화국의 국사편찬위원회 개편과 국사관 건립 위원장 직급 상향 등이 구체화되어 학계의 관심을 모으고 있다. 격무에 시달리던 이현종 국편위원장이 지난주 타계하자 국편 안팎에서는 후임자 인선과 함께 국편 격상 문제가 본격적으로 부상하고 있다. 국사 편찬과 사료 수집 간행을 목적으로 출범한 국사편찬위원회는 기관 명칭부터 문교부 장관 자문기구 같은 인상을 풍기며 학술 연구기관의 전문성을 갖추지 못했으며, 영세한 연구기금 연구직 유인체제 미흡 등으로 제 기능을 다하지 못하고 있었다. 제5공화국 출범 후 문화관계 기관 개편 작업 일환으로 국편은 먼저 위원들을 대폭 개편하는 한편 사료관 설립 등을 서두르고 있으나 학술 연구 체제와 전문 인력 확보가 안 돼 본격적인 체제 개편이 시급하다. 자유중국의 국사관은 총통부 직속으로, 미국의 국립문서보관기록처는 부통령 직속으로 설립되어 그 조직도 방대하다. 그러나 우리나라 국편은 대통령령에 의한 문교부 산하 기관으로 그 역할에 한계가 있었다. 일본 교과서의 한일관계사 왜곡 파동 이후 국편은 업무가 폭주하고 있으나 전문연구자가 부족이라고 고편사실장은 호소했다. 현재 국편은 대학졸업 후 5년 이상 교육경력을 가진 교육자가 연구사로 들어올 수 있게 규정하고 있어 역사 전공자보다 교사 경력자를 선호하고 있다. 연구사의 업무는 대학교수와 같지만 보수는 3분의 2 수준이다. 그래서 연구사들은 대학 진출 기회만 오면 국편을 쉽게 떠난다. 6번 셋방살이를 하다 75년 예장동 단독 건물로 옮긴 국편은 83년 8월 국사관 신축자문위원회를 구성하고 83년 12월 과천 중앙동에 신축대지 6천2백 평을 매입 41억 원 규모의 청사를 건립한다. 사료관 건립과 위원장 직급 상향조정도 절실하지만 전문인력 확보와 효율적인 기구 정비를 서둘러야 할 것이다. 국편에 이어 학술원 국립박물관 민족문화추진회 등 학술기관의 활성화를 정부는 강구해야 한다.](경향신문 84.1.19. 박석흥 차장)

84년부터 86년까지 3개년 계획으로 건축된 국사관은 6천2백30평 대지에 본관 9백60평 국사관 1천9백70평 규모로 86년 12월 준공되었다. 이현종 국편위원장 재임 중 (19827~1984.1.) 구체화된 국시관 건립, 국편위원장 직급 상향조정 등 국편 개선 작업은 제5대 박영석 위원장(84.2.~94.7.) 시절 실현되었다. 만보산 사건, 대종교계열의 만주 노령 지역 독립운동을 연구한 박 위원장은 신군부 핵심 세력인 이종찬 의원의 지원을 받아 한국사 25권 편찬에 이어 한국사 신편 53책을 간행했다. 재임 중 화갑 기념 한국사학 논총 상하권을 받았다.

* 국사편찬위원회－신편한국사 53책 편찬

박영석 10년 장기 국편위원장 신편한국사 53권 착수－

[광복 후 2세대 학자들이 중심이 되어 편찬하는 한국사가 50권으로 집대성된다. 국사편찬위원회(위원장 박영석)는 구석기 시대부터 현대까지 한국사 전반을 50권으로 체계화하는 '신편한국사' 편찬 7개년 계획을 7일 확정, 편집과 집필자 선정에 들어갔다. 국편이 3공화국 시대 간행한 한국사 25권을 15년 만에 전면 개편하는 '신편한국사'는 수록 분량의 대폭 증가, 편집위원 및 필자 등 개편 실무진이 일제식민사관의 질곡에서 벗어난 해방 후 2세대로 교체됐다. 김정배(선사), 신형식(고대), 박용운(고려), 최승희(조선 전기), 이태진(조선 후기), 이현희(근대), 신재홍(현대) 씨 등 연구위원들이 최몽룡, 임효재, 이기동, 김용선, 한영우, 정석종, 유영익, 신용하 교수 등 20여 명 학자와 검토를 거쳐 최종 시안을 완성, 11일 열리는 편찬위원협의회 보고한다. '신편한국사'는 간행 목표를 4가지로 제시했다.

① 한국의 역사와 문화에 대한 객관적 인식의 토대를 제공할 수 있는 한국사를 편찬한다.
② 민족의 창조적 문화활동과 민족사의 내재적 발전을 드러내는 한국사를 편찬한다.
③ 최근까지의 연구 성과를 체계화하고 새로운 영역을 개척함으로써 한국사 연구의 지평을 넓힌다.
④ 한국사 연구와 관련하여 고고학, 인류학, 사회학, 경제학 등 인접 학문의 연구 성과를 수용하여 한국사 인식의 폭을 넓히는 데 기여한다.

박영석 국편위원장은 민족통일 대비하고 급변하는 시대상황 속에서 연구자의 깊이 있는 연구를 도와 독자들의 역사인식 드높이는 길잡이 구실을 할 수 있었으면 한다고 밝혔다. 신편한국사가 제시한 4가지 목표에는 1969년 말 한우근, 이기백, 이우성, 김용섭이 공동 연구로 발표한 '중고등학교 국사교육 개선을 위한 기본 방향'이 들고 나온 민족사의 내재적 발전이 포함됐다. '신편한국사' 편찬 지침이 공개되자 학계는 사학계가 해방 후 세대로 완전히 세대교체되고 신진학자들의 참신한 논문이 쏟아져 나와 시기적절하다는 찬성론이 지배적이지만 일부 중진학자들은 민중사관 북한역사학 표절 등으로 사관의 혼미하고 정치상황도 불안정하기 때문에 통사 편찬보다는 본연의 업무인 사료 정리에 전념하고 책 출판은 출판사에 맡기는 것이 바람직하다고 반대하기도 한다.

'신편한국사' 50권은 진단학회의 한국사 7권, 국편의 한국사 25권에 이어 3번째 시도되는 사학계의 공동 작업으로 2000년대 한국사 연구의 새 방향을 제시할 시금석이 될 것이라고 학계는 내다보고 있다. 그동안 개설서 통사가 많이 나왔으나 식민사관의 잔존, 불투명한 고대사 소략한 현대사 기술 등 많은 맹점을 안고 있어 한국사 체계화가 시급했다. 1백여 명이 공동 집필한 한국사 25권도 고대사 분야가 빈약하고 조선 시대도 농업사, 공업사 등 특수 분야 전공자 강만길, 김용섭 씨 등이 참여를 거부해 취약점이 있었다. 뿐만 아니라 가야사, 삼한 시대사 등을 밝힐 고고학 발굴과 규장각 사료 고문서 등이 정리되고 70년대보다 10배가 넘는 연구 인력의 확충으로 한국사 연구는 상당히 진전되었다. 신진 학자들의 연구 업적 축적으로 해방 전 세대의 고대사 체계화 수정은 불가피하다. 70년대 국편이 펴낸 한국사 25권에 이어 83년 북한이 완간한 조선전사 33권보다 더 방대한 신편한국사는 해방 후 남북한학계의 연구 업적 집대성은 물론 세계사 속의 한국사로 한 차원 높여야 한다. 신편한국사 편집위원은 이태진(서울대), 최승희(서울대), 신형식(이화여대), 박용운(고려대), 이장희(성균관대) 교수 등 해방 후 2세대가 맡아 역사 전반의 과감한 개편이 가능할 것 같다. 국편은 작업 구체화에 앞서 학계의 의견을 수렴하는 세미나 등을 통해 이 작업에 사학계 전체의 의견을 들어야 할 것이다.](경향신문 91.2.8. 박석흥 편집위원)

신군부 집권기에 시작한 이 작업은 김영삼, 김대중, 노무현 정권까지 지속되어 편찬 기획 단계에서 우려했던 문제점들이 논증되기도 했으나 한국사 논의 폭은 확대했다.

4. 전국역사학대회와 역사학계의 쟁점

노무현 정부가 출범한 후 대통령과 3·86 실세들의 대한민국사에 대한 폄하에 처음엔 많은 사람들이 못 들었던 새로운 이야기에 귀를 솔깃해했지만 학자들은 이들의 무지에 깜짝 놀랐다. 북한의 대남 선전 선동과 유사한 발언이 정치 실세들의 입에서 나올 수밖에 없었던 한국현대사 연구 수준을 한국 지식사회는 곤혹스러워했다. 3·86세대 정치인들의 무지를 탓하기에 앞서 이들에게 그런 역사인식을 심어 준 역사학이 문제라고 역사학계도 반성했다. 건국 후 이승만 대통령은 일제식민사학 극복을 학계에 당부했으며 제3공화국은 국학진흥정책을 추진했으며 한국역사학계도 한국사 바른 인식을 위해 많은 토론과 논쟁을 거듭했다. 공개적인 아젠다와 토론은 주로 전국역사학대회에서 이루어졌다. 식민사관 극복을 전제로 제기된 문헌고증실증사학에 대한 공방과 한국사연구 방법론 역사교육 등이 주로 주제로 떠올랐다.

1) 제14회(1971 – 역사교육의 과제와 방향)

역사교육 새 방향 정립을

[역사교육 연구회가 주관하는 제14회 전국역사학대회가 역사학회, 한국사학회, 동양사학회, 한국서양사학회, 한국미술사학회, 한국경제사학회 공동주최로 6월 25~26일 단국대학교에서 열렸다. '역사교육의 과제와 방향'에 관한 대회 주제를 전해종(동양사교육), 변태섭(국사교육), 노명식(서양사교육), 최재희(주체의식과 역사교육), 강우철(국사교육의 추이), 차하순(대학교양과정으로서의 문화사의 본질) 교수가 주제 논문을 발표하고 최병헌 교수의 '최치원4산비 연구' 등 20편의 연구 논문이 보고됐다.

강우철 이대교수는 역사교육이 민족적, 국가적 이데올로기 통합에 공헌했다고 전제하고 역사교육이 시대 요청에 부응해야 한다고 지적했다. 그러기 위해 역사 철학 등 보조과학의 원용 등 사회과학 방법론에 의해 개방적인 역사해석이 필요하다고 지적했다. 역사교과서가 단순한 연대기적 역사 기록을 지양할 것도 주장했다. 서울문리대 철학과 최재희 교수는 주체의식은 각 민족이 공통적으로 의식하는 자주적 정신이라고 설명하고 비판의식 고양을 요구했다. 그는 역사교육이 세계사적인 인식 위에 교육본질(가치 감수성 가치형성 능력 배양) 구현으로 구체적인 역사인을 만들어야 한다고 역설했다. 서강대 차하순 교수는 일본 역사교과서나 번역해서 강사들이 낭독하는 대학문화사 강의를 개선하기 위해 교재 개발 등 본질적인 개혁이 필요하다고 주장했다. 변태섭 교수는 해방 후 한국사는 우대되어 각종 시험의 필수 과목이 되었으나 식민주의 사관도 극복하지 못했다고 지적했다. 바른 역사의식 없는 국사우대를 지양, 새로운 한국사가 교육되어야 한다고 강조했다. 대학 교양과정에서 한국사가 제외된 것은 국사가 반지성적인 어용학문으로 인식돼 온 편견 때문이라고 자성했다. 전해종, 노명식 교수는 동양사 서양사 이해도 일제식민지 학풍을 벗어나야 한다고 주장했다.](경향신문 1971.6.28. 박석흥 기자)

역사학자들의 공론이 모아지는 전국역사학대회에서도 식민사관 극복과 역사교과서 개편이 제기되어 정부도 교과서 국정화를 단행하게 된다.\

2) 제17회(1974 – 한국의 근대적 역사학 연구의 회고와 전망)

해방 전 세대 학자들 "식민사학 굴레 벗어야"

[제17회 전국역사학대회가 '한국에 있어서 근대적 사학연구의 회고와 전망'을 주제로 5월 31일~6월 1일 성균관대학에서 열렸다. 이병도(학술원장) 박사가 주제 논문을 발표하고 유홍렬(성균관대), 정재각(전고대), 신석호(전 국편위원장), 김성식(경희대), 채희순(공주사대) 교수가 토론에 참여했다. 식민사관 극복 논의에 대한 해방 전 세대학자들의 고해 성사를 들어본 학술대회였다. 이병도 박사는 한국근대사학사를 초창기(1919~1933), 중장기(1934~진단학회 창립~한국동란), 현장기(1953 역사학회창립~현재)의 3기로 나누고 강단사학이 그동안 비과학적인 사학자라고 비판했던 단재 신채호, 백암 박은식 등을 초창기 개척자로 내세웠다. 이날 이 박사는 과거 일제 관학자들의 통제 속에 연명되어 온 한국역사학의 과거를 증언한 후 과거 일제관학의 논문 작성 방식에서 탈피하고 일본 학자의 새로운 주장에 현혹되지 말 것, 한국고대사의 대외관계사 새 조명 필요성, 한국사상 연구에 역점을 두어야 할 것이라고 당부했다. 이날 두계가 단재와 백암을 한국근대사학의 개척자로 평가한 것은 새로운 발상이었다. 신석호 교수

는 일제 때 한국사 연구가 총독부가 자료를 독점했고 논문도 일본 학자가 통제했다고 증언했다. 정재각 교수와 김성식 교수는 한국역사학이 일제 시대 수준을 크게 뛰어넘지 못했다고 신랄히 비판했다. 정재각 교수는 "한국역사학은 일제 관학자들이 정책적으로 이식한 실증사학의 굴레를 벗어 버리지 못했다."고 학계의 게으름을 비판하고 "역사가의 임무는 과거의 단편적인 사실 고증을 통해 사실을 밝히는 동시에 그 가치를 재평가하여 현재의 문제 해결과 역사 발전에 도움을 주어야 한다."고 역설했다. 일제 관학자들이 심어 놓은 문헌 고증사학이 아직도 한국역사학을 지배하고 있어 사학 발전의 장애가 되고 있다고 한국 주류 사학을 맹비난했다. 정 교수는 특히 한국 동양사가 일제 때 일본인이 만든 동양사에서 한 발짝도 벗어나지 못했다고 꼬집고 "사마천이 사기를 쓸 때 중국사를 쓰고 열전 형식으로 변방을 취급했던 중국의 고대사관과 크게 다를 것이 없는 것이 한국의 동양사"라고 혹평했다. 정 교수는 한국의 동양사는 주로 중국사에 치중하고 있고 한국고대사와 관련 있는 터키 중앙아시아 민족에 대한 연구는 거의 없으며 우리 민족 형성과 깊은 관련 있는 중국 북방민족에 대한 연구조차 소홀히 했다고 비판했다. 김성식 교수는 "역사가는 과거의 사실로 현실을 검토할 의무가 있다."며 식민지 상황에서 형성된 한국사학의 풍토가 현실을 외면하는 자세는 시정되어야 한다고 지적했다. 17회 전국역사학대회에는 5개 분야 32편의 논문이 발표되었다. 한국사부에서 방동인 씨는 풍납리 토성을 백제 산성이라고 주장한 이병도 학술원장의 주장을 정면으로 부정하고 역사지리학 연구의 다각적인 재검토를 주장했다. 발해사를 연구해 온 이용범 동대교수는 요사, 금사를 통하여 발해 망국민의 활동을 정리하여 보고했다.](경향신문 76.6.4. 박석흥 기자)

3) 제18회(1975 – 광복 30년 한국역사학계의 반성과 방향)

강만길 분단 시대 사학론 선언 – 민중사학 움트기 시작

['광복 30년의 한국역사학계의 반성과 방향'을 주제로 전국역사학대회가 5월 30~31일 동국대학에서 한국미술사학회, 역사학회, 동양사학회, 한국사학회, 한국서양사학회, 역사교육연구회, 한국경제사학회 공동주최로 열렸다. 강만길(고대), 윤남한(중앙대), 이민호(서울대), 윤무병(충남대), 정영호(단국대) 교수가 주제 발표를 하고 이기백, 송찬

식, 황원구, 차하순, 한병삼, 맹인재 씨가 토론에 참여했다. 18회 전국역사학대회에서
강만길 교수가 '분단 시대 사학'과 민중론을 공식 제기했다. 강만길 교수는 "광복 30년
구석기, 청동기 시대 확인과 조선 후기 사회에 대한 재인식 등은 두드러진 업적"이라
고 전제하고 "분단 시대 사학의 제약성으로 국사학에 대한 객관적이고 정확한 평가를
내리기 어렵다."고 주장하며 국사학의 현재성 부재 등을 지적했다.

　　강 교수는 분단 시대 국사학은 궁극적으로 통일운동의 일환이어야 할 것이며 민족통
일을 역사적 과제로 한 민족사학론을 강 교수는 주장했다. 강 교수의 이러한 주장에
대해 이기백·송찬식 교수는 강 교수가 주장하는 민족주의적 민족사학은 개념이 모호
하다고 지적했다. 국민주의적 민족사학이 아니고 민족주의적 민족사학으로 바뀌어야
한다는 강 교수의 주장에 대해 한영우 교수는 민족사학 앞에 민족주의적이라는 접두어
를 굳이 붙여야만 하는 발상이 문제라고 비판했다. 윤남한 교수는 동양사가 동양학이
나 지나학적인 상태를 극복 못 했다고 지적하고 연구지평의 확대와 실증적 연구를 촉
구했다. 이민호 교수는 서양의 기성복사관을 탈피해서 서양의 역사이론을 유도한 역사
실체를 깊이 있게 이해하여 역사를 새롭게 보는 안목이 아쉽다고 말했다. 제18회 전국
역사학대회는 60년대 후반부터 제기돼 온 식민사관 극복과 한국사학의 사론 문제를 해
결하기 위한 대안으로 민족주의적 민족사학을 강 교수가 제시했으나 학계 중진들은 역
사학의 정치화를 걱정했다. 이 대회에 보고된 31편의 논문 가운데 이태진(경북대,
15~16세기 선산지방 성리학), 안병직(서울대, 아시아 정체론과 근대화 비판), 민두기(서
울대, 무술개혁기의 대외관) 교수의 논문이 주목받았다.](경향신문 75.6.1. 박석홍 기자,
신동아 75년 7월호 뉴스와 화제, 학술, 박석홍)

　　제3공화국은 72년 국사교육강화위원회 구성, 대학국사 특수교양과목 신설, 중고교
국사독립교과 신설, 국사교과서 국정화, 한국사 25권 편찬, 국민교육헌장 선포, 제2경
제 선언에 이어 72년에는 국적 있는 교육을 제창하는 등 식민사관 극복을 위한 여러
작업을 폈으나 제18회 전국역사학대회에서 분단 시대사학의 한계로 현재성 결여와 사
론 확립이 시급하다는 지적을 받았다. 강만길 교수의 분단 시대 사학론은 제3공화국
시대 식민사관 극복론과 일제관학에 대응했던 민족사학, 사회경제사학, 실증사학 중 해
방 후 한국사학의 중심이었던 민족사학을 국민주의라고 지적하고 외국의 침략에 저항
하는 논리로서 민족 통일을 위한 민족주의적 민족사학으로 바뀌어야 한다고 주장했다.
국사학계의 탈바꿈을 역설해 왔던 홍이섭 교수도 제18회 전국역사학대회에서 발표한

강 교수의 분단 시대 사학론은 앞으로 문제를 일으킬 것이라고 걱정했다. 통일 지향의 민족주의적 민족사학을 주창한 분단 시대 사학론이 제기되기 전 제3공화국은 '국적 있는 교육'을 교육계에 요구한다. 72년 3월 24일 열린 총력안보를 위한 전국교육자대회에서 박 대통령은 "우리 교육도 외국교육 형태 모방과 추종에서 탈피하여 우리 국가 현실에 알맞은 교육, 즉 우리 교육의 국적을 되찾아야 할 때"라고 주장했다. 박 대통령의 국적 있는 교육 슬로건은 외국 교육 방법론 모방에 급급했던 교육학에 대한 국내 언론의 비판과 일본 동경대 사학과 토오야마 시게키의 '50년대 일본의 무국적교육' 비판을 수렴한 것이었다. 박 대통령이 '국적 있는 교육'을 제창한 뒤 교육학자에게 해설 원고를 청탁했으나 설득력이 없었다. 홍이섭 교수에게 자문을 구했더니 도오야마 시게키의 '전후 일본의 역사학과 역사의식'을 찾아보라고 귀띔한다. 일본의 진보적인 사학자 도오야마 시게키는 문제의 저서 제2장 1950년 전후의 문제의식의 격동 제6절 국민적 역사학에서 51년 10월 역사교육자협의회 제3회 대회가 미국시스템 직수입 사회교과서가 무국적인을 기른다고 비판했다고 지적하고 교육이 '민족의 자부심과 독립심 있는 일본인' 양성을 목표로 해야 한다고 주장했다. 도오야마 시게키 교수는 전쟁 직후 미국 지도하에 이루어진 일본의 교육민주화가 수입학문의 성격에서 현실에서 유리된 관념적, 추상적 인식과 현재성 부재를 초래했다고 지적했다. 미군 점령하의 50년대 일본 역사교육의 문제를 지적한 도오야마 시게키의 무국적 교육론이 70년대 한국에서 '국적 없는 교육'과 '분단 시대의 민족주의적 민족사학'으로 나타났다.

광복 30년 중진학자 역저와 연구소 자료 정리 쏟아져

[광복 30년을 맞아 한국사 정리를 위한 기초 자료 삼국사기, 삼국유사, 고려사 등의 교감작업과 중진학자의 역저(力著)가 잇달아 출간되고 있다. 연대 동방학연구소, 민족문화추진회, 진단학회, 성균관대 대동문화연구소가 국학 기본 자료 교감작업을 시작했으며 김철준(한국고대사회연구), 이기백(신라 정치사 연구), 천관우(한국사의 재발견) 씨 등 중진학자들이 주목할 저서를 내놓았다. 고 홍이섭 교수와 함께 식민지 사학 극복을 앞장서 역설해 온 김철준 서울대교수는 '한국고대사회연구' 서론(緖論)을 통해 문헌 고증사학과 사회경제사학의 한계를 지적하고 문헌고증사학이 포기하였던 문제들을 긍정적으로 접근했던 단재 등 민족사학자들의 가설이 오늘 고대사 연구 방향과 연결이 가능하다고 지적했다. 김상기 교수의 '백제의 요서 경략(遼西 經略)'과 김석형의 '일본

안의 삼한 분국설', 단재의 고대사 가설들이 일본 다카마츠츠카(高松塚) 발굴 등으로 역사적 사실로 확인되고 있다. 백제의 일본과 중국 진출 등이 학문적으로 검토되고 있다. 일인 학자가 조작한 한국고대사의 진실을 찾는 작업이 고고학, 신화학 등 주변 학문의 참여로 다각적으로 검증되고 있으나 한국고대사는 아직도 수수께끼투성이다. 한중일 삼국의 기초 자료와 고대문화 전파루트를 재조명해 한국고대사를 새롭게 보아야 할 것이다.](경향신문 75.5.30. 박석흥 기자)

4) 제19회(1976 - 개항 그 역사적 성찰)

개항 100주년을 경축한다니

[동양사학회(회장 윤남한)가 주관하고 역사학회(회장 이기백), 역사교육연구회(회장 변태섭), 한국서양사학회(회장 길현모), 한국사학회(회장 유홍렬), 한국미술사학회(회장 황수영), 한국사연구회(대표간사 강만길), 한국경제사학회(회장 조기준)가 공동주최한 제19회 역사학대회가 '개항 그 역사적 고찰'을 공동주제로 중앙대학에서 5월에 열렸다. 1865년 메이지유신을 단행하여 근대국가로 발전한 일본은 1백 년 전 1876년 2월 27일 강화부에서 '조일수호조규'(강화도조약·병자수호조약)를 체결 한반도 침략의 첫발을 내딛는다. 이 조약에 따라 조선은 부산항 외에 인천과 원산항을 20개월 이내에 개항하기로 결정한다. 척사위정을 고수하던 흥선대원군이 물러나고 민씨 처족세력과 개화세력이 득세한 시기에 이루어진 이 조약을 기점으로 조선은 개방되어 일본의 식민지로 전락한다. 외세의 강압에 의해 개방을 약속한 조일 수교조약을 기념하는 개항 100주년 기념대회를 부산시·경제사학회·언론사가 개최했다. 경향신문은 2월 27일 100년 전 굴욕적인 조일 수호조약이 체결된 강화도 현장을 국사편찬위원장과 찾았다. 총독부가 남기고 간 기록 사진을 들고 조약 장소였던 연무당 터를 찾고 100년 전의 수치를 특집으로 다루었다. 이 기사가 나간 다음 대통령이 문화재 위원장과 강화도를 답사하고 강화도 사적 보수를 지시했다. 전국역사학대회를 준비한 윤남한 교수와 이현종 국편편사실장은 강화도 조약에 의한 개항을 일본 명치 100주년과 같은 것으로 착각하여 기념대회 등을 열고 축제 분위기를 마련한 것은 무지한 역사인식이라고 한탄한다. 서울대 김철준 교수도 식민지 근대화를 역사의 발전인 것처럼 축하하고 떠드는 것은 한심

한 일이라고 지적했다. 경제학회와 정치학회도 개항 100주년 학술대회를 열었다.](신동아 76.6. 뉴스와 화제, 학술, 박석흥)

경제학, 정치학의 경축 개항 100주년 학술회의

[식민지 근대화 모순을 반성하고 자주적인 현대사 창조를 모색하는 개항 100주년 학술토론이 활발하다. 한국경제학회(회장 최호진)는 병자조약에 따른 개항 이후 한국경제의 변모를 1년 전부터 준비, 5월 21일 연세대 경영대학원 강당에서 개항 100주년 기념학술대회를 연다. 개항에 따른 한국경제의 파탄과 모순을 9개 분야에 걸쳐 고찰한 이번 대회에 보고될 논문은 ◇고승제(경제과학심의회, 개항의 사회경제사적 의의), ◇김삼수(숙대, 개항과 공동체), ◇임병윤(고대, 개항과 토지제도), ◇김준보(고대, 개항과 농업제도), ◇권병탁(영남대, 개항과 수공업), ◇이석륜(경희대, 개항과 금융), ◇김옥근(부산수산대, 개항과 재정), ◇최태호(국민대, 개항과 관세무역), ◇김병하(경희대, 개항과 경제사상), 한국정치학회(회장 차기벽)도 개항 100주년의 정치적 고찰을 주제로 25명의 학자가 논문을 발표한다. 윤남한 동양사학회장은 금년 개항 100주년 행사에 문제가 있다고 지적하고 역사학이 그 개념을 바로잡아 줄 책임이 있다고 지적했다. 이현종 국사편찬위원회 조사실장은 병자조약 후 외세 침략에 대한 항쟁과 고난을 딛고 60년에 와서야 겨우 자주적인 의식과 산업화를 추진한 한국의 개항 100년사를 일본의 명치유신 100주년과 같은 것으로 착각하고 기념대회 등을 마련하고 축제 분위기에 젖는 것은 우스운 일이라고 꼬집었다. 최근 펴낸 한국문화사론에서 한국근대문화의 모순을 식민지 체질이라고 비판한 김철준 서울대교수는 "식민지 근대화로 멍든 100년을 반성할 때 60년대 이후 추진하는 자주적인 근대화가 꽃피울 수 있다."고 지적했다. 일제에 의해 한국의 전통적인 에너지가 위축된 현상은 간과하고 일제가 주도한 식민지 근대화를 민족사민 발전인 것으로 착각하는 것은 참으로 한심하다고 말했다. 병자수호조약에 따른 개항이 우리 사회를 급격하게 변동시키는 계기가 되긴 했지만 식민지 근대화로 빚어진 모순 등에 대한 깊이 있는 분석 등이 아쉽다.](경향신문 76.4.16. 박석흥 기자)

5) 제21회(1978 – 역사학과 역사의식)

일제식민사관 극복 방안 반성

['역사학과 역사의식'을 공동주제로 한 제21회 전국역사학대회가 5월 26~27일 서울대 관악 캠퍼스에서 열려 아직도 식민사학의 굴레에서 완전히 못 벗어난 한국역사학의 후진성을 반성하고 창조적인 학문으로 발전을 모색했다. 해방 후 한국사 연구의 중요한 과제는 일제식민사관의 탈피와 주체적인 한국역사상 정립이었다. 그동안 우리 학계는 일제식민사학이 세워 놓은 타율성론, 정체성론, 사대주의론, 당쟁론, 식민지 근대화론, 만선사론, 반도적 성격론, 민족성론 등의 허구를 일단 부정 반박하는 성과는 거두었다. 한국사가 독립적인 학문으로 성립되고 양적인 면에서 크게 성장했다. 78년 역사학대회에 보고된 논문만도 44편에 이를 만큼 연구 업적이 크게 늘어났다. 그러나 이같은 학계의 부단한 노력에도 일제식민지 학풍과 한국사 체계를 크게 뛰어넘지 못했다는 것이 학계의 공통된 지적이다. 역사학이 벽에 부딪힌 것 같다. 71년부터 전국역사학대회는 매년 한국역사학의 반성과 과제를 주제로 내걸었으나 판에 박은 토론이었다. 한국역사학은 문제의식과 해결 방법론을 재검토해야 할 전환점에 서 있다.

제21회 전국역사학대회에서 '역사의식의 방향과 역사학의 과제'를 발표한 민석홍 교수(서울대, 서양사학)는 한국사학이 아직도 식민지 시대의 낡은 문헌고증사학의 차원을 탈피하지 못했다고 지적했다. 윤병석 교수(인하대, 한국사학)는 "한국사학계에 민족사학, 실증사학, 사회경제사학의 3대 조류가 있으나 이것들은 대체로 일제식민지 시대 학문 수준을 크게 뛰어넘지 못했다."고 진단했다. 최근 10년간 일제식민지 관학이 남기고 간 실증사학에 대한 자체 반성과 비판이 있었으나 아직도 한국사학계는 실증사학파가 주류를 형성하고 있다. 일제 침략기 실증사학은 민족문화의 해체 위기를 외면하고 역사학을 단편적인 사실의 고증이나 하는 것으로 인식하는 수준이었다. 실증사학의 식민지 문화체질은 민족사학이 제기한 독립을 위한 문화운동과는 본질적으로 다른 것으로 이것을 통해 새로운 역사의 방향 제시는 기대할 수 없었다. 역사학은 과거 문화를 검증 정리하여 민족의 잠재 능력을 찾아내어 현재 문화의 모순 해결과 출발 기준을 제시해야 할 사명도 있다. 실증사학의 식민지 체질을 벗어 던지지 못한 우리 역사학은 한국 현대문화의 바른 방향을 제시하지 못한 채 표류하고 있다고 홍이섭, 김철준 교수 등은 기성사학을 비판해 왔다. 재래 학풍을 반성하고 나온 사회경제사학 계열의 연구도 문헌고증사학과 마찬가지로 전후 일본학계의 연구를 무비판적으로 수용, 식민사관의 연장이 될 위험을 안고 있다고 민석홍 교수는 제21회 전국역사학대회에서 경고했다. 한국의 경제사학이 따라가는 일본의 사회경제사학 자체가 1945년 이전의 식민지 한국의 사회경제사 연구를 비판 반성하는 것이 아니라 약간의 수정을 한 것에 지나지 않는다는 문제가 있기 때문이다. 식민사학의 정체성론을 반박하기 위해 자생적인 자본주의 발전을 입증하는 강만길, 김용섭 등의 상업사, 농업사 연구 등이 해방 후 업적으로 높이 평가되고 있었으나 검증론이 제기되고 있다. 민석홍 교수는 소장학자와 대학생들에게 충격을 준 사회경제사 연구가 새로운 문제를 제기했으나 새로운 가설을 입증할 방법론과 개념 구체적인 사실을 가지고 이를 통합 일반화할 모형을 아직 제시하지 못하고 있다고 비판했다. 일제와 대항했던 민족사학을 계승한다고 자부하는 역사학자들도 현대적인 과학적 방법을 계발하지 못해 이 시대가 요구하는 학자의 소명을 다하지 못하고 있다는 반성론도 이 대회에서 제기됐다. 정치가나 국민의 역사의식은 당대 역사학의 수준을 크게 뛰어넘지는 못한다. 해방 30년을 앞두고 우리 사회는 정치적, 경제적으로 자주성을 확립해 가고 있다. 그러나 자기 개성을 갖고 국제경쟁에 참여하지 못한다면 식민문화 상태를 완전히 탈피했다고 할 수는 없다. 역사학은 국민의 역사의식 형성에 기여하는 학문이어야 할 것이다.](신동아 78.7. 뉴스와 화제, 학술, 경향신문 78.5.26. 박석홍 기자)

6) 제22회(79년 – 역사학에 있어서의 민족주의)

이기백 교수 단재 민족주의 사학 비판

['역사학에 있어서의 민족주의'를 주제로 한국서양사학회(회장 노명식)가 주관한 22회 전국역사학대회가 5월 25~26일 이화여대에서 열렸다. 이기백(서강대, 단제사학에서 민족주의문제), 이광주(충남대, 독일 내셔널리즘과 역사가), 전해종(서강대, 동양의 민족주의) 교수의 주제 발표와 천관우, 송찬식, 함홍근, 이병주, 양병우, 이상신 씨가 토론에 참여했다. 22회 전국역사학대회는 일제식민주의 사학의 대안으로 부상한 민족주의 사관과 단재사학을 비판해서 눈길을 끌었다. 이광주 교수는 2차 대전 전 독일사학과 민족주의의 유착은 역사학을 국가에 한정시키고 사회와 국제사회에 대하여 맹목이 되

는 중대한 결함을 드러냈다고 지적하고 이에 대한 반성으로 조상의 빛나는 업적보다 우리 시대의 문제에 더 깊은 관심을 기울인 전후 독일 사학의 수정을 주목해야 한다고 주장했다[이기백 교수는 민족주의 사학이 실증사학의 대안으로 내세운 단재사학이 비논리적으로 미화되고 있다는 느낌을 주는 것은 바람직한 일이 못 된다며 단재사학을 올바로 인식해야 한다고 지적했다. 이 교수는 단재가 묘청과 김부식의 투쟁을 우리 고유 사상인 낭가사상과 유가사상 결전으로 이해한 것을 사례로 들며 신채호의 민족주의 사상을 지극히 관념적이며 정신주의적인 것이라고 지적했다. 이 교수는 1923년 집필된 단재의 조선혁명선언은 무정부주의 사상에 근거한 것이며 이후 단재는 역사의 주체를 민족보다 민중으로 보고 있다며 민족 대신 민중을 강조하는 것에 놀라게 된다고 했다. 이 교수는 이러한 신채호의 사상적 발전을 학계가 되도록 논외로 하려는 것은 그의 애국적 충정을 아끼려는 입장, 연구자들의 낡은 민족주의적 입장을 신채호의 권위를 빌려서 옹호하려는 입장, 연구자들의 사회사적 관점을 옹호하기 위해 신채호의 민족주의를 빌리려는 입장 등의 이유가 숨어 있기 때문이라고 지적했다.](한국사상의 재구성 – 단재사학에서의 민족주의 문제).

제22회 전국역사학대회의 민족주의 사관에 대한 비판은 식민주의 잔재라고 공격받았던 실증 중의 사학의 반격이라고 학계는 풀이하며 일제식민사학도 청산하지 못하고 일제식민사학의 대안으로 제시된 민족주의 사학까지 비판받는 것은 국사학의 빈곤 때문이라고 걱정한다.](경향신문 79.5.29. 신동아 79.7. 뉴스와 화제, 학술, 연합연감 81년판, 박석흥 기자)

단재 신채호 사학에 대한 논의는 1925년 변영만이 개벽에 발표한 '국수주의의 항성 단재 신채호 선생'을 비롯해 이관용, 문일평, 신영우 씨 등이 단재 생전에 신문에 기고한 글이 있었으며 1936년 단재 사후에 홍기문, 정인보, 안재홍, 홍명희, 이광수, 이극로, 이윤재, 서세충, 신석우, 원세훈 등 당대 지성인들이 단재를 사학자 독립운동가로 입을 모아 높이 평가한 추도사가 있다. 단재사학의 재평가는 홍이섭 연대교수가 62년부터 사상계·백산학보·세계·세대·정경연구·인문과학 등에 발표하고 71년 나라사랑 3집에 백낙준·홍이섭·천관우·김철준·김영호·신수범 씨의 연구 논문과 신채호 유고를 묶은 신채호 특집호가 나온 후 본격화했다. 72년 단재 신채호 전집 출간으로 다각적인 신채호 연구가 가속화됐다. 김철준, 김영호, 신수범 씨가 단재 재평가 작업의 전도사 역할을 했으며 이우성·이만열·최홍규·송건호·신용하·강만길·진덕규·한영우 교수 등이 연구에 참여했으며 단재사학을 일제식민사학 극복의 디딤돌로 기대했다. 제3공화국이 내건 민족주의와도 연계되어 단재사학은 민족의 자긍심 고취와 식민사학 극복 대안으로 부각되었다. 국사학계의 이러한 단재 연구 열기 바람은 신일철 고대교수(철학)의 단재의 자강론적 서구사상 수용, 단재사관의 문제 등 심층적인 연구로 신채호 이해의 전기를 마련했다. 신일철 교수의 단재 연구는 양계초의 변법자강론 수용, 중국 망명 시기의 사론, 사대주의 사관, '나와 나 아닌 것과의 투쟁' 사관의 문제, 단재 민족주의 역사사상의 한계성, 단재의 무정부주의 사상 등 국사학자의 접근 방법과 전혀 다른 시각이었다. 72년부터 단재 연구를 발표해 온 신 교수는 1976년 박사학위논문으로 정리해 국사학계에 큰 충격을 주었다. 79년 이기백 교수의 전국역사학대회 발표도 대체로 신일철 교수의 논지와 같았다.

7) 제23회 (1980 - 科擧)

한국의 과거제도 신분 이동에 기여 못 했다.

['과거'를 주제로 한 제23회 전국역사학대회가 11월 14~15일 동국대학에서 5백여 명의 학자가 참가한 가운데 베풀어졌다. 지루한 사관 논쟁의 반복으로 낡은 레코드판 돌리는 것 같았던 과거 역사학대회의 분위기를 일신하고 30대, 40대 학자의 공격적인 논문이 많이 발표돼 새 쟁점을 제기했다. 한국정신문화연구원과 산학협동연구재단의 연구비를 지원받은 대회 주최 측은 1년 전 주제 발표자와 토론 참여자를 결정하고 연구비를 지급, 대회를 진지하게 이끌었다. 이성무 교수(국민대)는 1899년 폐지될 때까지 9백36년간 실시됐던 고려 조선의 과거제도는 중국보다 3백71년 늦게 도입되었으며 중국처럼 계층 이동이나 사회변동에 크게 기여하지 못했다고 지적했다. 이 교수는 중국, 한국, 월남에서만 실시됐던 과거제도가 중국에서는 가문의 혈통을 중요시했던 귀족의 세습제를 누르고 개인의 능력을 발휘케 하는 이상적인 제도였으나 우리나라는 제 기능을 못했다고 밝혔다. 이 교수는 고려 시대에는 무신집권기와 원의 고려지배 시기에는 과거가 신분계층 이동에 기여했으나 완벽한 양반사회가 형성된 조선 시대에는 과거를 통한 신분 상승이 불가능했다고 주장했다. 법제적으로는 양신분(良身分) 모두 과거에 응시할 수 있으나 문무과에는 양반이 주로 응시하고 서얼, 향리의 과거 응시는 제한받았다고 지적했다. 이 교수의 주장을 송준호 교수(전북대)는 왕권이 약화되고 양반의 권

한이 강화된 조선 후기에는 과거가 양반의 전유물이 되었지만 조선 초기에는 신분 상승의 통로가 됐다고 반박했다. 역사학대회에 보고된 34편 새 연구 논문 가운데 안병직 교수(서울대)는 조선 후기 농업사 연구에서 토지면적 단위로 취급한 결부(結負)가 토지면적(수확단위)이 아니고 조세단위라고 지적하고 김용섭 교수의 조선 후기 농업사 연구의 맹점을 꼬집었다. 남천우 교수(서울대)는 토함산 석굴이 일인들에 의해 석굴암으로 잘못 알려져 석굴암을 파괴시키는 전실이 세워졌다고 지적했다. 남 교수는 석굴사 앞에 세워진 승방 석굴암과 석굴사는 문헌에서 구분된다고 지적하고 전실은 철거돼야 한다고 주장했다. 김용덕 교수(중앙대)는 종래 천민 집단으로 분류했던 향부곡민(鄕部曲民)은 군현민(郡縣民)에 비해 한 단계 낮은 양민(良民)이라고 발표했다. 안병직 교수의 주장은 발표장에서 설득력 있는 문제 제기로 받아들여졌고 김용덕, 남천우 교수의 지적도 주목받았다.](경향신문 80.11.18. 박석흥 기자)

80년 40대 학자의 力著 쏟아져 나와

[정치, 경제, 사회적 혼란에도 불구하고 80년 초 40대 소장학자들의 역저(力著)가 쏟아져 나왔고 학회 운영도 이들이 도맡았다. 이성무(국민대)의 '조선 초기 양반연구', 박용운(성신여대)의 '고려시대 대간제도 연구', 김원모(단국대)의 '근대한미교섭사', 이융조(충북대)의 '한국선사문화연구', 홍일식(고려대)의 '개화기문학의 사상적 연구' 등 80년 3월에 나온 이 저술들은 이융조 씨 저술 외에는 모두 신제 박사학위논문을 단행본으로 펴낸 것이다. 이보다 앞서 나온 신제 박사 저술 가운데 조동일(영남대)의 '한국소설의 이해', 정순목(영남대)의 '퇴계교학사상연구', 원유환(홍익대)의 '조선 후기화폐사 연구', 김인회(연대)의 '한국인의 가치관' 등도 주목받는 한국학 저술로 꼽혔다. 80년 한국학 연구기관의 공동 학술 연구비도 40대 학자에게 집중되고 있다. 서울대 부설 한국문화연수소는 한영우(서울대)─조선 전기 사학사, 신용하(서울대)─박은식 사상연구, 박병호(서울대)─개화기 법률제도 연구를, 한국연구원은 민현구(국민대)─고려시대 토지제도, 이태진(서울대)─조선 시대 농업기술연구를, 한국정신문화연구원은 최승희(계명대)─한국고문서연구를 지원했다. 80년 초에 나온 이들 저술은 60년대, 70년대 초에 나온 저술보다 자료를 광범위하게 인용하고 있으나 거시적인 이해가 부족하다는 평을 받았다. 40대 학자의 활발한 활동에 대해 김철준 교수는 학계의 진정한 세대교체가 시작되었다며 외국 이론으로 전통문화를 도식화하는 안일한 자세는 반복하지 말아야 한

다고 지적했다. 학회 실무담당자가 30대, 40대 소장학자로 개편됐다. 한국사연구회는 대표 이재룡 씨(숭전대)를 비롯하여 간사도 이태진(서울대), 최병헌(서울대), 이범직(명지대), 문명대(동국대), 신재홍(국편) 씨 등 전원 40대가 맡았다. 진단학회는 대표로 추대된 전해종(서강대) 교수를 제외한 간사 홍승기(전남대), 이성규(서울대), 성백인(명지대) 씨가 30대 내지 40대다. 역사학회도 회장 김원룡 교수를 제외한 총무 한영국(인하대), 간사(한국사, 정만조, 서양사, 오인석, 동양사, 조영규) 전원이 40대가 됐다.](경향신문 80.3.18. 박석흥 기자)

8) 제24회(1981 – 동서문화교류)

* 동서문화교류 4S로드와 한국

[한국사학회가 주관한 제24회 전국역사학대회가 81년 6월 19~20일 인천 인하대학에서 열렸다. '동서문화의 교류'를 주제로 한 전국역사학대회는 황원구(연세대, 동양사학), 최석우(한국교회사 연구소장, 종교사학) 교수의 주제 발표와 이인호(서울대, 서양사학) 교수의 '서양사 역사교육의 방향'이 우수논문이었다. 제24회 역사학대회는 한국사를 국제 교류 시각으로 지평선을 넓힐 것과 역사교육의 개선을 촉구했다.

황원구 교수는 동서문화교류가 초원길(Steppe Road), 비단길(Silk Road), 대식길(Saracen Road), 향료길(Spice Road) 등 4S 교통로로 이루어졌다고 설명하고 그 4통로의 문화 전파가 한국사에도 파급됐다고 정리했다. 동서 교통의 개막인 초원길은 흑해 북동부에서 동몽고에 걸친 북위 50도의 초원 지대를 BC7~2세기에 스키타이 기마 민족이 개척한 길로 동북아시아의 금문화권 형성에 기여했다. 초원의 길에 비해 교류의 질과 양이 급증한 비단길은 BC139~126년에 한무제가 서역에 파견한 사절이 터놓은 길이다. 서방에서 아라비아 군마와 호박, 호두, 포도, 불교 등이 동류했고 비단, 차, 제지술, 지남침 등이 중국에서 서역으로 건너갔다. 몽고제국의 분열로 쇠퇴했던 비단길은 20세기에 근대적인 교통로로 부활되었다. 사라센인에 의해 개척된 대식길은 페르시아만에서 인도양 말래카 해협을 지나 남양제도와 남중국의 여러 항구에 이르는 북위 20도 선의 해상 교통로로 8세기 초부터 5세기 말까지 지속됐다. 서세동점의 길이었던 향료길은 유럽의 바스코 다가마 아프리카 남단을 돌아서 인도 동남아로 이어졌다. 이 길은 1498년부터 수에즈운하가 개통된 1869년까지 350년간 통용된 길이었다. 이 길은 다시 아시아 침략길(1869~1945)로도 사용돼 침공의 길(Sturuggle Road)로 바뀌었다. 제국주의의 아시아 침공으로 대등한 관계였던 동서교류는 유럽의 일방 통로로 변모되었다. 그러나 20세기 아시아 각국은 전통을 현대사회에 맞게 재정리, 재편성하는 작업을 서두르고 있으며 전통적 학문과 사상을 재창조하는 자기 정체성 확인을 서두르고 있다. 서구제국주의 오리엔탈리즘 편견에서 벗어나고 있다.

동서문화 첫길인 초원길뿐만 아니라 나머지 3통로도 한국사에 각각 다른 영향을 주었으며 이 교통로는 한국에 계속 새 문화 충격을 주어서 한국을 개방적이고 역동적인 나라로 만들었다. 비단길은 삼국 전 삼한시대 비단과 철을 무역하며 이 비단길을 삼한 사람들이 누비고 다녔음을 증거하는 유적이 가야 지역에서 발굴되고 김수로왕비 설화로도 입증하려는 가설이 제시됐다. 사라센길은 통일신라의 고분 부장품 전달의 통로였으며 신라왕릉 앞 무인석상이나 처용설화 등에서 그 편린이 보인다. 한국문화는 고대로부터 선진문화와 교류하면서 새 문화를 창조한 역동적인 문화였다.

최석우 신부(한국교회사 소장)는 한국천주교 수용은 서구문화와 한국문화의 만남이요 본격적인 한국사에서 동서문화교류사의 시작이라고 해석했다. 조선의 서학 수용은 자율적인 것이고 자발적이었던 것이 특징이다. 서학을 통해 조선은 문화의 발전과 문화의 다양화를 모색할 수 있었다. 그러나 위정자들과 성리학자들은 서학의 보유론(補儒論)을 거부하고 서학을 탄압, 새로운 사상과 학문의 교류까지 막았다. 이것은 전통적이고 봉건적인 규범을 고수하려는 권위주의에 기인한 것이었다. 모든 개성과 창의력과 쇄신은 압살될 수밖에 없었다. 이에 대항한 일부 천주교인의 서구문화 우월주의 또한 평화적 문화교류에 도움이 되지 못했다. 외래문화 전달자로서 조선이 뒤떨어진 것을 얕보고 감독하면서 조선인의 생활양식을 속박해야 한다고 생각해서는 안 될 것이다. 바티칸 공의회 이후 바티칸은 유럽 우월주의를 극복했다. 한국에서 천주교 주도권이 한국인에게 넘어갔다는 것은 한국 천주교 토착화의 진일보를 의미한다. 사제를 한국인으로 대체하는 것만으로 토착화가 이루어진 것은 아니다. 교회 쇄신운동도 자아비판과 개혁을 위한 노력이지 토착문화 적응 그 자체는 아니다. 종교와 문화는 서로를 필요로 한다. 종교는 문화를 지배하지 않도록 늘 경계해야 한다. 종교가 토착문화를 절멸시키고 외국문화를 맹목적으로 도입하는 도구가 돼서는 안 된다. 이런 한국천주교 수용론을 발표한 최석우 신부는 명동 성당이 정치적 상징성보다는 문화적인 상징성을 가져야 한다고 주장했다. 최 신부는 명동 성당 주임신부 시절 정치 투쟁하는 사람들에게 명동

성당 이용을 거절하기도 했었다.

　이인호 서울대 서양사학과 교수는 제4차 교육과정 개편(1974.12.31.)을 앞두고 서양사 교육의 방향을 발표했다. 새 교육과정 시안은 인문계 고교생은 국사·정치경제·사회문화·국토지리·인문지리 5과목은 동등한 비중으로 공부하고 세계사는 안 배우고 졸업할 수 있으며 자연계 학생은 국사와 정치경제 이외의 다른 과목은 이수할 필요가 없게 시안이 짜여 있다. 역사교육에서 세계사 교육이 이처럼 빈곤화된 제1차적 책임은 문교 당국에 있다. 그리고 역사학자들의 책임도 크다. 현실 도피적인 학문하는 자세와 안목이 좁다. 역사의식을 심어 줄 효율적 방향으로 개선되어야 할 것이다.](경향신문 81.6.18. 박석흥 문화부차장)

　＊ 몽골 유목문화와 한 뿌리인 한국문화＝베 수미야바타르, 주채혁

　가. 주채혁 교수 조선·고구려 국명은 순록유목민과 관련된 어휘 황원구 교수가 81년 제24회 전국역사학대회에서 발표한 동서문화교류 4통로 중 초원길을 황 교수의 제자 주채혁 강원대교수는 한국고대사의 시원을 밝히는 가설로 발전시킨다. 초기 초원길은 북위 50도의 유목민의 이동 통로로 고구려 부여의 시원과 연결된다는 발상이다. 순록의 먹이 이끼를 찾아 이동했던 몽골 유목민들을 지칭했던 '조선'('선(鮮)'을 향해 가는'이라는 뜻으로 이끼가 있는 소산을 찾는 순록유목민을 가리키는 몽골말)과, 유목민들이 길렀던 순록을 지칭했던 '코리'라는 초원길의 토착 원시어가 조선·고려라는 국명이 되었다는 것이다. 원의 지역사와 몽골 출신 관인층을 연구하던 주채혁 강원대교수는 베 수미야바타르 몽골교수의 삼국유사, 삼국사기에 나오는 지역명을 통해 몽골과 한국과의 관계를 밝힌 논문에서 힌트를 받아 치우·부여·고구려 문화의 시원을 고대 몽골 지역 유목민의 토착어와 문화에서 찾았다. 1990년 5월 몽골과의 수교 후 첫 문화사절단으로 한국에 온 몽골과학아카데미 베 수미야바타르 교수가 '몽골과 솔롱고스족의 기원과 두 언어의 관계'(울란바타르 1975)라는 저서에서 할힝골의 숑코타반 톨로고이에 있는 고올리칸 훈촐로를 북부여를 세운 동명성왕 석상이라고 주장하고 삼국사기, 삼국유사에 나오는 흘승골 비루 등 지명, 인명을 몽골 지명 등 언어와 비교 연구, 한국 고대문화가 몽골 유목문화와 깊은 관련이 있다고 제시했다. 이 논문의 가설을 주 교수는 18년간 몽골－시베리아를 답사하며 확인하고 고대 초원길을 따라 유목했던 고대 한국인의 이동로와 문화원류를 추정했다. 주 교수는 몽골은 맥고려(貊高麗)에서 기원한

종족 명칭이고 몽골은 유목형 고구려 세계제국이라고 주장한다. 주 교수는 조선(朝鮮)이 '선(鮮)을 향해 가는'이라는 뜻을 갖는 순록유목민을 가리키는 것임을 몽골 현지의 말과 유목역사 연구를 통해 밝혔다. 조(朝)는 순록유목민을 가리키는 몽골말 차아탕(chaatang)의 '차아(chaa)'나 축치족 언어 차오추(chaochu)의 '차오(chao)'에서 온 것이라고 밝히고, 압록강 북쪽사람은 조선(朝鮮)의 조(朝)를 '아침 조' 자 자오(zhao) 1성으로 읽지 않고 '찾을 조' 자 차오(chao) 2성으로 읽는다는 사실도 밝혔다. 조(朝)가 '……을 찾아간다'는 의미로 쓰이는 조천(朝天), 조공(朝貢) 등의 한자어도 있다. 주 교수는 선(鮮)도 몽골스텝과 길림성(吉林省) 일대에서는 각각 '이끼 선(蘚)'과 같이 시엔(xian) 3성으로 읽히는, '작은 동산 선' 자라고 풀이했다. 한랭 고원 건조지대인 스텝－타이가－툰드라의 슬라브인들은 선(鮮) 곧 '소산(小山)'을 'sopka(сопка)'라고 하고, '대산(大山)'을 'gora(ropa): 현지 발음은 ＜가라＞)'라고 구별했다. '대산'만 있고 '소산'인 선(鮮)은 거의 없는 한반도와는 달리 '鮮'이 흔한 스키토－시베리아에서 "소산(鮮)에서 나는 선(蘚)(Lichen)"을 다구르말로 니오끄(Niokq: 이끼)라고 하는데 동토지대 툰드라나 겨울이 매우 긴 타이가 지역의 순록의 겨울 주식이다. '이끼'는 대개 한번 뜯어 먹으면 3~5년이 지나야 다시 자라므로 순록치기들은 순록 먹이를 찾아 서시베리아에서 태평양이 있는 동시베리아 쪽으로, 남러시아 초원에서 대서양과 북극해 쪽으로 각각 새로운 선(鮮)을 찾아 이동했으며 그 순록치기의 한 갈래가 조선 겨레라고 주 교수는 추정했다(연세대 동방학지 2000.12. 조선과 순록유목민). 그래서 주 교수는 상당 부분이 몽골리언 루트와 일치할 것으로 보이는 그런 민족 이동 루트를 Lichen Road(라이켄 로드: 선＜鮮＞의 ＜蘚路＞)－'이끼의 길(Niukinii jam)'이라고 했다. 결국은 '해 뜨는 쪽'으로 이동해 왔지만 순록의 겨울먹이 선(蘚)－'이끼'를 찾아, 순록 목초지 선(鮮)을 따라(朝) 옮겨 온 것이라고 설명했다. '조선'은 한문(漢文) 단어가 아니라 시베리아 원주민의 고대 토박이 조선 겨레말이라고 주 교수는 밝혔다. 주 교수는 소수의 기동력을 무기로 광역을 누비며 험난한 유목 생산업을 개척해 내는 차아탕[chaatang: 치우족(蚩尤族)]－조족(朝族)이 선(鮮)(Soyon)족을 통합해 이룬 예맥(濊貊) 단단국(檀檀國)이 조선(朝鮮) 단군왕조라는 가설을 제기한다. '코리(槀離: Qori)' 또는 '코룬'은 뒤에 오룬(鄂倫: Orun)으로 음운이 발전되는데 '오룬'은 '길들지 않는'이란 뜻이다. '길든'이라는 뜻을 갖는 순록(馴鹿)의 순(馴)과는 상반되는 의미를 갖는 이름이지만 단순히 이동하는 순록을 따라다니며 순록의 젖이나 고기와 모피를 채취하던 단계에서 더 발전해 순록을 길들여 가축화하는 과정이 진행된 흔적이라는 것이다. 이를 뒤이어 철기와 결합해 스텝에 진출해 기마 유목민으로 발전－변신하면서 기마사술(騎馬射術) 익혀 목농을 아우르는 목농 복합의 유목제국을 창업해 내게 된다는 것이 주 교수의 추론이다. 고리국(槀離國)이 고구려국(高句麗國)으로 발전하는 과정에 대한 해석이다. 바이칼 호 북극해권 곰토템족이 아직 수렵 단계에 머물러 있는 홀룬부이르호 태평양권의 호랑이 토템권역으로 남하하는 과정에서 단군 탄생의 웅녀전설이 생겨났던 것으로 주 교수는 풀이한다. 주 교수는 조족(朝族) 주도의 선족(鮮族) 통합 과정에서 조선(朝鮮) 유목제국이 창업됐고, 순록을 고도로 가축화해 낸 고리족(槀離·Qori族)의 등장과 이들의 철기와의 결합으로 이들이 스텝의 기마 양유목으로 발전하면서 홀룬부이르 몽골 초원에서 맥고구려(貊－高句麗)가 형성된 것이라고 풀이했다.

나. 베 수미야바타르 몽골과학원 교수－"한국문화의 기원 바이칼 호 남단에서" [고조선 다음으로 한국고대사에 등장하는 부여(扶餘) 국가가 바이칼 호 남단 부이르(Buir) 호수와 할힌골(Xalxingol) 강 유역의 북위 43~45도, 동경 20~25도 지역에서 기원했던 고대국가란 가설을 몽골과학원 베 수미야바타르 교수가 75년에 제시했음을 핀란드 헬싱키대 고송무 교수가 국내학계에 소개했다. 고송무 교수는 80년 1월 25일 세종호텔에서 열린 국어순화추진회 조찬회에서 베 수미야바타르 교수의 논문을 공개하고 공산권 국가 학자들의 한국학 연구에 대한 국내학계의 관심을 촉구했다. 베 수미야바타르 교수는 75년 몽골과학원에 낸 '몽골과 한민족 선조들의 인종·언어학적 상호 관계에 관한 문제에 대하여'라는 논문에서 한민족의 한 줄기가 중앙아시아(현 몽골 지역)의 부이르 호수 유역에서 유목생활을 하다가 이 지역에서 부여국을 만들고 이 부여국이 한반도에 들어왔다는 가설을 발표했다. 삼국유사·위서(魏書)·삼국사기의 인명, 지명, 종족명, 관직명 등을 몽골어로 해석하는 역사언어학적 접근에서 이 같은 사실을 구명한 베 수미야바타르 교수는 몽골 부리아트인들이 지금도 스스로 코리라고 부르는 것도 한민족의 기원과 코리아 어원의 신비도 풀 수 있다고 주장한다. 베 수미야바타르 교수는 삼국유사에 북부여 건국 장소로 언급된 흘승골(訖升骨)과 위서(魏書)의 "고리(槀離)에서 온 동명(東明)이 세 사람을 만나 흘승골에 이르렀다."는 지역명은 몽골의 할힌골 강이며 삼국사기 고구려 건국기에 나오는 비류(沸流)는 몽골의 부이르 호수라고 비정하고 북부여가 몽골 지역에 건국했다는 사실은 광개토문 비문으로도 확인됐다고 지적했다. 부여가 동진 중국문화와 만난 후 한자의 영향으로 고대 부여의 뿌리였던 유목의 자취와 몽골어가 퇴색되지만 그 흔적이 삼국사기, 삼국유사에 살아 있어 한국 고대문

화 원류를 밝히는 고리들은 남아 있다고 주장했다. 신라의 뿌리도 중앙아시아의 거스르간(居西干·居瑟)에서 왔다고 주장하며 중앙아시아의 흉노 대이동과 무관하지 않다고 말했다. 수미아바타르 교수의 비교 역사언어학적 한국고대사 해석은 지금까지 한문 자구 해석에 얽매여 한국고대사 무대를 축소해 왔던 구각을 벗기는 획기적인 것으로 학자들은 보고 있다. 손보기 연대 박물관장은 부여국 영토가 바이칼 호 남단이라고 막연히 추정하고 있었는데 역사언어학으로 이를 구명한 것은 반도사관 극복에 도움을 줄 것이라고 지적했다.](경향신문 80.1.25. 사회면 머리기사, 박석홍, 이용 기자)

다. 베 수미야바타르 – 동으로 사라진 훈의 구지왕자와 신라의 거세

[한민족의 기원과 민족 이동을 밝히는 작업은 건국 뒤 인류학, 고고학, 민속학, 언어학, 문헌사학 등 각 분야에서 열을 올리고 있으나 여러 학설이 난무할 뿐 설득력 있는 대답을 얻지 못했다. 일제식민사관이 한국고대사 무대를 한반도 안으로 위축시켜 한국고대사 실상으로 밝히는 데 혼란을 주었고 이 식민사관의 독소가 지금도 남아 있어 고대사 인식의 걸림돌이 되고 있기 때문이다. 단재·위당·손진태 등 민족사학자들이 한국사 무대를 만주 전역으로 확대시키긴 했으나 현대 학문 방법이 아니라는 약점을 안고 있다. 건국 후 김상기 교수가 중국고전 시경, 진서, 양서, 자치통감 등 중국 문헌을 인용하여 '한예맥 이동고', '백제의 요서 경략에 대하여' 등의 논문을 통해 한민족 이동과 군사 행동을 밝혔다. 김철준 교수도 '백제사회와 그 문화'를 통해 북중국에 남아 있던 맥족과 연결을 가지면서 산동반도와 화북 연안에 상업기지를 확보했다고 주장했다. 한편 고고학계도 한반도와 북구주 일대에 밀집 분포된 고인돌이 중국 산동 지역 및 만주와 바이칼 호 남단에까지 분포된 것과 청동기문화의 유사성에 주목, 한민족 이동 출발지를 바이칼 호 남단으로 추정하는 학자도 있었으나 현지 조사가 불가능해 가설을 제시하지 못했다. 이런 가운데 몽골학자 베 수미야바타르 교수의 몽골어와 한국고전의 지명을 역사언어학적으로 검토해 한민족의 고대 이동길을 밝힌 논문은 한국고대사 논의를 촉진시킨 획기적인 자료가 되고 있다. 베 수미야바타르 교수는 부여와 신라의 혁거세가 중앙아시아 바이칼 호와 부이르 호 유역에서 이동해 온 인물과 관련 있다고 주장했다. 베 수미야바타르 교수는 삼국유사와 위서의 흘승골(訖升骨)과 비류(沸流)를 몽골지명 할힌 강, 부이르 호로 비정하는 한편 부여 국가가 건국한 장소를 훈(匈奴)의 동부였다고 주장했다. 그는 삼국지에 기록된 부여국 영토는 삼국지를 지은 3세기경의 것으로 부여국 건설 시기(BC59)의 영토와는 동일시될 수 없다고 지적하고

한국인의 선조는 퉁구스인들과 다른 민족이었다고 주장했다. 그는 고구려의 전신이었던 부여의 종족명, 관직명, 지명 가운데 중앙아시아(현재의 몽골 만주 지역)의 것과 유사한 것을 밝히고 신라 건국설화에 나오는 거세(居世)는 훈족의 대이동 과정에서 중앙아시아에서 동부로 사라진 실존 인물이라고 주장했다. 거세가 신라를 세운 BC57년은 훈족의 대이동이 시작되는 시기와 일치하는 것을 주목해야 한다고 지적하며 중앙의 훈에 대항하다 4~5만의 군대를 이끌고 동쪽으로 사라진 구지(居西)왕자가 신라 건국설화와 관련이 있다고 역설했다. 그는 거세가 세운 국가 서나벌(徐那伐)은 뚜렷한 개념어가 아니고 연음하면 '순나', '훈나'가 되어 몽골어 '흉노', '슝니'에 아주 가깝다고 밝히고 금을 숭상했던 신라의 국호 사라사로(斯羅斯盧)는 몽골어 시라(노랑)와 어원이 일치되는 것도 주목해야 한다고 지적했다. 불거내 이벌찬 대각간(상왕)태대대로(ㅇㅇ우두머리) 태대형(높으신네) 등을 몽골어로 밝히고 몽골어 인명의 특색인 －게, －해, －태, －치, －탄 등도 고구려 신라의 관명, 인명에서 찾아냈다(남해 탈해 사찬 등)](경향신문 1980.1.28. 박석흥 기자).

라. 기마민족설을 주창한 에가미 나미오 교수의 식민사관 변조

중앙아시아사를 전공한 동양사학자 에가미나미오 교수(江上波夫,)는 기마민족설(騎馬民族說)을 1948년 발표하여 일본학계에 큰 파문을 던졌다. 에가미나미오 교수(江上波夫)는 흉노(匈奴)문화와 동서문화 교섭사 및 아시아 제 민족의 민족과 문화의 형성 등을 연구 '아시아 민족과 문화의 형성','유라시아 북방문화의 연구', '일본민족의 기원', '기마민족국가' 등 30여 종의 저술을 냈으며 그 가운데 가장 화제가 된 것은 퉁구스계통 북방 기마민족이 한국을 거쳐 일본으로 건너가 야마토(大和) 정권을 수립하여 천황족이 됐다는 기마민족 일본 정복설이다. 일본 군국주의의 천황 절대주의의 황국사관의 굴레에서 벗어난 기마민족일본정복설은 고대 일본의 문화적 성장과 그 전환을 전 아시아적인 규모의 역사 무대로 결부시킨 거시적인 해석으로 날조된 황국사관을 극복하는 탁견이었다는 일본학계의 평을 받았다. 그러나 사실은 그의 기마민족설중 한·왜 연합왕국론은 임나일본부설의 변형일 뿐이다. 에가미 교수는 부여, 고구려계의 반수렵, 반농업적인 북방 기마민족의 한 무리가 철기무기와 말을 타고 한반도로 남하하여 마한 지역에서 백제를 건국한 다음 김해지방을 근거지로 변한 (임나)지역을 지배하고 변한 지역에 있던 기마민족 진왕(辰王) 정권이 일본에 건너가 북구주의 왜인 세력을 정복, 대마도 대한해협과 현해탄 변한(임나), 북구주 쓰쿠시(筑紫)를 아우르는 한·왜 연합왕국을 만들었다는 것이다. 에가미교수의 기마민족설은 희전정길(喜田貞吉)의 '일선 양 민족동원론'(日鮮 兩民族同源論)을 기마민족 이동설로 재포장한 것에 지나지 않는다. 에가미 교수는 북구주와 김해 지역에 거주했던 기마민족이 일본에 건너가 야마토 정 권을 수립한 후 그들과 연관 있는 한반도 남단 김해 지역에 임나일본부를 만들어 운영 한 것이라고 해석, 패전 전 식민사관을 재포장한 셈이다. 에가미교수는 한반도에 건너 간 기마민족이 일본 고대국가 건설의 주체 세력이며 동시에 이들이 그들의 연고지에 식민지를 경영했다는 임나일본부설을 역설한 것이다.

9) 제25회(82년 – 역사학의 방법)

이기백 교수 신민족주의 비판

[한국과학사학회(회장 전상운)가 주관한 제25회 전국역사학대회가 '역사학의 방법'을 주제로 5월 28~29일 성신여대에서 열렸다. 이기백 교수(서강대, 한국사)는 '한국사 연 구의 방법론적 반성'이란 주제 논문을 통해 손진태의 신민족주의 사관을 검증하고 일 제식민사학 잔재의 하나로 문헌고증 실증사학을 비판해 온 국사학계 일각의 민족주의 사관을 간접적으로 비판했다. 이 교수는 신민족주의 사관의 역사적 사실(史實)에 대한 비판은 선과 악을 구분해 내는 도덕적이라는 특징이 있다고 지적하고 "현재적 관심에 서 우러나온 가치 판단 기준을 직선적으로 역사적 사실에 적용하는 반복사관은 바람직 하지 못하다."고 지적했다. 한말 이래 역사적 현실은 한국사학을 지사적 학문으로 만들 었다며 그 결과 객관적 사실의 의의를 몰각하는 반복사관으로 되돌아간 듯한 인상을 주는 것은 깊이 반성해야 할 점이라고 지적했다. 이러한 비판은 단재, 백암 등 민족주 의 사학자를 내세워 일제식민사학 잔재 청산을 외치며 역사학의 현재적 관심을 강조해 온 학계 일각의 방법론에 대한 반격이었다. 그러나 '역사의 객관성'이란 논문을 발표한 양병우 교수(서울대, 서양사학)는 "역사 기술은 주관적인 개념 장치의 변모와 역사인식 의 발전에 따라 새로워질 수 있는 것"이라며 객관성을 내세워 역사해석을 고정시키는 것은 전근대적 학풍이라고 지적했다. 역사 서술이 개인적 선입견이나 편견에 의한 편 파성에 좌우돼서는 안 되지만 역사가의 주관에 따라 파악되고 해석될 수 있다고 주장 하며 국사학계가 활발한 논쟁 거듭하는 동안 방법론이 다듬어지고 바로잡히며 지식이

깊어지게 마련이라고 긍정적인 평가를 했다. 문헌고증학파에 절대적인 영향을 준 랑케는 "역사는 과거를 있는 그대로 재구성하는 것일 뿐 역사가의 현재적 관심이 과거를 인식하고 서술하는 데 작용되는 것은 배제해야 한다."고 역설했다. 그러나 크로체는 참된 역사는 현재의 역사며 역사는 늘 다시 쓰여야 한다고 했다. 송상용 교수(성대, 과학사)는 역사의 사실은 순수 객관적일 수 없다고 지적하며 역사의 객관성은 사실의 객관성이 아니라 사실과 해석, 과거·현재·미래 관계의 객관성일 뿐이라고 설명했다.](경향신문 82.5.28. 박석흥 차장)

74년 국사교과서 개편 이후 제기된 국사교과서 논쟁은 76년 안호상, 임승국, 박시인, 박창암 씨 등이 두계사학을 식민주의 사학으로 '자유'지에 비난하기 시작, 78년에는 안호상 씨가 고대사 시정을 대통령 총리 문교부장관에게 건의하고 법원에 제소하기도 했다. 81년 8월 31일 국회 문공위원회에 청원서를 제출, 11월 26, 27일 국회 공청회에 역사학자가 불려 나가는 일까지 벌어졌던 것이다. 82년 역사학대회는 민족주의 사학과, 역사학 연구 방법론의 제 문제를 검토했다.

10) 제26회(1983 - 근대사에 있어서의 제국주의)

제국주의가 일제의 한국 침략공인과 분단합의

['근대사에 있어서의 제국주의'를 주제로 한 제26회 전국역사학대회(대회장 하현강)가 27일 연세대 강당에서 열려 청산해야 할 제국주의 본질을 다각적으로 검토했다. 그동안 학계가 서세동점(西勢東漸)이라고 표현해 온 제국주의를 정치, 경제, 역사학의 시각으로 종합 분석했다. 진덕규 이화여대교수(정치학)는 아시아의 근대화는 서구제국주의의 영향으로 왜곡된 근대화의 길을 걸었으며 민족주의도 저항적인 것으로 변질됐다고 지적했다. 동아시아 제국주의의 기본 구조를 영국을 축으로 하는 해양 세력과 러시아의 대륙 세력의 각축으로 시작된 지배 약탈과 복종 피탈의 국가 간의 종속관계로 규정한 진 교수는 일본이 식민지 위험에서 벗어나 근대화를 이룬 것은 두 세력의 대결 구조 상황의 산물이며 한국이 일제 제물이 된 것도 이런 맥락에서 풀이할 수 있다고 주장했다. 일본 근대화와 국력 증대를 통해 서러시아를 견제하려 했던 영국 등 해양 세력의 제국주의적인 의도가 일제 침략에 의해 한국이 식민지가 되었다고 분석했다.

영국의 러시아 견제정책뿐만 아니라 루스벨트까지 합세해 일본의 한국식민화를 인정, 한국은 제국주의 침탈을 서구 열강과 일본의 이중구조를 경험하게 된다. 그러나 동아 시아 기본 구조는 영국·러시아, 미국·러시아가 연계되어 일본을 견제하는 새로운 대결로 변용되어 한국을 분단시키는 희생까지 강요하는 사태로 몰고 왔다는 것이 진 교수의 분석이다. 제2차 세계대전 후 중국은 민족주의에 의한 자각과 제국주의에 대한 저항으로 제국주의를 극복, 동아시아에서 제국주의 질곡의 모순은 한국에서만 전개되었다고 주장한다. 한편 함홍근 이화여대교수는 중국이 제국주의 침략에 대처하여 주권을 유린당하지 않은 것은 중국적 질서와 원리를 추구하는 왕조를 초월한 중국 중심의 가치관이 작동했기 때문이라고 해석했다. 중국의 제국주의 침투에 대한 투쟁은 정치개혁과 배외운동, 대내적 혁명기, 5·4운동을 통한 적극적인 배외운동 등 여러 과정 속에서도 중국민족의 역사적 연계성이 지속되었다고 역설했다.](경향신문 83.5.27. 신동아 87.7. 뉴스와 화제, 학술, 박석홍 차장)

11) 제38회(1995 – 사료와 실증)

* 안병직 교수-"일제 시대를 수탈과 개발의 역사로"

한국고고학회(회장 김병모)가 주관한 제38회 전국역사학대회가 95년 5월 26~27일 한양대학에서 '사료와 실증'을 주제로 열렸다. 양병우 서울대교수는 역사는 새로운 사료와 새로운 해석으로 새로운 사실을 들추어내지만 추론의 과정이 잘못되는 경우와 추론의 전제가 되는 역사에 관한 지식이나 사람과 문화에 대한 이해가 온전치 못한 데서 틀리는 경우가 있다고 지적했다. 한국역사가 잘 정리되기 위해서는 한국역사와 한국문화에 관한 이해 수준이 높아야 한다는 것이다. 한국사학 분야에도 천재나 영웅의 출현을 기다리고 있다. 이성무 정신문화원 교수는 사실의 고증과 해석을 조화시킨 신실증주의 사학의 필요성을 강조했다. 해방 50주년 기념으로 열린 이 대회에서 한국사부와 역사교육부는 일제 시대사와 현대사 연구 방법론과 역사교육 이론과 역사의식에 대한 주목할 발표가 있었다. 해방 50주년 기념 ― 해방 전후사의 검토 ― 주제로 열린 한국사부 발표에서 안병직 서울대교수(경제학)는 "한국근대사 연구가 '침략과 저항' 구도 속에 매몰되어 있다는 것은 시대착오다. 근래 국제 학계에 제시되고 있는 '침략과 개발'

이라는 구도에 대해서도 눈을 돌려야 한다.”고 주장했다. ‘한국에 있어서의 경제발전과 근대사연구’ 주제로 발표한 안병직 교수는 일제의 각종 통계를 제시하며 식민지 근대화를 긍정적으로 평가하자고 주장했다. 한국근대사는 ‘침략과 저항’이나 ‘수탈과 저개발화’가 일방면으로 관철되는 마당(場)이 아니었으며 ‘수탈과 개발’이 서로 교차하는 장(場)이었으므로 한국근대사를 온전하게 파악하려면 양 시각으로 종합적으로 파악해야 한다고 역설했다. 60년대 한국 경제발전도 만주군 육군중위 출신 박정희가 중심인물이었음을 간과해서는 안 된다고 덧붙였다. 60년대 한국 경제개발도 일제와 단절된 면도 있지만 연속적인 면도 있다며 한국근대사 연구에서 독립운동사를 특권화한다면 근대사 연구는 현대사 연구와 무관하게 되어 그 불모성이 명백하게 되고 말 것이라고 했다. 안 교수의 이런 주장은 일본 교토대(京都大) 나카무라사토루(中村 哲) 교수의 중진자본주의론을 직수입 한 것이다. 안 교수는 20년 전 75년에도 일본에서 본 자료를 토대로 발표한 ‘3·1운동’이 파문을 일으킨 일이 있었다. 광복 30년에 이어 광복 50주년에도 일제 시대사에 대한 전혀 새로운 해석을 던졌었다.

* 안병직 교수의 식민지근대화론 논쟁

[광복 50주년 기념학술회의가 95년 5월부터 8월 중순까지 거의 주말마다 열렸다. 할아버지 원로교수로부터 손자뻘 되는 강사까지 자리를 함께하는 이 학술 향연은 50년 학문성과 검토와 새 연구 방향도 모색했다. 각 분야의 연구 방법에 대한 진지한 반성이 백출하고 있는 가운데 일본 유학에서 돌아온 한 경제사학자의 한국근대사 연구에 대한 문제 제기가 국사학계에 큰 파문을 던졌다. 안병직 서울대교수가 38회 전국역사학대회에서 ‘침략 수탈 저항’으로만 보는 근대사관은 시대착오라며 이런 종래의 시각에서 벗어나 ‘침략과 개발’이라는 긍정적인 시각으로 파악해야 한다고 폭탄 선언한 것이 쟁점이 되었다. 안 교수는 일제 시대사 연구에 대한 비판에서 한 걸음 더 나가 일제하 식민지 조선의 변화를 개발로 평가해야 하며 60년대의 한국 경제개발도 일제 시대와 연속적인 면이 있다고 주장, 근현대사 학자들의 반박이 쏟아져 나왔다. 안 교수는 한국현대사의 기본 과제가 종속으로부터의 탈출을 위한 독립운동보다는 선진화를 위한 독자적인 문화의 건설이라고 전제하고 독립운동사를 특권화한 근대사 연구는 현대사 연구와 무관하게 되어 그 불모성이 명백해진다며 근대사 해석을 위한 사관의 수정과 방법론 개선을 촉구했다. 이러한 안 교수의 파격적인 일제 시대사 인식 전환 주장은

검증 대상은 될 수도 있으나 때 아닌 일제식민지개발 미화는 일본의 한국 침탈사 본질을 호도할 위험이 있다고 역사학계는 반박한다. 일부 경제학자는 60년대 한국의 경제발전이 일제하 토지조사사업·철도·도로·창고·은행·전기부설, 토지개량사업·전시공장 건설과 무관하지 않다는 나카무라사토루(中村 哲) 일본 京都대교수의 '세계 자본주의와 이행 이론'의 중진자본주의론(中進資本主義論·중진화＝근대화)을 직수입한 것이라고 지적하며 패전 후 일본의 신식민사관의 이식이라고 비난했다. 광복 50년에 일제 침략기 연구가 일본 학자의 식민지 근대화 이론을 한국학계가 인정하는 이 사태는 매우 유감스런 일이다. 패전 50년 만에 일본의 한국 식민지 지배가 한국을 발전시켰다는 일본학계의 변형된 오리엔탈리즘을 한국경제학계가 수용하는 형국으로 보이기 때문이다. 시골 수리조합에 남아 있던 일제 침략기 자료까지 이른바 조선식민지 개발 입증 자료로 공개되고 있는 현실이 당혹스럽기만 하다. 안 교수가 한국사부에서 일제 침략이 한국 자본주의 발전에 기여했다고 주장했으나 길인성 서강대교수는 경제사부 발표에서 일제 침략기인 1926년부터 45년까지 한국인의 신장이 작아졌다는 통계 자료를 근거로 일제의 한국 침탈이 한국의 경제발전에 기여했다는 주장은 허구라고 반박했다. 일본의 중진자본주의론을 선진이론으로 수용, 일본의 조선 침략 결과를 미화하는 시도에 학계가 명쾌한 학술 대응이 있어야 할 것이다.](문화일보 1959.6.5. 숨결말결, 박석흥 편집위원)

　이 칼럼이 나간 후 안병직 교수의 이론을 지지하는 성균관대 이 교수 등이 신문사로 찾아와 반론을 제기, 업무 끝난 후 소주를 먹으며 밤늦게까지 반론을 들으며 토론했다. 안 교수 제자들은 신문사 방문 뒤 내가 쓴 칼럼과 문화일보기사를 주제로 한 토론회를 갖고 그 결과를 내게 통보했다. 안 교수의 식민지 근대화론은 노무현 정부 과거사 정리 역사 논쟁에서 보수이론으로 재등장한다. 일제 침략기에도 한국인들이 변화에 적응하며 노력했다는 것은 무리 없는 주장이지만 제3공화국의 산업화 기반이 일제 침략기에 깔아 놓은 레일 위를 달렸다는 주장은 문제가 있다. 제3공화국의 산업화는 일본보다 미국의 경제개발계획지도·자금 지원·인재육성·판로 등이 뒷받침한 것이었다. 이승만 정부 말기부터 시작된 산업화검토가 월남전 참전으로 본격화된 것으로 봐야 할 것이다.

＊ 일제 침략이 한국근대화에 기여했다니

[일제 침략이 한국근대화에 기여했다는 일본 정치가의 망언은 외교적인 언사로 마무리되지만 학자의 주장은 간단히 끝날 문제가 아니다. 일본 극우지식인들의 일본제국주의 한국 침략 미화론과 유사한 소리가 한국과 미국대학에서 들리기 때문이다. 일제 침략을 합리화하기 위해 한국사를 타율(他律)·정체사관(停滯史觀)으로 왜곡한 식민사관을 다 청산하기도 전에 한국학계는 제2의 식민사관 도전을 받고 있다. 미국 워싱턴 케임브리지 프린스턴대학 출판부 등에서 간행된 일제 강점기 한국을 연구 주제로 한 미국의 한국학 전공학자들 저술에도 일본학계의 제2식민사관과 유사한 내용을 담고 있어 한국학계의 극복 대상은 늘고 있다. 이들 저술은 일제의 한국경제 침탈 과정을 농공업 개량과 새 제도 도입시기로 평가하며 일제 치하 친일 세력을 민족자본 형성가로 부각시키고 있다. 이들은 제국주의 침략 전 단계의 조선의 자생적인 변화 추구와 잠재력을 과소평가하고 있다. 이러한 주장은 70년대의 한국 경제성장이 미개한 한국사회를 깨운 일제 침략기 식민지 개발에서 비롯된 것이라는 나카무라 등의 신식민주의 사관을 수용한 것으로 한국 경제학자 일부도 추종하고 있어 국학계에 큰 충격을 주었다. 총독부 시대의 총독부 자의적인 통계 수치 등을 근거로 식민지 개발론을 펴는 일본과 미국 학계의 주장을 사학계는 총독부 망령의 잠꼬대로 일축하고 있지만 명쾌한 반론이 없을 경우 일본 정치가의 망언을 뒷받침하는 자료는 물론 한일관계사 정리에도 큰 혼선을 빚을 빌미가 될 수 있다. 한국학계는 일본학계가 제국주의 시혜론을 전파하고 있는 동안 무엇을 했는가. 일본 교과서의 한일관계사 왜곡 파동으로 82년 독립기념관 건립을 신군부 세력이 계획할 때 필자는 기념관 건립보다 한국근현대사 정리가 시급하다고 주장하며 근현대사 연구가 선행되어야 하는 것이 아니냐고 문교부 문공부 장관에게 질문했었다. 일본학계의 식민지 근대화론 재도전에 대응하기 위해 압축성장한 한국근현대사를 체계화할 가설의 창출과 새 연구 방법 도입이 요청된다고 지적한 것이다. 일본의 한국학 연구가 국제사회에서 영향력이 있는 것은 일본의 학문 수준이 높고 외국학계의 일본학 전공자들이 우수하기 때문이다. 우리나라도 우선 국내 한국학의 질을 높이고 우수한 해외 한국 학자를 양성하여 한국학의 저변 확대와 질을 높여야 한다. 이를 위해 국제학계가 관심을 가질 대주제를 선정, 공동 연구에 우수한 외국 학자를 참여시키는 것이 바람직하다.](문화일보 95.6.16. 숨결말결, 박석흥 편집위원)

＊ 광복 50돌 번역 수준의 학술 지체 현상

[광복 50돌 우리 사회는 산업화, 민주화 성취에도 불구하고 국민을 통합시킬 이상과 국가 운영 지도원리가 불투명하며 이런 원리를 제시해야 할 학술까지도 혼미한 모순을 드러내고 있다. 24일 학술 계간지 '현상과 인식'이 주최한 광복 50주년 기념 학술 강연회는 외국 학문의 번역 모방 단계인 지체 현상을 반성하고 21세기 학문의 바른 자리 매김을 모색했다. 지난 50년간 학문의 종주국을 일제로부터 미국, 다시 일본으로 바꾸며 검증조차 하지 않고 유행 학문을 번역 이식하기에 급급했던 학문 밀수입자의 몰역사성 현실 순응성 출세 지상주의가 비판의 도마 위에 오르기도 했다. 학문의 후진성과 학자의 나태를 신랄하게 비판한 '현상과 인식'은 박영신 연세대(사회학), 오세철 연세대(경영학). 진덕규 이화여대(정치학) 교수 등이 77년에 동인지로 펴낸 계간지로 진보적인 사조와 현실 문제를 학제적으로 정리하는 등 계몽적 역할을 했다. '광복 50돌의 학문'을 특집으로 65호를 내놓은 '현상과 인식'은 최근 창간 동인 박영신 교수가 발행인이 되어 인류학, 역사학, 국문학 등 9개 분야 학자를 편집위원으로 참여시켜 연구의 지평을 넓히고 우리 시대의 대학·사회주의·사회운동 등 현실 문제를 다루어 왔다. '현상과 인식' 공개 강좌에서 학자들은 한국학계가 6·25를 계기로 일제식민지 학풍에서 벗어나긴 했으나 다시 미국 학문에 종속됐다며 우리 학문의 자생적 발전과 토착화를 과제로 제기했다. 6·25로부터 45년, 제3세대 학자가 중진이 됐으나 사회를 선도할 수 있는 학문으로 자리잡지는 못했다. 우리나라 학문은 대학교수 등 고급 두뇌 양성까지 외국대학에 의존하는 보세가공 학문 수준을 탈피하지 못하고 있다. 아직도 60~70년대의 한국 경제성장을 설명할 가설을 만들지 못해 일본의 한국 식민지 수탈을 변명하고 미화하기 위해 일본 학자가 내놓은 제국주의 시혜론을 추종하는 학자까지 활보하고 있다. 역사적 성찰 없이 외국의 학설을 베끼는 학술 작업은 겉으론 화려하지만 역사적 진실과 괴리되는 결함을 드러내게 마련이다. 교육학의 범죄에 가까운 교육 정책 오도나 정치학, 경제학의 외국 학설 모방의식의 모순은 알 만한 사람은 다 아는 사실이 됐다. 외국학설 베끼기 경쟁하는 학술 풍토에서 위대한 사상과 대학자 출현은 기대하기 어렵다. 활발한 비판과 창조성이 무시돼 논쟁다운 논쟁이 없는 무기력한 학술 풍토가 만연되면 학문의 독창성과 창조적인 진화는 어렵다. 대학교수만이라도 우리 대학에서 양성할 수 있는 대학 선진화를 서둘러야 할 것이다.](문화일보. 숨결말결, 95.6.24. 박석홍 편집위원)

＊ 광복 50년을 보는 시각

[일제식민지 사슬에서 풀려나 우리나라가 광복한 지 50년. 우리는 비록 반쪽이긴 해도 선진국 문턱에 들어서는 데 일단 성공했다. 망국의 치욕을 절치부심하고 피와 땀을 흘려 이룩한 50년 한국현대사를 긍정적으로 평가해도 좋을 것 같다. 국권 상실기에 태어나 잔악한 식민 통치시대를 넘긴 광복 전 세대가 6·25 폐허와 빈곤을 극복한 산업화 성취는 자라는 세대에게 자긍심을 심어 준 역사의 진보였다. 그러나 이러한 경제성장에 대한 신화가 광복 50년에 사상누각처럼 허물어지고 국가의 미래가 불투명한 것이 (신한국 창조·역사 바로세우기·문민정부 기치를 높이든 김영삼 정부하의) 요즈음 분위기다(4·19세대가 권위주의 군사정권과 30년 장기투쟁으로 정권을 장악한 민주화 세력이 부정하는 이승만 건국과 박정희 산업화가) 모두 사상누각이라고 할 수 있을까. 그렇지 않다. 아직도 강대국 예속 상태의 한계와 후진적인 정치 문화의 맹점이 도사리고 있지만 (근대 자본주의 민주국가 수립과) 산업화 (공산화를 물리치고 이룩한) 민주화 성취는 결코 과소평가될 수 없다. 광복 후 세대인 6·3세대와 신세대(386세대)들은 할아버지와 아버지 2세대에 걸쳐 이룩한 업적과 역사에 대해 부정적이다. 놀라운 속도의 변화와 이러한 변화에 따르는 모순, 후진적인 정치문화가 각인한 흑백논리 등이 부정적인 시각을 갖게 했다. 전면 부정을 지양, 50년 역사의 한계와 성취 새 지향점 등을 검토할 시점이다. 광복 50년은 시련과 극복 환희가 교차하는 격동의 시대였다. 냉전체제의 틈바구니에서 분단과 전쟁의 비극을 겪고도 한국은 열린 경쟁사회를 선택, 기업과 정부의 공동 노력으로 민주주의 실현의 최소 조건인 산업화의 기초를 다졌다 (고무신 한 켤레를 받고 투표했던 시대를 뛰어넘은 경제 수준으로 민주주의 최소 조건은 이룩했다). 이 산업화 과정(압축성장)에서 우리는 비싼 월사금과 희생(민주주의 일부 유보)을 지불하기도 했다. 그러나 그 산업화(이루어진 국민의 성숙)는 권위주의 정치를 청산케 하는 힘이 되기도 했다. 광복 50년 역사는 한민족이 오랜 폐쇄와 정체(停滯)를 벗어나서 세계사에 부상하는 대전환의 기점이기 때문에 역사에 높이 평가될 것이다. 우리는 다른 민족이 수세기에 걸쳐서 이룩한 민주화 산업화를 불과 반세기 만에 해냈다. 세계 유수 기업과 경쟁한 기업이 앞장선 경재성장, 국민의 교육열, 국가 기획 등이 밑바탕이 되어 발전을 성취케 한 것이다. 자본주의와 민주주의가 제자리를 잡아 가는 이 거대한 변동은 정부, 기업, 가정 등 모든 분야에 변화의 태풍이 불어 닥치게 했다. 시내버스 속의 신세대들은 할아버지 세대들에게는 거인들이다. 많은 아이들이 외국 선수들

처럼 헌칠한 모습이다. 또 많은 예술가와 스포츠인들이 국제무대에서 활약, 한국인의 자긍심을 살려주고 있다(3김과 3·86세대 정치만 청산하면). 기성 정치의 혼미도 높아진 국민의 정치의식으로 극복, 민주화는 제 갈 길을 갈 것이다. 21세기를 위한 교육과 (고급)문화를 재정비하는 정치적인 결단이 있어야 할 것이다.](문화일보 95. 숨결말결, 박석홍 편집위원)

5. 역사학 논쟁

1) 국사교과서 논쟁

(1) 74년 국사교과서 국정으로 국사편찬위원회 편찬

58년 이승만 건국대통령이 국사학계에 독립정신이 담긴 한국사 연구 당부로 시작된 식민사관 극복은 제3공화국에서 구체화되었다. 제3공화국은 68년 12월 5일 국민교육헌장 선포, 72년 3월24일 **총력안보**를 위한 전국교육자대회에서 대통령의 국적 있는 교육 강조, 72년 5월 11일 국사교육 강화위원회 구성, 72년 7월 5일 대학에 국사를 특수교양과목으로 신설하고, 중고교 국사를 독립교과로 신설키로 한 데 이어 1973년 8월 31일 문교부령 제325호로 중학교 교육과정 개정 및 고등학교 국사교육강화안을 확정하여 중고교 국사교과서 국정 개편을 확정했다. 광복이 되었으나 국사교과서는 일제식민사학의 틀을 못 벗어나, 한국문화사의 첫 장을 '금석병용 시대'로 시작하여 국가 건국을 기원후로 설정하고 조선 시대를 당쟁과 사화로 얼룩진 역사로 가르쳤다. 해방 후 1세 대학자들이 식민사관 극복 논의는 5·16 뒤 가열되어 정부도 문교부 장학실과 편수국에서 이 문제를 공식 논의하기 시작했다.

1969년 말 한우근, 이기백, 이우성, 김용섭 교수가 공동 연구한 '중고등학교 국사교육 개선을 위한 기본 방향'을 내놓았다. 한국문화사의 상한을 구석기 시대로 끌어올릴 것과 새로운 발굴로 확인된 청동기 시대 설정 등을 지적하며 '시안 작성의 기본 원칙'

(①국사의 전 기간을 통하여 민족의 주체성을 살린다. ②민족사의 각 시대의 성격을 세계사적 시야에서 제시한다. ③민족사의 전 과정을 내재적 발전 방향으로 파악한다. ④제도사적 나열을 피하고 인간중심으로 생동하는 역사를 서술한다. ⑤각 시대 민중의 활동 참여를 부각시킨다.) 5가지를 제시했다.

이 공동 연구안과 학계의 지적을 참고해서 문교부는 73년 교육과정 개정에 국사교육의 일반 목표로 ①주체적인 입장, 민족사의 정통성 인식, 문화민족 후예로서 자긍심, ②시대적 특성의 종합적인 파악, 민족사의 특색, ③세계사적 차원의 이해, 민족사의 특징 탐구, ④우수한 민족문화의 창조적 역량 이해, 민족문화의 계승 발전 의식 함양, ⑤실증적 탐구와 민족적 가치관에 입각 국사 체계화 등 5가지를 제시했다

73년 8월 31일 개정 공포한 교육과정(커리큘럼)에는 구석기 시대의 존재, 고조선의 성립과 문화가 교육 내용으로 들어갔다. 식민사관을 극복하는 해방 후 학계의 업적을 반영하는 국정국사교과서 편찬을 문교부가 확정했으나 필진 선정이 쉽지 않았다. 국정 국사교과서 편찬은 '한국사 25권' 작업을 진행 중인 국사편찬위원회(위원장 최영희)가 맡게 되었다. 식민사관 극복을 역설했던 국사학계는 문교부가 막상 교과서 개편 작업을 결정하자 대부분의 학자가 외면했다. 식민사관에 의해 만들어진 국사 체계의 기본 틀을 깰 자신이 없었고 편찬 후의 역풍이 두려웠던 것이다. 첫 국정국사 고교교과서의 집필은 김철준, 한영우, 윤병석, 중학교과서는 신형식, 변태섭, 이현종 씨 등이 맡았다.

74년 봄학기 국사교과서가 배포되자 새 교과서에 대한 비판이 일어났다. 교과서 발간과 함께 즉각 제기된 것은 춘원과 육당 친일단죄에 대한 문단의 거센 반발이었다. 문단 일각의 춘원 추종 세력의 마지막 안간힘이었으며 77년 임종국 씨의 '친일 문학론' 재판으로 이 시비는 일단락되었다. 두 번째 제기된 주제는 '동학'. 고대사 문제로 한국강단사학을 비판해 온 박시인 서울음대교수는 새 국사교과서의 동학 평가가 부당하다고 비판하는 글을 대학신문에 기고, 경향신문은 동학을 연구해온 역사학자들의 반론을 3월26 보도했고, 4월16일 박시인 교수의 반론도 게재했다. 이상은 고대교수도 '퇴계학보' 6호에 국사교과서의 성리학 서술을 비판했다. 창작과비평도 특집으로 다루었다. 광복 후 4반세기 만에 국사편찬위원회가 펴낸 국사교과서는 일제식민사관을 탈피하기는 했으나 학계의 전폭적인 신뢰를 얻지는 못했다. 새 교과서에 대한 시비 중에는 정부에 대한 불만·지역감정·혈연과 문벌의식·일제식민사관 추종 등에 얽힌 유치한 발상도 없지 않았다.

(2) 국정교과서 동학과 개화기 인물평 논란

가. 동학을 반봉건 반외세 투쟁으로 본 교과서 기술 논쟁

[동학농민봉기를 반봉건, 반외세 항일 투쟁으로 재평가하고 있는 국사학계의 새 학설을 정면으로 부정하는 주장이 74년판 새 국정교과서 출간 후 제기되어 격한 논쟁이 일고 있다. 문제의 주장은 지난 18일 서울음대 박시인 교수가 서울대학 신문에 기고한 국사교과서 개편에 관한 비판의 일부로 "조선왕조 말기에 외세가 집중 내습한 위기에 청나라 홍수전의 난리를 모방한 반란을 남도에서 일으켜서 일본군이 침입할 기회를 만들어 나라를 망하게 한 동학란을 동학혁명이라고 찬양하는 것은 부당하며 이런 태도는 일제 어용학자들보다 심하다."고 비난했다. 이 같은 박 교수의 동학에 대한 지적에 대해 고교 국사교과서 집필자 윤병석 국편 조사실장은 "박 씨의 논리는 왕조 말기의 부패한 지배계층과 식민사관으로 조선사를 체계화한 일제 관학자의 주장과 비슷하다."고 지적하고 "전근대사회를 탈피하고 근대사회로 옮아가는 데 중요한 역할을 한 동학농민봉기는 피지배계층이 대내적 모순 해결을 모색했다는 점과 농민이 참여한 최초의 항일운동으로 근대 시민의식의 기점으로 높이 평가된다."고 반박했다. 박 교수의 "동학이 일본군 침입 기회를 만들었다."는 지적에 대해 윤 실장은 "그런 식으로 근대사를 해석한다면 안중근 의사 의거도 한일 합방의 계기가 되고 헤이그의 밀사도 고종폐위의 동기로 볼 수밖에 없지 않느냐."고 반문했다. 김상기 교수는 "봉건적인 수탈정치체제에 대한 민중봉기가 외세의 침략으로 뜻을 펴지는 못했으나 나라 망한 책임까지 동학에 뒤집어씌우는 것은 얘기가 안 된다."며 "깊은 연구 없이 역사를 논의하는 것은 경계할 일이다."라고 경고했다. 한우근 서울대 대학원장도 박 교수의 주장이 국민의 역사인식을 혼란케 할 우려가 있다고 지적했다. 동학을 5·16 뒤 동학혁명으로 바꾸는 데 결정적인 역할을 한 이선근 전영남대 총장도 "동학혁명은 대일 투쟁사의 첫 페이지를 장식하는 위대한 민중봉기였다."고 역설하며 "동학의 반일투쟁은 삼일운동에도 연결되어 한국근현대사에서 지울 수 없는 족적을 남겼다."고 강조했다. 김용덕 중앙대교수도 "최근 동학혁명 재평가는 학문의 발전이었는데 뜻밖의 공격을 받게 되었다."며 동학을 혹평할 수 없다고 주장했다.

박 교수의 부정적인 해석으로 문제가 된 동학농민봉기는 최근 사학계가 근대를 지향하는 민중운동으로 정설화하고 있지만 학설용어조차 농민봉기, 농민군운동, 혁명, 농민 반란 등으로 다양하다. 그러나 지배층의 부정부패에 저항한 밑으로부터의 개혁의지였으며 왜인과 양인을 쫓아내자는 민족운동이었다는 해석에 학계의 의견이 모아지고 있는 중이다. 한말 지배계층과 연결되는 일부 학자들은 동학을 반란으로 보는 시각도 있다. 서울대 최창규 교수는 "국사학이 식민사학을 탈피하는 과도기 수준이라 선명한 이론을 미처 정립하지 못한 데서 온 취약점이 있다."며 조선왕조의 역사적 모순을 극복하려고 한 창조적인 민중의 활력을 일제 침략의 동기로 간단히 보는 것은 역사 현상을 대외적인 측면에서만 보는 단견이라며 기존 사회 모순에 저항하고 새로운 사회를 지향한 움직임이었다고 높이 평가했다. 해방 20년 가까이 일제식민사학이 지배하다가 5·16 뒤 민족사학의 정립이 과제로 제기되어 활발한 역사 연구가 진행 중이지만 과거 식민사학을 재탕하는 모순이 재현되고 있다.](경향신문 1974.3.26. 박석흥)

이 기사에 대해 경향신문 심의실은 한 사람의 주장을 여러 사람이 공격한 객관성이 결여된 기사라고 지적했고 박시인 교수도 반론권을 주장, 4월 16일 박 교수의 반론을 다시 기사화했다.

나. 박시인 교수 "동학은 반란이다."

[조선조 말 부정부패와 외세에 항쟁한 동학운동 80주기를 맞아 최근 학계는 동학의 상반된 역사적 평가로 열띤 논쟁을 펴고 있다. 동학란을 혁명으로 평가하는 것은 부당하다는 박시인 교수의 주장을 반박한 사학계의 반론이 지난 3월 26일 경향신문에 게재되자 박시인 교수가 반론을 경향신문에 보내왔다. 한국고대사 시정을 주장해 온 박시인 교수는 지난달 18일자 서울대학신문에 "재래의 국사교과서들은 우리 역사상의 민족·영토·왕조의 수·건국연대 건국이념·주민의 이입 이출·국경선의 이동 상태 등 가장 기본적인 사항들을 사실과 다르게 축소, 왜곡, 삭제한 것이며, 이런 치명적 오류를 일소하려고 문교부가 국사교과서 개편을 시도했으나 금년부터 쓰게 된 교과서가 개정한 것은 7개 항 정도이고 그것조차도 동학란을 동학혁명이라고 개칭한 따위 등 시늉에 지나지 않는다."고 비판했다. 박시인 교수는 "이조 말기 외세가 집중 내습한 위기에 청나라 홍수전의 난리를 모방한 반란을 남도에서 일으켜서 일본군이 침입할 기회를 만들어서 나라가 망하게 한 동학란을 동학혁명이라고 찬양한 것은 부당하다."고 지적했다. 동학을 반란으로 보아야 한다는 박시인 교수 주장에 대해 3월 26일 경향신문에 "동학을 혁명으로 재평가해야 한다."고 주장하는 학자들의 반론이 보도되었으며, 다음

은 학계의 동학 재평가 주장에 대한 박시인 교수의 재반론 요지다.

　ㅇ－동학란이란 용어는 이선근 박사 외에는 모두가 써 온 학술용어다.

　ㅇ－혁명은 부패정권을 탕왕, 무왕 같은 성왕이 정벌하고 하늘의 뜻이 바뀌어 새 나라를 세운 경우에만 쓰이는 말이다. 외세가 집중 내습한 고종치하 국가 위기에 데모 반란을 선동하여 타국의 식민지가 된 것을 혁명이라고 구가하고 망국 전후에 세태가 달라진 것을 근대라고 찬양한 것은 부당하다.

　ㅇ－동학란 선동자 가담자들은 외세가 침입하자 외세에 저항하기 시작했으나 그것은 나중의 일이고 때는 이미 늦었다. 제3대 교주 손병희 선생이 삼일운동 주동자가 된 것은 장한 일이지만 나라가 망한 뒤의 일이다.

　ㅇ－동학의 교리 신앙과 동학교도의 몰지각한 행동인 동학란을 동일시하는 일은 잘못이다.](경향신문 74.4.16. 박석흥 기자)

다. 최창규서울대 조교수－"동학은 자주 진보의 민족운동이다."

[동학은 그것이 사상이든지 민중운동이든지 민족사 위에서 평가되어야 한다. 동학은 기울어지던 국가의 역사적 모순을 민족의 긴 역사적 시각에서 회복시키려 했던 역사의식의 표현이었다. 동학운동이 일어났던 조선조 말 한민족은 밖으로부터 밀려오는 제국주의 침략이란 대외적 모순과 안으로 부패와 무능으로 외척세력이 국가권력을 농단하는 대내적 모순의 이중부담을 안고 있었다. 이런 모순을 타파하기 위해 등장한 것이 반제국, 반봉건의 기치를 들고 나온 동학이었다. 동학은 자립과 진보의 두 기능을 함께 지니고 있었다. 그것은 외세 앞에서 저항했던 척사(斥邪)사상의 자립성과 내부적 모순을 개혁을 하며 밖으로 뻗어 나가려던 개화운동의 진보성을 함께 결합시키는 역사의 발전이었다. 같은 저항을 했다 해도 척사상과 동학사상의 사상적 존재형태가 일치하지 않았으며 개혁을 외쳤어도 개화운동의 인맥과 동학운동의 중심세력이 하나로 연결되지는 않았다. 그러나 동학은 여전히 진보와 자주를 함께 밝혀 준 민족운동 내지 민족주의 사상으로 우뚝 선다. 이것이 동학이라는 역사적 사건이 민족사에 끼친 활력이 무엇이며 그것이 담당한 기능이 무엇이었나를 민족사적을 주체적으로 찾는 방법으로서의 평가다. 역사의 주체를 지배 세력으로 볼 때 동학은 반란에 지나지 않는다. 그러나 동학을 지나간 왕조사보다 긴 민족사 위에 올려놓고 평가할 때 달라질 것이다. 조선조 기존체계 중심으로 동학은 반란이고 그것을 진압하러 온 침략 세력에게는 동비(東匪)

에 불과했다. 외세에 대한 저항 세력이었지만 전통적 유교이념 위에서 사림신분으로 제국주의에 대항했던 척사사상에서 본 동학사상은 이단적 요소가 있었다. 개혁운동을 추진했던 관료 인테리를 중심으로 한 개화당 세력은 농민 속에 확산된 동학민족운동은 제어하지 못하는 불순 세력으로밖에 보이지 않았다. 그래서 "동학은 초기에 반란이었고 그것은 침략 세력을 끌어들였으며 비록 민족운동의 한 줄기 자각이 나왔지만 이미 때는 늦어 실패하고 말았다."는 단순한 평가가 나올 수 있다. 그것은 동학에 대한 일면 설명은 될 수는 있으나 정당한 평가는 아니다. 그것은 역사를 있었던 사실로만 보는 유치한 생각에 머무르는 단견일 뿐이다. 신라의 삼국통일도 초기에는 삼국의 군사적, 외교적 대립에서 삼국의 정복전쟁이었다. 당이라는 외세까지 개입한 이 전쟁이 국가적 통일을 이루고 당을 몰아내는 민족적 활로를 찾았기 때문에 민족사의 전환으로 평가될 수 있다. 3·1운동도 민족의 자주와 독립은 이루지 못해 실패한 것처럼 보였지만 민족 이 근대로 지향하는 생명력을 불어넣어 주었다. 동학이 비록 그 출발은 반란이나 사회 적 소요였고 그들이 내세운 반제국, 반봉건 역사를 이루지 못해 새 질서를 성립시키지 못했다 하더라도 그것이 오늘 한민족에게 던져준 재창조의 활력은 위대한 것이다.](경 향신문 74.7.20. 기고)

(3) 창작과비평 74년 여름호 퇴계학보 6호 국정국사교과서 비판 특집

한국사에 관한 비전문가들의 문제 제기는 대체로 박시인 교수 수준이었다. 집필 기 간이 1년밖에 안 되는 새 교과서가 나오자마자 국사학계도 벌집 쑤셔 놓은 것처럼 시 끄러웠다. 창작과비평은 1974년 여름호 제9권 제2호(통권 32호)에 특집으로 국사교과 서의 문제점을 43면에 걸쳐 다루었다. 강만길(사관과 서술 체재의 검토), 김정배(상고 사에 대한 검토), 이우성(고려 시대), 이성무(조선 전기), 송찬식(조선 후기) 씨가 새 교 과서의 문제점과 국사학의 쟁점을 심도 있게 다루었다. 고대 출신 국편위원장이 책임 편집위원이었던 이 작업에 강만길, 김정배 두 고대 교수가 한영우 씨(당시 서울대 강 사)가 집필한 조선사 부분을 서울대 선배 이성무, 송찬식 교수가 날카롭게 비판했다. 창비에 기고한 교과서 비판글들은 감정 섞인 글이나 오류도 있지만 해방 후 2세대의 성장과 역량을 반영하는 내용이었다. 그러나 이 비평은 아마추어 역사 애호가들의 국 사 논쟁 시비의 문을 열어 주는 계기가 되었다. 이때 혹독한 비판을 받은 한영우 씨는 1997년 '다시찾는 우리 역사'를 발간한다.

이상은 고대교수도 '퇴계학보' 6호에 국사교과서의 성리학 서술을 비판했다. 광복 후 4반세기 만에 정부 주도로 펴낸 국사교과서는 일제식민사관을 탈피하기는 했으나 학계의 전폭적인 신뢰를 얻지는 못했다. 중고교 교과서가 다른 안목으로 기술된 부분이 있어 전면 재조정이 불가피하지만 과거 검인정보다 일보 전진한 것은 일선교사들은 다수긍하고 있다. 새 교과서에 대한 시비 중에는 정부에 대한 불만, 지역감정, 혈연과 문벌, 일제식민사관 추종 등에 얽힌 유치한 발상도 없지 않다는 지적도 있다. 사학계는 자라는 세대에게 바른 역사의식을 심어 줄 보다 설득력 있는 국사교과서를 내놓아야 할 것이다(신동아 75.10. 뉴스와 화제, 학술, 박석흥 기자).

(4) 안호상, 김득황, 임승국 씨 국사교과서 시정 행정소송＝78.10.31.

한국사학계에는 민족주의 사학, 유물사관, 실증사학, 북한사학 추종하는 주체사관 학설 등 여러 사관이 대립, 정설을 정하기가 쉽지 않았다. 다양한 학설을 대립이 있는 그대로 학교교육에 도입할 수 없어 정부가 학계가 공인하는 일정 사실만을 교육과정에 반영하고 그에 따라 교과서를 제작하고 학교교육을 실시했다. 학교교육의 특수성 때문에 정부가 가이드라인을 제시하고 교과서 제작과 교육방향을 정하게 한 것이다. 광복이 되었으나 일제 침략기에 민족주의 사가들이 제시한 단군조선, 고구려, 발해 관련 역사는 일제식민사학의 실증사학 학설과 대립되어 40년 가까이 논쟁만 계속되어 왔다. 식민사관 극복이 활발하게 전개되었으나 고대사는 연구가 진척될수록 논쟁이 첨예하게 대립하였다. 특히 고대사 분야 연구 결과와 가설이 학계의 공인된 학설 및 평가와 일치할 수 없다. 삼국 시대사도 고구려, 백제의 국제관계사는 많은 쟁점이 남아 있었으나 백제의 해외 진출은 공인되기 시작했다. 다행히 고고학 발굴로 고구려, 백제사는 새롭게 정리되어 교과서에 반영되었다. 단군조선, 위만조선, 한사군 등 고대 한중관계사 분야는 전문 연구자와 연구 실적이 부족해서 정설을 제시할 수 없는 사학계의 딱한 현실이 문제였다. 학설이 대립하고 논쟁이 활발한 것은 학문의 발전이며 통설이 부단히 의심받고 비판되고 뒤집히는 것이야말로 연구가 정체되지 않았다는 증거이다. 그러나 우리 학계의 고대사 논쟁은 원점을 맴도는 낡은 레코드판 돌리는 것과 같았다. 60년대 본격화된 사학계의 식민사관 극복 논의와 74년 국정교과서 논쟁은 제3의 재야인사까지 끼어들어 '국사교과서 시정 행정소송'과 국회 청문회로 번졌다. 기성사학계를 비판하고 나선 재야 세력의 주류는 일제 침략기 만주로 망명 독립투쟁한 대종교 계통의 인맥으로 기성사학계를 식민사관의 찌꺼기라고 비난했다. 초대 문교부장관을 역임했던 안호상 박사를 비롯한 대종교 계열 인사와 박시인 서울음대교수 임승국 씨 등은 76년부터 박창암 예비역 장군이 발행하는 '자유'지를 통해, 교과서 개편 주장과 함께 기존사학계를 식민주의 잔재로 매도했다.

안호상 배달문화연구원대표와 김득황 동방사상연구원대표는 78년 9월 29일 신문회관 회의실에서 '국정국사교과서 오류 및 정사확인 소송'을 제기한다고 공식기자회견을 통해 발표했다. 소송에 앞서 안호상 박사는 소송 내용과 동일한 국사교과서 내용 시정에 관한 건의서를 대통령 국무총리 문교부장관에게 제출했다. 안호상, 김득황, 임승국 씨 등이 10월 31일 문교부장관을 상대로 '국정교과서의 국정 교재 사용 금지 및 정사 편찬 특별기구 설치 등의 조치 시행 요구에 대한 불허 처분 취소' 행정소송을 제기했다. 교과서가 일제식민사관에 의해 편찬되었으므로 그 개정이 시급하다고 지적한 이들은 8개 항의 수정을 요구했다. 이들의 주장은 대체로 만주에서 독립운동을 주도한 대종교계의 민족사학자 그중에서도 단재의 이론을 발전시킨 것이었다. 단군조선 실존과 한국고대사 활동 무대 확대를 주장해 온 이들이 교과서의 고대사 서술에서 크게 잘못되었다고 주장한 8개 항은 다음과 같다.

①. 고조선 영역 동북은 바다, 북은 흑룡강, 서남은 북경으로 수정해야 한다.

②. 단군을 신화로 돌려 부정한 것 시정.

③. 단군 시대 1200년 부인.

④. 연나라 위만을 고조선 창건주로 한 것은 잘못이다.

⑤. 위만조선 서울 왕검성은 중국 산해관 부근이다. 대동강 유역이라고 한 것은 오류다.

⑥. 낙랑은 북경지역에 있었다. 대동강 유역 아니다.

⑦. 백제가 4백 년간(3~6세기) 중국 중남부 통치했다.

⑧. 신라는 통일 뒤 길림에서 북경까지 지배했다.

안호상 씨가 문교부에 낸 건의서는 국사편찬위원회에 넘겨져 국사편찬위원회는 10월 19일 이병도, 백낙준, 신석호, 유홍렬, 이선근, 전해종, 조기준, 한우근, 김철준, 이기백, 최영희, 고병익, 이광린 씨 등 국편위원 외에 강우철(이대), 이만열(숙대), 이용범(동대), 이원순(서울대), 신지현, 이현종(국편 실장) 씨가 참여한 확대회의에서 안호상 씨의 건의서를 검토했으나 일고의 가치도 없다며 묵살하자는 의견이 지배적이었으나, 문교부 요구에 따르기 위해 반박 검토 의견서를 안호상 씨에게 보냈다. 산해경 만주원류고 등을 인용한 안 박사의 건의는 역사의 발전 과정을 총체적으로 파악하지 못하고 사료에 대한 비판과 해석이 결여돼 있으며 인접 과학인 고고학의 뒷받침이 전혀 없고 단편적이고 지엽적인 자료만으로 역사를 해석하고 있다고 반박했다. 그리고 새로운 학설이 제시된다 해도 학계의 정설로 정립되기까지는 교과서에 수록될 수 없다고 잘라서 통보했다. 이 회신을 받은 안호상 씨 측은 10월 31일 문교부 장관을 상대로 행정소송을 제기하고 국사찾기협의회 대변지였던 '自由'지를 통해 국사편찬위원과 학자들을 더욱 강도 높게 비난하기 시작했다. "국사편찬위원 및 학자들은 중국 원전 사료를 해석할 능력이 없어 일본인들의 식민주의 사관에 의해 왜곡된 고대사 인식체계의 틀을 고집하고 있으며, 이들이 바로 제2의 이완용이요 민족정신을 병들게 하는 매국노들이다."라고 비난했다.

(5) 최영희 국편위원장 반박성명 – 78.11.13.

[식민사관 극복과 새 한국사 체계화를 위해 열띤 논쟁을 펴 온 국사학계가 상아탑 밖의 도전(?)을 받고 심한 진통을 치르고 있다. 안호상, 김득황, 임승국 씨 등이 10월 31일 국사교과서 시정 촉구 행정소송을 제기한 데 이어 국사찾기협의회 대변지 '자유'지가 교과서 수정 제안과 함께 역사학자 개인 이름을 들먹이며 심한 비방을 하고 있어 국편과 학계가 공동 성명을 발표 했다. 국편은 10월 19일 국편 확대회의를 열고 안호상 씨 등의 의견을 검토하여 반박하는 의견서를 만들어 안호상 씨에게 보낸 데 이어 11월 13일 기자회견을 자청, 안호상 씨와 국사찾기협의회 등의 교과서 수정 소송과 학자 비방이 오히려 국사를 왜곡하는 것이라는 요지의 성명을 발표했다. 최영희 국편위원장은 "안호상 씨 등이 내놓은 국사교과서 개정 내용은 일고의 가치도 없는 것"이라고 잘라 말하고 "국사를 아끼는 것은 국민 모두의 할 일이지만 역사를 잘못 해석하여 국사를 왜곡하는 일이 생겨서는 안 된다."고 발표했다. 국편의 반박 성명에 이어 한국사학회역사학회, 동양사학회 등 8개 학술단체도 국사찾기협의회의 사학계 비방을 반박하는 성명 발표를 협의 중인 것으로 알려졌다. 최 위원장의 13일 발표는 지난달 19일 국편위원과 교과서 집필자 등 전문학자가 안호상 씨 제의에 대한 토의를 공개한 것으로 국사학계 원로와 중진의 공식 견해를 집약한 것이다. 국편확대회의에서 학자들은 안 씨 등의 주장은 말단 지엽적인 자료로 역사를 해석하는 잘못을 저질렀다고 공격했다. 안호상 박사가 지적한 8개 항은 모두 성립할 수 없는 수준 이하의 제안이라고 일

축하고 교과서가 고칠 8개 문제에 대해 조목조목 논박했다. 첫째, 고조선 문제 주장에 인용한 산해경은 사료로서 신빙도가 약하다. 둘째, 단군신화를 신화학, 고고학으로 연구하고 있으며 단군을 부정한 사실이 없다. 셋째, 백제가 중국 중남부를 4백 년간 통치했다는 주장은 중국 남북조 시대 고구려가 북조를 위협하고 백제가 남조를 도와 출병한 사실을 과장해서 해석한 것이다. 13일 안호상 박사의 8개 항의 문제 제기에 대해 최영희 국편위원장의 반박은 국사학계가 학계 밖의 문제 제기에 대한 공식 반응이라는 점에서 주목을 받았다. 광복 이후 국사학은 전공학자들의 월북으로 전문학자가 부족하고 고대사 정설이 두계사학 일변도로 흘러 고대사가 소략, 대학 밖의 문제 제기가 학계에 자극이 되었던 것이 사실이다. 기자조선, 가야 실존, 백제의 해외 진출 등은 두계사학의 고대사 인식의 굴레를 벗게 한 충격은 되었다. 그러나 75년 상아탑 밖의 역사애호가들로 발족한 국사찾기협의회의 국사학자에 대한 비방은 정도를 벗어난 것이었으며 국사교과서 행정소송은 그 절정에 이른 것이다. 국사찾기협의회 주공격 대상자는 이병도 학술원장과 국사신론 저자 이기백 교수와 교과서 집필자 등이며 국사찾기협의회의 인신공격에 대한 비판기사를 쓴 기자도 '자유'지 권두 서문의 공격 대상이 되었다. 대학의 국사학자를 일제식민사학의 앞잡이라고 공격하자 일제식민사관 극복과 고대사 수정을 제기해 왔던 학자들도 국사찾기협의회의 테러에 가까운 인신 모독은 지나치다며 반박성명을 발표했다. 78년 초 한국사 25권을 완간하고 고고학, 정치학, 철학, 종교학 등 인접과학의 협조를 받아 새 차원의 한국사 체계화를 모색하고 있는 국사학이 국사찾기협의회 등 비전문가의 상식밖의 도전으로 쓸데없는 일에 시간을 빼앗기는 것은 불행한 일이라고 최영희 국편위원장은 한탄한다. 그러나 소장학자들은 기성사학들의 고집도 문제라며 일반 국민에게도 설득력 있는 국사 체계화를 서둘러야 할 것이라고 말한다.](경향신문 78.11.15. 박석흥 기자)

뿌리 찾기 열풍 속에서 역사학자와 재야인사 사이에 불붙은 고대사 논쟁이 78년 하반기 법정으로 비화했다. 재야인사들은 국사찾기협의회 대변지 '자유'를 통해 공자가 배달겨레의 후손이고 한자도 한국에서 만들어졌으며 고조선, 백제에 관한 신설 제시와 함께 학자들에게 인신 모독에 가까운 비방도 서슴지 않았다. 국사찾기협의회는 백제, 고조선에 관해 중국 사료를 근거로 역사를 바꾸자고 주장하지만 학자들은 궤변이라고 일축했다. 국사찾기협의회가 들고 나온 수정 제시에 대해 최영희 국편위원장, 이용범 동국대교수, 이기백 서강대교수가 경향신문에 반론을 기고했다.

(6) 최영희, 이용범, 이기백 교수 국사찾기협의회 반박문 기고＝78.11.17~22.

최영희 국편위원장

설화와 정사 혼동 말아야 한다. 식민사관 탈피는 사학계가 안고 있는 과제였다. 역사학자들의 자기반성과 학문적 결실로 새로운 논문과 개설서가 나오고 있다. 교과서는 학문적 성과를 토대로 학계가 공감하는 내용으로 꾸민다. 학계의 공인된 연구 성과를 토대로 교과서를 집필하는 것이다. 이러한 형편을 도외시하고 국사에 관심 있는 사람들이 자신들의 주장이 반영 안 됐다고 해서 집필자를 매국노라고 매도하는 것은 잘못이다. 8개 사항의 개편 주장은 허무맹랑하다는 것이 학계의 중론이다. 학문은 꾸준한 연구 끝에 논쟁을 거쳐 얻어지는 최선의 결론이지 단편적인 지식의 편린이나 궤변으로 이루어지는 것이 아닌 것이다(경향신문 78.11.17).

이용범 동국대교수

불교에서 동방을 수호하는 신으로 신앙 대상인 제석천 환인(帝釋天 桓因(lndra))의 아들 또는 자손을 건국의 주역으로 하는 것은 단군설화만이 아니다. 라오스의 쿤바롬(Khun Barom) 건국 전설은 환인(桓因)의 아들인 쿤바롬이 속세에 내려와 라오스국을 세우는데 먼저 국토를 정한 뒤에 그 이전의 지역을 지배했으며 하천 급류에만 살고 있는 15용왕을 불러 길잡이로 하여 건국을 했다는 것이다. 환인은 인도 고대 종교인 브라만교에서 인도 국민의 수호신으로 가장 인기가 있었던 것으로 대승불교에 흡수된 것이다. 번개를 신격화하여 비를 몰고 오는 풍백(風伯) 마르츠 풍신 치병(治病)과 장생(長生)과 관계있는 바유(Vayu)를 거느리며 비 내리는 것을 막는 악룡(惡龍) 비로라를 물리치는 군신(軍神)도 등장한다. 라오스의 쿤바롬 건국 전설은 불교화한 인도의 고대 신인 인드라신인, 즉 환인의 여러 덕목을 빌려 라오스 국민을 스스로가 지켰던 용왕 전설을 윤색하여 자신들의 이상을 표현한 것으로 풀이된다. 단군전설 연구에서 다른 민족의 건국설화와도 비교해야 할 것이다(경향신문 78.11.20).

이기백 서강대교수

단군이 건국했다고 하는 4천3백11년 전에 1천2백 년가량을 보탠 약 5천5백 년 전부터 우리나라 역사를 서술해야 한다는 설이 나왔다. 전설적인 중국의 3황 5제 시대에 맞추는 것 같다. 실증 없이 건국연대를 올리는 것은 잘못이다. 고대 우리 민족의 활동 무대에 대해 재야인사들은 중국 기록을 근거로 많은 신설을 제시했다. 그러나 그 서술에 부정확한 것이 많다는 것을 알아야 한다. 청동기 시대 우리 민족의 활동 무대는 남만주와 한반도였다. 그렇다고 고조선의 서울을 대동강 유역으로 비정하는 것을 반민족적이라고 말하는 것은 잘못이다. 우리 민족사의 기원 이해는 대단히 중요한 문제다. 이것을 몇 사람이 우겨서 결정할 것이 아니고 법에 호소해서 되는 것도 아니다. 학설이 법의 대상이 될 수는 없다. 이것은 학문의 권위를 스스로 부정하는 행위다. 학문적인 연구 성과에 의해서 역사적인 진실을 올바로 이해해야 한다(경향신문 78.11.21~22).

(7) 10개 학회 국사찾기협의회에 경고 성명＝78.11.24.

[역사학 관련 10개 학회 대표들은 11월 23일 한국연구원에서 기자회견을 갖고 국사찾기협의회에 대해 비과학적 주장으로 국민을 오도하는 일체의 행위를 중지할 것을 촉구하는 경고 성명서를 발표했다. 국사교과서 개편을 요구하는 행정소송이 빌미가 된 대학교수와 재야인사 사이의 사학 논쟁은 국사찾기협의회와 사학계 전체의 논전으로 확산됐다. 10개 학회 공동 명의로 발표된 경고 성명서는 "국사찾기협의회 대변지 '자유'가 민족 주체성 함양에 편승, 허무맹랑한 낭설로 국민을 오도함이 지대하다."고 지적하고 "계속할 경우에 일어날 모든 사태에 전적으로 책임을 져야 한다."고 경고했다. 10개 학회의 공동 경고 성명은 "지난 75년 발족한 국사찾기협의회 대변지 '자유'가 역사학자들을 '반민족적 부역사적(附逆史賊)', '골격이 제대로 서지 못한 무정란자(無精卵者)', '위험분자', '문화게릴라', '잠복균', '고등간첩', '일제문화간첩단' 등으로 매도하고 역사학자의 조상까지 모욕했다."며 "이것은 제자리 잡아 가는 역사학계를 뒤흔드는 불행한 일"이라고 지적했다. 각 학회 대표들은 "국사찾기협의회가 역사학자에 대한 인신 모독과 아울러 사료적 가치가 희박한 등외 사료를 근거로 허무맹랑한 주장을 내놓아 국민을 현혹시킨다."고 비판했다. 이 경고 성명은 국사찾기협의회에 회원들이 "공자도 맹자도 배달겨레 후손이다. 백제가 4백 년간 중국 중남부를 통치했다. 공주무령왕릉에는 백제사를 왜곡하기 위해 위조품을 묻었다."는 등 상식 이하의 기발한 주장을 발표하여 사회를 혼란시킨다고 개탄했다. 무령왕릉을 발굴했던 김원룡 교수는 "재야인사들의 잦은 시비가 너무나 허무맹랑한 것이라 관여치 않았으나 문예진흥기금으로 발간되는 자유지가 전국 곳곳에 퍼져 국민을 오도함이 지대하므로 더 이상 보고 있을 수

없어 나서게 된 것"이라고 털어놓았다. 역사학회를 대표해 나온 이기백 교수(서강대)는 "근대화를 추진하고 있는 우리 사회에서 국사를 둘러싸고 이런 논쟁을 한다는 것은 창피한 일"이라며 사학계의 연구 실적이 국민들에게 보급되지 못하는 사회 풍토를 아쉬워했다. 이날 기자회견에는 75년 국사찾기협의회 발족에 참여한 것으로 알려졌던 백산학회대표 유봉영 씨도 참석, 자신은 국사찾기협의회와 무관하다고 밝혔다. 이날 경고 성명 발표 기자회견에 참석한 학회 대표는 다음과 같다. 고고학연구회(김원룡)·동양사학회(함홍근)·백산학회(유봉영)·역사교육연구회(변태섭)·역사학회(이기백)·한국미술사학회(최순우)·한국사학회(유홍렬)·한국서양사학회(노명식)·진단학회(김완진)(경향신문 78.11.24. 박석홍 기자)

(8) 문정창(한국고대사학회장) 10개 학회 경고 성명 반박＝78.11.29∼30.

문정창 한국고대사학회장(문상득 서울대 영문학교수 아버지)은 역사학회 진단학회, 등 10개 학회가 재야사학자에 대해 지적한 4개 항(1. 비과학적 주장, 2. 등외 자료 근거로 한 허무맹랑한 소리, 3. 자유지 통한 비방 삼가, 4. 계속할 경우에 대해 책임져야)은 받아들일 수 없는 것이라고 반박했다. 재야사가들의 오류라고 지적한 4개 사실은 역사적 사실이다. 첫째, 한자는 한국이 만들었다. 한자(漢字)는 BC120년경 한대에 생긴 명칭이다. BC4000년경 설혈(楔形)문자, BC 1700년대의 은(殷)의 설형문자, BC1100년대 주의 금(金) 자가 한대(漢代)에 이르러 한자(漢字)라는 명칭이 생겼다. 한자의 가장 오래된 흔적이 고조선 유적에서 나오고 있다. 공자(孔子)는 정통 동이족 출신이다. 무령왕릉 지석은 서기 660년경 백제가 망한 뒤 약 10년간 백제지에 주둔했던 당장(주둔군)이 왕들의 묘를 파괴하고 왕자급의 묘에 장난을 가한 것으로 본다. 백제의 중국 동남부 통치는 송서(宋書) 백제전에 보인다. 학자들은 평양이 낙랑군이었다는 증거로 낙랑태수 봉니 등을 내세웠으나 하나도 증거가 되지 않는다. 고조선 위치도 재검토되어야 한다. 민간사가들을 쓸어버리려 하지 말고 고대사 전반을 제대로 개편해야 한다(경향신문 78.11.29∼30).

교과서 수정을 요구하는 재야인사들과 사학자 사이에 70∼80년대에 벌어진 법정소송·공공기금 지원을 받은 자유지의 학자 공격은 만행이었으나 재야인사들의 고대사 문제 제기 중에는 학계가 고민해 온 문제도 포함되어 있었다. 서울대사학과 조교를 하다 언론계로 옮긴 천관우 씨도 기자 가야문제는 제기했었으며 김상기 교수도 백제의 중국 진출 문제를 발표한 바 있었고 김철준 교수도 산동과 한반도 서해안 일대를 같은 문화권으로 보아야 할 것 같다는 가설을 제시했었다. 배달문화연구원, 고대사학회, 한국정사학회, 고려중흥회 등의 재야 역사 연구 단체가 국사 바로잡기 기치를 내걸고 75년에 발족한 국사찾기협의회는 그동안 중국 기록과 단재 논문을 근거로 한국고대사 연구의 쟁점들을 제시해 왔다. 이들의 문제 제기로 일반 국민이 역사에 관심을 갖게 하고 발굴 자료가 학계에 제공되는 긍정적인 면도 있었다. 그러나 이들이 '자유'지에 역사학자를 식민사관 앞잡이·사학자(斜學者)·잠복균·적화문화공작원·사이비 매명교수·고등간첩단으로 매도하며 폭언을 한 것은 학자에 대한 테러였다. 광복 후 역사학계는 일제 어용사학의 굴레를 벗어나지 못했다. 60년대 말부터 홍이섭, 김철준 교수 등이 이런 모순에 대한 시정을 강도 높게 제기해 한국사 25권 국사교과서 국정화 등이 이루어졌으나 미정리 부분이 많았다. 국편 한국사 25권은 재야사가들이 주장하는 동이문화와 고대 한국문화의 전파 과정 등을 언급하고 식민사관을 수정하긴 했으나 고조선, 한사군 등의 문제는 풀리지 않았다. 그러나 재야인사들의 지나친 학자에 대한 비난은 학계의 논쟁마저 단절시킬 위험도 있다. 광복 30년이 지나서도 국민 모두가 납득할 국사를 제대로 정리하지 못했다는 것은 반성할 일이다. 78년 출범한 정신문화연구원이 이런 기초적인 작업부터 서둘러야 할 것이다. 설득력 있는 국사 체계화를 위한 탁월한 역사학자의 출현을 고대한다(신동아 79.1. 뉴스와 화제, 학술, 박석홍).

안호상 씨가 제소한 국사교과서 행정소송은 79년 2월 21일 민사소송으로 추가했으나 학문적인 내용은 사법적인 심판 대상이 될 수 없다는 일심 원고 패소 판결에 고법까지 올라갔으나 81년 7월 원고 측의 소 취하로 일단 막을 내렸다. 그러나 1981년 제5공화국이 출범하고 군인과 군 출신 인사들도 국사교과서 개편에 관심을 표시 국사교과서문제가 국회 청문회 도마 위에 오른다. 일제에 저항 만주로 망명 독립운동했던 대종교에 뿌리를 둔 민족주의 계열의 국사개정운동은 강단사학에 대한 감정적인 인신공격으로 변질 학문적인 충격이 못 된 것은 잘못이었다. 단재, 위당 등 민족주의 사학까지 일부 대학 사학과와 역사학 교수들이 외면하게 되는 결과를 유도했다.

(9) 국사교과서 시정 국회 청문회＝81.11.26~27.

안호상 씨는 법정 투쟁에서 실패하자 국회에 국정교과서 문제를 청원 국사교과서 시비가 국회로 비화했다. 안호상 국사찾기협의회 회장은 81년 8월 31일 '국사교과서 내용 시정 요구에 관한 청원'을 국회문공위원회에 제출했다. 권정달, 박현태, 임덕규, 김종하, 송지영, 오제도, 조일제, 이종찬 등 19명의 국회의원이 소개의원으로 서명했다.

청원요지와 시정 요구 사항은 다음과 같다.

1) 문교부 발행 초중고 국사교과서는 일제식민사관에 의하여 왜곡된 사실이 아직도 답습되고 있는 내용이 많아 올바른 국사교육과 민족자존심 형성에 해독을 끼치고 있다.

2) 광복 후 검인정 국사교과서 편찬에 일제 시대 '조선사' 전공학자들이 국사학자로 행세하고 식민사관을 답습하여 만들었다. 1973년에 식민사관에 물든 검인정 교과서를 폐기하고 국정교과서를 만들었다. 그러나 당시 문교 당국의 과실로 새 국사교과서는 여전히 과거의 식민사관을 갖고 있는 국사학자들에게 맡김으로써 또다시 오류가 되풀이되어 새 국사교과서 편찬이 그 의미를 상실하게 되었다.

국사교과서 수록 내용이 다음과 같이 시정되어야 한다.

① 단군과 기자는 실존인물이다.

② 단군과 기자의 영토는 중국 북경까지였다.

③ 왕검성은 중국 요녕성에 있었다.

④ 낙랑군 등 한사군은 중국 북경지방에 있었다.

⑤ 백제가 3~7세기 북경에서 상해에 이르는 중국 동안을 통치했다.

⑥ 신라의 처음 영토는 동부 만주이고 통일신라 국경은 한때 북경이었다.

⑦ 고구려, 백제, 신라 특히 백제 사람들이 일본문화를 건설했다.

국사교과서 논의가 국회로 비화했다. 국회문공위원회는 81년 9월 1일 안호상 국사찾기협의회장이 제출한 '국사교과서 내용 시정 요구에 관한 청원'을 받아들여 11월 26~27일 중진사학자와 재야인사가 토론하는 국사교과서 공청회를 마련했다. 한글 파동에 이어 두 번째로 학술 논쟁이 국회 공청회 도마 위에 오른 것이다.

공청회 청원인 측은 국사찾기협의회 안호상, 박시인, 임승국 씨 등이며 진술인 측은 김철준, 이기백, 김원룡, 최영희, 이원순, 전해종, 이용범, 임병태, 안승주 교수 등 한국사학계 중진들이다.

한병채 문공위원장은 교과서에 한사군 이전의 고조선 역사가 정리되지 않아 단군의 홍익인간이념을 구현한다는 교육 기본 목표와도 어긋난다고 지적하고, 민족주의나 국수주의, 상고주의 감상에서 착수하려는 것이 아니라고 개회사를 했다. 이어서 이규호 문교장관은 역사의 의미라는 주제의 인사말에서 "역사를 통해서 미래를 올바로 바라다

보면서 어떻게 살 것인가를 배울 수 있을 뿐 아니라 국가의 정통성과 체제의 정당성에 대한 신념을 얻을 수 있다.”고 전제하고 “국사교육은 역사적 사실에 근거하여야 한다.”고 주장했다. 이 장관은 “역사는 교조적이고 관념적인 도식에 의해 해석하는 데 문제가 있기 때문에 역사학은 과학이어야 한다. 그러나 역사는 단순한 사실의 나열이 아니고 인간이 살아가는 방법과 교훈 규범의 원천이기 때문에 역사학은 과학 이상이라 할 수 있다.”고 말하며 겸허한 대화를 통해서 공동의 진리에 접근하기를 바란다고 당부했다.

국회 공청회 주요 쟁점은 사관(史觀)·단군기자조선(檀君箕子朝鮮)·한사군(漢四郡)·동학(東學)으로 압축됐다. 일제와 투쟁했던 대종교(단군교)가 국조로 했던 단군에 대해 대종교에 소속됐던 단재를 비롯해, 위당·육당이 그 실존을 주장했으며 재야의 국사 찾기도 여기에 뿌리를 두고 있다. 일제와의 투쟁 과정에서 우리 민족의 이데올로기였던 국조 단군의 규명은 학제적인 연구로 설득력 있는 결론이 나와야 할 것이다. 일제가 한국사를 반도 안으로 좁혀 놓은 반도사관을 벗어나기 위해 단재(丹齋)·위당(爲堂) 등이 북만주에서 양자강까지 설정한 한국고대사 무대의 실체를 과학적인 연구로 밝혀야 할 것이다. 일제사학에 맞서 한국고대사의 실상을 찾으려고 노력했던 민족사학자의 업적을 창조적으로 해석하는 작업이 시급하지만 자료의 빈곤과 연구 인력의 부족으로 한국고대사는 아직도 수수께끼투성이다. 전후 문맥을 거두절미하고 단편적인 기록에 의존 고대사를 쉽게 해석하는 것은 금물이다. 고대사는 우리만의 역사가 아니기 때문이다. 청문회는 고대사와 애국심 고양이 주제가 되어 학자들은 곤욕을 치렀다. 또 교과서에 “1894년에 탐관오리에 시달린 백성들이 동학혁명을 일으켰다.”는 국사교과서 기술은 반란을 혁명이라고 평가함으로써 소요 사태를 찬양하는 결과가 되었다는 청원 측의 지적에 대해서 대학교수들은 전근대적인 왕조 사관이라고 일축했다. 청문회 사학 논쟁은 현대적인 학문과는 동떨어진 차원 낮은 정치 놀음의 희생물이었다. 한국역사학은 식민사관, 유물사관과 북한 주체사관을 신봉하는 모방사관, 아마추어 역사 애호가들의 미신(迷信)적 사관이 혼재돼 있어 현대적 학문으로의 발전이 시급하다(경향신문 81.11.26. 박석흥 기자).

(10) 문교부 국사교과서 재개정

1981년 12월 31일 문교부 고시 제422호로 개정 고시한 초·중·고등학교 교육과정에 따라 개편한 새 국정국사교과서는 국회 청문회에서 제기된 문제를 대폭 반영했다.

국사편찬위원회 요청에 응해 교과서 편찬에 참여한 학자와 청문회에 나온 학자들만 곤욕을 치른 셈이다. 새 교과서의 필진은 중량급에서 경량급으로 바뀌었으며 대체로 광복 후 교육받은 세대로 연령도 내려갔다. 중학교과서 — 이현종, 이원순, 신형식, 박영석, 고등학교 — 하현강, 차문섭, 박용옥, 이현희 교수가 담당했다.

반봉건 반제국주의 운동으로 재평가돼 74년 첫 국정교과서에 혁명으로 올랐던 동학농민운동은 동학혁명, 동학농민봉기, 동학란 등 세 이론이 팽팽하게 맞섰는데 개편교과서는 동학운동으로 항목만 바꾸었다. 백제, 고구려, 신라의 대외활동도 언급, 국사찾기협의회의 주장이 반영된 셈이다(경향신문 82.1.19. 박석흥 차장).

82년에 보급된 새 교과서는 1년 뒤 고고학 발굴성과에 따른 신석기, 청동기 발전 내용과 토기 및 벼농사 일본 전파, 통일신라문화의 해외 전파, 독립투쟁사 등이 대폭 보완되었다(경향신문 82.12.6).

2) 삼국사기 논쟁 단재 · 김철준 · 고병익 · 이기백

(1) 민족주의 사학자 단재 김부식의 삼국사기 비판

광복 후 일제식민사관 극복 논의가 활발했어도 한국사학계가 일제관학의 반도사관과 정체사관을 탈피하지 못하고 있을 때 홍이섭, 김철준 교수는 단재의 민족주의 사관을 대안으로 제시하며 한국사학계의 체질 개선을 촉구했다. 단재 전집이 홍이섭, 김철준, 김영호, 신수범 씨의 공동 작업으로 출간되어 한국사 이해 체계의 대폭 수정이 진행되었다. 단재의 고대사 이해체계는 아카데미사학과 재야사학 두 방향에서 제기되어 역사학 논쟁과 법정소송 시비로 번졌다. 단재는 단군조선 전반기 1천 년의 정치와 문화는 선진적인 것이었으며 중국을 비롯한 동양 제국 문화의 원류였던 것으로 보았다. 단재는 단군 시대에 고급 종교와 문자도 있었으며 단군조선은 부여, 고구려로 이어진다고 설정했다. '조선사 연구초', '조선상고사', '조선상고문화사' 등을 통해 고대 우리 민족이 만주와 요서 지역에 걸친 광범위한 지역에서 활동했으며 백제, 신라의 해외 진출도 제시했다. 단재가 제기한 고대사 쟁점 중 한국사학계가 장시간 토론한 주제 중 하나가 김부식의 삼국사기 비판이다. '조선역사상 일 천 년래 제일 대사건'이란 논설에서 단재는 "묘청과 김부식의 서경 전투가 전통사상과 유가의 대결이며, 국풍 대 한학파의 전쟁이며, 독립당 대 사대당의 전투며, 진취사상 대 보수사상의 전쟁이었으나 김부식이 승리하여 조선역사가 사대적, 보수적, 속박적 사상인 유교사상에 정복되고 말았으니 이 전역(戰役)이 조선사가 독립적, 진취적 방면으로 진전할 기회를 막은 1천 년 이래의 대사건"이라고 한탄하며 김부식을 고유사상을 말살시킨 사대주의자로 비난했다. 단재는 삼국사기의 고대사가 소략한 것은 병화로 사료가 소실된 것이 아니라 김부식의 사대주의 사관이 사료를 없앤 것이라고 비판했다. 김부식은 조선의 강토를 대동강이나 한강으로 국경을 비정하고, 조선의 문화를 유교화하고, 부여, 발해를 역사에서 삭제하고, 신라의 평양주를 삭제하여 북방 영토를 외국에 넘기고, 당과 대결한 부여 복신은 열전에 올리지 않고 투항한 흑치상지를 특별이 올렸음을 단재는 비판했다. 민족주의 사가 단재의 삼국사기 비판에 이어 일본의 쓰다쇼우기치(津田左右吉)는 "삼국사기 백제본기, 고구려본기는 믿기 어렵지만, 특히 신라본기의 고대 부분은 전연 신빙할 수 없는 허구"라고 주장했다. 쓰에마쓰(末松保和)는 "지극히 새로운 구성의 설화와 날조라고 생각할 수밖에 없는 기사로써 그 상대의 대부분을 채우고 있다."고 단정했다. 중국의 사마천 사기보다는 1200년이나 뒤지고 일본의 일본서기보다 400여 년 후 저작인 삼국사기는 고구려 유기(留記), 신집(新集), 신라의 국사(國史), 백제의 서기(書記)나 고려 초의 구삼국사기가 인멸되어 현존하는 한국의 가장 오래된 사서로서 한국고대사는 삼국사기에 의존할 수밖에 없기 때문에 소략하게 기록한 김부식의 사관은 고려 시대부터 현대까지 많은 학자들의 비판 대상이 되었다. 고려 후기 승려 일연은 '삼국사기'의 취약점을 보완하기 위해 '삼국유사'를 편찬, 고조선을 기록했고 삼국사기가 삭제한 다양한 문화 현상을 담았다. 조선 시대 '동사강목', '동국통감' 등에서도 삼국사기가 전체적으로 불경하고 소략하며 사실에 어긋난다고 비난했다. 조선 후기 유득공은 삼국사기가 발해 역사를 다루지 않은 것을 비판했다. 김부식의 사대사관으로 한국고대사가 말살되었다는 단재의 비판은 광복 후 김철준 교수와 북한사학에서도 지적되었다. 그러나 고려, 조선, 구한말, 현대에 이르기까지 김부식의 삼국사기에 대한 부정적 평가와 달리 김부식을 긍정적으로 평가하는 논문도 60년대 말부터 지속적으로 나왔다. 고병익 교수는 '김재원 박사 회갑기념논총'(1969.3.)에 올린 '삼국사기에 있어서의 역사 서술'에서 "삼국사기가 중국 중심의 사대적 사고방식이 노출되고 있으나 조선 전기의 역사서보다는 덜 사대적"이라며 "삼국사기에 대한 비난의 대부분은 편찬 당시의 사상적 배경을 무시한 부당한 평가"라고 주장했다. 이기백 교수도 '문학과 지성'(통권 26호 76년 겨울호)에 기고한 '삼국사기론'을 통해 "삼국사기는 합리적인 유교사관에 입각하여 쓰인 사서로 이전의 신이적인 고대사서에서 한 단계 발전한 사서"라고 지적하며 김부식의 유학자로서의 합리성을 주목했다. 이러한 긍정적인 시각은 신형식 정구복의 논문에도 나타난다.

1969년 고병익 교수가 김재원 박사의 회갑 기념 논총에 발표한 '삼국사기에 있어서의 역사서술'은 단재의 삼국사기 비판 이후 본격적인 학술 연구 논문으로 삼국사기 비판을 한 단계 끌어올렸다. 고병익 교수는 삼국사기를 체제는 중국의 정사류와, 내용은 동국통감이나 동사강목과 비교하면서 삼국사기가 사대적인 것이 아니고 자주적이라고 주장했다. 동국통감류보다 덜한 사대적 요소도 김부식 이전에 성립된 사서나 삼국사기 서술에 인용된 원 사료에 나타났던 것을 김부식이 편찬하였을 따름이라고 피력했다. 고병익 교수의 삼국사기 논문 발표 후 김철준 교수는 71년 9월 18일 한국사학회 월례 발표회에서 고병익 교수 논문에 대한 반론을 발표하고 73년 3월 '한국사 연구' 9호에 '삼국사기 성격에 대하여'를 기고한다.

(2) 고병익 · 김철준 교수 삼국사기 논쟁

[삼국사기의 사대사관을 주제로 한 논쟁이 국사학과와 동양사학과를 대표하는 교수 사이에 불붙었다. 한국사학회 월례발표회에서 김철준 교수(서울대 한국사학)는 고병익 교수(서울대 동양사학)의 '삼국사기에 있어서의 역사서술' 논문을 반박했다.

고병익 교수는 삼국사기가 유가 윤리와 중국 중심의 사상에 사로잡혀서 건조하고 왜곡된 역사상을 심었다는 비평을 들어 왔으나 "김부식의 삼국사기에 대한 비난의 대부분은 편찬 당시의 사상적 환경을 무시하고 사료의 영성 등의 객관적인 제약을 홀시한 데서 나온 부당한 것"이라고 주장하고 중국의 전통적인 역사 기술이나 조선조 다른 사서와 비교할 때 삼국사기의 적극적인 가치는 더욱 선명해진다고 반박했다. 이런 주장에 대해 김철준 교수는 "사관의 사대성 여부는 전통문화에 대한 이해를 정당히 하는가에 달려 있다."며 술어의 표면적인 의미만 가지고 사대와 자주를 논할 수 없다고 지적했다. 신라 경주김씨의 후손으로 중국 중심의 유교사관을 가졌던 김부식은 고려 사회의 전통문화 체질을 부인하는 동시에 삼국 시대 문화 평가를 과소평가하고 사료의 고대적 성격을 말살하거나 애매하게 하기 위해 구삼국사기를 제쳐놓고 삼국사기를 중찬한 것이라고 김철준 교수는 주장했다. 당초 김부식의 사대주의에 대한 공격은 단재 신채호로부터 비롯되어 육당 최남선도 '삼국유사 해제'에서 "삼국사기는 중국 사상과 한문을 흉내 내어 원형을 잃어버리어 사료적 가치가 많이 훼손되었다.”고 지적했다. 그러나 김원룡 박사(서울대 박물관장)는 ‘삼국 시대 개시에 대한 일고찰’이란 논문을 통해 일본 학자들의 삼국사기 상대 기록은 믿을 수 없다는 주장을 반박했다. 고병익 교수는 이규보가 김부식이 너무 간략하게 기술했다고 비난했으나 그것은 동명왕기사에 국한된다고 지적하고 백제, 신라 시조에 관한 초자연적인 요소가 들어 있어 기존 사서가 전하는 내용을 살리려고 애썼다고 밝혔다. 그러나 김철준 교수는 이규보의 동명왕편에 보이는 신모(神母)가 비둘기를 이용해 보리를 가져오게 한 것이나 군에서 쓰던 고각을 훔쳐 온 것이며 사슴(여진어 부여)을 거꾸로 매달아 울게 한 설화가 김부식 삼국사기에는 삭제되어 사료의 고대적 성격을 말살 내지 애매하게 만들었다고 분석했다. 삼국유사에 나오는 황룡사종과 석탑 등의 통계 숫자와 화랑의 참모가 대부분 승려임에도 사기는 유교적 사관으로 누락시켜 전통적인 사유나 사실을 누락시켰다고 주장했다. 문제는 김부식이 버렸던 구삼국사기의 발굴이다. 단재가 한국고대사의 복원을 시도한 것은 중국에서 본 한국관계 고대사 기록에 의한 것이다. 삼국사기의 한계 인식과 아울러 삼국사기 이전의 고기록과 원 자료 발굴이 한국고대사의 수수께끼를 푸는 열쇠다.](경향신문 1971년 9월 21일 박석홍 기자)

(3) 진단학회 – 삼국사기 종합적 검토

[창립 40주년을 맞은 진단학회는 74년 5월 4일 서울대 문리대에서 삼국사기의 종합적 검토라는 주제로 제2회 한국고전 심포지엄을 열었다. 이용범, 이우성, 이기문 교수가 주제 발표를 하고 고병익, 김완진, 변태섭, 이기동 교수가 토론을 했다. 삼국사기의 구성과 정통의식을 발표한 이우성 교수는 “백제, 고구려 멸망 후 북쪽에는 고구려 유민이 세운 발해 남쪽에는 신라가 양립하는 시대가 있었으나 삼국사기는 삼국 시대의 단순한 연장으로 다루었다.”고 지적하고 조선 후기 유득공이 발해사 발굴을 시도한 것을 높이 평가했다. 발해를 송두리째 빠뜨리고 신라 본위로 삼국 시대를 편찬한 것은 김부식이 지배 세력으로 부상한 고려사회의 한계였다고 주장했다. 삼국사기에서 발해사가 빠진 것은 신라인의 지역적인 감정 때문이기도 하지만 당나라의 이간 굴레 정책에 의한 조종 정책의 산물이었다고 분석했다. 삼국사기에 보이는 대외관계기사를 발표한 이용범 교수는 “삼국사기 외국기사는 중국 역대 왕조와의 관계는 중국 기록을 그대로 옮겼고 광개토왕비문에도 보이는 고구려의 중국과의 전쟁 기록 등이 빠져 있다.”고

주장했다. 이용범 교수는 중국과의 관계기사의 소략뿐만 아니라 북방민족과의 기사를 빼버린 것이 아쉽다고 했다. 부여, 동부여 계단 돌궐 선비에 관한 기사가 삼국사기에 보이긴 하나 중국 기록을 그대로 옮겨 놓은 것으로 사료 가치가 의심스럽다고 이 교수는 지적했다. 김철준 교수는 "고려의 적극적인 북방정책을 꺾고 집권한 사대적인 보수파를 합리화하기 위해 편찬된 삼국사기는 북방에 근거를 두었던 민족사의 원류를 소홀하게 다루었고 기록을 남겼다 해도 뼈다귀만 적고 있어 여기에 본래의 살을 붙이는 작업이 요청된다."고 지적했다.](경향신문 1974년 5월 2일 박석흥 기자)

(4) 76년 다시 불붙은 삼국사기 논쟁 – 이기백·김철준

　　국사학계의 해묵은 삼국사기 논쟁이 1976년 말 국사학계 중진 이기백, 김철준 교수 사이에 재연되었다. 한국사 개설서 가운데 베스트셀러인 한국사 신론의 저자 이기백 교수(서강대)가 문학과 지성 26호(1976년 겨울호)에 기고한 '삼국사기론'을 통해 기왕의 삼국사기에 대한 비판을 반박하고, 삼국사기는 유교에 바탕을 둔 도덕적 합리주의 사관에 입각해서 저술된 것이라는 긍정적인 평가를 내렸다. 이기백 교수의 삼국사기 재평가가 제기되자 김철준 교수는 '한국사3권'(국사편찬위원회 1976년 12월 24일 간행)의 개요를 통해 "삼국유사를 빼어 놓으면 고려 시대 이후의 사서에 나타난 신라통일기에 대한 이해는 사실과 그 시대인의 인식을 왜곡한 김부식의 신라관과 크게 다르지 않다."고 지적하고 심지어 오늘날 개설류에 나타난 이해도 그 본질적인 것은 김부식의 이해 방식에서 벗어나지 못한 것이 많다고 반박했다. 김부식이 사대주의 사관으로 정리한 통일신라는 중국을 통일한 당과 동맹 관계를 유지하면서 만주의 발해와 대치해야 하는 국제관계를 강요당했다. 이런 유형의 국제관계를 고려도 되풀이하게 된다. 김철준 교수는 묘청란 당시 문신 보수 세력인 김부식의 대응은 신라통일 당시나 고려 초의 국제관계 대응에 비교해 크게 후퇴했으며 그 후퇴를 합리화하는 시각으로 김부식은 신라통일 당시의 국제관계를 삼국사기에 기술했다고 지적했다. 김부식은 신라가 당군을 빌려 백제와 고구려를 평정하였고 지성으로 사대하여 미개한 풍속을 고치어 예의 지국이 될 수 있었다고 했다. 그러나 김철준 교수는 신라가 당과의 외교가 사대만을 목적으로 한 것이 아니었으며 고구려 멸망 후 당과 7년 전쟁을 계속했던 것이나 나당 전쟁을 감행한 문무왕 유언에도 중국에 대한 사대 언급이 없음을 상기시키며 김부식의 사대적인 유교사관에 의해 고대 삼국 문화의 가치를 낮게 평가하고 고대문화를 밝혀

줄 원 사료를 삭제했다고 비난했다.

[1976년 말 김철준·이기백 교수 사이에 재연된 삼국사기 논쟁은 고병익(서울대, 삼국사기의 역사서술, 69년), 김철준(서울대, 고려중기의 문화의식과 사학의 성격, 71·73년) 교수 사이에 장문의 논문을 통한 본격적인 논쟁의 제2라운드다. 단재가 '조선 역사상 1천 년 이래 제일 대사건'이라고 평가한 묘청의 난을 진압한 김부식(1075~1151)이 편찬한 삼국사기는 고려의 북방 진출 정책을 꺾은 신라 세력이 중국 중심의 사대사관으로 정리한 관찬 사서로 고려 당대에도 이규보, 각훈, 일연 등이 반발했다. 조선 후기 실학자들도 삼국사기에 대한 비판이 있었으며 특히 단재는 삼국사기가 한국고대사를 축소, 왜곡시킨 잘못된 역사서라고 비난했다. 단재는 김부식이 한국의 고대역사 무대를 축소시키고 전통적인 제도문화 유습을 유교의 시각으로 재단해 본질을 흐리게 하고 만주 수복을 국가 시책으로 했던 고려 전기의 사서를 삼국사기 정리에서 배제시킨 것을 비판했다. 그러나 고병익 교수는 삼국사기를 체제는 중국 정사류와 비교하고 내용은 조선 초기 사서와 비교하면서 "김부식의 삼국사기에 대한 비난의 대부분이 편찬 당시의 환경이나 조건을 무시하고 사료의 객관적인 제약을 소홀히 한 데서 나온 부당한 것이며 다른 사서와 비교할 때 삼국사기 가치는 선명해진다."고 삼국사기 평가의 객관화를 주장했다. 한편 김철준 교수는 고려 초의 진취적인 기상 회복을 외쳤던 서경파에 반대하고 체제 안정을 위해 사대정책을 폈던 경주 세력이 만든 삼국사기가 당시 유행 학풍인 유교사관에 젖어 스스로 우리 문화의 고대적 체질을 부인, 고조선사를 빼고 신라통일이나 신라 건국 등에 대한 역사인식의 퇴보를 초래했다고 지적했다. 고병익 교수와 김철준 교수 사이의 논쟁에 대해 이기백 교수는 삼국사기 논쟁이 지나치게 시비를 가리는 데 집착하는 것은 역사학 입장에서 바람직하지 못하다고 지적하고 고병익 교수의 주장을 옹호하고 단재사관을 발전시킨 김철준 교수의 삼국사기 분석을 비판했다. 이기백 교수는 "삼국사기가 우리나라 사학사에서 최초로 도덕적 합리주의 사관으로 편찬된 사서"라고 높이 평가하고 단재와 김철준 교수의 삼국사기 비판과 상반되는 논리를 내놓았다. 이기백 교수의 삼국사기론을 통한 김철준 교수 비판은 지난 72년 김철준 교수가 '한국의 역사학'이란 논문에서 이기백 교수의 '한국사 신론'을 혹평한 후 4년 만의 반응이라 눈길을 끌었다. 5·16 후 우리나라 사학계는 식민사관 극복 논의와 함께 역사인식·역사의식·사관 등이 화두가 되었다. 삼국사기 논쟁도 그중의 하나다(경향신문 1977년 1월 24일, 신동아 1977년 2월호 뉴스와 화제, 학술, 박석흥 기자)[한국사3권, 한국사 인물열전 1권, 한국사학사연구ㅡ김철준, 단재전집].

3) 친일 논쟁 시비

(1) 안병직 저 3·1운동 파문

[일제 침략기 한국인의 대일본 투쟁을 재검증하는 소장학자의 저술이 관련 종교단체의 강력한 항의로 파문을 일으키고 있다. 광복 30년을 맞아 금년 학계는 3·1운동 관계 저술로 윤병석 교수의 '3·1운동사'(정음문고)와 안병직 교수의 '3·1운동'(춘추문고) 2권의 문고본이 나왔는데 이 중 안병직 교수의 '3·1운동'이 천도교 측의 강력한 항의로 사과문을 냈다. 문제가 된 안 교수(서울대, 경제학)의 저술은 안 교수가 역사학보에 발표했던 3·1운동 관계 논문을 정리한 것으로 천도교 측은 안 교수가 천도교 3세교주 의암 손병희 선생을 '소극적 친일파 또는 예속 자본가'로 규정하는 등 3·1정신을 모독했다고 항의했다. 천도교 측은 안 교수가 '3·1운동'을 내놓자 문공부, 문교부, 국회, 서울대 등 9개 기관에 항의 건의문을 내고 천도교 기관지 신인간 10월호(통권 331호)에 '안병직 씨의 3·1운동론을 반박함'이란 장문의 반박글을 게재했다. 천도교 측이 들고 나온 문제되는 내용은 이 책 제1부 '3·1운동에 참가한 사회지도층과 그 사상'으로 ▼의암 손병희 선생을 소극적 친일파 또는 예속자본가로 규정한 점 ▼3·1운동 당시의 민족대표들을 투항주의자로 본 점 등 8개 항이다. 안 교수가 3·1운동의 주류를 각 지방의 지식층, 학생 및 유력가로 돌리고 민족대표 33인을 일제 재판기록을 근거로 매도한 것은 백해무익하고 황당무계한 궤변이라고 천도교 측은 흥분했다. 최덕신 교령은 "의암을 소극적 친일파, 민족대표들을 투항주의자, 비굴한 행동과 타락한 사상을 가졌다느니 한다는 것은 학문 자유 이전에 민족적 양심의 자유에 위배되는 것으로 도저히 용납할 수 없다."고 항변하며 "안 교수의 저술 가운데 북한의 학술 용어가 많이 보이고 주장하는 논조도 유사한 것을 주목한다."고 지적했다. 그러나 안 교수는 문제의 저서 맺음말에서 "근래 3·1운동을 예속자본가의 운동인 것처럼 오해하고 또 그들의 투항주의를 무저항주의인 것처럼 미화하는 경향이 있는가 하면 구체적인 내용 검토 없이 부르주아민족운동이니 하는 경향도 있다."고 지적하고 "우리가 역사 연구에서 오늘을 사는 참다운 교훈을 얻으려고 한다면 일부 계층의 이익을 위하여 사실을 왜곡 해석하는 경향을 배척하고 내용 없는 개념의 양산도 지양해야 한다."고 역설했다. 안 교수는 3·1운동의 일부 지도자를 재평가했다고 해서 3·1운동의 역사적 의의가

결코 과소평가되는 것이 아니라고 말하고 학계 일부와 천도교단의 빗발치는 항의에 대해 계속 침묵을 지킬 것이라고 밝혔다. 학자의 학술논문이 단행본으로 나와 종교단체의 반발을 받은 것은 드문 일로 안 교수에 대한 학계의 동정과 비판이 엇갈리고 있다. 국사편찬위원회는 "3·1운동 저술 중 의암 손병희 선생 부분은 지금까지의 연구 결과에 비추어 보아도 수긍하기 어려운 내용이 보인다."고 공식적인 견해를 밝혔으며 사학계 중진들은 안 교수가 일본에서 본 자료에 빠져 너무 성급한 결론을 내린 것 같다고 지적했다. 윤병석 국편 조사실장은 "오늘의 친미파가 역사에서 모두 부정적으로 평가될 수 없는 것처럼 친일파도 모두 일괄해서 비난할 수 없다."고 지적하고 "친일과 부일(附日)은 구별해야 한다."고 역설했다. 그러나 경제사학 계열의 소장학자들은 "다소 말썽의 소지는 있으나 안 교수의 논문은 다각적인 검토의 진일보한 연구"라고 평가했다. 일제하 변절에 대한 시비는 임종국 씨가 60년대 말 '친일문학론'을 발표해 곤욕을 치렀으나 새 국정국사교과서에서 춘원과 육당을 변절자로 정리하는 디딤돌이 되었다.]
(경향신문 1975.11.20. 박석흥 기자)

이 기사는 취재해서 기사를 써 놓고 천도교와 교수 사이의 갈등을 염려해 보관 중이었던 기사다. 경영난으로 경향신문이 74년 문화방송과 통합한 뒤 편집국의 사기가 저하되고 사회부 최규섭 기자가 그런 분위기에서 귀가하다 순직한 일도 있었다. 그런 가운데 하루는 일제가 폐간했던 신문의 복간을 계기삼아 문화부에서 기고받은 '한국 근대 신문 50주년에 붙여 조명하는 신문의 사명'이 문제가 되어 신문인 출신 최 모 간부가 편집국 기자를 모아놓고 "기사도 제대로 못 쓰며 말썽만 일으킨다."며 편집국 기자를 능멸하는 훈계를 했다. 훈계가 끝난 뒤 이 기사를 내놓고 "기사화해도 좋겠는가 판단해 달라."고 요구했다. 최 모 간부가 반시간을 고민하다가 내도 좋다고 해서 기사화됐다. 3·1운동에 대해 이견을 제시했던 교수가 봉변을 당했다는 것을 다음 날 서울대학 취재 중에 확인하고 미안한 마음이었으나 1975년에는 내보낼 만한 기사였다. 이 논쟁은 신문에 공식 사과문을 내는 것으로 봉합됐다.

(2) 육당 춘원의 친일 비판

[한국 신문학의 개척자로 추앙받아 온 육당과 춘원을 공개 비판한 학술토론회가 1977년 6월 23일 서울대에서 열렸다. 서울대 인문대학이 '일제하의 지성'이라는 주제를 내걸고 개최한 이 학술토론회는 춘원과 육당을 옹호하는 주장과 비판하는 지적이

형식상 대립하긴 했으나 춘원과 육당을 식민지하 변절한 지식인으로 신랄하게 매도했다. 74년 국정국사교과서에 춘원과 육당은 "개화의 선구자였으나 변절하고 말았다."고 변절자로 낙인찍었으나, 수정교과서에서 슬그머니 빠졌다. 최근 대한교련이 주최한 교육논단에서도 이화여대 강우철 교수가 춘원의 민족개조론이 20세기 전반기의 민족문화운동을 대변했다고 발표해 화제가 되기도 하는 등 춘원 육당 신봉자들의 옹호 발언은 계속되고 있다. 서울대 인문과학학술토론회는 육당과 춘원의 문화운동론은 일제에 대한 근본적인 인식 부족과 대중에 대한 성찰이 부족했기 때문에 실패할 수밖에 없었다고 분석했다. 그러나 이 자리에 참석했던 한 시인은 신문화운동 개척자에 대한 지나친 모독이라고 비판하기도 했다. 서울대 인문대학의 춘원육당 비판학술회의는 그동안 금기시해 온 일제하 변절자에 대한 본격적인 공개토론 전기를 마련했다는 의미가 있다.] (신동아 1977년 8월호 뉴스와 화제, 학술, 박석흥)

(3) 이완용이 집필했다는 조선사 출현 파동

[1910년 8월 29일 경술국치에 이른바 '한일 합방조약'에 총리로 도장을 찍은 이완용이 썼다는 '조선사(朝鮮史)'가 국립도서관지 1969년 9월호에 소개되어 사학계에 파문을 던졌다. 한말의 정치인이며 개화의 선구자인 유길준을 비판하는 글 등 믿기 어려운 왕조 말의 이면사가 담겨 있는 '조선사'를 학계에 정식으로 들고 나온 이는 서울대 교양과정부 유영박(柳永博) 강사(정치학)다. 집필자가 매국노였다는 사실과는 관계없이 하나의 사료로 공개한다는 유 씨는 합방 전후 기록은 어느 한말 사료보다 중요하다고 역설했다. 문제의 조선사는 한 장수사본(漢裝手寫本, 가로 19.5㎝ 세로 25.5㎝m)으로 총 62권 30책이다. 기년체(紀年體)로 정리한 조선사의 5분의 1이 고종연대의 것으로 이 가운데 중요한 통계와 정치 이면사가 많이 기록되어 있다. 그러나 조선사는 이완용 손자에게서 이 책을 인수했다는 이병도 학술원회장이 "이완용이 지은 것 같다."고 증언했다는 것뿐 필자를 밝히는 서문이나 발문이 없다. 이 책의 사료적 가치를 자문받은 홍이섭 연세대교수는 경술국치 과정의 주역이었던 이완용이 썼다는 것부터 확인할 수 없어 저자부터 의심스럽다고 말하며 "설령 이완용이 쓴 것이라 해도 매국노가 역사를 왜곡해 자기 변명한 것이 역사서로 취급될 수는 없다."고 일소에 붙인다. 더군다나 한말 문서가 아직 정리 안 된 채 있으며 일본 측 관계문서 하나 보지 못한 현재 조선사가 제시한 통계 따위가 무슨 의미가 있느냐는 것이다. 그러나 한우근 서울대교수(한국

사)는 "이완용이 곡필했다면 곡필한 대로 사료의 대상이 될 수 있다."고 말하며 조선사가 공개되길 바란다고 말했다.](경향신문 1969년 낙서함, 박석흥 기자)

조선호텔 뒤 현재의 롯데호텔 옆에 있었던 국립중앙도서관에서 유영박 씨에게 취재한 이완용이 썼다는 '조선사'는 통계 자료와 새로운 사실들을 담고 있어 사회면에 크게 보도할 기사를 준비했으나 홍이섭 교수가 매국노의 자의적인 역사해석과 날조된 자료가 무슨 가치가 있겠느냐고 반문해서 문화면 낙서함으로 축소보도 됐다. 이완용 관련 기사는 80년대 경향신문에 다시 등장한다. 주간경향에 원광대 민속박물관이 입수한 이완용의 시신을 담았던 관을 이성수 기자가 보도했다. 이완용 조선사와 관련 있었던 원로 학자가 다시 나서 문제의 관을 인수해 태워 없애게 했다. 그 후에도 광주사태 후 해직기자로 민족문제연구소 상임연구원이었던 윤덕한(도서출판 중심대표) 기자가 '이완용 평전'을 냈고 경향신문 동경특파원을 역임했던 이덕주 전 경향신문 정치부장이 '조선은 왜 일본의 식민지가 되었는가'를 정리하며 이완용을 다루었다.

(4) 친일파 윤치호 자료 공개 보도에 독자 항의

[제2대 독립협회장·독립신문사장·만민공동회 회장으로 자주국권운동·자유민권운동·자강개혁운동을 통한 자주적 근대화 운동을 주도하고 대성학교(大成學校) 교장·대한기독교청년회연맹(YMCA) 이사와 부회장·세계주일학교 한국지회의 회장·연희전문교장 등으로 청소년계몽운동을 통한 기독교구국운동에 앞장섰으나 친일파로 변절한 윤치호(1864~1945)의 미공개 사신과 일기, 공문서 등이 공개돼 학계 관심을 모았다. 국사편찬위원회는 윤치호의 큰아들 윤영선 씨(85, 서울종로구 견지동 46) 소장자료와 워싱턴대 김형찬(金炯燦) 교수가 미국에서 수집한 것을 묶어 윤치호 자료집을 펴내기로 했다. 김옥균이 암살당하기 직전 윤치호에게 보낸 편지를 비롯해 고종이 미국대통령에게 보낸 편지, 이홍장이 조선왕에게 보낸 편지, 푸트 주한미공사가 김옥균에게 보낸 편지, 알렌 중서서원교장 캔플러 에머리 대총장 이상재, 박영효, 어윤중, 서광범 등과 주고받은 편지 90여 점도 포함돼 격동의 구한말과 윤치호 연구에 도움이 될 것이다. 이 자료 속에는 애국가 작사 시기가 윤치호가 외부 협찬이었던 1895년이었음도 알려 주고 있다. 이번에 공개된 사료 가운데 김옥균이 암살당하기 직전 윤치호에게 보낸 편지는 윤치호가 5년의 미국생활을 마치고 상해 중서원(中西院)교사로 재직하고 있을 때 이홍장의 아들 이경방(李敬邦)을 만나려 했던 김옥균이 홍종우에게 피살되던 아침

(1894년 3월 28일)에 그가 마지막에 윤치호에게 보낸 것이다. 김옥균이 마지막 남긴 편지에는 오후 1시 반에 그가 묵고 있던 동화양행(東和洋行, 일본호텔)에 와서 함께 갈 곳이 있다는 간곡한 내용이 담겨 있다. 이 편지를 받은 윤치호는 학교 일이 바빠서 김옥균의 부름에 응하진 못하고 4시 30분 김옥균이 암살됐다는 소식을 듣는다. 1880년대 개화 초기에 장기간에 걸친 해외 유학과 여행을 통해 서구 근대사회를 익힌 윤치호는 독립협회·만민공동회 대한자강회·대한기독청년회를 통해 민족의 자주근대화를 모색했다. 그러나 105인 사건으로 투옥됐다. 석방과 동시에 변절, 그의 전반기 애국운동은 빛을 잃고 만다. 이번에 공개된 자료 가운데는 해방 후 친일파라는 비난 속에 비극적인 삶을 보낸 윤치호가 죽기 두 달 전에 남긴 '한 노인의 명상록'도 들어 있다. 그는 지리적 조건, 대중의 무지, 파벌의식 때문에 한국의 장래는 밝지 않다고 전망하며 당파성·알력·지방적 증오를 떨쳐버리고 나라의 앞날을 위해 단결해야 한다고 주장한다. 일제말기 변절로 윤치호에 대한 평가는 혹평이 대부분이다. 그러나 외세 농간과 내정 문란 속에서 개화를 추진한 선구적인 지식인의 역할은 객관적으로 평가돼야 한다는 동정론도 학계 일각에서 제기되고 있다.](경향신문 1980년 9월 30일)

국편위원장이 내놓지 않으려고 하는 후손을 설득해 어렵게 자료를 공개하게 되었다고 설명하며 윤치호 등 개화파 일부 인사의 변절에 대해 동정적인 견해를 표시해 기사 말미에 학계 일각의 동정론을 소개했는데 이에 대한 항의 전화가 많이 왔다. 그동안 경향신문의 친일파 비판 논조와 전혀 다른 윤치호에 대해 호의적인 기사를 이해할 수 없다는 지적이었다. 이 기사에 대한 강한 반론이 마음에 걸려 언론계 대선배인 천관우 씨에게 변절자의 사료 평가 문제와 보도의 한계를 문의했다가 이 질문이 신군부 출범기 민족 통일중앙협의회 의장이 된 천관우 씨에게 나쁜 질문으로 오해되어 새 연재 인물 한국사 집필 취소 소동을 치르기도 했다.

4) 광무개혁논쟁

(1) 김용섭·신용하 교수의 서평 공방

[개항 초기 한국근대사 해석에 대한 상반된 주장이 제기되어 한국사학계가 주목하고

있다. 연세대·서울대 중견학자 사이에 불붙은 이 논쟁은 19세기 말 제국주의 침략기의 집권 수구파와 독립협회 주동자에 대한 전혀 상반되는 역사 평가로, 한국근대사 제1장 정리에서 짚어야 할 쟁점으로 그 결과를 인접 학문 분야도 주시하고 있다. 논쟁의 발단은 '조선 후기농업사연구'(1·2권), '한국근대농업사연구' 등 저술로 조선 후기 농업 분야의 자생적인 자본주의 발달 규명 연구에 독보적인 학자로 평가되는 김용섭(연세대·한국사학) 교수가 신용하 교수(서울대·사회학)의 역저 '독립협회 연구'에 대한 서평을 '한국사 연구' 제12집에 발표한 데서 비롯된다. 김 교수는 신 교수가 민족운동의 구심점으로 높이 평가한 독립협회를 당시에 미국당이라고 지칭되기도 한 단체라고 지적하며 "19세기 최말기에서 20세기 초에 걸쳐 수행된 지배층 중심의 광무개혁이 제국주의 침략에 맞선 개혁운동의 마무리"라고 그의 지론을 재천명했다.

"사회학자의 독립협회 연구를 읽고 역사가가 느낀 몇 가지 점을 열거했다."는 김 교수의 서평이 한국사연구 12집에 발표돼 화제가 되자 신용하 교수도 김 교수가 최근 펴낸 '한국근대 농업사 연구'에 대한 장문의 서평을 한국사연구 13집에 발표, 논쟁은 표면화되었다. 신 교수는 김 교수가 긍정적으로 평가한 광무개혁의 추진 세력인 친로수구파 지배층은 재야 개혁자들의 구국개혁운동을 탄압하고 집권체제 유지를 위한 고식책만을 되풀이했다고 비판하고 "수구고식책을 개혁이라는 역사적 개념으로 정립하려는 김 교수의 시도는 근대사 해석을 전도시키는 것"이라고 김용섭 교수의 주장을 반박했다. 뿐만 아니라 신 교수는 조선 후기 농업사에서 자본주의 맹아(萌芽)를 실증하기 위해 김용섭 교수가 10여 년간 탐구해 온 '경영형 부농'(經營型 富農)은 실재하지 않는 공론이라고 정면으로 부인, 자본주의 맹아론 가설에 찬물을 뿌렸다. 서평으로 불붙은 김용섭·신용하 교수의 논쟁은 숙명적인 대결이라 하겠다. 70년대 한국사학계의 주목할 업적으로 손꼽히는 '한국근대농업사연구'(일조각, 75년 7월 간)와 독립협회 연구(일조각, 76년 1월 간)는 전혀 상반된 사관으로 19세기 말 제국주의 침략기 한국사의 주체적 대응을 전혀 상반되게 평가한 저술로 논쟁은 불가피했다. 김용섭 교수가 친로수구파 지배층－친일파지배층의 광무정부의 정책을 당대 파워엘리트의 개혁이라고 평가하는 반면 신용하 교수는 당시 지배층에게 개혁을 촉구한 독립협회 만민공동회운동－신교육산업운동－애국계몽운동을 개혁운동의 주류로 평가했다. 타협할 수 없는 근본적인 시각 차이가 있었다.

김 교수가 "한말에 있었던 일련의 근대적 개혁 과정은 시행착오를 거쳐 마침내 광무개혁(光武改革)이라는 형태로 매듭지어지고 있었다. 이는 구본신참(舊本新參)을 기본

이념으로 하는 것이고 개혁에 있어서 주체적 입장을 강조하는 것이었다.”고 주장했다. 이 주장에 대해 신 교수는 “사실은 그들은 친로적이고 외세 의존적이었는데 그들이 복고(復古)의 명분으로 내세운 문자를 풀이해 주체적이라고 해석하는 것은 딱한 일”이라고 일축했다. 일제식민지 관학자들의 조선 후기 정체성론을 뒤집기 위해 패전 후 일인학자의 사회경제사학 방법론을 도입해 농업사 측면에서 실학 시대부터의 자본주의 맹아론을 역설해 온 김용섭 교수는 광무연간의 ‘양전(量田)·지계(地契)사업’을 농업개혁의 일환으로 보고 있다. 그러나 신 교수는 “열강 제국주의 침략 앞에서 독립협회 등이 제시한 구국 개혁이 버려진 채 조세 증가책으로 실시된 양전지계 사업을 토지개혁으로 착각한 것”이라고 공박했다.

한편 신 교수가 676면의 방대한 저술로 펴낸 ‘독립협회 연구’ 주제에 대해 김 교수는 “미국당으로 지칭된 단체로 그들의 민족주의는 한계가 있다.”고 지적했다. 두 교수의 본격적인 학술 논쟁이 학계의 비상한 주목을 받는 것은 이 논쟁이 광무연간의 역사 추진 세력에 대한 평가로 끝나지 않고 김용섭 교수가 필생의 업적으로 정리해 온 조선 후기 농업사의 자본주의 맹아설에 대한 전면 부정이 제기되었기 때문이다. 방대한 자료를 섭렵해서 내놓은 김용섭 교수의 조선 후기 농업사 연구는 독보적인 업적으로 평가되고 있으나 최근 송찬식, 안병직 교수 등이 자본주의 맹아설에 의문을 제기했던 쟁점으로 이번에 사회학자인 신 교수가 정면 부인하고 나서 그 귀추가 주목된다. 신 교수는 실재하지 않는 ‘경영형 부농’을 내세워 혼미를 거듭하고 있다고 혹평했다. 광무개혁 논쟁이 제기되자 국사학계는 현실과 유리되었던 실학자들의 개혁론에 대한 재조명과 사회경제사학 방법론에 대한 검토가 요청된다고 반성하고 있다. 그러나 김·신 두 교수의 업적은 사관의 차이로 역사해석에는 문제가 있을 수 있지만 자료 정리 면에서는 기념비적인 업적으로 남을 것이다.](경향신문 1976.10.7. 박석흥 기자, 신동아 76년 11월호, 뉴스와 화제)

(2) 독립협회 연구-76년 1월 출간

[개항 100주년을 맞아 한국민족주의를 주제로 한 사회과학자들의 주목할 연구 업적들이 나와 주목을 받고 있다. 최창규 교수(서울대, 정치학)의 ‘근대한국정치사상사’, 한홍수 교수(연세대, 정치학)의 ‘근대한국민족주의에 관한 연구’에 이어 신용하 교수(서울대, 사회학)가 독립신문·독립협회·만민공동회를 정리한 ‘독립협회’를 내놓았다. 한국

근대사를 동태적인 역사주의 관점에서 볼 때 매우 중요한 비중을 차지함에도 불구하고 등한시해 온 주제의 하나가 독립협회·만민공동회의 사회사상과 민족운동이었다. 신 교수는 독립협회와 만민공동회의 사상과 운동을 19세기 말엽 서구제국주의 세력과 일제가 우리나라에 들어와 광산·철도·전선·삼림·어장 등의 이권을 독점하고 식민지화하려고 날뛸 때에 국민의 힘에 기초하여 자강을 실현함으로써 자주독립을 지키려 했던 민족운동으로 규명했다. 신 교수가 연구 정리한 독립협회, 만민공동회 시기는 자료는 산적했으나 기초적인 연구마저 불충실해서 종합적인 이해 체계를 정립이 어려웠던 미개척 분야 시기였다. 신 교수의 독립협회 연구는 방대한 자료 정리와 발굴도 높이 평가되며 독립협회 사회사상을 서구시민사상사 발전 일변도의 단선적인 흐름으로 보지 않고 개신유학파의 전통사상과 연관 지어 합류되는 사실로 정리한 것은 한국근대사상 체계화의 밑거름으로 높이 평가된다. 신 교수는 독립협회, 만민공동회의 자주 민권 자강사상과 운동이 그 후 외세의 침략에서 사회사상의 발전과 민족운동의 전개의 원동력이 되었음을 밝히고 있다. 개항 이후 역사 연구는 문헌고증만으로 정리할 수 없는 특수 영역이 많다. 사회과학 접근이 필요한 이 시기 연구에 신진 사회과학자들이 참여 주목할 업적을 내놓는 것은 바람직하다(신동아 76년 3월 화제와 뉴스, 박석흥).

(3) 광무개혁 논쟁 재연 – 78.8.

[식민사관 극복을 외쳐 온 사학계에 신식민사관 논의가 제기되고 있다. 19세기 말 망국 전야의 대한제국 시기 집권 수구파와 재야 세력인 독립협회에 대한 상대적인 역사 평가에 기인한 것으로 광무개혁 논쟁의 재연이다. 논쟁의 발단은 역사학의 현재성 문제를 역설해 온 강만길 교수(고려대, 국사학)가 '대한제국의 성격'(창작과비평 48호)이란 논문을 통해 신용하 교수의 독립협회 연구를 비판한 것에서 비롯된다. 강 교수는 이 논문에서 신 교수가 높이 평가한 독립협회의 정치사상이 "근대적인 국민주권사상이 되기에는 한계가 있다."고 비판하고 신 교수가 혹평한 친로수구파 지배층의 이른바 광무개혁이 "괄목할 만하고 주체적인 방향에서 이루어졌다."고 밝혔다. 이 같은 강 교수의 신 교수 연구에 대한 비판에 신용하 교수는 창작과비평 49호에 '광무개혁론의 문제점'이란 반박 논문을 기고, "강만길 교수의 소위 광무개혁에 관한 상공업 부문의 증명 제시는 성립될 수 없을 뿐만 아니라 사료 처리와 사관도 큰 문제점이 있다."고 강경하게 맞섰다. 창작과비평을 통해 강·신 두 교수 사이에 다시 붙은 '광무개혁논쟁'은 지

난 76년 학술지 '한국사연구' 서평을 통해 주고받은 김용섭 교수와 신용하 교수 사이의 논쟁에(경향신문 76년 10월 7일) 강 교수가 끼어듦으로써 신식민사관 논쟁으로 확대된 것이다. 당초의 광무개혁논쟁은 김용섭 연대교수가 한국사연구 12호에 신용하 교수의 '독립협회 연구' 서평을 기고하면서 비롯됐다. 당시 김 교수는 "독립협회는 미국당으로 지칭되는 민족주의에 한계 있는 단체"라고 공격하는 한편 양전·지계사업 등 농업정책을 단행한 친로수구파의 정책을 '광무개혁'이라고 높이 평가했었다. 이에 맞서 신 교수는 "친로수구파들은 재야 개혁론자들의 개혁 논의를 탄압하고 체제 유지를 위해 고식책만을 되풀이했다."고 지적하고 김 교수의 농업사 연구가 허상을 파고들었다고 공격했었다. 신·김 교수의 광무개혁 논쟁에 강만길 교수는 "광무개혁은 상공업사 측면에서도 증명된다."며 김 교수의 주장을 지원하고 나선 것이다. 강 교수는 "광무연간에 한국을 다녀간 매킨지(한국의 독립운동사 저자)가 지적한 것처럼 광무개혁은 괄목할 만한 것이었다."라며 ①철도, 전차 등 부설, ②교육기관 설립, ③근대적인 생산 공장 건설을 광무개혁의 실증적인 증거로 제시했다. 광무개혁을 상공업 측면에서도 가능하다고 역설한 강 교수는 "독립협회는 국민주권을 달성하기 위한 왕권 부정이 너무 약했다."고 비판했다. 그러나 신 교수는 "매킨지의 원문은 개혁의 필요성을 촉구한 것"이라고 밝히고 "철도 부설 등 열강에 빼앗긴 이권을 개혁으로 보는 것은 신식민주의 부활"이라고 비판했다. 신 교수는 강 교수가 열거한 각종 회사와 학교 설립도 재야 개혁파들이 세운 것이라고 증명하며 "광무개혁은 역사적 개념으로 성립될 수 없는 허구"라고 잘라 말했다. 신 교수는 또 "독립협회가 입헌군주제를 제시했다고 해서 이 시기에 진정한 자유민권론·국민주권론이 없었다는 것은 지나친 예단"이라면서 이러한 발상은 신식민주의 사관에 영합하는 것이라고 지적했다. 패전 후 일본의 사회경제사학자들은 일제 침략기 일인 학자들의 한국사 연구를 비판하는 한편 한국의 일본 피지배를 불가피한 것으로 귀결 짓는 신식민주의 사관을 내놓고 있다. 신식민주의 사관을 다시 제시한 일인 학자들은 일본의 개항 압력에 무력했던 한국은 개항 후 강력한 저항민족주의가 있었으나 그 뒤에 새로운 국민국가와 시민사회를 건설할 구체적인 자주근대화와 자유민권사상과 운동이 없었기 때문에 제국주의 열강에의 종속은 불가피했으며 일본의 침략은 제국주의 침략 과정의 선점에 불과했다는 주장이다. 개항 후 독립협회와 만민공동회의 시민운동과 망국전야 관료의 광무연간의 정책에 대한 상호 전면부인 논쟁은 착잡하다. 독립협회, 만민공동회 운동은 한계가 있으나 국민국가와 시민사회 수립을 제시했으며 1910년 이후 3·1운동으로 발전, 일인 학자들의 신식민주의 사관에 대한 유력한 반증 자료가 되고 있다. 집권 세력의 개혁다운 개혁이나 독립협회의 근대 국가 건설의지 중 한 가지라도 성공했다면 식민지전락의 수모는 없었을 것이다.

　한국역사가 봉건제 등 서양사의 역사 발전 단계를 밟지 않아 정체되었다는 식민주의 사관을 극복하기 위해 자본주의 맹아론을 제시했으나 광무개혁 논쟁으로 본격적인 재검증 작업이 시작되었다. 무리한 가설을 세우고 기성복사관에 끼워 맞추기보다는 한국 문화의 특수성을 인식하고 역사의 진실을 밝혀야 할 것이다(경향신문 78.8.30. 박석홍 기자, 신동아 78.10. 뉴스와 화제).

5) 양반 연구 논쟁

　[조선 초기사회 신분제도와 사림(士林)에 관한 논쟁이 조선 시대 연구에서 선두주자를 다투는 소장 교수 사이에 벌어져 사학계의 관심을 모으고 있다. '조선 초기 양반 연구' 저자 이성무 교수(정문연)가 역사학보 102호 설림(說林)에 기고한 '조선 초기 신분사 연구의 재검토'를 통해 조선 초기가 양인(良人)·천인(賤人)만 구분되는 열린사회라는 한영우 교수의 주장은 조선 초기를 너무 미화한 것이라고 꼬집었다. 양반 논쟁은 한영우 교수가 이성무 교수의 '조선 초기 양반 연구'(80년 일조각)를 82년 서평전문지 '사회과학평론' 창간호에 본격적으로 서평하고 82년에 펴낸 '조선전기사회경제사 연구'(83 을유문화사)에 재수록, 이성무 교수가 이것을 반론을 하는 것이지만 사실은 70년대 국정 고교 국사교과서에 기술한 한영우 교수의 가설을 이성무 교수가 비판한 데서 비롯된 것으로 이번 논쟁은 2라운드인 셈이다. 양반 논쟁은 74년 첫 국정고교교과서에 한영우 교수가 식민사학의 틀을 깨고 조선 초기가 개방적인 신분 이동이 가능한 사회라는 가설을 반영한 데서 비롯된다. 한 교수는 15세기 조선사회는 양인·천인의 구분만 있고 선비·농민·공상인으로 세분되는 양인은 누구나 관리가 될 수 있는 평등사회가 구현되었다고 기술했다. 이러한 개방적인 사회 신분제도가 16세기 사림파가 등장, 4계급의 신분세습제가 고정돼 사회적 모순을 드러낸다는 것이 한 교수의 새로운 가설이었다. 한 교수는 훈구파가 이끈 15세기 개혁정치를 높이 평가한 반면 사림파가 등장한 16세기 양반귀족 정치를 존화주의가 팽배한 시기로 혹평했다. 그러나 이성무 교수는 창작과비평 여름호 통권32호 특집(국사교과서의 문제점)에 한 교수가 교과서에

제기한 양·천제에 기초한 민본주의 능력주의 등의 개념은 역사적 사실과 거리가 먼 허구의 개념이라고 일축하고 15세기도 양반 위주의 양반국가였다고 반박했다. 양반 논쟁이 국사학계의 비상한 관심을 모으는 것은 이 논쟁이 조선 전기 사회신분 제도에 대한 견해 차이에 국한하지 않고 조선 시대를 평가하는 역사인식이 깔려 있기 때문이다. 서울대 사학과 1년 선후배며 국사학 분야 서울대 신제박사 1호(79년. 이성무 조선 초기 양반 연구), 3호(81년. 한영우 조선 전기 사학의 연구)인 두 교수의 논쟁은 70년대부터 시작된다. 조선 초기 사회신분을 양반·중인·평민·천민으로 구분된다는 종래의 학설을 지켜 온 이성무 교수는 70년 '조선 초기 향리'(한국사연구5), 71년 '조선 초기 기술관과 그 지위'(유홍렬기념논문집) 등으로 조선 초기 중인의 존재를 밝히고, 73년 '15세기 양반론'(창비), 74년 '양반'(한국사10), 80년 '조선 초기 양반연구'(일조각)를 통해 조선 초기에 양반제도가 정착됐음을 주장했다. 한편 한영우 교수는 69년 '여말 선초 한량과 그 지위'(한국사연구4), 71년 '조선 초기 상급서리 성중관'(동아문화 14), 76년 '조선전기성리학파의 사회경제 사상'(한국사상대계2), 77년 '조선 전기의 사회계층과 사회이동에 관한 시론'(동양학8)을 통해 15세기 기본 신분은 양인·천인으로 양분된다는 가설을 입론했다. 조선 초기 사회 신분이 크게 양인 천인으로 양분됐다는 설에 이·한 교수는 같은 견해를 갖고 있다. 다만 이 교수는 법제적으로 양·천 2대 신분으로 나뉘지만, 실제적으로는 양반과 비양반 또는 양반·중인·양인·천인으로 구분해야 한다며 종래의 학설을 지지한다. 한영우 교수가 74년 고교 국사교과서에 지론을 발표하고 이성무 교수(당시 국민대 강사)가 조선 초기가 양인 국가가 아니라 양반 국가였다고 반박한 후 77년 단국대 주최 동양학술회의에서 다시 반론을 발표했다. 조선 전기에 양반·중인·상한(常漢 良人)이 대칭관계로 인식되는 자료를 찾아볼 수 없으며, 4분법적인 신분구조는 조선 후기 패턴이라고 주장했다. 그는 조선 전기 양반을 '문무관료집단을 통칭하는 대명사'나 '유식자의 대명사'였지 특권적인 신분층을 의미하는 것은 아니라고 주장했다. 초기 양반(문무관료집단)은 양인 중에서 능력과 희망을 바탕으로 관계에 입임한 개인 집단에 불과하며 그 개인적인 집단이 족단적(族團的) 집단으로 발전, 사회의 특권적 신분층으로 양반이 형성되기까지는 상당한 기간이 걸린다고 보았다. 한영우 교수는 이성무 교수 저술을 본격 서평하기 전에 '사회과학 논총'과 '역사학보'에 사회신분 계층으로의 양반층 형성은 증명되지 않는다고 반론을 제기했다. 한영우 교수가 82년 '사회과학 평론' 창간호에 기고한 이성무 교수의 양반 연구에 대한 서평에 대해 이성무 교수는 왕조교체기라는 특수한 상황 때문에 조선 초기 사회가 개방적인 사회를 추구하긴 했으나 조선왕조실록 기록에 따르면 조선 초기에 양반이 신분 개념으로 정립됐다고 반박했다. 이성무, 한영우 교수의 양반 연구 논쟁은 조선 시대 이해의 한계를 극복하기 위한 진통으로 보인다. 두 교수의 철저하고 지속적인 연구와 논리 전개는 조선 시대 신분 연구에 크게 기여하고 있다. 이 논쟁은 15세기 양반 존재 유무보다도 조선 시대를 지배한 사림 등 지배계층에 대한 평가가 상반되는 점이 주목할 만하다. 이 논쟁이 사학 연구의 획기적 전환과 전시대 역사 모순을 일반 국민에게 인식시키는 역할도 할 것이다. 조선 시대 연구도 도식적인 이해체계를 탈피해야 할 것이다. 그러나 그것도 객관성과 정확성에 기반을 두어야 한다. 이것이 조선 시대 인식과 연구를 발전시키는 첫걸음이 될 것이다.](신동아 84.7. 뉴스와 화제, 학술, 박석홍)

6) 북한저술 표절시비

[국사편찬위원회가 주최한 83년도 학술회의에 보고됐던 논문을 2년 뒤 국편 발행 '한국사연구 휘보' 51호가 84년 정문연 학술회의에 보고한 내용과 대부분 중복되며 표절이라고 지적해 국사학계의 화제가 되었다. 문제의 표절시비는 윤내현 단국대교수가 4월 17일 국편위원장에게 허위 사실 유포에 의한 명예훼손이라고 항의하며 해명을 요구함으로 표면화되었다. 윤 교수는 '한국사연구 휘보' 51호에 실린 전영래 전주박물관장의 '84년 회고와 전망−고고학'이 윤 교수를 공산어용학자의 추종자로 몰아 명예훼손시켰다고 지적하고 해명을 요구했다. 전영래 관장은 83년 10월 국편 주최 학술회의에서 발표한 윤내현 교수의 '중국 문헌에 나타난 고조선 인식'과 84년 정문연에서 발표한 '고조선의 강역'이 대부분 중복되고 그 주장도 60년대 공산어용학자의 주장을 주석도 없이 차용한 것이라고 비판했다. 논쟁의 발단은 윤 교수가 국편과 정문연 학술회의에서 고조선 강역이 중국 하북성 동북부 난하를 경계로 연(燕)국과 이웃해 한반도 북부 청천강에 이르렀으며 한사군 위치도 만주 요하 서쪽이었다고 발표하자 참가했던 교수가 북한 학설과 비슷하다는 지적과 함께 선입견을 가지고 만든 가설이라고 비판했다. 전 관장은 윤 교수가 고조선 강역에 대한 가설을 그려 놓고 가설에 맞는 문헌과 고고 자료만으로 꿰어 맞추는 자의적(恣意的) 가정(假定) 검증법을 썼다며 이러한 방법론은 일본 황도주의 사학자들이 사용했던 방법이라고 상기시켰다. 한국사연구 휘보

는 국편이 국학 연구 업적을 3개월 단위로 정리하는 학술지로서 전에도 이기동, 이현희 교수의 글이 문제됐던 일이 있었다. 이번 논쟁은 고조선 강역을 설정하는 기본 논의는 접어두고 북한 논문을 표절했다는 시비로 바뀌어 쟁점이 흐려졌다. 이것은 평양 고조선설을 뒤엎는 새 가설에 대한 세찬 반발이기도 하지만 고대사 연구가 빈곤한 데서 빚어진 부끄러운 일이다. 이번 사태로 한국고대사 연구가 위축돼서는 안 되겠다.]
(신동아 86.7. 뉴스와 화제, 학술, 박석흥)

이 칼럼은 경향신문에 문화면 머리기사로 나갔던 이용기자의 기사를 신동아에 칼럼에 정리한 것이다. 인쇄 직전 빼라는 지시가 있었으나 국편이 사실이라고 확인해 기사를 보도했으나 신문사 안팎에서 통제가 있었다. 북한책을 베끼는 표절시비는 그 뒤에도 한국정신문화연구원에서 재연된다. 이때도 신문이 표절논쟁을 다루자 강·이 교수가 감정적으로 항의를 했다.

7) 서울대 김원룡 교수와 연세대 손보기 교수의 구석기 논쟁 −

(1) 클라크 파동

[문화재 관리국 초청으로 82년 8월 15일 한국에 와 한국 구석기 유적을 둘러본 존 데스몬드 클라크 박사(66, 버클리대)가 연세대 손보기 교수팀이 구석기 유적으로 발굴한 점말동굴을 자연동굴이라고 밝혀 큰 파문을 던졌다. 그러나 김원룡·정영화 교수의 안내로 경기도 연천전곡리 구석기 유적지를 답사한 클라크 교수는 석기 형태가 10만 년 전 전기 구석기 유적지라고 밝히고 일부 유물은 270만 년 전 전기 구석기 초기 형태 석기도 있다고 발표했다. 그는 전곡리가 전형적인 아슐리안문화는 아니지만 아프리카 지역의 전기 구석기 말엽 혹은 중기 구석기에 특수한 용도로 제작된 상고안문화로 표현되는 대형석기, 석핵석부와 뾰족끝개 등의 문화 양상과 통하는 점을 보이고 있다고 주장했다. 연대 박물관팀이 발굴한 석장리·점말 유적지도 답사한 클라크 교수는 19일 국립박물관에서 가진 기자회견에서 석장리 유적지는 후기 구석기 유적지라고 밝히고 그 아랫부분에서 출토된 돌에는 인위적인 흔적을 발견할 수 없어 구석기 유물이 아니라고 잘라 말해 연세대 박물관의 석장리 발굴보고서 일부를 부인했다. 20일 점말

동굴에 가서도 자연동굴일 뿐이라고 기자들에게 밝혀 기자들을 놀라게 했다. 점말동굴을 발굴한 손보기 교수는 동굴에 들어가 보지도 않고 안내한 교수의 말과 잘못된 정보에 의해 점말 구석기 유적을 부인한 것은 학자의 상식 밖의 자세라고 비난했다. 손 교수는 동굴에서 구석기 시대 불탄 자리가 발견되었고 출토 뼈 연모에도 인공 흔적이 분명히 있었다고 제시하며 클라크 교수의 연세대 박물관팀의 구석기 발굴 연구 성과 부인의 배후가 무엇인지 밝혀야 한다고 흥분했다. 점말동굴 발굴에 참여했던 이융조 충북대교수는 클라크 교수의 방한 중 상식 이하의 언행을 공격하는 공개서한을 신문에 기고했다. 이 교수의 공개적인 클라크 교수 비판에 대해 클라크 방한 중 안내를 맡았던 정영화 영남대교수가 클라크 교수의 석장리·점말 구석기 유적에 대한 발언은 자신의 견해와 일치한다며 교과서에 실린 석장리·점말 구석기문화 기술은 수정돼야 한다고 동아일보에 기고했다. 한국 구석기 발굴 연구는 손보기 교수가 이끄는 연세대 발굴팀의 선구적인 노력으로 큰 성과를 거두어 교과서에 구석기 시대가 오르게 되었다. 그러나 한국 고고학 연구 조직을 장악하고 있는 서울대고고학과 인맥은 연세대 구석기 발굴 결과 발표를 백안시해 갈등 관계였다. 독학으로 한국 구석기문화 연구를 개척한 손보기 교수는 구석기 전공 동료 교수들로부터 집중 공격을 받았다. 80년 9월 22일 한국정신문화연구원이 주최한 세미나에서 서울대 고고학과 출신 구석기 발굴 참여 학자들이 손 교수의 논문을 믿을 수 없다고 비판했으며 한국문화연구원 주최 학술회의에서도 황용훈 경희대박물관장도 손 교수 구석기 논문이 수정돼야 한다고 비판했다. 그러나 소련학계는 손 교수의 구석기 연구를 가감 없이 수용 '극동 한국의 구석기'에 소개하고 있다. 클라크 방한 중 드러난 서울대와 연세대 구석기 발굴팀의 갈등은 학술 논쟁 수준을 뛰어넘는 감정적인 것이었다(연합연감 1983년 학계동향 박석흥).

(2) 고고학계에 준 클라크 충격과 문화재 취재의 맹점

[한국 매스컴이 일본 교과서의 한일관계사 왜곡을 연일 대서특필 보도하고 있는 82년 8월 중순, 미국의 저명한 고고학자가 한국 역사교과서 첫 장에 나오는 구석기 시대 기술이 잘못이라고 지적해 국사학계를 깜짝 놀라게 했다. 일본 역사교과서 왜곡이 전세계 여론의 비판 대상이 되고 있는 가운데 정부 초청으로 8월 15일 한국에 온 존데스몬드클라크 박사(66세, 버클리대)는 우리나라 중고교 국사교과서에 기술된 점말 구석기문화와 석장리 전기 구석기문화는 존재하지 않았던 허구라고 기자회견을 통해 발표,

학계에 큰 충격을 주었다. 폭탄선언을 한 클라크 박사는 지난해 에티오피아에서 4백만 년 전의 것으로 추정되는 아파르인의 두개골을 발굴한 저명한 고고학자로 그의 한국 구석기에 대한 공식 회견은 그의 지명도만큼 클 수밖에 없었다. 그의 움직임은 좋은 취재거리가 되었다. 석장리 발굴(발굴단장 손보기) 발표 때부터 구석기 유물이라고 부인해 온 서울대학 고고학과(과장 김원룡) 사이의 팽팽한 대립 상태에서 서울대 고고학팀에서 안내한 클라크 박사의 발표는 언론의 주목거리가 되었다. 8월 17일 정영화 영남대 교수의 안내로 경기도 연천군 전곡리 구석기 유적을 둘러본 클라크 교수는 전곡리 구석기 유적의 상한 연대가 2백70만 년 전으로 추정되는 전기 구석기 유적이라고 발표한 것으로 신문에 보도되기 시작했다. 8만 년 전 유적지로 보았던 한국학계의 정설에 비추어 클라크 교수의 2백 70만 년 전설 보도는 충격적이었다. 그러나 19일 국립박물관기자회견에서 클라크 박사는 "전곡리 유적은 석기 형태로 보아 아프리카 전기 구석기 말기(20~10만 년 전)와 공통점이 있다."고 밝히고 "2백70만 년 전 추정은 잘못 보도된 것"이라고 수정했다. 취재기자와 문화부 데스크들의 실수였다. 현장에는 안내하던 구석기 전공학자 정영화 교수도 있었는데 기자들이 중요한 연대 수정을 전문가에게 확인하지 않고 기사화한 것이다. 기사 취재에서 필수적인 정확성 확인이 없었고 데스크의 게이트키핑 과정도 허술했다. 한국 언론의 국제적인 망신이었다.

서울대팀이 발굴 중인 전곡리 유적을 전기 구석기로 연대 추정한 데에 이어 클라크 교수는 연대팀이 발굴한 석장리 유적의 전기 구석기 추정과 점말동굴 구석기 유적 추정을 부인했다. 석장리 최하층의 석기는 인공을 가한 흔적이 없는 자연석이고 충북 제원군 송학면 포전리 "점말동굴 유적은 구석기 유적지가 아니고 자연동굴"이라고 클라크 교수가 발언하여 연일 한국 신문에 대서특필되었다. 클라크 박사의 점말동굴 시찰은 김원룡 서울대 교수가 안내했다. 이 동굴 시찰에 따라간 기자들은 클라크 박사가 이 동굴이 제4간빙기(김원룡 교수는 빙하기의 오보라고 수정)에 생성된 자연동굴이지 구석기인이 생활한 흔적이 없다고 말한 것으로 보도했다. 클라크 박사의 발언에 대해 손보기 교수는 "동굴 안 구석기층에서 불을 사용한 흔적이 발견되었고 뼈 연모에 인공 흔적을 찾았다."고 반박하며 "동굴 밖에서 동굴 안을 잠깐 훑어보고 자연동굴이라고 경솔한 발표를 하는 것은 학자의 자세가 아니다."라고 비난했다. 석장리 점말동굴 발굴에 참여 '한국선사문화연구', '한국선사문화 그 분석연구' 등 저술을 펴낸 이융조 교수(충북대)는 클라크 박사의 발표를 반박하는 공개서한을 각 신문사에 보냈다. "유물의 사진과 실측도를 검토한 학자들이 구석기 유물로 판단했다."고 학계의 검증이 있었음을 밝히고 뼈 연모뿐만 아니라 석기도 출토되었음을 밝혔다. 이 교수는 점말동굴 각층 위에서 불을 땐 자리가 수없이 나타났다며 "자연동굴이라면 짐승들이 불을 피웠다는 말이냐."고 반박했다.

이융조 교수의 반박문에 대한 반론을 클라크 교수가 아닌 정영화 교수(영남대)가 내놓았다. 클라크 교수 체한 시 김원룡 교수와 함께 동행했던 정 교수는 클라크 교수의 견해가 옳다며 "석장리 점말동굴에 대한 교과서 기술은 재검토돼야 한다."고 주장했다. 정 교수는 석장리 전기 구석기나 점말동굴에 대해 국내 고고학계 일각에서 의문을 갖고 있었는데 클라크 교수도 같은 견해를 밝힌 것뿐이라고 주장했다. 정 교수가 클라크 교수 파동에 뛰어듦으로써 서울대·연대의 해묵은 갈등이 제자 세대로 연장된 것 같은 인상을 주었다. 클라크 교수의 발언은 한국 구석기 연구 20년 역사를 뿌리부터 흔드는 큰 사건이므로 신문은 크게 보도할 만했다. 그러나 이번 보도는 정확성과 객관성 진실 추구에서 문제가 있었다. 클라크 박사가 전곡리 구석기를 아슐리안 전통의 문화(40~5만 년 전)라고 전제했음에도 2백70만 년 전 유적지로 오보했었던 것은 부끄러운 일이었다.

우리나라 구석기 연구는 64년 공주 석장리에서 연세대 박물관 조사단(단장 손보기)이 구석기 유적을 확인함으로 시작되었다. 미국인 모어 씨가 처음 손댄 석장리 구석기 유적은 김원룡 교수도 발굴했으나 바로 손을 떼고 손보기 교수팀이 성공했다. 독학으로 한국의 구석기문화 실존을 밝힌 손보기 교수는 구석기 실존을 부인하는 고고학계를 설득하는 데 오랜 시간이 걸렸다. 석장리 동광진 굴포 상원 전곡 제천 경주 여주 등 전역에서 구석기가 발굴되고 덕천 승리산과 단양 상시에서는 구석기인 뼈도 발굴돼 한국 구석기 연구는 세계학계의 주목을 받았다. 그러나 70년대 서울대 고고학 발굴팀과 연대 구석기 연구팀의 대립이 극한 상황으로 번져 연대 발굴보고서를 불신하는 비방 상태까지 공공연히 벌어져 가끔 신문의 화제기사가 되기도 했다. 서울대팀은 공주석장리 유물 일부는 자연석이며 연대팀이 뼈 연모라고 발표한 점말동굴에서 발굴한 유물은 "쥐, 토끼 등 설치류 동물이 갉아먹으며 남긴 자국이 있는 뼛조각일 뿐이"라고 공격했었다. 그런데 이번에 클라크 교수도 조사도 하지 않고 같은 견해를 피력하여 학계의 반응은 착잡하다. 연대·서울대 구석기 논쟁을 해결하지 못하고 외국인 학자까지 끌어들여 판정을 부탁한 셈이고, 이 해프닝에 신문까지 함께 춤을 춘 꼴이 되었다.

클라크 방한 충격은 오래갈 것 같다. 비록 20년밖에 안 되는 구석기 연구 역사지만 외국인 학자 한 사람이 와서 이번처럼 큰 파문을 일으킨 것은 반성해야 할 일이다. 한

번 세워 놓은 가설이 영원한 진리로 지속될 수는 없으며 수정의 가능성이 있다는 것이
학문 세계의 통념이다. 바람직한 학문의 세계는 가설을 끊임없이 검증 수정해 가면서
불변의 진리를 찾아내는 것이다. 학문도 독선과 독단은 지양해야 한다. 공동 연구와 투
명한 연구가 필요하다. 한국 신문의 문화재 보도도 반성해야 한다. 클라크 발언도 사실
여부를 밝히기 위해 추적 분석하는 심층보도가 있어야 했다. 클라크 발언을 판결문같
이 보도하는 것으로 마무리 지은 것은 잘못이었다. 최근 문화재 연구소 최병현 씨는
경주 적석목곽 고분이 낙랑계통의 목곽 고분과 연결된다는 일제 시대 이래의 정설을
수정했다. 고대문화가 중국 한문화(漢文化)만의 영향이 아니고 오히려 몽골 시베리아
계통 유목문화 계통임을 밝혔다. 세계적인 구석기 연구자의 발언도 중요하지만 구석기
고고학 개론을 수정하는 최병현 씨 연구 논문도 추적보도했어야 한다. 클라크 방한 충
격을 고고학과 언론이 함께 반성하는 기회로 삼아야 한다. 클라크 발언의 진실 여부도
한국 언론은 계속 추적해야 할 것이다.](신문연구 82년 9월호 취재 낙수(落穗) 박석흥
경향신문 문화부 차장)

8) 사육신 논쟁과 문벌사학

(1) 사육신 · 삼장사 · 서악서원 · 목화 재배 공로자 둘러싼 뿌리 찾기 열풍

[경제적 안정을 되찾은 70년대 한국역사학계는 뿌리 찾기 열풍의 파장으로 문벌사학
의 문제점을 논증했다. 종친회, 화수회를 중심으로 문집, 족보 발간 및 기념비를 앞 다
투어 건립하고, 이름난 조상을 추모하는 각종 연구소가 앞 다투어 문을 열었다. 60년
대 후반부터 일어난 우리 전통을 알고 찾자는 '정체성 확인' 운동에서 비롯된 뿌리 찾
기 움직임은 왜곡된 역사를 바로잡고 역사상 인물을 재평가하는 긍정적인 기능도 했지
만 문벌을 자랑하는 중세적 인식을 확산하는 역기능도 발생했다는 사학계 비판도 제기
되었다. 가장 큰 파문을 던진 뿌리 찾기 열풍은 금령김씨 문중이 벌인 '김문기선생육
신묘역봉안 추진회위원회'(위원장 허명)가 김문기 가묘를 서울 노량진 묘역에 봉안케
해달라고 관계 요로에 청원한 데서 비롯된 사육신 교체 논쟁이다. 김문기 선생 육신묘
역안장 추진위원회는 청와대와 서울시에 낸 탄원서에 "생육신의 한 사람인 남효온

(1454~1492)이 쓴 추강집 속의 육신전은 왜곡된 것"이라며 "실록에 김문기가 사육신이므로 유응부 대신 김문기를 사육신으로 현창해야 한다."고 주장했다.

금령김씨 문중의 사육신 교체 탄원은 국사편찬위원회가 2차 회의만으로 "김문기 육신묘역봉안 추진위원회의 탄원이 타당하다."고 문교부에 보고하면서 사회문제가 되었다. 국사편찬위원회의 결정에 대해 한학자·역사학자들은 2파로 나뉘어 열띤 찬반 논쟁을 벌였다. 허선도 교수는 "사육신은 추강 남효온이 절의의 표본 인물로서 육신전에 올렸고 정조 때 국가에서 공인했던 것인데 육신 중 유응부를 빼고 김문기로 바꾼다는 것은 잘못이다. 노량진 사육신 묘역에 김문기를 추가해 사칠신묘역으로 한다는 것도 말이 안 된다." 최영희 국사편찬위원장도 "상부 기관의 독촉으로 문중이 김문기가 단종 복위 운동에 참여한 중요한 인물이라는 탄원 내용을 확인해 보고했을 뿐이다. 노량진 사육신 공원에 김문기 가묘를 만드는 것은 국편이 결정하지 않았다."고 밝혔다.

뿌리 찾기 열풍으로 국사편찬위원회는 국사편찬위원회 본업무보다 문중 시비 가려달라는 압력에 시달리고 있다. 한국에 목화를 보급한 최초의 공로자를 누구로 할 것인가 논쟁을 비롯하여, 진주 삼장사 시비·제주고씨 족보 수정 요청·경주 서악서원의 위패 위치 시비·유응부가 천령유씨라는 천령유씨 문중의 청원 등으로 골치를 썩이고 있다. 야은 길재의 문집을 근거로 제주고씨 족보를 바로잡아 달라는 청원은 학술원 회원 중 한 사람이 학술원 회의에 올려 문중 족보 문제로 학술원회의를 소집하는 촌극을 연출하기도 했으나 결론을 내리지 못했다. 천령유씨 문중이 제기한 유응부 가계를 밝혀 달라는 청원도 결론을 못 내렸다. 유응부 대신 김문기가 사육신이라는 사육신 논쟁을 비롯하여 문중의 시비에는 당대 최고의 권력자, 학자, 정치인 등 유명 인사들이 배후에 있었다.

임진왜란 전 일본을 다녀와 일본 정세를 잘못 보고해 지탄의 대상이 돼 왔던 학봉 김성일의 후손들이 76년에 낸 학봉 문집의 진주 삼장사 관련 기사가 잘못됐다고 국편에 그 역사적 진실을 밝혀 달라는 민원이 들어왔다. 김인환 씨가 펴낸 '용사일기 김학봉사적논고'(한국정경사)라는 긴 표제의 책이 문제를 제기한 책이다. 김인환 씨는 "학봉문집 초간본에는 김성일이 조종도 곽재우와 함께 삼장사시를 읊었다고 돼 있었는데 성대 대동문화연구원이 펴낸 영인본과 후손들이 76년에 펴낸 국역학봉문집에는 곽재우 대신 이로를 넣었다."고 지적하며 오류 시정을 촉구했다{촉석루 마루 위에서 마주 바라보는 세장사/ 한잔 술로 웃으면서 장강을 가르키네/ 장강 저 물은 도도히 흘러가네/ 강물이 안마르 듯 우리의 넋도 없어지지 아니하리}. 1592년 선조 25년 임진왜란이 시작된 후 한 달 후 진양에서 세 장수가 비장한 결의를 다짐했다는 삼장사 시를 두고 2 백 년간 곽재우, 이로, 양 문중이 다른 주장을 해 왔다. 지난 61년 촉석루 재건 때도 삼장사 시비 건립을 둘러싸고 삼장사를 누구로 할 것이냐는 한 차례 논쟁이 있었는데 학봉문집 발간으로 재연된 것이다. 진주 삼장사 논쟁은 시를 지은 이에 대해서도 김성일, 최경회 두 가지 주장이 있다. 최경회를 작가로 볼 경우에도 삼장사는 최경회, 김천일, 고종후라는 주장과 최경회, 김천일, 황진이라는 두 가지 설이 있어 복잡하기만 하다.

　서원 제사 때 일어나는 문중싸움도 골칫거리다. 제사 때마다 위패의 위치와 순위가 시비의 대상이 된다. 가장 대표적인 서원이 경주의 서악서원이다. 김유신, 최치원 설총의 위패를 모신 이 서원은 위패 위치 때문에 봄가을 제사 때마다 문중 사이에 시비가 벌어져 경찰이 나선 때도 있었다. 위패 싸움으로 합동 제사를 포기하고 각각 제사를 지내는 것으로 변경되었으나 문중 사이 알력은 해소되지 않았다. 문화유산을 역사적으로 평가하지 못하고 한 집안의 자랑으로 해석하는 전근대적 사고가 빚은 촌극이다. 크게는 일제 침략으로 조선 시대 문화를 정리하지 못해서 생긴 부작용이다(경향신문 1977년 10월 4일 박석흥·천상열·임병선 기자).

(2) 중앙정보부장을 가호위호(假虎威虎)한 사육신 교체 시비

　1977년 10월 4일자 '때 아닌 조상 바로 찾기 열풍' 기사가 나가기 전 경향신문 문화부로 문화방송 비서실 소개로 mbc 작가실 소속 구석봉 씨가 찾아와 "사육신은 유응부가 아니고 김문기이어야 한다."고 주장하며 기사 자료를 제공하겠다고 제의했다. 당시 경향신문과 문화방송은 한 회사이기 때문에 경향신문에 먼저 알리는 것이라고도 했다. 경상도 한 문중에서 나온 자료를 조사하다가 확증을 잡았다며 좋은 기삿거리라고 자신 있게 말했다. 나는 사육신 정정은 그렇게 간단한 문제가 아니니 신중히 하자고 대답하고 국사과 교수들에게 문의했더니 모두 부정적이다. 1주일 뒤 조선일보에 구석봉 씨가 "사육신은 유응부 대신 김문기로 바로잡아야 한다."고 기고했다. 조선일보에 사육신 기사가 나간 뒤 서울대 국사학과 교수 연구실에서 사육신 관련 세조실록을 뒤적이는 교수를 보게 되어 유응부 대신 김문기로 바꾸어야 하느냐고 다시 물었더니 문교부가 국사편찬위원회의 판정을 재촉하고 있어 국편위원장이 난처한 입장이라며 김재규 중앙정보부장을 가호위호(假虎威虎)하는 사람들이 압력을 넣고 있다고 귀띔했다. 조선일보에 구석봉 씨 글이 나간 뒤 '김문기선생육신묘역봉안 추진위원회'는 "정사인

세조실록에 의하면 김문기가 사육신이며 남효온이 쓴 추강집 속의 육신전은 왜곡됐다.”며 김문기를 노량진 사육신 공원에 봉안해야 한다고 주장했다.

조선일보에 이어 동아일보도 1977년 9월 24일자 사회면 머리기사로 ‘사육신 유응부는 김문기의 잘못’이라는 제목의 기사가 나갔다. 국사편찬위원회가 이병도, 이선근, 신석호, 유홍렬, 백낙준, 조기준, 한우근 등 특별위원회를 구성 심의한 결과 “김문기를 사육신으로 현창하는 것이 마땅하다.”고 결론지었다는 보도였다. 단지 두 차례 회의로 발표된 김문기 사육신 결정은 학계에 찬(김창수, 이현희, 강주진)반(이가원, 이재범, 정구복) 논쟁을 불러일으켰다.

서울시는 78년 봄 노량진 사육신 공원에 김문기 가묘를 만들고 7인의 위패를 봉안했다. 서울시가 세론이 양분돼 있는데도 서둘러 마무리한 결과였다. 경향신문은 사육신 순절 5백22주기가 되는 1978년 7월 12일 이재범 씨의 시론으로 잘못된 결정 지적을 정식 제기해 구석봉 씨와 이재범 씨의 긴 논쟁을 게재했다.

[시론＝사육신 공원 유감－노량진 사육신 묘역은 정문에 걸려 있는 ‘사육신 공원’이란 현판과 달리 일곱 분의 묘소와 일곱 분의 위패가 봉안되어 있다. 5백 년간 절의의 상징으로 알려진 전래의 사육신 외에 김문기가 추가된 것이다. 김문기는 금령김씨 족보와 정조실록 15년 2월 21일 병인조에 단종 복위 사건에 연루되어 순절한 사람으로 신위 조극관과 함께 삼중신(三重臣)으로 선정된 것으로 기록돼 있다. 아닌 밤중에 홍두깨 격으로 사육신 묘역에 김문기 위패를 봉안하여 육신 개념을 흩트려 놓아야 하느냐는 이론이 있을 것이다. 사육신에 김문기 대신 유응부가 잘못 들어가 있다고 주장하는 사람들은 사육신 신원이 단종 복위 사건이 있은 지 2백 년 뒤 숙종조에 결정될 때 야사(남효원의 추강집 육신전)를 근거로 했기 때문이라고 주장했다. 그리고 세조실록 2년 6월 병오조에 “그대들은 궐내에서 성사만 하오, 나는 밖에서 병졸을 거느리고 있으니 항거하는 자가 있더라도 제어하기 무엇이 어렵겠는가.”라는 기록을 보아도 김문기가 사건을 지휘한 주모자가 틀림없다고 주장했다. 이러한 주장은 실록을 제대로 못 보고 필요한 부분만 마음대로 해석해서 세상을 시끄럽게 한 것이다. 남효원의 육신전은 선조 10년(1577년)에 발간되었으나 이보다 32년 전 인종원년(1545년) 1년 4월 조강에서 “시강관 한주(韓澍)는 성삼문, 하위지, 박팽년, 유응부, 이개, 유성원 등 그들 6육신은 당시에는 대죄(大罪)를 입어 마땅하나, 그 본심을 논하면 옛 임금을 위한 것입니다. 세조인들 어진 육신을 가상히 생각지 않았겠습니까마는 당시에는 부득이한 것이었습니다. 사림의 이러한 충의지절을 권장하는 것이 어떨지.”라고 진강했다는 내용이 인종실

록에 있으며 지사(知事) 정순붕(鄭順朋)도 "절의는 갑자기 일어날 수 없고, 반드시 배양하고서야 진작되는 것입니다. 정몽주·성삼문 등을 당시에는 마지못하여 죄를 주었더라도, 시비는 뒷날의 공론에서 절로 정하여졌습니다."라고 했다는 기록이 있다. 이미 육신 개념이 사림들 사이에 공론화돼 있음을 알 수 있다. 세조 2년 6월 김질의 고발에도 김문기는 언급되지 않고 의금부 신문 보고에도 빠져 있다. 김문기는 사육신이 아니다. 단종 복위 사건에 연루되어 순절하여 정조 15년 2월 21일 병인조에 단종을 위해 충성을 바친 신하들에게 베푼 '어정배식록(御定配食錄)'에 삼중신으로 선정됐다. 당시 내각과 홍문관에서 공사 문서를 참고하여 결정한 것이다. 동학사 숙모전에 단종 복위 운동에 연루돼 순절한 사람들의 위패가 다음과 같이 봉안되었다.

　◇육종영(六宗英 안평대군 용－瑢, 금성대군 유－瑜, 회의군 영－瓔, 영남군－어, 영풍군－천, 판중추부사 이양－穰) ◇사의척(四懿戚 부원군 송현수, 권자신 정종 권완) ◇삼상신(三相臣 영의정 황보인, 좌의정 김종서, 우의정 정본) ◇삼중신(三重臣 이조판서 민신, 병조판서 조극관, 이조판서 김문기) ◇양운검(兩雲劍 성승, 박쟁) ◇육신(증 이조판서 충문공 성삼문, 증 이조판서 충정공 박팽년, 증 이조판서 충간공 이개, 증 이조판서 충열공 하위지, 증 이조판서 충경공 유성원, 증 병조판서 충목공 유응부) ◇육신의 아버지(형조판서 문민공 박중림) ◇육신의 아들(증사헌지평하백)](경향신문 1978년 7월 12일 이재범)

　김문기를 사육신이라고 주장하는 사람들은 남효원 육신전에 세조의 혹독한 고문과 문초에도 유응부가 끝내 불복했다는 내용{此鐵冷 更灼來 終不服而死}은 세조실록 2년 6월 경자조 "이개에게 곤장을 치고 물으니, 박팽년과 같이 대답하였다. 나머지 사람들도 다 공초(供招)에 승복(承服)하였으나, 오직 김문기(金文起)만이 ＜공초(供招)에＞ 불복(不服)하였다."{餘階服招 惟文起不服}는 김문기 불복 기사를 잘못 이용한 것이라고 주장했다. 그러나 대부분의 한학자들은 세조실록 2년 6월의 김문기 불복은 공소 사실을 부인한 것이고 육신전 유응부 불복은 세조의 잔인한 고문에도 굴복하지 않았다는 내용이라고 반박했다. 평지 풍파를 일으킨 김문기 사육신 주장은 역사 기록을 잘못 읽은 초보적인 오류였다. 당대 최고의 역사학자들이 위원인 국사편찬위원회가 중앙정보부장의 압력설에 굴복하여 역사적 사실을 세밀하게 검토하지 못한 불성실로 빚어진 촌극이었다.

　'김문기선생육신묘역봉안 추진위원회'가 국사편찬위원회에 제출한 세조실록 2년 6월 병오조에 김질의 고변으로 불거진 사육신 사건의 전모를 기록한 후 세조실록 사관이 반역자들이 개인의 사감을 가지고 일을 저질렀다는 반역 동기 추정과 죄상을 열거하는 마무리 공식 기록에 성삼문, 박팽년, 하위지, 이개, 유성원, 김문기를 다룬 것을 근거로 김문기가 세조 당시의 육신이라고 주장했으나 세조실록만 정밀하게 분석해도 김문기가 주동자가 아닌 것은 쉽게 판명된다.

종묘제례 기능 보유자인 이재범 씨의 실록 탐독이 학자·언론까지 흔들어 놓은 사육신 교체 주장의 허구를 명쾌하게 반박했다. 그러나 사육신 조작은 김재규의 대통령 시해로 이어지는 비극의 시작이었다. 경향신문에 사육신 논쟁을 상세하게 보도하자 혈사와 통사를 남긴 상해 임정에서 백암 박은식 임정 대통령의 아들 박시창 장군이 경향신문을 찾아와 기자들을 격려해 주었다.

(3) 이재호 부산대교수 사육신 정정론(訂正論)의 허점 지적

[최근 국학 연구 열기 고조 속에 한국사와 관련된 논쟁과 시비가 꼬리를 물고 있으나 설득력 있는 해답이 나오지 않고 있다. 지난 1977년 극작가 구석봉 씨가 제기한 사육신 논쟁은 두 해를 넘기고도 일반 국민에게는 수수께끼로 남아 있는 대표적인 사례다. 현재 노량진 사육신 공원에 봉안된 김문기 위패를 둘러싼 사육신 논쟁은 그 실체 해석은 없이 미궁이 빠져들고 있다. 김문기도 사육신과 함께 사형당한 사람이라는 사실만 확인되었다. 사육신 개념의 정립 과정과 사육신 성격 등에 대한 역사적 해석이 학문적으로 이루어지지 않고 있다. 이런 가운데 이재호 부산대교수가 발표한 '사육신 정정론의 허점'은 사육신을 주제로 한 최초의 본격적인 학술 논문으로 주목받을 만하다. 이 교수는 사육신은 남효온이 정리한 육신전이 제시한 개념이 정론이라고 주장하고 남효원이 김문기의 사실을 유응부 사실로 바꾸어 썼다는 가설은 성립되지 않는다고 지적했다. 단종 1년 9월 경진조의 실록기사가 비록 세조 때 만들어진 것이지만 단종실록에 따르면 김문기는 사림의 숭앙 표본으로 삼는 사육신 대열에 끼일 수 없는 인물이라고 혹평했다. 이재호 교수는 구석봉 씨 등 김문기 사육신설을 주장하는 이론을 정치하게 반박은 했으나 사료 인용과 해석의 문제점을 드러냈다.](경향신문 1979년 1월 낙서함-박석홍).

(4) 세종대왕기념사업회 국역 장릉지 펴내며 사육신 왜곡 비난

[노량진 사육신묘지 정화사업 중 유응부 대신 김문기로 바꾸는 결정을 한 문교부 서울시청의 결정이 잘못이라는 주장이 지식인 사회에서 3년간 지속적으로 제기되고 있다. 세종대왕기념사업회(회장 이관구)는 79년 8월에 '국역 장릉지'를 펴내면서 날조된 관찬 사료를 왜곡해서 조선조 절의의 상징인 사육신을 바꾼 것은 부끄러운 일이라고 비판했다. 이관구 회장은 국역 장릉지 간행사를 통해 세조의 찬탈과 사육신 문제를 종래의 성리학적 관점을 뛰어넘어 재조명하는 것은 가능하나 역사적 사실 자체를 왜곡하는 것은 부당하다고 지적했다. 조선조 선비들은 물론 국민 모두가 충신의 상징으로 받들어 온 사육신에 대해 이설을 제기한 사람들이 들고 나온 근거는 세조실록 2년 6월 병오조에 이 사건을 마무리하는 사관이 언급한 명단에 유응부 대신 김문기가 언급되었다는 것뿐이다. 그러나 문제의 세조실록조차도 성삼문이 주도한 이 사건의 정식 멤버는 유응부로 분석되며 김문기만이 불복했다는 기사도 김문기는 이 사건에 대한 공소사실 자체를 부정하는 것으로 확인되었다. 세조실록은 계유정난과 사육신 사건을 거쳐 정권을 잡은 한명희, 신숙주 등 위정 관료파들이 춘추관이 되어 편찬한 기록으로 '민수의 사옥'까지 일으켰던 왜곡된 기록이 많다. 단종 사적을 모은 '장릉사보'나 세조 찬탈과 단종 복위 사건을 기록한 '장릉지', '노릉지'의 증언과 다른 날조된 기사가 세조실록에 수두룩하다. 사육신의 유일한 후손으로 '장릉지'를 국역한 박팽년의 후손 박엽은 음왜잡기의 저자 이자가 세조실록의 날조를 "여우와 쥐새끼 같은 무리들이 간사하고 아첨하는 무리들의 붓장난이라고 꼬집었다."고 지적했다. 관찬사료가 집권 세력의 합리화를 위해 사실을 왜곡할 때 추강, 점필제 등 사람들이 직필을 꺾지 않고 기록을 남겨 사육신의 절의를 후세에 전했는데 이런 역사적 사실을 모르는 무식한 사람들이 정사가 더 믿을 만하다는 궤변을 늘어놓으며 실록기사를 근거로 사육신을 바꾸자고 하는 것은 수치라고 지적했다. 세종대왕기념사업회는 5백 년 조선조 사림의 공론을 따라 이루어진 사육신을 한 시대 권력으로 바꿀 수 없다고 지적했다. 세종대왕기념사업회는 정조 15년 정유정난과 단종 복위 사건에 관련돼 희생된 2백30명을 단종릉인 장릉 옆에 정단에 32명, 별단에 198명을 추제(追祭) 배식(配食)할 때 정조의 교서에 따라 김문기는 삼중신으로 지정한 대로 하면 될 것이라고 주장했다. 서울시는 이제라도 사육신 공원에 잘못 봉안된 사육신 위패를 바로잡고 기왕의 잘못을 바로잡아야 할 것이다.](신동아 1980년 1월호 뉴스와 화제, 학술, 박석흥)

(5) 국편 82년 11월 유응부가 사육신 확인

[국사편찬위원회(위원장 이현종)는 1982년 11월 11일 국편회의실에서 위원회를 열고 "국편이 1977년 서울시 문의에 김문기 현창은 가능하다고 했으나 유응부를 빼야 한다고 회보한 일이 없음"을 확인하고 사육신은 성삼문, 박팽년, 하위지, 이개, 유성원, 유응부에 변동이 없다고 발표했다. 이날 회의에는 이현종, 천관우, 변태섭, 손보기, 유원동, 민석홍, 김철준, 김원룡, 고병익, 전해종, 김두원 씨 등 11명 위원이 참석, 4시간여 토론을 거쳐 3시 30분경 6년을 끌어온 김문기로 사육신을 바꾸어야 한다는 사육신 논쟁을 결말지었다. 11일 국편이 발표한 위원회 합의문은 다음과 같다.

"77년 서울시의 사육신 자문 요청에 대한 국편의 회보는 다음과 같다.

1. 사료에 전거하여 김문기를 현창하여야 한다고 사단(史斷)함
2. 사육신 묘역에 김문기 허장을 봉안함이 가하다고 사료됨
3. 유응부묘는 현상대로 존치함이 가하다고 사료됨
4. 단종 복위 운동에 가담하여 회생된 인사들은 충신사 충신당으로 하여 그 위패를 봉안하는 것이 가하다고 사료됨

본 위원회는 이상과 같은 77년 서울시에 보낸 국편 회보 내용을 검토한 결과 그 타당성을 인정하며 이상 조항은 김문기가 현창되어야 한다고 인정했으나 종래의 사육신 구성은 변경한 바 없음을 확인한다."(경향신문 1982년 11월 12일 사회면 박석흥 기자)

제5공화국 출범 후 국사편찬위원회 위원장이 바뀐 뒤 새 국편위원장에게 나는 사육신 교체 과정의 국편 결정이 무엇이었는가 묻고 국편이 설득력 있는 발표를 서둘러야 할 것이라고 지적했다. 국편은 82년 11월 11일 회의에서 사육신은 종전과 같이 유응부 등 6명이라고 확인했다. 그러나 서울시는 노량진 사육신 공원에 만든 김문기 허묘와 위패 봉안은 바로잡지 않아 시비가 지속되고 있다.

(6) 5년 만의 유응부 복권의 교훈

[서울시 사육신 공원 성역화 과정에서 사육신 명단에서 제외되었던 유응부가 5년 만에 복권됐다. 국사편찬위원회는 82년 11월 11일 위원회를 소집, 4시간의 검토 끝에 유응부를 포함한 종래의 사육신을 바꿀 수 없다고 발표했다. 사육신 문제에 대한 국회

공청회를 앞두고 열린 국편위원회는 국편이 77년 김문기 가묘를 봉안해도 좋다고 자문했을 뿐 사육신 명단 교체를 결정하지는 않았음을 공개하고, 국편이 유응부 대신 김문기로 사육신을 바꿨다는 소문은 사실이 아니라고 궁색한 발표를 했다. 유신 말기를 상징하는 사건으로 학계도 부끄러워하는 사육신 교체 시비는 77년 서울시(시장 구자춘)가 노량진 사육신 묘역에 김문기 가묘 봉안을 검토하면서 시작되었다. 국사편찬위원회(위원장 최영희)는 서울시의 아닌 밤중에 홍두깨 같은 사육신 명단 확인 자문(77.8.8.)에 대해 문교부장관에게 일주일 뒤(8.13.) 단종 복위 운동에 관련된 제반 사료의 검토를 위해 상당한 시일이 필요하다고 보고했다. 그러나 서울시장은 한 달 뒤(9.15.) 다시 김문기가 사육신인지 가려 달라고 독촉했으며 국편은 9월 16일 열린 위원회에서 "김문기는 사육신과 같은 활동을 한 주모자였다."고 합의했다. 이어 9월 22일 제2차 회의를 열고 성삼문, 박팽년, 하위지, 이개, 유성원, 김문기가 세조실록에 따르면 세조조에 가려진 육신으로 판정된다고 결론을 내리고 충의공 김문기는 현창하여야 한다고 답신을 보냈다. 김문기가 사육신이라는 청원에 대한 서울시의 국편 판결 요청을 국편이 김문기가 세조 정권이 육신의 한 명으로 본 것이 실록기록으로 확인된다고 대답하자 서울시는 노량진 사육신 공원에 김문기 가묘 봉안을 결정지었다. 서울시가 김문기 가묘 봉안을 결정짓자 학계와 유림은 있을 수 없는 일이라고 일제히 반대했다. 서울시 일부 문화재위원도 사육신 묘역에 김문기 가묘를 쓰고 육신당에 김문기 위패를 안치하는 것은 부당하다고 반대했으나 부시장이 주재한 이 회의가 김문기 가묘 봉안을 결정짓자 사표를 내고 반대의 뜻을 굽히지 않았다. 강진철, 맹인재, 이동환, 김영상 씨 등이 노량진 묘역의 변경 결정에 대해 사퇴하면서 반대한 위원들이다. 강진철 위원(고려대교수)은 사육신 교체는 있을 수 없는 일이라고 잘라 말하고 잘못된 것은 바로잡아 마땅하다고 역설했다. 중앙정보부장의 환심을 사기 위해 서울시장이 무리하게 추진한 사육신 교체는 한국역사학의 권위를 추락시키고 절의의 상징이었던 사육신 개념을 흐려 놓았다고 비난했다. 사육신 교체 시비 중 김문기가 사육신이라고 역설한 사람은 김창수, 이현희, 구석봉 씨 등이었다. 대부분의 학자가 사육신 교체를 반대했으며 이재호, 김성균, 이재범, 정구복, 이유립 씨 등이 사육신 교체를 반대하는 글을 발표했다. 77년 서울시가 시작한 사육신 교체 사건은 김재규 전 중앙정보부장이 처형된 뒤 다시 거론되어 82년 10월 25일 국회문공위원회가 이 문제를 제기, 유응부로 원상회복하는 급진전을 보게 되었다. 국편은 77년 결정에 참여했던 위원들이 대부분 물러나긴 했으나 5년 전 결정을 뒤집을 수 없어 고민했으나 새로 선출된 위원들이 김문기 현창 결정과 사육신 교체는 별개 문제라고 주장해 유응부를 사육신으로 확인하는 결정을 내렸다. 국편의 이 결정은 6년간의 지루한 사육신 논쟁을 종결시키는 결정이었다. 그러나 문벌사학의 가문 영광 찾기에 국가기관과 학자들이 말려든 부끄러운 사건이었다. 조선조 사림이 공론을 거쳐 결정한 사육신 추앙운동을 실록의 기사 몇 줄에 현혹되어 6년간의 보람 없는 논쟁에 휘말렸던 것은 반성해야 한다(경향신문 82년 11월 13일 박석흥 기자).

9) 강인구 교수의 전방후원분 한국기원설

[삼국 시대 고분을 연구하고 있는 강인구 교수(영남대, 고고학)는 영산강·낙동강 유역의 분구묘(墳丘墓)를 조사, 경남 함안군 가야읍 말산리 말이산 고분군과 경남고성읍 송학동 고분군에서 전형적인 전방후원분을 확인했다고 83년 6월 발표했다. 강 교수는 함안 고성 외에도 대구 신지동 1호분, 선산낙산동 5호분, 고령 지산동 1호분, 성주 성산동 6호분과 한강 유역 고분에서도 전방후원분의 기원을 찾을 수 있다고 주장했다. 원형 분구 앞에 장방형의 단상이 부설된 전방후원분은 일본 고분시대를 상징하는 분묘로 그 무덤의 주인공들이 한반도에서 건너온 것이 분명하지만 무덤만은 독자적인 것이라고 일본인들은 믿어 왔다. 강 교수의 전방후원분 한국기원 가설이 발표되자 일본학계는 '한낮의 꿈'이라는 혹평과 '세기의 대발견'이라는 상반된 반응을 보였다. 서울 문리대사학과 졸업 후 문화재관리국학예사 부여박물관장, 국립박물관 고고과장 등을 역임하며 백제 고분을 연구해 온 강인구 교수는 영남대로 옮긴 후 분구묘 정리작업 중 일본 전방후원분의 기원이 한국이라고 발표했다. 강 교수의 발표에 대해 일본학계는 민감한 반응을 보였다. 모리((森 浩 一) 同志社大 교수는 강 교수의 연구가 한일 고대 관계사 수수께끼를 푸는 실마리라고 격려했다. 강 교수의 중간 발표 이후 국내학계의 반응은 미온적이지만 일본학계의 반응은 민감했다. 일본 고분 연구가 30여 명이 한국을 방문하여 현장을 답사했다. 에사까(58세, 江坂輝彌 慶應大) 교수는 '백일몽'이라고 혹평했다. 강 교수가 84년 1월 방일 학술 강연 후 아사히 산께이 마이니찌 신문 등이 일제히 크게 취급했다.

강 교수는 "한강 유역에서 기원, 낙동강 영산강 유역에 산재한 전방후원분을 그동안 찾지 못한 것은 한국 고분을 무조건 북방 계통이라고 믿어 왔기 때문"이라고 지적하고

"한국 분구묘에서 중국 중원문화와 양자강문화의 복합 전파를 확인, 전방후원분을 발견하게 됐다."고 밝힌다. 강인구 교수는 경남 고성 송학동과 함안 말산리에서 발견된 전방후원분의 입지 조건·형상·크기가 일본 초기 전방후원분과 동일하다고 주장했다. 강 교수는 한국의 전방후원분이 다음과 같은 특색이 있다고 주장했다. 첫째, 평야 지대에서 대소 하천으로 둘러싸인 구릉이나 능선의 정상부에 자연 지형을 최대한 이용했다. 둘째, 고분군 중에 있으며 가장 규모가 크고 높은 곳에 위치 수장묘로서 위용을 갖추고 있다. 셋째, 전방부는 능선의 방향과 일치하며 후원부보다 낮다. 강 교수는 전방후원분은 일본의 야요이(彌生) 이후 다른 문화들처럼 한반도에서 건너간 것이라고 단정하며 그 근거를 다음과 같이 열거하고 있다. 첫째, 일본의 4~7세기 고분시대를 상징하는 전방후원분은 원형 분구(墳丘)에 장방형 대장(臺狀)이 연결된 묘제로서 천황릉을 비롯해 중요한 고분들이 이렇게 조성됐으며 큰 것은 1㎞가 되는 특이한 것으로 전 단계의 유적을 일본에서는 찾을 수 없다. 둘째, 지금까지 일본 특유의 유물로 알고 있는 녹각도검 장구는 한반도 남부 지방의 신석기 시대 이후 패총 특히 기원 전후의 김해패총·김해 부원동 유적·마산외동 성산패총·말이산 34호분·반남면 대안리 19호분·성탑리 고분 등에서 발견되고 있어 전방후원분의 한국기원을 뒷받침한다고 역설했다. 강 교수는 한반도 전방후원분은 3세기 이전 한강 유역에서 원형분구묘가 출현하면서부터 형성되었다고 주장하며 그것이 해안을 타고 남파되고 강줄기를 따라 확산되는 과정에서 일본으로 간 것이라고 밝혔다. 한반도 전방후원분 기원은 중국 양자강 유역 토광목곽묘(土壙木槨墓)가 한강 유역으로 들어오고 그중 전방후방형분이 원형분구와 결합되고, 또 하나는 한강 유역에서 새로 일어난 지배계층이 이 원형분구묘를 채택하면서 중국 고래의 묘도(墓道)와 제단이 원형 분구묘에서 형식화된 것이라고 강 교수는 본다. 전방후원분을 이룩한 세력들은 한강 유역에서 육로로 남하한 원형분구묘를 채택한 백제, 신라 등 정복 국가에 의해 흡수되어 한반도에서는 소멸되었으나 일본에 건너가 지배 세력으로 정착된 것으로 강 교수는 풀이했다. 한반도의 전방후원분 문화는 황해와 한국 해협을 무대로 한 한강, 영산강, 낙동강 유역의 해운 상업 문화가 남긴 유적으로 한국 고대국가를 밝힐 중요한 사료라고 강 교수는 주장했다. 양자강 유역의 토돈묘(土墩墓) 영향을 받아 석촌동 가락동에서 전방후원분의 초기 형태가 형성됐다고 주장하는 강 교수는 "한국 고고학이 보물 찾기식 유물학을 탈피, 유적학적 연구 방법을 도입해야 한다."고 지적했다. 강 교수는 '삼국 시대 분구묘 연구'를 1984년에 출간했다(경향신문 83.7.11, 신동아 83.9, 연합연감 84년).

10) 도시유기(田村紀之, 경제학, 東京都立大) 교수 시바료따로(司馬遼 太郎) 비판

[일본 지식인의 한국에 대한 편견과 오만은 패전 50년에도 크게 달라진 것이 없는 것 같다. 일제 침략이 한국의 식민지 근대화에 기여했다는 침략 미화와 한국의 식민지 전락이 필연이었다는 신식민주의 사관까지 고개 드는 것이 작금의 현실이다. 일본의 정치가 뿐만 아니라 지한파(知韓派)로 분류되는 지식인까지도 패전 전의 식민주의 사관을 반추하며 관에 넣어 매장했던 식민사관을 부활시키려 하고 있다. 이것이 끼칠 파장이 한국에도 곧 올 것이다. 이러한 일본 지식인의 편협한 사고를 고발한 한 일본 경제학자의 날카로운 글이 발표돼 한국경제학계의 화제가 되고 있다. 동경도립대(東京都立大) 다무라 도시유기(田村紀之, 경제학) 교수는 일본 역사 소설가 시바료따로(司馬遼 太郎)의 한국역사에 대한 편견을 분석 비판, 이른바 일본 지한파 지식인의 왜곡된 한국인식을 고발했다. 다무라(田村紀之) 교수의 문제의 글은 1995년 현대사상(現代思想) 3월호 특집 '고증: 시바료따로(司馬遼 太郎)의 '경제학(經濟學)' – 문명사관의 루트 탐구'다. 다무라 도시유기(田村紀之) 교수는 문예춘추(文藝春秋) 권두 수필, 역사소설, TV특집 등으로 패전 후 일본 국민의 역사의식 형성에 영향력 있는 시바료따로의 일본 우월주의와 한국폄하 사관을 심층 분석, 일본우파의 역사인식 한계를 고발한 것이다. 70년대부터 95년까지 시바료(司馬)가 쓴 한국 관계 글을 경제학 측면에서 검증한 다무라 교수는 시바료(司馬) 특유의 수사(修辭) 이면에 패전 전 식민주의 사관의 독소가 남아 있어 당혹과 불안을 금치 못한다고 비판했다. 시바료따로(司馬遼 太郎)의 한국을 주제로 한 글에는 일본의 한국 침략을 조선의 정체성(停滯性)으로 인한 역사적 필연이라고 주장했던 후쿠다 도꾸조(福田 德三)의 폐기 처분된 90년 전 식민주의 사관의 논리가 깔려 있다고 다무라 교수는 지적했다. 실제로 시바료는 조선을 화폐와 시장경제가 금지된 정체사회로 잘못 소개하며 일본 平安시대의 촌락경제에 비유하며 8·15 후 한국의 후진성은 일제 36년보다 조선 시대의 역사적 결함이 원인이라고 주장했다. 시바료따로가 일본 독자에게 기회 있을 때마다 한국을 헐뜯은 식민주의 사관은 일인 학자 다카하시 하다다(旗田巍), 강진철, 김용섭 등 한·일학자의 논문으로 허구가 된 지 오래다. 그런데도 일본의 오피니언 리더들이 한국역사와 문화를 깔보며 일본 우월주의 사관을 반추하는 것은 이웃 아시아 제국 침략에 대한 국민적 차원의 인도적인 반성과 사죄가 없었기 때문인 것 같다. 독일 전범은 뉘른 베르그 재판으로 거의 다 처단됐으

나 일본 전범은 도꾜(東京) 재판에서 대미개전(對美開戰) 전범과 전쟁 포로수용소 관계 전범만이 처벌됐다. 다무라 교수는 일본 근대화를 미화하기 위해 이웃 나라 한국을 매도한 시바료 따로(司馬遼太郎)를 한국인들은 무시해 버리면 되지만 일본의 선량한 시바료따로는 애독자들에게 한국을 매도한 근거 자료를 밝히거나 잘못이 있다면 다시 써서 바로잡아야 한다고 주장했다. 시바료따로의 한국을 무시한 무책임한 글을 학자적인 양심으로 고발한 다무라 도시유기 교수의 용기에 경의를 표하며 한국의 문예춘추(文藝春秋) 애독자들이 시바료를 존경하다 못해 노태우 대통령 재임 시 국빈 수준으로 청와대에 초대했던 것을 부끄럽게 생각한다[문화일보 숨결말결 1995년 박석홍 편집위원].

　　1995년에 한국에서는 광복 50주년 주제로 한 주요 학회와 학술기관 주최 학술회의가 잇달아 열려 일제식민문화 청산과 한국의 산업화 추진과 그 결과를 검토했다. 그러나 일인 학자들은 일본의 자긍심을 일깨우며 한국 멸시와 우월주의가 담긴 식민사관을 다시 제기하여 일본학계에서 한국에 대한 일본 우월주의 편견 극복이 새로운 아젠다로 떠올랐다. 45년 패망했던 일본의 자신감 회복에 따른 패전 전 일본의 오리엔탈리즘 부활의 파동이었다. 서울대 강명규 교수(경제학)는 일본 열도의 국수주의 열풍 속에 전후 일본의 오피니언 리더로 추앙받는 시바료따로의 한국 멸시 사관을 비판한 동경도립대(東京都立大) 다무라 도시유기 교수(경제학)의 현대사상(現代思想) 3월호에 기고한 '고증: 시바료따로(司馬遼 太郎)의 '경제학(經濟學)' − 문명사관의 루트 탐구'를 내게 기사 자료로 주었다. '시바료따로(司馬遼 太郎)의 식민사관(植民史觀)'이란 제목으로 문화일보 칼럼이 나간 뒤 "시바료따로가 그런 사람이 맞느냐?"는 질문만 받았다. 문예춘추를 애독하는 한국 지식인들에게 시바료따로를 역사를 왜곡하고 한국을 멸시한 위선자로 볼 수 없다는 반응이었다. 다무라 도시유기 교수(경제학)는 시바료따로(司馬遼 太郎)의 한국 멸시의 근원에는 전전의 일본을 제외한 아시아 정체론의 오리엔탈리즘이 있고 이것은 후쿠다 도꾸조(福田 德三)의 식민사관을 연상케 한다고 지적했다. 그는 패전 후 50년에도 일본 중심주의 사관을 주장하는 저명한 지식인이 있고 그런 사람이 많은 국민의 뿌리 깊은 지지를 받고 있다는 사실에 곤혹과 불안을 금치 못해 시바료따로(司馬遼 太郎)를 비판하는 글을 쓰게 됐다고 고백했다. 주간 아사이(朝日)에 라이샤워와 대담에서 시바료따로(司馬遼 太郎)가 조선이 화폐가 없고 상업을 금지한 나라라고 했으며 그것과 일본의 한국 침략과 무관하지 않다는 논리에 경제학도로서 놀랐다는 것이다. 시바료따로(司馬遼 太郎)는 김대중 사형판결 재판에 대한 글을 1980년 11월 4일

아사히신문에 쓸 때도 화폐경제가 없었던 나라에서 일어난 일이라며 한국은 국제사회 일원으로 자격을 상실한 나라라고 주장했다. 시바료따로(司馬遼 太郎)는 조선이 상업을 억압하고 화폐경제가 없었던 중세적인 시대였다고 추론하고 이것이 조선인의 특유한 당파성을 만들었다며 김대중 사형판결 공판과 연결시키는 억지 주장을 했다. 다무라 교수는 시바료따로(司馬遼 太郎)와 같은 오해를 한 사람으로 中根千枝 등 여러 명이 있다고 지적했다. 中根千枝의 사회인류학(東京大 출판부 1987)에도 이조에는 상인도 조합도 없다고 단언했다고 지적했다. 일제 침략기 일제 관학자들은 조선조 말의 경제는 일본 중세 수준이었다고 저평가했다. 시바료따로(司馬遼 太郎)는 '한국기행'(아사이 문고, 1978)에서 조선의 늙은 농부가 태고의 백성처럼 선한 얼굴인 것은 경쟁원리가 봉쇄된 조선식 전제체제에 기인한 것이며 경쟁원리의 결여, 상업의 봉쇄, 화폐폐지, 봉건제 결여 등이 일본의 아시아적인 것으로부터 해방된 것과 비교된다는 것이다. 다무라 교수는 시바료따로(司馬遼 太郎)를 일본판 오리엔탈이즘에 지나지 않는다고 지적했다. 다무라 교수는 일본의 명치유신과 일본 근대를 미화하기 위해 이웃을 터무니 없이 모욕하는 작가들이 일본 독자를 냉정한 사실 인식보다 추상적 관념으로 열광하게 한 것은 잘못이라고 주장한다. 다무라 교수는 이런 작가를 표창한 정부는 도대체 어떤 작품을 평가 대상으로 했는지 의문이며 작가도 이런 오류를 어떻게 수습할지 의문이라고 했다. 다무라 교수는 시바료따로(司馬遼 太郎)가 한국을 비하한 잘못의 근거를 밝혀야 하며 부적당한 글이었다면 설명해야 한다고 충고했다. 일본 작가의 맹목적인 애국심이 이웃 나라를 터무니없이 비하하고 일본을 미화한 것이 부끄럽다고 술회했다. 시바료따로(司馬遼 太郎)의 오류를 경제학자의 철저한 검증으로 고발한 논문을 보며 일본 학문과 학자의 높은 수준을 보게 된다. 시바료따로류의 일본 식민주의 시각을 추종하는 한국 경제학자들이 다시 한국에서 발언권을 높이는 것과 좋은 비교가 된다.

11) 을지문덕 중국 사람이다(?) 국적 논쟁

[국사학계에 사료 해독의 오류 문제가 제기되고 있다. 삼국사기와 삼국유사 역주본을 펴낸 이재호 부산대교수는 1982년 한국사연구 39집에 기고한 '을지문덕과 목면(木綿)의 이론에 관한 일고찰'이란 논문을 통해 "사학계에서 영향력 있는 학자들이 사료

를 잘못 해석하여 역사를 곡해하는 일이 자주 있다.”고 지적하고 정확한 원전 해독이 사학계의 과제라고 주장했다. 국사편찬위원회의 김문기 사육신 묘역 현창 타당 결정이 실록을 잘못 읽은 실수라고 지적했던 이 교수는 최근 화제가 되고 있는 을지문덕의 중국계 귀화인설과 문익점 이전 목화 전래설도 사료 오독이 빚은 역사 왜곡이라고 지적했다. 이 교수는 김원룡 교수가 “을지문덕이 중국계의 귀화인일 것”이라는 주장은 선입관에 사로잡혀 사료를 잘못 해석한 억측이라고 비판했다. 김원룡 교수는 79년 전해종 박사 화갑기념사학논총에 ‘을지문덕의 출자(出自)에 대한 의론(疑論)’이란 논문을 통해 “을지라는 성은 한국성이 아닌 외래성인 것 같고, 그것은 중국 사서에 나오는 울지(尉遲) 씨와 동족이 아닌가 생각되며 귀화인의 자손이거나 귀화인이었다.”고 추론했다. 화제가 된 김원룡 교수의 추론에 대해 황원구 연세대교수(동양사학)는 역사학보 85집에 “중국계 많은 망명 정치인들을 받아들여서 이용했던 고구려의 사정으로 볼 때 이론이 있을 수 없다.”고 김원룡 교수논문을 지지했다. 그러나 천관우 씨는 81년 경향신문 연재 인물한국사에서 “귀화인이 과연 대신으로 발탁될 수 있었을까.” 하는 의문을 제기했었다.

이재호 교수는 김원룡 교수가 을지문덕전 첫머리에 “을지문덕 미상기세계(未詳其世系)”를 그의 고국을 미상이라고 한 것 같다는 추정은 사료고증과 원전을 잘못 해독한 것에서 비롯된 실수라고 주장했다. 삼국사기에는 ‘세계미상(世系未詳)’이란 기사가 김생 최치원 기사에도 나온다. 국적을 모른다는 뜻이 아니고 그 선대의 계통을 알 수 없다는 내용이었다고 설명하며 을지문덕 국적을 모른다는 해석은 삼국사기를 제대로 읽지 못했던 결과라고 지적했다. 또 김원룡 교수가 을지(乙支)가 중국의 울지(尉遲)와 같은 성이라는 주장도 전혀 신빙성이 없다고 반박했다. 오히려 중국 수서(隋書)에 고려국에 을지(乙支) 성이 있다는 기록이 있으며 조선 시대 증보문헌비고에도 을지 씨가 우리나라 고유성으로 분류돼 있다고 밝혔다. 을지문덕이 한문이 능통해 고구려인이 아니라는 김 교수 주장도 고구려가 한문으로 유기란 1백 권의 국사기록을 남기고 광개토대왕 비문을 지을 정도로 문화 수준이 높아 대신급인 을지문덕이 우중문(于仲文)을 조롱하는 한시를 지었다는 것은 문제가 안 된다고 밝혔다.

80년 문화재관리국 발행 문화재 13호에 발표한 이선근 전 문화재위원장이 목화는 문익점 이전에 이미 우리나라에 전래된 것이라는 주장도 사실의 왜곡이라고 반박했다. 이재호 교수는 이선근 위원장이 인용한 ‘후한서’ 동이전 예(濊)의 “삼을 심고 누에를 쳐서 면사(綿絲)와 마포를 만들었다.” 삼국지 위지 동이전의 한(韓)의 “백성들이 농사를 짓고 누에를 쳐서 면포(綿布) 만드는 것을 알았다.” 기사의 면포는 명주실로 직물을 만든 것이지 목면으로 짠 무명베가 아니라고 밝혔다. 위지 동이전 변진조의 “蠶桑 作縑”의 누에를 길러 포를 만들었다는 기록도 면포가 명주실로 짠 비단을 말하는 것이라고 주장했다. 면포는 한문대사전에 “누에 실을 뽑아 낸 사면(絲綿)을 말하는 것이고 목면포(木綿布)는 ‘해여총고’에도 송말 원초에 처음 중국에 보급되었으며 옛날에는 없었던 것”이라고 이재호 교수는 고증했다. 이재호 교수는 이선근 전 문화재위원장이 제시한 사료도 사료까지 변조 누락시킨 부분이 있다고 비판했다. 부산대학교수 이재호 씨의 중앙 학계 중진의 원전 오독과 변조에 대한 사학계에 큰 충격을 주었다. 원전을 세밀히 분석하고 신중히 검토, 견강부회 억단 왜곡하지 말아야 한다는 이재호 교수의 70년대 말 80년대 초에 9차례에 걸친 문제 제기는 한국사학계의 맹점을 공개한 것이었다.](경향신문 1982년 12월 15일 낙서함 박석홍 기자)

6. 한국정신문화연구원

1) 민족주의 사학과 국적 있는 교육

민족적 민주주의를 정치 이데올로기로 내건 제3공화국은 72년에 교육이념을 구체화했다. 국사교육강화위원회 구성, 대학국사 특수교양과목 신설, 중고교 국사독립교과 신설, 국사교과서 국정화, 한국사 25권 편찬, 국민교육헌장 선포, 제2경제 선언에 이어 국적 있는 교육을 모두 72년에 제창했다. 72년 3월 24일에 열린 총력안보를 위한 전국교육자대회에서 박정희 대통령은 “우리 교육도 외국 교육 형태 모방과 추종에서 탈피하여 우리 국가 현실에 알맞은 교육, 즉 우리 교육의 국적을 되찾아야 할 때”라고 주장했다.

국사교육 강화, 국적 있는 교육 선언 등으로 국민정신교육 강화와 국학진흥을 내걸었던 제3공화국은 78년 6월 30일 한국정신문화연구원을 설립한다. 한국정신문화연구원은 준비 과정에서부터 한국문화의 한계를 드러냈다. 연구원을 국민정신교육 훈련장으로 하자는 교육학자들의 주장과 국학기관으로 하자는 주장과 종합학술연구원으로 하자는 세 주장이 대립돼 개원과 함께 연구원 정체성을 둘러싸고 싸움을 했다. 사실은 명분이었고 개원한 정문연 헤게모니 쟁탈전이었다. 노무현 정부가 한국학 중앙연구원으로 바꿨으나 기관 이름이 문제는 아니었다. 정신문화연구라는 개념은 독립운동시기 민족사학자들의 독립의지·70년대 전통문화탐구·문화의 자주성 확립 등 많은 뜻이 담겨 있었다. 강대국의 지역학 개념인 한국학이나 이데올로기 주입 훈련교육기관 등의 기능적인 목적보다는 포괄적인 개념이었다. 76년 박 대통령 지시로 개원 준비 작업이 시작된 정문연 설립은 일제하 정인보, 신채호, 박은식 등 민족사학자들이 일제 사슬에서 풀려나 독립하기 위한 우리 민족의 바른 정신문화 진작을 주장한 데 이어 광복 후 식민사관 극복을 역설한 홍이섭 교수가 75년에 펴낸 '한국정신사 서설' 등의 저술에서 제기한 한국정신문화의 탐구와 중요성 등 한국 지식사회의 화두가 되었다. 76년 박 대통령이 정신문화연구원 개원을 지시하기 전 70년대 전반기 지식사회는 물량 성장 그늘 밑에 방치된 정신문화 진작을 논의했으며 이러한 논의를 앞장서 이끈 김철준 교수의 시론을 묶은 '한국문화사론'이 76년에 출간됐다.

(1) 경제성장 그늘에 방치된 정신문화=[한국 현대문화에 대한 반성과 그 바람직한 방향 설정 논의가 활발하다. 개교 25주년을 맞은 경희대는 5월 16~17일 '한국의 사회 발전과 정신문화'라는 주제의 심포지엄을 열고 경제발전 우선에 밀려 물량적 성장의 그늘 밑에 방치된 정신문화 재정립을 논의했고 서울대 신문은 13일 문리대 리더십 세미나에서 발표한 김철준 교수의 '전통문화와 현대문화' 강연 내용을 게재했다. 김철준 교수는 "1910년 이후 우리 사회에 많은 사조가 유행처럼 흘러 들어오고 사라져버리곤 했는데 그때마다 겪은 사상적 진통의 결산은 전통문화 해체 과정에서 성립된 식민지 문화 체질이고 그 체질 위에 성립된 축소 왜곡된 문화뿐"이라고 지적했다(경향신문 1974.5.21. 박석흥 기자).

(2) 새 민족사관 정립 시급=[광복 30년을 맞아 역사학계는 식민사관 극복과 새 차원의 역사학 정립을 활발히 논의하고 있다. 김철준 교수는 연세춘추 711호에 기고한 문화시론을 통해 한국사학의 주류인 문헌고증학과 사회경제사학을 비판하고 전통문화의 잠재 능력을 현대문화 건설과 연결시키는 새 사관에 의한 역사 정리를 역설했다. 일제식민문화의 찌꺼기인 문헌고증학은 해방 30년 뒤에도 역사학의 비판정신을 거세하고 밖으로는 강대국의 한국학 연구의 보세가공 학문으로 전락하고 안으로는 식민지 체질적 문화 재생산의 도구가 되었다고 밝혔다. 한편 민족사학을 계승했다고 주장하는

재야지식인들도 복고적인 사고방식으로 시대적 사명을 망각하고 있다고 비판했다. 사회경제사학도 지나치게 하부 구조의 모순에 집착하여 문화 전체를 이해 못 하는 정신적 빈곤에 빠져 있다고 지적했다. 김 교수는 역사인식의 수준은 항상 동시대의 문화 수준에 정비례하여 성립한다고 전제하고 학문의 후진성 극복과 과학적 인식을 주장했다(경향신문 1975년 8월 박석흥 기자).

(3) 식민지 문화 체질과 정신적 위기=[한국 현대문화가 청산하지 못한 식민지 문화체질 극복과 한국역사학의 근대적인 사관 확립을 역설해 온 김철준 교수의 한국문화사론이 출간되었다. "정치적 사회적 자주성을 확보하고 있다 해도 자기 개성을 가진 현대문화를 이룩하지 못하면 일제식민지 시대의 체질을 그대로 존속시킬 위험을 안고 있다."고 70년대 현대문화의 문제점을 지적한다. "오늘날 외국으로부터 받아들여야 할 것은 제대로 받아들이지 않고 불건전한 하급하수도 문화와 상업 문화만 직수입해 청소년들에게 그것이 현대문화인 양 착각게 하여 전반적으로 문화 수준을 추락시키고 기성세대까지도 그와 같은 풍조에 만연된 것은 커다란 정신적 위기"라고 지적했다. "역사학이란 과거의 문화적 축적 정리에서 전통적인 잠재 능력을 찾아내어 현재 문화의 출발 기준을 제시하는 학문이어야 한다."고 말하는 김 교수는 "비판정신이 결여된 한국사학은 현재 문화에 대한 무능력의 고백과 동시에 과거 문화에 대한 이해의 포기를 드러낸 것"이라고 식민지 체질이 잔존하는 한국사학의 풍토를 성토했다. 김 교수는 "흥행적인 선전과 표방만 일삼아 문화 혼란만 조장하는 것은 낭비였다."고 반성하고 "충분한 문화 기반의 정리와 주체적인 문화 형성 없이는 아무리 좋은 구호도 새로운 형태 공론만 만들 뿐"이라고 주장한다.](경향신문 76.5.12. 저자와의 대화, 박석흥 기자).

(4) 국민정신교육 조사연구위원회 설치=[제3공화국 정부는 77년 2월 16일 국무총리실 자문기관으로 국민정신교육 조사연구위를 설치키로 하고 전문위원 10명을 위촉했다. 김태길, 유형진, 이기영, 이규호, 김성태 교수 등 10명으로 구성된 국민정신교육 조사연구위원회는 국민정신교육 지표를 내놓을 예정이다. 정부가 국민정신교육 등 문화 관계에 눈을 돌린 데 대해 이규호 교수는 "국가가 공동체로서 그 가치 체계를 존속시키기 위해서는 국민의 정치교육이 필요하다."고 전제하고 "서독은 2차 대전 직후부터 나치스에 대한 비판과 더불어 정치교육이 불실했다는 것을 반성하면서 정치교육을 강화했다."고 소개했다. 비나치화 운동으로부터 시작된 서독의 정치교육은 동서분할이라는 비극적인 상황 극복을 위한 국제 정세 변화나 동독 공산세계의 정책 변화에 따라서 효과적으로 적응하면서 전개되었다. 이 교수는 정치교육은 선진국 이론이나 내용 및

방법을 참고할 수는 있지만 그대로 받아들이지는 못하는 것이라고 밝혔다. 유형진 교수는 국민정신교육 강화는 국적 있는 교육을 발전시킨 것이라고 평가하고 미국 교육학을 비판 검토 없이 소개해 온 한국교육학이 국민교육에 끼친 독소적 요소를 비판했다. 김철준 교수는 끊임없이 쳐들어오는 외래문화와 대항할 수 있는 문화능력의 배양이 시급하다고 주장했다. 윤근식 성대교수(정치학)는 정부가 국민정신교육 등 문화에 관심을 갖는 것은 건전한 사회를 희망하는 국민의지에 호응한 것이라고 해석하며 단순한 선전 선동 차원을 극복해야 한다고 지적했다. 최근 거론되는 전통문화 재조명과 정신교육 강화는 새 문화 설계의 밑거름이 될 것이다(경향신문 77.2.21. 박석흥 기자).

2) 정신문화연구원 준비위원회 구성

(1) 정문연 정신교육훈련원 추진에 대한 학계의 반응

[수출목표 1백억 달러를 달성한 정부는 정신문화에도 눈을 돌려 내년부터 본격적으로 학문적인 연구를 추진할 계획을 세우고 있다. 45억 원의 예산이 투입되는 한국정신문화원 개원을 추진 중인 것으로 알려지고 있으며 3백50억 원의 문예진흥기금에 의한 전통문화 계발 지원 계획을 새해 예산에 반영하고 있다. 내년 6월 개원을 목표로 현재 준비 중인 한국정신문화연구원은 지난 73년부터 정부가 구상한 국학진흥정책을 구체화한 것으로 지난 10월 준비위원회(위원장 김태길)가 구성돼 다각적인 검토를 하고 있다. 최근 준비위원회에서 이 연구원을 국민정신교육 훈련원으로 구상하고 있다는 이야기가 흘러나오자 잘못된 발상이라고 학계가 민감한 반응을 보이고 있다. 준비위원으로 참여했던 한 교수는 "낮은 수준의 국민 설득이나 세뇌보다는 현대 한국인의 자기 신원을 역사적으로 확인하는 연구원이 되어야 할 것"이라고 시정을 촉구했다. 정부는 그동안 당면 과제인 경제적인 안정을 위해 혼신의 노력을 기울이는 한편 국민정신교육 등 문화정책도 추진했으나 미봉책이나 단기정책에 머문 것이 대부분이었다. 실제로 정부는 60년대 후반부터 문교부와 문공부를 통해 고전 국역, 민속 공연 예술 발굴, 한국사 연구 지원 등 국학진흥을 모색했으나 소기의 성과는 거두지 못했다. 이렇게 된 원인으로 학술원 국사편찬위원회 대학 등 국학연구기관이 제 기능을 다할 수 없었던 구조적인

모순과 학계의 능력 한계를 손꼽는다.

이 같은 상황에서 새로 출범하는 한국정신문화연구원에 대한 학계의 기대는 크다. 고려대 김충열 교수는 "이 연구원만은 참신한 학자들이 참여해 운영되어야 한다."고 역설했다. 현재도 많은 국학 관련 연구소가 난립되어 있는데 새로 생긴 연구원까지 고전 국역이나 하고 기왕에 발표된 논문이나 모아 책을 내는 것으로 그친다면 예산 낭비에 지나지 않을 것이라고 학자들은 입을 모아 지적한다. 최창규 서울대교수(정치학)는 "북방민족과의 각축 등 신흥 조선의 현안 문제에 고민하던 세종대왕이 집현전을 만들어 조선문화의 기틀을 잡았듯이 새로 발족되는 연구원은 현대 한국의 에너지 공급원이 되어야 한다."고 주장했다. 그러기 위해서는 이 연구원이 정치적인 목적보다는 대한민국의 정통성 확립 등 한국문화의 먼 앞날을 준비하는 장기적인 목적을 가져야 할 것이다. 한국정신문화연구원의 모델로 1923년에 발족된 자유중국의 중앙연구원을 제시할 수 있다. 현대 중국의 정신적 지주로 높이 평가되는 중앙연구원은 단순한 학술연구기관에 지나지 않으나 우리나라 학술원과는 다른 기능을 하고 있다. 중국학술을 국가 차원에서 개발 진흥시킨다는 목적으로 설립된 이 연구원은 역사언어연구소, 민족학 연구소 등 10개 연구소로 늘어나 순수 학문의 전당으로 성장했다. 그런데 한국정신문화연구원은 준비위원으로 위촉됐던 학자들도 "한국정신문화연구원 발족 작업에 문교부 들러리를 서 온 교육학자 등이 참가하고 있어 놀랐다."면서 이 연구원의 앞날을 걱정했다. 김철준 서울대교수는 "우리 사회도 경제적인 어려움은 일단 넘겼으니까 국가 백년대계를 설계할 때가 됐다."면서 "새 연구원은 전통문화는 물론 현대문화를 주체적인 입장에서 소화할 수 있는 학자를 양성하는 기관이 되는 것이 바람직하다."고 제시했다. 문교부의 위촉으로 건립 추진 일선에 나선 참여 학자가 공개되고 운영 방향이 흘러나오자 학계의 반응은 기대 반 실망 반으로 나뉘었지만 정문연이 흐려진 국민정신의 순화와 전통문화의 재창조 요람으로 기대하는 바람도 있다.](경향신문 77년 12월 20일 박석홍 기자)

70년대 언론은 국가권력의 통제를 받았다. 청와대 추진 계획은 발표 전에 보도하지 않는 엠바고가 불문율처럼 지켜지던 이상한 시대다. 교육학 모순·역사학의 식민사관 극복·새로운 반공교육·외국이론 수입모방에 급급한 학술의 후진성 탈피 등을 기사화하는 과정에서 한국정신문화연구원 발족 준비위원으로 위촉된 교수들을 통해 교육학 교수와 역사학 교수 사이에 이견이 있는 것을 알고 있었으나 발표까지 기다리며 해설 기사를 준비하고 있었다. 12월 19일 석간(중앙일보) 사회면에 정신문화교육원이 발족할 것이라는 기사가 나왔다. 문교부 출입 기자가 쓴 이 기사는 이 연구원의 기능은 국민 정신교육을 담당하는 교육기관이라는 것이다. 청와대 기사 엠바고를 지키기 위해 기다 렸던 나는 그 기사를 보고 다음 날 문화면 기사를 바꾸어 정신문화원 발족에 대한 학 계의 반응을 기사화했다. 20일 경향신문 기사가 나가자 언론인 출신 문교부 대변인이 내게 전화를 해서 항의했다. 대통령 지시로 추진 중인 사업을 함부로 다루었다며 지방 대학 학장인 아버지까지 거론했다. 문교부는 정신문화연구원을 고급 관리와 사회 각계 지도층의 정신교육기관쯤으로 설립하려던 계획과 전혀 다른 학계 오피니언 리더들의 여론 반영에 당황했던 것 같다. 정신문화연구원 개원 뒤 설립을 추진했던 한 부원장은 경향신문 기사가 보도된 뒤 대통령이 그 기사를 읽었다면서 대통령이 문교부가 위촉한 일부 인사에 대해 꼬집은 부분 외에는 기사의 지적에 대체로 수긍했다고 공개했다. 정 신문화연구원을 또 하나의 새마을 교육기관 정도로 구상했던 것과 달리 대통령은 학계 의 지적을 이해했던 것 같다. 정신문화연구원의 설립 당시 기본 건물구조를 보면 학술 연구보다는 교육기관으로 설계됐다. 집단 교육을 위한 대강당과 숙식할 수 있는 공간 이 이 연구원의 핵심시설이었다. 개원 준비 과정에서부터 국학자·교육학자·사회과학 자 사이의 설립 목적과 기능에 관해 이견을 좁히지 못했으며 시대가 요구하는 목표를 포용하지 못했다. 개원 후 연구원은 문교부의 전위대였던 윤리학 교육학파와 국학자, 사회학자 등 해외 유학파의 3파의 헤게머니 장악 싸움으로 표류하다가 노태우 정부 이 후 문교부장관이나 정치권의 권력 실세들의 보직자리로 전락했다. 당시 지방대 학장이 었던 아버지에게 문교부 대변인의 협박성 전화를 말씀드렸더니 학자들의 주장이 사실 이라면 괘념하지 말라고 하셨다. 나는 한 달 뒤 기사를 보완하여 신동아 78년 2월호 뉴스와 화제 학술 칼럼에 다시 기고했다.

(2) 국학진흥정책에 덧붙여

[정부가 경제개발 우선 정책에 밀려 있던 문화학술정책에 눈을 돌려 획기적인 정책 을 추진해 학계의 눈길을 끌었다. 문예진흥기금 3백20억 원 마련을 위한 관련 법령 정 비와 행정지원을 구체화했으며 45억 원이 투입되는 한국정신문화연구원(가칭) 개원 준 비 작업을 서두르고 있다. 국학 지원과 전승문화 발굴 보존 및 문예진흥과 아울러 새 학문 수용을 위한 국비 장학 해외 유학생도 금년에 50명을 선발 파견한다. 이 같은 학 술진흥정책 중 화제가 되고 있는 것은 국학연구 총본산으로 기대되는 한국정신문화연

구원 발족이다. 서울 근교 판교에 지난해부터 건립 중인 한국정신문화연구원은 건물 설립 및 기본 자료 수집에만 45억 원이 투입된다. 한국문화의 정수를 연구 개발하는 것을 제1목적으로 한 이 연구원은 지난 73년부터 구상한 정부 국학진흥정책을 구체화한 것으로 순수 학문기관으로 발전할 것을 기대하고 있다. 어떤 국가든지 그 사회의 전신적 기저를 진작시키는 이상이 없으면 정체되기 마련이며 사회의 지도 이념에 대한 국민적인 합의가 안 되면 국민 통합과 역동적인 발전을 기대할 수 없는 것이다. 그런데 우리 사회는 그동안 경제발전에 쫓겨 정신문화는 경시되고 민족의 자주성마저 손상을 입게 된 것이다. 현 정부는 60년대 후반부터 우리의 정체성을 찾자는 구호를 내걸고 한국문화의 창조적인 발전을 모색하기 위한 국학진흥사업을 펼쳤다. 고전 국역·문화재 보수 발굴·국악 연구 촉진 등 많은 일을 했으나 한국 전통문화의 체계화는 이루지 못했다. 실례로 78년 설립 5주년을 맞는 문예진흥원도 그동안 30여억 원을 문예진흥기금으로 풀었으나 나눠 먹기식의 예산 지원이었다. 특수 목적을 위해 설립된 기관은 물론이고 학술원 등 기존 학술기관과 대학 부설 국학연구소 등이 모두 제 기능을 못 하고 있는 상황에서 정부가 국학진흥을 목적으로 본격적인 학술연구기관을 발족시키는 것은 기대할 만하다. 금년 중 발족할 한국정신문화연구원은 10년 전에 설립돼 성과를 냈을 기관이 뒤늦게 재탄생하는 것이다. 5·16 직후 학·예술계는 민족문화의 보존 전승 개발 연구를 위한 기관으로 민족문화추진회 설립을 건의했다. 민족문화추진회는 유명무실한 학·예술원, 중앙도서관, 국립극장, 국악원 박물관 등 기존 기관을 통합하여 명실 공히 국학 연구 총본산을 만들려고 했다. 그러나 이 기관을 맡은 문교부가 예산 부족을 구실로 민족문화추진회를 고전 국역 사업만 전담하는 기구로 변질시켰다. 그 뒤에도 국민교육과 국학진흥을 위한 연구소 설립이 계속 거론돼 경기도 이천 부근에 건물까지 마련했으나 이것도 유네스코 청소년훈련기관으로 축소되어 운영하고 있다. 지식사회 요구로 국학진흥과 한국인의 정체성 확립을 모색할 본격적인 학술연구기구 발족이 결정되어 문교부가 추진하면 본래의 목적과 다른 이상한 연구소나 훈련원으로 변질되었던 것이다. 새로 판교에 세우는 한국정신문화연구원도 그렇게 되지 않으리라는 보장이 없다. 건물 착공 중 준비위원회(위원장 김태길)가 국민정신교육 훈련기관을 건립 중이라고 문교부 출입 기자가 보도했다. 문교부 정책 사업에 들러리 역할을 해 온 일부 교육학자들이 이번에도 국학진흥 사업을 변질시키려 하자 김충렬 고대교수 등 일부 준비위원들이 학술기관 설립 취지가 훼손돼서는 안 된다고 강력히 반발했고 청와대가 이런 학자들의 여론을 수렴하는 방향으로 바로잡은 것은 다행이다. 그동안 일부

교육학자들은 다인수 학급의 교육 모순을 미국 교육학 방법론으로 해결할 수 있다며 부교재 장사로 영리를 취하고 교사와 학생의 교육 조건은 개선되지 않는 모순을 가중시키는 공범 역할을 했다. 이번에 국학자들이 교육학자들의 주장에 정면으로 반대한 것은 일부 교육학자들의 과거 행태로 인한 불신과 이들이 전통문화 연구와는 거리가 먼 비전문가들이었기 때문이다.

10년 전 민족문화추진회의 변질의 전철을 밟지 않게 준비위원들은 개원할 때까지 최선을 다해야 할 것이다. 문교부로부터 독립시켜야 이 연구원이 제 기능을 할 것이다. 집현전이나 자유중국 중앙연구원이 한국정신문화연구원의 모델이 되면 좋을 것 같다. 세종대왕이 북방 국경 문제를 해결하고 세운 집현전은 처음 10년간 젊은 학자들에게 순수 학문에만 전념하게 하고 그들의 연구 과제도 개방적이었다. 우리나라 KIST와 비슷하게 운영되는 자유중국 중앙연구원은 총통 직속기관으로 역사언어연구소·민족학연구소·고고학연구소·중국문학연구소 등 24개 연구소가 있고 연구원은 최고 석학들로 구성돼 있다. 해외 거주 두뇌까지 망라한 중앙연구원을 자유중국은 나라의 심장이라고 자랑하고 있고 이 연구원은 그런 역할을 하고 있다. 뒤늦은 발족이지만 조급하게 결실을 바라지 않고 10년 뒤를 내다보는 자세로 운영한다면 나라 발전에 기여할 것이다.]
(신동아 78년 2월호 뉴스와 화제, 학술, 박석흥)

3) 한국정신문화연구원 개원

[국학 연구의 총본산으로 기대되는 한국정신문화연구원이 1978년 6월 30일 개원했다. 경기도 성남시 운중동 청계산 기슭 4만 5천 평 대지 위에 우리 고전미를 살려 지은 9동의 연구원은 국학 연구 요람으로 손색없는 시설을 갖추었다. 76년 대통령 특별지시로 2년간 40여억 원이 투입돼 몇 차례 수정을 거쳐 이날 개원한 정문연은 제3공화국의 가장 야심적인 문화사업으로 보인다.

①한국 전통문화 연구를 통한 우리 문화의 정수 발굴, ②주체적 역사관의 정립, ③건전한 가치관 정립, ④국학 연구 지원, ⑥미래지향적인 새 문화방향 탐구, ⑦한국고전 편찬 및 번역, ⑧국학 연구원 양성, ⑨사회지도급 인사의 공동 연찬 등을 목적 사업으로 밝힌 정문연은 5부 14실 6과로 출범했다. 국내학계의 관심보다 미국, 일본, 중국,

북한의 주목을 받고 있는 이 연구원은 중세문화, 일제식민문화, 미국문화의 혼재로 흐려진 한국문화의 정체성을 확인하고 새 문화 창조 이념을 찾아야 한다는 무거운 과제를 안고 출발했다. 사회 전환기에 한 시대를 이끌어 갈 문화체계의 수립이란 많은 시행착오의 시간과 피땀을 필요로 한다. 정부가 이 연구원을 만들어 한국문화 전반을 검토하여 현대 한국문화의 올바른 방향 설정을 모색하기에 이른 것은 많은 실천 경험을 토대로 한 것이다. 일제 침략기에 성립된 식민지식 근대화 이론만으로는 전 국민이 공감하고 따르지 않고 다른 민족과의 경쟁에도 불리하다는 것을 정부가 뒤늦게나마 깨닫게 된 역사적 경험의 소산이다. 제3공화국은 5·16 직후부터 민족문화 재창조를 위해 민족문화추진회 조직 등 다양한 문화정책을 펴 새바람을 일으키긴 했으나 큰 성과를 거두지 못했다. 이렇게 된 원인은 문교부 학술원, 국사편찬위원회 등 국가기관이 제 기능을 다할 수 없었던 구조적 모순과 벽에 부딪힌 학계의 한계 및 담당 관료의 무능력과 무사안일을 열거할 수 있다. 한국정신문화연구원의 발족은 현대문화의 한계성을 솔직하게 인정하고 이를 극복하겠다는 정부의 의지가 담겨 있어 인문과학 분야에 좋은 충격을 줄 것으로 기대된다. 학계는 한국문화 전반을 연구해야 할 정문연 조직에 정치학, 경제학 등 일부 학문이 빠진 것을 아쉬워하며 능력 있는 학자들이 대거 참여해 세계학계와 어깨를 나란히 하는 연구기관으로 발전하기를 당부한다. 보직자 전원이 파견근무 체제로 출범 연구원 보직자들의 기관에 대한 주인의식 우려된다. 연구원 진용은 다음과 같다.

원장－이선근(동국대총장, 국사학), 부원장－고광도(관리담당), 김태길(연구담당), 연구1부장－김철준(서울대, 국사학), 철학연구실장－유승국(성대, 동양철학), 사학연구실장－윤병석(인하대, 국사학), 어문연구실장－유창균(계명대, 국어학), 예술연구실장－안휘준(홍대, 미술서학), 연구2부장－이규호(연세대, 철학), 윤리연구실장－차인석(서울대, 철학), 사회연구실장－임희섭(고대, 사회학), 교육연구실장－이상주(서울대, 교육학), 연구3부장－이기영(동국대, 철학), 연구협력실장－김영철(고대, 철학), 고전자료편찬실장－정형우(연대, 도서관학), 자료실장－이종무, 도서실장－이종무, 연찬부장－강우철(이대, 교육학), 연찬발전실장－이돈희(서울대, 교육학), 총무부장－이종률(전 안동대학장)

(신동아 78.8. 뉴스와 화제, 학술, 경향신문 78.6.16. 박석홍 기자)

1978년 6월 30일 11시 한국정신문화연구원 개원식에서 박정희 대통령은 "자주정신은 문화 창조력의 원천이며 전통은 바로 문화의 바탕이자 맥락이며 전통문화에 대한 애착과 긍지에서 우러나는 것"이라고 지적하고 한국정신문화연구원을 국학 연구의 총본산이자 권위 있는 한국학 연구기관으로 키워 나가자고 당부했다. 박 대통령은 개원식 치사를 통해 진정한 근대화와 민족중흥을 이룩하기 위해서는 경제발전에 발맞춰 전통에 바탕을 둔 새로운 민족문화의 창조와 계발에 부단한 노력을 기울여야 한다고 말했다. 박 대통령은 "이 연구원의 설립 취지와 목적은 우리 전통문화를 보다 깊이 연구하고 올바로 이해하여 주체적 민족사관을 정립하고 조상의 빛난 얼과 자주정신을 오늘에 되살려 새로운 문화 창조와 민족중흥에 적극 기여하자는 데 있다."고 밝혔다. 박 대통령은 "이 땅에 다시 한 번 찬란한 배달문화의 꽃을 피우고 현대 세계의 사상적 혼미를 초극하는 예지의 등불을 밝혀 보자는 원대한 꿈을 안고 이 연구원의 문을 여는 것"이라고 말했다. 박 대통령은 개원식 후 운중관에서 이선근 원장, 이병도, 박종화, 이숭령, 이은상, 신석호 씨 등 원로 석학들과 오찬을 나누며 연구원의 발전을 학계에 당부했다. 박 대통령은 "민족을 나무에 비유한다면 민족문화는 뿌리라고 할 수 있지요. 뿌리를 잘 가꾸어야 가지도 잘 뻗고 나무가 무성하게 자라는 법이지요. 정신문화연구원 설립은 우리 고유문화를 잘 발전시켜 나가면서 인류문화에 공헌하자는 것입니다. 결코 배타적으로 나가는 것이 아니라 우리 문화가 건전해야 남에게 도움이 되고 공헌할 수도 있고 제 것을 잘 다듬어 가져야 남의 것도 슬기롭게 받아들일 수 있다는 것입니다. 5·16 직후 우리나라에 약 3만의 화교가 있었고 지금도 비슷할 것인데, 동남아 일대에는 화교가 3천만 명이나 된다고 합니다. 이것은 무엇을 의미하느냐 하면 이민족 간에 문화가 뒤진 자, 약한 자가 흡수되게 마련인 반면 대등하거나 오히려 높으면 건너와 사는 민족이 동화된다는 뜻입니다. 자주 와서 산책도 하고 일을 많이 해 주기 바랍니다."라고 말하면서 이 연구원에 대한 자부심과 애정을 표현했다.

(1) 정문연 사학연구실 - 78년 한국사학 제1회 연구협의회 개최

[한국정신문화연구원 사학연구실이 주최한 제1회 한국사학연구협의회가 10월 13~14일 열려 한국사의 새 연구풍토 조성을 아젠다로 제시했다. 서양사학자 민석홍 서울대 인문대학장은 한국사 연구가 통합적이고 체계적인 재구성이 미흡하다고 지적했다. 재래의 전통적인 연구 방법을 과감하게 탈피해 세계사적인 시야는 어렵다 하더라도 최소한 아시아적인 시각으로는 한국사를 재구성해야 한다고 주장했다. 동양사학자 고병익 서울대 부총장은 엄밀성과 거시적 고찰 결여와 난삽한 논문 구성 등을 비판했다. 일제 식민사학의 문헌고증학의 한계를 반성하긴 했으나 안이하게 결론을 이끄는 경향이나

치밀한 사료 검증이 결여된 논리의 구성은 한국사학을 위태롭게 할 것이라고 충고했다. 학보에 발표되는 논문의 난삽성도 시정할 것을 지적했다. 한국사학자 최승희 계명대교수는 고문서학의 부재와 당파성을 띤 국사학의 한계 극복을 주장했다(신동아 78.12. 뉴스와 화제, 학술).

(2) 78년 정문연 방언조사 착수

[건국 30주년에 학계는 30년 업적을 1차 정리하는 작업과 아울러 60년대 불붙은 국학 정립과 해방 후 수입 학문의 한계성이 드러난 사회과학 토착화 토론을 가졌다. 주체적 민족사관 확립과 전통문화 재창조를 내걸고 한국정신문화연구원이 개원한 것은 국학진흥의 전기로 기대된다. 6월 30일 개원 후 15회의 연구협의회에 3백여 명의 학자가 초대돼 대규모 개원기념학술회의를 열어 국학 연구의 기본 방향을 탐색했다. 방언조사, 구비문학 자료 수집 등의 작업이 연구원 1차 사업으로 확정했다. 78년에 있었던 문화계 하이라이트는 국편의 '한국사' 25권 완간, 광무개혁논쟁, 사육신 공원시비, 방언지도 조사 착수, 양면핵석기 발견, 단양적성비 발굴, 한국정신문화연구원 개원 교육학 반성학술회의 등이었다(경향신문 78.12.12. 박석홍 기자).

4) 정문연 원장의 잦은 교체

(1) 79년 김태길 부원장, 강우철 연찬부장 등 사퇴

[정문연의 성격과 기본 기능을 둘러싸고 원장과 부원장이 이견을 보여 개원 1년 만에 기구·연구진이 대폭 개편되었다. 개원 당시 파견 근무 형식으로 참여한 교수들은 이선근 원장 등 국학교수와 김태길 부원장을 주축으로 한 윤리철학, 교육학 교수와 독일 유학자 이규호 교수 등 3그룹으로 구분되었다. 이들 중 개원 준비 과정에서부터 연찬 업무를 역설해 온 교육학자와 윤리학 교수들이 연구원을 떠났다. 김태길 부원장과 함께 강우철 연찬실장, 차인석 윤리연구실장, 이돈희 연찬발전실장이 동반 사퇴하고 이규호 연구2부장도 이선근 원장 체제에 반대하고 사퇴했다. 주요 보직자들의 사퇴로 진

통을 겪은 연구원은 이병근, 강성위, 김형효, 김선풍, 차경수, 한승조, 오진환 교수 등을 연구원으로 위촉하고 민족문화대백과사전 편찬과 1백 건의 위탁 연구 사업을 추진키로 결정했다. 정치교육 기능과 국학 연구의 두 과제 중 어느 것에 치중할 것인가를 둘러싸고 의견 대립을 보이던 정문연은 일단 국학 연구로 가닥 잡았으나 정문연 인사에 대한 학계의 반발을 잠재우지는 못했다.](경향신문 79.9.19. 박석홍 기자)

(2) 80년 4부 12실로 통합

[한국정신문화연구원 이사회가 1월 16일 열려 5부 15실을 4부 12실로 기구를 개편하고 정치교육의 오해 소지가 있던 연찬부를 신설 한국학 대학원 연찬실로 축소시켰다. 78년 6월 개원한 정문연은 연구원 건물 건립 당시까지도 정치교육기관으로 추진됐다가 개원 직전 국학연구기관으로 바뀌었으며 파견 교수들조차 연구원 성격에 대한 합의를 보지 못해 그동안 많은 진통을 치렀다. 출범 당시부터 파견 교수들의 성향이 크게 3대 산맥으로 구분됐던 정문연은 지난 1년 반 동안 이념을 달리하는 조직 내 갈등 속에 고대, 서강대, 연대 국사 전공자들이 연구원 공동 연구에 불참하는 문제점을 드러냈다. 개원 준비 과정부터 참여했던 한 교수는 취지문 작성에만 3개월이 걸렸다고 이면사를 공개하며 국학자들의 한계도 고백했다. 정문연 건물 준비 과정에 3번이나 찾아왔던 박 대통령은 개원 후 연구원이 내분으로 시끄럽자 한 번도 방문하지 않았다. 국가보위 비상대책위원회가 신설된 후 문교부 산하 학예술원 교육개발원과 함께 정신문화연구원도 개편 대상이 되었다(경향신문 80.1.21, 80.9.16. 박석홍 기자).

(3) 81년 12월 고병익 원장, 김대환 부원장 사퇴

[80년 10월 28일 이선근 초대원장 후임으로 제2대 원장이 된 고병익 원장은 81년 12월 22일 김대환 부원장과 함께 사표를 냈다. 이선근, 김태길 체제처럼 고병익, 김대환 체제도 원만하지 못했다. 고병익, 김대환 체제는 정문연의 기구 일부를 개편하고 지도자 연찬 사업을 펴긴 했으나 연구원 운영에 대한 이견이 자주 노출돼 연구원이 정체 상태에 빠졌다. 고병익 원장은 취임사에서 "민족문화와 전통적 가치관이 크게 흔들리고 있는 현대사회에서 국가와 민족의 미래를 내다보면서 한국민족이 닦아 나가야 할 문화와 지녀야 할 가치관의 방향을 모색하는 일은 지난하면서도 긴요하다."고 전제하

고 "일시적인 기초 박약한 연구가 아니라 민족문화의 창조적 기반이 될 수 있는 튼튼한 연구"를 강조했다. 고 원장은 연구 주제가 역사의식과 현재적 의미가 깊이 관련되도록 노력해야 하며 한국문화 연구가 국내 타 분야는 물론 국외학자들과의 연구 협력을 주장했다. 고 원장의 취임 주장과 달리 연구원은 인문과학 연구원과 사화과학 연구원들 사이의 대립과 견해 차이가 심하고 연구원 기본 방향에 대한 고위 담당자의 갈등이 심했다. 정문연이 개원 3년 사이에 4차례나 기구를 개편하고 원장, 부원장이 자주 바뀌는 것은 연구원 기본 기능이 불확실했기 때문에 생긴 것이다. 정문연은 3년간 1백50억 원을 학계에 투입하여 음지의 인문과학에 새바람을 일으키긴 했으나 비효율적인 투자였다는 비판도 있다. 금년 9천만 원 예산으로 전 대학원생의 해외 파견 및 한미 1백주년 학술회의 지원 등은 지나친 예산 낭비였다는 지적을 받았다(경향신문 81.12.24. 박석흥).

(4) 81년 정재각 제3대원장 선임

[한국정신문화연구원 이사회는 제3대 원장으로 정재각 동대 총장을 선임했다. 정재각 원장은 82년도 연구 과제를 발표하며 연구원이 정책 응용 연구를 우선하며 사회통합을 위한 연찬 업무를 강화한다고 밝혔다. 82년도 연구 사업은 위탁 36건, 공모 37건으로 공동 연구 과제가 많은 것이 특색이다. 이데올로기와 정의 복지사회 구현을 위한 연구를 중점 지원한다. 정책 연구가 52%이며 분야별 응용 연구가 32%, 기초 이론 연구가 16%다. 국민정신교육 강화를 위한 연구 연찬도 크게 보강하고 있다. 장차관 총학장 언론계간부 종교계 문화계 인사를 대상으로 한 국가지도자 간담회가 실시되며 지식단체를 대상으로 특별 연찬과 학술 연찬도 베풀어진다. 대학원학위 과정도 7개 학과 14개 전공으로 확대했다. 대학원 전임 교수로 황성모, 강신표, 김형효, 조동일, 이성무, 최근덕, 이수윤, 강광식 등 8명을 전임 교수로 위촉했다. 80년에 착수한 한국민족문화대백과사전 편찬 계획을 전면 수정했다. 79년 대통령령 9천6백28호 한국민족문화대백과사전 사업추진위원회 규정에 따라 국가사업으로 추진됐으나 담당자 잦은 교체로 기본적인 체제도 갖추지 못했다. 사업 시작한 지 2년 동안 편찬부장이 이기영(종교학), 이명구(국문학), 송병기(국사학) 교수로 3명이 바뀌는 우여곡절 끝에 예산도 집행 못하는 혼선을 빚고 있다. 첫해 3억 원의 예산 가운데 1억 원이 81년에는 8억 5천만 원 예산 중 2억 원이 국고로 환수됐다. 증보문헌비고가 1백 년, 프랑스대백과사전이 80년,

엔사클로드브리타니커가 55년 걸렸다. 백과사전 편찬을 5년으로 예정한 것부터 잘못이었다. 분야별 사전부터 먼저 출간하는 것이 순서일 것 같다.](경향신문 82.1.7, 1.8, 4.5, 6.1. 박석홍 기자)

(5) 83년 유승국·김형효 체제 - 40대가 전담

[83년 2월 12일 서울 외교구락부에서 열린 정문연 이사회는 유승국 교수와 김형효 교수를 원장과 부원장으로 선임, 연구원 출범 후 4번째 인사 개편을 단행했다. 3년 임기가 끝나지 않은 정재각 원장, 김운태 부원장, 김대환 대학원장의 사퇴로 정문연 역대 원장은 모두 임기를 채우지 못하고 물러나는 좋지 못한 전통을 만들었다. 원장 교체에 앞서 7개 학과 14개 전공 대학원과정 중 역사학과 국민윤리학과만 남기고 원장은 대학원장을 겸임토록 축소하고, 국민정신교육 강화를 위해 연찬부를 국민정신교육부로 확대 개편했다. 퇴임하는 정재각 원장은 한국지도자육성재단 이사장을 맡으며 김운태 부원장, 김대환 대학원장은 대학으로 복귀했다. 개원 직후 이선근 원장·김태길 부원장의 갈등을 비롯하여 계속되는 원장과 부원장의 내홍을 막기 위해 이사회는 '이성과 현실' 공저자인 유승국·김형효 체제를 탄생시켰다. 민족문화창달과 정신문화계발을 목표로 개원한 정문연은 미국 유학 교육학자, 독일 유학파 국학 전공 국내학파가 대립되어 기본 운영 방향조차 정립 못 하고 표류해 왔다. 이것은 우리 학계의 주체적인 문화인식 빈곤과 역량의 한계를 드러낸 것이었다. 신임 유승국 원장은 "연구원은 우리 시대가 요청하는 산업 시대 도덕문화, 현대사회의 정치문화, 민족통일 이념, 전통문화의 보편화 등을 연구 정립하는 지성의 전당이 되어야 한다."고 취임사에서 밝히고 연구원 기본 운영 목표를 현실 타개에 역점을 두겠다고 선언했다. 연구원은 원장, 부원장, 부장 등을 전임제로 하기로 하고 40대가 요직을 맡았다. 국민정신교육을 강화하고 소장의 참여의 길을 크게 넓혔으나 학계 지원이 숙제로 남았다.](경향신문 83년 2월 14일, 신동아 83년 4월 뉴스와 화제, 학술, 박석홍)

개원 6년 만에 국민교육 총본산으로 전환

[정신문화연구원이 개원 6년 만에 국학 연구의 총본산에서 국민정신교육의 총본산으로 전향했다. 유승국 정문연 원장은 84년 5월 17일 84년 연구원 사업추진 계획을 발

표하면서 국민정신교육 기능을 강화하겠다고 밝혔다. 정문연은 개원 당시 ▲한국문화의 정수연구 ▲주체적 사관과 건전한 가치관 정립 ▲미래 한국의 좌표와 기본 원리 탐구 ▲국민정신 고양을 내걸었으나 국학진흥과 국민정신교육 두 과제를 두고 혼미를 거듭해 왔다. 유승국, 김형효 체제는 정문연 준비 과정에서 흘러나온 국민정신교육 기능으로 다시 돌아간 것이다. 국민정신교육을 중심 사업으로 확정한 정문연은 금년도 56억 3천만 원 예산 가운데 10.3%를 국민정신교육 사업에 투자하며 기초 연구 사업, 협력 사업 연구 지원 사업비 가운데도 많은 기금이 국민정신교육 강화비로 투입케 된다. 160여 개 각종 연수기관의 국민정신교육 실태 및 전국대학 이념 교육 실태를 분석 평가, 개선 방안도 제시한다. 국민정신교육 연구를 위해 34개의 연구 과제가 금년에 추진된다. ▲주요 국가의 정신교육 비교 ▲국민의식 종합진단 ▲칼 마르크스의 교육이념 ▲국가안보와 사회학 등이 공동 연구로 추진된다. 교육연찬기회를 확대해 지도급 인사를 합숙 훈련시킨다. 국민사상교육 사업으로 64건이 추진된다.](경향신문 84.5.17, 신동아 87.4. 뉴스와 화제, 학술, 박석흥 기자)

(6) 김철준 원장 순직으로 원장은 **퇴직 총리 장관과 친여 인사의 보직자리로**

유승국 원장 정년 후 86년 2월 문홍주 전 문교부장관이 5대 정문연 원장으로 부임하면서 정문연은 정관을 "한국학 관계 연구인 양성"을 "주체적 역사관과 국가관이 투철한 인재 양성"으로 개정하고 기구도 기초 연구부를 8개에서 3개로 축소, 본격적인 정신교육기관으로 전환했다. 연구원 파견 근무 37명 교수 중 12명이 87년 10월 "정문연이 '국민정신교육 보조연구소', '정치학교', '정치연수원'으로 전락하는 것은 국민과 사회의 기대를 배신하는 것"이라는 항의성 건의문을 문 원장에게 제출했고 전직 정문연 교수 27명도 88년 1월 17일 "정문연은 국학 연구의 중추기관임을 분명히 해야 한다."는 건의문을 발표하여 연구원 내 서명교수들을 지원했다.

전두환 정권에서 노태우 정권으로 바뀐 뒤 국사학자 김철준 서울대 인문대학장이 88년 9월 14일 6대 정문연 원장으로 부임, 정문연을 국학 연구의 총본산으로 전환을 모색했으나 김 원장이 89년 1월 17일 원장실에서 순직한 후 그다음 원장은 이현재, 이영덕, 한상진, 장을병, 윤덕홍 씨 등 국학과 거리가 먼 전직 총리나 전직 교육부장관이나 권력 실세인 정치학자, 사회학자들에게 돌아갔다.

정문연 개원 당시 제1부장으로 참여했던 김철준 제6대 원장은 "전통문화 전반에 대한 종합적인 연구기관으로 출발했던 정문연이 국민정신훈련도장으로 전락했다는 비난을 받고 있다.”고 지적하고 정문연이 다시 국학연구위 총본산, 한국지성의 최고 권위를 확고히 하자고 취임사에서 말했다. 그러나 노조의 집단 행동에 밀려 고전하다가 박 모 연구원과 면담하다가 원장실에서 순직했다. 김원장 순직 후 3개월간 정문연 원장은 공석으로 표류했다. 김철준 원장의 순직까지 몰고 온 연구원 개혁 주장은 관체제에서 탈피, 순수학문 연구기관으로의 탈바꿈이었으나 물러난 교육부장관이 가서 시간 보내는 자리로 전락했다. 노무현 정부는 연구원 이름까지 한국학 중앙연구원으로 변경하고 거액의 연구비를 지원했으나 국사학자들은 체계 없이 산만한 연구비 지급이 세금을 낭비했다는 비판을 받을 염려가 있다고 걱정한다. 정문연은 다시 교육부 관리와 교육학자에게 넘어가 국학 발전이나 한국정신문화 진흥과 먼 이상한 연구소로 전락했다. 그러나 한국학 대학원 출신 학자들이 각 분야에 진출하여 국학 연구에 참여하고 있으며 한국정신문화 대백과사전이 우여곡절 끝에 나왔다. 전임 출판부장도 비판하는 문제점도 있긴 하나 대백과사전은 기념비적인 업적임에는 틀림없다. 노무현 정부시절 정문연이 교육부 퇴직관리 보직처로 전락한 것은 국학진흥에 대한 장기 전략이 없는 교육부 관료 체질도 한 원인이었던 것 같다. 박정희 대통령은 연구원 건립 공사 중 세 번이나 찾아와 독려했으나 개원 후 연구원이 내분으로 갈등하자 멀리했다고 고광도 부원장은 말했다.

7. 민족문화추진회, 세종대왕기념사업회

1) 민족문화추진회

한국고전연구원 개원

[우리나라 고전의 한글화를 추진하고 있는 민족문화추진회가 국역후계자 양성을 위해 부설 한국고전연구원을 70년 8월 24일 서울 종로구 당주동 민족문화추진회 사무실에서 개원했다. 현재 국역에 참여하고 있는 한학자의 대부분이 70세 노령으로 후진 양

성의 필요성을 위해 발족한 것이다. 제1기 수강자 29명은 대부분 대학에서 국학 분야를 전공하는 강사급 학자들이다. 강의는 이병도(사서 당의통략), 성낙훈(좌전 사기 당송팔가문), 하성재(삼국지동이전 사기 동이전 개국만필), 조규철(장자), 신호열(시경), 임창순(서경) 씨다. 1965년 11월 발족한 민족문화추진회는 11종 43책을 국역했다. 발족 이후 문교부의 지원을 받던 사회단체 민족문화추진회가 70년 2월 해산하고 재단법인으로 재출발하면서 문공부체제로 들어가면서 고전국역원 개원과 함께 국역 대상을 문집 중심에서 탈피, 사상·사서·사회·자연·문학예술·유서(類書) 6종을 선정했다.

　▲사상＝여유당 전집, 삼봉집 등 45종 ▲사서＝이조실록, 해동역사 ▲사회＝담헌설총, 규합총서 등 39종 ▲자연＝산림경제, 향약집성 ▲문학예술＝익재집, 목은집 ▲유서＝증보문헌비고, 성호사설 등 11집(경향신문 1970.8.25. 박석홍 기자)

(1) 사회단체로 1965년 11월 6일 조직

　민족문화 진흥을 정부에 건의하기 위해 학술, 문화, 예술 활동에 종사하는 대표적인 지식인들이 60년대에 결성한 사회단체가 민족문화추진회다. 65년 10월 13일 김계숙, 김상기, 박종화, 박종홍, 신석호, 이병도, 이해랑, 최상수, 최현배 씨 등이 한국의 집에서 발기인회를 조직하고 이병도 씨를 대표로 선정, 1965년 11월 6일 서울대 의대강당에서 창립회원 50인이 참석하여 창립총회를 가졌다. 초대 회장은 박종화(朴鍾和), 부회장은 이병도(李丙燾)·최현배(崔鉉培) 씨였으며, 김동리(金東里)·손재형(孫在馨)·신석호(申奭鎬)·이은상(李殷相)·조연현(趙演鉉)·홍이섭(洪以燮) 씨가 이사로, 김두종(金斗鍾)·김윤경(金允經)·성낙훈(成樂熏)·이숭녕(李崇寧)·이희승(李熙昇)·한갑수(韓甲洙) 씨 등이 회원으로 참여하였다. 이사회 밑에 고전 번역편집위원회를 두어 고전번역을 전담하도록 했다. 고전번역은 64년 한글날 한글학회(이사장 최현배) 건의문이 촉구했던 것으로 민족문화추진회 발족과 함께 민추의 중요 업무로 결정됐다.
총회는 다음과 같은 결성문을 채택했다.
　"한 민족의 정신을 계발시키고 품위 높게 조절시켜서 지도자가 사유하는 국가의 국시를 민중으로 하여금 지향케 하여 국가의 이상을 실현하는 과정을 문화라 부르고 이 과정에서 소산하는 바를 문화재라 일컫는 것이다. 이 문화재의 축적은 인류문화의 역사가 되는 것이요 찬란한 문화가 되는 것이다. …… 이족의 질곡에서 겨우 벗어났으나 우리의 자주적인 학문, 예술 창조는 공산 계열의 사상과 미풍양속을 교란시키는 외래

풍조로 민족주체의식을 상실케 하는 위기에 봉착하고 말았다. 이 슬픈 사실을 바라보고만 있을 수 없다. 학문과 예술로 민족의 얼을 부흥시켜서 국가의 이상을 실현케 하는 과정을 밟으면서 크게 민족문화를 앙양시켜야 할 것이다. 뜻을 같이한 우리는 민족문화 추진을 위한 이 모임을 갖기로 한다.” 창립총회에 참석한 회원들은 박 대통령을 예방하고 민족문화 진흥에 관한 건의서를 전달했다. 민족문화의 보전·전승·계발·연구를 추진하여 민족문화의 진흥에 이바지함을 목적으로 문화시설의 확충, 문화활동 지원, 문화행정의 일원화를 정부에 건의하였다. ①학예술원 신축, ②세종대왕기념관 건립, ③국립도서관 이전, ④국사편찬위원회 청사 마련, ⑤문화단체와 학회 연구회 등에 사업비, 연구비 지원, ⑥문화행정의 일원화 등 문화 전반에 걸친 여건 조성 등의 내용이 포함되어 있다.

1965년 11월 15일 제1차 이사회에서 회장에 박종화, 부회장에 이병도, 최현배 씨를 선임했다. 회의 명칭은 민족문화추진위원회에서 민족문화추진회로 바꾸었다. 간사에 김강현, 서기에 박종국 씨를 임명했다. 사무실은 교보빌딩 뒤 예술원사무국으로 정했다. 65년 12월 23일에 열린 제2차 이사회에서 홍이섭 이사는 학예술원 청사 및 세종대왕기념관 건립도 중요하지만 민족문화에 대한 연구가 있어야 한다고 역설했다. 출범 당시 민족문화 전반의 문제를 다루고자 하였으나 청사 건립은 별개 문제로 추진하는 움직임이 있어 변별되는 고전 국역 사업에 집중하게 되었다. 1966년도 국고보조금 1천만 원이 나와 서울 종로구 당주동에 66년 5월 고전번역을 위한 사무실을 마련했다. 첫해인 66년에 연려실기술이 번역되고 68년에는 고려사절요, 열하일기, 퇴계집, 율곡집, 사변록, 동문선 등이 국역되었다.

(2) 재단법인으로 변신, 부설 고전국역연수원 개원

1970년 2월 제5차 총회를 문화공보부 회의실에서 열고 사회단체 민족문화추진회의 해산을 결의하고 재단법인 민족문화추진회로 재출범했다. 재단법인으로 변신 과정에서 한국고전연구원이 개설된 것이다. 민족문화추진회 출범 전에는 동아대 고전연구실이 고려사, 고려대 민족문화 연구소가 대전회통을 국역했고, 충남대 법제처 등에서 한국고전을 국역하는 것이 고작이었다. 재단법인 민족문화추진회 출범에 때맞춰 단국대 동양학연구소 대양서적(한국의 명저) 동화출판공사(한국의 사상대전집)도 고전 국역 사업에 참여했다. 민추의 국역 사업은 국역 연려실기술을 필두로 조선왕조실록, 승정원일기,

일성록, 조선 왕조의 각종 의궤(儀軌)류 등 역사 자료를 비롯하여 일반 문집 등 고전 자료 전반에 걸쳐 700여 책이 국역 간행되었다. 편찬 사업으로는 교감 삼국유사 등 한국 고전 총서 3책이 간행되었으며, 1986년부터는 한국 문집을 총정리하여 한국문집총간(韓國文集叢刊)으로 간행하는 사업에 착수하여 해제집과 색인을 포함해 250여 책이 간행되었다. 한국문집 정리는 윤남한 중앙대교수의 선구적인 작업이 크게 기여했다. 한국 고전 전산화 사업을 추진하여 국역된 조선왕조실록, 국역 순암집, 국역 점필재집 등을 CD로 간행하는 한편, 국역된 고전과 원전 자료인 한국문집총간(韓國文集叢刊)을 전산화하여 2000년부터 인터넷 서비스를 하고 있다.

국역자 양성 사업은 고전적 정리와 국역에 필요한 후계자를 양성하기 위해 1970년부터 착수하여 1974년부터는 부설 국역연수원을 개원하고, 연수부 3년, 상임 연구부 3년, 일반 연구부 2년 과정을 개설하였다. 사서오경을 비롯하여 고법전 강독·사적 강독 등 기본 과목과 한국 및 중국의 중요 고전과 국역 실습 등의 교육을 실시, 전문 인력을 양성하고 있으며, 현재 860여 명의 연수생이 배출되어 학계와 교육, 언론, 예술계 등 국학 관련 각 분야에서 활동하고 있다. 1980년부터는 고전 이해의 저변 확대를 위해 민족문화문고를 간행하고 고전 읽기 운동을 전개하고 있다. 민족 고전의 현대화를 추진하여 근대 개화기 이후 정치 상황과 문자 생활의 변화가 가져온 민족문화 전통의 단절을 극복하고, 전통과 현대를 잇는 교량 구실을 하였으며 나아가 민족문화 기반의 구축에 일익을 담당하고 있다. 초기 문화공보부의 예산 지원을 받았던 민추는 80년대 문교부로 이관되어 문교부의 지원을 받으며 고전 국역을 맡아 왔다. 2007년 7월 3일 '한국고전번역원법'이 국회에서 통과 8월 3일 공포돼 정부출연에 의한 고전 국역 작업을 국가 주도로 추진하도록 바꾸었다. 2008년 1월 한국고전번역원으로 바꾸었다. 문교부에서 문공부 다시 문교부로 지원기관이 바뀌며 여러 번 민족문화추진회의 진로가 흔들릴 때마다 추진회의 기본설립 취지를 관계기관에 설득해 고전 국역 사업을 본궤도에 올려놓은 이계황 전통문화연구회회장의 공로가 컸다.

2) 세종대왕기념사업회

1956년 10월 9일, 세종대왕의 성덕과 위업을 추모하여 이를 길이 보존, 선양하고 민족문화 창달에 이바지함을 목적으로 설립된 공익법인이다. 56년 10월 4일 최현배 한글학회이사장, 홍종인 조선일보주필, 이희승 전국대학국어국문학교수단 이사장, 이태국 국어국문학회회장, 윤우경 구왕궁 사무총국장, 정태시 대한교련사무국장의 발기로 출범했다.

1968년 10월부터 서울특별시 동대문구 청량리동에 세종대왕기념관을 건립하고, 세종대왕에 관한 문헌 및 국학자료의 편찬, 간행, 세종대왕의 유물 및 유적의 수집과 보존, 우리 겨레의 학술과 예술의 진흥 및 선전, 한글기계화와 연구, 국학에 관한 연구 및 교육, 고전 국역 간행 등의 사업을 했다. 세종대왕 전기를 내고 세종실록을 비롯한 조선왕조실록과 일반 고전의 국역 및 영인 발간, 교양국사총서·한국선현위인어록·세종대왕어록·세종연구자료총서·세종문화문고·세종대왕연보·세종문화유적총람 등을 편찬하였다. 학술지 세종학연구 등을 간행하였으며, 구영릉의 세종대왕신도비 및 석물을 발굴하여 기념관으로 이전했다.

주요 간행물은 세종장헌대왕실록 국역 30책, King Seijong The Great 1책, 세종대왕 1책, 태조강헌대왕실록 국역 3책, 정종공정대왕실록 2책, 태종공정대왕실록 9책, 문종실록 4책, 단종실록 4책, 세조실록 12책, 예종실록 43책, 숙종실록 34책, 경종실록 5책, 영조실록 38책, 정조실록 12책, 순조실록 14책, 헌종실록 3책, 철종실록 3책, 승정원일기(순종) 7책 등이 있다.

조선왕조실록 주석색인 1책, 조선왕조실록 인명색인 1집, 매월당집 5책, 장릉지 1책, 삼강행실도 3책, 공사견문록 1책, 증보문헌비고 40책(색인포함), 교양국사총서38책, 한국선현위인어록 3책, 세종대왕어록 2책, 세종연구자료총서 2책, 세종문화문고 12책, 향약채집월령 1책, 한국문화전통론 1책, 세종문화유적총람 3책, 세종학연구 11책, 강행실도 영인 1책, 국조보감 2책, 한국고전용어사전 1책, 동국통감 8책, 삼국사절요 2책, 여사제강 1책, 태허정집 1책, 한글 고전 역주사업으로 펴낸 석보상절 2책(권6·9·11, 권13·19), 월인석보 4책(권1·2, 권7·8, 권9·10, 권17·18), 능엄경언해 4책(권1·2, 권3·4, 권5·6, 권7·8) 등도 있다. 박종국 이사장이 사무국장 이사장을 맡아 건실하게 발전시켰다.

8. 해외 한국 학자 국내 사학계에 충격
(핀란드의 고송무, 일본 이진희 교수)

1) 고송무 교수 소련, 몽골 등 공산권의 한국학 연구소개

(1) 베 수미야바타르 몽골과학원 교수 – 부여(扶餘)국가 기원 바이칼 호 남단에서

[고조선 다음으로 한국고대사에 등장하는 부여(扶餘)국가가 바이칼 호 남단 부이르 (Buir) 호수와 할힌골(Xalxingol) 강 유역의 북위 43~45도, 동경 20~25도 지역에서 기원했던 고대국가란 가설을 몽골과학원 베 수미야바타르 교수가 75년에 제시했음을 핀란드 헬싱키대 고송무 교수가 국내학계에 소개했다. 고송무 교수는 80년 1월 25일 세종호텔에서 열린 국어순화추진회 조찬회에서 베 수미야바타르 교수의 논문을 공개하고 공산권 국가 학자들의 한국학 연구에 대한 국내학계의 관심을 촉구했다. 베 수미야바타르 교수는 75년 몽골과학원에서 펴낸 '몽골과 한민족 선조들의 인종·언어학적 상호관계에 관한 문제에 대하여'라는 저술에서 한민족의 한 줄기가 중앙아시아(현몽골 지역)의 부이르 호수 유역에서 유목생활을 하다가 이 지역에서 부여국을 만들고 이 부여국이 한반도에 들어왔다는 가설을 발표했다. 삼국유사·위서(魏書)·삼국사기의 인명, 지명, 종족명, 관직명 등을 몽골어로 해석하는 역사언어학적 접근에서 이 같은 사실을 구명한 베 수미야바타르 교수는 몽골 부리아트인들이 지금도 스스로 코리라고 부르는 것도 한민족의 기원과 코리아 어원의 신비도 풀 수 있다고 주장한다. 베 수미야바타르 교수는 삼국유사에 북부여 건국 장소로 언급된 흘승골(訖升骨)과 위서(魏書)의 "고리(藁離)에서 온 동명(東明)이 세 사람을 만나 흘승골에 이르렀다."는 지역명은 몽골의 할힌골 강이며 삼국사기 고구려 건국기에 나오는 비류(沸流)는 몽골의 부이르 호수라고 비정하고 북부여가 몽골 지역에 건국했다는 사실은 광개토문 비문으로도 확인됐다고 지적했다. 부여가 동진 중국문화와 만난 후 한자의 영향으로 고대 부여의 뿌리였던 유목의 자취와 몽골어가 퇴색되지만 그 흔적이 삼국사기, 삼국유사에 살아 있어 한국 고대문화 원류를 밝히는 고리들은 남아 있다고 주장했다. 신라의 뿌리도 중앙아시아의 거스르간(居西干·居瑟)에서 왔다고 주장하며 중앙아시아의 흉노 대이동과 무관하지

않다고 말했다. 수미아바타르 교수의 비교 역사언어학적 한국고대사 해석은 지금까지 한문자구 해석에 억매여 한국고대사 무대를 축소해 왔던 구각을 벗기는 획기적인 것으로 학자들은 보고 있다. 손보기 연대 박물관장은 부여국 영토가 바이칼 호 남단이라고 막연히 추정하고 있었는데 역사언어학으로 이를 구명한 것은 반도사관 극복에 도움을 줄 것이라고 지적했다(경향신문 80.1.25. 사회면 머리기사 박석흥·이용 기자).

(2) 한민족 문화 뿌리 찾기

[한민족의 기원과 민족 이동을 밝히는 작업은 광복 후 인류학, 고고학, 민속학, 언어학, 문헌, 고증학 등 각 분야에서 열을 올리고 있으나 여러 학설이 난무할 뿐 설득력 있는 대답이 안 나왔다. 패전 후 일본의 고대사 인식체계를 바꾸기 위한 에가미(江上波夫) 교수의 기마민족설에 학계 일부가 동조했을 뿐이다. 일제식민사학에 맞서 단재, 위당, 손진태 등 민족사학자들이 한국사의 뿌리를 캐는 작업을 펴 한국고대사 무대를 만주 지역으로 확대시키긴 했으나 학문적인 설득력이 빈약했다. 건국 후 김상기 교수가 시경 3부의 잠부시등 등 문헌 연구에 의해 발표한 '한예맥 이동고', '동이와 서융에 대하여'는 일제식민사학의 고대사 이해체계를 흔드는 충격이 됐으나 민족 이동 전체를 밝히는 데는 미흡했다. 이러한 문헌사학의 한계를 극복한 것이 고고학이다. 고고학계는 한반도와 북구주 일대에 밀집 분포된 고인돌이 중국 동북 지역과 만주에 분포되고, 한반도와 바이칼 남단의 청동기문화의 유사성을 주목하고 고대 우리 민족의 이동 루트로 추정은 했으나 현지조사가 불가능해 검증이 불가능했다. 한국 민족문화 기원과 이동에 관한 학계의 연구가 정돈(停頓) 상태에서 몽골어와 한국어를 역사언어학적으로 검토해 민족의 이동로를 추정한 몽골학자의 가설은 한국고대사 논의의 새 지평을 여는 충격으로 기대되고 있다. 베 수미야바타르 교수는 고구려, 백제의 전신이었던 부여와 신라의 혁거세가 부이르호 유역과 중아아시아와 연관 있다고 주장했다. 베 수미야바타르 교수는 거세(居世)가 신라를 세운 BC 57년은 훈족의 대이동이 시작되는 시기와 일치하는 것을 주목해야 한다며 중앙의 훈에 대항하다가 4~5만을 데리고 동쪽으로 사라진 구지(居西)왕자와 관련이 있다고 주장했다. 불거내 이벌찬 대대각간(상왕) 태대대로(우두머리) 태대형(높으신네) 등을 몽골어로 밝히고 몽고어 인명의 특징인 −게, −해, −태, −치, −찬 등도 고구려 신라의 관명, 인명에서 찾아냈다(남해 탈해 사찬). 학계는 몽골학술원에서 펴낸 한국 관계 연구 업적을 정부가 신속히 입수해 제공해 주길 바란

다.](경향신문 80.1.28. 박석흥 기자)

(3) 유 엠 푸친 '고조선'한국 학계에 충격

[미궁투성이 고조선을 새로운 시각으로 체계화한 '고조선'이 소련에서 출간되어 한국 고대사학계를 놀라게 했다. 소련 과학원 시베리아 분원 역사 언어철학연구소가 최근 내놓은 '고조선'(13×20㎝·330면)은 한국, 중국, 일본, 소련의 고조선 연구와 고고발굴을 총정리한 것으로 북한 학자들의 도식화된 유물사관 접근도 비판해 눈길을 모은다. 한국고대 고분문화에 대한 연구 논문을 발표해 온 유 엠 푸친이 쓰고 아페 아클라이드 코프가 감수한 '고조선'은 고조선 강역을 만주 요동지역으로 확대해 설정하고 기원전 4세기에 국가형태를 갖춘 고대국가가 성립됐다고 기술했다. 핀란드 헬싱키대 한국어과 교수 고송무 교수가 긴급 입수, 경향신문에 보내온 소련 과학원의 '고조선'은 제자리걸음을 하고 있는 한국학계의 고대사 연구에 자극제가 될 것으로 기대된다. 고조선에 관한 역사고고학적 연구 업적을 검증해 체계화한 이 책은 4장으로 나뉘어 고조선 강역, 종족, 국가 성립시기를 다루고 있다. 제1장은 조선의 영역, 민족 구성, 나라이름을 고대문헌을 근거로 정리했다. 제2장은 단군, 기자, 위만, 조선, 진번 등을 고대문헌에 나타난 기록을 통해 연대를 고증했다. 일본 황국사관이 역설해 온 중국계 기자가 고대한국을 지배했다는 기자조선은 한(漢) 시대에 꾸며진 것이라고 발론을 제기했다. 최근 고고발굴 성과를 반영시킨 푸친은 남만주 북한 지역에서 발굴된 청동기와 철기 유물을 토대로 고조선 지역 청동기 편년을 기원전 2천 년 후반기와 1천 년 전반기로 잡고 국가단계인 고조선은 초기 철기 시대로 추정했다. 그는 기원전 8~6세기 고조선 중심부는 요동에 있었고 기원전 3세기에 대동강 유역으로 옮겼다가 기원전 2세기에 요동을 다시 지배했다고 보았다. 고조선 수도 왕검성은 혼하(渾河) 강변에 있었던 큰 도시로 왕궁터와 행정기관으로 추정되는 유적을 발굴했다고 보고했다. 고조선 초기 경계가 확정되지 않았으나 기원전 4~2세기 고조선 후기에는 남쪽은 예성강, 동쪽은 동해바다, 서쪽은 변동이 심했지만 대능하에 이르렀다고 보고 만주와 요동지역은 오랫동안 지배했다고 주장했다. 푸친은 기원전 4세기에 왕위계승권 칭호 품계 등이 중국 자료에 나타나고 발전된 생산 양식을 갖춘 고대국가를 형성했을 가능성이 커졌으나 국가 성립 시기 추정은 숙제로 남는다고 설명했다. 고조선의 종족 구성은 예(濊)와 맥(貊)을 주류로 숙신, 부여, 옥저 등도 포함됐을 것으로 추정했다. 문헌자료와 고고발굴 성과를 토대로 한국

고대사 무대를 요동 만주까지 확대해 조명한 푸친의 고조선은 소련의 한국고대사 연구를 결산한 것이다. 소련의 한국고대사 연구는 61년 엠웨 바로웨프 '고대한국'을 효시로 하카유리코프, 에르쏴 좌를 카시노바, 엠엔 박 등의 연구 업적이 쏟아져 나왔다. 푸친은 용천군 신아리 영변 세죽리 개천외묵반리 만주 무순의 대호반 요동반도의 쌍택자, 의주군미송리 등의 유적을 고조선 문화유적으로 추정했다. 비피형단검문화를 고조선문화로 단정한 푸친은 요동을 중심으로 한반도 서부지역을 지배한 고조선은 1천 년간 중국지배를 받지 않은 독자문화를 발전시켰다고 지적했다. 푸친은 낙랑의 일부세력을 제외한 한사군도 압록강, 두만강 밖에 존재했다고 주장했다. 푸친은 김정배, 손보기, 윤무병, 이병도, 안호상 씨 등의 주장도 소개했으나 논평은 없었다. 소련과학원의 고조선 연구에 학계는 충격을 받았다. 신채호의 '조선상고사연구' 이후 한국사학계는 김상기의 '한예맥(韓濊貊) 이동(移動)고' 천관우의 "기자고(箕子攷)", 이형구의 "중국 동북신석기시대 문화 및 청동기 연구", 김재원의 "단군신화의 신연구", 김정배의 "한국민족문화의 기원" 등 고조선 연구가 있었으나 푸친의 고조선 연구에 미치지 못했다. 정부는 소련, 중국, 북한의 한국학 연구 실적을 학계에 신속하게 알려야 할 것이다.](경향신문 1982.11.11. 박석흥 기자)

(4) 유 엠 푸친 '한국: 조선에서 삼국 시대까지'(1984년 출간)

[박석흥 부장님 얼마 전 소련과학원 노보씨비르스끄 지부 고고학자 유 엠 푸친이 '한국: 조선에서 삼국까지'를 냈습니다. 기원전 2세기에서 기원후 4세기를 다룬 것으로 그의 고조선 후편입니다. 책은 13.5×20.5㎝, 255쪽입니다. 제1장 고조선 영토에서 한사군−진번 임둔 현도 낙랑(8~54), 제2장 남만주와 북한−부여 옥저와 동예 고구려(56~110), 제3장 남한−진국과 삼한(마한 진한 변한) 백제 신라 결론(216), 주석(240)으로 편집됐습니다. 중국 고전, 북한, 일본, 중국, 소련의 논문과 저서들을 참고했으나 한국 논문 이용은 빈약했습니다. 국사편찬위원회나 학술원에 소련, 중국 전문 부서를 두어 해외 한국학과 연결되면 좋을 것 같습니다. 다음은 유 엠 푸친의 '한국: 조선에서 삼국까지'를 간추린 것입니다.

한국 국가 형성은 몇 단계로 나눌 수 있다. 고조선은 약 6세기 동안(기원전 8~2세기) 존재했다. 고조선 역사는 반도적 위치에도 불구하고 경제적, 정치적으로 아시아대륙 국가들과 밀접한 관계였다. 조선과 중국은 자주 무력 충돌이 있었다. 중국이 통일되거나 강성했을 때는 언제나 중국은 조선을 침공했다. 기원전 1122년부터 209년 사이에 두 차례의 격렬한 충돌이 있었으며 기원전 309년에서 109년 사이에 6번 있었다. 기원전 109년 한나라의 침략은 격렬한 것이었다. 서한의 한국 침략 구실은 조선의 마지막 우거의 불손이었다. "많은 망명자를 받아들였으며, 그 자신은 한 번도 천자를 방문하지 않았다. 진번과 이웃한 나라들이 천자에게 편지를 보내려 했을 때 장애를 주었고 통과시키지 않았다."고 중국 사서들은 한의 조선 침공 사유를 열거하고 있다. 그래서 조선 왕 우거도 중국 남만주나 한반도 다른 나라와 접촉을 허가하지 않았다. 여기서 중요한 것은 무역 관계다. 조선은 부여 등 주변의 동북 민족들과 중계무역 이익을 잃어버리길 원하지 않았다. 무역의 실이익 장악을 위한 분쟁의 목적도 있었다. 한편 에르 쇠 좌를 가시노바는 중국의 한국 침략은 동북 지역의 강성한 존재인 조선은 이 지역 다른 민족들을 정복하는 데 방해가 되었다는 것이다. 한 제국은 흉노에 대한 성공적인 전쟁 수행을 위해 흉노의 오른쪽 날개를 미리 쳤다는 것이다.

기원전 109년 한무제는 수륙 양군 5만 7천을 동원하여 조선을 침공했다. 1년여 전쟁에서 권전 108년 위만조선은 내부 분열로 우거왕이 피살되어 위만조선은 망했다. 그러나 사기 조선전 기록에 따르면 한무제의 조선 침략은 실패였다. 원정장군 중 수군을 지휘한 양복은 전투의 실패로 참형을 겨우 면하고 서인으로 강등되었고, 육군을 지휘한 좌장군 순체는 베어 저자에 버리는 기시(棄市)형, 화의 추진을 맡았던 위산 역시 참형, 마지막에 파견됐던 공손수도 참형. 위만조선이 패했으나 한도 어려운 싸움이었다고 사마천은 기록했다. 한사군 중 진번과 임둔은 26년 존속하다가 BC82년에 사라졌고 현도군은 BC75년까지 지속되었다.

한사군이 조선에 세워졌으나 남만주와 북한이 완전히 중국 영향 영역이 되지 않았고, 중국인의 이주에도 현지인들은 합병과 동화에 끈질기게 저항, 고대 한국 사람들은 자신의 문화를 보존했고 독립을 회복했다. 그러나 다음과 같은 부정적인 기능을 했다.

첫째, 한사군은 고대한국사회의 국가 형성 발전을 지체시키거나 단절시켰다.

둘째, 한사군은 식민지 분할 정책을 폈다. 현지 지배자들을 매수하고 분산시켰다.

셋째, 남한 지역까지 무역으로 중국의 영향권에 포함시켰다. 북으로부터 오는 망명자와 이주자들은 남한사회의 분해와 와해를 가져왔다. 1985년 3월 11일 헬싱키 고송무]

80년대 고송무 교수의 몽골, 소련 학자의 고조선, 한사군, 구석기 연구 국내 소개는 한국학계에 자극이 되었다. 경향신문에 소개된 푸친의 고조선은 국사편찬위원회가 입수 번역했으나 불온 문서로 분류돼 일반에 공개되지 않았다. 고송무 씨는 홍범도 등 연해주 일대에서 활약한 독립운동 자료를 정문연, 국편 등에 제공했으며 연해주 한인을 스탈린이 중앙아시아로 집단 이주시킨 만행을 고발하기도 했다. 중앙아시아 한인 집단 이주 등을 조사하던 중 사고로 타계했다. 한국외국어대를 졸업하고 터키로 건너가 한국어 언어계통 연구에 몰두했던 고송무 교수는 핀란드에서 한국학을 연구하며 공산권의 한국학 연구현황을 국내에 알려 한국학계의 고대사와 독립운동사 연구의 새 지평을 열어 주었다. 고송무 교수의 논문＝◇An Etymological Study of Similarities between Korean and the Uralic Sanguagess. ◇Onthw Contacts between Korean and the Turkic Languages. ◇G.J.Ramstedt－suomalainien tiedemies Korean kielen tutijiana. ◇한국말 뿌리 및 그 연구. 구주신문 13호 ◇중앙아시아에 있는 한국인의 묘비 ◇이동휘 구주신문14호 ◇모스크바 및 레닌그라드 문서 구주신문32호 ◇홍범도구주신문35호 ◇유동하구주신문40호 ◇한흥수 구주신문47호 ◇이르꾸쯔크주 향토박물관 한국민속품구주신문 49호 ◇조명희 구주51호 ◇소련의 한국학 저서 한글새소식195호 ◇ 소련의 한인 강제이주 한글새소식198호 ◇소련의 한국말 교육가 황윤준한글새소식 201호

2) 이진희 교수 '광개토왕릉비의 연구'로 임나일본부설 비판

(1) 광개토왕릉비의 연구－72년 10월 출간

[일본 매스컴과 지식사회는 한일고대사 관계 논쟁으로 70년대 초반부터 시끄럽다. 다카마츠츠카(高松塚) 고분의 흥분이 가라앉기도 전에 다시 임나일본부설의 허구를 공격하는 광개토대왕비문 조작설이 제기돼 한일 고대관계사 재정리가 일본 사학계의 과제로 떠오르고 있기 때문이다. 1972년은 일본 고대사학계가 매스컴의 집중 조명을 받은 한 해였다. 채색 벽화 고분 다카마츠츠카 고분의 공개로 백제, 고구려, 신라, 가야인의 일본 고대국가 건설을 확인해 준 충격에 이어 일본 메이지유신(明治維新) 이래 일본고대사의 제1급 사료로 부각된 고구려 광개토왕비문에 대한 제국 일본의 참모본부 및 조선총독부 조작 음모 폭로는 한국·일본 관계사를 뿌리부터 흔들고 있다. 일본학

계에 큰 충격을 던진 광개토왕비문 변조설은 재일고고학자이며 '삼천리' 잡지 편집인 이진희 교수(明治大 강사)의 '광개토왕릉비의 연구'(吉川弘文館) 단행본 저술 출간으로 비롯된다. 1972년 10월 출간된 '광개토왕릉비의 연구'는 이 교수가 한국, 중국, 일본학계의 광개토왕비문 연구 논문·탁본·사진 자료 등을 수집하여 10여 년 연구한 결론으로 "일본학계의 임나일본부설 입증의 결정적 자료로 활용된 광개토왕비문 탁본은 변조된 것으로 야마토(大和) 정권이 4세기 후반 한반도에 출병 2세기 동안 한반도 남단을 지배했다는 임나일본부설은 재검토돼야 한다."는 촉구였다. 한반도와 중국 침략을 준비했던 일제 참모본부와 어용사학자들에 의해 이루어진 것으로 속속 드러나는 비문 조작은 임나일본부설의 허구는 물론 한일 고대 관계사 전면 재조정을 요구하는 충격이다. 일제 치하를 격은 한국인의 머릿속에도 남아 있는 야마토 정권의 한반도 지배가 허구로 밝혀지게 되었다. 일부 양식 있는 학자는 언급을 피하고 있지만 대체로 임나일본부 한반도 남단 경영을 국민학교에서 대학까지 정사로 취급했다. 72년 10월 이진희 교수의 저서가 나와 일본 유력 신문들이 중요 뉴스로 다루기 전 그해 4월에 北海道大 佐伯有淸 교수는 '일본역사'(287호)에 광개토왕비 변조 검토를 정식 논문으로 제기했다. 그는 '고구려 광개토왕비문 재검토를 위한 서장(序章)'이란 논문에서 광개토왕비문이 대륙 침략을 준비 중인 일본 참모본부에 의해 조작됐음을 암시해 많은 사람을 놀라게 했다(이 사실은 일제 총독부 조선사편수회에 참여했던 이홍직, 신석호 교수도 증언했던 것으로 단지 일본인 교수가 폭로했기 때문에 문제가 됐을 뿐이다). 한편 中塚明이란 학자도 광개토왕비문 탁본을 가져온 사람은 일본 참모본부 스파이 사코 카게아끼(酒勾景信) 포병중위였다고 밝히고 비문 해석을 견강부회(牽强附會)한 결과 일본 역사를 미궁(迷宮)으로 몰았다고 비판했다. 이러한 일부 일본 학자들의 한일 고대 관계사에 대한 폭로는 고고유물 발굴과 역사 연구로 고대 일본 지역에 대한 한반도 문화 전파가 명백한 사실로 계속 입증되기 때문이다. 교토대(京都大) 上田正昭 교수도 "고대 한일관계사를 재검토할 때가 되었다."고 말하고 그 가장 구체적인 사례가 광개토왕비문에 대한 터무니없는 해석이라고 고백했다. 이진희 교수는 광개토왕비는 개간작업하던 농민이 발견하여 1880년 지사에게 보고하고 1881년 일부 글자를 탁본을 했으며 비면의 이끼 등을 태우고 쌍구본(雙鉤本)이 작성된 것은 1882년이었으며 사코 카게아키가 1883년에 이 쌍구본을 일본에 가져와 일본 참모본부 편찬과에서 해독 해석하는 과정에서 비문의 일부가 조작되었다고 밝혔다. 청일전쟁 뒤 석회 도부작전(石灰 塗付作戰)에 참모본부가 나섰다고 이진희 교수는 현존 탁본과 군 기록을 동원해 입증했다. 이진희 교수는 쌍구본을 보강하기 위해 비석에 석회를 바르고 비문을 변조해 탁본을 만들어 학계에 제공했으며 비 자체를 일본으로 옮기려고 했음을 밝혀냈다.

서기 4백 14년에 세운 광개토왕비문이 일본을 떠들썩하게 만든 것은 명치유신 이후 국수주의 학자들의 일본군국주의 역사 체계화에 결정적 자료로 이용되었기 때문이다. 광개토왕비문에는 왜(倭) 관계 기록이 3백82자가 나오는데 일본은 많은 부분을 지워버리고 신묘년(391년) 기사를 "신묘년에 왜가 와서 백제와 신라를 신민(臣民)으로 삼았다."고 변조해 신묘년에 왜가 강력한 통일 국가를 이룩하고 한반도 남부까지 식민지로 했다는 결론을 내린 것이다. 광개토왕비를 조작한 일본 참모본부는 일본 군국주의의 이웃 나라 침공을 위한 국민 세뇌 자료로 가치가 있다고 보아 견강부회했으나 양식 있는 학자들은 대부분 4세기 일본이 한국을 침략 2백 년간 한국의 남단을 지배했다는 것은 불가능한 일이라고 반론을 제기했다. 한일 양국에서 논쟁이 계속됐다가 이진희 교수에 의해 졸렬한 조작이었음이 고발된 것이다. 광개토왕비문 조작에 당시 일본군부는 동경제국대학 鳥居龍藏을 비롯하여 關野貞, 今西龍, 黑板勝美 등 제1급 학자를 참여시켰다. 이들은 광개토왕비를 통한 임나일본부설 전파뿐만 아니라 식민사관 수립의 전위대들로 해방 후 한국사학계에도 큰 영향을 주었다.

광개토왕비문 조작의 줄거리는 다음과 같다. 제1막의 주인공은 사코 카게아끼(酒勾景信) 포병중위였다. 그는 중국 대륙 침략을 위해 1871년 10월에 조직된 일본 참모본부 요원으로 광개토왕비 쌍구가목본(탁본이 아니고 비석 글씨를 그린 것)을 일본에 가져와 일본 군부의 역사 조작극을 연출한 주역이다. 제2막은 청일전쟁에서 승리한 일본이 즙안현에 들어가 사코 카게아끼(酒勾景信)의 쌍구가목본과 다른 비석내용을 은폐하기 위한 석회 도부작전. 제3막은 조선총독부 촉탁으로 와 있던 동경대(東京大)교수 黑板勝美가 광개토왕비문 조작에 손을 댄 것으로 분류된다. 이런 사실은 본인들의 증언 없이도 이진희 교수가 제작자가 다른 광개토왕비문 탁본의 비교 검증으로 확인된 것이다. 4세기 일본고대사의 영웅적인 한국 침략 기초 자료로 잘못 선정되어 수난을 겪은 광개토왕비는 한국고대사 연구에 무엇보다도 귀중한 사료다. 고구려 광개토왕의 영웅적인 활동을 기록한 이 세계 최대의 금석문은 높이 6.34m의 화강암 자연석 4면에 1천 8백2자를 강건한 예서(隸書)로 음각했으며 현재 판독이 가능한 글씨가 2백65자다. 각 글자의 크기는 12㎠, 음각의 깊이는 6㎜다. 비문의 내용은 그 첫 부분인 2백41자까지 주몽에서 광개토왕이 죽은 것까지 일별한 내용이고 제2부분은 광개토왕 업적을 9백20자로 정리한 기록, 마지막 6백41자는 광개토왕릉을 지키는 묘지기에 관한 내용이다. 1

면 6행만 제외하고 전체 43행이 모두 41자씩이다. 비문의 주인공 광개토왕은 백제 일부 세력을 제외한 한반도 및 만주, 화북, 일본 지역까지 정벌 국토를 넓힌(國岡上 廣開 土境 平安 好太王) 왕으로 만주에서 국가를 다스린 마지막 제왕이다. 광개토왕비가 있는 즙안현은 압록강 중류 왼쪽 1백61㎞의 가늘고 긴 평지로 옛 고구려의 성터와 크고 작은 토총(土塚)과 석총(石塚) 1만여 기가 남아 있는 고대 한국인의 영웅시대를 회상할 수 있는 지역이다. 최근 일본의 에가미(江上波夫) 교수는 기마민족 일본정복설로 고구려의 일본 지역 진출을 얼버무리고 있다. 광개토왕이 왜를 정벌한 이 시기 20년을 일본서기(日本書紀)는 "천황이 일찍 일어나고 늦게 자 향후 20년간 태평무사했다."고 기록해 후세 조작을 추측게 했다. 일제는 東京大 白鳥庫吉 교수의 건의로 광개토왕비를 동경으로 옮기려고 준비하다가 포기했다. 해방 30년 한국학계도 재일학자의 문제 제기에 화답하는 연구를 서둘러야 할 것이다.](주간경향 72.11.12. 통권 26호 박석홍 기자)

72년 10월 이진희 교수의 '광개토왕릉비의 연구'가 출간되고 11월 주간경향에 일본의 비문 조작과 한일고대사 왜곡 문제가 기사화되자 한국에서는 이진희 씨 주장을 반박하는 글이 신문에 잇따라 게재됐다. 동양사학자 김종무 씨 등 한국사학계의 대표적인 역사학자들이 이진희 씨 주장을 반박하는 글을 조간신문에 발표했다. 당시 이진희 씨가 조총련계에 학자였기 때문에 반사적인 반발과 일제 시대 가르침을 받았던 광개토왕비문 조작 참여 일인 학자에 대한 신뢰가 더 컸던 학계 풍토를 반영한 것이다. 이런 사태를 홍이섭 교수가 "조선총독부 시대 망령이 되살아난 것 같다."고 촌평해 다시 이것을 취재해 보도했다(담당부국장이 천관우 씨로부터 좋은 기사였다는 격려 전화를 받았다).

'총독부 망령 되살아났다.'는 기사가 나간 뒤 이진희 씨 주장을 비판했던 김종무 씨가 제자였던 당시 경향신문 사장을 찾아와 항의하는 소동이 벌어져 기자가 사표를 제출했다가 돌려받고 김선기, 홍이섭, 김종무 씨가 토론한 것을 다시 신기로 해 토론이 정리됐으나 토론에서 밀린 김종무 씨가 토론 보도를 취소해 마무리되었다. 일본 매스컴을 시끄럽게 한 이진희 씨 광개토왕릉비 연구가 한국에서 조용했던 것은 문화학술 기사에 대한 비중이 크지 않았던 것도 원인이었지만 이진희 씨가 조총련계학교 교수였기 때문이었다. 그러나 사실은 이진희 씨는 71년 봄 가르치던 조총련계학교를 떠난 뒤였다. 6·25 뒤 재일조선인 단체에 투신했던 이진희 씨는 81년 3월 김달수, 강재언, 서채원 씨와 조총련을 공식 탈퇴 8월 20일 한국을 방문한다.

다시 1년 뒤 82년 5월 1일 경향신문에 '한국속 일본' 연재를 시작하며 이 교수는 조총련 탈퇴의 결심을 다음과 같이 고백했다. "자신의 청춘을 다 바친 조총련을 떠나게 된 이유는 '사회주의란 무엇인가' 하는 의문이 점차 커졌던 것이 한 원인이었다. 60년대 중반부터 조총련계 단체에 김일성 신격화 바람이 불어 민족학교에서도 개인숭배를 강요해 와 나는 이 같은 체제에 더는 추종할 생각이 들지 않았다."고 전향 동기를 기술했다. 81년 한국 방문 뒤 삼천리잡지 후원자였던 서채원 씨와 함께 순천의 왜성을 답사하며 나는 서채원 씨에게 "고향에 학교를 세우는 것이 좋겠다."고 권고했더니 순천에 좋은 학교를 세웠다. 이진희 씨는 아버지가 학장으로 재직하던 공주사대에서도 초청강연회를 했고 경향신문에 '한국속의 일본'을 연재했다. 83년에는 이진희 교수의 도움으로 4월 23 서울 프라자호텔에서 한일 양국 학자 15명이 참여한 한일고대사 심포지엄을 열었고 25·27·28일 춘천, 광주, 부산에서는 하따다 다카하시(74, 旗田巍, 東京都立大) 명예교수를 비롯하여, 니시다니다다시(西谷正, 구주대), 오도마스시게다가(乙益重隆, 국학원대) 이진희 교수의 강연회도 있었다.

(2) 이진희 씨 한일고대사 심포지엄에 임나일본부설 허구 비판

[경향신문사가 주최한 한·일 고대사 국제심포지엄이 83년 4월 23일 서울 프라자호텔에서 열려 고대 한일관계사의 쟁점을 폭넓게 토론했다. 일본의 야마토(大和) 정권이 4세기 후반 한국의 남단을 지배했다는 임나일본부설(任那日本府設)의 허구를 밝히고 한일 양국의 고고발굴을 통해 고대 한일관계사를 재조명했다. 이진희 교수는 '任那日本府設의 제문제'를 통해 일제식민사학의 한일고대관계사 왜곡을 고발했다. 이진희 교수는 니혼쇼키(日本書紀)의 진구황후기(神功皇后紀), 이소노카미 신궁(石上 新宮: 나량현 천리시)의 칠지도(七支刀) 광개토왕비문 등을 근거로 야마토(大和) 정권이 4세기 후반 한국의 남단을 지배했다는 임나일본부설(任那日本府設)을 한국에서 인정하는 학자가 없지만 일본에서는 오랫동안 정설로 믿어 왔다고 그 주장을 살리려고 하는 학자가 있다고 지적했다. 일본 정한론자들은 임나일보부설을 근대 일본의 한국 침략 합리화의 근거로 삼았다. 1868년 메이지(明治) 신정부의 정한론자(征韓論者)들은 한국이 고대로부터 일본의 부속국가라고 주장했다. 1870년 1월 국교회복 교섭차 한국에 왔던 사다(佐田白茅)는 "조선은 오징(應神) 천황의 삼한 정벌 이래 우리의 복속국이다."라고 주장했으며 메이지 정부는 1872년 3월 한반도 침략 작전을 세우기 위해 장교 2명을

잠입시키고 3년 후 강화도 사건을 이르킨다. 그 후에도 일본 참모본부는 밀정을 잠입시켜 작전용 지도 작성 자료 수집을 하며 고대사 연구에 주력한다. 1882년 '임나고고'(任那 考橋), 1883년 광개토왕비문 해석 등이 그런 것이다. 1889년 6월 출판된 '회여록'(會餘錄)에 일본의 한반도 지배는 한국금석문이 입증해 준다는 논지를 세운다. 일본 근대 사학의 연구 체제가 마련되는 것은 동경제국대학에 국사학과가 설치된 1889년 6월이며 이해에 '사학회 잡지'가 창간된다. 이 잡지에는 당시 학계가 한국사 및 한일관계사가 관심사이고 고대사 분야도 이른바 임나일본부설 등 '일선동조론' 입증이 중심이 된다. 이때 일본학계는 임나일본부설이 언급되지 않은 삼국사기는 위서라고 하여 철저히 배척한다. 1894~1895년 청일전쟁 후에는 한국 현지 조사를 진행, 한국사의 타율성(他律性), 정체성(停滯性)을 강조하고 '일선동조론'을 더욱 보강한다. 한편 그들이 '임나일본부'가 있었다고 주장하는 김해 일대에 대한 조사에 주력한다. 이 같은 추세는 1910년 한일 합방조약을 공포, 조선총독부가 설치되기까지 계속된다. 김해에서 '임나일본부' 유적을 찾지 못하자 1917년 역사가 고고학자를 동원하여 가야 전 지역을 철저하게 조사했다. 이 조사에 참여한 당시 일본의 대표적인 고고학자 하마다(濱 田耕作 뒤에 京都大 總長)는 "임나란 것이 일본 건국 후에 만들어 놓은 식민지였다고 하는 선입견은 포기해야 한다고 생각한다."라고 서술했다. 이진희 교수는 그럼에도 불구하고 일제 어용사학은 '임나일본부설'을 포기하지 않았으며 일본 패전 후에도 일본 근대 사학에 대한 반성 없이 이설을 정설로 믿어 온 것이라고 설명했다. 이 교수는 아직도 광개토왕비문과 칠지도 명문 일본서기 '신공황후'조의 황당무계한 기사를 사실(史實)로 꾸며내는 역사 왜곡이 끝나지 않았다고 지적했다.](경향신문 1983.4.23.)

(3) 이진희 씨 왕건군 광개토왕비문 변조 부정 반박

[일본 아사히신문(朝日新聞)은 84년 7월 28일자 아침판 1면 머리기사로 중국길림성 고고연구소 왕건군(王健群) 연구소장이 일본군에 의한 광개토왕비문 변조는 없었다고 주장했다고 보도했다. 길림성 長春市와 자매결연을 맺고 있는 仙臺市 東北大의 井上秀雄 中村 교수 등이 7월 중순 즙안을 다녀온 뒤에도 문제 제기가 없다가 돌연 28일자 아사히신문이 중국학자의 일방적인 주장을 대서특필한 것은 일본사회의 국수주의 복고 분위기와 무관하지 않은 것 같다. 아사히신문 보도는 중공학자 왕건군 길림성 문물고고연구소장이 중공학술잡지 '사회과학 전선' 1983년 제4기에 발표했던 논문을 요

약해 소개한 것이다. 첫째로 왕건군 소장은 '來 渡 海 破' 글자는 분명하다. 둘째로 일본군 탁본 작성을 조사했더니 작업하는 사람들이 비면에 회칠을 하고 적당한 문자를 삽입했으며 쌍구작업 때에도 적당히 문자를 그려 넣기도 했으나 "일본군이 문제되는 부분을 변조한 증거는 발견되지 않았다."는 것이다. 이 기사는 72년 참모본부의 스파이 작란을 고발한 이진희 씨에게 충분한 반론권을 주지 않고 왕건군 씨가 2년 전에 만들었다고 일방적으로 주장하는 탁본에 '신묘년 래도해파 백잔'(辛卯年 來 渡 海 破 百 殘)이 판독되어 이진희 씨 주장은 억지라는 것이 실물로 증명된다는 것이다. 이진희 교수는 아사히신문이 제시한 탁본 중 '평도동래'(平道東來)의 래(來) 자가 명확히 판독되는 것은 문제라고 지적하며 왕건군 씨의 진실성을 의심했다. '래' 자는 비의 파열된 면에 걸리는 곳에 있어 1907년 샤반누 탁본에는 글자의 반이 소멸되었으며, 1918년에 발행된 총독부 탁본에는 자획을 거의 판독할 수 없을 정도로 탈락되었었다. 즉 비 전면에 석회를 칠해 그 위에 재현된 비문이 점차 탈락됨에 따라 '래' 자도 흔적을 감추게 된 것이다. 이진희 교수는 근 70년 전에 소멸한 '래' 자가 2년 전 탁본에 다시 출현한 셈이라며 탁본 제작 연대를 속였거나 새로 변조된 탁본일 가능성이 크다고 주장했다. 辛卯年 來 渡 海 破 百殘도 샤반누 탁본은 비문이 명확하지만 1918년 총독부 탁본은 海 자 등 몇 자 외에는 자획이 명확하지 않았다고 지적했다. 동양문화 탁본에는 渡 海 破의 海 자가 다른 글자로 보였으며 다른 탁본들도 글자 전체가 확연하게 보이지 않았다. 1963년 현지 조사한 김석형 북한 학자도 海 자를 판독할 수 없었다고 했다. 지난 7월 현지에 다녀온 동북대 교수들도 "석회는 아직 많이 남아 있었으나 문제의 신묘년(辛卯年)과 왜(倭)는 육안으로 확인됐지만 다른 것은 판독할 수 없었다."고 보고했다. 왕건군이 2년 전 제작된 탁본이라고 들고 나온 것이 70년 전 탁본과 비슷하게 글씨가 선명하게 보인다는 것은 위증이 분명하다고 이진희 교수는 주장한다. 일본에서 광개토왕비 현지 시찰을 요청한 사람은 1천 명을 넘지만 지난 7월에 현지에 간 동북대 일행 10명만이 현지답사가 허가됐다. 그들까지도 탁본 작성은 물론 비문 판독이 가능한 사진 촬영까지 금지됐다. 그런데도 왕 소장은 이제 광개토왕비 변조 논쟁은 종지부를 찍어야 한다고 잘라 말했고 일본과 한국의 일부 학자는 왕건군을 신뢰할 만한 판정관으로 생각하고 있다. 광개토왕비문은 고대 한일관계사뿐만 아니라 고대 한중관계사에도 중요한 기록이다. 실제로 광개토왕의 중국 진출 기사가 훼손되기도 했다. 한중일 관계사 바른 복원을 위해 광개토왕비문 연구가 진전되기를 기대한다.](신동아 뉴스와 화제, 84.9. 경향신문사 문화부장 박석흥)

(4) 이진희 씨 광개토왕비 즙안현 현지조사

[재일 사학자 이진희 씨(명치대 강사)가 85년 7월 3일 중공 길림성 즙안현에 있는 광개토왕릉비를 현장조사했다. 일본 요미우리 신문사의 호태왕비 학자 참관단(단장 三上次男)의 일원으로 광개토왕릉비와 고구려 고분과 길림성박물관을 돌아본 이진희 씨는 석회를 발라 변조한 비문을 육안으로도 발견할 수 있었다고 주장하며 과학적인 학술조사를 거듭 주장했다. 문제의 辛卯年 來 渡 海 破 百殘의 구절은 정확히 판단하기 어려웠으나 망원경으로 확인한 바에 의하면 海는 皿 자의 자획이었으며 渡도 확실치 않았다고 밝혔다. 변조를 부정한 왕건군은 석회는 수개소 확인될 뿐이라고 했으나 제1면, 제2면만 해도 광범하게 남아 있어 왕건군의 주장이 잘못이었음을 동행한 일인 학자들도 공감했다. 학자 참관단은 三上次男(東京大 동양사), 西 嶋 定 生(東京大 동양사), 上田 正 昭(京都大 일본사), 이진희(明治大 고고학), 神 田 信 夫(明治大 동양사), 松村潤(日本大 도양사), 田村 晃(靑山學院 고고학), 北野 耕平(新戸商船大 일본사), 北村 秀 人(大阪市立大 동양사), 武 田行男(東京大 도양사) 등 엄선된 학자들이었다. 이들은 길림성 박물관에서 왕건군 길림성 문물고고연구소장, 방기동 부소장 등 중공학자와 토론회도 가졌다. 10시간의 토론에서 비문해석 비문의 과학적 연구, 고구려 고분, 발해 고분, 광개토왕릉, 환도산성 등이 토론 주제였다. 한국 국적을 갖고 만주 즙안현 고구려 유적을 답사하고 온 이진희 씨는 1929년 김해 태생으로 광개토왕릉비의 연구, 호태왕비와 임나일본부, 이조의 통신사, 고대조선의 역사와 문화 등의 저술을 통해 일본의 한국관을 바로잡았다. 일본에서 나오는 삼천리지 편집을 맡고 있는 이진희 교수는 조총련학교에서 강의를 맡기도 했으나 81년 전향해 한국·일본학계의 가교 역할을 하고 있다. 이진희 씨의 광개토왕릉비 연구는 한국학계가 기피해 온 임나일본부와 가야사 연구에 충격을 주었다. 이진희 교수처럼 일본학계와 경쟁해 좋은 반응을 얻고 국내학계에도 좋은 영향을 준 재일학자로 조총련에서 함께 활동하다 전향한 제주도 출신 강재언 씨가 있다.](신동아 85.9. 뉴스와 화제, 학술, 경향신문사 학술문화부장 박석홍)

(5) 이진희 교수 중국에서 나온 광개토왕릉비 탁본 조사

[왜곡된 역사의 시효는 한 세대가 고작이다. 길게 잡아도 한 세기를 넘기지는 못한

다. 그러나 우리 민족의 역사 바로잡기는 이 일반론이 적용되지 않는다. 우리 역사는 아직도 일제식민사관과 중화주의 사관에서 완전히 벗어나지 못했기 때문이다. 우리 국민의 역사탐구열은 높아졌으나 고대사는 수수께끼투성이고 현대사는 일본의 신식민주의 사관과 북한 주체사관에 흔들려 일반의 국사 인식은 혼란스럽다. 창원다호리 가야 유적에서 나온 기원전의 붓이나 부여 출토 백제 향로 등은 국민들을 놀라게 했다. 기왕의 역사인식으로는 불가사의한 것이기 때문이다. 중국 만주와 일본 경도(京都), 나라(奈良) 등을 둘러본 사람들은 고대 삼국 시대 문화가 상당히 높은 수준이고 국력이 대단했음을 재인식하게 된다. 중국, 일본에 있는 한국고대 유적 유물에 관한 우리 학계의 연구가 활발하지 못한 가운데 중국·일본학계의 자국중심적이고 편의적인 해석으로 역사가 왜곡됨을 걱정하지 않을 수 없다. 한국사의 강역을 최대로 넓혔던 광개토왕의 업적을 기린 국강상광개토경평안호태왕비(國岡上廣開土境平安 好太王 碑) 연구가 그 대표적인 사례로 꼽을 수 있다. 압록강에서 16㎞ 떨어진 중국 길림성 집안현(輯安懸)에 우뚝 서서 고구려의 웅혼한 기상을 알려 주는 광개토왕비는 19세기 말 일본 육군 첩보장교가 가져온 탁본이 '임나일본부설'(任那日本府設)의 근거 자료로 이용돼 주목을 받게 됐다. 일본 군국주의 여용사학이 1800년대 광개토왕비문을 변조하여 한일고대 관계사를 조작한 것을 재일 사학자 이진희 교수가 밝혀 일본학계에 충격을 준 것은 그로부터 1세기가 지난 1972년이었다. 그러나 이 비석이 있는 지역의 왕건군(王健群) 길림성 문물고고연구소장(吉林省文物考古研究所長)이 84년 이진희 교수의 비석 변조 주장을 부인하고 나서 광개토왕비는 한·중·일 삼국학계의 쟁점이 됐다. 왕건군 소장의 주장이 설득력을 잃어 가고 있는 가운데 지난해 11월 북경에서 또 다른 탁본이 발굴됐다는 소식이 한·일 양국 매스컴에 보도돼 다시 뉴스의 초점이 됐었다. 지난달 24일 북경을 방문, 서건신(徐健新) 중국사회과학연구원 연구원이 수집한 비문 탁본을 검증한 이진희 교수는 대부분 일본조사단이 석회를 칠한 뒤의 탁본이었으며 반조음(潘祖蔭)이 탁공 이운종(李雲從)을 보내 만들었다는 탁본만이 가치가 있다고 전화로 내게 확인해 주었다. 서건신 연구원은 이운종 탁본에서 10자 정도는 새롭게 판독했다며 일본 메이지대(明治大)에서 공개키로 했다고 이진희 교수는 귀띔한다. 서건신 연구원의 광개토왕비 연구가 왕건군의 재판이 안 되길 바란다. 국내학계의 호태왕비 연구도 활성화해 1천7백75자 가운데 극히 일부인 '왜(倭)' 자 문제로 초점이 흐려진 광개토왕비연구가 바로잡혀 한국고대사의 수수께끼가 풀리길 기대한다.](문화일보 94.5.11. 문화일보 숨결말결, 박석홍 학술문화부장)

　이진희, 고송무 교수를 통한 고조선 삼한 고구려사 연구 보도는 분단 후 위축됐던 고대사 논의를 자극했다. 특히 고송무 씨가 보내온 소련의 한국고대사 논문들은 고조선 연구의 새 지평을 여는 충격이 되었다. 고송무 교수의 자료를 보도하자 공산권자료 보도는 사전협의를 해야 한다는 경고도 있었으나 학자들이 보도할 가치가 있다는 촌평과 함께 내보내자 통제가 해제됐다.

9. 식민사관 극복에 앞장섰던 학자들

1) 홍이섭(1924.12.6.~1974.3.4.)

바르게 다루어져야 할 위정척사(衛正斥邪)

[역사적 사실·인물·사상 등에 대한 새로운 가치 판단이 사학계의 쟁점으로 제기되고 있다. 홍이섭 교수는 홍사단 주최 금요개척강좌(73.5.4. 대성빌딩)에서 '민족의식의 재발견'이라는 주제 강연을 통해 "구한말 척사사상을 바르게 다루어야 한다."고 주장했다. 다음은 홍교수의 금요강좌를 간추린 것이다. 외세가 밀려 들어왔던 19세기 말 우리나라 지도층 일각에서는 개화사상이 일어나 척사파와 개혁을 모색하는 가운데 외부 세력이 침입 망국으로 치달린다. 식민사관은 개화파를 두둔하고 척사파를 혹평했다. 민족이식이 강했고 현실적이면서도 융통성도 있었던 척사사상은 제대로 발전하지도 못했고 역사학이 그것을 제대로 정리 이해하지 못했다. 척사파가 무조건 외국의 문물을 배척한 것이 아니었다. 화서 이항로는 병인양요에 왕에게 올린 상소에 "조정에서부터 외래품을 쓰지 말고 절약하여 안에서부터 국력을 길러 외부 세력을 대항해야 한다."고 주장했다. 외국자본의 침입에 대해 "양물을 찾아내어 대궐 뜰에서 소각시켜 조정의 척사 방침을 내외에 알리"라고 요청했다. 대원군이 프랑스함대를 물리침으로써 쇄국정책을 더욱 굳혔다는 것으로 평가되고 있으나 당시 프랑스함대는 동남아 식민지 문제로 스스로 떠난 것이지 우리의 포격에 못 이겨 퇴각한 것이 아니다. 위정척사파론과 대원군의 정치는 구별되어야 한다. 척사파에 비해 외세(일본) 의존적이었던 개화파 사람들을

일본이 우리나라를 식민지화하는 데 이용했다. 일제의 식민지화가 무르익어 갈 무렵 서재필 박사가 독립협회를 설립, 개화파와 척사파의 지도적 인사들이 이곳에 모두 참여함으로써 독립협회가 민족주의자들의 집결체가 되었다. 독립협회는 민족의식을 크게 고취한 빛나는 공훈을 민족사에 남겼다. 그러나 당시 조정에서는 독립협회 이념에 반대하는 세력이 많아 서재필 박사가 미국 시민권을 가진 이중국적자라는 점을 이유로 서 박사의 국외 추방을 꾀했고 그가 없는 독립협회는 그 기능이 약화됐다. 이때 서 박사가 미국 시민권을 포기했거나 좀 더 버티고 독립협회를 이끌어 나갔다면 민족의 광명이 좀 더 일찍 찾아오지 않았나 하는 아쉬움이 있다. 민족운동에서 이중국적은 중요한 문제가 아니다. 독립협회 이후로 많은 애국지사들이 독립을 추구했다. 신채호 선생은 대한매일신보에 우리 역사를 연재하려다 실패했으며 이승훈 선생은 장사를 하면서도 젊은이들에게 바른 뜻을 심어주는 데 크게 기여했다. 1910년 일제가 '한일 합방조약'을 강제하고 한국을 식민지화한 이후에도 박은식은 한국통사, 한국독립운동지혈사라는 책을 출간, 민족의식을 고취했고 한용운은 조선불교유신론과 조선독립선언을 통해 일본에 영합하는 친일 세력을 공박하는 한편 민족의식을 드높였다.](경향신문 73.5.8. 박석흥 기자)

홍이섭 교수의 70년대 초 민족주의에 대한 대중계몽은 주목받았다. 홍교수는 부정적인 평가 일변도였던 위정척사에 대한 긍정적인 재 평가와 함께 개화파에 대해서는 재검토를 주장했다. 홍 교수는 69년 말 출간한 이광린 교수의 '개화사 연구'에 대해서는 검증을 지적했으며 최창규 교수의 위정척사운동을 정리한 '근대한국정치사상사'를 한국일보 출판 대상으로 추천했다. 척사운동은 90년대에 의병운동을 조명한 윤병석, 박성수 교수들에 의해 재평가되었으며 이택휘, 박성순 교수 등의 연구로 이어졌다. 홍이섭교수는 외솔회 '나라사랑'에 최현배, 한용운, 신채호, 주시경, 장지연, 손병희, 박은식, 이상재, 남궁억, 이승훈, 전봉준, 김교신, 안희제 등을 재정리했다.

(1) Obituary - 민족사학의 큰 별

[민족주의 사학의 마지막 빛이었던 홍이섭 박사(60)가 일제식민사관을 바로잡는 한국사 25권 마무리 작업을 눈앞에 두고 74년 3월 4일 세상을 떠났다. 혼미한 한국 현실에서 항상 민족의 살길과 민족의 미래를 걱정했던 홍 박사는 일제식민사학에 맞서서 한국사의 정통을 지켰던 신채호, 박은식, 정인보 선생의 맥락을 잇는 민족주의 사학의

큰 별로 사학계뿐만 아니라 한국문화계 전반에 끼친 영향은 지대했다. 1914년 서울에서 출생한 홍 박사는 배재 연희 전문을 졸업한 뒤 평생을 국학대, 고대, 숙대, 연대에서 사학을 강의했으며, 해박한 지식과 꿋꿋한 정신이 담긴 그의 강의는 젊은이들의 심금을 울리는 대학가의 명강의였다. 흔한 한국학 국제학술회의에도 참가하지 않았던 홍 박사는 외국의 새 학문 사조에도 밝아 타계하기 전에도 현상학을 공부하기도 했다. 노산, 동주와 함께 연희의 3천재로 꼽히는 홍 박사는 오늘 한국인의 정신 자세가 무엇이어야 하는가를 계몽했다. 한국인의 식민근성 극복을 위해서는 어느 곳이든지 가서 강연했다. "역사학은 다른 학문과 다르다."며 역사의식을 강조했던 홍 박사는 일제식민사학을 재탕하는 논문을 보면 찢어 버리면서 "정신 빠진 놈들"이라고 욕하기 일쑤였다고 측근들은 고인의 에피소드를 들려준다. 홍 박사는 일제 시대사가 전공이지만 1944년에 펴낸 '조선과학사'는 한국사학의 선구적인 업적이며 '정약용의 정치·경제 사상연구' 등 실학관계 연구는 획기적인 업적이었다. 배재중학에서는 한뫼 이윤재, 연희 전문에서는 백낙준, 정인보, 백남운, 손진태의 가르침을 받았다. 위당의 조선의 얼과 실학, 외솔의 나라사랑 정신이 홍이섭 교수에게 큰 영향을 주었다. 학술원 회원과 국사편찬위원이었던 홍 박사는 6·25 후 식민사관에 짠지처럼 전 한국사학의 개혁에 앞장서 '한국사의 방법', '한국 정신사 서설', '영문 한국사'(김철준, 손보기, 홍이섭 공저) 등을 내놓았다. 연대 동방학 연구소장으로 연세대 국학 연구의 기틀을 마련했고 최현배 박사의 추모 모임인 외솔회를 만들어 '나라사랑'에 근세 선각자를 정리했다. "춘원과 육당이 개화의 선구자였으나 변절하고 말았다."고 단죄했던 홍 교수는 식민지 시대정신사 정리를 위해 염상섭, 채만식, 심훈 등을 재평가했으며 이난영의 '목포의 눈물'이 일제하 영산강 목포 지역 일제의 수탈과 착취에 시달린 조선인의 슬픔을 표현한 것이라고 높게 평가하기도 했다.](경향신문 74.3.5. 박석흥)

1974년 3월 4일 소공동에 있던 경향신문사옥 2층 편집국 입구 문화부에서 다음 날 문화면 기사를 준비 중인 필자에게 손보기 교수로부터 놀라운 전화가 왔다. 홍이섭 교수가 돌아가시어 서대문 적십자 병원 영안실에 손 교수가 와 있다는 것이다. 나는 내 귀를 의심했다. 어젯밤 10시까지 새로 이사하신 홍이섭 교수 집에서 밤늦게까지 말씀을 듣고 왔기 때문이다. 일어서려고 하는 시간에 단재 자제분 신수범 씨가 김영호 교수와 함께 홍 교수 집을 방문하겠다는 전화를 받으시며 "여기 경향신문 박석흥 기자도 있습니다. 어서 오시지요." 하는 통화를 듣고 나는 노량진으로 가는 막차를 타고 집에 돌아왔었다. 나는 홍 교수를 취재원보다 배우는 자세로 연세대 연구실 성북동 집으로 기회 있을 때마다 찾아가 점심, 저녁을 대접받으며 말씀을 듣곤 했다. 아침 10시에 방문하여 밤 10시에 나오는 때도 여러 번 있었다. 성신여대 입구 작은 한옥이 비좁다며 홍 교수가 응암동 새집으로 이사할 때 한장본으로 된 고미술사학회 회보와 조선과학사 초간본을 내게 주셨다. 연대에 가까운 곳으로 옮긴 홍 교수는 넓어진 새집을 좋아하시며 책 몇 권을 서둘러 정리해야겠다고 하시며 거실 구조를 바꾸겠다는 말씀도 했다. 그날도 밤늦게까지 여러 주제의 말씀을 하셨다. 내가 학술기자로 활동하는 데 많은 영향과 지도를 해 주신 분이 홍이섭 교수였다. 내 석사논문도 다산의 행정개혁론이었다. 나는 당시 함께 기자로 뛰던 백우영, 신영수 등 서울 문리대 동기들에게도 홍 교수를 만나 말씀을 듣게 했고 자문받게 했다. 홍 교수는 대학 은사라도 잘못된 것은 비판했고 서울문리대 사학과에 대해서도 비판할 것이 있으면 서슴지 않고 말했다. 서울대 사학과 출신 중 천관우, 김철준 교수는 높게 평가했고 연대 제자 교수 중에도 열심히 연구하지 않는 교수는 화투나 좋아한다고 섭섭해했다. 강연회에 자주 나가 바른 정신 확립 계몽에 앞장섰던 홍 교수는 중앙청 공무원들을 모아놓고 강의하는 것이 효율적일 텐데 아쉽다고도 했다. 문교부 장학실 총무였던 아버지가 고교평준화 정책 결정에 반대하시다가 전주교대학장으로 전보되었다. 교사가 될 학생들에게 좋은 교육관을 심어줄 특강을 개설할 것을 건의하고 나는 그 첫 연사로 홍이섭 교수를 추천했다. 홍이섭 교수의 특강을 위해 고속버스로 전주교대로 모시고 가는데 정보부 직원 두 명이 따라와 강연장에까지 나타났다. 이날 강연은 식민주의 사관의 모순과 민족주의 사학의 확립을 강조한 내용이었다. "민족주의 사관을 국수주의라고 비방하는 사람들도 있으나 국수든 콩나물이든 제대로 시도라도 했으면 좋겠다."고 잘라 말했다. 홍 교수는 4일 집장사 날림집에서 연탄가스가 새서 운명하신 것이다. 오비튜어리는 내가 쓰고 김철준 서울대교수에게 조사를 부탁해 다음 날 문화면에 추모기사를 냈다. 환갑 되던 해 제자들이 환갑논문집 간행을 준비하자 호통 쳐서 말렸으나 결국 추모문집으로 간행됐다.

(2) 연세대 홍이섭 교수 20주기에 전집 출간

[일제 강점기의 질곡, 광복 후의 좌우싸움, 6·25 동족상잔의 수난, 정변으로 이어지는 격동기에 국학 연구를 통해 민족사의 바른 방향을 제시했던 우리 시대 마지막 지사형(志士型) 학자 홍이섭 교수 20주기를 맞아 연세대는 '홍이섭 전집'(6권)을 펴냈다. 연세대는 홍이섭 교수를 위당·외솔·한결과 함께 국학 연구로 연세대를 빛낸 인물로

선정하여 교정에 흉상을 건립키로 했다. 광복은 되었으나 친일파가 득세하거나 외세의 농간 속에 변절과 협잡이 난무하는 혼란기에 그 극복 방안을 역사에서 찾았던 홍이섭 교수를 후학들은 민족의 자긍심을 일깨운 계몽사학자로 기리고 있다. 정부도 그의 업적에 걸맞은 서훈(敍勳)을 검토할 때가 되었다. 성신여대 입구 안암동 한옥의 한 칸 남짓한 문간방 홍 교수의 서재에는 가르침을 받기 위해 찾아오는 교수, 기자, 재야사가들의 발길이 끊이지 않았다. 배재 연희에서 한결, 호암, 위당, 외솔, 백남운의 교육을 받았던 홍 교수는 후학들에게 사회지도층의 역사의식을 강조하며 일제가 왜곡한 역사 바로잡기를 역설했다. 그의 식민사관 바로잡기 주장에는 친일 세력의 자숙과 퇴출을 겨냥한 것이다. 홍이섭 교수는 일제식민사학의 본산인 '조선사편수회'에서 활동했던 학자가 건국 후 대학을 장악했던 시대에 그 대안으로 단재, 위당, 백암의 사학을 제시하며 한국사 인식 전환과 사학계 개편을 촉구했다. 그는 특히 단재가 식민지 체제로 뒤틀린 한국인의 정신을 바로잡는 정신적 기저로 강인한 고구려 정신과 구토 회복 등 고대사 바로 보기를 역설한 것과 위당이 실학 탐구 등을 통해 조선의 정신(얼)을 고취한 것을 높이 평가했다. '조선 과학사', '정약용의 정치 경제사상 연구'로 한국사 연구의 새 지평을 열었던 홍 교수는 실학, 서학, 독립운동사 등을 연구한 정신사, 외교사, 해양사 등에 관한 10여 권 6백여 편의 논저를 발표했다. 민족사 연구의 새 지표를 제시한 홍 교수의 역사 연구 방법은 다양했다. 일제하 식민지 한국인의 아픔을 채만식의 탁류, 이난영의 목포의 눈물에서 찾기도 하고 염상섭, 이육사, 한용운의 문학작품에서 한국인의 정신사를 논하기도 했다. 연희 전문이 낸 3대 수재의 1명으로 꼽히는 홍 교수는 말년에 현상학, 지식사회학에도 눈을 돌려 한국현대사 이해의 시각을 넓히는 노력을 하기도 했다. 홍 교수는 일본의 신식민사관의 도전을 극복하기 위해 영문 한국사 공동집필 및 영문 논문을 앞장서 발표했다. 내부 모순 못지않게 외세의 도전과 간접 침략을 비판 경계했던 홍 교수에게 국수주의자라고 비아냥거리자 "국수든 콩나물이든지 제 정신만 찾았으면 좋겠다."고 응수했다. 친일 시비가 제기되면 자신을 포함해 일제 시대 살았던 사람은 자유로울 사람이 아무도 없다며 식민지 문화의 재생산을 항상 경계했다. 일제에 종살이한 세대가 다 죽어야 식민지 근성이 비로소 청산될 것이라며 미국식 교육 방법을 만병통치약으로 선전하는 미국유학 교육학자들의 행태를 못마땅해했다. 세류에 흔들리지 않고 지조를 지킨 강직한 성품의 홍 교수는 은사에 대한 존경과 사랑은 대단했다. 외솔의 지시로 홍이섭 교수는 세종대왕 전기를 만들기도 했다. 그의 정약용과 실학 연구는 위당의 학풍을 계승 발전시킨 것이고 나라사랑 정신은 외솔의 가르침을 재창조한 것이다. 홍 교수는 외솔 사후 외솔회를 발족시켜 외솔상을 제정하고 나라사랑에 독립운동가를 정리했다. 홍 교수는 현재의 모순이 심할수록 그 극복 방안을 역사에서 찾았다. 국학이 퇴조하고 사회가 혼미해진 이 시점에 홍이섭사학을 재조명하는 것은 지식사회를 각성시키는 자극제가 될 수 있다.](문화일보 74.2.23. 박석흥 학술문화부장)

연세대출판부는 홍이섭 전집 11권을 펴냈다.

◇제1권＝과학사·해양사 제2권 ◇제2권＝실학 ◇제3권＝서학·기독교 ◇제4권＝사상사·정신사 ◇제5권＝외교사·교섭사 ◇제6권＝근현대사 ◇제7권＝사론 ◇제8권＝인물론 ◇제9권＝수상 ◇제10권＝한국사의 이해와 교육 ◇제11권＝The History of Korea

2) 동빈 김상기(東濱 金庠基 1901.11.16.~1977.3.23.) 백제 산동 진출 주장

(1) '동방사논총' 출간－동학란 고려사 백제 중국 진출 장보고 연구

[일제 어용학자와 그 추종자들이 한국고대사를 반도 안으로 축소 왜곡시킨 한중관계사 수정과 고려 시대사 재조명을 제기해 온 동빈(東濱) 김상기 박사(73, 서울대 명예교수)의 주요 논문을 간추린 '동방사논총(東方史論叢)'이 서울대출판부에서 출간되었다. 동빈의 후배와 제자들이 추진한 지 2년 만에 나온 '동방사논총'에는 한국고대사의 새 지평을 연 '한·예·맥 이동고(韓濊貊 移動考)'(1952), '동이와 회이(淮夷) 서융(徐戎)에 대하여'(1948), '백제의 요서(燎西) 경략(經略)에 대하여'(1967)와 '동학과 동학란'(1947) 등 선구적인 논문들로 국사학계의 새 지평을 여는 쟁점들이 망라돼 있다.

동이문화권·동학란·고려시대사·장보고 연구 등을 통해 한국사의 새 쟁점을 끊임없이 제기해 온 김상기 교수는 "역사학을 연구한 지 40여 년 진리 탐구의 정신으로 나름대로 사관을 제시해 보려 했지만 일제 치하와 광복 후 여러 가지 제약이 있어 그것이 한갓 환상으로 끝난 것이 안타깝게 여겨진다."고 탄식하며 후진들에게 한국사학의 사관 확립을 당부했다. "일제 시대 일본의 동양사학은 한중관계사 왜곡이 보통이었다."고 지적하며 "동양사 연구는 한중관계사의 진실 구명이 목표였다."고 밝혔다. 반봉건, 반제국주의 기치를 들고 일어선 동학운동을 30여 년 전 한국근대사의 새로운 기점으로 해석하는 논문을 발표했을 때 세찬 반론을 받기고 했다고 회고하는 동빈은 조선시대 역사에 대한 새로운 해석과 조명을 역설한다. 와세다대학(早稻田大學) 사학과 출신 김상기 교수는 1945년 경성대학 사학과에서 동학·고려사·한중관계사·중국사 등을 강의하기 시작했으나 같은 와세다대 출신 두계와 고려사 해석 등을 두고 논쟁이 심했던 것으로 후학들은 기억하고 있다. 이 논쟁 과정에서 동빈이 동양사, 두계가 국사를 전담하고 고려사도 두계의 전문 영역으로 결정된 것이 한국사 연구 방향이 경직되게 되는 전기가 되었다. 62년 정년 뒤 72년에는 아끼던 장서를 영남대학에 넘기기도 했다. 김상기 박사는 이승만 박사가 자유당 말기 국사학계 중진을 불러 한민족의 시각으로 국사 체계화를 당부했으나 4·19로 중단되었다고 털어놓으며 8·15 직후에 이런 움직임이 있었다면 한국사가 좀 더 일찍 주체적으로 정리되었을 것이라고 아쉬워한다. 김 교수는 정년퇴직 후 백산학회를 통해 만주와 중국 대륙에 얽힌 한중관계사 자료 발굴과 사실 구명에 힘쓰고 있다. 고려사 역주를 끝내고 증보문헌비고 역주에도 손을 대고 있다. 설화와 사상·전적과 고고·인물과 제도·교류와 교섭 등 30여 편의 논문이 수록된 '동방사논총'은 후진들의 연구에 길잡이가 될 것이다.](경향신문 74.11.21. 박석홍 기자)

(2) Obituary-두계에게 밀린 동빈의 고려사

[고대 백제의 중국 진출에서 고려사, 동학에 이르기까지 한국사 전반을 새로운 시각으로 정리하는 작업을 외롭게 추진해 온 동빈 김상기(東濱 金庠基) 교수가 1977년 3월 22일 향년 77세로 타계했다. 1910년 전북 김제에서 출생, 서울 보성고보를 거쳐 일본 와세다대(早稻田大) 사학과를 졸업한 동빈은 중앙고보에서 젊은이들에게 한국사를 바르게 전달하는 데 힘썼다. 일제관학과 타협하고 협력한 후 해방 후대가로 군림했던 대부분의 사학자와 달리 외로운 학자생활을 했다. '동학과 동학란', '동방사논총', '고려시대사', '동방문화교류사논고', '중국고대사 강요' 등 저서와 많은 논문을 남겼다. 역사 속에서 새로운 경향을 찾으려고 한 동빈은 1931년 동학과 동학란을 발표, 동학연구를 개척했고 한국근대사 연구 시각을 새롭게 제시했다. 일제 관학자들의 한국사와 동양사 왜곡을 검증하는 데 나선 동빈은 우리나라와 중국과는 관무역(官貿易)을 통한 관계 조절이었다고 밝히고 몽고에 대한 삼별초(三別抄)의 저항을 민족의 힘으로 높이 평가했다. 일제의 식민지 정책을 펴내기 위해 한국고대사에 관한 역사지리학이 한창일 때 동

빈은 오로지 우리 겨레가 살아온 삶의 근거지와 역동적인 힘을 찾는 노력을 경주했다. '한·예·맥 이동고(韓濊貊 移動考)'와 백제의 산동 지역 진출 등의 사실을 밝혀낸 동빈의 선구적 업적은 한국고대사 연구의 이정표가 된다. 동빈은 고대 한민족의 활동무대였던 만주에 대한 관심도 지대해 66년 백산학회를 조직, 만주관계 연구도 촉구했다. 동빈의 한국사연구는 두계사학에 밀려 각광받지 못했지만 은퇴후 재평가되고 백제의 중국 진출은 교과서에도 수록되었다. 그러나 동빈이 두계가 문교부 장관이 되었을 때 애제자인 전해종교수에게 두계를 도우라고 권고했던 일화는 사학계의 미담이되고 있다.(신동아 77.5. 박석홍 기자)

3) 최현배(1894.10.19.~1970.3.23.)

(1) obituary - 나라사랑과 국어사랑

[한글학회 이사장 외솔 최현배 박사가 1970년 3월 23일 새벽 3시 35분, 세브란스 병원 515호실에서 심장마비로 별세했다. 평생을 한글전용과 바로쓰기로 나라사랑을 역설했던 외솔이 한글전용을 눈앞에 둔채, 마지막 마무리를 못 하고 세상을 떠난 것이다. 외솔은 1894년 10월 19일 경남 울산군 하상면 동리에서 최병수 씨의 맏아들로 태어나 1910년 경성보통학교 입학과 동시에 주시경의 조선어 강습원에서 한글과 말본을 배웠다. 1919년 히로시마 고등사범학교 문과 제일부를 졸업 수신·교육·일어·한문·법제·경제 중등 교원 면허장을 받았다. 1925년 교오도대(京都大) 문학부 철학과(교육학 전공)를 졸업하고 대학원 수업 중 '조선민족갱생의 도'를 썼다. 1926년 연희전문 교수로 취임하여 12년 동안 '우리말본을 완성하고', '한글의 바른길'을 지어 민족정신과 민족문화를 계몽했다. 대학원 재학 중 발표한 '조선민족갱생의 도'는 ①생기를 진작, ②이상 수립, ③확신감과 부단한 노력에 있다고 주장 식민지 치하의 젊은 세대에게 새로운 지표를 제시했다. 연희전문교수 재직 중 38년 흥업구락부 사건으로 사직당한 후 3년간 '한글갈'을 지어 한글 발전사를 정리했다. 1942년 '조선어학회사건'으로 홍원 경찰에서 1년 동안 고문과 취조를 받고 함흥 감옥에 투옥되어 3년 옥고를 치르는 동안 한글 가로쓰기 자형과 적는 법을 완성했고 이때 정리된 '글자의 혁명'이 해방 후 발간

되었다. 1945년 9월, 미군정청 문교부 편수국장으로 취임, 교과서 편찬과 국민교육의 틀을 만들었다. 유관순, 안중근, 윤봉길 의사의 애국운동을 발굴하여 교과서에 실어 다음 세대에게 애국심을 고취했고, 위당과 함께 삼일절, 광복절, 제헌절, 유관순 누나 찬가 등을 국민학교 음악교과서에 실리도록 했다. 한글전용법 제정을 위한 한글전용촉진회를 구성하고 법령 6호로 한글전용법이 국회를 통과했으나 한글전용은 25년이 지나 70년에야 이루어졌다. 정인보 선생과 함께 유관순 누나, 광복절, 삼일절 노래 등을 교과서에 넣어 어린이들에게 애국심을 고취했다. 49년 한글학회 이사장이 되어 '조선말 큰사전'을 만들어 냈고 이 작업을 위해 외솔은 고향 전답 1만 2천9백70평을 헌납했다. 전국지명조사 우리말수 찾기에도 힘을 쓴 외솔은 '우리말 존중의 근본 뜻'과 '민주주의와 국민 도덕'도 지었다. 54년 학술원 회원이 된 외솔은 연세대에서 결강 없는 엄격한 교수로 이름났으며 연세학풍을 만든 교수 중의 한 분이다. 62년 3·1절에 한글운동의 공로로 건국 공로훈장을 받았다. 유족으로는 미망인 이장령 여사, 맏아들 영해, 셋째 신해(청량리 뇌병원장), 넷째 철해(정음사장) 씨가 있다. 최현배 박사의 저술은 ▲페스탈로지 교육학설 ▲조선민족갱생의 도 ▲중등 조선말본 ▲우리말본 ▲한글의 바른길 ▲한글갈 ▲글자의 혁명 ▲우리말 존중의 근본뜻 ▲나라사랑의 길 ▲나라건지는 교육 등 다수다(경향신문 1970.3.23. 박석홍 기자).

(2) 외솔 이후의 한글 연구＝논쟁에서 정리로

[외솔의 별세는 독립과 애국으로써의 한글 연구 1세대가 끝났다는 것을 상징한다. 독립신문 제작에 참여했던 주시경 선생에서 시작된 한글 연구는, 애국의 한 방편으로 비롯한 것이고 '조선민족 갱생'을 외친 외솔 최현배 박사에 의해 본격화되고 꽃핀 것이다. 외솔의 국어사랑운동은 민족의 독립과 갱생을 구체화하는 발로였다. 한자어로부터의 독립이 곧 애국으로 이어진다는 정신이 외솔의 한글사랑의 기본 정신이었다. 유길준의 대한문전(大韓文典)에서 비롯된 한글문법은 주시경이 체계화하고 외솔이 총정리한 것이다. 한때 서울대파의 놀림감이 되었던 '어찌씨', '놀람말' 등의 용어는 외솔 전단계에서 만들어진 것으로 최현배 박사가 그대로 이어 발전시킨 것이다. 주시경 시대의 한글 연구를 학문으로 정리하여 발전시킨 것은 최현배, 이희승, 김윤경 씨가 주도한 한글학회였다. 김윤경, 정인승 씨는 주시경 선생 이론을 그대로 지켰고 최현배, 이희승 씨는 주시경 이론을 발전·심화하여 현대학문에 접목시켰다. 최현배 박사의 우리말본

은 한글문법을 규범문법 체계화한 것이고 아직도 이것을 뛰어넘을 만한 문법이론이 나오지 않았다. 1931년에 발족하여 일제의 탄압을 받았고 우리말 큰사전, 우리말본 등을 펴낸 조선어학회는 초기에도 내부 반대파의 도전에 시련을 겪었다. 1931년 12월에 발족한 박승빈(朴勝彬)을 중심한 '조선어연구회'는 정음기관지를 격월간으로 발행하면서 한글학회가 만든 맞춤법 통일안을 반대했다. 해방 뒤 국어학계도 일제관학을 계승한 서울대와 사립대학 연세대가 국어정책을 둘러싸고 싸웠다. 최현배 박사가 가르친 연대 국문과와 이숭녕 박사가 중심인 서울대국어국문학과의 두 산맥이 정부의 어문정책에 사사건건 맞서 언론정책이 혼미를 거듭했다. 미군정과 정부 수립 초기에는 최현배 교수가 신생정부의 문교부 편수국장으로 국어정책을 한글학회 주장대로 밀고 나갔으나 서울대 인맥이 늘어나고 역사학계의 식민사학 청산처럼 쉽게 일제관학 인맥 청산이 쉽게 이루어지지 않아 최현배 선생이 국가 건국 초기에 세운 어문정책과 말본체계에 대한 시비가 끊이지 않았다. 두 학맥의 논쟁은 문법, 정서법, 품사분류, 학술용어, 한글전용, 외래어 표기법 등 다양하게 전개되었다. 외솔의 별세는 말본파 대 문법파의 해묵은 감정 대립을 뛰어넘어 바른 국어정책 수립의 전기가 될 수도 있다. 외솔의 한글 연구는 영원할 것이다. 국사학계가 아직도 식민사관의 늪에서 헤어나지 못하는 것에 비해 국어정책은 한 단계 높은 수준에서 새 방향을 모색하고 있는 것만은 분명하다. 외솔의 한글전용론을 비아냥거리던 신문도 한글전용과 가로쓰기를 검토하고 있다. 국어학 수준이 높아지는 것이 남은 숙제다.](경향신문 70.3.24. 박석흥 기자)

4) 김철준(1923.4.15.~1989.1.17.)

(1) 식민문화 중세문화 체질의 한계 극복 주장

1970년 2월 18일 경향신문에는 김철준 교수가 일제하 일본 학자들의 한국사 연구는 일본의 식민정책을 합리화하는 어용 학문이었으며 패전 후 1951년 하다다 다카하시(旗田巍, 동경도립대 명예교수)가 펴낸 조선사(朝鮮史)도 기본 성격은 크게 달라진 것이 아니라고 지적했다. 뿐만 아니라 이병도의 국사대관, 이기백의 한국사신론, 한우근의 한국사통론도 모두 일제식민사관의 영향에서 벗어나지 못했다고 비판하고 한국사 연구의 새 방향을 제시했다는 김 교수 논문이 학계에 충격을 주었다는 기사가 있다. 같은 해 8월 19일에는 김철준 교수가 일본 학자의 한국사 왜곡을 바로잡기 위해 홍이섭, 손보기 교수와 공동으로 영문 한국사를 펴낸 기사가 크게 보도됐다. 다시 1972년 3월 29일 경향신문 2면에는 일본 다카마츠츠카(高松塚) 고분의 고구려 벽화가 일본에 건너간 고구려 사람의 작품이지만 이것은 일본문화로 보아야 한다는 김철준 교수의 해석을 전화인터뷰한 기사가 실린다. 김 교수는 건국 후 혼란기에 역사와 문화에 관련한 쟁점에 대해 앞서 지적했다. 식민지 체질 극복과 한국문화의 후진성과 한계 극복이 화두였다.

(2) 고구려 망명자와 다카마츠츠카 고구려 고분의 성격

[다카마츠츠카 고분 벽화 발굴로 일본의 고대문화는 고구려, 백제, 신라계의 철기문화 담당자들이 건너가서 이룩했다는 가설을 다시 확인해 준 것이다. 기마민족이 한반도에서 일본으로 건너와 천황족이 됐다는 기마민족 일본정복설과 일본에 한반도의 삼한의 식민지가 건설되었다는 삼한분국설 등이 패전 후 제기되었는데 이 벽화 고분은 고구려계 유이민도 일본 통치세력의 하나로 실존했음을 알려 준 것이다. 일본의 아쓰까(飛鳥) 시대는 고대 한국문화가 일본에 진출해 이룩한 것이다. 그러나 아쓰까문화는 해양성 신석기문화(繩文式 석기문화) 위에 고대 한국문화가 접목돼 상층문화는 한국과 같은 것이었으나 곧 일본의 기층문화 체질에 동화되어 일본 개성이 성립되는 것으로 보아야 한다. 한반도의 신석기, 청동기, 철기문화가 일본으로 여러 번 전파된다. 일본 고대국가를 성립시킨 고구려 진출 세력의 실증 자료로 나타난 벽화 고분은 신라가 삼국을 통일한 뒤 신라를 침략한 왜구의 정체가 일본에 망명한 고구려계의 망명 지배세력도 있었음을 알려 준다. 일본에서 발견된 고구려 벽화는 고대 삼국문화의 일본 전파 흔적과 한국 고대미술 연구에 좋은 자료로 주목받을 만하다. 그러나 일본 고대국가 성립 단계에 백제, 고구려, 가야가 결정적 역할을 했다고 일본문화를 한국문화의 아류로 확대 해석하는 것은 논리의 비약이다(경향신문 72.3.19. 박석흥 기자).

(3) 퉁구스계의 신라문화와 백제의 중국·일본 진출

[잃어버린 백제, 고구려사의 해외 진출을 웅변하는 고고학 자료가 일본, 중국 등지에서 속출, 역사교과서 개편이 추진되고 있는 가운데 미동도 않던 고대사학계도 고대사

줄거리 개편과 보완이 제기되고 있다. 서울대 김철준 교수는 단국대학 제3회 동양학학술회의(1973.10.27.)에서 ‘한국 고대문화의 몇 가지 문제’라는 주제 논문을 통해 신라사의 중앙아시아 문화와의 연계성과 백제의 중국·일본 진출을 고대사 연구 과제로 제시했다. 김철준 교수는 1945년 이전 한국고대사의 정치체계 수립은 문헌고증학이었고 해방 후 고고학, 신화학, 민속학이 고대사 연구에 참여했으나 일인 학자들의 고대사 체계에 종속하는 것이었다고 평가했다. 김 교수는 한국문헌고증사학이 고대사뿐만 아니라 전반적으로 중세적인, 전근대적인 역사인식을 탈피하지 못해 전통문화를 제대로 이해하지 못했으며 그 결과 과거 문화에 대한 빈곤으로 새로운 문화를 창조하는 능력이 약화됐다고 지적했다. 한국고대사학은 기존의 전통적인 인식의 무의식적인 계승·중세적인 역사인식의 미극복·식민사관의 답습(踏襲)이었다고 비판했다.

식민지사관 불식과 고대사 무대를 구명키 위해 신라문화의 계보에 대한 이해, 백제문화의 계통의 탐구, 백제의 산동성 지역 진출 확인, 백제와 일본과의 관계 재검토 등을 고대사학의 한 주제로 김철준 교수는 제기했다. 신라는 북방 유목민족이 남하하면서 고구려계·백제계, 그 전에 있었던 토착족과 융합한 것으로 볼 수 있다는 것으로 수서(隋書) 신라전 기록에도 나타난다고 지적했다. 신라의 김씨집단은 퉁구스계통이라고 보이며, 김씨시조 알지(閼智)나 박혁거세왕비 알영(閼英) 그 뒤의 왕비 아례·아루·아노 등이 모두 퉁구스어의 Aisin(金: 몽골어의 Altan)의 어원과 관련 있으며 금(金)이 일어난 만주의 안출허하(按出허河)와 경주 알천(閼川)의 유사성도 우연이 아니라는 것이다. 후금(淸)의 족명 애친각라(愛親覺羅)의 애친(愛親·Aisin)도 같은 것으로 금·후금·청·신라가 그 족명·국명에 금(金)을 공통적으로 사용, 같은 문화적 뿌리가 있는 것이라고 추정했다. 삼국사기 신라본기의 고대 기사들은 경주에서의 기록이 아니라 경주에 오기 전의 사실로 보아야 하며 박씨, 석씨, 김씨의 시조 설화들도 모두 북방계이거나 북방계와 긴밀한 관계에서 나타날 수 있는 사료들이라고 김 교수는 지적했다.

백제사는 왕실계보사의 성격에서 크게 벗어나지 못하는 엉성한 사료만 남았다. 일본서기에 남아 있는 백제 관계기사는 백제계에 속하는 일본 왕실기록도 왜곡과 조작이 불가피했고 삼국을 통일한 신라 측에서도 삼국사기, 백제본기 기록만 필요했던 한계가 있어 백제사는 뼈와 가시만 남아 있는 형국이라고 김 교수는 전제하고 백제사 보완을 지적했다. 김상기 박사의 ‘백제의 요서 경략에 대하여’(백산학보 3호)와 방선주 씨의 ‘백제군의 화북진출과 그 배경’(백산학보 11호) 등은 기존의 백제사 인식을 바꾸는 주목할 논문이라고 지적했다. 김 교수는 백제의 해외 진출을 밝힌 두 논문은 임나일본부설, 기마민족 한반도 남부지배설 등 일본 학자들이 거짓 꾸민 고대한일관계사 수정의 실마리가 될 것이라고 내다보았다.

일본학계의 일선동조론(日鮮同祖論·金澤庄三郞). 임나흥망사(任那興亡史·末松保和) 등을 비판하는 논문으로 삼한분국설(三韓分國說, 김석형), 임나대마도설(문정창) 등이 나왔으나 충분치 못하고 기마미족설(江上波夫)이 나왔으나 임나일본부설의 변형에 지나지 않은 것이다. 일본학계가 문화는 백제를 포함한 한국이 발달했으나 무력은 일본이 강했다는 가설은 오류였다고 김철준 교수는 지적하고 백제와 왜의 관계는 당시 동양사의 세력 균형 관계를 고찰해야 한다고 주장했다. 크게는 남·북 양 세력의 대립 관계에서 작게는 백제·가야·신라·왜 등 반도 남부와 일본열도에 걸친 해협국가의 형성과 그 상호 관계를 고려해서 해석해야 한다는 것이다. 일본에 건너간 백제, 고구려 유민이 일본 곳곳에 부족국가를 만들었으며 그 부족국가 중에는 백제계가 상당수로 이것은 백제 고대상업망에 의해 연결되고 지배되었다고 김 교수는 주장했다. 백제가 중국 압력으로 산동반도 지역을 상실하고 고구려, 신라 압력으로 약화되는 과정에서 일본 고대국가가 성립될때 백제의 역활과 한반도에서 건너간 백제 문화의 원형도 연구해야 할 것이다.](경향신문 73년 10월 30일 박석홍 기자)

(4) 공주 무령왕릉과 산동반도와 구주에 진출한 백제지배층의 성격

1971년 7월 충청남도 공주시 금성동의 송산 제5호의 석실분과 제6호 전축분의 침수 방지를 위한 배수로 작업 중 무령왕과 왕비 합장묘가 발굴조사되었다. 송산리 전축분(塼築墳) 제6호분과 석실분(石室墳) 제5호분의 뒷면에서 남쪽을 향해 자리 잡고 있던 무령왕릉은 경사면의 풍화암반층을 굴착하여 벽돌로 연도(羨道)와 현실(玄室), 배수구를 만들고, 그 위에 분구를 조성한 터널형 전축분이다. 분구는 원형으로 지름이 약 20m이다. 현실의 바닥에서 분구의 가장 높은 지점까지는 7.7m이다. 현실은 장방형의 단실분(單室墳)으로 남북 길이 4.2m, 동서 길이 2.72m, 높이 3.14m이다. 현실의 내부에는 남쪽의 벽면에서 1.09m를 제외하고 모두 바닥보다 21㎝ 높게 해 왕과 왕비를 합장하기 위한 전면관대(全面棺臺)를 시설하였다. 현실을 구축한 벽돌에는 사격자(斜格子)의 망상문(網狀文)에 6~8엽의 연화문(蓮花文)과 인동문(忍冬文)이 있다. 현실 벽면에는 5개의 보주형등감(寶珠形燈龕)이 설치되었고 그 안에 백자로 된 등잔을 배치하였다. 보주형의 윤곽을 따라 화염문이 채색되었고, 등잔불에 그을린 흔적이 남아 있다. 현실의 바닥과

관대는 벽돌을 이중으로 깔았다. 연도 입구 지석에 무덤 축조 기록 등이 있다. 무령왕은 523년 5월에 사망, 525년 8월에 왕릉에 안치되었고, 왕비는 526년 11월에 사망, 529년 2월에 안치되었다. 각기 사후 28개월 만에 본 능으로 안장되었다. 무령왕릉에서 출토된 유물은 모두 108종 2,906점이다. 통발(銅鉢) 청자육이호(靑磁六耳壺), 왕과 왕비의 지석(誌石) 2매가 발굴되었다. 지석 위에는 오수전(五銖錢) 한 꾸러미가 얹혀 있었다. 왕의 것으로 추정되는 금제관식 1쌍, 금제뒤꽂이 1개, 금귀걸이 1쌍, 은제과대와 요패 1벌, 금동신 1쌍, 단룡환두대도(單龍瑩頭大刀)와 금은장도자(金銀裝刀子) 등이 출토되었다. 왕비의 것으로는 금제관식 1쌍, 금제귀걸이 2쌍, 금목걸이 2개, 은팔찌 1쌍, 금팔찌 1쌍, 금은장도자 2개, 금동신 1쌍 등이 출토되었다. 그 밖에 왕과 왕비의 두침(頭枕)과 족좌(足座) 청동거울 3개, 금팔찌 1쌍, 은팔찌 3쌍, 청동용기, 은제탁잔(銀製托盞) 등이 나왔다. 무령왕릉의 발굴은 고대 한일관계사와 백제사 연구의 획기적인 전기가 되었다. 1973년에 나온 무령왕릉 발굴조사보고서에 김철준 교수는 '백제와 그 문화'를 발표, 그 전문을 경향신문에 연재했다.

[백제는 고구려 산동반도 낙랑 지역에서 오는 유이민 집단의 파동에 의한 왕위 계승 싸움, 밖으로 중국, 고구려, 신라의 압력, 안으로 8대 성씨의 권력 쟁탈싸움으로 정변이 많았음이 역대 왕명에서 나타난다. 백제 지배계층은 도하(渡河), 도해(渡海)해 온 유이민(流移民)이었다. 유이민 파동은 여러 차례 있었다. 부여, 고구려, 낙랑, 대방, 산동반도에서 넘어온 중국계 등 다양한 세력이 백제 지역에서 왕권 다툼을 했다. 백제왕명에 자주 등장하는 근(近) 자가 앞에 나오는 제13대 근초고왕, 제14대 근구수왕, 제21대 근개로왕 등의 왕명은 초고왕이나 구수왕 개로왕계가 다시 왕이 됐음을 밝히는 것이다. 왕실 내부의 계보가 여러 번 바뀌는 세력 다툼뿐만 아니라 잦은 외침으로 죽은 왕도 많았다. 책계왕이 한인(漢人), 맥인(貊人)의 연합군의 침입으로 298년에 피살되고, 분서왕도 낙랑군 서현(西縣) 습격에 대한 보복으로 낙랑태수가 보낸 자객에게 피살되었다. 개로왕 성왕도 고구려, 신라와의 분쟁으로 살해돼, 4왕이 외침으로 피살됐다. 문주왕, 동성왕은 내란으로 피살된 왕으로 기록됐다. 6명의 왕이 재임 중 외침과 내란으로 사망한 것으로 사기에 기록돼 있다. 그러나 근초고왕(346~375) 당시 백제는 중국 요서를 점령하고 일본구주 서북에 백제 분국을 통솔하고 있었다. 중국의 혼란기 5호(胡) 16국 시대에 백제는 연고지 산동에 진출하고 구주에도 진출했다. 그러나 전진(前秦)이 전연(前燕)을 정벌하고 전진·고구려·신라가 동맹관계를 형성하자 백제·동진(東晉 뒤에 남조南朝)·왜(倭)가 대항하는 국제관계가 됐다. 북위와 송이 대치해 있을

때 송이 백제의 협력을 요구, 백제가 과거 근거지였던 산동반도를 장악했다. 송서(宋書) 백제전 대명(大明)2년(개로왕4년 458)에 백제가 11인의 관직을 요구했는데 그중에는 북위를 정벌했다는 정로장군(征虜將軍)이라는 칭호도 나온다. 남제서(南齊書) 백제전 490년에는 북위군을 물리친 백제인 목간나·해례곤·사법명 등에게 논공행상한 기록이 보여 백제의 산동 지배는 오랜 기간이었음을 알려 준다. 백제는 서양의 페니키아처럼 동북아의 고대 무역기지였다. 백제는 고구려의 남침으로 중국과의 교역이 어려워지자 위(魏)나라에 고구려 토벌을 요청하는 외교문서를 보내기도 했으나 고구려, 신라 연합군의 침략으로 해외교역의 거점과 철광산 지역을 잃고 나라가 기울기 시작한다. 백제는 해외 무역으로 선진 고급문화를 수용했으나 국가통합에 실패했다. 계속되는 유이민 집단 파동에 따른 지배 세력과 기층문화의 양극화가 나타났다. 선진 고급문화를 경험한 유이민 집단의 이동의 파동으로 지배 계급의 잦은 교체와 상업주의가 백제 문화를 국제 수준으로 끌어올리긴 했으나 기층문화와의 융합에 실패한 것이 문제였다는 김철준 교수의 백제사회와 문화 분석은 많은 것을 암시한다(경향신문 1973.12. 백제사회와 그 문화).

(5) 식민찌꺼기 여과와 민족사관의 문제

[광복 30년 역사학계는 식민사관 극복과 새 차원의 역사학 방향정립을 활발하게 논의하고 있다. 서울대 문리대 김철준 교수는 연세춘추 711호에 기고한 '현대문화의 건설 방향과 민족사관의 문제'라는 시론을 통해 한국사학의 주류인 문헌고증학파와 사회경제사학파의 학문경향을 비판하고 "전통문화의 잠재 능력을 현대문화에 접목시키는 민족사관을 정립해야 한다."고 주장했다. 다음은 김교수 논문의 요지다. 역사인식의 제기는 내부 사회모순 극복과 외부 도전에 대항할 능력을 역사에서 점검하는 것이다. 우리 역사는 많은 문화를 종합하여 자기 것으로 소화하는 전통문화를 확립했다. 이러한 문화의 성장은 문화와 함께 들어온 경제·군사적 침략 세력과 정면대결하며 희생을 치르고 이룩한 것으로 한 번도 공것으로 얻은 적이 없었다. 일제가 정체된 문화라고 왜곡한 조선조 중세문화는 당대 세계문화에서 그 예가 드문 우수한 문화였다. 바로 이러한 자부심이 근대문화로의 전환을 늦게 했으며 일제식민지로 전락하게 하는 원인이 되었다. 일제식민문화는 한국사회에 ▲지식계급의 자기사회와 문화의 운영 능력 상실 ▲식민지시대 지방 세력 착취를 당연시하는 행정을 청산 못 한 데서 온 지방문화와 도시

문화의 격차 상존 ▲세대교체 능력, 문화 창조 능력 상실 ▲이러한 결함을 이용하는 외부 세력의 성격이나 그 정체 앞잡이를 인식 못 하는 전근대성을 심어 주었다.

일제 침략기 일본 침략 세력과 야합하고 주구 노릇한 문헌고증학은 해방 30년이 되었는데도 역사학의 비판정신은 거세하고 밖으로는 외세에 이용당하고 안으로는 식민지 체질적 문화 현실에 타협하는 것으로 안주하고 있다. 한편 민족사학을 계승했다고 스스로 주장하는 역사인식도 근대사학으로서의 최소한 조건도 갖추지 못했다. 초기 민족사학이 전통문화에 대한 신뢰를 하면서도 근대로의 전환을 하지 못한 전통문화의 결함을 비판하고 그 정리를 주장한 데 반해 그것을 계승했다는 20세기 민족사학은 복고적인 사고방식 외에는 시대적인 사명을 망각하고 있다. 이들의 비논리성은 이론적으로 무장한 외세 침입을 조장하고 합리화시키는 구실도 하고 있다. 사회경제사학도 하부구조의 빈곤 문제에만 눈을 돌려 문화 전체를 보지 못하는 정신적인 빈곤에 빠져 있다. 한마디로 우리나라 역사학은 식민지 시대 인식 방법의 한계로 우리 전통문화를 정리할 수도 없었고 미래에 대한 방향도 제시하지 못했다. 역사인식 수준은 항상 그 문화 수준에 정비례하여 성립한다. 김철준 교수는 학문적 후진성을 극복하기 위해선 보다 넓은 문화 기반을 마련하여야 하고 그것은 과학적인 인식방법 위에 설립되어야 한다고 주장했다.](경향신문 75.3.)

(6) 민족문화의 반성과 주체성 인식

[외래문화의 도전을 받는 우리 문화가 현대문화 기반을 건전히 육성하고 건전한 방향으로 확대하는 철학이 필요한 것이다. 어느 시대든지 사회모순을 배설하는 하수도문화가 있고 새로운 생명력을 공급하는 상수도문화가 공존하기 마련이다. 사회가 건강성을 유지하려면 생명력 있는 상수도문화를 확대해야 한다. 그러기 위해서는 우리 문화의 창조력을 방해하지 않는 문화를 수용할 수 있는 기준의 설정이 필요하다. 이 설정이 실패하면 성장되어 가던 문화기반은 붕괴되고 사회불안만 조성될 것이다. 현대문화의 성장에 동원할 수 있는 문화 기반의 재정리도 필요하다. 그러나 지나치게 전통을 강조하는 것은 복고 현상을 일으켜 문화 창조를 방해하기도 한다. 우리 민족의 강인한 생존력은 국수주의나 폐쇄주의가 아니고 국제파동을 정면으로 극복하는 데서 얻은 것이다. 우리 민족은 일제식민지 지배와 미군정의 지원에서 근대화를 추진하는 과정을 밟아 문화의 창조와 문화 건설의 어려움을 인식하지 못하고 모방을 창조로 착각했다.

교육이나 경제 건설에서 특히 그런 위험이 있다(경향신문 1978.3).

(7) '한국전통문화론' 저자와의 대화

"식민문화체질 개선해야."

[전통문화의 바른 연구와 우리 사회의 문화 혼란 극복 방법을 모색한 김철준 교수의 '한국전통문화론'이 출간되었다. '역사란 무엇인가', '전환기의 역사적 과제', '한국사의 기본 성격', '전통과 사관', '삼국통일의 역사적 과제', '라말여초(羅末麗初) 사회 전환기의 의미', '역사학의 과제' 등 18개의 사론이 상재(上梓)된 이 책은 한국사학의 비판인식 성숙과 역사인식의 지평 확대를 입증한 것이다. 83년 4월 회갑을 맞은 김 교수가 7년의 각고(刻苦) 끝에 내놓은 이 책은 중세적 체질과 식민지 근성이 잔존한 한국문화에 대한 맹성과 새 문화 구축을 위한 과제를 제시하고 있다. "우리 민족은 수천 년간 각 시대의 한계를 극복하는 과정에서 그때마다 새롭게 살아갈 수 있는 역량을 확인해 왔다."고 전제한 김 교수는 "안으로 사회모순을 개혁하고 밖에서 밀려오는 거센 파도를 헤치고 살아남기 위해서는 새로운 가치 설정이 요청된다."고 진단했다. 문화 전환기의 진통은 신라 말 고려 초와 고려 말 조선 초에 1백 년간 진행됐음을 상기시킨 김 교수는 "우리 민족이 최소한의 근대적 경제기반을 마련하고 근대국가 운영의 기틀을 이룩한 것은 전통문화의 잠재력에 힘입은 것으로 새로운 가능성을 보여준 것"이라고 민족의 미래를 밝게 본다. 북한에 부인과 딸이 있는 김 교수는 "세대가 바뀌어 생활가치 관념이나 사고방식에서 차이가 심한 학생들을 제대로 이해하고 설득할 수 있는 능력을 잃게 되어 반백을 가져온 세월의 덧없음을 절감하게 된다."고 털어놓는다. '한국고대사회연구', '한국문화사론'에 이어 내놓은 '한국문화전통론'은 일제식민지 시대에 세워 놓은 한국역사학 연구체계를 크게 뛰어넘지 못한 한국역사학의 맹점도 반성했다. "우리 역사학은 기초 자료도 정리하지 못한 채 식민지 시대가 남긴 부채의 유산만이 산적해 있다."고 지적하고 역사학의 체질 개선을 주장한다. "우리는 일제 미군정이 남긴 외래문화를 정리하지 못해 문화 혼란과 부패 가치관 충돌을 일으키고 있다."고 현실을 진단하고 치밀한 진단 없이 표방만 서둘러 내세워서는 안 된다고 걱정한다. ▲민족 통일을 궁극 목표로 설정하고 역사의 대의명분을 잃지 말아야 하며, ▲지방의식을 창조적인 지방문화 발전을 가져오는 동력으로 전환시켜야 하며 ▲전 국민이 자유롭게

민족과 국가목표에 참여하는 공동 광장을 마련해야 한다고 역설한다. 주말이면 낚시를 꼭 하는 김 교수는 개발로 문화유적과 자연환경이 파괴되고 있다고 걱정하며 개발도 장기적인 안목으로 결정돼야 한다고 지적한다. 김 교수는 본질을 파악하지 못하고 허상을 붙잡고 전통이라고 강조하면 역사의 방향이나 국민생활을 오도할 위험이 있다고 지적하며 문벌사학의 부상은 역사학을 후퇴시킬 것이라고 경고했다.](경향신문 83.6.10. 박석흥 기자)

서울대출판부는 김 교수의 저술과 논문을 묶어 4권의 전집을 냈다. ◇한국사학사연구 ◇한국고대사연구 ◇한국고대사회연구 ◇한국문화사론 ◇한국문화전통론

세종대왕 기념사업회는 한국문화전통론을 냈다.

최병헌(불교사), 노태돈(고대사), 송기호(발해사), 최승희(조선 시대사), 노중국(백제사), 김태식(가야사) 교수 등이 김 교수의 학설을 발전시킨 애제자다.

5) 최순우(淳雨·본명 熙淳 1916~1984) 국립박물관장

[소음과 공해로 오염된 성북동 주택가에 아직도 산비둘기와 산새가 날아드는 한옥(서울 성북구 성북동120의 20 번지)이 있다. 대문을 향해 올라가는 돌계단이 있는 이 한옥이 평생을 박물관에서 한국고미술과 살아온 최순우 국립박물관장 댁이다. 대문을 들어서자 작은 앞마당에는 사철나무, 대추나무, 낙엽송이 잘 가꾸어져 있고 대나무 바람소리와 잘 정돈된 집안 분위기가 도시의 번잡한 일상을 잊게 한다. 방문 위마다 걸려 있는 추사 단원 글씨 현판이며 깨어진 조각 석조물의 배치 등에서 집주인의 인품을 엿볼 수 있다. 회색비단 바지에 검정공단마고자 한복 차림의 최 관장이 특유의 천진한 웃음을 머금고 탐방객을 맞는다. 오수당(午睡堂)이란 현판이 붙은 최 관장의 거실은 단색으로 수놓은 병풍, 문갑, 책상, 서가, 지필묵이 있어야 할 곳에 정돈돼 있어 한 폭의 도양 속에 든 분위기다. 건평 25평의 작은 집이지만 나무 기를 공간이 있어 이 집을 선택했다고 최 관장은 성명한다. 15년 살던 궁정동 집에서 이사 온 지 6년, 그동안 나무를 심고 손질해 훌륭한 한옥으로 만들어 놨다. 뒤뜰에는 산수유, 진달래, 아가위나무, 벽오동, 느티나무, 감나무, 자작나무가 있어 여기에 산새가 날아온다. 이 집의 모든 가구와 장식품, 나무와 풀은 오랜 세월 제자리를 지킨 것처럼 조화를 이루고 있다. 이

것은 우연이 아니다. 최 관장의 체취가 배어난 이 집의 멋이다. 평생을 박물관 속에서 한국미술과 더불어 살아온 최 관장은 한국미술은 허세가 없고 대범하고 담백한 아름다움을 추구하고 있는 예술이라고 규정한다. 이러한 예술론이 그의 생활과 가치관에도 투영돼 그를 가까이한 사람들은 그를 전형적인 한국의 선비라고 말한다. "한국미술의 본질적인 아름다움은 한마디로 말하긴 어렵지만 그 색채나 의장(意匠)이 담담하고 욕심이 없어 대범한 아름다움을 추구하고 있고 기름기보다는 오히려 가난한 아름다움이 더 빛나는 것이 특질이지요. 조촐한 샘터에서 소리 없이 솟아 나오는 맑고 담담한 샘물처럼 한국미술의 맛은 싱겁고 헤식은 듯도 싶고 때로는 고향의 냉수맛처럼 잊을 수 없는 순정과 자연스러움이 스며 있지요." 조용조용히 말하지만 그의 말 속에는 오랜 생각을 거쳐 나온 자신감이 담겨 있다. "중국미술이 풍기는 기름지고 값진 표현, 권위와 큰 것을 숭상하는 내재적인 자존심과 끈기나 일본미술의 다채롭고 신경질적이며 근시안적인 재주를 부리는 기교에 비해 한국미술은 마치 네 활개를 뻗고 동산에 누워 먼 하늘을 바라보는 사나이처럼 유연함과 자연스러움이 앞섭니다." 최 관장의 동양 삼국 예술 비교론은 30여 년 한국고미술을 관찰에서 얻은 결론이다. 최 관장의 박물관 외길 인생은 은사 우현(又玄) 고유섭(高裕燮)과의 만남에서 비롯된다. "송도 고등보통학교를 졸업하고 호수돈여학교 강사로 문학수업을 하던 중 고유섭 개성박물관장을 만났던 것이 미술사 연구로 평생을 전진하게 된 전기가 됐어요." 우현은 개성 남산 청자 굽던 가마자리 찾는 것을 첫 과제로 주었다. 이것이 인연이 되어 최 관장의 첫 연구 주제는 고려청자였다. 고유섭 제자인 최순우 관장, 황수영 전 동대 총장, 진홍섭 이대 박물관장을 한국고고미술학계의 송도 3걸로 친다. 다른 두 제자가 당시 동경제대 등을 졸업했으나 송도 보통학교가 최종학력이었던 최 관장은 독학으로 한국고미술을 개척했기 때문에 사람들은 그를 더 위대하다고 평가한다. 해방과 함께 국립박물관에 들어온 최 관장은 한눈팔지 않고 박물관에서 한국고미술 연구에 전념했다. "어려운 시대를 살았으나 고생했다는 생각은 안 납니다. 성취하는 보람과 즐거움이 있었기 때문이지요." 조용히 말하다가 자신의 말에 흥이 나거나 화제가 흥미로우면 '하하하' 하며 천진스럽게 웃는다.

박물관 생활 30여 년에 여러 번 박물관 소장 문화재를 옮겼다. 경복궁 석조전건물(82년 당시 학술원)을 기점으로 부산, 남산, 덕수궁, 경복궁, 신축 박물관(뒤에 민속박물관)으로 대이동을 했고 85년 중앙철 건물로 옮기는 일도 그의 책임이다. 과묵한 가운데도 큰일을 잘 추진한 최 관장은 74년에 관장이 되자 박물관대학을 개설하고 한국미술5천년전을 미국, 일본에서 열고 박물관 이전을 오래전부터 구상했다. "중앙박물관

이전과 기구 개편 문제는 오래전부터 검토해 왔지만 재정 지원이 어려워 눈치만 봐 왔습니다. 정부 청사 전면 재조정 계획에 따라 이전이 앞당겨지게 되어 박물관인들은 기쁩니다." 최 관장은 중앙청으로 이전 전시 공간이 넓어지고 품격이 높아짐으로써 한국중앙박물관도 세계 정상급 박물관으로 발돋움할 것이라고 기대하며 현재의 고고미술사 위주의 박물관 성격을 탈피해 명실 공히 종합박물관이 될 것이라고 내다본다. 독립투쟁의 역사를 포함하여 우리 민족의 주체성을 현창하는 역사부를 비롯하여 중국 중앙아시아 티베트 몽골 일본 등의 유물을 전시하는 동양부가 신설되며 특별전시실을 만들어 기획전을 자주 갖게 될 것이라고 밝혔다. 그러나 발굴유물이 주축을 이루는 중앙박물관의 특징은 계속 유지될 것이라고 역설한다. 이전을 앞둔 현 국립박물관의 이전 실패를 거울삼아 새 박물관 이전은 도상연습 등 충분한 준비를 거쳐 실시될 것이라고 말한다. 박물관 이전의 대역사를 맡은 최 관장의 호는 낮잠이라는 뜻의 오수(午睡)다. 그런데 세상 느긋하게 살아보겠다는 그의 뜻과는 달리 항상 분주하기만 하다. 관장 되기 전에는 고적발굴답사와 강의로 바빴지만 요즈음은 각종 문화관계회의 참가와 손님 접대로 바쁘다. 그는 박물관에 앉아서 문화외교를 한다. 항상 깊은 생각에 잠겨 있어 사람은 곰살갑지 못하지만 찾아오는 이에게 친절하고 최선을 다해준다. 소박한 인품이다. 바쁜 일정에도 최 관장은 매일 아침 모든 전시실을 한 바퀴 돌며 작품과 대화를 나눈다. 그의 한국 고미술에 대한 높은 미적 감각은 이러한 꾸준한 관찰로 얻어진 것이다. 그의 한국미 탐구 편력은 다채롭다. 청자 연구를 출발로 공예, 회화, 건축, 정원 등 한국의 아름다운 전통미술은 모두 그의 탐구 대상이다. 그는 "인생을 천천히 여유 있게 살았던 것은 어머니에게서 배운 인내와 다른 사람에 대한 이해와 용서하는 마음이 큰 도움이 됐다."고 한다. 최 관장에게서 강렬한 인상이나 학자 특유의 독설 같은 것은 느낄 수 없다. 그러나 최 관장이 찾아낸 한국미의 특질이 그에게서 풍기고 있다. 법주사 팔상전(捌相殿)을 본떠 만든 국립중앙박물관장실에 들어서면 통일신라 시대 여래불두 모조품이 있다. 착하디착한 웃음을 띠고 있는 여래불두와 그는 매일 대화를 나눈다. 그래서 그런지 그의 웃음에는 신라 여래불두의 웃음이 보인다. 최 관장은 최근 사회 전체가 성숙되어 단절됐던 전통문화의 계승과 재창조가 여러 면에서 나타나고 있다고 기뻐한다. "한국문화에는 한국 풍토가 갖고 있는 풍토양식과 집단개성이 잘 반영되고 있습니다. 이러한 특색이 시골티를 벗고 세련되면 국제적으로 평가받고 인류문화에도 공헌하게 되는 것입니다." 피를 말리고 뼈를 깎는 노력을 다하는 연마 속에서 전통계승이 비로소 가능한 것이라고 전제한 최 관장은 현대도자기는 이조백자의 장점과 특성이

현대의 생활공간 속에 어울리고 받아들여진 방향으로 발전돼 나가는 것이 바람직하다고 진단한다. 도란도란 들려준 이야기를 듣고 나오다 보니 뜰아래 채 방문에 최 관장이 쓴 두문 즉시 심산(杜門 卽是 深山)이란 현판이 붙어있다. "문을 닫으면 그게 바로 깊은 산중"이라는 뜻으로 이 집 주인의 인생을 관조하는 멋을 보여주고 있다. 뜰 앞의 큰 개를 가리키며 작고한 수필가 김소운 선생이 맡긴 개라며 고인을 추모한다. 65세의 나이 걸맞지 않게 정정하여 50대로밖에 보이지 않는 최 관장은 조금도 쉬지 않고 부지런히 일한다. 그의 건강 비결은 서두르지 않고 남을 용서하는 데서 오는 편안한 마음인 것 같다. 지난해는 홍익대학에서 한국미술사 연구에 남긴 업적으로 명예문학박사학위를 받았다. 평생을 내조한 박금섬(朴金蟾, 64) 여사와 대학 3학년생 딸이 있다.](경향신문 1982.3.20. 인물탐방 박석홍 문화부차장)

obituary

1984년 12월 15일 고려병원에서 지병인 암으로 타계했다. 1916년 개성 출신으로 송도고등보통학교를 졸업하고 호수돈 여학교에서 잠시 교편을 잡은 뒤 개성박물관 직원이 된 후 45년 국립박물관 참사. 학예원. 박물감. 학예관. 미술과장. 학예연구실장을 거쳐 1974년 박물관장이 되었다. '韓國美 한국의 마음' 등 저술이 있다. 정양모 국립박물관장이 애제자다(경향신문 1984.12.16).

6) 천관우(1925~1991) 언론인 역사학자

실학 · 기자조선 · 가야 가설 제시

1949년 서울대 사학과를 졸업하고 사학과 조교로 한국사 연구에 참여한 천관우 씨는 '반계유형원 연구'로 실학 연구의 새 지평을 열었으나 두계와 동빈의 고려사와 고대사 해석을 둘러싼 논쟁을 지켜 보다 대학을 떠나 51년 대한통신의 외신부 기자로 입사하여 언론인으로 변신한다. 54년 한국일보 조사부 차장으로 입사했다가 논설위원이 되어 56년 조선일보로 옮겨 만물상을 개설하고 59년 한국일보로 다시 돌아가 메아리난을 개설했다. 60년 민국일보 편집국장, 61년 서울일일신문 주필을 거쳐 63년 동아일보 편집국장이 되어 64년에는 복간 신동아의 주간을 겸임했다. 65년 말 동아일보 주필

겸 이사가 되었으나 68년 말 신동아 필화사건으로 동아일보를 물러났다. 신동아 필화 사건으로 사직한 후 3선 개헌 반대 반독재 민주화운동에 앞장섰던 언론인으로 이름을 날렸지만 역사학자로서 일제식민사관 극복에 기여한 공로가 컸다. 홍이섭 교수는 많은 서울대 출신 학자 가운데 천관우 씨와 김철준 씨를 가장 기대되는 학자라고 평가했다. 신동아 주간으로 한국사 재구성을 학계에 제기했으며 일제식민사학자들의 한국사 정체 성론을 반박하는 실학 연구를 발표했고 반도사관을 극복하는 고대사 논문을 꾸준히 발 표했다. 연세대 동방학지에 발표한 '기자고(箕子攷)', 문학과 지성에 정리한 '가야사 복 원', '삼한고', '한국사에서 본 기마민족설', '광개토왕릉비 재론' 등은 신문 문화면 학 술기사가 됐다. 내가 쓴 천관우 씨 첫 학술 기사는 경향신문 1970년 5월 14일자 '3· 1운동 재평가' 기사다. 3·1운동 50주년 연구를 종합 정리하고 평가 분석한 이 기사는 제12회 역사학대회에 보고한 천관우 씨의 '3·1운동 연구의 문제점'과 동아일보가 내 놓은 '3·1운동 50주년 기념논문집'이 핵심 사항이고 역사학회와 아시아문제연구소의 3·1운동 연구특집을 소개한 기사였다. 이날 기사 제목은 '정밀한 학문적 검토'와 "시 위 인물 중심보다 사실에 충실해야 한다."는 천관우 씨가 주장한 내용이었다. 1972년 11월 당시 조총련계였던 이진희 씨의 '광개토왕릉비의 연구' 결과를 내가 보도했을 때 일부 신문에서 보도 사실을 반박하는 학술원장과 김종무 씨의 기고를 실었으나 천관우 씨가 데스크에게 좋은 기사라고 전화해서 기자를 옹호해 주었다. 그 후 중국 고조선 지역에서 출토된 '기후방정' 부산 복천동 가야 고분 발굴기사를 보도하면서 천관우 씨 에게 자문받으면서 정보부 감시를 받던 천관우 씨 불광동 집에 드나들 정도의 관계가 되었다. 그러나 서울대 사학과 인맥이 중심인 문헌고증사학의 식민사학찌꺼기 청산을 주제로 한 비판 기사에 대해 "어떻게 책임지려고 이렇게 강하게 쓰느냐." 하는 천관우 씨의 전화를 받고 당황한 적도 있고 그 지적에 공감하기도 했다. 80년 가을 천관우 씨 댁에 찾아갔을 때 우연히 부인이 전화로 빚 독촉을 받는 현장을 목격했다. 다음 날 김 철준 교수를 만난 자리에서 천관우 씨가 어려운 처지인 것 같다고 하니까 김 교수가 "경향신문이 천관우 씨의 글을 실으면 천관우 씨도 돕고 경향신문도 소설보다 좋은 연 재물을 게재해 반응이 좋을 것"이라며 천관우 씨에게 장기 연재물을 청탁하라고 권고 한다. 천관우 씨와 고향이 같은 윤병석 씨에게 자문했더니 좋은 일이라며 간곡하게 청 탁을 하면 가능할 것 같다고 말한다. 마침 당시 이진희 경향신문사장도 동아일보 출신 이어서 회사 결정도 쉽게 얻고 천관우 씨에게 신동아에 기획했던 한국사를 다시 한 번 정리해 달라고 청탁했다. 천관우 씨도 좋은 주제라며 쾌히 승낙하고 기왕에 정리했던 자료를 기초로 인물 중심 한국사를 장기 연재하기로 결정했다. 천관우 씨가 중앙정보부의 감시를 받던 시절이라 찾아오는 사람도 제한되어 방문할 때마다 천관우 씨는 양주를 내놓고 대화를 해 술이 약한 내게는 대체로 힘든 자리였다. 천관우 씨를 만난 날은 술에 취해 다음 일을 할 수 없었다. 화제는 당시 학술 기사의 주제였던 천관우 씨의 가야·삼한·고조선 논문과 기왕의 일제식민사론에 대한 평가가 대부분이었다. 연재를 시작하는 집필자의 구상 등 서론과 몇 회분의 원고를 받기 위한 10월 방문에서 뜻밖의 사건이 생겼다. 독한 술을 빈속에 먹으며 말씀을 듣던 나는 국편이 제공한 윤치호 미공개 자료 공개 기사(80.9.30.)를 쓰고 친일파를 변호했다는 항의를 받았던 사실을 이야기하고 친일파 자료가 나왔을 때 언론이 객관적 사실까지도 묵살해야 하는가를 천관우 씨에게 질문했다. 천관우 씨의 말씀만 듣고 일어났으면 되는데 취중에 나는 9월 30일자 경향신문에 쓴 '국사편찬위원회가 발굴한 윤치호 미공개 서신' 기사에 대한 독자의 강한 항의에 놀라 언론계 선배에게 취재 보도의 윤리와 경험담을 물은 질문이었다. 대답이 없자 다시 전에 이완용이 썼다는 고종 시대사를 취재했다가 한우근 교수는 사료 가치가 있다고 했으나 홍이섭 교수가 매국노가 쓴 것은 역사가 아니라고 해서 크게 준비했던 기사를 '낙서함'으로 다룬 적이 있었다는 사실과 춘원과 육당이 역사교과서에 변절자로 기술되는 과정의 취재와 친일파 논쟁도 덧붙여 이야기하고 재차 질문을 했다. 한참 생각하던 천관우 씨가 내 질문에는 대답은 하지 않고 갑자기 "당신 나 협박하는 거야. 나 경향신문 연재 안 해."라고 말한다. 새 연재를 시작하는 집필자의 글을 받기 위해 갔던 나는 깜짝 놀라 1시간가량 번의를 종용하다가 돌아와 윤병석 씨에게 자초지종을 설명하고 수습책을 물었더니 다음 날 원고 재촉을 하면 원고를 내놓을 것이라고 가볍게 조언한다. 다음 날 원고를 받아 연재는 시작되었다. 박 대통령 시해 뒤 천관우 씨가 정부의 자문위원을 수락했다는 소문을 듣고 동아투위 젊은 기자 몇 명이 천관우 씨를 항의 방문한 다음에 내가 찾아가 변절자를 화제로 한 것이 화근이 되었다는 것을 나중에 알게 되었다. 천관우 씨가 1988년 한국사시민강좌 제2집에 기고한 연구생활의 회고 '나의한국사 연구' 말미에도 이 시기의 처신에 대한 언급이 있다. "1979년 가을, 박정희 대통령 피격 서거로 국면이 크게 바뀌기 시작했다. ……한국일보와 다시 관련을 맺기로 작정이 된 것과 거의 동시에 나는 또 민족통일중앙협의회라는 사단법인 단체의 의장으로 선임되었다. 통일문제에 관심을 쏟아 온 민간인들의 전국 조직인데, 초창기였기 때문에 거의 격일꼴로 나가 보아야 했다. ……정부로부터 재정 일부를 지원받는 단체라 해서 그러했던지, 여기에 관계한 후로 구설수가 잦은 것을 나도 짐작은 하고 있다. 이에 대해 할 말이 없는 것은 아니로되, 이 자리가 그런 사설을 늘어놓기에는 적당치 않은 듯하다. 민통의장 2년 임기를 채우고 물러났다…….”

2008년 4월 매스컴신문 ‘미디어저널’이 창간호에 ‘아, 아깝다! 천관우 그 기개’라는 난에 발췌 수록한 ‘남재희 회고 문주(文酒) 40년’의 ‘천관우는 성주 선우휘는 낭인’이라는 글 말미에도 “천 선생은 일급 언론인이자 재야학자다. 그 강직함은 소문이 나 있다. 동아일보의 언론자유 투쟁을 시발점으로 그는 재야 반유신 투쟁의 지도자가 되었다. 단재 신채호 선생을 연상케 하는 강직하고 당당한 투쟁이었다. 그런 강직함이 주석에서 가끔 호통으로 나타났다. 심연섭 씨가 ‘천방지축 마골피라는데 천관우 씨도 양반은 아닐 것이다.’라고 했다가, ‘네가 나를 능멸했다.’고 호통 쳤다는 이야기가 있다. 그런 호통 친 이야기는 엄청나게 많다. 언론계에서 대개 알고 있는 일이다. 그 강직한 천 선생이 전두환 대통령의 설득에 그만 넘어가 버렸다. 통일문제는 여야가 없는 민족적 과업이라는 명분에 넘어가 민족통일중앙협의회 의장자리를 맡은 것이다. 그런데 현실사회에서 통일문제는 여야는 있는 것이어서 그 후 인산인해를 이루던 재야의 방문객들은 발을 뚝 끊었고 그는 외로운 말년을 마치게 된 것이다. 아깝다.”

그날 천 선생은 취중에 “당신 깡패지. 경향신문 사장에게 전화해야겠다.”며 전화를 집어 들기도 했다. 나는 뜻밖의 사태에 황당했으나 본인이 회고록에 쓸 정도의 큰 충격에서 일어났던 사태였던 것을 알고 이해하게 되었다. 인물한국사 연재가 시작되어 서대문 한국연구원에 찾아가면 점심시간에도 소주 2병과 족발 한 접시가 기본이었다. 연재기간에 사건은 없었으나 재미없다는 데스크의 반응과 필자의 잦은 추고로 교열부의 불평을 들었다. 단군조선후(朝鮮侯)·주몽·수로·근초고·담덕·고운·왕인·이차돈·진흥왕·을지문덕·김유신·원효·대조영·김대성·장보고·최치원·궁예·견훤·왕건 등의 인물을 주제로 한국상고사를 정리했다. 81년 3월까지 1차 연재가 끝난 후 고려 이후도 주문했으나 다시 연재는 못 했다. 경향신문 연재가 끝난 후 정음문화사에서 1982년 나온 ‘인물로 본 한국고대사’는 일제식민사관을 벗어나지 못한 당시 학계의 정설에 다른 해석이 많았다. 천관우 씨는 83년 4월 경향신문이 주최한 ‘한일 고대관계사를 생각한다’는 국제심포지엄에도 참석하여 ‘일본서기에 의한 가야사 복원 시론’을 발표했다. 서울대 국사과 교수가 되었다면 식민사관 극복은 보다 앞당겨졌을 것 같다. 고조선, 가야, 조선 시대에 대한 천관우 씨의 가설은 국사학의 정설로 채택된 것이 많다. 언론인으로 이름을 날렸으나 그를 따르는 사학과 후배들도 많았다. 한영국·민현구·윤병석·허선도·박현서·이성무 교수 등이 중심이 되어 환력기념논총을 만들어 봉정했다.

일본서기(日本書紀)에 의한 가야사 복원

[경향신문사가 주최한 한일고대사 국제심포지엄이 83년 4월 23일 서울 프라자호텔에서 열려 한·일 고대관계사를 폭넓게 토론했다. 천관우 씨는 한국사학계가 기피했던 임나문제에 도전, 일본서기에 의해 가야사를 복원했다. 천관우 씨는 왜가 4세기부터 2세기 동안 한반도 남단을 지배했다는 주장은 객관적인 상황이나 사료 실증 고증으로도 사실이 아님을 밝혔다고 주장했다. 천관우 씨는 가야사를 3단계로 구분한다. 조기(早期) 가야는 변한(弁韓)에서 가야로 전환기다. 진한인은 삼국지의 남 진·변한(辰·弁韓)은 요하(遼河)에서 남하, 주축 세력인 진한인은 경주에 정착 석(昔)씨 왕조를 세웠고 부용(附庸) 세력인 변한(弁韓)은 김해에 정착, 금관가야를 세웠다. 조기 가야사의 중심은 김해였으나 199년 수로가 죽은 뒤 김해가 약화함으로써 가야는 통합의 기회를 잃는다. 중기가야는 가야가 백제의 세력권 내에 들어갔던 시기다. 369년 백제가 전남 해안까지 진출하고 그 과정에서 백제는 낙동강 방면 가야 지역도 백제 세력권에 포함시킨다. 500년까지 가여 전 지역은 백제의 지배를 받는다. 백제는 전라도뿐만 아니라 경상도 방면으로도 진출했다. 광개토왕릉비의 임나가라 안라는 백제의 협조를 받아 고구려군과 싸우는 것이다. 일본서기에는 이 시기에 임나국사(任那國司) 일본부행군원수(日本府行軍元帥)가 임나(가야)를 지배했던 것처럼 웅략기(雄略紀), 현종기(顯宗紀)에 서술하고 있으나 백제의 가야 방면 연합군 사령관으로 보는 것이 설득력이 있다. 신공기(神功紀) 49년에는 가라 7국 평정기가 보이는데 그 주체가 백제장군 목라근자(木羅斤資)이며 그 후 목만치(木滿致) 등 백제인 목(木)씨와 기(紀)씨들이 가야 지방을 지배한 것으로 보인다. 만기 가야사는 가야가 백제와 신라의 쟁탈 대상이 되어 가야 전 지역이 신라에게 병탄되는 시기다.](경향신문 83.4.23, 25. 박석홍 기자)

7) 손보기 교수

[건국 후 우리 국사학계의 주목할 업적으로 손꼽히는 구석기 연구를 개척한 손보기 박사(55, 연세대 박물관장)가 제5회 외솔상 수상자로 선정됐다. 47년 서울대 문리대 사학과 졸업 후 57년까지 서울대 사범대학에서 조선사회사를 강의했던 손 교수가 구석기 연구로 전환한 것은 64년 연대사학과 학생들과 석장리 유적에서 구석기 유물을 발견한

것이 계기가 됐다. "한반도에서 50년대 말부터 구석기 시대 존재 가능성이 논의됐는데 64년 11월 석장리에서 구석기 유물이 쏟아져 나와 한국 구석기문화 존재를 확인했지요." 그러나 유물이 나왔는데도 학계 일부에서 구석기 존재를 부인해서 어려움이 많았다고 털어놓는다. 67년 미시간대학에서 열린 동양학대회에 서장리 발굴을 보고 세계학회의 공인을 받았다. 73년부터 점말동굴의 구석기 유적을 발굴, 구석기문화 연구에 개가를 올린 손 교수는 학술용어도 모두 우리말로 발표했다. 주먹도끼, 둥근연장, 다듬개, 긁는돌, 돌날 등 4백여 개의 학술용어를 만들었다. 국사교과서와 우리말 큰사전의 구석기 용어는 모두 우리말로 된 어휘가 오르게 되었다. 10여 년 구석기문화 연구에 전념해온 손 교수는 한국인쇄기술사 연구를 통한 금석활자 발명의 과학사 및 사회사도 규명했다.](경향신문 1976년 3월 박석흥 기자)

구석기 주거지 발굴 – 한국선사 연구 새 기틀

[1970년 5월 2일 연세대 박물관 발굴단은 충남 공주군 장기면 석장리 금강 연안에서 후기 구석기 시대(2만~2만 5천 년 전)의 주거지를 발굴했다. 1.30m×1.50m의 타원형 노지(爐址)를 중심으로 한 7.5m×12m의 주거지에선 2일 현재 1천1백90점의 석기 유물이 출토되었고 후기 구석기 조각, 식물화석, 숯가루 등 자료를 무더기로 찾아냈다. 64년 석장리 발굴 이래 한국의 문화사 상한선을 구석기 시대인 3만 년대까지 끌어올린 연세대 박물관팀은 이 주거지 발굴로 한국 구석기문화 실존을 거의 확증지어 주고 있다. 구석기 주거지는 강물 바로 옆 50㎝에서 확인됐다. 강바람을 막은 7m의 돌담과 입구를 표시한 두 개의 큰 돌 발견에서부터 주거지 확인이 시작됐다. 노지에서 10㎝ 두께의 카본통이 발굴되고 노지 옆에서 구석기의 손자국이 남은 조각품이 나왔을 때 발굴단의 기쁨은 절정에 달했다고 발굴단 이융조 조교는 설명한다. 흔히 노지는 돌 위에 있는 것이 보통인데 석장리 주거지는 모래 위에 있었다. 주거지 규모로 보아 7~8명이 공동 생활했던 것으로 추정됐다. 발굴된 기물은 큰 모룻돌(큰 돌을 깨뜨려 만든 그릇)에서 작은 돌날날에 이르기까지 도구 종류만도 수십 종에 이르는데 손 교수는 이 석기의 학명을 모두 순수한 우리말(긁개, 다듬개, 주먹도끼)로 붙이고 있다. 발굴 현장은 작은 산 능선을 타고 내려와 수렵생활에 알맞은 10m 정도의 단애 아래 분포되어 있다.](경향신문 70.5.3. 박석흥, 이승봉 기자)

구석기 주거지 발굴기사는 70년 5월 2일 서울대 문리대 김철준 교수연구실에서 김

교수로부터 들었다. 김 교수도 약간 흥분한 목소리로 현장에 가 보라고 권했다. 소공동 회사로 급히 돌아와 공주 출장을 신청했으나 데스크 반응은 냉담했다. 사진부에서 이승봉 기자가 함께 가겠다고 자원한 것이 고마웠다. 버스로 현장에 찾아갔더니 발굴단도 놀란다. 손 교수는 현장 공개를 별로 하지 않는 교수이기 때문에 기자가 현장에 온 것을 놀라워했으나 김철준 교수가 가 보라고 해서 왔다고 하니까 발굴 결과와 한국사 연구지에 발표될 교정 원고를 주어 발굴 현장 기사를 상세히 쓸 수 있었다. 기사가 제2사회면에 나간 뒤 반응이 있으니까 국장이 구석기 아파트가 나온 것이냐고 농담을 했다. 이렇게 시작된 손 교수 관련 학술 취재는 고려금속활자 확인과 구석기 인 뼈 발굴 등으로 이어져 일부 기사는 일본신문이 받기도 했다.

한반도에도 구석기 시대 사람 뼈 발굴

["이제 겨우 구석기문화 연구의 문을 연 셈이지요." 공주 석장리에서 구석기 주거지를 발굴한 손보기 박사는 학계보고차 귀경한 자리에서도 기쁨을 감추지 못했다. 이 주거지 발굴은 한국문화사 상한선 수정은 물론 현생인류(호모사피엔스) 발상 지역과 전파로 확인에도 도움이 될 것이라고 손 교수는 주장한다. 현생인류가 남부유럽 지역과 동시에 한반도, 중국 동부 만주, 시베리아를 중심으로 한 아시아에도 있었을 것이라는 가설을 입증하게 되었다. 7년째 발굴 중인 손 교수는 "지층 암질 석기의 구성 제작기술 도구형태 등을 보아도 서구 후기 구석기와 동시대인 것으로 보이며 아시아 구석기와는 거의 흡사하다."고 설명한다. 석장리 구석기는 자갈돌을 많이 썼다. 석기가 자연면이 많은 점, 세모꼴 격지가 많은 것 등 아시아 지역 후기 구석기 특색이 나타나 유럽과 별개의 구석기문화로 보인다는 것이다. 손 교수는 석영으로 만든 새기개로 사람의 두개골 형상 조각품도 발굴했다고 주장한다. 유물은 북경 주구점과 유사한 것으로 손 교수는 단정했다. 거주했던 인종은 중국 쓰앙(資陽)이나 류쨍(柳江)인과 흡사할 것으로 추정하며 강변 10m 단애 아래에서 7~8명이 공동생활을 하며 강의 물고기와 작은 사슴 종류를 잡아먹고 살았을 것이라고 설명한다. 석장리 유적지에는 27개 지층에서 현재 13층이 문화층으로 확인되었다. "한 지역에서 구석기, 신석기 역사시대 문화가 동시에 발굴된 사례가 많지 않습니다. 한국문화가 밀도가 높다는 것을 단적으로 증명하는 것입니다." 손 박사는 금강 외에도 한강, 서산, 경주 등 한반도 전역에서 구석기 유물 발굴 보고가 있어 한국 구석기문화 존재는 곧 세계학회에 보고될 것이라고 자신

있게 말한다.](경향신문 70.5.22. 박석흥 기자)

고려 금속활자 실물 확인

[구텐베르크 금속활자보다 2세기 앞서 인쇄에 사용된 고려 금속활자가 확인돼 한국이 가장 오래된 금속활자 실물을 세계 금속활자 역사에 실증자료로 제시하게 됐다. 손보기 연세대 박물관장은 77년 3월 국립박물관이 소장 중인 놋쇠활자(국립박물관 금공품8백56호)를 금속 형광분석 및 X선 투시 등 금속 성분을 분석한 결과 이 활자가 고려가 몽고 침입으로 강화도에 천도하기 전에 만든 현존 세계 최고의 금속활자로 확인됐다고 학회에 보고했다. 이 활자는 위 4면이 1.2, 1.15, 아래 4면이 1.2, 1.0㎝로 약간 균형이 잡혀 있지 않고 두께가 0.7㎝인 놋쇠에 양각(陽刻)된 복(覆) 자(字)로 글자 모양은 우리나라 금속활자가 1232년 전에 만들어진 것을 입증한 '남명천화상송증도가(南明泉和尙頌證道歌)'의 송설체와 같다. 활자의 뒷면은 구술을 빼낸 듯한 둥근 홈이 되어 있다. 조선 시대 주조된 금속활자와 전혀 다른 형태다. 한국인쇄사를 과학적으로 체계화하는 연구와 실증 실험을 해 온 손보기 박사는 이 복자 활자에 대한 국립지질조사소의 금속형광 분석 및 X선 투시 결과 1102년 전후에 제조된 고려 시대 동전 해남통보의 합금 구성비와 일치한다는 중요한 사실을 확인했다. 우리나라에서 13세기 이전에 금속활자가 만들어졌다는 사실은 고려사 등 역사 기록과 '남명천화상송증도가', '청량답순종심법문', '직지심경' 등 고려 금속활자로 찍은 책이 현존하여 세계학회의 공인을 받았으나 고려 금속활자 실물 확인은 손 교수가 처음이다. 손 교수는 1102년 엽전 만드는 기술이 들어왔을 때 금속활자 제조가 가능했으나 이 시기에는 고도의 목판인쇄술에 눌려 활용되지 못하다가 이자겸의 난(1116년), 몽고 침입(1170년)으로 많은 서적이 없어진 후 책을 빨리 찍어 내기 위해 금속활자가 제조된 것이라고 주장한다. 1126에서 1223년 사이에 발명된 고려 금속활자 제조법은 원(元)나라에 건너가 다시 아라비아에 전파되어 카드 제조에 원용되었다가 뒷날 구텐베르크와 네덜란드의 활자 제조에 영향을 준 것으로 추정된다. 그러나 고려금속활자 발명은 서양처럼 근대 시민 대상으로 이룩된 것이 아니고 한정된 지식층과 지배층을 대상으로 한 것이었고 한자를 표기해야 한다는 한계성으로 구텐베르크 금속활자처럼 지속적인 발전을 하지 못했다.](신동아 77년 5월호 뉴스와 화제, 학술, 경향싱문 77년 3월 1면 머리기사 박석흥 기자)

석장리 발굴 30년

[건국 후 최대의 연세대 국학 분야 최대의 업적으로 평가되는 석장리 구석기 연구보고서 출판기념회가 93년 12월 첫 주 연세대 알렌기념관에서 열렸다. 석장리 발굴 30년에 맞춰 발굴단장 손보기 교수가 마련한 이 자리에는 첫 발굴에 참여했던 농부, 학생, 고고학자, 과학자 등이 참석, 그동안의 노고를 서로 치하했으나 연세대 총장, 부총장 등 대학 보직교수들은 안 보였다. 손 교수가 이날 들고 나온 발굴보고서 '석장리선사유적'은 64년 1차 발굴에서 12차 발굴까지의 30년 연구 성과를 정리한 것으로 일제식민사관의 한국사 인식체계를 깬 실증적인 연구 업적이기도 하다. 보고서는 공주 금강변 석장리 유적지가 구석기문화 실존은 물론, 한국선사문화의 잃어버린 고리인 중석기문화 존재도 확인, 한반도가 구석기 시대부터 역사 시대까지 문화가 지속됐음을 입증하고 있다. 이날 보고회는 대학 당국이 거들떠보지도 않았으나 석장리 발굴에 참여한 학자들에게는 진한 감동을 주었다. 학계 일각의 질시와 비방에도 동요하지 않고 손 교수가 30년 연구를 온축(蘊蓄)한 보고서를 당당히 냈기 때문이다. 연세대가 발굴조사에 나선 60년대에는 한일학계가 대체로 한반도의 구석기문화를 부인, 구석기 연구는 출발부터 어려웠다. 매년 연세대 석장리 발굴단은 구석기 연모와 집터 불 땐 자리 예술품 등을 발굴 공개했으나 70년대 중반까지도 고고학계 일각에서는 한낮에 꿈을 꾸고 있다고 비아냥거렸다. 조선 시대사가 전공인 40대 학자로 발굴에 착수, 70대 원로학자로 최종보고서를 낸 손 교수는 주변의 질시와 부정적인 시각이 시달리며 고군분투했다. 연세대 구석기 연구에 대한 국내학계의 부정적인 시각은 80년대 미국 클라크 교수의 석장리와 점말 조사에 대한 혹평이 절정이었다. 국제적으로 60년대 말부터 공인받은 손보기 교수의 구석기 연구가 국내학계에서 이처럼 강한 거부반응을 일으킨 것은 독학으로 개척한 구석기 연구에 대한 불신과 손보기 교수의 대인관계도 무관하지 않다. 손 교수의 정년기념행사에 참여한 김철준 교수도 "아직도 철이 안 들었다."고 농담조로 원만하지 못했던 대인관계를 지적했다.

손 교수의 국사 연구는 구석기 연구에 이어 금속활자, 독립운동사, 장보고 연구 등에도 손을 댔으며 일어로 된 고고학 용어를 우리말로 바꾸는 작업도 폈다. 이융조, 박영철, 최복규, 박희연, 이필영 교수 등 구석기 연구 2세대 학자도 배출했다.](문화일보 1993년 12월 15일, 숨결말결, 박석홍 편집국 부국장대우 학술문화부장)

8) 만당(晩堂) 이혜구

방일영 국악상 수상

["한국 전통음악을 학문으로 체계화하는 재미에 늙는 줄도 모르고 살아왔는데 큰상까지 받게 돼 기쁘고 감사할 뿐입니다." 내년 3월에 미수(米壽, 88세)를 맞는 국악계의 태두 만당 이혜구(李惠求) 박사는 방일영국악상 수상 답사에서 국악 연구 정리에 전념한 삶이 행복했다고 담담하게 말했다. 5·18 특별법 제정과 노씨 비자금 파동으로 뒤숭숭한 95년 11월 27일 세종문화회관에서 베풀어진 국악상 시상식은 만당의 고결한 인품과 민족의 신명과 기가 담긴 국악이 잘 어우러진 감동적인 자리였다. 정치판 진흙싸움의 역겨움도 잠시나마 잊게 하는 신선한 충격이었다. 식장에는 만당의 3대에 걸친 제자 등 학은을 받은 사람과 친지들이 대거 참석, 국악을 학문으로 정립시키고 많은 인재를 길러 낸 노학자에게 기립박수를 보냈다. 기호흥학회 발기인이었던 선비 가문 출신으로 경성제대 관현악단 비올라 주자였던 만당이 국악체계화에 앞장서게 된 것은 경성방송국 음악연예편성 담당자로 국악시간 편성을 맡게 된 것이 동기가 되었다. 직업상 국악에 눈을 돌린 것이 만당의 평생과제가 된 것이다. 그는 아무도 도전하지 않았던 국악을 학문으로 체계화하기 위해 국악이론과 역사를 천착(穿鑿) 5권의 방대한 논문집과 연구서를 내놓았다. 87세의 고령에도 서울대대학원과 종신문화연구원에 주 2일 출강하는 만당은 금년에도 최근 발표한 논문을 묶어 '한국음악논고'를 펴냈다. 그의 실증적인 연구 논문은 국악 연구의 길잡이로 평가되고 있다. 그런데도 만당은 개론서나 입문서를 안 낸다. 아직도 모르고 안 풀리는 문제가 많아 체계화가 오히려 후진들에게 부담을 줄 우려가 있다는 노학자의 학자적 양심 때문이다. 만당은 어려운 문제만 시론으로 풀고 체계화는 후학들에게 넘긴 것이다.

만당은 국악 현대화에도 기념비적인 업적을 남겼다. 47년 서울대 음대로 직장을 옮긴 이혜구 박사는 57년에 한국 최초의 국악논문집을 내놓았고 59년에는 국악과를 개설했으며 이해에 국악을 주제로 한 최초의 박사학위논문을 발표했다. 그는 국악을 민족문화유산으로 재평가했을 뿐만 아니라 세계문화유산으로 부각시켰다. 만당은 세계민속학자나 작곡가를 직접지도하고 한국국악에 관한 영문논문을 발표, 한국음악의 세계학계가 재인식게 했다. 노년에도 제자들과 토론하기를 좋아하는 만당은 91년에는 제1회 '자랑스러운 서울대인 상'을 수상했다.

역사, 어문학 등 한국학 분야 학문개척자 가운데 가장 모범이 되는 학풍과 학문체계를 정립하여 후진들에게 바른 연구 방향을 제시, 국악이 학문으로 발전하고 국악이 예술로 승화하는 기틀을 마련했다.](문화일보 95년 11월 28일 숨결말결 박석홍 편집국 부국장 편집위원)

국악 현대화는 창작으로

[민속음악의 중흥을 꾀하기 위한 제3공화국의 국악 현대화가 수년간 지속되었다. 69년 문화공보부는 판소리 음반제작 민속악 채보 국악기 개량 등 7가지 사업을 벌이겠다고 한다. 국악 현대화를 위해 국악관현악단을 창설했고 예그린 악단은 일부의 빈축 속에서도 국악 현대화에 일조를 하고 있다고 선전하고 있다. 국악을 학문으로 정립시키고 '한국음악'이라는 저서를 통해 국악의 높은 예술성을 역설해 온 이혜구 교수는 "전통음악을 양악기로 편곡하거나 서양화성을 붙이는 것을 국악 현대화로 볼 수 없다. 전통음악의 특질을 소화해서 독창적인 새 음악을 창조해 내는 것이 국악 현대화다." 잘못된 국악 현대화 작업에 일침을 가한다. 즉 대중과의 친근을 위해 대중화도 필용하지만 국악의 건전한 발전을 위해서는 음악예술로의 정립이 우선이라는 지적이다. 국악기 개량도 검토돼야 한다고 지적한다. 국악기를 현대극장 연주에 맞추기 위해 시작된 이 작업도 음고의 표준화는 가능하지만 재래악기가 갖고 있는 맑은 음만 못한 것이 약점이며 개량과정에서 서양 평균율에 맞출 것인지 한국재래음악에 맞출 것인지 문제라고 지적했다. "국악연주자를 아직도 장이로 대우하는 것이 국악인 자신보다 음악인의 자긍을 가질 수 없는 사회적인 인식에도 문제가 있다. 국악예술인에 대한 사회적 대우와 인식 전환이 필요하다." 정부의 국악진흥정책이 연주인들에게 주는 보조금제도보다 좋은 연주회를 자주 열어 고급사교장이 될 수 있도록 하면 국악에 대한 인식을 높일 것이라고 주장한다. 위대한 민족예술의 계승은 창작으로 가능하다며 창작기금제도도 요구한다. 국정 입상작을 정부가 사 주듯 우수 국악창작곡에도 그런 길을 터달라고 말한다. 경축식에 서양 행진곡만 연주할 것이 아니라 경축용 국악을 공모해 창작하는 사람들을 구체적으로 후원할 것을 말한다. 끝으로 이 교수는 국악을 귀로 듣게만 할 것이 아니라 분위기를 맛보게 해 주는 것도 좋다며 추석에 덕수궁에서 국악축제를 열면 관광객도 유치하는 일석이조라고 말한다.](신아일보 69년 1월)

9) 열암(洌巖) 박종홍(朴鍾鴻 1903~1976)

"조국의 젊은이들이여 현실만 탓하지 말고 역사의 창조자 되라."

[서울문리대 제8회 학림제가 70년 10월 28일 개막돼 하오 2시 본부 대강당에서는 박종홍 박사의 '조국의 젊은이들에게'라는 학림대강연이 2천여 학생이 모인 가운데 베풀어졌다. 이날 박종홍 박사는 "현실만 탓하지 말고 역사의 창조자가 되라."고 대학생들에게 권고했다. 다음은 박종홍 박사의 강연을 간추린 것이다. "역사의 새날은 제 발로 오지 않는다. 시달림에 지쳤다고 체념이 허용될 자리도 없다. 패배자는 기적을 바라고 의심 많은 사람은 항상 남만 원망한다. 이것은 새날을 지향하는 올바른 태도가 아니다. 새로운 삶을 갈망하는 안타까운 심정은 지금의 현상 그대로 살 수 없다는 고민의 표징이다. 이런 때일수록 절망감에 사로잡힌 초조와 불안에서 책임 소재를 모호하게 하고 전가시키기까지 하면서 일시적인 안일과 순간적인 향락의 탐닉 속에서 자아를 상실하고 허덕이기 쉽다. 정의의 이념에 불타던 젊은 기백은 저돌적인 폭력으로 변하고 명철보신의 처세술을 자랑하는 서글픈 신세를 자위하는 전락도 있다. 한국의 젊은 지성이 모두 이렇게 도피만 한다면 얼마나 부끄러운 일인가. 많은 사람들이 대학이 무기력하다고 말하지만 나는 대학이 새 역사를 창조할 잠재역량이 있다고 믿는다. 지금 세계 모든 민족국가가 발전을 위해 온 정력을 쏟고 있다. 철학하는 사람도 분주히 쫓아가 생각해야 겨우 세태를 파악할 수 있는 세상이다. 어느 민족이나 자기 모색 없이는 돌파구를 찾을 수 없다. 모방이나 추종의 시대는 끝났다. 낙후되었다고 남의 발자취만 밟아야 할 것도 아니다. 한국 사람 스스로 방향을 찾아야 한다. 현재 우리는 무엇인가 돼 가는 것 같지만 깊이 생각하면 안타까운 현실뿐이다. 변화는 하고 있으나 너무나 많은 허점투성이다. 자연과학에 치중하다 보니 인간불신 인문학이 위기다. 인간 내면의 탐구와 밖으로 뻗어 나가야 한다는 2대 명제가 우리 시대의 과제다. 착하다는 것만으로 떨어지는 폭탄이 스스로 피해가지 않는다는 것을 역사에서 배웠다. 착한 마음이 밖으로 나가 힘이 되어야 비로소 의미가 있는 것이다. '밖으로! 밖으로!'가 오늘의 한국의 과제다. 젊은 지성인 여러분에게 당부하고 싶은 것은 새로운 역사 창조자로서 사명감을 가지라는 것이다. 언제까지나 주어진 여건을 한탄하는 바보가 되지 말고 용감히 부수고 나갈 진정한 개혁의 정신이 나와야 한다. 더러운 현실 버리고 싶은 유산의 국외자가 아니다. 절망의 시대에 새로운 가능성을 찾아내는 것이 지성의 역할이다.

금세기 발전은 인간의 창의성에 더 큰 비중을 두고 있다. 새 역사를 어떻게 만들 것인가를 생각하는 미래지향적인 젊은이들이 되어 달라. 됨직한 때는 모이지 말라고 해도 뭉치는 법이다. 가능성이 보이면 비판하던 사람들까지 모인다. 지금은 감동을 줄 큰 외침을 기대하고 있다. 선배, 부모, 조상의 책임을 묻지 말고 새 역사의 기초를 여러분이 다질 것을 가슴에 굳게 다짐하기 바란다. 새 역사의 원동력이 반드시 이 속에서 꿈틀거릴 것이라고 확신한다. 맑은 은행 낙엽이 오래 노란색을 자랑하듯이 마로니에 거리에서 사색한 젊은 지성이 쉽게 타락하지 않으리라 믿는다. 미래를 투시하고 웅대한 꿈을 그리는 젊은이들이기를 재삼 당부한다."](경향신문 70.10.29. 박석흥 기자)

서울대 본부 대강당에서 열린 박종홍 박사 강연장에는 많은 학생들이 모였다. 그러나 강연 도중 2층에서 발 구르며 야유하는 소리도 들리고 어수선한 가운데 끝났다. 강연 원고를 정리하기 위해 국립중앙도서관에서 박 교수의 수필집 새날의 지성·현실과 구상·지성과 모색 등을 대출, 못 들은 부분을 보완해서 다음 날 2면에 실었다. 당시 박종홍 교수의 수필집은 대학생과 지식인들의 필독하는 베스트셀러였다. 함께 취재했던 문리대 출신 다른 신문기자도 박 교수 강연을 보도했다. 학림제 강연 후 박종홍 박사는 대통령교육문화 담당특별보좌관으로 임명되었다. 강연 후 임명되었는지, 임명을 알고 이런 강연을 했는지는 확인되지 않았다.

Obituary(1903.7.1.~1976.3.17.)

평양 출생. 1976년 3월 17일 타계. 1920년 평양고등보통학교 졸업하고 전남 보성보통학교 교사로 출발했다가 1929년 경성제국대학 법문학부 철학과에 진학, 졸업 후 34년 조교, 35년 이화전문 강사로 옮겨 교수 문과과장을 했다. 광복 후 서울대교수가 되어 68년 정년퇴직할 때까지 서울문리대학장 서울대대학원장을 역임했다. 1959년 한국철학사 강좌를 개설하여 6년간 한국 전통사상 정리에 나섰다. 한국사상사 불교편을 저술했고 퇴계율곡 등 유학 연구에도 정진, 한국철학사 연구의 초석을 놓았다. 국민교육헌장 기초위원으로 제3공화국 교육이념에 한국사상의 주체성을 헌장 속에 강조했다. 한국철학회장, 한국사상연구회장, 퇴계학연구회장, 다산연구회장 등을 역임했다. 유고 한국사상사 유학편이 77년에 출간되었다. 이남영 교수가 전집 출간 등을 정리했다.

◇박종홍전집 7권, 형설출판사 80년. ◇증보 박종홍 전집 7권 민음사 98년 ◇한국사상 14집 열암선생 특집호 76년

10) 백낙준(1895~1985)

한국개신교사 수정 보완 발간

[한국근대사의 중요 분야인 개신교 선교사에 관한 체계적인 연구가 용제 백낙준 박사(75, 연세대 명예총장)의 필생의 작업으로 정리되고 있다. 3월 초 선을 보일 영문 한국개신교사는 1823년에서 1910년의 초기 선교사 활동에 대한 1927년 학위논문을 수정 보완한 것이다. 서양 선교사의 활동을 최초로 학문적인 방법으로 분석 검토, 예일대학에서 박사학위를 받았던 논문을 40여 년 만에 수정 보완하여 학계에 내놓은 것이다. 서론 부분의 가필이 불가피했다고 말하는 용재 선생은 신교의 전래를 개화의 서설로, 개화 성립 기점을 개국에 두고 개화사의 한 단면을 그려 보았다고 말한다. 대폭 수정된 서론에 한국의 국토, 민족, 역사, 종교 등이 요약되고 제1장이 기독교 접촉, 제2장이 1876~1884년의 한국, 제3장이 선교의 확립, 제4장이 선교사의 문화적 사업 추진, 제5장이 교회운동의 변천, 제6장이 교회의 부흥 및 안정(1907~1910년) 제7장이 결론과 관계서지 목록으로 편찬된다. 본문 내용은 1927년 초판과 대동소이하다고 밝히는 백 박사는 근대 서구문화 전달자로서 선교사 활동이 당시 정치, 경제, 교육 사상에 어떤 영향을 주었는지를 고찰했다고 말한다. 1910년까지 기독교, 개신교 선교사를 문화교류사의 관점에서 다룬 백 박사의 저술은 기독교 개신교사를 변화의 촉매제로 보았는데 기독교문화 전래와 전통문화와 조화 문제도 보완될 것으로 기대한다. 개화전야 선교활동은 달레의 조선교회사와 선교사들의 보고서로 알려지고 있으나 대부분 당시 한국의 하부 구조와 밀착되어 한국의 고급문화나 전통문화의 진수는 소외되고 어두운 면이 부각되었던 것이 사실이다. 백 박사는 개신교사 수정 보완과 함께 실학사상 연구도 집필할 계획이다.](경향신문 1971년 3월 1일 박석홍 기자)

내가 겪은 20세기

[용제 백낙준 박사(77)는 학술 교육 종교 정치 분야에서 한국현대사에 커다란 발자국을 남김 선각자의 한 사람이다. 9개월 참의원 의장과 31개월 문교부장관 직을 제외하고 전 생애를 연세대학에서 명문사학 육성과 국학 발전의 터를 잡았다. 평북 정주군 관주면 해변 가난한 농촌에서 태어난 백 박사는 기독교계인 영창국민학교에 입학, 기독교인으로 입교한 것이 인생의 전기가 되었다. 1910년 영창 국민학교를 졸업하던 해

양친을 잃고 신성중학교에 진학, 매퀸 교장 집에서 일하며 고학을 했다. 신성중학은 장이욱, 이대위 씨 등도 배출했다. 매퀸 교장은 백 박사를 중국 천진 영국인 학교 신학서원(新學書院)에 입학시켜 3년간 미국 유학을 준비시켰다. 1916년 미주리 주 캔저스 시에 있는 파크대학 사학과에 입학, 역사인식 방법과 사관을 정립했다. 프린스턴에서 신학을 다시 공부하고 예일대학에서 한국교회사 연구로 박사학위를 받았다. 1927년 귀국 연희전문에서 성경과목 담당교수가 되었다. 1928년 연희전문 문과과장을 맡아 연세대학의 국학 전통의 기초를 다진다. 최현배 교수가 조선어를 가르치며 우리말본을 정리했고 위당 정인보 교수가 한문학을 가르쳐 조선학이란 새 단어가 생겼다. 위당 정인보, 외솔 최현배, 조병옥, 유억겸, 백남운 씨 등이 연세 국학의 기틀을 다진 교수들이다. 연희 전문에서 내놓은 조선어문연구 논집 제1집에는 조선 문학원류 초본과 최현배 씨의 품사유별 등이 수록됐다. 실학 연구도 연전 사학 연구실에서 태동했다. 연희전문과장으로 연전 내 조선학 조성과 함께 진단학회, 민속학회, 아시아학회 등 회원이 되었다. 미군정의 한국교육위원회에 유억겸, 김성수, 현상윤, 김활란, 최규동 씨와 함께 위원으로 위촉되어 교육개혁 상담역이 되었다. 경성제대를 인수 법문학부장으로 3개월간 재직하며 예과 책임자 현상윤 씨와 함께 조윤제, 이희승, 이병도, 안호상, 이규태 씨를 서울대 교수로 초빙, 역사학, 국문학, 철학의 이정표를 설정했다. 조선교육심의회 제1분과위원회에 안재홍, 하경덕, 김활란, 홍정식 씨와 함께 한국교육이념을 홍익인간으로 설정했다. 6·25 한 달 전 문교부장관이 되어 31개월 재임 중 전시연합대학 초중고교 노천수업을 실시했다. 의무교육법 실시 교육자치제 교육감 선임 학예술원 설립안 국회 제출 국정교과서 주식회사 설립, 지방 국립대학 발족 등이 임기 중 추진되었다.](경향신문 73.5.19. 내가 겪은 20세기 인터뷰 박석흥 기자)

10. 식민사관 극복에 기여한 국학관련 출판사

을유문화사, 정음사, 민중서관, 동아출판사, 일조각, 지식산업사, 일지사, 통문관, 집문당, 정음문화사, 연세대출판부, 서울대출판부, 고대출판부, 고대민족문화연구소, 국회

도서관, 국사편찬위원회, 정신문화연구원, 박영사, 탐구당, 한길사, 아세아문화사, 창작과비평사, 동발미디어 중심 경인문화사, 돌베개, 민족문화추진회, 세종대왕기념사업회 등이 국학 기본 자료와 저술 출판에 기여했다. 계간지로 문학과지성, 창작과비평, 역사연구, 한국학보가 역사논문을 실어 일반의 한국사 이해와 역사학계의 학술 논쟁을 유도했다.

1) 을유문화사

1945년에 민병도(閔丙燾) 사장, 정진숙(鄭鎭肅) 전무, 윤석중(尹石重) 주간, 조풍연(趙豊衍) 편집국장 등 네 사람이 서울 종로2가 영보(永保)빌딩에서 창업하였다. 전통적인 민족문화의 선양과 선진적인 세계문화의 섭취를 사시(社是: 회사의 방침)로 삼았다. 1947년 조선문화총서, 을유문고, 조선말큰사전 간행을 시작하였다. 1947년 한글날을 기념하여 나온 조선말큰사전 첫째 권은 조선어학회(뒤의 한글학회)가 엮은 것으로 광복 후 문화사업의 기념비적인 성과였다. 1957년 10월 9일 마지막 제6권이 나옴으로써 만 11년에 걸친 각고의 보람이 열매를 맺게 되었다. 1952년 10월 정진숙사장이 취임하여 재창업의 의지로 피난지인 부산에서 출판활동을 계속하였다. 1949년 진단학보(震檀學報) 16호 간행 이후 계속 발행을 맡아 왔다. 진단학회 편 한국사 전 7권은 일제식민사관을 뛰어넘는 기념비적인 간행이었다.

2) 일조각

1953년 9월 한만년(韓萬年)이 설립하여 한국학 관련 도서를 발행하였다. 민석홍(閔錫泓)의 서양근대사연구, 김재근(金在瑾)의 조선왕조군선연구, 중진학자들이 공동 집필한 한국사강좌 등 역사학 분야, 남광우(南廣祐) 편 고어사전, 김형규(金亨奎)의 국어사연구 등 국어학 분야, 최창규(崔昌圭)의 근대한국정치사상사, 김준보(金俊輔)의 한국자본주의사 연구 등의 사회학 분야 및 의학 분야 등 전문 학술도서를 출판했다. 1973년에 창간한 계간지 어문연구를 통해, 한자한문 교육을 강조했고 이기백(李基白)의 한국사신론은 장기 베스트셀러였다. 이상설전(윤병석), 한국근현대사론(유영익), 개화당연구(이광린), 조선 후기농업사연구(金容燮), 독립협회연구(愼鏞廈), 조선 초기양반연구(李成茂), 고가연구(梁柱東), 한국사기행(최영희), 한국사학의 방향(이기백), 한국고전심포지엄(진단학회 편), 동학과 농민봉기(한우근), 고조선사 삼한사 연구(천관우), 가야사연구(천관우), 가야연맹사(김태식), 임나일본부연구(김현구), 광개토왕비연구(이진희 저 이기동 번역), 백제정치사연구(노중국), 발해정치사연구(송기호), 조선 후기 농업사연구(김용섭), 조선 후기 당쟁사연구(이은순) 등 건국 후 한국학 분야의 주요 업적들이 일조각에서 나왔다.

3) 지식산업사

1969년 5월 창립 1000여 권이 넘는 인문학 관련 도서를 출판했다. 한국사 관련 학술서적 출판은 단연독보적이다. 서울문리대 사학과 출신 김경희 사장이 75년부터 사장을 맡아 국립 박물관 간송 미술관과 제휴하여 겸재 명품첩, 한국미술정화, 이조회화 등을 출간했고 한국사연구회의 '한국사연구', 한국고대사연구회의 '한국고대사연구', 한국민족운동사연구회의 '한국민족운동사연구' 등 발간을 지원했다. 한국사연구회가 편집한 '한국사연구입문'을 81년 제1판을 펴낸 이후 87년에 제2판 2008년에 제3판을 '새로운 한국사 길잡이'로 간행했다. 한우근, 김철준, 김용섭 교수 정년기념논총 이병도 박사 9순 기념학술논총도 펴냈다. 한국문학통사(조동일 6권) 한국문학 연구입문, 한국근대 농업사 연구, 한국을 둘러싼 열강의 각축, 중국근대사, 일본의 역사, 한국열국사연구, 우리말 철학사전, 조선 후기 정치사상 등을 간행했다.

4) 일지사

1956년 김성재 씨가 설립, 한국학 도서 출간을 앞장서 개척했다. 1975년 창간한 계간 학술지 '한국학보'는 2005년 발행인이 타계하기까지 간행, 한국학계에 좋은 자극제가 되었다. ◊사료로 본 한국문화사 4권, ◊조선후기 역사의 이해(정옥자) ◊한국고고학

연구(김원룡) ◊조선후기 사학사 연구(한영우) ◊한국고고학 개설(김원룡) ◊신라고분 연구(최병현) ◊일본서기 한국 관계기사 연구(김현구) ◊조선왕조 의궤(한영우) ◊한국 중세사 산책(민현구) ◊한국의 사찰(1~18권·한불원) ◊한국 가족연구(최재석) ◊한국 미술 자료집성(1~9권·진홍섭) ◊한국의 불상(진홍섭) ◊한국회화사(안휘준) ◊한국 목조 건축(김정기) ◊한국의 가면극(이두현) 등을 간행했다.

5) 집문당

1971년 임경환 사장이 대표가 되어 국학 분야를 집중 간행했다. ◊한국 무가집(1~4권·김태곤) ◊한국의 민간신앙(김태곤) ◊한국의 무속신화(김태곤) ◊대한민국 임시 정부사(이현희) ◊한국민족운동사의 사조(윤병석) ◊조선 시대서원연구(정만조) ◊조선 시대 양반사회와 화(1~4권) ◊조선의 정치와 사회(최승희 교수 정년기념논문집) ◊한말 외국인 기록 24권 ◊조선 시대 사노비 연구(김용만) ◊조선 시대 생원진사 연구(최진옥) ◊조선 후기 왕위계승 연구 ◊조선 시대 양반과 향촌사회연구(김현영)

11. 국학 기반을 다진 대학사학과

1) 서울대 국사학과

서울대 국사학과는 69년 3월 문리과대학 사학과가 국사, 동양사, 서양사 3개 학과로 분리되면서 탄생했다. 성제국대학 법문학부 사학과에 뿌리를 두고 있다. 해방 직후 경성제국 사학과에 강의를 담당한 교수는 와세대학(早稻田大)사학 및 사회학과 출신 두계 이병도(1896~1989) 교수와 와세대대학 출신 동빈 김상기 교수였다. 1946년 서울대 창립 후 와세대 출신 남창 손진태, 경성제대 출신 유홍렬, 이인영, 김성칠, 게이오대(慶應大) 출신 강대량(강진철로 개명) 교수 등이 취임했으나 6·25 뒤 많은 교수가 납북

월북 좌익 운동에 연루되어 서울대를 떠났다. 61년 이병도, 66년 유홍렬 교수가 정년 퇴직 후 서울대 국사학과에도 새바람이 불어와 일제 시대 형성된 문헌고증사학의 벽을 허물었다. 1회 졸업생 한우근 교수가 59년, 3회 졸업생 김철준 교수가 63년 취임하고 서울사대 출신 김용섭 교수가 67년 문리대로 옮겨 조선 시대사 강의를 맡고 한영우 교수가 전임조교가 되어 서울대 국사학과의 진용은 구성되었다. 77년 이태진, 79년 최병헌, 81년 정옥자, 노태돈, 권태억, 82년 최승희, 86년 김인걸, 88년 송기호, 90년 노명호 교수가 차례로 교수로 임용되어 서울대 인문대 국사학과 교수진용은 다양한 전공학자로 구성되었다. 노태돈 교수가 단군과 고조선, 고구려 등 상고사 연구를 이끌고 있고 송기호 교수가 발해사를 최병헌 교수가 한국불교사 체계화를 천착하고 있으며 최승희, 한영우, 정옥자, 이태진, 김인걸 교수가 조선 시대를 권태억 교수가 한말 일제 시대사를 정리했다. 서울대 한국사학과 인맥으로 천관우, 이기백, 윤병석, 송찬식, 한영국, 이성무, 허홍식, 정석종, 민현구, 노중국, 이만렬, 채상식, 박찬승, 서중석, 서영대, 안병우, 김태식, 이기동, 오창수, 박광용, 안병욱, 도면회 교수 등이 있다. 정양모, 이난영, 한병삼 박물관장도 사학과 인맥이다.

2) 연세대 사학과

1917년에 설립된 연희 전문은 1920~1930년대 정인보, 백낙준, 손진태 교수가 국사학 연구를 개척했고 상과교수 백남운 교수가 사회경제사연구로 참여했다. 1953년 홍이섭, 1954년 이광린, 이옥 교수가 연세대 사학과에 들어오면서 동양사 전공인 민영규 교수와 함께 연세 사학이 민족주의 사학 학풍이 조성되었다. 1960년 손보기, 이종영 교수가 부임하고 74년 홍이섭 교수 타계 후 김용섭 교수가 조의설 교수 은퇴 후 김동길, 김정수, 고성환 교수가 합류해 연세사학과 교수진용을 갖추었다. 정인보, 홍이섭으로 이어지는 연세 학풍과 동방학연구소가 연세사학의 전통을 계승하고 있다.

이인영, 이광린, 홍이섭, 김철준, 이종영, 손보기, 김용섭, 하현강, 김준석, 방기중, 김도형, 박영철, 민영규, 고병익, 황원구, 박영재, 조의설, 민석홍, 이옥, 김정수, 김동길, 고성환, 최선홍, 이희덕 교수 등이 강단에 섰다.

연세대 사학과 배출 인재로는 원유환, 염인호, 서병국, 주채혁, 차상철, 박광선 교수와 이종덕 고고학자로 이융조, 박선주, 박영철, 조흥윤, 최복규, 박희현 교수 등이 있다.

3) 고려대 사학과

고려대 사학과는 1946년 8월 15일 문을 열었다. 신석호, 정재각, 김정학, 이종무, 김학엽, 김준엽 교수가 강의를 맡았다.

최영희, 김정배, 박용운, 박한설, 최광식, 임병태, 방선주, 강만길, 송병기, 박영석, 최창희, 조광, 최완기, 신해순, 김원모 교수 등이 고대사학과가 배출한 학자들이다.

재야사학

60년대 롯데 백화점 자리에 있던 국립중앙도서관에는 한국사 자료를 뒤지는 한학자들이 많았다. 경향신문과 가까워 중앙도서관을 찾아가면 신학균 열람과장이 장서 중에 희귀한 자료를 자주 보여주었고 재야인사들도 소개했다. 신학균 중앙도서관과장이 제공한 규원사화를 한 달간 검토해 기사화한 것이 국사학계에 규원사화 논쟁을 불러일으켰다. 재일교포학자 이진희 교수의 광개토왕비 기사를 보도한 후 대전에서 이유립 씨가 찾아와 광개토왕비문의 숨은 글자도 해독했다고 해서 기사화하고 신학균 과장에게 소개해 출판하도록 했다. 홍이섭 교수가 이유립 씨에게 고려사 한 질을 사 주어 손보기 교수와 함께 대전의 판잣집을 찾아가기도 했다. 이유립 씨가 유명해진 뒤 연락이 끊겼는데 우연히 들른 출판사에서 강의 중인 이유립 씨를 만나고 온 다음 날 운명했다는 연락을 받았다. 한일 양국에 화제가 된 환단고기 등에 관한 사실을 취재 못 한 것이 아쉽다. 이겸로 통문관주인 이종학 씨 등도 좋은 기사가 안 잡힐 때 찾아가면 큰 기삿거리를 내놓기도 했다. 불교와 조선 시대 당쟁사에 밝은 윤석오 씨와 발해사 연구를 하던 윤치도 씨 충청도 지방사를 연구하던 김재봉, 유석홍 씨 고문서 수집가 박영돈 씨 등도 한국사 관련 자료를 신문에 제보했다.

12. 임나일본부설 잠재운 70~80년대 한·일 관계사 논의

1) 다카마츠츠카·광개토왕비문논쟁·한국미술 5천년전 충격

[서기 4세기 왜(倭)가 한국을 식민지 경영했다는 일본고대사 정설을 뒤엎고 일본 고대문화의 주체 세력이 한반도에서 건너간 백제, 고구려, 가야 등 고대한국인이었다는 사실을 일본학계가 인정하게 되었다. 1971년 여름 공주 무령왕릉 발굴에 이어 1972년 3월 다카마츠츠카 (高松塚)에서 고구려 고분 벽화가 발견된 바 있었다. 또 임나일본부설의 근거였던 광개토왕비문의 임나일본부 관련 조항들이 일본군 스파이가 변조했다는 이진희 씨의 연구서가 출판돼 일본학계에 충격을 준 데 이어 그것을 고고유물로 입증하는 '한국미술5천년전'이 일본을 강타했기 때문이다. 1976년 2월 24일부터 일본교토(京都)국립박물관에서 열리고 있는 '한국미술5000년전' 전시관리관으로 일본에 다녀온 한병삼 경주박물관장은 박물관협회(회장 홍종인) 주최로 3월 29일 국립박물관에서 열린 '한국미술5000년전에 관한 일본학계의 반응'이란 보고를 통해 "많은 일본 학자가 일본 고대문화가 한국에서 전래한 것을 부인할 수 없는 실증을 일반시민들도 알게 됐고 시인했으나 일부 노장교수들은 아직도 애써 외면하려 한다."고 지적했다. 한국미술5000년전 개막 테이프를 끊은 미까사노미야(三笠宮 崇仁·裕仁천황 셋째 동생·동양사전문가)는 일본고대사를 다시 써야 할 것 같다고 고백했다고 전하며 이 전시회를 주최한 아사히신문(朝日新聞)이 관람자 설문조사에서도 중고대학생의 95%가 "일본 고대문화는 한국에서 온 것을 알게 됐다."고 대답했다. 한 관장은 한국문화를 멸시하는 선입견을 가지고 들어온 관람한자들도 나갈 때는 전시회에 매료돼 30%가 전시회도록을 샀다고 보고하고 이 비율은 중국문물전 때의 7대1의 비율보다 높은 숫자라고 밝혔다. 그러나 고대일본이 한국을 지배했다고 왜곡해 온 일본 국수주의자들은 "이번 전시회가 일본 젊은 사람들의 기를 죽이고 있다."고 비난하기도 했다고 전한다. 한 관장은 "대학생들이 교과서에서 배운 것과 다른 무엇이 있는 것을 감지했다."고 털어놓기도 했다고 덧붙인다. 이런 분위기에도 패전 전 일본국수주의 자들의 한국멸시관 수정은 어려울 것 같다. 전시회 기간 중 아사히 신문이 주최한 시바료따로(司馬遼太郎·문예춘추고정기고가)와 井上秀雄(동북대교수)의 대담에서 표출됐다. 한 관장은 일본 고대문화 속의 한국문화를 막

연하게 대륙 문화의 유입이라고 주장하는 일본 학자들이 아직도 많다고 지적하며 "아사
히신문의 司馬遼 太郎와 井上秀雄의 대담에서 한국문화가 일본문화의 원류였다는 사실
을 애써 회피하려고 한 것은 일본지식층의 한계를 드러낸 것"이라고 지적했다. 진보적
인 아사히신문이 일본 국수세력의 의견을 대변한 것과 달리 요미우리신문(讀賣新聞)은
3월 24일자 석간 문화면에 단희린(段熙麟) 도산학원대(桃山學院大) 교수(일한고대사)의
기고를 통해 일본 고분(古墳) 시대 중기 오오진(應神) 시기부터 나라(奈良) 시대까지 고
대 한국의 백제·고구려·신라·가야인이 일본 지역에 진출해 고대국가를 완성하는 주
체 세력이 되었음을 밝히고 이들이 세운 도시국가와 진출 코스를 일목요연하게 지도상
에 정리했다. 고구려 고분 벽화로 추정되는 다카마츠츠카(高松塚) 벽화 발굴 이후 일본
학계에서 대륙의 영향이라고 역설해 온 것을 은근히 비판한 '고대 도래인(渡來人)의 동
향'이라는 표제의 요미우리신문 문화면 기사는 패전 후 민간사학자들이 앞장선 한일 고
대관계사 수정 작업에 아카데미사학도 참여하는 전기로 주목된다. 단희린(段熙麟) 교수
는 황국사관을 일부 수정한 에가미 나오미의 소위 기마민족정복설(騎馬民族征服說)을
웅대한 노망의 전개라고 비꼬았다. 3세기 후반부터 5세기 초까지 약 1세기 반의 한일관
계사 쟁점은 일본서기, 고사기 등에 기술된 신화나 전승 설화로 추찰할 수 있다고 주장
한 단(段) 교수는 최근 일본의 유적 유물 발굴을 통해 역사적 사실로 확인되고 있다고
설명한다. 삼국 시대 고대한국인의 일본 지역 진출을 세코스로 추정한 단희린(段熙麟)
교수는 세코스 연안 지대나 도착지 주변의 옛 지명이나 신사(神社) 인명을 고문헌에 따
라 조사하면 일본에 건너온 고대한국인의 정착지 이동으로 가져온 산업기술 세력 분포
등의 실태를 파악할 수 있다고 주장했다. 김철준 교수는 한국고대사를 큰 시각으로 보
기 위해 일본고대사 연구가 필요하지만 "비록 고대 삼국인들이 일본 지역에 건너가 일
본 상류문화의 원류가 된 것은 사실이지만 일본은 독자적인 해양문화로 발전해 한국문
화와는 별개의 것이 되었다."고 밝혔다. 김 교수는 한일 고대관계사 토론이 일제하 일
선동조론 재판이 되어서는 안 된다고 지적했다.](경향신문 76.3.31. 박석흥 기자)

2) 70~80년대 일본학계의 한일고대관계사 전면수정

1982년은 고대일본이 4세기 후반 한반도를 식민지로 지배했다는 임나일본부설의 허

구를 고발한 재일 사학자 이진희 씨의 '광개토왕비연구'와 일본 고대문화가 한반도인의 문화였다는 것을 입증한 다카마츠츠카 벽화가 발견된 지 10년이 되는 해다. 경향신문은 그 10년에 일본의 한일관계사 인식이 어떻게 바뀌었나를 이진희 씨의 특별기고를 통해 알아보았다.

[일본의 다카마츠츠카(高松塚)에서 화려한 벽화가 발견된 것은 1972년 3월 21일이었다. 이 발견에 일본 전국이 흥분의 도가니가 되었지만 그 벽화는 고구려 벽화였다. 발견된 곳은 도래씨족인 야마토노아야의 본거지인 히노꾸마였다. 한 해 전 한국에서 백제계 무령왕릉이 발굴됐을 때도 일본에서 큰 뉴스가 됐다. 72년 가을 남북한과 중공학자들이 초청돼 벽화를 공동 조사하고 심포지엄을 가졌다. 그 뒤 많은 일본 고대사학자와 고고학자들이 한국을 방문하여 학술토론기회를 가졌다. 일본 고대사를 동아시아사 관점에서 보는 인식의 변화도 왔다. 그 결과 일본 교과서에 통설로 등장했던 '임나일본부설'은 설득력을 잃어 고대국가 성립 시기가 2세기나 낮춰지게 되었다. '귀회인' 대신 '도래인'으로 학술 용어도 바꾸었다. 일본 고대사를 보는 일반 시민들의 역사인식도 간과할 수 없다. 72년 다카마츠츠카(高松塚) 대발견과 광개토왕비 조사의 문제점을 폭로하기 전까지 일본인들은 "4세기 후반에 야마토(大和) 정권이 한반도에 출병 임나일본부(任那日本府)라는 통치기관을 두고 2세기에 걸쳐 한반도 남부를 지배했다."고 믿고 있었다. 그것을 입증해 준 것이 광개토왕비문이라는 것이었다. 중국 길림성에 있는 광개토왕비문이 일본에서 주목된 것은 1883년 남만주지방에서 스파이 짓을 하던 사코 카게아끼(酒勾景信) 중위가 이 비문탁본을 일본에 가져온 뒤부터다. 비문에는 6년 병신(396년)에 광개토왕이 출병하게 된 명분을 밝히고 6년 병신에 출병, 백제를 쳐 승리했다고 기술했다. 그러나 이 대목을 일본에서는 명치 이래 "백제와 신라는 속민으로 조공했다. 그런데 왜가 신묘년(391년)에 바다를 건너와 백제와 신라를 파하고 신민으로 했다."고 해석, 6년 병신년 구절을 빼어버렸다. 그렇게 하지 않으면 백제와 신라가 391년(신묘년)에 왜에 정복당해 신민이 됐음에도 불구, 그 5년 뒤 396년에 고구려가 백제와 신라를 정복한 왜를 치지 않고 왜에 정복당한 백제를 치고 있어 일본 측 비문 해석이 모순되기 때문이다. 일본 학자들은 신묘년 비문을 왜곡 해석하고 "4세기 후반에 대군을 보내 백제와 신라를 정복한 왜는 야마토 정권 이외에 달리 생각할 수 없다."고 주장하고 한 걸음 더 나가 "야마토 정권의 조선 출병은 조선의 금석문(광개토왕비문)에 의해 입증됐다."고 결론 내렸다. 일본학계는 이어 일본서기 진구우끼(神功紀) 전반의 기년(紀年)과 기사(記事)를 조작, 49년조에 "아라따와께 등이 신라를 치고 뒤이어

가라 7국을 평정했다.”고 쓰고 52년에는 “백제왕이 구저(久氐) 등을 파견하여 서약을 하며 7지도를 헌상했다.”고 썼다. 일본학계는 일본서기의 편자가 간지를 잘못 계산했다며 신공49년(249년)을 369년으로 신공52년(252년)을 372년으로 내렸다. 이 같은 연대 조작이 틀림없다는 증거로 나라현 이소가미(石上) 신궁에 전해오는 칠지도의 명문 태화(泰和)4년은 중국 동진의 태화(太和)4년(369)에 해당하므로 이 칠지도가 백제에서 만들어진 것은 칠국평전이 있던 369년이고 그 3년 후 372년(신공52년)에 헌상됐다는 결론을 내렸다. 신공기 기사도 칠지도 명문으로 입증됐다는 것이다. 이런 일본 학자들의 주장에 대해 한국학계는 임나일본부 자체를 인정하지 않았고 일본학계의 비문 해석도 부인했다. 양국 학계의 비문 해석 논쟁이 정돈 상태였을 때 이진희는 1972년 10월 ‘광개토왕비문연구’란 저술을 통해 일본학계가 임나일본부설의 결정적 근거로 제시한 광개토왕비문이 만주에서 스파이 짓을 하던 일본 참모본부 사꼬이 중위가 1883년 가지고 온 쌍구본비문을 근거로 했음을 지적하고 그 과정에서 비문 조작 첨가 가능성을 제기하고 일본학계의 임나일본부설을 근본적으로 재검토하라고 촉구했다.

최근 일본학계는 일본 고대국가 성립 시기를 6세기 후반으로 수정하고 있다. 1979년 아사히신문이 주관한 ‘국가 성립의 수수께끼’ 심포지엄에서 이노우에(井上光明) 나쓰끼(直本孝次 郎) 모리(森浩一) 씨가 6세기 후반부터 7세기 후반을 주장했다. 종래 광개토왕비문을 근거로 4세기 후반이었다던 정설이 한꺼번에 2세기 뒤로 바뀌었다. 이제 임나일본부설이나 야마토 정권 한반도 출병설은 양식 있는 학자들은 주장하지 않게 되었다.](경향신문 1982.3.15. 이진희 기고)

3) 패전후 일제황국사관의 변형

(1) 임나 일본부설을 한왜 연합국론으로 재포장한 에가미 나오미의 기마민족설

[1948년 기마민족설(騎馬民族說)을 발표하여 일본학계에 큰 파문을 던졌던 에가미 나미오(江上波夫, 71) 교수가 연세대 국학연구원(원장 민영규) 개원 기념제1회 국제학술회의에 참석기 위해 72년에 이어 78년 두 번째로 방한했다. 상지대(上智大) 유프라데스하류 발굴조사단장으로 시리아의 루메타 고분 발굴 도중 내한한 에가미 씨는 메소

포타미아의 데루 사라사드 원시농촌 유적 등을 발굴한 중앙아시아사를 전공한 동양사학자로 일본의 오리엔트 연구에 재지평을 열었다. 현재 상지대 교수이자 동경대(東京大) 명예교수다. '고대동북아시아에 있어서의 기마민족'이라는 주제로 19일 연세대에서 김정학, 고병익, 이기백, 김원룡 교수 등 한국 학자와 학술토론을 했다. '환인시초(幻人詩抄)'라는 시집을 펴내기도 한 에가미 교수는 '세계문화사상에 흉노(匈奴)문화의 위치와 동서문화교섭사', '아시아민족과 문화의 형성', '유라시아북방문화의 연구', '일본민족의 기원', '기마민족국가' 등 30여종의 저술을 냈다. 그의 연구 가운데 가장 화제가 된 것은 퉁구스계통 북방 기마민족이 한국을 거쳐 일본으로 건너가 야마토(大和) 정권을 수립 천황족이 됐다는 기마민족 일본 정복설이다. 이날 학술발표회에서 에가미교수는 "일본의 양식 있는 학자들은 패전전에도 일본고대문화 원류가 한국임을 알고 있었다."고 말하고 "기마민족 일본열도 정복설을 48년에 처음 발표했을 때는 천지가 뒤바뀌기라도 한듯 찬 반 양론이 시끄러웠으나 최근 고고학 문헌고증학 신화학이 이 학설을 뒷 받침하고 있어 정설로 굳어 가고 있다."고 자신 있게 말했다. 일본군국주의 의 천황 절대주의의 황국사관의 굴레에서 벗어난 기마민족설은 고대 일본의 문화적 성장과 그 전환을 전아시아적인 규모의 역사무대로 결부시킨 거시적인 해석이긴 했으나, 그의 한·왜 연합왕국론은 임나 일본부설의 변형이라고 한국학계는 비판했다.

에가미교수의 기마민족 일본 열도 정복설은 부여 고구려 계의 반수렵 반농업적인 북방 기마민족의 한무리가 철기무기와 말을 타고 한반도로 남하하여 마한 지역에서 백제를 건국한 다음 김해지방을 근거지로 변한 (임나)지역을 지배한 것으로 시작된다. 에가미교수는 변한 지역에 있던 기마민족 진왕(辰王)정권이 일본에 건너가 북구주의 왜인 세력을 정복 대마도 대한해협과 현해탄 변한(임나) 북구주 쓰쿠시(筑紫)를 아우르는 한·왜 연합왕국을 만들었다는 것이다. 기마민족설은 에가미 교수가 많은 시사를 받았다고 실토한 희전정길(喜田貞吉)의 '일선 양민족동원론(日鮮兩 民族同源論)의 변형으로 임나일본부설을 기마민족이동설로 재포장한 것이다. 에가미 교수는 또 기마민족이동 이전에 남방계통의 왜인이 북구주와 김해지역에 거주 기마민족이 일본에 건너가 야마토 정권을 수립한후 그들과 연관 있는 한반도 남단 김해 지역에 임난일본부를 만들어 운영한 것이라고 해석, 패전전 식민사관을 재포장한 셈이다.

한국의 가야고분 발굴에 깊은 관심을 갖는 그는 한반도에서 건너간 기마민족이 일본 고대국가 건설의 주체세력이며 동시에 이들이 그들의 연고지에 식민지를 경영했다는 한일 고대사 해석을 고집했다. 서울 운당여관에 투숙했던 에가미 교수는부산 김해 경

주의 가야 유적 발굴지를 돌아보고 25일 귀국했다.](경향신문 1977.11.18.박석흥기자)

(2) 에사까교수 "조몬 토기문화가 외래 한반도 석기문화 견제했다"고 억지주장

[일본 조몬(繩文)문화 연구의 권위자인 경응대(慶應大)의 에사까(58. 江坂輝彌. 고고학)교수가 한국국제문화 협회와동북아 연구회 공동 초청으로 한국에와 78년 11월28일 국제문화협회에서 '한·일 고대문화 연구의 문제점'이란 강연을 했다. 일본 신석기문화 연구성과를 소개한 에사까교수는 일본 조몬문화의 상한선을 1만 2천년전으로 끌어올려 눈길을 모았다. 에사가교수는 한국 고대문화의 일본전파 가설에 대해서도 일부 반론을 제기했다. "한반도에서 발달한 빗살무늬 토기문화가 서구주 일부와 오도(五島) 오끼나와까지 전파되었으나 본주(本洲)에 파급되지 못한 것은 동북아에서 전파된 박편석기(剝片石器)의 기술을 발전시킨 보다 우수한 일본문화가 빗살무늬 토기문화를 견제했기 때문"이라고 주장했다. 김기웅, 임병태, 김정기 씨 등 고고학자와 김동욱, 김태준 씨 등 국어국문학자가 참석한 이 강연회에서 그는 "한반도에서는 박편석기 제작에 적합한 암석이 거의 산출되지 않아 서울 암사동과 미사리 유역 등의 빗살무늬 토기유적에서도 화성암질(火成岩質)로 제작한 력기(礫器)만이 발견될 뿐"이라고 지적했다. 에사까 교수는 "동북아세아에서 발달한 초기 빗살무늬 토기유적에서는 정교한 각종 박편석기류가 발견되나 한반도에서는 동북부에 그 편린이 보일 뿐"이라고 주장했다. 그는 "약 1만 년 전 일본 본주북부의 청삼현(靑森縣) 지방에 파급된 이 계통문화는 관동지방을 거쳐 규슈 지방까지 남하, 한반도에서 온 빗살무늬 토기문화와 맞선 것"이라고 해석했다. 에사까 교수는 "부산 동삼동 패총과 암사리 등에서 나온 빗살무늬 토기가 일본 소바다토기에 영향을 주었지만 뛰어난 박편석기(剝片石器)를 갖지 못해 일본 열도에 깊이 침투하지 못했다."고 색다른 견해를 밝혔다. 고대 한반도에서 일본에 건너간 석기문화의 일본 전파를 부인한 에사까 교수는 새끼줄 무늬가 두드러진 토기가 주류를 이루는 일본 조몬 문화 연구의 제1인자로 한국고고학계에도 영향력이 있다. 이날 발표에서도 에사까 교수는 아직 한국학계에 공식 보고되지 않은 부산 동삼동 패총 신자료도 인용했다.](경향신문 1977.11.30. 박석흥 기자)

(3) 일본 학자의 신식민사관에 침묵한 한국 학자

[한·일 국교 정상화 이후 지방대학 학술대회장 참석이 고작이었던 일인 학자들이 최근 중앙 학술대회와 영향력 있는 명문 대학의 학술회의 연사로 등장하고 있다. 기마민족 일본 정복설로 일본학계에 큰 충격을 주었던 고고학자 에가미나오미(江上波夫·上智大) 교수가 연대 국학연구원(원장 민영규) 개원기념 제1회 국제학술회(77.11.19.)에 초청 연사로 나선 것을 비롯, 賀川光夫 교수(別府大)가 한국 고고학연구회(회장 김원룡) 주최 제2회 한국고고학 전국대회(76.11.5.)에, 江坂輝彌 교수(慶應大)가 한국 국제문화협회와 동북아연구회 공동 초청으로 국제문화협회에서 각각 학술 강연회를 가졌다. 역사교육연구회(회장 변태섭)가 주최한 '역사교육과 한일고대사'를 주제로 한 한일 역사교육 공동 세미나(유네스코회관·76년 11월 30일)에도 일인 학자 9명이 대거 참석했다. 패전 후 일본학계 동향을 소개하고 있는 이들의 공통점은 과거 일제 어용 사학의 오류를 일부 시인하면서 일제 침략기에 조작한 한일 고대관계사의 허구를 계속 고집하고 있는 것이다. '고대 동북아에 있어서의 기마민족'이라는 주제로 학술 강연을 갖고 김정학, 이기백, 김원룡, 유동식 교수 등과 학술토론회를 벌인 江上波夫 교수는 서기 3세기 말에서 5세기 초에 김해 지방에 일본의 왜한 연합왕국(倭韓 聯合王國)이 있었다는 억설을 고집했다. 고구려계, 백제계 기마민족이 일본으로 건너가서 大和 정권을 수립한 천황족이 되었다는 학설을 48년에 발표, 일본학계를 떠들썩하게 했던 江上波夫 교수는 패전 전 일본학계가 니혼쇼키(日本書紀)의 진구황후기(神功皇后紀) 이소노카미신궁(石上 新宮: 나량현 천리시)의 칠지도(七支刀) 광개토왕릉 비문 등을 근거로 야마토(大和) 정권이 4세기 후반 한국의 남단을 지배했다는 임나일본부설(任那日本府設)과 타협하기 위해 야마토 정권(大和 政權)을 세운 기마민족은 김해 지방에 대한 과거의 연고권을 내세워 김해에 일본부(任那日本府)를 설치했다는 기발한 신설을 내놓았다. 에가미 교수는 패전 후 고고학 발굴 성과에 의해 일본 고대 석기문화와 고대국가 발전 단계에 한국 고대문화의 영향을 부인할 수 없는 현실에서 일본 고대문화 성장 발전을 전 아시아적 규모의 역사 무대에 도입하여 재구성했다. 구주 지역의 옹관문화와 결부된 임나일본부설의 허구가 명백해졌음에도 불구하고 에가미 교수는 임나일본부설을 변조한 왜한 연합왕국(倭韓 聯合王國)의 실존을 고집했다. 연대 국학연구원이 주최한 국제학술대회에 참석한 한국 교수들은 에가미 교수 이런 주장에 반론을 제기하지 않았다. 이런 학술회의 풍토는 한국고고학연구회와 한국국제문화 협회 주최 강연회에서도

재연됐다. 한국고고학회에 초청 강사로 나선 賀川光夫 교수(別府大)나 한국국제문화협회가 초청한 江坡輝彌 교수(慶應大)가 식민지 시대 일제 어용사학의 진일보한 강의를 듣는 분위기였다. 이것은 한국학계가 아직도 일본의 한국학 연구 수준을 크게 뛰어넘지 못했다는 단적인 증거를 드러낸 것이며 한국학의 보세가공식 학문 풍토 때문인 것 같다. 60년대에는 미국의 한국학 연구비를 따먹기 위해 전광용의 까삐딴리식 보세가공 한국학이 유행하더니 최근엔 일본의 연구 기금이 투입된 한일 공동 연구에 너도나도 발 벗고 나서는 형국이다. 이 한일 공동 연구 주제는 크게 남방문화기원설과 한국과 일본의 고대문화는 하나라는 것으로 집약된다. 과거 내선일체론(內鮮一體論)이나 동근동조론(同根同祖論) 변형에 일부 국내 학자들이 참여하고 있는 것이다. 이것이 국사·고고학·국문학·민속학·인류학 등 국학 전 분야로 번지고 있다.](신동아 78.1. 뉴스와 화제, 학술, 박석흥)

4) 임나일본부설 청산한 한일고대사 심포지엄

(1) 한일 고대관계사 왜곡 극복

[경향신문사가 주최한 한일고대사 국제심포지엄이 83년 4월 23일 서울 프라자호텔에서 열려 한·일 고대관계사를 폭넓게 토론했다. ◇한국 측 발표자＝◆천관우 씨(전 동아일보 편집국장·일본서기를 통해 본 가야사 복원) ◆한병삼(국립경주박물관장·구정동 고분을 통해 본 가야문화) ◆임병태(숭전대교수·일본야요이 토기문화 속의 한국적 요소) ◇일본 측 발표자＝◆야마오유끼히사(山尾幸久·立命館대교수·일본고전에 나타난 한일관계기사) ◆니시다니 다다시(西谷正·九州대교수·고고학상으로 본 한일관계) ◆이진희(明治대강사·임나일본부설에 대한 제문제) ▼한국 측 토론참가자＝◇최영희(한림대교수·사회) ◇이기백(서강대교수) ◇김정학(역사학자) ◇임효재(서울대) ◇김정배(고려대) ◇김정기(문화재연구소장) ◇이기동(동국대) ▼일본 측 토론참가자＝◇하따다 다카하시(旗田巍·동경도립대 명예교수) ◇오도마시게다가(乙益重隆·國學院대교수) 등 15명이 참가했다.

한·일 고대관계사의 최대 쟁점인 임나일본부설의 허구를 한일학자가 참여 밝힌 것이 큰 성과다. 4세기 후반 일본의 야마토 정권이 한국에 군대를 파병 2세기 동안 남한을 지배했다는 이른바 임나일본부설은 우리나라 학계는 날조된 이야기라고 일축하고 논의조차 기피해 왔지만 일본교과서에는 실리는 정설이었다. 재일 사학자 이진희 교수는 1868년에 설립된 명치(明治)신정부의 수뇌들은 예외 없이 정한론자(征韓論者)들이었고 그들은 응신천황(應神天皇)의 삼한 정벌 이래 한국은 일본의 복속국가라고 주장하며 가공의 임나일본부설을 믿게 하기 위해 광개토왕비탁본까지 조작했다고 꼬집었다. 한국을 침략한 일본은 임나일본부의 유적을 찾기 위해 가야 지방의 유적을 마구 파헤쳤으나 결과는 실패로 끝났다. 가야일대를 파헤쳐 유물이 철도열차로 운송될 정도로 출토됐으나 이 조사에 참여한 고고학자 하마다 교수(濱田耕作·전 京都대 총장)는 "가야 지방이 일본 고대국가의 식민지였다는 선입관은 포기해야 한다."고 보고했다. 한국 사학계가 기피해 온 임나문제에 도전, 일본서기를 통해 가야사를 복원한 천관우 씨는 왜가 4세기 후반부터 2세기 동안 한반도 남단을 지배했다는 주장은 객관적인 상황이나 사료분석을 통해서도 사실과 다름이 밝혀진다고 주장했다. 백제계 왜인의 조상들이 일찍이 백제에서 활동했던 상황을 그들이 왜지에서 백제로 건너가 활동한 양 일본서기가 변조했거나 그렇게 변조된 전승이 일본서기의 원자료로 제공된 것 같다고 추정한 천씨는 일본서기의 인명, 지명을 고증하면 사실을 밝힐 수 있다고 단언했다. 이러한 천관우 씨의 예단은 2007년 6월 김현구 고려대 교수의 연구로 확인된다. 이 같은 주장에 대해 하따다 다가하시 교수와 야마오유끼히사 교수는 임나일본부설은 수정돼야 마땅하다고 밝히고 한일관계사를 일본 측 자료만 가지고 정리한 것은 잘못이라고 시인했다. '일본국가의 형성'(岩波新書)을 통해 임나일본부설을 비판해 온 야마오(山尾幸久) 교수는 4세기에 야마토 정권은 나라(奈良) 분지를 지배하는 호족연합체에 불과했고 국가는 7세기에 성립된다고 주장했다. 2차 대전 전 황국사관에 도전한 40대의 야마오(山尾幸久) 교수는 사료에 대한 검증 없이 일본 역사학계가 고대 한일관계사를 조작한 사례가 많다고 반성을 촉구했다. 한국고대사 연구 없이 일본고대사 체계화는 불가능하다고 전제한 야마오(山尾幸久) 교수는 한국사의 독자성을 부인한 만선사관(滿鮮史觀·津田左右吉·池內宏)을 비롯한 책봉체제론(册封體制論·栗原朋信) 동이의 소제국론(石母田正) 등을 분석 비판하고 한국사료를 통해 일본서기의 한국 관련 기사가 검토돼야 한다고 주장했다. 야마오 교수는 이번 학술회의에서 속일본기(續日本紀)의 제9차 견당사 부사 대반고마려(大伴古麻呂)가 754년 당에 갔을 때 신라 사신이 일본보다 앞에 서 있어 신라가 일본에 조공을 바치는 나라이니 부당하다고 주장해 접견 서열을 바꾸었다고 보고

했다는 기록을 근거로 통일신라가 일본에 종속되었다고 해석해 왔으나 이것은 날조된 것이라고 밝혔다. 야마오(山尾幸久) 교수의 조사에 따르면 신라는 742년부터 755년까지 당에 사신을 안 보냈고 대반고마려가 함께 있었던 것으로 기술한 티베트도 당시 당과 전쟁 중이었다며 속일본기 기사는 사실이 아니라고 지적했다. 삼국사기에는 742년과 754년에 일본사신이 신라에 와도 만나지 않고 보냈다는 기록도 찾아냈다. 한마디로 통일신라가 일본의 속국이었다는 유일한 사료는 잘못된 것이었다고 잘라 말하며 야마오(山尾幸久) 교수는 일본 고대국가 이데올로기 강화를 위해 편찬된 일본서기와 속일본기의 서술을 토대로 한일고대사를 보는 것은 위험하다고 역설했다. 1908년 마산 태생으로 평생을 한국사 연구에 바친 하따다 다카하시(旗田巍·동경도립대명예교수)는 전후에도 식민지 시대에 형성된 한국에 대한 역사관이 크게 수정되지 못했다고 지적하며 진실에 바탕한 한일관계사 정리가 시급하다고 주장했다. 이기백 교수는 왜곡된 한일관계사 수정은 일본학계가 극복해야 할 과제라고 촉구하고 일본학계가 패전 전 황국사관을 털어버리지 못하는 것은 유감스럽다고 말했다. 한일고대관계사의 진실 파악 촉구와 아울러 한일 양국의 고고학 발굴자료에의 고대사 실체도 검토됐다. 니시다니 다다시(西谷正·九州대) 교수는 일본의 조오몬 시대부터 통일신라기까지 여러 차례에 걸쳐 한국 문물이 일본 지역에 진출했음을 유물을 비교하며 설명했다. 한편 지난해 일본에 건너가 일본고고학을 연구하고 귀국한 임병태 교수는 일본 야요이토기문화BC3백~AD3백)가 한국의 무문토기문화(BC1천~2백 년)와 제작수법, 문양 등이 비슷하고 중국과는 다르다고 밝혔다. 임 교수는 일본 구주지방의 야요이 시대 옹관은 한국의 무문토기의 옹관묘제가 전파된 것이라고 지적하며 일본 옹관이 한국에 전파되었다는 설을 뒤집었다. 한편 경주 구정동에서 가야 최고의 단갑(短甲)을 발굴한 한병삼 관장은 경주의 적석 목곽분보다도 부산 복천동 고령 지산동 가야 고분으로 이어지는 구정동 고분의 출현은 영남지방이 신라 가야 구분 없는 동일한 문화권이라고 밝혔다. 이 주장은 일본이 한반도에 들어와 김해 지역을 중심으로 가야문화를 성립시켰다는 일본학계의 주장을 반박하는 주장이다. 한 관장은 구정동에서 출토된 단갑은 가야 지방과 일본에서 출토된 단갑 중 가장 오랜 것으로 가야문화가 한반도에서 일본으로 흘러간 것을 입증한 것이라고 설명했다. 오도마시게다가(乙益重隆·國學院대) 교수는 한반도에서 일본에 건너간 고대 일본문화에 대해서 한국학계도 연구해야 한다며 고대 일본인은 누구며 고대 일본문화에 큰 영향을 준 고대 한국문화의 실체에 대해서도 양국 학계가 공동으로 밝혀야 한다고 주장했다. 옹관문화 기원 등 일부 견해 차이가 드러나기도 했지만 이번 학술회의는 새로운 자료의 속출로 양국 관계사가 새롭게 정리되어야 한다는 데 동의했다.](경향신문 1983년 4월 25일 박석흥 기자. 신동아 83년 6월호 뉴스와 화제, 학술, 박석흥)

(2) 심포지엄 참석 하따다 다카하시 교수- "한·일 우호 열쇠는 일본의 편견 극복에서"

["나라는 물론 한민족의 역사까지 빼앗은 일본이 식민지 지배의 죄악까지 망각한 채 일본과 한국의 진정한 우호 관계는 성립될 수 없습니다." 경향신문 주최 한일고대사 심포지엄에 참석, 일제식민사관 수정을 지적한 하따다 다카하시(旗田巍·동경도립대· 75세) 명예교수는 두 민족의 진정한 우호 관계 회복은 식민지 지배에서 비롯된 일본인의 민족적 편견 극복과 반성이 우선돼야 한다고 역설한다. 마산에서 태어나 부산중학교를 졸업한 하따다 다카하시(旗田巍·동경도립대) 명예교수는 23일 서울 심포지엄이 끝난 후 춘천(25일)과 부산(28일)에서 학술 강연회도 가졌다. 31년 동경대 사학과를 졸업한 뒤 반세기를 한국사 특히 고려 시대 연구에 전념, 패전 후 일제 황국사관 극복과 새 한국사 연구에 큰 업적을 남겼다. 그는 82년 다시 일어난 일본 역사교과서의 한일 관계사 왜곡 파동은 황국사관을 극복 못 한 일본사학계의 한계를 드러낸 부끄러운 일이라고 반성한다. 패전 후 일제 황국사관을 앞장서 비판하며 '조선사(51년 岩波全書)' '조선 중세사회사 연구'(72년) 등의 저술로 한일 양국 학계의 식민사관 극복의 지침서를 제시했던 하따다 다카하시 교수는 "생생한 한국사상 체계화가 목적이었지만 제도사에 치우친 것 같다."며 겸양해 한다. 일제관학이 한국사의 타율성과 정체성 왜곡을 위해 활용했던 실증사학의 인간 부재를 비판하고 개설서 '조선사'를 펴냈던 하따다 교수는 한국사에 대한 재조명을 시도하긴 했으나 식민지 지배시대의 연구 결과에 의존, 한국사를 근본적으로 수정하지는 못했다고 털어놓았다. 한일 양국학계의 한국사 개설서 교과서로서, 또 서구 학계의 한국사 입문서로서 선풍적인 반응을 일으켰던 '조선사'를 스스로 절판시킨 하따다 교수는 "한국인의 문화 창조력과 한국사의 주체인 한국인이 부각시키지 못한 것이 이 책의 약점이었다."고 고백한다. 고려 시대 군현제도, 토지제도, 신분제도 등 미개척 분야를 발굴, 고려사 연구 활기를 불어넣은 하따다 교수는 일본의 올바른 한국관 형성에는 바른 한국사 연구와 함께 역사교육도 중요하다고 지적한다. 59년 결성되어 24년간 매월 한 번도 쉬지 않고 월례발표회를 열며 일본의 한국사 연구를 주도해 온 '조선사연구회'의 의장으로 45년 이후의 일본의 한국사 연구를 앞장서 이끌어 온 하따다 교수는 "평가 대상에 대한 사랑과 동감이 바른 인식의 기초"라면

서 한일 양국 학자의 교류가 평행선을 달리는 역사인식 폭을 줄일 것이라고 지적한다. 58년 재일교포 이진우 군 살리는 모임 회장을 맡아 4년간 일본사회의 한국인 멸시 편견에 맞서 투쟁하기도 했던 하따다 교수는 식민지 시대 형성된 일본인들의 그릇된 한국관 수정을 위해 '조선의 역사', '조선사 연구 입문', '신조선사연구입문' 등을 펴냈고 일본의 학교교육에서 한국사를 어떻게 취급할 것인가를 조선사연구 회원들과 검토하고 있다.

마산태생인 하따다 교수는 마산을 방문, 고향과 같은 그리움과 제국주의 침략 세력의 후손으로서 부끄러움이 교차되는 감회를 느꼈다고 말한다. 75, 77년에 이어 세 번째로 한국에 온 하따다 교수는 "식민지 시대에 보았던 한국의 어두운 인상은 말끔히 가시고 자신감에 넘치는 생기 있는 모습이 인상적이었다."고 기뻐하면서 이번 학술회의가 한일 양국의 바른 역사인식을 심는 기념비적인 학술회의였다고 평가한다.](경향신문 1983년 4월 25일 인터뷰 박석흥 기자)

5) 패전전 일본의 식민사관이 부활한 82년 일본교과서 파동

[문부성의 검정을 받고 83년 4월부터 일본 고등학교에서 사용하게 될 일본사, 세계사 현대사회 교과서들의 근현대사 한일관계사 서술이 종래보다 개악돼 문제가 되고 있다. 하따다 다카하시(旗田巍, 동경도립대) 명예교수는 "조선사의 전체상을 묘사할 때 예외 없이 조선은 보잘것없는 좋은 점은 하나도 없는 나라로 인상 지우는 역사상을 만들어 냈다. 조선사회는 정체, 낙후돼 있다는 '정체론' ……조선인에게는 자력으로 역사를 창조하는 능력이 없으며 언제나 대륙이나 일본 같은 강한 세력에 의존해 왔다는 '타율성 사관' 등이 고명한 역사가에 의해 주장돼 왔었다."(조선의 역사)고 말한다. 광복 전 일본 학자들이 한국사를 왜곡했다고 지적했다. 이런 왜곡된 역사상이 교과서에 옮겨져 일본인 한국관을 그르쳐 왔다. 7년 전 재일 동포학자 몇 사람이 이런 일본 교과서를 분석 '교과서에 씌어진 조선'이란 책을 출판했다. 그 뒤 광개토왕비문 변조 고발, 한국의 무령왕릉 발굴, 일본 다카마츠츠카 고분의 고구려 벽화가 발견되고 일본 교과서가 바뀌기 시작했다. 일부 교과서는 4세기 후반 야마토 정권이 4세기 후반 한반도를 침략 2세기에 걸쳐 가야 지방을 지배했다는 이른바 임나일본부설을 포기했다. 임진

왜란 전후 처리를 바르게 함으로 선린관계가 회복되고 조선 통신사를 통해 일본이 새로운 문화를 배웠다는 사실이 교과서에 등장했다. 변화는 느리지만 내년 4월에 보급될 교과서는 더 많은 변화가 있을 것으로 기대하고 있었다. 그런데 문부성 검정을 받은 새 교과서의 근현대사 부분이 오히려 개악돼 버렸다. 개악의 중점은 일본의 침략을 은폐 합리화하는 표현들이다. '침략'은 '진출', '진공'으로 '탄압'은 '진압'으로 고치라고 문부성이 지시했다. 식민지 지배를 합리화하는 방향으로 교과서를 기술하도록 했다. "토지조사사업이란 명목으로 농민들로부터 토지를 수탈했다."고 서술한 것이 문제가 돼 "토지조사사업 결과 많은 농민이 토지에 관한 권리를 잃었다."로 수정케 했다. 3·1운동에 관해 "조선독립 만세를 외치는 집회와 데모가 일어나 순식간에 조선 전체로 파급됐다."는 표현도 "조선의 독립을 선언하는 집회가 열려 데모와 폭동이 조선 전토에 파급됐다."로 바꾸게 했다. 일본 문부성은 '토지수탈'이란 표현을 삭제하고 3·1운동의 야만적 탄압은 언급하지 않은 채 평화로운 시위를 폭동으로만 바꾸라고 지시한 것이다. 관동대지진에 한국인이 8천여 명 학살당했으나 이런 서술이 모두 삭제당하고 조선어 말살정책도 "조선어와 함께 일본어가 공용어로 사용되고 나아가 신사 참배도 장려했다."로 바꾸게 했다. 이 같은 일본교과서 개악이 한국과 중공에서 큰 파문이 일자 일본외무성은 "검정은 어디까지나 학문 연구의 성과에 기초, 객관적이고도 공정하게 실시되었고 일본을 미화하려는 의도는 조금도 없다."고 발표했다. 새 교과서가 사실까지 왜곡하며 식민지 지배를 합리화해 보려는 의도는 일본 청소년을 오도할 뿐만 아니라 우리 겨레를 모욕하는 것이다.](경향신문 1982.7.23. 이진희 씨 기고)

6) 2002년 일본 중학생 역사교과서 왜곡

[서울대 최병헌 국사학과 교수는 일본 문부과학성의 검정 작업으로 2002년부터 사용할 일본 중학교 역사교과서의 왜곡과 문제점을 동경에서 일본학계를 상대로 발표했다. 다음은 최 교수가 발표한 '日本의 歷史敎科書 歪曲과 歷史認識의 問題'다.]

일본의 역사교과서 왜곡과 역사인식의 문제

[일본 중학교의 현행 역사교과서 왜곡과 고이즈미 준이치로(小泉純一郎) 총리의 야스쿠니(靖國) 신사 참배가 이웃 나라를 자극했다. 역사교과서는 이웃 아시아 국가들과

의 관계를 배려해 교과서를 기술한다는 '근린제국조항(近隣諸國條項)(1982년)'과 적절한 역사인식에 입각해 교육하겠다는 '한일공동선언(韓日共同宣言)(1998년)', 그리고 일중공동선언(日中共同宣言)(1998)등의 국제적 공약을 명백히 위반한 것이었다. 한국정부와 중국정부로부터의 역사교과서의 수정 요구에 대하여 일본 국내에서는 내정간섭이라고 하는 불만의 소리도 없지 않지만, 특히 근·현대사는 아시아의 여러 나라와의 관계에서는 피해(被害)와 가해(加害)의 역사가 각인되어 있기 때문에 피해를 당한 나라가 가해를 입힌 나라의 역사교과서에 역사적 사실이 어떻게 쓰이는가에 관심을 갖고, 그 서술이 부당하게 왜곡된 경우에 그 수정을 요구하는 것도 또한 당연한 것이다. 뿐만 아니라 제2차 세계대전의 전범들의 위패를 안치한 야스쿠니신사에 참배한 일본총리의 행위도 결코 일본의 국내 문제로만 그칠 수 없는 문제인 것이다. 일본의 문부과학성이 2002학년도부터 중학교에서 사용할 역사교과서로 검정을 통과시킨 중학교 역사교과서는 기존 교과서를 중심으로 개편한 7종 이외에 '새 역사교과서를 만드는 모임'이 중심이 되어 새로 편찬한 1종이 추가된 모두 8종이다. 기존 역사교과서들도 다음 세대에게 역사의 진실을 전해주는 데에 매우 부적절한 것이며, 한국 관련 내용 가운데 왜곡된 점이 적지 않다는 지적을 받아 왔다. 2002년부터 보급된 개편 교과서들은 거의 모두 개악(改惡)하는 방향으로 편찬되었다. 특히 새로 편찬된 '새 역사교과서를 만드는 모임'의 교과서(후소샤, 扶桑社 발행)가 왜곡(歪曲)과 편견(偏見)이 가장 심각한 것이다. 문제의 핵심은 침략전쟁을 아시아 해방의 전쟁으로 긍정 미화하고 식민지 지배를 정당화하는 방향으로 역사 사실을 왜곡하거나 은폐하며, '천황(天皇) 중심의 신(神)의 나라'를 지향하는 국가주의와 다른 민족 경시의 배타주의를 부채질하는 역사관을 심으려고 하는 내용이 특히 강조되고 있는 점이다. 이러한 서술은 일본의 미래를 구시대(제국주의 시대)의 황국사관(皇國史觀)으로 회귀시키고, 군국주의의 잘못된 영광을 다시 추구하며 구가하려는 왜곡된 역사의식의 발로로밖에 볼 수 없기 때문에 심각한 사태다. 역사교과서 왜곡은 1990년을 전후해서 다시 고개를 들게 된 일본사회의 전반적인 우경화 추세에 영합하여 세를 키워 오고 있는 일부의 극우적인 지식인 집단에 의해서 이루어진 것이다. 그들의 의식 저변에는 아시아의 국가 중에서 일본만이 유일하게 근대화에 성공하였으며 경제 대국화를 달성하였다는 일방적 우월주의와, 다른 한편으로는 일본문화의 정신적 빈곤으로 말미암은 일본인 내면에 잠재되어 있는 열등감, 그리고 또한 일본경제의 장기침체에 따른 불안심리 등이 복합적으로 겹쳐져 천황을 국민 통합의 구심점으로 내세우면서 과거의 역사를 그러한 시각으로 왜곡하였던 것이다. '새 교과서를 만드는 모임' 역사교과서는 역사를 정책 수행에 이용하려는 역사정책이론서이고, 국민을 특정 이념으로 몰고 가려는 역사이념서다. 이웃 나라에 대한 역사적 모독, 과대망상의 세계의식을 담은 역사교과서에 의한 역사교육은 이웃 나라를 위협하고 피해를 줄 뿐만 아니라 일본 자신의 미래를 위해서도 불행한 역사를 되풀이하게 하는 일이다.

일본 역사교과서 왜곡으로 인한 국제적 파동은 1982년에 역사교과서의 왜곡으로 인하여 국제적 파동을 일으킨 적이 있었는데, 일본정부는 이를 계기로 하여 왜곡된 내용의 시정을 약속하고 이웃 여러 나라의 입장을 고려한다는 방침에 따라 검정제도의 운영을 완화하였으며, 다른 한편으로 역사교육의 왜곡 문제를 학문과 교육의 차원에서 바로잡아야 하겠다고 나선 뜻 있는 교과서 저자들의 노력과 이 뜻을 받아들인 교과서 발행사들의 호응으로 근본적인 문제의 해결까지는 이르지 못하였지만, 어느 정도 긍정적인 방향으로 가닥을 잡아 가고 있었다. 80년대 중반부터 개선이 진행되기 시작하고, 90년대에 들어 겨우 식민지 지배의 실태나 침략전쟁 사실, 종군위안부, 난징대학살, 731부대, 강제연행, 강제노동, 동남아시아에서의 주민 학살 등의 전쟁범죄, 오키나와 전투의 진상 등의 사실들이 거의 모든 교과서에 실리게 되었다. 아이들이 바른 역사인식을 가지기 위해서 전쟁을 가해와 피해, 가담과 저항이라는 측면에서 다면적으로 배우는 것이 교과서에도 어느 정도 가능해진 것이다. 이것은 국제적으로는 아시아 여러 국가를 비롯한 국제적인 비판 여론과 일본 국내적으로는 32년간 싸워 온 이에나가(家永) 교과서 재판을 비롯한 일본 국민들의 운동으로 인한 끈질긴 노력에 의한 성과였다. 문제의 이에나가 교과서 재판은 1977년 8월 29일 최고재판부가 문부성의 731부대 등 4개 소 기술이 재량권 남용이라고 판결한 것이다. 일본 최고재판부는 家永三郎(이에나가사브로)가 집필한 고교(신일본사·삼중당간)교과서의 '731부대'에 관한 글을 전면 삭제하라는 문부성 검정의 수정 의견을 재량권을 일탈한 위법이라고 선고했다. 그 밖에도 남경대학살, 화북에서의 일본군 잔학행위 등 3개소에 대해서도 위법이라고 판시했던 동경고등재판소의 판결과 같이 위법행위가 있다고 판단했다.

그런데 2001년 교과서 왜곡 파동은 그러한 추세의 일본의 역사교육에 대한 전면적인 도전이다. 지금까지의 노력의 성과가 정부의 정치적 개입이나 우파의 지원과 압력에 의해 원점으로 되돌린 것이다. 1990년대 일본사회의 전반적인 우경화 추세에 영합하여 세력을 키워 오고 있는 극우집단을 배경으로 한, 니시오 간지(西尾幹二)를 비롯한 극우적인 인사들로 구성된 이른바 '새 교과서를 만드는 모임'이 기존 역사교과서를 자학사관(自虐史觀)으로 이루어졌다고 비판하고 이른바 '자유주의 사관'을 제창했다.

이것은 군국주의적인 극우집단에 의한 일본의 정통사학에 대한 도전이요, 올바른 역사 교육에 대한 반란이다. 후소샤 발행의 역사교과서의 역사 왜곡이 그 자체의 문제로서만 그치지 않고 다른 출판사들의 역사교과서에도 영향을 미쳐 '가해의 시각'이 약해지는 등의 도미노현상을 나타나고 있다는 점이다. 현행 7개 출판사의 역사교과서 가운데서도 근현대사의 내용이 많이 후퇴하고 20년 전의 내용으로 역행하는 현상이 분명히 드러나고 있다. 종군위안부, 난징대학살, 731부대 등의 기술이 크게 후퇴되거나 완전히 삭제되었으며, '침략'이라는 용어를 '진출' 등 기타의 모호한 용어로 바꾸고, 식민지 지배의 실태나 아시아 여러 나라에 대한 가해 사실에 대한 기술도 의식적으로 줄이고 있다. 이와 같은 교과서 기술의 개악은 표면적으로는 각 출판사에 의한 '자주규제'의 결과같이 보이지만, 그 배후에는 자민당 우익 정치인들의 역사검토위원회를 중심으로 한 역사교과서 개편 운동, 교과서 검정제도를 통한 정부의 수정 유도, 그리고 수많은 우익 단체들의 끈질긴 압력 등이 작용한 결과다. '어린이와 교과서 전국네트21'을 비롯한 역사교과서 왜곡을 반대하는 일본의 시민단체들은 7개 출판사가 '자주규제'를 했던 이유는 자발적인 의사에 의한 것이 아니라 자민당, 일본정부, 우익단체 등에 의한 정치적 압력에 의해서 강제된 때문이었다는 것이다. 일본의 역사교과서 개악의 기반이 되는 일본인의 편향된 역사인식과 그러한 역사인식은 그 뿌리가 깊고 넓다.

　일본의 역사교과서의 문제는 그 왜곡의 바탕이 되는 일본인의 역사인식의 전환과 동시에 잘못된 과거 역사의 청산 작업이 수반되지 않고서는 근본적인 해결이 될 수 없는 것이다. 근대일본은 1868년 메이지유신을 통해 천황제 입헌국가의 건설을 도모하게 되면서 신화 속의 天皇(덴노)을 끄집어내어 그를 정점으로 하여 국민을 통합해 나갔다. 메이지유신의 주체 세력들은 고대 천황제 사상을 바탕으로 천황제를 더욱 굳건히 하기 위해 새로운 이데올로기의 확립에 박차를 가했다. 그리하여 천황을 대원수(大元帥)로 받들고, 1882년에 '천황이 군을 통솔한다.'는 <군인칙유(軍人勅諭)>를 발표했다. 이어 1889년에 <대일본제국헌법(大日本帝國憲法)>을 제정, 국가의 기본적 골격을 가다듬고, 이듬해인 1890년에는 <교육칙어(敎育勅語)>를 공표하여 천황제의 이데올로기를 본격적으로 체계화하기 시작했다. 이 교육칙어는 일본이 2차 세계대전에서 패전하기 이전까지 모든 일본인을 군국주의로 몰고 간 국민교육의 규범적 지침이자 천황의 통치에 무조건 충성토록 하는 국민적 실천 요강이었다. 국민은 누구나 이를 암기해야 할 의무가 있었고 교범이기도 했다. 교육칙어가 황국사관의 모태가 된 것이다. 천황 중심의 역사인식을 황국사관이라고 부르는데, '천황 중심'이란 천황의 직접적인 권력행사를 가리키는 것이 아니라 '태고부터 지금까지 단절 없이 이어 온 천황의 정통성'을 의미한다. 황국사관이라는 용어가 실제 쓰이기 시작한 것은 훨씬 뒤인 1930년대 후반부터이지만 메이지시기의 일본의 지배층이 추구한 천황제도 기본적으로 황국사관과 궤를 같이하는 것이다. 황국사관에 입각해 천황의 신격화와 그에 따른 역사의 조작이 국가적 차원에서 대대적으로 전개되기 시작한 것도 이때부터였다. 황국사관은 객관적 사실의 해명과 비판적 검토를 통해서 역사상(歷史像)을 형성해 가는 역사학의 방법과는 달리, 처음부터 국체(國體)의 덕(德)을 절대적으로 우러러 칭송하고 오류가 없음을 증명하는 것을 목표로 하고 있다. 아울러 국체(國體)의 정수(精髓)를 빛낸 인물이나 사건을 널리 알림으로써 일본의 역사가 '세계만방에서 최고'라는 것을 알리는 데 동원되기도 하였다. 황국사관은 자국민을 효율적으로 통제하기 위한 기능만이 아니었다. 제국주의적인 침략전쟁과 다른 민족에 대한 식민통치 등을 정당한 것으로 미화하고 찬미하였다. 가장 극렬하였던 시기가 1930년대 후반부터의 중일전쟁, 태평양전쟁 기간이었다. 황국사관이 군국주의와 일체가 된 결과였다. 일제 말기에 '내선일체(內鮮一體)', '황민화론(皇民化論)' 등을 내세우고 그 논리에 따라 학교교육 현장에서 한국어 사용을 금지하고, 신사참배와 창씨개명 등을 차례로 강요했던 것도 황국사관에 근거를 두고 있다. 다른 민족을 침해하고 독립운동에 대한 탄압을 부당하다고 생각하지 않는 논리 구조는 황국사관의 독선이자 병폐이다. 일본은 1890년대부터 대국주의에 의한 대륙 침략을 강행하게 되면서 군사력에 의한 정치적 경제적인 침략만이 아니라 종교(불교)를 동원한 문화적 침략을 병행하였다. 그리고 나아가 그 침략행위를 정당화하기 위하여 일본의 역사뿐만이 아니라 한국을 비롯한 이웃 나라의 역사를 침략 목적에 부합되도록 왜곡 조작하였다. 한국의 역사에 관해서는 1876년 조일수호조약(朝日修好條約)의 체결을 전후해 이미 역사서들이 나오기 시작하였는데, 이것들은 국학적 역사인식의 바탕 위에서 신화를 역사 사실화하고, 동문동조론(同文同祖論)과 임나일본부(任那日本府)의 한반도 남부지방의 경영설을 내세워 한국 침략을 정당화하려고 하였다.

1880년대부터 일본의 역사학계에서는 근대서양의 역사학 방법론을 도입하여 근대사학을 성립시켜 가고 있었다. 외형적으로는 근대역사학의 형식을 갖추게 되었으나 내용면에서는 여전히 국수적인 인식에 기반을 둔 사실들로 채워짐으로써 과학으로서의 근대역사학의 본질은 찾아보기 어려웠다. 1890년대 청일전쟁을 통하여 대륙 침략을 본격화하게 되면서 역사학계에서는 서양사와 구분되는 동양사를 설정하고, 한국사를 동양사 가운데 하나의 지역사로서 연구하는 학자들도 등장하였다. 그들 가운데 특히 하야시 다이스케(林泰輔)의 '朝鮮史'(1892)는 일본의 한국사 인식에 깊은 영향을 끼친 책이었다. 1900년대 들어서는 일본정부 당국의 지원 아래 '만선사(滿鮮史)'라는 이름으로 만주와 저선에 대한 연구가 진행되면서 조선민족의 자주적인 발전사로서의 실체를 부정하는 '타율성론(他律性論)'을 제창해 침략사관의 기본 틀을 형성하였다. 그리고 다른 한편으로는 러일전쟁을 전후하여 사회경제사 분야의 연구가 이루어지면서 한국은 일본과 같은 근대 자본주의 사회로의 발전이 원천적으로 불가능하다는 '정체성론(停滯性論)'이 주창되었다.

1910년 한국을 병합한 뒤에는 식민지 지배의 이데올로기에 따라 한국역사의 조작과 왜곡 작업이 조선총독부의 국책사업으로 추진되었다. 종래의 한국 침략을 정당화, 합리화하기 위하여 단편적으로 각기 제기되어 왔던 '동문동조론', '타율성론', '정체성론' 등을 종합하여 일제의 '식민사관(植民史觀)'으로 체계화하였다. 그리고 1915년부터는 중추원, 1922년부터는 조선사편수회를 설치하여 '朝鮮史(35권)'를 비롯한 수많은 책들을 발간함으로써 식민사관에 의거해 한국의 역사를 식민통치에 부합되도록 재구성하였다.

1945년 일본이 패망한 이후 진보적인 역사학자들이 대거 등장하면서 침략주의적인 황국사관과 식민사관이 비판 부정되고, 일본사와 동양사에 대한 과학적인 연구가 새롭게 이루어지게 되었다. 그러나 다른 한편에서는 황국사관적인 역사인식이 완전히 청산되지 못하고 수면 아래 잠복해 끈질기게 계승되면서 정치인들에 의한 '망언(妄言)'의 형태로 종종 발설되고 있다. 신편역사교과서의 역사 왜곡 사건은 1990년대 중반 이후 일본사회의 우경화에 편승하여 망언으로 줄곧 이어져 온 일본인의 왜곡된 역사인식이 수면 위로 떠올라 자칭 '자유주의 사관'이라는 이름으로 본격적인 역사 재해석 작업을 공개적인 정치운동적 차원에서 전개한 결과이며, 역사교과서로까지 침투했고, 이를 국가가 공인하여 주었다는 것을 의미한다.

일본 역사교과서 왜곡 문제와 고이즈미 총리의 야스쿠니신사 참배를 둘러싸고 한국뿐만 아니라 아시아 여러 나라에서도 비난의 여론이 비등하게 되었으며, 한국과 중국의 정부는 재수정의 요구 자료를 공식적인 외교 경로를 통하여 일본정부에 전달하였다. 이에 대해 일본정부는 국제적인 비난 여론을 무시하고, 재수정 요구도 거부하는 입장을 견지하여 왔다. 지난 8월 13일 고이즈미 총리의 야스쿠니신사 참배가 단행됨으로써 이제 일본과 아시아의 여러 나라, 특히 한국과의 우호적인 관계는 보여줄 수 없게 되었다. 고이즈미 총리의 방한을 계기로 하여, 그리고 월드컵 축구대회를 통해 한일관계는 새로운 전기를 맞게 되었으나, 근본적인 문제는 아직 아무것도 해결된 것이 없는 상태이다.

한편 역사교과서의 왜곡은 일본 안에서도 전문적인 역사학자, 교사, 학부모, 시민단체 등에 의한 격렬한 반대운동을 일어나게 하였으며, 특히 '새로운 교과서'의 채택 저지에 총력을 집중하였다. 그 결과 지난해 8월 15일로 끝난 채택 결과, '새 교과서를 만드는 모임' 측에 의한 10% 이상을 목표로 한 필사적인 노력에도 불구하고 실제 그 채택률은 0.039%에도 미치지 못했다. 그러나 새로운 교과서의 채택을 일단 저지하였다는 것만으로 문제가 완전히 해결된 것은 아니다. 역사교과서의 문제는 '장기전'에 돌입한 것이다. '새 교과서를 만드는 모임' 측 인사들은 4년 뒤에 다시 검정에 재도전할 의사를 분명히 하고 있으며, 뿐만 아니라 고등학교용 역사교과서와 초등학교의 사회과교과서의 집필 움직임을 보이고 있다. 그리고 이번의 교과서 파동에서 '새 역사교과서를 만드는 모임'의 교과서 외에 기존 7종의 역사교과서의 개악(改惡)된 내용에 대해서는 충분히 주의가 기울여지지 못하였으며, 7종 가운데서 일본의 가해 사실을 가장 충실하게 기술한 '일본서적(日本書籍)' 발행의 교과서의 채택률이 크게 떨어졌다. 또한 문부과학성의 검정을 통과한 고등학교 역사교과서에서도 여전히 적지 않은 문제점이 있어 바람직한 단계에 이르기까지는 요원한 상태다. 현재 한국과 일본 사이에는 두 나라 정상의 합의에 따라 역사연구공동위원회가 구성되어 작업이 진행되고 있으나, 소기의 성과를 기대하기는 어려운 실정이다. 일본인 가운데 일본총리의 야스쿠니신사 참배를 긍정적으로 평가하는 인사들이 적지 않다. 새로운 21세기를 맞이한 시점에서 냉전종식과 사회주의의 몰락으로 특징지어지는, 이른바 '탈냉전'대를 맞으면서 일본은 국가의 진로를 새롭게 모색하지 않을 수 없게 되었으며, 세계를 보는 새로운 패러다임을 필요로 하지 않을 수 없게 되었다. 1990년대 중반에 들어와 일본사회가 전반적으로 우경화되는 가운데, 그동안 견제 역할을 해 온 진보주의 및 사회주의 진영 등의 비판 세력은 후퇴를 거듭하여 영향력과 입지를 거의 잃어 가고 있다. 사회당이 몰락한 정치계는 물론이고, 미디어 저널리즘에서도 살아남기 위한 우경화가 유행하고 있다. 이러한 분위기에서 '일본인의 긍지를 회복하라'는 국가주의자들의 외침이 먹혀들기 시작하고 있다. 1999년 신가이드라인 관련법, 국가(기미가요)법, 국기(히노마루)법 등 일련의 국가주의적 법률이 제정되었고, 평화헌법의 개정 문제를 다루기 위한 헌법조사회의 설치, PKO를 통한 자위대의 해외 파견, 각료들의 야스쿠니신사 공식 참배 논의, 이시하라 신타로(石原愼太郎) 같은 우익인사(右翼人士)의 도쿄도지사 당선 등 일련의 사태가 그 징후들이라고 할 수 있다. 정치적인 변화 속에서 '성역(聖域) 없는 구조개혁'이란 슬로건을 내걸고 집권한 고이즈미 총리는 한때 80%를 상회하는 경이적인 지지율을 기록하기도 하였다. 포퓰리즘적인 정책을 추진하는 그에게 있어서 교과서 재수정의 거부나 야스쿠니신사의 참배 등은 어쩌면 자연스러운(?) 것일는지도 모른다.

일본의 당면과제는 아직도 남아 있는 '제국(帝國)의 부정적 유산' — 그 핵심에 천황제가 있다 — 을 청산하고, 제국주의 일본과의 연속성을 끊어 버려야 한다. 과거의 역사사실을 교과서에 명확하게 서술하고, 학교에서도 정확하게 가르치는 것은 올바른 역사인식을 배양하여 평화스러운 21세기의 주역을 기르고 아시아 다른 나라와의 공생을 위해서도 불가결한 일이다.](최병헌 서울대교수: '일본역사교과서 왜곡과 역사인식의 문제')

7) 한국정치인·학자의 망언과 역사전쟁

[3·1절을 앞두고 주한 일본대사가 서울 시내 한복판에서 독도를 일본 땅이라고 주장했다. 외교관의 단순한 망언이 아니다. 지난해 중국정부가 고구려·발해 역사를 중국역사의 일부라고 발표한 음모와 비슷한 충격적인 발언이다. '한국 침략'을 '진출'로 바꾸고 종군위안부, 의병대학살, 농민 수탈 등 일본의 침략 사실을 축소·삭제했던 2001년 일본 '신편 교과서 파동'에서 한 걸음 더 나아가 침략을 미화하는 일본 극우 세력의 '자유주의 사관'과 국가주의가 만연되고 있는 상황에서 나온 발언이기 때문이다. 노무현 정부는 중국과 일본의 역사전쟁 도전에 안팎곱사등이가 됐다. 중국은 한국고대사의 시원인 고구려사를 중국사의 일부로, 일본은 독도 영유권 주장 등 한국근대사를 각각 날조해 한국사를 뿌리부터 흔들어 놓고 있다. 중국·일본이 도발한 역사전쟁은 단순한 과거사 기술만의 문제가 아니라 21세기 한·중·일 관계사를 결정할 문제이기 때문에 망언이 나올 때마다 시위나 하다가 그치는 미봉책으로 대응할 일이 아니다. 2005년은 을사국치 100년, 광복 60돌이 되는 해다. 중국·일본과의 역사전쟁에 앞서서 치욕과 영광이 겹쳐진 이 100년의 역사 정리는 민족의 새 진로를 설정을 위해서도 서둘렀어야 할 과제다. 건국 후 새 정권이 들어설 때마다 과거사 정리와 한국사 체계화가 시도되긴 했으나 전통문화와 현대사에 대한 진정한 의미와 실상을 제대로 인식하지

못한 채 사건 중심으로 접근, 혼란만 가중되고 중국·일본의 역사전쟁 도전에 무방비 상태가 됐다.

한국역사에 관한 의도적인 왜곡과 망언은 이제 극우 일본 정치인만의 전유물이 아니다. 주한 일본대사가 언론회관에서 독도가 일본 땅이라고 주장할 만한 틈새를 한국정부와 학자, 지식인이 보여주었다. 일본의 한국 침략을 수탈만이 아니라 개발이라는 측면에서도 보자는 경제학자의 망언을 비롯하여 정신대에 관한 경제사학자의 망언, 고구려사는 중국동북아사라는 동양사학자의 망언, 일본의 작위까지 받은 구한말 고관대작과 일제 밀정의 후손까지 독립유공자 후손이라고 나서는 망언 등 망언의 만발이다. 최근 경제사학계에는 한국의 근대화가 일본의 한국 지배 침략기에 깔아 놓은 경제성장의 연장이라는 일본 학자의 중진자본주의론이 학설로 자리잡아 가고 있다. 한국사학계는 일제의 식민사관을 극복하기도 전에 일본 극우파 학자들의 식민지배 미화론에 곤혹스럽기만 하다. 뿐만 아니다. 한국 정치인들의 일제 침략 이후의 한·일 관계사에 관한 무지와 적절치 못한 발언까지 남발돼 참으로 딱한 형국이다. 98년 한·일 공동 파트너십 선언에 앞서 가진 양국 정상회담에서 한국 대통령은 "일본의 침략문제는 이제 더 이상 거론 안 하겠다."고 선언했다. 일제 침략의 실체와 친일 세력의 죄악상이 밝혀지지 않은 채 나온 한국 대통령의 통 큰 소리를 기다렸다는 듯이 일본에서는 한국 침략사를 왜곡한 '신편교과서'가 정식 교재로 채택되었고 일본총리가 2차 대전 전범들의 위패를 안치한 야스쿠니신사를 참배했다. 일본의 이런 후안무치한 작태를 방조한 것은 사려 깊지 못한 정치인의 발언뿐만 아니라 일본의 한국 지배가 한국 근대화의 밑거름이 되었다며 제국주의 시혜론을 들먹이고 있는 학자와 친일 인사들이다.

광복 후 한국 역대 정권의 문화정책에도 많은 문제가 있다. 일본·중국의 역사 왜곡을 바로잡아 줄 학술원·국사편찬위원회·한국학중앙연구원·독립기념관 등이 제 역할을 하지 못하고 있다. 27년 전 국학 연구 총본산으로 출범한 한국학중앙연구원은 총리나 장관 등 여권 중진들의 퇴임 후 보직처로 전락했고 일본 역사교과서 왜곡 파동으로 건립된 독립기념관도 한일 역사전쟁 논의에서 비켜 서 있다. 국학 관련 중요 기관을 설립 목적보다 정치 목적으로 운영해 온 파행 행정이 중국의 역사전쟁 도발에 또 하나의 연구소를 서둘러 만드는 모순을 드러냈다. 2005년 일본 검인정 작업을 둘러싸고 더욱 첨예화될 일본의 한국 침략사 왜곡을 과연 어떻게 대응할지 걱정이다(서울신문 2005년 3월 1일 서울신문 칼럼: 망언·만발과 역사전쟁. 박석흥 대전대 문화사학과 겸임교수·서울신문 명예논설위원).

13. 80년대 말 한국사의 새 인식

[경향신문 정경연구소 기획위원으로 필자는 '계간 경향(季刊 京鄕)' 87년 여름호(통권15호)에 건국 후 식민사관 논의를 1차 정리하는 특집호를 기획 편집했다. '한국사의 새인식'을 특집 주제로 한 계간 경향은 20편의 논문과 2개의 학술좌담으로 한국사학의 주용 쟁점을 일차 정리했다. 계간 사상 처음으로 초판이 매진돼 재판을 찍었다. 계간 경향 초유의 재판 간행은 당시 새로운 국사인식을 기대하는 독자들의 열망이 반영된 것이었다. 건국 후 획기적인 구석기, 청동기 등 고고학 성과와 고조선, 백제, 고구려, 가야사 등 고대사의 쟁점과 근현대사도 새로운 시각으로 접근했다.]

▲논단(論壇) 1은 한국 상고사의 쟁점과 새 연구 결과를 다루었다.

◇한국겨레의 뿌리와 삶을 찾아서(손보기) ◇고조선에 대한 참된 인식(윤내현) ◇고고(考古)자료를 통해 본 고조선(강인구) ◇조선 시대 사서를 통해 본 상고사 이해(한영우) ◇단군조선의 연대고증에 관한 연구(유승국) ◇백제사 연구의 현황과 과제(노중국) ◇백제의 해외 진출(양기석) ◇후기가야 연맹의 성장 과정(김태식) ◇임나일본부의 실체(김현구) ◇해방 후 고고학 성과와 상고사 재구성(김병모) ◇고구려의 대륙 진출과 대중외교의 성격(서영수) ◇발해사 연구의 몇 가지 문제(송기호) ◇한국상고사 연구의 현황과 과제(이기동) 등 13편 논문과 '한국사학의 반성'을 주제로 한 손보기, 변태섭, 한영우, 임효재, 이기동 교수의 한국상고사 논의의 쟁점을 좌담회로 정리했다.

▲논단(論壇) 2는 한국현대사 새 조명을 다루었다.

◇개항 전후의 한국인의 사상상(思想像)(강재언) ◇중국동북지역(만주)에서의 민족독립운동(박영석) ◇1910년대 서북간도와 연해주의 한인사회의 동향(윤병석) ◇한국정치사의 인식서설(진덕규) ◇대한민국임시정부의 공과(功過)(이현희) ◇일제의 한국사 왜곡과 한국사학계의 과제와 책임(박성수) ◇식민지 시대 민족문학 운동의 정신사적 의미(권영민) 등 7편의 논문과 '한국근·현대사를 어떻게 볼 것인가'를 주제로 강재언, 진덕규, 신용하, 박성수, 박영석 교수의 좌담으로 한국근현대사 새 지평을 제시했다.

▲권말에 이민호(서울대, 서양사) 교수의 역사 연구와 모델 적용의 문제점과 국사교육심의회의 국사교과서 편찬준거안을 부록으로 실었다.

▲논단(論壇) 1 한국 상고사의 쟁점과 새 연구

▶손보기 연세대교수 한국겨레의 뿌리와 삶을 찾아서

구석기 주거지를 발굴, 한국 구석기 실존을 밝힌 손보기 교수는 구석기 유적에서 찾은 구석기인 화석을 근거로 한반도 구석인의 특징을 정리했다.

▶강인구 정문연교수 고고자료를 통해 본 고조선

첫째, 중국 동북 지역의 토광묘(土壙墓), 지석묘(고인돌), 석곽묘(石槨墓), 비파형동검(琵琶形銅劍) 고고자료를 근거로 고조선 핵심 지역을 서쪽으로는 하북성 동북부 평천, 승덕을 포함한 난하선 이동, 서북쪽은 막금하(莫金河), 노함하(老合河) 이남 지역, 동북쪽은 강림 장춘을 포함한 제송하강과 음마하(飮馬河)의 이남 지역으로 구획할 수 있다.

둘째, 고조선을 비파형동검을 산출하는 하가점 상층문화 시기부터 일정한 영역과 체제를 갖춘 고대국가로 본다면, 요하 본류를 중심으로 서쪽은 대능하에서 동쪽은 요동반도를 포함하는 지역으로 한정할 수 있다.

▶한영우 서울대교수 사서를 통해 본 상고사 이해

◇고려 시대

한국 상고사 논쟁의 초점은 단군조선, 기자조선, 삼한, 사군, 삼국의 건국 발해의 위치다. 삼국 시대부터 역사를 기록했지만 전하는 것이 없고 그 편린이 고기(古記)라는 이름으로 고려 중기부터 간간이 소개되는 정도다. 고기에서 다루고 있는 내용은 단군에 관한 것이다. 기자, 삼한, 삼국은 중국 측 문헌에 기록되어 있고 내용도 역사 자료로 쓸 만한 것이다. 단군은 독립된 개념이 아니라 환인, 환웅, 단군이 삼선(三聖 혹은 삼신)이라 일컬어져서 삼위일체적 신격(神格)으로 신앙 대상이 되었다. 문헌상으로 확인되는 것은 고려 목종(997~1009) 때에 황해도 문화현 구월산에 삼성을 제사하는 삼성사가 있었다는 것이다. 삼성신앙 존재가능성은 고구려 동맹의 동맹제천이다. 삼국사기에 당서를 인용하여 고구려의 10월 제천 때 영성, 일신, 기자신, 가한신 등을 제사했다는 기록이 있다. 신화로 볼 때 고구려, 부여, 단군은 혈연적 관계가 인정된다. 고구려 토속 신앙의 대상이었던 영성신, 일신, 가한신, 고등신들이 직접·간접으로 삼성과 관련된 신격으로 추측된다. 중국인들은 동방 교유의 신을 일신이니 가한신, 고등신이니 하는 자기류로 해석해서 호칭했을 가능성이 있다.

○삼국사기＝당서를 인용 고구려 10월 제천 때 영성, 일신, 가한신, 기자신을 제사했다는 기록이 있다. 고등신, 하백여 등을 제사했다는 기록도 다른 문헌에 보인다. 삼국사기에도 "평양자(者) 선인왕건 지택(仙人王儉 之宅)" 평양이 선인왕검(단군지칭)의 도

읍이라고 언급.

　ㅇ삼국유사＝위서와 고기를 인용해 단군 입국을 설명.

　ㅇ제왕운기＝본기와 단군본기 등 인용해 단군 입국을 설명.

　◇조선 시대

　ㅇ동국통감＝세조~성종본기에 넣지 않고 외기에 서술, 신인 단군이 요와 동시에 개국
　　했다.

　ㅇ응제시주＝권람(權擥) - 단군의 아들 부루가 우임금을 만났다. 신지는 단군 시대 선
　　인이다. 신지가 쓴 신지비사의 내용 기술, 낙랑은 압록강 북쪽(유주), 기자 건국지
　　는 청주(요동요서), 고구려가 건국한 졸본, 환도, 국내성은 모두 압록강 북쪽이라고
　　주장.

　ㅇ동국여지승람＝고조선 중심지 압록강 이남으로 건국 중심지도 모두 평안도로 비정.

　ㅇ동국지리지＝한백겸 17세기에 고조선과 삼한이 한강을 경계로 병립했다. 고구려 초
　　기 발상지가 만주다.

　ㅇ강계고＝신경준 1756년 고조선 강역 요하 서쪽의 고죽국과 북경 북쪽 상곡 동쪽

　ㅇ이익＝단군조선 국호가 단. 요하동서를 단군조선 중심지.

　ㅇ안정복＝동사강목 1759. 단군조선 강역 압록강 이남. 고조선 중심지 압록강 이북으
　　로 본 요사 부정.

　ㅇ한치윤＝해동역사 1814. 요사 성경지 청일통지 엉터리라 비난.

　ㅇ정약용 ＝강역고에서 요사 등 비판.

18세기 말 남인학자들이 북방민족들이 지은 요사 등을 부정하고 고대사 중심 무대를
한반도에서 찾으려고 한 것은 북방족들이 만든 요사 계통의 저술이 만주 지방에서 나
라를 세운 북방족들의 주장이며, 한당송 시대보다 후대의 것으로 자료 신빙성이 낮고
한반도 역사를 북방민족의 주변적인 것으로 격하시켜 만주사의 부용적인 것으로 견강
부회적인 고증이 많았기 때문이다.

청의 건륭황제 명령으로 편찬한 만주원류고(1778)는 만주족, 즉 청의 뿌리를 읍루,
말갈, 숙신, 여진만을 다룬 것이 아니라 부여, 삼한, 예, 옥저, 신라, 백제, 발해 등 한
국사의 주인공들을 모두 여진족의 일부로 간주하여 청나라 역사에 통합시켜 버린 것이다.

한치윤, 정약용, 한진서 등은 청 중심의 고대사 정리에 저항하여 고대사를 한반도 중
심으로 해석하려고 했다.

　◇국치(1905) 망국(1910) 이후 민족주의 역사학

1910년 망국을 계기로 민족주의 사학은 잃어버린 만주 땅을 되찾아 강대국으로 비약하는 것이 일차적 과제라고 생각했다. 만주원류고 동국문헌비고 단군 혈통을 강조한 허목의 동사(東事)나 이종휘의 수산집(修山集) 등을 주목했다. 신채호, 최남선, 안재홍, 정인보 등은 단군조선과 부여를 역사의 주류로 설정하고 동이의 여러 종족까지도 우리 민족으로 간주하여(신채호의 경우) 영토적으로 웅대한 민족사를 재구성하려고 했다. 중국의 이주민 기자나 위만은 역사의 지류로 격하시키고 한사군 존재는 지상계획(허설)으로 취급하거나 만주 쪽에 비정하여 한반도와 무관한 것으로 왜소화시켰다.

한국고대사 지리 비정 문제가 논란을 일으키고 있다. 진지한 학문적 토론이 설득력이 있는 것이다. 환단고기도 대종교도에 의해 쓰인 사화의 일종이다. 이 책 속에 자주 인용되는 고기 중 삼성기는 세종실록에도 책명이 보이고 조대기나 유기도 실명책인 것은 분명하다. 그러나 그 내용이 원문 그대로인지는 단언할 수 없다. 숙종 초 규원사화도 종교사화나 사상서로서 대하는 것이 유익하다고 할 수 있다.

▶유승국 정문연 전원장 단군조선의 연대 고증

단군고기에 관한 역사적 사실 여부와 연대 추정은 주무왕의 동이정벌 복사(卜辭)인 갑골문이 결정적인 단서가 된다. 제왕운기 "은호정 팔을미 입아사달 산위신(殷虎丁八乙未 入阿斯達山爲神) ······ 각후(却後) 164년 인인(仁人)(기자칭함)요복개군신(聊復開君臣)"은 기자가 조선에 오고 기자조선이 시작되는 해인 무왕원년보다 164년 전에 단군이 아사달 산으로 들어간 것으로 되어 있다. 갑골 복사에 따르면 무정(武丁) 시대에 수차에 걸친 동이 정벌 기록이 있다. 무정의 재위 연대는 BC1339~1280년으로 59년간이다. 제왕운기에 호정 8년 을미에 단군이 아사달 산으로 이주한 후, 164년 만에 기자가 조선에 왔다는 해가 주무왕원년(BC1122년)이라 했다. 은나라 무정 시대에 은허복사에 따르면 무정이 동이를 정벌한 일이 여러 번 있었고, 이 동이 정벌의 여파가 조선에도 영향을 주어 단군조선이 망하고 기자조선으로 바뀐 것으로 볼 수 있다. 단군조선 개국 연대는 요왕 즉위년 무진년으로 했으나 송대부터 요왕 즉위년을 갑진으로 해서 서거정 이래 단군 즉위년 고증이 혼란스러웠는데 동작빈의 고증으로 무진 서기전 2333년으로 확인되었다. 제왕운기나 삼국유사의 단군 개국 기원을 요(堯) 원년 무진(BC 2333년)으로 기록한 것이 복사갑골문 자료로 뒷받침된 것이다. 따라서 서기 1987년은 단기 4320년이다.

▶노중국 계명대교수 백제사 연구의 현황과 과제

삼국지, 동이전, 삼국사기, 백제본기에 대해 쓰다 (津田左右吉) 이마니시(今西龍) 등 일인 학자들은 12대 계왕(契王344~346) 이전 기사는 조작된 것이고 12대 근초고왕 (346~375) 이후의 기사만 믿을 수 있다고 했다. 이마니시는 온조에서 계왕까지의 역사는 전설의 시대라고 했다. 이병도, 김철준은 8대 고이왕(234~286)을 고대국가 단계로 보았다. 천관우는 온조를 영역 국가 단계라고 했다. 천관우는 백제왕계를 ◆우씨의 우대－비류－고이계와 ◆부여씨의 주몽－온조－초고계로 파악하고 고이왕대에서 웅진 도읍기까지 비류 고이계와 온조 초고계 사이의 정권 교체가 있었다고 보았다. 천관우는 247년 중국 군현과 충돌한 한(韓)의 신지(臣智) 실체는 백제 고이왕으로 보았으며 삼국지, 동이전, 마한조의 진(辰)왕도 백제왕으로 파악했다. 그러나 한의 신지는 목지국의 신지며 진왕은 마한연맹장으로서 목지국의 신지가 연맹장이었다고 보아야 한다. 중국과의 충돌로 마한의 맹주국인 목지국이 약화되고 그 틈을 타서 백제가 맹주국으로 등장했다고 보아야 한다. 이병도는 일본서기 신공황후 정벌기사를 근초고왕 전라도 지역 평정기사로 파악했다. 백제의 요서 지역 진출은 송서 백제전, 양서 백제전 등에 기록되어 신채호가 이를 강조했고 김상기는 근초고왕이 고구려 남하 압력을 견제하기 위해 요서 진출을 단행했다고 했다. 노중국은 일본서기 인덕41년 기사를 근거로 근초고왕대에 성, 촌 단위 지방통치구역이 마련된 것을 담로(擔魯)체제라고 했다.

백제사 연구의 난제는 문헌사료의 한계다. 일본서기 속에 백제 기사가 많다. 윤색된 내용이 많지만 검증하여 활용하는 전진적인 자세가 필요하다. 고고학 자료를 통해 부진했던 영산강 유역의 옹관묘에 대한 연구가 백제사 공백을 메울 수 있을 것이다. 석촌동 적석총, 풍납리 토성, 몽촌 토성 등 한성시대 자료도 백제사 연구를 풍부하게 할 것이다.

▶양기석 충북대교수 백제의 해외 진출

백제사 연구는 1971년 무령왕릉 발굴로 문헌 자료의 한계를 극복하고 그 폭과 질을 바꾸고 있다. 백제의 중국 요서 지방이나 일본열도 진출은 신채호, 정인보, 김상기, 방선주, 김석형, 이진희, 천관우 씨 등의 연구로 단편적으로 거론되었으나 구체적인 실체 파악은 안 되고 있다. 백제는 국가 성립기부터 해상 세력이 깊이 관련되어 있다. 백제는 4세기 후반 중국의 분열기인 남북조 시대에 국제무대에 화려하게 데뷔한다. 4세기 후반 근초고왕은 마한 제국을 평정하고 전라도 지방을 차지함으로 왜국과 연결되고 (369) 이어 평양을 공격, 고구려 고국원왕을 죽이고 고구려와 맞서게 된다(371). 372년 동진과 교섭한 후 남조인 남제 양과 우호 관계를 유지하면서 북조인 전진 북위와 연결되어 있던 고구려를 견제하기 위해 요서 지방에 진출한 것이다. 4세기 후반 요동 요서가 각축장이 되어 고구려가 요동 진출을 꾀하자 백제는 요서 진출을 도모한 것이다. 신채호는 근초고왕의 태자 근구수의 활약으로 요서 북경 지방을 **빼앗아** 요서, 진평 두 군을 설치했고 근구수가 왕이 된 후 산동 지방과 강소, 절강까지 진출했으나 성왕의 패전으로 상실했다고 보았다(조선상고사 1931). 정인보도 책계 분서왕 때 산동 지방에 진출했고 346년 부여를 공격, 요서 지방에 진출하여 요서, 진평 두 군을 두었다고 했다(조선사연구하 1947). 김상기는 근초고왕 말년에 고구려 남하를 배후에서 견제하기 위해 백제가 요서를 경략했다(백제의 요서경략에 대하여 백산학보 3, 1967). 방선주는 화북 지방 한인들의 반란을 틈타 화북 연안에 거점을 확보, 요서, 진평 군현을 설치했다고 추측했다(백제군의 화북 진출과 그 배경 백산학보 11. 1971).

백제의 중국 진출은 488년 양의 심약(沈約)이 편찬한 중국정사 송서(宋書) 6세기 초 양의 숙자현(蕭子顯)이 기록한 남제서 등이 전하고 있다. 백제의 요서 지방 지배는 동아시아 국제관계와 관련한 군사적인 목적과 백제 해상 활동을 위한 상업 무역기지 이용설 두 가지가 있다. 백제의 조계지(租界地)였다고 본다. 백제인은 낙랑과 전쟁에서 포로가 되어 낙랑군의 대능하 지역에 끌려가 전연(前燕)의 관리 대상이었다가, 전연이 쇠퇴하고 백제가 진출하자 백제인들이 독자적인 정치 세력으로 성장했던 것 같다. 백제가 남북조 대립을 적절히 이용하면서 백제 교민과 연결하여 화북 연안의 무역 전진 기지로 활용한 것으로 보인다.

고대 한국인의 일본 이주는 제1기－BC300~AD300년 야요이(彌生) 시대, 제2기－4세기 말~5세기 중엽, 제3기－5세기 말~6세기 말, 제4기－7세기 중엽으로 크게 나눌 수 있다. 백제 이주민의 활동은 일본서기, 고사기, 신찬성씨록 등에서 볼 수 있다. 백제인의 일본 이주는 정치적인 사정에 의해 대규모 집단성을 띠고 파상적으로 이루어졌다. 대마도를 거쳐 북구주와 일본 전역에 광범하게 퍼졌다. 이주민은 망명한 왕족·귀족층·지방의 족장·기술생산자집단·농민 등 다양했다.

① 제1기(야요이 시대)－마한 백제인이 일본열도에 이주했다. 북구주 지방의 쌀농사, 농경도구, 청동기, 묘제(석관묘, 지석묘, 토광묘) 등이 거의 한반도 남부 출토 유물·유적과 연결되고 있다.

② 제2기(4세기 후반~5세기 중엽)－백제 근초고왕 시대로 일본서기, 고사기에는 응신(應神), 인덕(仁德), 웅략(雄略)기에 기재돼 있다. ◊궁월군(127현민과 이주) ◊아직기 ◊기술자 집단 ◊진손왕(辰孫王)－근구수왕의 손으로 왜 태자의 스승이 되었다.

③ 제3기(5세기 후반~6세기 말) - 고구려 남침, 신라와의 전투 등 삼국항쟁이 격화됨에 따라 대규모 이주민이 속출했다. 횡혈식 석실묘, 금은제 장신구, 마구 등 전파. 소아(蘇我)씨, 하내직(河內直), 서문(西文)씨 등이 백제에서 건너간 일본 고대국가 성립기의 세력가들이었다. 전문 기술자, 승려는 물론 기술자들이 건너가 일본 사찰을 세웠다.

④ 제4기(7세기 후반) - 백제 멸망 후 많은 백제 지배 세력이 일본으로 이주했다. 사택소명(沙宅紹明), 귀실집사(鬼室集斯) 등은 백제 멸망 후 일본에 건너가 바로 요직에 임명되었다. 9세기 초 편찬된 신찬성씨록에 기재된 1183 성씨 중 백제인이 143 성씨였다.

▶김태식, 후기 가야연맹의 성장 과정

▶김현구, 고대교수임나일본부의 실체

임나는 백제 직할영 또는 그것을 통합했던 기관이 있었던 지명이고 그것을 통합하던 기관명이 임나부다. 일본서기가 백제 직할영을 일본 현읍으로 백제의 임나통할기관을 일본부로 한 것은 백제가 그곳에 파견했던 일계 관인이 된 백제인들이 야마토 정권의 성을 가졌으므로, 일본서기 편자가 일본서기를 편찬하는 과정에서 백제서기의 사실을 일본서기의 사실로 바꿔 쓴 결과였다. 이 과정에서 백제 직할영 직할기관이 있던 지역 명칭이 가야제국의 의미로도 사용되기 시작했다. 일본서기가 상호 모순되는 것은 이 때문이다. 일본서기의 이런 점을 비판 검색해서 연구하면 사료가 적은 가야사, 백제사, 신라사 연구는 물론 한국사의 연장으로 일본고대사 연구에도 도움이 될 것이다.

▶김병모 한양대교수 해방 후 고고학 성과와 상고사 재구성

해방 직후 한국사 상고 시대는 일본 식민지사학이 세워 놓은 석기 시대 - 금석병요 시대 - 삼국 시대 순이었다. 1960년 공주 석장리 함북 웅기굴포리에서 구석기 유적이 확인되었다. 평남 승리산에서 구석기인 인골도 발견되었다. 석장리에 이어 충북 포전리(捕田里) 점말동굴, 청원 두루봉동굴, 경기도 연천 전곡리에서도 구석기가 발견되었다. 한국문화사의 상한선이 5000년 전에서 10만 년 전으로 올라갔다. 부산 동삼동, 강원도 야양 오산리, 함북 나진 초도 등지에서 8000년에서 6000년 전 신석기 유적이 발굴되었다. 해방 후 부여 송국리에서 청동기 유적이 원형으로 발굴되었다. 고인돌 유적지에서 청동기 유물이 계속 발굴되어 고조선 연구에도 전기를 마련했다. 속출하는 가야 유적으로 가야사가 복원이 가능하게 되었다.

▶서영수 단국대교수 고구려 대륙 진출과 대중외교의 성격

고구려를 세운 근간민족 예맥계는 시경, 관자 등 선진시대 문헌에 따르면 BC 8세기

중국북방 협서 하북 등지에 분산돼 있었다. 예맥계 중 일부는 부여를 건국하고 일부는 고조선 외곽 지대에 머물면서 흉노, 동호 등 북방 유목민족과 중원의 연왕국과 교섭했다.

왕망은 고구려를 하구려(下句麗)로 적대시했다. 유리왕은 2만 병력을 동원하여 대양수가의 양맥을 통합하고 현토군을 공략했다. 대무신왕 때는 개마국, 구다국, 동부여, 낙랑국을 정복했다. 태조왕은 요동 6현을 공략하는 한편 제2현토군을 점령했다. 미천왕은 311년 서안평을 점령, 중국 공격로를 폐쇄하고 낙랑, 대방 등을 완전히 통합했다. 해상무역권을 장악한 근초고왕과 전연의 침략으로 고국원왕이 전사한 후 고구려는 소수림왕 때 대외정책을 수정 문화정책을 편다. 광개토왕은 대능하 유역 후연까지 정벌하며 제국을 건설한다. 그러나 남북조 시대가 끝나고 수당의 출현으로 고구려는 남의 진, 북의 돌궐과 제휴하여 수를 견제하는 정책을 편다.

▶송기호 서울대교수 발해사 연구의 몇 가지 문제점

대조영을 비롯한 발해 건국 집단이 고구려계 인물이 절대다수를 차지하고 있다. 발해는 고구려 유민과 말갈족을 중심으로 건설된 다민족국가다. 한국사서술체계에 포함할 경우 시대명칭을 어떻게 할 것인지 연구해야 할 것이다.

▶이기동 동국대교수 한국상고사 연구의 현황과 과제

고대사 복원은 엄격한 사료 비판 작업을 거쳐야 한다. 상고사의 쟁점은 ①역사지리 문제, ②상고사회 및 고대국가의 발달 과정, ③상고사의 주인공, ④고조선, ⑤삼한 및 초기 삼국의 형성 문제 등이다.

▼한국사학의 반성 좌담회

참석자-손보기(연대, 사회), 변태섭, 임효재, 한영우, 이기동

○ 한영우-식민사관 극복이 국수주의에 빠져서는 안 된다. 민족주의 사학도 발전해야 한다. 1910~1920년대 일제 시대 민족주의 사학의 명제는 항일운동이었고 20~30년대는 신민족주의 사학이 대두 민족 사회문제도 연구하고 방법론도 문헌고증 비교언어학, 인류학 등이 보조과학으로 등장하고 학문이 과학화되었다. 이 시대 민족사학은 시대 수준에 맞는 방법론을 제시해야 한다.

○ 손보기-해방 후에도 구석기, 신석기, 청동기문화가 없었고 금석병용시기만 인정되었다. 60년대 구석기 유적을 발굴해 학계에 보고해도 이를 부인했다.

▲논단(論壇) 2 한국현대사 새 조명

▶강재언(일본 화원대교수) 개항 전후의 한국인의 사상상(思想像)

한국, 일본, 중국이 유교 문화권 국가이면서 서구충격에 대한 대응에서 일본은 자본

주의 국가로 발전, 중국은 반식민지국가, 한국은 식민지가 된 것은 서양제국주의 충격에 대한 대응 차이에서 파생된 것이다. 일본은 쇄국정책하에서도 서양학문을 수용하고 개국강요를 무력 충돌을 회피하면서 유연하게 대처했다. 한국은 주자학의 교조주의적 사상적 경직성으로 근대화 체계를 더디게 했다. 사림파가 집권하면서 도학적인 사상적 체질이 경직성과 대결성을 더욱 굳히게 한 것이다.

▶박영석(국편위원장) 만주의 독립운동

▶윤병석(인하대교수) 1910년대 서북간도와 연해주 한인사회 동향

▶진덕규(이화여대) 한국현대정치사의 인식서설

▶이현희(성신여대교수) 대한민국임시정부의 공과

▶박성수(정문연교수) 일제의 한국사 왜곡과 한국사학계의 과제

일본 문부성 역사교과서 검정관 핵심멤버는 동경제국대학 국사과 그중에도 주관회(朱光會) 출신 다나카(田中卓), 무라오(村尾次郎), 도키야(時野谷滋), 야마구치(山口康助) 등이다. 무라오는 '일본을 지키는 회' 회장이기도 하다. 도키야는 '신편일본사' 대표집필자다. 이들이 복권된 것은 패전 15년 만인 1960년대 초다. 그 거점은 황도교육 총본산인 황학관대학(皇學館大學)이다. 1946년에 폐쇄됐다 1962년에 다시 문을 연 대학이다. 주광회는 1931년 동경제대에서 조직된 국수주의 서클이다. 핵심멤버는 국사과 학생들이고 지도교수는 히라이 즈미(平泉 澄) 교수였다. 히라이 즈미는 한국사 왜곡의 장본인 구로이타(黑板勝美)의 수제자로 일제 패망까지 황국사관을 보급했다. 조선총독부는 1915년 조선 반도사 편찬위원회를 설치하고 구로이타를 고문으로 앉혔다. 구로이타는 미우라(三浦周幸), 단군조선 말살로 악명 높은 이마니시(今西龍)와 함께 '조선반도사 편찬 요지'를 만들어 한국사 왜곡의 기본 방향을 제시했다. 조선사 첫 권에 단군조선이 빠진 데 대해 최남선, 이능화 등이 질문하자 구로이타는 "단군, 기자는 신화적인 인물로서 사상적, 신앙적으로 발전한 것이므로 사상 신앙으로 연구해야 한다. 편년사로 다루기 곤란하다."고 일축했다. 이 논리는 동경제대 사학과 1회 졸업생 시라토리(白鳥庫吉)의 '요순우 말살론'을 차용하여 '단군기자말살론'으로 둔갑시킨 것이다. 중국을 비롯한 동양제국이 특수한 정체사회이므로 일본이 이들을 지배하여 선도하여야 한다는 것이 이들의 기본 입장이다. 시라토리는 만선철도조사실을 창설하여 부여, 고구려, 발해를 청조(淸朝)에다 결부시켜 만주사를 만들어 냈다. 시라토리 구로이타 노선을 충실히 따른 자들이 이마니시(今西龍), 이나바(稻葉岩吉), 이케우치(池內宏), 미시나(三品彰英), 스에 마쓰(末松保和) 등 식민사관의 골수분자들이다. 이들의 이론을 계승한

신식민사관이 재등장, 일본역사교과서 개정을 부채질, 한국과 중국과 외교분쟁을 일으키고 있다.

한국사학은 일본 식민사관 탈피를 위해 노력했으나 아직도 미흡하다. 그동안 시대구분 논쟁, 봉건제 논쟁, 광무개혁 논쟁, 분단사학 논쟁 등이 있었으나 정리가 안 됐다. 강만길 교수가 '분단 시대 역사학'을 주장하게 되자 학계에 적지 않은 파문을 던졌다. 교수는 "한국역사학이 오늘의 문제를 면하고 어제의 사실을 천착하는 데 골몰하고 있다."고 개탄하고, 오늘의 큰 문제인 민족의 분단 상태를 극복하는 데 이바지할 수 있는 한국사학이 되어야 한다고 주장했다. 국사학이 분단체제를 청산하는 데 공헌하기 위해서는 통일에 이바지할 수 있는 역사 실을 발견하고 민족통일의 지도원리가 될 통일 지향 민족주의 이론을 정립해야 한다고 주장했다. 강 교수의 주장에 대해 양병우 교수는 "강 교수가 주창한 민족통일 지도원리가 될 민족주의 이론 정립은 역사 연구 영역에 속하지 않는다. 그리고 국사학이 통일을 위한 실천사학이 된다면 국사학은 오직 통일에 이바지할 수 있는 개별적인 사실만을 찾아내는 것으로 끝나게 되니 어처구니없는 일"이라고 반박했다.

▶권영민(서울대교수) 식민지 시대 민족문화운동의 정신사적 의미

▼한국근현대사 어떻게 볼 것인가 좌담회

참석자－박성수, 강재언, 진덕규, 박영석, 신용하

제3장 한국사의 재발견

1. 한국역사와 역사학

1) 21세기 한국사회의 역사의식과 역사학의 과제

한반도의 21세기 서막은 불확실하고 불안하다. 소비에트 사회주의 연맹공화국과 동구 공산국가의 붕괴로 냉전은 종식되었으나 북한의 핵무기 보유로 한반도에는 전쟁의 위협이 상존하고 있다. 새 밀레니엄 초 우리나라가 직면한 국가 안보 위기와 이념 분쟁 진통은 심각하다. 압축성장을 구가했던 우리나라는 좌파 정권 태동기에 'IMF사태'라는 국가 경제 파산 위기 사태를 체험했고, 북핵 문제로 국가 안보의 위협까지 받고 있다. 안보와 경제뿐만 아니다. 친북좌경 정권의 자학사관에 의해 대한민국의 정체성도 뿌리부터 흔들렸다. 21세기 새 국제 질서 개편 과정에서 한국은 반미친북에서 친미반북으로 극에서 극으로 진자운동을 하고 있다. 국제관계에서도 신뢰성을 상실했다. 국가 경쟁력은 OECD 국가에 가입, 세계 13대 무역 국가로 크게 신장했으나 정치가의 역사 인식은 망국 전 구한말 파워엘리트의 국제관계 인식 수준을 크게 뛰어넘지 못했다. 대외관계 파동을 대응하지 못해 망국을 초래한 한국근현대사를 제대로 반성하지 못한 역사인식 혼란의 답습이다. 한국역사는 친북좌경 사관에 의한 대한민국사 폄훼는 물론, 을사국치·임진, 병자 양 난·고조선, 고구려, 백제, 발해 멸망, 독도 분쟁, 중국의 동북공정 등이 제기한 한반도를 둘러싼 국제관계의 역사적 실체를 객관적으로 명료하게 정리하지 못했다. 항상 현실 정치적 시각으로 접근하여 역사적 진실과 동떨어진 해석이 많았다. 이명박 정부에 들어서 공론화된 대한민국사 논쟁도 그 단초는 한국근·현대사가 제대로 정리 안 됐기 때문에 불거진 것이다.

서양 제국의 변화를 외면하고 쇄국을 고집하다 1905년 을사조약(제2차 한일협약)으로 조선은 일본의 종속국가가 되었지만 이보다 269년 전 병자호란이 망국의 빌미였다. 임진왜란 7년을 전장에서 보내고 왕위에 오른 광해군은 후금(청) 정벌에 참여하라는 명나라의 군사 지원 요청에 명·청 등거리 외교로 대응해 청의 침입을 예방했다. 그러나 임진왜란 후 탄핵의 대상으로 권력의 핵심에서 멀어진 인조반정 세력은 개혁을 서두르는 광해군을 폐모살제(廢母殺弟)패륜과 명나라 배신을 명분으로 몰아내고 청과 대립, 병자호란을 초래했다. 이들은 반정 명분의 도그마에 빠져 후금(청)이 부상하는 국제 정세를 외면하고 청과 대립(병자호란), 임진왜란에 버금가는 전화(戰禍)로 나라를 망하는 길로 들어서게 했다. 권력 장악에 혈안이 되어 병자호란을 자초했을 뿐만 아니라 병자호란 전후 처리도 인조의 명령으로 삼전도 비문을 작성한 이경석(李景奭)을 희생양으로 매도하고 청나라 정벌만 떠들었을 뿐이다. 임진·병자 양 난에 대한 책임자 처벌이나 국정쇄신 정책이 없었다. 임진·병자 양 난 후 큰 환란을 속수무책으로 당하게 한 통신사와 국방 책임자들에 대한 징계도 없었다. 오히려 그들을 전쟁의 영웅으로 미화했다. 임진·병자 두 전쟁으로 전 국토가 초토화되었음에도 긴박한 국제 정세와 국가의 현안을 외면한 채 권력 장악을 위해 당파적 명분만을 내세우고 탁상공론했다. 인조반정 세력의 후손들은 안동김씨 세도정치로 민란을 자초하고 서양 제국도 오랑캐로 배척하다가 나라를 일본의 식민지가 되게 했다. 이들의 후손들은 부일하여 나라 망한 후에도 부귀를 누리지만 많은 농민이 생활 기반인 농토를 빼앗기고 만주, 시베리아로 떠나게 했다.

충남 조치원 근교 예양리에는 임진·병자 두 전쟁에 5부자가 의병으로 순국한 것을 고종 시대 현창한 오충신 비각이 있다. 임진왜란 초기 왜군을 최초로 격퇴한 청주성 탈환에서 선봉대로 순국한 아버지 의병(박천붕)과 병자호란에 죽산산성에서 순국한 4아들 의병(원겸, 인겸, 예겸, 의겸)을 기린 정려(旌閭)에 최익현·기우만 등 한말 의병장과 을사조약 직후 자결한 송병선 순국지사 등이 오충신의 애국을 추모한 글이 남아 있다. 이 오충신 비각은 임진·병자 두 대전이 끝난 뒤에도 국가를 위해 희생한 의병에 대한 포상이나 두 전란에 대한 책임을 묻는 징계가 제대로 이루어지지 않았음을 증언하고 있다. 임진·병자 양 난에 순국한 부자 오충신에 대한 국가의 포상은 아버지(朴天鵬) 의병이 청주 상당산성 탈환에 성공하고 순국한 지 1백55년 만인 1747년(영조 23년) 지방 유림의 상소 36년 만에 오충신 정려가 처음 세워진다. 14대 선조 때 희생한 아버지와 16대 인조 때 순국한 4아들 5부자를 21대 영조가 정려(旌閭)를 세워 현창하고 오충신의 순국을 기려 마을 이름까지 충효동으로 했다. 그러나 지방관리들은 오충신 후예에게 보훈 시책이 없었고 오히려 서민 취급을 하며 잡역까지 부과하자 유림들이 다시 부당함을 상소, 순조4년(1804년)과 고종10년(1873년)에 충훈부 계하사목(啓下事目)을 두 차례나 발표하고 현감을 문책한다. 순국 희생자에 대한 포상 지각은 물론 국가를 뿌리부터 흔든 양 난 후 본격적인 국가 개혁이 조선후기 역사에 없었다. 문제는 북벌론으로 국민을 기망한 이 시대에 대한 조선 시대의 당파적 역사해석을 학계 일각은 아직도 털어버리지 못했다는 사실이다. 이은순교수의 '조선후기 당쟁사 연구'가 병자호란 후의 파워엘리트의 모순을 지적했을 뿐 조선후기를 당파적으로 해석했다. 북한학계도 교조적인 조선 시대 이데올로기의 변형인 김일성 주체사관을 만들어 북한 주민을 김일성교도로 만들었다. 21세기 한국사학은 중세사학 체질과 친북 주체사관 추종 세력의 자학사관까지 겹쳐 이중의 모순을 안고 있다. 왜란 호란의 대환란을 겪고도 국제 질서의 변화를 외면하고 기득권 수호에만 급급해 식민지로 전락했던 조선후기 파워엘리트들의 역사인식의 한계와 맹점을 털어내지 못했기 때문이다. 아직도 역사학자 중에는 좌우 이념을 먼저 생각하고 어느 당파의 후손인가를 따지는 사람도 있다. 일본이 경험하지 못했던 조선의 높은 정치 문화를 당쟁으로 매도했던 일제식민사학의 오류는 당연히 극복되어야 한다. 일제식민사관의 청산과 함께 조선 시대사를 당파 의식으로 평가했던 중세사관도 탈피해야 한다. 일제식민사학이 조선 시대사를 정체와 당쟁의 역사라고 헐뜯었던 한국사 왜곡을 반박하기 위해 제시했던 실학, 자본주의 맹아론, 민족주의 사관 등에 대한 최근의 재조명은 바람직하다.

'과거에 일어난 일'을 현재의 시각으로 조명, 오늘의 교훈으로 제시하는 것이 역사학의 한 기능이다. 임진·병자 두 전쟁의 비극을 조선후기 역사학이 제대로 반성했다면 한말 일본 제국주의 침략에 또 속수무책으로 당하지는 않았을 것이다. 병자호란으로 전 국토가 초토화되고 여인들이 중국에 잡혀갔다가 '환향녀'로 돌아왔는데 북벌론만 높이 떠받드는 조선 후기 명분론 집착이 과연 바른 역사인식인가 검토해야 할 것 같다. 한국사 해석의 맹점은 임진왜란·병자호란 해석에 국한되는 것이 아니다. 중국과 팽팽한 대결을 했던 고조선, 부여, 고구려, 백제의 국제관계사 이해도 마찬가지다. 북한사학은 평양의 정통성 강조를 위해 당에 패해 28000여 호의 주민이 포로로 끌려가고 민족의 발상지를 빼앗긴 고구려사를 미화하고 당나라 침입에 맞서 한반도와 한민족의 정통성을 지킨 신라사를 폄하한다. 삼국 시대사를 실증적으로 해석하는 것은 한국고대사의 베일을 벗기는 작업이 될 것이다. 또 이런 역사가 오늘 우리에게 준 역사적 교훈이 무엇인지 명쾌한 분석과 역사해석이 우리에게 필요하다. 3·86세대의 정치적 선전 선동으로 역사학이 혼미에 빠지기도 했으나 이런 경향에 대한 반동으로 건국 60주년 한국사 전반에 대한 새로운 역사인식이 꿈틀거리고 있음은 다행이다.

한국사학은 건국 후 식민사학의 영향을 받은 실증사학에서 민족주의 사학으로 발전하고 이어서 김대중, 노무현 시대 친북좌학사관이 등장하여 지금은 백가쟁명의 혼란기다. 이런 변화를 양시론으로 평가하는 학자도 있다. 표현의 자유는 인정되지만 역사교육까지 이념도구로 허용되는 것은 아니다. 정치적 목적을 위해 왜곡됐던 역사교육의 잘못을 역사학계가 정직하게 시인하고 반성할 수 있는 용기가 요청된다.

대전환을 모색하던 시대마다 역사학자들은 옛것을 교훈 삼아 당대의 모순과 과제를 풀어 나갈 방향을 제시했다. 민족의 자주를 역설한 홍이섭 교수는 매스컴이 입을 모아 이승만 하야를 촉구한 4·19 당시 교수시위를 예찬할 때 치안 마비 상태에서 교수 시위가 어떻게 이루어 졌는가를 객관적으로 검토할 것을 지적했다. 이른바 민주화 투쟁기에 사회참여를 들고나온 민중사학은 권위주의 체제 모순 극복에 기여하기도 했으나 친북좌학사관에 종속, 한국사회의 정체성을 끼트리고 사회를 혼란시키는 역기능을 하기도 했다. 이들 중 급진적인 세력은 적화 통일을 명분으로 내세우고 대한민국 건국, 6·25전쟁, 산업화 등 대한민국사를 전면 부정하며 사회주의 혁명과 통일국가 건설을 역사적 과제로 제시하기도 했다. 좌익, 우익으로 편 가르기를 하고 분열과 혼란을 획책했던 해방 직후의 정치문화를 재연했다. '민족주의'로 포장한 3·86세대들은 연방제 통일론을 전파하며 과거사 청산 명분으로 대한민국 건립을 단정수립으로 부정하며 체제 전복을 부추기기도 했다. '과거사 정리'를 들고 나온 노무현 정부에서는 일제 밀정이나 일본 작위와 돈을 받은 부일파 후손까지 대한민국사를 비방하는 난장판이 벌어졌다. 6·25 관련 소련, 중국 자료가 공개돼 북한의 남침이 확인되었는데도 6·25전쟁의 성격에 대한 모호한 역사교육이 불식되지 않은 것은 역사학의 직무유기다. 소련의 문서가 북한의 남침을 증언하자 최근 민중사관 계열의 일부 현대사 저술에서 6·25 부분이 축소되고 있다. 그러나 그들이 잘못을 공개적으로 인정하지 않아 나쁜 책을 배운 학생들에게 각인된 잘못된 역사인식은 바뀌지 않고 있다.

역사는 '과거에 일어난 일'이다. 역사적 사건은 사료로 후세에 전한다. 사료는 기록 문서와 유물·유적 등이 있다. 유물은 토기, 석기, 목기, 철기, 도자기, 불상, 기념물, 예술품, 무기 등이며 유적은 건물, 성곽, 거주지, 탑, 동굴, 분묘 등이다. 문자기록으로는 고문서, 고문헌, 비석, 묘지명 등과 구비, 설화, 방언 등 구전 자료도 있다. 역사가는 이들 사료를 통해 역사를 서술하게 된다. 사료는 무질서 잡다하고 때로는 거짓 자료까지 있기 때문에, 무엇이 과거의 진실인가를 쉽게 정리할 수 없다. 과거는 고도의 분석 비판 능력 있는 학자들이 과학적인 방법으로 재구성하여야만 우리 앞에 역사적 실체로서 나타난다. 역사가에 의해서 해석되고 걸러진 과거가 엄밀한 의미의 역사다. 역사는 과거의 수많은 경험들을 우리에게 알려 줌으로써, 우리의 지식과 판단 기준을 넓혀 주고 현실 비판과 비전을 바로 갖게 하는 것이다. 그러나 그 모든 것이 탐구된 지식을 기초로 하는 것이다. 역사는 시대정신과 역사가의 사관·역사인식에 따라 정리된다. 역사해석은 현재의 목적성과 가치관을 가지고 과거를 해석하는 역사 철학적 접근 방식과 과거를 비추어 현재를 이해하는 방법이 있다. 전자는 역사의식과 사관을 중요시하고 후자는 과거의 객관적, 경험적 이해를 위한 방법론으로서 가치중립과 실사구시의 실증적 분석 방법을 중요시한다. 사관이 투철한 방법론일수록 실천성과 호소력이 강하지만, 반대로 역사적 사실들을 단순화시키고 역사를 지나치게 주관적으로 왜곡하기도 하고 정치와 연결되어 정치가에 이용되는 사례도 있다. 역사 철학적 접근 방법은 역사를 철학에 종속시키는 결과를 가져왔다. 사변적이고 추상적이고 선험적이고 당위적인 사유 방식으로 역사를 해석하고 기술하는 경우가 많다. 마르크스의 사관이 제한된 지역의 특징적인 몇 가지 사례를 가지고 세계사의 일반 법칙으로 제시했으나 실패했다. 마르크스 사관의 실험은 소비에트 사회주의 연방공화국과 동구 사회주의 국가들이 붕괴된 1989~1991년 종언을 고했다고도 한다.

21세기 한국역사학은 대전환기의 이념 혼란을 극복하기 위해서 과거에 있었던 사실의 진실을 밝혀 교훈을 삼는 학문적인 노력이 필요하다. 역사학을 무지한 정치가들의 포퓰리즘의 선전 선동의 도구에서 벗어나게 하기 위해서는 정직한 역사 연구가 무엇보다도 시급하다. 김대중, 노무현시대 좌파 선동가들은 대중매체를 동원해 대중을 조작했다. 설화나 이야기, 소설이 역사는 아니다. 소설가와 사학자는 구별되어야 한다. 바르게 직필하는 것이 역사다. 역사 기술은 탐구된 지식을 기초로 정직하고 객관적으로 진실을 밝히는 것이다.

역사는 과거에 인류가 쌓아 온 수많은 경험들을 우리에게 알려 줌으로써, 우리의 지식을 무한대로 넓혀 준다. 광복 후 역사를 고쳐 쓰게 하는 잇따른 고고학 발굴 및 고대 한국사의 무대였던 만주, 몽골, 북한 지역에 대한 연구가 가능해지고 금기시했던 현대사 연구도 활발해져 우리 역사와 문화에 대한 논의는 활발하다. 구석기, 청동기, 철기 시대, 가야, 백제의 해외 진출 등이 교과서에 오르고 현대사 논의도 자유롭다. 많은 역사학 논문이 나오고 있다. 이러한 역사 연구를 통해 우리는 무엇을 확인하고 무엇을 깨닫게 되었는가.

　내일의 역사를 포괄적으로 매일매일 정리하는 매스미디어의 뉴스를 뉴욕 헤랄드 트리뷴지의 전 사회부장 스탠리 워커는 "밀물과 썰물 같은 인간의 야망, 인간의 치욕, 인간의 영광을 개괄적으로 평가 보도한 것이다. 인간의 믿어지지 않는 비열함과 위대한 용기를 가장 잘 기록한 것"이라고 정의했다. 역사도 인간의 비열함과 위대함을 함께 기록한다. 내일의 역사를 오늘 간추린 패키지로 다듬어 놓은 신문 뉴스가 기자, 부장, 편집국장에 의해 선별되듯이 역사 기록도 역사가에 의해 선별된다. 많은 사건 중에서 역사적 가치 유무를 선별 평가하는 것은 역사가다. 역사가와 신문기자의 진실 탐구는 어려운 작업이다. 나는 제1공화국 말기 국무회의록을 발굴하여 경향신문에 연재했으나 58년에서 4·19 전야까지 역사를 분석 정리하는 작업에 여러 가지 어려움이 있었다. 국무회의록에 기록된 4.19 조봉암 사건과 관계있는 중요 인사의 중대 발언 공개 방해, 이승만 건국대통령에 대한 증오심 등으로 자유당 말기 국무회의에 비친 3년의 역사 규명은 제대로 접근하지도 못하고 도중하차했다. 연재를 중단하고 신문사를 옮긴 내게 연재 중단 뒤에 부정한 거래라도 있지 않았나 하는 놀라운 문의도 있었다. 기자와 역사가는 진실을 추구해야 한다. 언론은 진실 추구를 통해 환경감시·사회통합·전통문화 전수 기능을 한다. 역사학은 언론보다 더 막중한 책임감을 갖고 진실을 보다 더 엄정하게 밝혀야 한다. 역사가 학자의 현실 불만이나 정치 목적, 가족사의 원한 때문에 왜곡하거나 정치적 목적으로 거짓 기술을 해서는 안 될 것이다. 바르게 기록하는 것이 역사(歷史)다. 역사는 사실을 기록하는 거울 같은 것이기 때문에 정치가들이 두려워한다. 학자에 따라 역사의 개념 정의는 다르다. 역사는 과거와 현재의 대화라고도 한다. 정치의 거울이라고도 한다. 사상가들은 역사의 현실적 유용성, 역사의식의 현실성을 강조한다. 과거와 현재를 연결시켜 주는 것이 역사학의 본질이다. 그러나 지나친 현실의식이 때로는 역사를 왜곡하기도 한다. 해방 직후와 김대중·노무현 시대 10년간 정치적 목적이나 증오심으로 대한민국사를 부정하고 북한 주체사관을 추종하는 역사 이해가 전후세대의 현대사 인식을 왜곡하기도 했다.

　최근 한국사 연구는 한국사학, 국문학, 국악은 물론 인접 학문인 정치학, 국제관계학, 행정학, 통계학, 천문학, 지리학, 인류학, 철학 등의 학제적 연구가 쏟아져 나오고 있다. 역사학은 이 쏟아져 나온 국학 분야의 연구 결과와 쟁점을 선별 정리하여 우리 역사와 문화를 폭넓고 바르게 인식하는 토론장이 되어야 한다. 21세기 한국역사학은 대전환기의 이념 혼란을 극복하기 위해서 과거에 있었던 사실에서 진실을 밝혀 교훈을 삼는 학문적인 노력이 필요하다. 역사학을 무지한 정치가들의 포퓰리즘의 선전 선동의 도구에서 벗어나게 하기 위해서는 정직한 역사 연구가 무엇보다도 시급하다. 건국 60주년에 벌어진 친일파 4717명 단죄 시비·근현대사 교과서 논쟁 등 상해 임정부터 시작된 좌우 이데올로기 싸움에서 비롯된 우리 사회의 진보, 보수의 뜨거운 역사 논쟁도 정치 싸움의 연장전이다. 역사학이 이제는 퇴색한 좌우 싸움을 뛰어넘어 한국사의 진실을 밝히는데 집중해야 한다.

2) 한국문화의 뿌리와 한국문화의 특성

한국 고대문화의 뿌리와 특성이 무엇인가. 이것은 한말 제국주의 침략 과정에서 우리의 정체성을 찾는 민족사학자들의 화두였다. 최근 한국문화의 정체성을 찾는 한국학 연구는 종합적인 학문으로 발전했다. 고고학, 인류학, 언어학 등 종합적인 연구 풍토와 해외 한국학의 연구 성과가 크게 기여했다. '조선'과 '고려'는 고조선 시대부터 한말까지 우리 민족을 지칭하는 대표적인 어휘다. '조용한 아침의 나라'로 해석해 온 '조선'이 '이끼를 찾아다니는 순록을 모는 무리들'로 고려가 '순록'을 지칭한 것이라고 주채혁 교수가 새가설을 제시했다. 삼국유사, 삼국사기의 지명을 몽골 지역에 비정한 베 수미야바타르 몽골 학자의 연구를 발전시킨 주 교수의 가설은 삼국의 시조 신화 규명은 물론 한국 선사문화의 이동로와 시원을 밝히는 중요한 단초가 되었다. '조선'이 '이끼를 찾아다니는 순록치기'를 지칭한 것이라는 몽골 연구학자의 새 주장은 한국문화의 기원을 밝히는 중요한 열쇠가 되었다. 중국 한민족에게 큰 활을 쓰는 이(夷)로 비친 고대 우리 민족은 중국의 한민족과는 다른 집단이었다. 신석기, 청동기 시대부터 중국 한족과 달랐다. 토기, 청동기 제작 방법이 다르고 고인돌 등 거석문화가 중국 한족의 고대문화와 구별되었다. 중국 후한서에 동이(東夷)가 언급된 후 중국 사서의 외국 열전에 꼭 동이를 넣어 기록했다. 조선은 사기 전후의 중국 문헌 관자(管子) 산해경(山海經) 전국책 방언 등에도 나온다. 공자(BC551~479)의 논어 제9권 자한(子罕)편에 "자 욕구 구이(子 欲居九夷)러시니, 혹왈루(或曰陋)이니, 여지하(如之何)잇고 자왈 군자거지(子曰 君子居之)면 하루지유(何陋之有)리오"{공자께서 구이(九夷)에 살려고 하시니 혹자가 말하기를 그곳은 누추하니 어떻게 하시렵니까 하자 공자께서 대답하셨다. 군자가 거주한다면 무슨 누추함이 있겠는가} 하는 글에 붙은 주석{동방지이 유구종(東方之夷有九種)이라 욕거지자(欲居之者)는 역승부유해지자의(亦乘桴浮海之意라="동방의 이족에 아홉 종족이 있다. 공자께서 구이에 살려고 한 것은 뗏목을 타고 바다를 항해 하시려고 하신 뜻")이라고 했다. 산해경이나 동방삭의 신이경 등에도 산동반도 건너 한국을 도덕적인 이상향으로 기술하고 있다. 중국 사서에 보이는 편린으로 추측했던 한국 상고사가 고고발굴과 새 문헌자료의 출현으로 재구성이 가능하게 되었다. 한말 민족사학자들은 중국 사서에 보이는 이런 기록들이 고대에 한반도·산동·만주에 걸쳐 중국이 동경하는 선진문화가 있었다고 추론하며 그 대표적인 문화가 고조선이라고 설정했다.

　한민족이 단군왕검의 후손이라는 단일 민족 의식은 국가 위기에 민족을 하나로 묶는 역사의식이었다. 그러나 그것이 배타적인 민족의식은 아니다. 단군 표준 영정의 긴 수염이나 신라 왕릉의 무신 석상 등 많은 고대 한국인의 얼굴에는 동남아시아와 아라비아인 상도 보인다. 우리 언어나 고고유물에도 국제 교류의 흔적이 발견된다. 한국 고대 문화가 결코 반도 안에 갇혀 있던 폐쇄 사회의 침전물이 아니다. 유전 인자도 단일 민족의 단순한 인자가 아니다. 한국 고대문화는 복합적인 것이다. 한국인의 성씨도 박·석·김을 제외한 나머지 5대 성을 비롯하여 상당수 성씨의 선조가 외래 유이민들이다. 백씨, 국씨 등 중앙아시아에서 온 성씨로 추측되는 성씨도 보인다. 삼한 시대에 이미 철과 비단을 가지고 국제 무역에 참여했으며 백제, 고려는 국제 무역을 활발히 한 상업국가였다. 장보고 이전에 백제의 중국과 일본 진출은 김상기 교수의 '백제의 요서 경략(遼西 經略)에 대하여'와 김석형의 '일본의 삼한 분국설' 등으로 학계에 보고돼 정설로 인정됐다. 이성계의 조선 500년을 제외하고 대체로 우리 역사는 외국과의 교류가 활발한 개방적인 문화를 견지했다. 위화도 회군으로 역성 혁명한 조선은 고려 말기의 모순 극복이란 시대적 과제를 해결하긴 했으나 태종, 세조, 인조 등의 잦은 정변과 성리학 이데올로기를 제외한 새로운 사상과 문화를 배격하여 탄력성을 잃고 단조로운 문화로 국제경쟁력에서 후진적인 맹점을 드러냈다. 조선조의 배타 고립적인 이데올로기를 못 벗어난 북한의 중세적인 역사관을 뒤늦게 남한의 3·86세대와 민중사관논자들이 추종하는 것은 국제문화교류에 개방적이었던 전통문화와도 상충하는 정체성의 혼란이다. 10년 좌경정부 시대에 일어난 역사의식 혼란은 극복되어야 할 것이다. 김철준 교수는 한국 전통문화의 특성으로 동양의 남북 대립과 동서연형의 영향에 의한 국제성·강인성·종합성·조화성 등을 꼽으며 한국문화의 개방성과 높은 문화 밀도를 환기시키며 식민지 체질 극복을 역설했다.

(1) 동양사의 남북대립 파동의 충격과 중앙아시아·몽골 유목문화의 유입

　김철준 교수는 한국역사가 동양역사의 남북 대립과 동서 연형(連衡)의 두 국제 파동의 충격 속에서 성장·발전했다고 해석했다. 우리 역사는 삼국 시대까지 남방 한족의 농경문화와 대립 항쟁하는 유목문화 내지 반농·반목축문화의 북방문화권에 속하여 한족과 대립했다. 삼국 시대까지 유목문화와 반농·반목문화의 북방문화권이 주류였으나 삼국 시대에 이미 가야와 백제는 무역을 통해 남방의 해양문화나 남조문화와 교류했다. 그러나 중국의 남북대립 파동이 한반도까지 밀려와 고구려, 백제, 발해가 망하기도 했다. 중국으로부터 왔던 이런 파동의 영향과 동시에 선사 시대부터 중앙아시아 방면에서 동방으로 고대 무역로를 통한 유럽과 아사아를 넘나드는 동서 연형(東西 連衡)의 문화 파동이 한반도에 유입되었다. 동서 연형(東西 連衡)의 파동은 돌궐, 서장을 잇는 실크로드로 들어오는 세계문화가 만주와 한반도에도 충격을 준 것이다. 돈황석굴 벽화에는 신라인의 얼굴이 나타나며 인도·돈황의 석굴문화가 경주 토함산에 최고의 결정체로 정리되는 것을 보게 된다.
　동서연형 파동의 하나로 바이칼 호로부터 몽골 지역을 이동하는 유목문화도 한국 선사문화의 한 원류가 되었다. 이 문화 파동은 한반도에 들어와 새로운 문화를 만들어, 일본과 오끼나와 지역으로 진출하기도 했다. 한반도의 고대문화는 동서연형의 파동을 받아들여 문화의 밀도가 높아졌다. 선사 시대부터 중앙아시아 방면에서 동방으로 진출한 동서연형 문화 이동의 파장과 유럽과 아사아를 넘나드는 상업 문화 파동이 고대 실크로드 무역로의 종착점인 한반도에서 복합된 문화를 만들었다. 터키, 서장, 실크로드를 이용한 생활 문화가 큰 충격을 주었다. 고분 벽화와 고대유물, 불교문화, 음악, 춤 등에 많은 흔적이 남아 있다.

(2) 민족의 강인성과 위기 극복 능력

　한반도는 외부 변화에 노출된 민감한 지정학적인 조건으로 고대로부터 현대까지 세계사의 새로운 파동의 중심에 있었다. 계속되는 외래문화의 많은 충격에도 말과 글 역사를 잃지 않고 독자 문화를 계승 발전시키며 다시 21세기 선진국으로 진입하게 된 것은 우리 민족의 위기 극복 능력과 강인성, 우수성, 국제관계에 적용할 수 있는 통찰력 덕분이었다. 동양사의 남북대립과 중앙아시아로부터 오는 파동에 민감한 지정학적인

조건으로 중국 북부와 산동성을 연결하는 동이문화권의 서쪽 절반 지역을 이미 4천 년
전에 한족에게 빼앗긴다. 고대 실크로드 무역로의 종착점인 한반도에 중국 북부와 산
동성을 연결하는 지역에 있었던 동이문화권의 서쪽 절반 지역이 중국 하·은·주 시대
에 중국 한문화에 밀려나는 과정이 중국 고대사서와 삼국유사에 고조선, 삼국 건국 기
록으로 남아 있다. 한국 고대역사의 편린만을 전하는 고조선, 고구려, 백제의 건국신화
와 대외관계사는 지속적인 시련과 각축에서 한국문화가 형성되었음을 알려 준다.

청동기 고인돌 시대에 한반도 서부와 산동반도 난하와 요하에 걸쳐 형성됐던 한·예
·맥·고조선이 한나라에 정복되고 만주와 한반도로 이주해 부여·고구려·백제·신라
를 건국한다. 이 시기에 철기문화가 유입되어 유목사회에서 농경사회로 정착하며, 세계
제국을 건설한 한족문화를 수입하여 문화능력을 확대한다. 삼국과 가야문화는 중국, 인
도, 서역문화를 소화한 고대국가로 중국을 통일한 수와 당과 다툴 수 있는 강력한 고
대국가였다. 중국에 유학한 신라승들이 중국 불교계의 정상에 진입했다. 원측, 무상 등
중국불교의 정상에 도전한 신라승이 즐비하다. 고구려, 백제 멸망 후 통일신라와 고려
초에 한 단계 높은 당시 선진 수준의 문화로 전환하여 소중화로 자처하며 여진, 몽고
등 북방족과 왜를 낮추어 보았다. 고려 시대는 원제국에 버금가는 원숙한 문화로 국제
화된 찬란한 문화를 이룩하고 풍요한 국가를 자랑했다. 고려문화를 정리한 조선 초 세
종조 문화는 세련되고 잃어버린 고토 회복에 나서는 중흥기였다. 그러나 세조, 인조의
잇따른 권력 찬탈과 사림정치의 성리학 일변도는 한국 고대문화의 강인함과 탄력성을
상실하고 임진·병자 양 난 후 일본의 식민지로 전락한다. 식민지로 전락한 한국은 기
독교를 통해 서구문화와 접촉, 다시 나라를 세워 세계 10대 무역국으로 끌어올렸다.
중국에서 온 파동을 잘 소화해 소중화를 자처했듯이 미국문화도 잘 흡수해 21세기에
다시 선진국 대열에 들어섰다. 세계사의 파동을 극복하고 자기 문화를 지켜 온 강인성
은 민족의 우수한 머리와 변화에 적극적으로 대응하는 능력이 있었기에 가능했다.

(3) 다양한 문화를 축적 종합하는 특성

반도의 특성으로 여러 파동의 문화가 다 들어와 온축되는 문화의 특성을 갖게 되었
다. 북방문화와 남방문화가 종합 축적되었다. 우리 민족의 선조였던 한족(韓族), 예맥
(濊貊)족이 춘추전국 시대 산동반도나 중국 동북 지방에서 중국문화와 접촉했고 고조
선, 한사군 시대에 중국문화의 본류와 교류했다. 불교가 들어와 원효와 원측에 의해 새

로운 해석을 했고 원광의 세속오계에는 유교적인 윤리와 불교사상을 종합, 신라의 청
소년 교육정신으로 제시했다. 교종, 선종을 종합한 조계종을 정립했다. 고려 시대의 대
장경 간행은 불교문화의 종합 집대성이다. 조선 시대 의방유취, 향약집성방, 동의보감
등도 동양의학의 종합 정리였다. 조선 초 세종 시대 문화는 세계제국 원과 교류했던
고려문화를 종합 정리한 것이다. 고려자기, 활자, 인쇄술 발달도 당시대 최고 문화의
정화였다. 세종 시대 문화의 극치도 고려의 개방되고 탄력 있는 문화를 종합 정리한
것이다. 그러나 세종 시대 고려문화를 집대성하여 이룩한 창조적인 문화도 경직된 성
리학 일변도 문화에 의해 탄력성을 잃게 된 것을 교훈 삼아야 한다. 1991년 자본주의
에 패한 사회주의 이데올로기의 포로가 되어 사회주의 국가 건설을 지상과제로 삼아
친북자학사관을 고집하는 것은 조선 시대 성리학의 포로가 되었던 잘못과 비슷하다.
한국은 수입한 문화를 보존 발전시키는 장점과 단점을 나타냈다. 중국의 성리학이 양
명학으로 대체되었는데도 한국은 원형을 보존하며 정치 이데올로기로 군림했다. 사상
만이 그런 것이 아니라 건축 생활문화도 그런 것이 보인다. 유럽에서 소련식 사회주의
가 종언을 고했음에도 북한과 남한에 그 변형인 김일성 주체사관을 맹종하는 세력이
버티고 있는 것도 그런 전통의 일면인 것 같다.

(4) 문화의 조화

선진 외래문화를 선별, 수용, 재창조하는 조화성이 뛰어났다. ①다양한 불교사상을
대장경으로 집대성하고 선종, 교종을 융합한 한국적인 불교로 발전시켰다. ②한자를 빌
려 이두 구결로 쓰다가 한글을 창조했다. 세계제국이었던 원나라의 문자 연구를 한글
창제에 활용했다. ③ 조선조 성리학은 사회를 경직시킨 면도 있긴 하나 중국 주자학을
한 단계 끌어올린 것이다. ④새로운 문화를 잘 수용 발전시켰다. 우수한 머리와 노력
으로 단기간에 수입문화의 정상에 올랐고 정통을 지켰다(중국 불교사에는 한국인 유학
승이 지도자의 위치에 오른 사람이 많다. 중국에 귀화해 고위직에 진출하기도 했다).
⑤ 고구려, 백제가 당에 멸망했으나 신라가 삼국을 통일, 삼국문화를 조화시켜 독자적
인 문화를 계승 발전시키는 저력을 발휘했다. 통일신라문화는 백제, 고구려 문화의 창
조적인 융합이었다. 불교도 자주적으로 발전시켰다. 석굴암·반가사유 불상·감은사 석
탑 등 유물에서도 문화의 조화성을 읽을 수 있다. 사대교린과 문화자존 의식으로 항상
새로운 문화를 창조했다. 정치지향성, 권력지향성 교육열은 역사를 역동적으로 변화시

키는 에너지가 됐다. 전통문화를 계승하는 보수성과 변화를 추구하는 국민의 진보성이 조화를 이루어 잦은 외침에도 단일 민족의식으로 저항하여 민족의 정통성을 유지했다. 삼국 이전 부여 시대에 하늘을 두려워하는 고등 종교를 선택했으며 가족과 마을, 국가 공동체에 대한 귀속감이 강한 민족이었다. 고구려, 고려, 조선, 대한제국 등의 국호에 담긴 역사 계승 의식에도 한국문화의 조화성을 찾아볼 수 있다.

(5) 전통문화 보존과 귀속의식이 강했다.

전통문화 계승 능력과 외침에 저항하는 국민의 저력이 동양사의 부침과 잦은 외침에도 말과 글을 잃지 않았으며 왜곡된 역사도 수정했다. 가족·마을·국가 공동체에 대한 귀속감이 강했다. (①매향비 ②두레정신 ③추석과 설의 귀성 ④혈연의식) 고대로부터 유일신 하느님을 공경하는 선민의식이 강한 민족이었다. 국제관계를 사대교린으로 대응했으나 문화자존 의식이 강했다. 정치지향성, 권력지향성 교육열이 강했다. 고구려, 고려, 조선, 대한제국 등의 국호에 담긴 강인한 역사 계승 의식과 위기에도 굴복하거나 포기하지 않는 한국인의 끈질긴 생명력과 주체의식이 다시 세계사의 주역으로 끌어올리고 있다. 중국에서 잃어버린 유교 석전제를 보존하는 한국문화의 특성이 이미 퇴출한 사회주의 이념 집착으로도 나타난 것이다. 이러한 보수성은 역사 변혁의 걸림돌이 되기도 하지만 장점이 될 수도 있다.

3) 한국 역대 사서의 역사인식 한계와 한국역사학의 과제

경향신문 60~80년대 학술기사는 건국 후 역사학자들의 식민사관 극복 노력을 지속적으로 보도하며 잃어버린 역사 찾기를 역설했다. 우리 민족은 고대·중세·근대·현대에 다양한 역사 기록을 남겼으나 후세에 왜곡되거나 인멸된 것이 많았다. 한국역사학은 70~80년대의 개발에 따른 구제 발굴과 백제, 신라 왕릉 발굴과 사료 재해석으로 잃어버린 역사 찾기가 본궤도에 올랐다. 그러나 유신 말기 역사학의 현실 참여 운동으로 돌출한 민중사관과 수정주의 사관의 충격으로 현대사가 친북자학사관의 편향성을 노출했다. 해방 직후 좌우 논쟁에 버금가는 역사인식의 혼란이 학교교육 현장에도 밀려왔다. 우리나라의 역사 정리와 역사인식은 고대, 중세, 근대로의 사회 변화 과정에 적응하면서 현대 사학에 이르고 있다. 이러한 우리 민족의 역사인식 변화를 김철준(한국사학사연구), 한영우(조선 전기 사학사, 조선 후기 사학사, 한국민족주의 사학) 교수가 한국사학사를 통해 정리하며 오늘의 한국사인식의 한계도 지적했다.

한국의 고대사서는 건국 시조의 신화, 왕실계보와 국왕의 치적을 연대기 형식으로 기록한 족보 중심 기록이었다. 고구려 '유기(留記)', '신집(新集)', 백제의 '서기(書記)', '백제기', '백제본기', '백제신찬', 신라의 '국사', 가야의 '개황력' 등이 있다. 중국의 역사 정리는 사마천의 사기 출간 이후 기전체(紀傳體 본기·열전·잡지) 사서 편찬이 정형이 되었다. 우리나라는 본기·열전·지·연표 가운데 군왕과 관련되는 본기의 형식을 먼저 도입했다. 통일신라 시대 '화랑세기', '제왕연대력' 등이 사기의 열전·지·연표에 해당한다. 이 중 신라역사는 '화랑세기'를 둘러싼 위작 시비 논쟁이 있었으며 이종욱 교수의 '화랑'이 2003년에 출간되었다. 백제사는 일본서기로 재구성돼 일본사의 일부로 변질돼 임나일본부설 등으로 한일관계사 왜곡 사료로 이용되고 있다. 치밀한 분석을 통한 원형 복원이 고구려사, 백제사 연구의 과제다. 우리나라의 사서 정리는 고려 시대에 사기의 기전체 양식이 수입되었다. 12세기 중엽에 편찬된 김부식의 삼국사기는 당시 중국역사 기술에 근접한 관찬 역사서였다. 고구려 중심의 고대적 정치 이념을 천명한 묘청일파의 서경천도 운동을 진압한 김부식이 신라 중심의 사관으로 고대사 체계를 정리한 것이다. 이 삼국사기를 둘러싼 사관 논쟁은 단재의 민족주의 사관과 결부된 한국사학계의 긴 논쟁이 되고 있다. 무신집권 시대 고구려 중심으로 고대문화 전통을 재확인하려는 노력은 이규보의 '동명왕 편'으로 나타났다. 몽고 침략 시기에 일연의 '삼국유사', 이승휴의 '제왕운기'도 마찬가지다.

조선 초기 '삼국사략', '삼국사절요', '고려사', '고려사절요', '동국통감' 등이 편찬되었다. 조선 시대는 자치통감과 주자의 자치통감(資治通鑑) 강목의 체제를 따른 사서 편찬이 유행했다. 유교적, 도덕주의적 정치 이념과 윤리관을 바탕으로 역사를 서술했다. 사대부 계급의 관료집단의 이념 지향으로 성리학적 가치 기준을 바탕에 두고, 지역의식의 청산을 통한 통일의식을 제고했다. 16세기에는 동국여지승람, 17세기에는 동사찬요(東史纂要)·동사보유(東史補遺)·여사제강(麗史堤綱)·동국통감제강, 18세기에는 독사론(讀史論), 수산집(修山集), 19세기 초에는 강역고, 해동역사 등이 출간됐다. 임진·병자 양 난 이후 사서 편찬이 활발했다. 동국지리지는 고대 지명을 고증하여 역사지리 연구의 단서를 열어 놓았다. 청나라 정벌을 고취하는 사서와 이를 비판하는 사서가 양립했다. 고조선, 삼한, 고구려, 백제, 발해 등 고대사 강역에 대한 역사지리 연구가 활발했다. 단군 및 동이문화권에 대한 인식이 고조되었다. 구한말 국권 상실의 큰 충격 속에 민족주의 사학이 부상했다. 신채호의 讀史新論, 박은식의 '대동 고대사론', '발해 태조 건국지' 등 대종교 계통 학자들의 만주 지역을 무대로 한 고대사 연구가 활발했다. 30년대에는 마르크스주의 방법론을 도입한 유물사관에 의한 한국사 연구로 백남운의 '조선사회경제사'(1933)와 '조선봉건사회경제사'(1937)가 나왔다. 방대한 자료를 실증적으로 정리한 경제사 분야의 개척적인 업적이다. 그러나 일본학계의 사회경제사 연구를 빌려다가 유물사관 도식에 맞추는 모방 단계를 벗어나지 못했으며, 세계사의 발전 법칙, 아시아적 생산 양식 등을 지나치게 교조주의적으로 받아들였다는 지적을 받고 있다. 마르크스주의 사관은 학문의 오류뿐만 아니라 실천운동의 일환으로 계급투쟁 노선을 고집하여 남북분단에 영향을 미쳤다. 1930년대 극좌 편향의 마르크스주의 역사학과 일제(日帝)의 민족문화 말살정책에 대항하여 한국사를 연구한 안재홍(安在鴻), 문일평, 정인보 등 신민족주의 사학이 있었으나 이들의 월북·납북으로 건국 후 아카데미사학 발전에 참여하지 못했다. 1934년에 조직된 진단학회 회원 이병도, 김상기, 이상백, 신석호가, 일제(日帝) 시대부터 활동했으며 해방 후 남한학계 주류가 되었다. 백남운, 김석형, 박시형, 전석담, 朴克采, 임건상, 정찬영 등은 조직적인 좌파운동을 하다가 월북하여 북한 사회과학원과 김일성대학에서 활동했다. 신민족주의 계열의 안재홍, 손진태, 이인영 등은 6·25 뒤 북으로 간 후 연구 활동이 중단되었다. 한편 1952년 식민사학을 직접 배우지 않은 광복 1세대 학자들이 역사학회를 창립했다. 홍이섭, 한우근, 김철준, 이기백, 천관우, 전해종, 고병익, 함홍근, 민석홍, 길현모, 노명식 등이 해방 후 식민사관 극복에 앞장섰다. 이북 출신 기독교인이 많았다. 일제식민사관을 극복한 해방 후 학계 연구를 일조각이 단행본으로 출간하여 대학교재로 내놓았으며 국사편찬위원회(위원장 최영희)가 식민사관 극복 작업을 체계화하는 한국사 25권(70~78년) 국사교과서 편찬 등을 맡았다. 홍이섭, 김철준이 식민주의 사학 극복을 앞장서 주장했다.

　한편 북한 역사학은 "당의 노선과 정책을 마르크스 레닌주의적으로 깊이 연구하고 해설 선전하지 않으면 안 되고 당의 혁명과 민족문화유산을 전면적으로 연구하지 않으면 안 된다."는 김일성 수령의 교시에 따라, 대외항쟁사, 계급투쟁사, 고대한일관계사, 고조선사, 발해사, 한국사 시대 구분에 관한 연구가 수행되었다. 조선통사, 조선문화사, 조선철학사를 정리 출간했다. 그러나 70년대 주체사상이 모든 학문을 규제하면서 역사 해석도 수령교시를 자막대기로 하여 판단하지 않으면 안 되게 되었다. '주체사상의 기치 밑에 승리해 온 우리 인민의 자랑스러운 투쟁과 창조의 역사 총서'라고 자부하는 33권의 방대한 '조선전사' 절반이 김일성 일가의 이야기를 중심으로 한 근현대사로 채워져 있다.

남한학계는 건국 후 일제식민사관과 유물사관 극복을 제일 과제로 한국사를 정리했으나 권위주의 시대 반정부 활동을 했던 세력이 지난 10년 김일성 주체사관을 남한에 보급 전후세대들의 역사인식은 상당히 문제가 있는 것으로 조사됐다. 2008년 대안교과서 한국근현대사 출간 후 제기된 논쟁은 한국역사학의 혼란을 상징한다.

[2008년 신문의 날 신문은 18대 국회의원 선거, 북 핵문제, 어린이 성추행 범죄, 삼성특검, 현대사 논쟁 등 큰 뉴스로 화려하다. …… 이 가운데 교과서포럼의 대안 교과서 출간을 둘러싼 신문보도는 보수와 진보의 편 가르기 싸움을 부채질하고 있다. 신문은 이번 논쟁의 빌미를 제공한 노무현 정권이 검정한 한국근·현대사 교과서 문제부터 검증하는 것이 순서였다. 노무현 정권 시절 육군사관학교 가입교생들의 의식조사에서 주적이 미국(34%), 북한(33%) 순서였고 그것을 학교에서 배웠다고 대답했다고 당시 육사교장이 공개했다. 북한의 구호인 '우리끼리'를 선호했던 김·노 정권 시절 일부 현대사교과서는 이승만 대통령의 대한민국 건국은 분단을 초래했다고 기술했고 압축성장을 이끈 대통령의 리더십은 혹평했고 국민을 굶어 죽게 하는 북한 정권에 대해서는 관대했다. 식민잔재, 6·25, 이데올로기 대립, 정치 혼란 등의 악조건을 극복하고 다른 민족이 200년 걸려서 달성한 산업화와 민주화를 반세기 만에 달성, 선진국 문턱에 진입한 건국 60년사를 폭압적인 정치 현실을 혐오하던 일부 반정부 지식인들이 북한 주체사관과 일본의 신식민사관 등을 원용해, 자학사관으로 재단한 결과였다. 이런 편향적인 역사교육을 받은 전후세대는 한강의 기적을 일군은 할아버지 아버지 세대를 부인, 세대 간 갈등도 노증하고 있다. 역사는 사관에 따라 다르게 기술할 수 있다. 그러나 교과서는 학생들이 이해할 수 있는 수준의 학계가 공유하는 정리된 사실만 설득력 있게 기술해야 한다. 집권 세력 취향에 따라 건국 6·25까지 친북사관으로 재단한 역사교과서 검증 통과는 잘못이었다. 교과서포럼의 대안교과서가 일본 나카무라사토루 교수(中村哲 京都大)의 중진자본주의론을 수용해 식민지 근대화론을 제시한 것도 쟁점이 되고 있다. 한강의 기적으로 평가받는 제3공화국의 산업화 근대화에 대한 객관적인 정리가 안 되고 이론이 정립 안 됐기 때문이다. 이명박 정부는 새 교과서를 서둘러 만들어야 한다. 20세기 미디어 관한 교령을 발표한 언론전문가 바오로 6세는 "변화의 물결 속에 언론은 줏대 없이 흔들리거나 특정 경향만을 들추어 사실을 호도하지 말고 조종사의

눈으로 세상을 주시하고 침묵하는 다수의 의견을 대변해야 한다."고 역설했다.](대전일
보 박석홍 세상보기 2008.4.7. 침묵하는 다수를 대변하는 신문의 진실 추구, 박석홍)

4) 한국 전통문화 연구와 역사교육

앞선 시대 역사를 정리해 다음 시대의 방향을 제시하는 것이 각 시대 우리 사서의
전통이다. 삼국사기, 삼국유사, 고려사 등이 그런 것들이었다. 그러나 조선 시대사 만은
일본 제국주의가 일제 침략의 필연성을 합리화하는 시각으로 정리, 한국사 왜곡의 혼
돈에 빠지게 했다. 한국사의 올바른 이해를 위해 해야 할 일이 많지만 그중에서도 일
제(日帝)가 심어 놓은 식민주의 사관과 이미 서양에서는 폐기 처분된 유물사관의 극복
이다. 식민주의 사관은 일제(日帝)의 한국 침략과 식민 정책을 정당화하기 위해 우리
역사를 왜곡한 그릇된 역사인식이다. 일제(日帝)는 대륙에 붙어 있는 작은 반도였던 한
국은 중국, 일본에 의하여 타율적으로 움직여 온 역사였다고 강조했다. 한국역사의 독
립성, 자율성을 근본적으로 부인했다. 일본 치략 시기에 한국은 논농사나 하는 중세사
회였으며 지방 분권적인 봉건제도가 없었다는 등의 이유를 들어서, 한국은 스스로의
힘으로 사회 발전을 이룩하지 못한 정체사회였다고 주장했다. 일제(日帝) 어용학자들은
한국민족이 선천적으로 당파적 민족성을 지니고 있으며 이것이 민족의 단결을 파괴하
여 독립을 유지할 수 없게 하는 이유라고 설명했다. 또 한국문화가 독창성이 없는 모
방적인 것이라며 불교, 유교 등 주요 사상들이 모두 외래사상일 뿐이라고 지적했다. 일
제식민사관은 일본의 조선 침략과 한국의 일본 식민지화를 당연시하기 위한 것으로 한
국사 전체를 왜곡했다. 역사학이 우리의 힘과 노력으로 근대 학문으로 발전하지 못하
고 식민지 근대화의 길을 걸은 것이 한국역사학 발전을 더디게 한 것이다. 식민주의
사관에 맞선 우리 사학은 민족주의 사학, 유물사관, 실증사학이었다. 진단학회는 록펠
러재단의 기금을 지원받아 65년에 '한국사(韓國史)'(7권)를 집대성했다. 광복 후 제1세
대 학자가 주축이 되어 '한국사'(25권)를 펴냈다. 건국 1세대 학자들은 1952년 피난
지 부산에서 역사학회를 만들었고, 국사교과서 국정화(74) 등 일련의 작업을 하면서 식
민사학 청산을 강조했다. 식민사학 극복을 주도한 학회는 67년에 발족한 '한국사연구
회'였다. 그러나 75년 '분단 시대사학론'이 제기되고 80년대에는 민중사학도 제기됐다.

역사문제연구소(86), 구로역사연구소(88, 93년 역사연구소로 개칭), 망원한국사연구실(84), 한국근대사연구회(87) 등이 과학적, 실천적 역사학을 제창했다. 개설서로는 이병도의 '국사대관' 시대에서 이기백의 '국사신론' 시대를 지나 한영우의 '다시 찾는 우리 역사' 시대로 발전했다. 90년대 후반 들어 많은 논저가 쏟아져 나오고 있다. 잡다한 역사지식을 축적하고 있다. 역사연구를 기반으로 한 역사교육도 다양하게 바뀌었다. 일제 총독부, 미군정, 제1공화국, 제3공화국, 김대중, 노무현 정권 집권기의 역사교육이 크게 달라졌다. 이 가운데 김대중, 노무현 좌경정부의 역사교육의 문제가 심각하다. 역사교육은 역사지식 암기도 중요하지만 역사를 통한 비판 분석하는 역사인식 능력을 길러 주는 것이다.

첫째, 역사교육은 가르침과 교훈을 추구하는 것이다. 고려, 조선 시대에 전 왕조의 역사를 정리한 것은 새 왕조 수립의 정당성을 밝히려는 목적뿐만 아니라 역사에서 교훈을 얻자는 것이다. 그런데 요즈음 일부 좌편향 교사의 역사교육지침은 역사의 귀감과 반성 학습보다도 친북 자학사관을 학생들에게 심어 주고 있다. 남북분단과 6·25전쟁의 실체까지 왜곡하여 친북반미 사상을 고취한다는 의구심까지 갖게 한다. 이들이 남북분단의 책임이라고 몰아세우는 이른바 단독정부 수립을 당시 상황을 분석하면 소련군이 진주한 북한에서 먼저 사회주의 국가 설립을 완수했고 유엔 감시하 정부 수립을 하지 않았으면 남한까지 사회주의 국가가 되어 한반도 전체가 북한과 같은 자급자족도 못 하는 후진국가가 되었을 것이다. 좌파 정권 수립 정당화만이 역사교육의 목표라면 남한만의 근대국가 건국이 비판의 대상이 될 수도 있겠지만 이것은 설득력이 없다. 남북 대결 상태에서 이른바 냉전 시대 논리로 북한이 떠들어 온 북한 편향적인 내용의 역사교육은 대한민국의 정통성을 흔들어 놓은 해방 직후 좌파의 오류를 반복하는 것이다.

둘째, 역사교육은 정체성 확인과 진실 추구다. 사실과 진실 추구가 역사연구의 기본이다. 유물사관과 주체사관의 틀에 한국현대사를 꿰어 맞추는 것은 잘못이다. 역사를 정치 목적을 위한 선전 선동 도구화하는 것도 잘못이다. 적화통일을 표방하고 나서 국제관계 변화 등을 외면하고 반민주적이고 전근대적인 세습 김일성 정권을 미화하는 것을 묵인하는 것은 학문의 진실 추구와 독립성을 포기하는 것이다.

셋째, 역사공부란 고도의 지적 훈련 과정이다. 역사공부를 통해 부분과 전체를 조화하는 것을 배우고, 자기 자신을 객관화시키고, 역사를 통해 지적 경험을 확대하는 등 유용하고 실용성이 강한 학습이다. 그런데 6·25 전범을 찬양하고 해방 직후의 혼란을 초래할 위험 있는 역사교육을 방관하는 것은 역사학의 책임 회피다.

넷째, 역사 연구를 통해 인간이란 무엇이며 어떤 인간이 되어야 하는가, 인간으로서 자기 성찰을 하게 해야 한다. 옳고 그른 것을 구별하게 해야 한다. 학생들을 시대에 뒤처진 이데올로기 노예로 만들지 말고 바른 삶을 살 수 있는 판단력을 길러야 한다. 최소한 오늘이 있기까지 헌신과 봉사를 한 할아버지 아버지 세대의 업적을 고마워하는 사실인식은 기본이다. 교육은 앞선 세대가 다음 세대에게 문화를 전수하는 것인데 노무현 시대 좌파 역사교육은 건국 60년의 전면부정에 의한 좌파의식화 교육에 나섰다.

다섯째, 역사교육은 과거와 현재, 미래를 제대로 인식할 수 있는 지식을 전수해야 한다. 정치가의 포퓰리즘이나 선전 선동의 허구를 판단할 수 있는 안목을 역사교육을 통해 길러 주어야 한다.

국사교육에 관한 역사학계의 첫 공동 논의는 1969년 말 한우근, 이기백, 이우성, 김용섭 공동 연구로 발표된 '중고교 국사교육 개선을 위한 기본 방향'이다. 이 공동 연구는 교과서에 구석기, 청동기, 발해사 등이 설정되어야 한다고 지적하며 일반의 이해를 위해 학계가 미해결의 장을 서둘러 연구해야 한다고 촉구했다. 그리고 '시안 작성의 기본원칙'으로 5가지를 열거했다.

① 국사 전 기간에 민족의 주체성을 살린다.
② 각 시대의 성격을 세계사적 시야에서 제시한다.
③ 민족사의 전 과정을 내재적 발전 방향으로 파악한다.
④ 제도사적 나열을 피하고 인간중심으로 생동하는 역사를 서술한다.
⑤ 민중의 활동과 참여를 부각시킨다.

이 시안은 이우성 씨가 대표 집필한 것이라고 본인이 역사학보 49집에 밝힌 것이다. 민중 부각, 내재적 발전 등의 용어가 등장한다. 우리가 역사와 전통문화를 어떻게 보고 해석하느냐 하는 것은 우리의 미래를 어떻게 열 것인가 하는 것과 직결된다. 유구한 민족사를 어떻게 평가하느냐에 따라 개인의 삶은 물론 민족의 진로도 결정되기 때문이다. 어느 민족이나 사회조직이라도 그 사회의 정신적 기저를 진작시키는 이상 없이는 존속할 수 없으며 그 사회조직의 지도원리에 대한 명백한 인식 없이는 생존할 수 없는 것이다. 건국 60주년 역사교육은 어떠한 원리에 의해서 우리 역사가 지속되었으며 어떠한 미래가 올 것인지를 제시해야 할 것이다.

2. 한국사·한국 전통문화의 재발견

건국 60년 한국사는 질과 양 모두 성장했다. 개발에 따른 구제 발굴로 유물·유적의 출현이 한국역사 이해의 지평을 넓혔다. 한국학이 다양한 학문의 참여로 연구 방법론이 다양해져 한국문화 이해가 넓어져 새로운 세계를 개척했고 실증적인 자료의 공개로 진실에 접근하게 됐다. 아쉬운 것은 건국 60년 압축성장 과정에서 생긴 개인과 가족 등의 비극과 해묵은 이데올로기 편견을 아직도 일부 역사학자가 벗어버리지 못하고 있다는 점이다.

1) 구석기, 신석기, 청동기, 철기

지구의 역사를 지질학자들은 원생대(原生代), 고생대(古生代), 중생대(中生代), 신생대(新生代)로 구분한다. 이 신생대의 제3기 말기에 인류가 출현한 것으로 추정하지만 사람이 연장을 만들어 사용하게 된 것은 신생대 제4기인 홍적세부터라고 한다. 돌을 깨뜨려서 만든 뗀석기(打製석기)를 쓴 시대를 뒷날 돌을 갈아 만든 간석기(磨製석기)를 쓴 신석기와 구분해 구석기 시대라고 한다.

(1) 구석기문화

인류가 유인원으로부터 분리 진화하여 돌을 깨뜨려서 만든 도구를 쓰며 사냥과 채집 생활을 하기 시작하여 정착하여 간석기를 쓰기 시작하는 신석기 이전까지의 약 400만 년 전부터 1만 년 전까지의 시기를 구석기 시대라고 한다. 이동하면서 살았다. 구석기의 가공 기술이나 뗀석기의 종류에 따라 전기(400~10만 년), 중기(10~4만 년), 후기(4~1만 년)로 나누기도 한다. 이 시기 구분은 프랑스 남부 perigod 지방을 기준으로 만든 것으로 시간적 의미보다 발전 단계를 기준으로 한 것이다. 한반도에서는 1933년에 두만강 변 동관진에서 구석기 유적지가 발견된 이래 남한과 북한에서 구석기 유적이 줄을 이어 발견됐다.

전기 구석기: 평양 부근 상원군 검은모루동굴(66), 제천 포전리 점망동굴(73), 연천 전곡리(78) 단양 금골유적(83), 상원군 용곡리동굴(80) 파주 주월리, 가월리, 금파리유적, 강릉 심곡리, 양양 도화리유적이 전기구석기로 구분된다. 자갈돌의 한 면 또는 양면을 때려낸 찍개류(chopper)와 긁개류(scraper)가 출토되었다. 전곡리, 금파리, 한탄강, 임진강 주변 유적에서는 전면을 때려내어 손으로 쥐기 쉽고 사용 효과를 높인 주먹도끼(hand axe)와 사냥돌(bolars), 가로날도끼(cleaver), 찌르개(point) 등 정형화된 석기가 출토되었다. 특히 주먹도끼는 기존의 인도를 기준으로 서쪽의 주먹도끼 문화권과 동쪽의 찍개 문화권으로 구분하던 기준을 수정케 한 것이다.

한반도에서 가장 오래된 구석기 유적은 석회암 동굴인 평양 부근 상원군 검은모루동굴(1966: 40~60만 년 전 유적으로 추정)로 동서 길이 30m, 최대폭 2.5m 석회암 동굴에서, 주먹도끼, 찌르개, 긁개 등 다양한 석기가 발굴되었다. 삼림성 포유류, 초원성, 삼림초원성 등 동물화석, 상원큰사슴 등 고생물, 물소, 코끼리 등 아열대 동물화석도 발굴되었다. 홍적세 중기 초 유적으로, 짐승의 상태에서 벗어나 집체적인 노동을 하면서 이룬 첫 사회적 집단을 이룬 원시무리였다. 원숭이에서 갓 벗어난 원인이라고 북한 학계는 발표했다.

전곡리유적: 경기도 연천군 전곡리 한탄강 강변 황토지에 형성된 유적. 동아시아 최초의 전형적인 주먹도끼 발굴, 석영암이나 규암 등으로 만든 주먹도끼(hand axe), 가로날도끼, 사냥돌 등의 큰 석기와 소형의 긁개류가 있다. 주먹도끼와 가로날도끼가 함께 출토되고 대형석기 형태 특징이 아프리카 전기 구석기 말 상고안문화와 유사하여 전기 구석기로 간주한다. 그러나 제작 기술은 전기 구석기지만 절대연대는 후기로 보기도 해 학계의 해석이 분분하다.

중기 구석기: 함경북도 웅기굴포리1기(63), 평남 덕천군유적(73), 평양부근역포(77) 통영 상노대도 제천 명오리 유적 등이 우리나라 대표적인 중기 구석기 유적이다. 전기에 비해 대형 석기의 비율이 줄어들고 석기 형태 분화, 톱니날 석기, 뚜르개, 새기개 등이 나타난다. 날을 더욱 날카롭게 한 2차떼기와 격지를 떼어낸 몸돌무늬가 거북등무늬와 비슷한 르발루아 기법도 유행했다. 그러나 우리나라 중기 유적 유물은 석영암 석재를 사용, 이러한 기술 발전이 뚜렷하지 않아 전기와의 구분이 명확지 않다. 덕천 과 역포에서 원인에서 한 단계 진화된 10만 년 전 고인(古人)의 화석이 나와 북한학계가 복원했다.

후기 구석기: 공주 석장리(64), 홍천 하화계리 단양 수양개 상시동굴(84) 금굴(83),

굴포2기층 덕천군 승리산 평양 만달리(79), 평산해상동굴 청원 두루봉동굴(76). 승리산과 만달리에서는 3~4만 년 전 인류의 뼈 화석이 출토돼 '신인(新人)'이라고 학계에 보고했다. 상시에서도 5만 년 전 인골 발굴. 석기재질은 석영암·규질암·흑요석이 다수를 이루게 되며 석재를 뼈나 뿔 단단한 나무를 대고 때린 간접떼기와 눌러떼기의 수법을 엿볼 수 있다. 검은모로동굴이나 두루봉동굴의 석회암 동굴에서 동물화석 꽃가루 자료가 나왔다. 충북 단양군 애곡리 남한강 상류 강안 단구 수양개 한데유적(open site)에서 주먹도끼, 밀개, 꽃가루, 숯이 검출됐다.

홍천강 하안 단구 하화계리에서 석영암 흑요석 수정 유문암 단백석 사암 반암 등 다양한 석재를 사용한 석기가 출토됐다. 2m 정도의 석기 제작장 흑요석 돌날 제작장이 50m 거리 두고 확인됐다.

(2) 신석기

지구의 기후가 구석기 시대에서 현재와 같은 간빙기로 접어드는 시기가 왔다. 이 시기는 기후 변화로 인류도 새로운 먹을거리를 찾아야 하는 과제를 안게 되었다. 농경과 가축 개발이 시도되었다. 간석기, 토기 제작이 본격화되었다. 한반도에는 시베리아에 살던 고아시아족이 중국 동북 지방과 연해주 지방을 거쳐 한반도에 이주해 살았다고 주채혁교수는 추정했다. 몽골 지역에서 순록을 몰고 이끼를 찾던 '조선'이라고 불린 이들의 일부가 고조선 부여 지역으로 남하한 것 같다는 가설을 '순록치가가 본 조선 고구려 몽골'로 정리해 출판했다. 신석기인들은 해안가 언덕 큰 강가의 대지 내륙 지방의 강가에서 생활했다. 유적은 살림 집터와 무덤 조개더미 등이 있다. 1980년대 초에 임효재 서울대교수가 강원도 양양 오산리 유적을 발굴하면서 우리나라 신석기 시대가 기원전 6천 년경으로 소급되었다. 신석기 토기는 3단계를 거쳐 왔다. 바닥이 둥글고 무늬가 없는 민무늬토기와 밑이 평평하고 울퉁불퉁한 무늬를 넣은 덧띠무늬토기(융기문 토기)를 사용했다. 부산동삼동(70), 웅기굴포리서포항, 평북만포진, 양양 오산리 등에서 출토된다. 기원전 4천 년경부터 밑이 뾰족하거나 둥글고, 표면에 빗살무늬를 새긴 토기(즐문토기)가 생겨 신석기 말기까지 주류를 이룬다.

구석기 시대처럼 동굴 바위 그늘도 이용했으나 움집(竪穴住居)이 나타나 바닥에 돌 깐 집이 발견되기도 한다. 물가의 평평한 대지, 물가 낮은 산의 경사면에 지름 4~6m 크기의 둥글거나 네모진 구덩이를 50~60㎝ 정도 깊이로 파내어 바닥을 만든 후 중앙에 화덕을 마련하고 기둥을 세워 지붕을 덮은 형태로 별도 벽체 시설 없이 서까래가 바로 땅에 닿은 집이다. 암사동 오산리 봉산리 지탑리 합천봉계리 집터가 확인되었다. 간석기[磨製石器]는 신석기의 특징이다. 전면을 간석기 날 부분만 간석기 전면을 떼어내어 만든 간석기 등이 있다. 고기잡이용, 사냥용, 농경용, 그물추, 작살, 화살촉, 대패날, 보습, 쟁기 등이 발굴 수습됐다. 뼈, 뿔연장은 주로 조개더미에서 발견되었다. 바늘, 송곳 등 생활용구와 호신구 사람 얼굴, 성기 모양 등 신앙종교, 예술 추구자료도 있다. 호숫가 언덕 위에서 발굴된 오산리집터에서는 낚시도구 얼굴 모양 토기 흑요석제 칼 등이 나왔다. 1925년 을축년 홍수 때 발견된 암사동집터에서 후지다 요꼬야마 등이 많은 유물을 채집했다. 개량된 생활용구로 의식주에 변화가 있었다. 방추를 이용해 삼이나 옷감 제작. 구슬이나 조개껍질로 장신구 제작. 조, 피, 수수 등 재배. 갈돌을 이용 곡식이나 열매 등을 갈아서 먹을 줄도 알았다. 물고기 잡이, 가축 사육을 했으며 움집에서 5~6명이 동거했다. 화덕 쪽구들 난방 등이 확인됐다. 부락도 형성됐다.

(3) 청동기문화

인류가 석기만을 쓰던 단계에서 구리에 주석이나 아연 등을 합금한 청동기를 무기 제기 생산 도구로 제작한 것은 문명의 전환을 의미하는 획기적인 것이다. 슈메르, 이집트, 인더스, 殷의 세계 4대문명이 청동기문화를 바탕으로 한 것이다. 한반도 청동기는 요령 지방 청동기와 유사하나 후대의 한국식 동검이나 청동의기는 요령식 청동기와 구별되는 특성이 있다. 요령식 청동기는 고인돌을 비롯한 무덤에서 대부분 출토되었다. 요령식 동검 부채도끼 화살촉 손칼 끌 밀개 거친무늬거울[粗文鏡]단추 등이 있다. 활모양으로 휘어져 비파형 또는 곡인(曲刃) 청동단검으로 불리며 요동반도에서 서북 지방 중서부 지방에 퍼졌다. 부여 송국리에서 요령식 동검 부채도끼의 거푸집[鎔范]이 출토되어 일상생활에 청동기 주조가 이루어졌음을 알 수 있다. 순수한 한국식 청동기는 재질이 白銅質이다. 칼날이 직선을 이루며 좁아지는 한국식 동검 푸접창 등의 무기류와 잔무늬거울 방울 달린 청동기 검파형 방패형 원개형 등 청동기 의기류가 대부분이며 도끼 끌 밀개 등의 공구류도 있다. 기원전 4세기 후에 전국으로 확산되었다. 청동검 청동거울 곱은옥과 한 세트를 이루며 일본에 영향을 주었다.

청동기 시대 유적으로 바위 면이나 큰 암벽 위에 물상 기호 성혈 등의 형체를 쪼아내거나 선으로 윤곽을 나타낸 **바위그림**이 반구대 천전리 고령양전리 주가홍리 함안 도

항리 등 영남 지방에서 주로 분포됐다. 대곡리 반구대 바위그림은 태화강 상류 대곡천 변 암벽에 새겨져 있다. 고래, 돌고래 등 바다 짐승을 전면을 쪼아내어 음영화(陰影畵)로 표현했다. 오른쪽에는 들짐승들의 윤곽을 선으로 쪼아냈다. 호랑이, 개, 사슴, 돼지, 배, 사냥꾼 북부유라시아에 퍼져 있는 선사 시대 사냥에 관한 의식을 표현한 것이다. 여기서 상류 2㎞ 떨어진 계곡 돌출부 암벽에 새겨진 천전리 바위그림은 기하학적인 무늬와 탈을 쓴 사람을 비롯하여 사슴, 호랑이 등 짐승이 그려져 있다. 신라 시대 명문도 있다. 양전리 바위그림은 겹고리[同心圓], 십자모양 네모꼴 등 기하학적인 무늬가 많이 보인다. 포항 인비동 여수오림동 고인돌 덮개돌에 간돌검이나 돌살촉 등이 새겨져 있다.

부여 초촌면 송국리 낮은 야산지대에 목책(木柵)으로 둘러싸인 취락지 안에 100여 기가 넘는 청동기 시대 집터에서 움집터 60여 기와 돌널무덤 1기 독무덤 4기 등 무덤 10여 기가 확인되었다. 요령 지방에서 유행한 부채도끼 거푸집 출토, 볍씨 자국 있는 토기편 불탄 쌀 숫돌 검 화살촉 반달칼 도끼도 나왔다. 송국리 집터 인근에서 **송국리 돌널무덤**도 확인됐다. 요령식 청동기동검 돌살촉 곱은옥 관옥 마제석검이 출토된 부여 송국리 돌널무덤(石棺墓)은 장방형으로 깊게 판 구덩이에 판돌(板石)을 조립하여(길이 205㎝, 너비 100㎝, 높이 80~90㎝) 무덤을 조성했다. 석관묘바닥에서 요령식 동검 끌 돌살촉이 발견됐다. 대전시 괴정동 구릉지에서 **괴정동 돌널무덤이** 발굴됐다. 깊이 270㎝ 구덩이 바닥에 길이 220㎝, 너비 50㎝, 높이 100㎝ 크기 돌널을 만든 다음 뚜껑돌을 덮고 그 위에 깬 돌로 채운 구조. 돌무지 돌널무덤이다. 한국식 동검 거친무늬 거울 종방울 청동기 의기 곱은 옥 덧띠 토기 등이 나왔다. **부여 연화리, 예산 동화리, 부여 구봉리, 부여합송리, 연기 봉암리, 아산 궁평리**에서 부여 송국리 출토 유물과 다른 청동기 유물이 쏟아져 나왔다.

공주사대 안승주 발굴팀 요령식 동검 발굴

[한국고대사의 신비가 고고학의 괄목할 성장으로 실마리가 풀리고 있다. 74년 4월 19일 충남부여군 초촌면 송국리 석관묘에서 요령식 동검을 공주사대 안승주 교수가 발굴한 것을 계기로 학계는 청동기 시대 상한 논쟁과 함께 고조선 시대 실존을 거론하고 있다. 일제 때 일본인들은 우리나라에 청동기 시대 존재를 부인했으나 해방 후 대전 괴정동을 비롯해 충남 연기 연산 대구 용인 화순 지방 등에서 청동기 유물들이 나오고

청동기를 만들었던 틀(鎔范)까지 발견되고 나서야 청동기 시대 실존이 공인되었다. 그러나 대부분의 청동기 유물이 도굴품이었고 소위 세형변형식 동검이 많았기 때문에 학자들은 한국청동기 상한연대를 BC5세기 정도로 못 박고 있었다. 그러나 무주에서 만주식 요령식 동검이 2점 도굴되고 화순에서 청동기 유물과 함께 나온 나뭇조각 탄소연대 측정이 BC490~730년으로 나와 학계일각에서는 한국청동기 상한선을 수정해야 한다고 주장해 왔다. 김정학, 손보기, 김정배 교수는 청동기 상한연대를 BC10세기로 올려야 한다고 주장했으며 김원룡, 한병삼 씨는 BC7~8세기로, 윤무병 씨는 BC5세기로 주장했다. 학계가 청동기 상한선을 둘러싸고 논쟁할 때 부여 송국리에서 출토된 청동검은 한국 청동기 인식에 결정적인 자료가 되었다. 윤무병 충남대교수는 BC5세기로 추정했으나 발굴 단장 안승주 교수는 우리나라 변형세형 청동기 조형(祖型)으로 추정해 온 만주 요령성 동검과 똑같은 부여 청동검은 BC10세기 전후 제작된 것으로 보인다고 학계에 보고했고 한국청동기 상한선을 BC10세기로 끌어올려야 한다고 주장했다. 한편 75년 11월 30일 전북 완주에서 26개나 출토된 중국 도씨검(桃氏劍)은 중국의 주례고공기(周禮考工記)에 기록된 것과 같은 청동검으로 이미 청동기 시대에 다양한 문화가 한국에 전파되었음을 알려 준 자료다. 우리나라에서 처음 출토된 이 도시검은 중국의 하남성과 중국황하 하류에서 출토된 것과 같은 청동기 유물로 시베리아 계통의 문화와 중국문화가 청동기 시대에 한반도에서 만났음을 알려 주고 있다(신동아 76년 1월호 뉴스와 화제, 학술, 박석흥),

청동기와 민무늬토기

우리나라 청동기 편년은 학설이 구구하다. 북한은 기원전 2천 년 전반기. 김정배는 기원전 1300~1000년, 김원룡은 기원전 9~8세기, 윤무병은 기원전 5세기다. 조 피, 수수, 콩, 보리, 기장 등을 재배하여 유적에서 탄화미가 발견된다. 반월형 석도도 함께 나왔다. 야산지대 촌락을 형성했고 마제석검 구슬 청동으로 장신구도 제작했다. 고인돌과 석관묘에서 청동기가 발견된다. 고인돌은 중국의 산동 요동 지방과 한반도 일본에 분포되어 있다. 보통탁자식 기반식[바둑판형] 개석식[구동형]의 세 유형이 대표적이다. 대체로 북방에 탁자식 남쪽에 기반식이 많이 분포되어 있다. 충남 연기군 금남면 장재리에는 둘 다 있었다. 받침돌 없이 직접 덮개돌을 구덩이 위에 올려놓은 개석식은 전국에 분포되어 있다. 돌널무덤은 땅 밑에 돌로 상자 모양의 관을 만든 것으로 고인돌에서 한 단계 진화된 것이다. 한반도 청동기문화는 발해만을 끼고 도는 중국 동북 지방 문화와 공통점이 있다. 고인돌 민무늬토기, 비파형동검이 출토되는 문화권이다.

동이족은 중국이 진·한(秦·漢)에 의해 통일될 때까지 화하(華夏)족과 더불어 중국 고대국가를 이끌어 가던 주역의 하나였다. 중국인의 전설적인 시조 황제(黃帝)와 탁록의 들에서 장기간 싸웠다는 치우(蚩尤)는 동이족으로서 전쟁신으로 숭배되었다. 위수 부근에서 주나라가 세워지고 동방으로 진출하면서 동북 지방의 동이족이 요서 요동과 한반도로 이동했다. 기원전 3세기에 진한이 중국을 통일할 때 동이족도 흡수 통합됐으나 그 일부는 한반도로 파상적으로 몰려와 고조선과 삼한 사회에 영향을 주었다. 기자, 위만 등이 그런 일부였다. 한국인은 동이족의 주류로서 동호·예·한(東胡·濊·韓) 등으로 불렸다. 몽골 연구학자 주채혁 교수는 바이칼 호 지역까지 고대한국문화와 관련 있다고 주장하는 논문을 발표했다.

(4) 초기 철기

기원전 3세기경 한반도에 중국 하북성 북부에 자리 잡고 있던 연(燕 B.C323~222)나라 화폐인 명도전과 함께 철제 무기, 농경구, 공구가 출토된다. 명도전은 요동반도에서 시작하여 압록강 중류와 대동강 상류 서북한 지역에서 발견된다. 형태는 손칼 모양으로 내부에는 명(明)이라는 명문이 새겨져 있다. 검, 고리자루칼, 화살촉, 꺽창, 도끼끌, 낫, 낚시바늘, 송곳, 가래, 반달칼 등의 철기가 보급되면서 단단하고 예리한 철제 도구를 이용한 농경이 대규모로 이루어지면서 농업에 혁명적인 변화가 일어나 생산력이 급속히 증가한다. 남한 지역 철기문화는 낙랑의 유이민들이 남하하거나 해상을 통한 교류에 의한 것으로 본다.

초기 철기 시대 대취락지 발견

[경기도 수원시 서둔동 여기산(麗妓山)에서 2천 년 전 초기 철기 시대 대집단 취락지가 발견됐다. 숭전대 박물관 학술조사단(단장 임병태)은 80년 11월 4일부터 15일 여기산 선사유적지 발굴조사에서 초기 철기 시대(BC2세기) 수혈(竪穴)주거지(움집)와 철도끼, 철화살촉, 철편, 토기, 방추차(紡錘車), 토제관옥 등 초기 철기 시대 유물을 발굴했다. 임병태 발굴단장은 수원평야를 끼고 있는 4만여 평의 여기산 전체가 우리나라

초기 부족국가 성립 단계의 대취락지라고 발표했다. 남한에서 최초로 발굴 확인된 이 초기 철기 대취락지는 50~70㎝ 깊이로 땅을 파고 기둥을 세워 만든 4~5m의 방형 수혈주거지(움집) 3백여 호가 산재했을 것으로 발굴조사단은 추정했다. 집 한가운데 진흙을 바르고 다져 만든 직경 80㎝ 크기의 노지(爐址·화덕)가 있었고 기둥을 세웠던 20~30㎝의 기둥 파편이 확인됐으며 보존 상태가 좋은 2집자리에서 30여 점의 유물이 나왔다. 이번 발굴에서 확인된 집 규모와 수습된 유물은 청동기 말기의 무문토기 10여 점과 동도끼 1점, 동화살촉 1점을 비롯해 김해식 토기 3점, 철도끼 2개, 철화살촉 1점, 철편 1점, 숫돌 3개, 흙으로 만든 관옥 1점, 실 만드는 데 쓴 방추차 2점 등으로 위지동이전(魏志東夷傳)에 보이는 고대 부족국가 기록이 사실임을 입증해 주었다. 임병태 단장은 "여기산 철기 시대 취락지는 고대부족국가 성립 시기의 한 부족의 중심으로 보인다."라고 말하고 "이 유적은 청동기 시대 무문토기인들이 철기와 김해식 토기문화를 수용하는 과정을 엿볼 수 있다."고 해석했다. 임 교수는 여기산 유적지에서 벼잎줄기 자국이 있는 무문토기도 발견됐다고 밝히면서 벼농사가 본격화되면서 부족국가 연맹단계로 발전하던 2천 년 전 철기문화 연구에 도움이 될 것이라고 주장했다. 김철준, 최영희 교수는 삼국정립 이전의 신비의 베일에 가려진 부족국가 단계 유물 출현이라고 반가워하며 지속적인 발굴이 안 되는 것이 아쉽다고 했다.](경향신문 80.11.17. 수원＝박석홍 기자)

중석기문화유적 발굴

[한국고고학 편년에서 공백기로 남아 있던 중석기문화 존재를 확인하는 유물과 완전한 형태의 초기 철기 시대 주거지 발굴이 공주사대(학장 박재규)에서 열린 제4회 한국고고학 전국대회에 보고됐다. 이번 대회에 보고된 보고서 가운데 김동호 동아대박물관장의 욕지도 중석기문화, 임병태 숭전대박물관장의 수원 서둔동 초기 철기 시대 완형 주거지, 이건무 국립중앙박물관 학예연구관의 춘천 중도 주거지, 심봉근 동아대교수의 김해 부원동패총이 특히 주목받았다. 74년부터 경남 다도해 지방의 선사 유적을 조사해 온 김동호 동아대박물관장은 욕지도에서 박편석기와 세석기 등 중석기 유물을 발굴했다고 보고했다. 후기 구석기에서 신석기로 넘어가는 1만 년 전에서 8천 년 전 사이의 중석기문화의 존재를 알려 준 욕지군도의 바다에 가까운 경사변의 패총에서 중석기 유물이 무더기로 발굴됐다. 35×25m 유적지에서 깊이 1.2m 지하 1.2m에서 중석기문화

의 전형적인 세석기가 발굴됐다고 보고했다. 함북 굴포리패총과 일본 구주의 복정동혈 (福井洞穴) 유적과 관련시켜 검토할 필요가 있다고 주장했다. 김해 부원동 패총유적을 발굴한 심봉근 교수는 현존 한반도 최고의 마형토우(馬形土偶)를 보고했다.](경향신문 1980.10.28. 공주＝박석흥 기자)

2) 고조선

(1) 고대 한국민족 명칭과 고조선의 무대

중국 고문헌에 등장하는 우리 민족의 명칭은 예·맥·한(濊·貊·韓) 등이며, 이들이 고조선, 부여, 고구려, 동예, 옥저, 삼한 등으로 발전했다. 고조선, 부여, 동예, 옥저, 삼한은 국가 기원 형성 문제와 관련하여 많은 논의가 있다. 부족국가, 성읍국가, 군장 사회론 등이 제기됐다.

* 서영수 교수: 조선은 선진(先秦) 시대 문헌인 관자(管子), 전국책, 산해경 등에 단편적 기록이 보이며 한대 이후 사기 한서 위략(魏略) 등에 나타난다. 조선 명칭이 최초로 보이는 중국 문헌 관자에는 "조선에는 좋은 무늬 있는 짐승가죽[文皮]이 나오는데 8천 리 밖에 있다." 전국책(戰國策)에는 "연나라 동쪽으로 조선과 요동과 접해 있다."고 기록되어 있다.

* 김정배 교수: 단군은 결코 신화적 존재가 아니다. 역사적 실체를 단순화하고 신성화시킨 것으로서 일정한 역사적 사실을 반영한 것이다.

* 삼국유사 - 고조선을 대동강 평양 중심으로 비정했다.

* 조선 시대 단군을 민족 시조로 격상했다. 동국통감, 동궁여지승람 등 조선 전기 사서는 고조선 중심지를 압록강 이남에 비정했으나 양 난 이후 상고사에 대한 해석이 적극적으로 시도됐다. 한백겸은 부여 읍루 고구려를 다루며 지리적 공간을 확대(동국지리지)했으나 고조선 중심지는 압록강 이남으로 했고, 고조선과 삼한이 한강을 경계로 병립한 것으로 했다. 이익은 만주의 요심지방(요하동서)을 단군 중심지로, 단군이 개국했다는 태백산도 요지에 있는 것으로 추론했다. 이종휘도 동사(東史)에서 요동 심양 일대는 단군과 기자의 영역으로 보았다. 18세기 중엽까지 만주에 대한 관심이 높긴 했으

나 18세기 후반 남인학자들처럼 정치하지 못해 통설로 인정받지 못했다. 그러나 이러한 역사인식은 북학파를 거쳐 1920년대까지 민족주의 사학자들에게 계승되었다. 안정복 동사강목은 이익과 달리 고조선 중심지를 압록강 이남으로 비정하고, 고조선 중심지를 압록강 이북에 비정한 '요사'를 비판했다. 정약용은 한반도 안에 있다가 뒤에 영토를 확장하여 요서를 점령하고 연과 국경을 접했다고 보았다. 한치윤의 해동역사도 고조선 강역을 요서로 비정했으나 중심은 압록강 이남으로 보았다. 18세기 말 남인 실학자들은 고대사 중심 무대를 한반도에서 찾았다. 남인 실학자들이 고대사 중심 무대를 한반도에서 찾은 것은 '요사'가 북방족들이 자신의 역사를 주류로 부각시키기 위해 한반도 지명까지 만주로 끌어들여 한반도의 역사를 주변적 위치로 격하시키려 한 시도에 대한 반발이었다. 만주원류고(1778) 등이 북방족 중심으로 정리하며 한국사를 북방족의 주변사로 격하, 남인 학자들은 이러한 청 중심의 역사 정리에 대한 주체적 시각으로 반발했으나 사실 자체 검증이 약했다.

* **북한학계** — 60년대 고조선 문제에 대한 격론을 거친 후 요수를 난하로 패수를 대능하로 열수를 요하로 비정했다. 고조선 강역을 진개 이전에는 난하 유역까지, 진개 침입 후에는 대능하 유역 요동 요서에 걸쳐 있는 것으로 보았다. 그러다가 1983년 평양 중심설로 바꾼다.

* **이동설** — 요동에서 대동강으로 옮겼다는 주장으로 신채호, 김상기, 천관우 씨가 주장했다.

* **고조선의 문화적 기반으로 고인돌과 청동기** — 청동기문화 기반으로 비파형동검이 나오는 요동, 요서, 길림, 장춘, 한반도를 고조선 지역으로 추정한다. 중국학계는 요서를 비파형청동검 발생지로 남북학계는 요동지역을 비파형청동검 진원지로 보았다. 비파형동검이 나오는 지석묘가 한반도, 요동반도에 국한되고 있다. 지석묘가 발전한 한반도의 석관묘, 석곽묘 적석총에서도 청동검이 나오고 있다는 것도 주목할 점이다.

(2) 조선이라는 명칭

중국 고대 사료에는 조선, 한국 고대 사료인 삼국유사에 고조선으로 표기돼 있다. 고조선조에 단군조선과 기자조선을 고조선으로 서술하고, 위만조선을 별도로 표시했다. 제왕운기는 단군조선을 전 조선, 기자조선을 후 조선, 위만조선을 별도로 하여 삼 조선으로 구분했다.

* 사기 조선전을 주석한 '사기집해'자 장안＝"낙랑과 조선이라는 명칭은 열수 등 강
  이름에서 따온 것"으로
* 산해경 주석자＝요동에 있던 낙랑의 동의어로 지리적 위치로 해석했다.
* 신증동국여지승람＝"동쪽 끝에 있어 해가 뜨는 지역이므로 조선이라 불렀다."고 했다.
* 동사강목＝"선비의 동쪽에 있으므로 조선이라 했다." 지리적 요소와 종족적 성격
  포함된 것으로 나타났다.
* 신채호와 정인보＝만주어 珠申에서 온 것으로.
* 주채혁＝'이끼를 찾아다니는 순록유목민'으로.
* 이마니시＝단군조선을 다룬 삼국유사가 '위서'로 단군조선은 허구일 가능성이 있
  다고 주장.
* 주채혁 강원대교수＝순록을 기른 유목민이 개척한 초원의 길을 한국고대사의 시
원을 밝히는 가설로 발전시켰다. 조선·고려라는 국명이 순록의 먹이 이끼를 찾아 이
동했던 유목민과 순록을 지칭하는 초원길의 토착 원시어였다고 밝히고 바이칼 호 남단
에서 출발한 순록치기들이 이동해 고조선, 부여, 삼국을 건국한 것이라고 주장한다.
'조선'은 '선(鮮 이끼)을 향해 가는'이라는 뜻으로 이끼가 있는 소산을 찾는 순록 유목
민을 가리키는 몽골말과, 유목민들이 길렀던 순록을 지칭했던 '코리'라는 초원길의 토
착 원시어가 조선·고려라는 국명이 되었다는 것이다. 압록강 북쪽 사람은 조선(朝鮮)
의 조(朝)를 '아침 조' 자 자오(zhao) 1성으로 읽지 않고 '찾을 조' 자 차오(chao) 2성
으로 읽는다. 조(朝)가 '……을 찾아간다'는 의미로 쓰이는 경우는 조천(朝天), 조공(朝
貢) 등의 한자어도 있다. 주 교수는 선(鮮)도 몽골스텝과 길림성(吉林省) 일대에서는 각
각 '이끼 선(蘚)'과 같이 시엔(xian) 3성으로 읽히는, '작은 동산 선' 자라고 풀이했다.
'조선'은 한문(漢文) 단어가 아니라 시베리아 유목민의 고대 토박이 말이라고 주 교수
는 주장했다. 순록을 기르던 유목민들이 소수의 기동력을 무기로 광역을 누비며 험난
한 유목 생산업을 개척해 내는 차아탕[chaatang: 치우족(蚩尤族)]－조족(朝族)이 선
(鮮)(Soyon)족을 통합해 이룬 예맥(濊貊) 단단국(檀檀國)이 조선(朝鮮) 단군왕조라는 가
설을 주 교수는 제기한다. 바이칼 호 북극해권 곰토템족이 수렵 단계에 머물러 있는
홀룬부이르 호 태평양권의 호랑이 토템권역으로 남하하는 과정에서 단군 탄생의 웅녀
전설이 생겨났던 것으로 주 교수는 풀이한다. 조족(朝族) 주도의 선족(鮮族) 통합 과정
에서 조선(朝鮮) 유목제국이 창업됐고, 순록을 고도로 가축화해 낸 고리(槁離·Qori)族
의 등장과 이들의 철기와의 결합으로 홀룬부이르 몽골 초원에서 맥고구려(貊－高句麗)

가 형성된 것이라고 주 교수는 풀이했다. 이 초기 초원길은 북위 50도의 유목민의 이동 통로로 고구려, 부여의 시원과 연결된다는 것이다. 순록의 먹이 이끼를 찾아 이동했던 몽골 유목민들을 지칭했던 '조선'(이끼가 있는 소산을 찾는 무리들)과, 유목민들이 길렀던 순록을 지칭했던 '코리'라는 초원길의 토착 원시어가 조선·고려라는 국명이 되었다는 것이다.

(3) 중국 기록에 의한 고조선의 변천

기원전 7세기 춘추시대 '관자'에 조선에 관한 기록이 있다. 조선을 교역 대상으로 판단 정치적 복속 문제 논의한다. 전국 시대인 기원전 4세기경 연(燕)나라와의 갈등이 보인다. '위략'에 옛 기자의 후손인 '조선후'가 왕을 칭하고 연을 침공하려 했다는 기록도 있다. 연과 대결 양상이 계속된다. 기원전 3세기에는 연나라 장수 진개가 동호를 침공 서방 2천 리 땅을 빼앗긴다. 요동 지역 거점을 상실한다. 진 통일 후 조선왕이 복속했다. 준왕이 위만을 박사로 임명한다. 춘추전국 시대 및 진 통일시기까지는 중국사와 별개로 독자적인 체제 유지했다. 중국 진한 교체기에 대규모 유민 유입으로 정치체계에 변화가 있다. 부왕 준왕으로 이어졌던 예맥족 위주의 조선은 연나라 망명자 위만의 정권 탈취로 고조선은 흔들리고 조선의 일부가 남으로 내려온다. 기원전 198년이다. 위만은 기원전 193~192년 진번, 임둔, 옥저 지역을 통치 영역에 포함시킨다. 위만의 손자 우거 대에 와서 강력한 철기문화를 기반으로 군사력도 갖추었다. 조선이 한과 형식적인 복속과 무역 중계자의 위치를 거부하고 실질적으로 주변 지역을 장악하여 이들을 통제하자 한이 침공했다. 한사군을 설치하고 섭하를 조선에 파견 회담했다. 기원전 109년 가을 수륙 양군을 동원하여 침공했다. 조선은 1년여 전쟁에서 지배층의 분열과 우거왕 피살 및 주화세력의 망명 등에 의해 세력이 급격히 약화되었다. 예군 남여가 28만 명을 이끌고 투항 최후까지 항전했던 대신 성기 등이 노력도 성과 없이 기원전 108년 조선은 붕괴되었다.

사기 조선전 기록에 따르면 한무제의 조선 공략은 어려운 전쟁이었다. 사기에 따르면 수군 지휘자 누선장군 양복은 서인으로 강등, 육군지휘자 좌장군 순체는 참하여 저자거리에 내다버리었다. 화의 추진 책임자도 참형했다. 제남태수 공손수도 참형 사마천은 조선 정벌에 참가한 장군이 모두 극형을 당했다고 기록했다. 조선에서 주전파 세력이 몰락하고 그 대신 주화파 세력이 득세하여, 중국과 화의를 맺고 새 중심세력으로 부상했다. 조선은 한사군으로 재편되었지만 사실은 기존 토착 세력이 사분되어 유지된 것으로 해석할 수 있다. 사기 조선전에 한무제가 기원전 108년에 4군을 설치했다는 기록만 보인다. 한서지리지에는 낙랑 현도군만 나타나고, 한서 오행지에는 원봉 6년조에 "전에 두 장군이 조선을 평정하여 3군을 두었다."는 서로 상치되는 기록이 보인다. 진번 임둔은 B.C82년에 폐지된다. 현도군도 B.C75년에 이동한다. 낙랑군만 실질적인 한의 직접 통제를 받았던 지역으로 본다. 고구려가 요동군을 침공하여 대방령을 죽이고 낙랑태수 처자를 사로잡았다는 사실은 낙랑과 대방의 최고 책임자들이 요동 지역에 머물고 있었으며, 군현통제가 실질적이 아니었을 가능성도 엿보인다. 낙랑도 대방군과 함께 고구려의 공격으로 313~314년 사이에 소멸된다.

(4) 소련과 중국의 고조선 연구

[반도 안에 묶어두었던 한국고대사의 활동 무대를 송화강, 요하, 대능하, 발해 연안의 광활한 지역으로 확대해서 보는 새로운 인식이 소련과 중국학계에서 제기되어 한국 고대사 인식 지평을 넓히고 있다. 소련과학원 시베리아 분원 역사언어철학연구소가 최근 펴낸 '고조선(古朝鮮)'은 고조선의 강역을 요동반도와 대능하 유역으로 설정했으며 자유중국학계도 발해 연안을 고대 한민족의 역사 무대로 설정했다. 소련과학원의 '고조선'은 한국, 중국, 일본, 소련의 고조선 연구와 최근 관련 발굴을 총정리한 것으로 고조선과 한사군의 무대를 만주 요동 지역으로 비정했다. 고조선의 고분과 문화에 관한 연구 논문을 발표해 온 U.M. 푸친이 쓰고 고고학자 A.P. 아클라드니코프가 감수한 '고조선'은 기원전 4세기에 국가 형태를 갖춘 고대국가가 요하 ,대능하 유역에 성립됐다고 기술했다. 전체 4장으로 꾸며진 '고조선'은 남만주 북한 지역에서 출토된 청동기와 철기 시대 유물과 문헌 자료를 토대로 고조선을 체계화했다. 푸친은 이 지역 청동기 편년을 기원전 2천 년 후반에서 1천 년 전 전반기로 올려 잡고 고조선을 초기 철기 시대로 추정했다. 기원전 4~2세기의 고조선 강역은 남쪽이 예성강 동쪽은 동해 서쪽은 대능하였다고 규명했다. 푸친은 기원전 4세기에 고조선이 왕위 계승권 칭호 품계 및 발전된 생산능력을 갖춘 고대국가로 성장했음이 중국 사료를 통해 입증됐으나 고고 유물은 기원전 8~7세기에 국가가 형성됐을 가능성도 있어 국가 성립시기 추정은 숙제라고 지적했다. 고조선 무대를 만주로 확대시킨 푸친의 '고조선'은 소련의 고조선 연구 결과를 1차 결산한 것이다. 소련에서는 61년 M.V. 바로비에프의 '고대한국'을 비롯하

여, M.N. 박, H.K. 유리코프, R.S. H 좌를가시노바 등의 연구 결과가 쏟아져 나왔다. 푸친은 낙랑의 일부 세력을 제외하고는 한사군은 현재 한국의 국경 밖에 존재했다고 주장했다. 한편 자유중국에서도 중국 동북부 지역의 신석기, 청동기문화 발굴 결과에 따라 대능하 이동의 발해 연안을 중국 한문화(漢文化)권과 다른 동이문화권으로 설정했다. 이형구 한국정신문화연구원 연구원은 중국고궁박물원의 고궁계간(故宮季刊)에 은(殷) 시대 갑골(甲骨)문화의 기원이 발해 연안이었다는 가설을 기고해 중국학계의 긍정적 반응을 얻었다. 이 씨는 발해 연안에서 기원한 갑골문화는 은 시대에 꽃피우고 주(周)에 밀려 발해 연안으로 이동했다가 그 일부가 한반도에까지 파급됐다고 추정했다. 이 같은 주장은 발해 연안의 갑골과 같은 유물이 만주와 한반도에서 출토됨으로써 입증됐다. 소련과 중국학계의 동북아 고대사회와 동이문화에 대한 재조명은 고문헌에 대한 연구와 고고학적 발굴결과에 따른 것이다. 한국고대사 체계화를 위해 발해 연안, 대능하, 요하 유역의 발굴 결과가 한국학계에도 신속히 제공되어야 할 것이다](신동아 1983년 1월호 뉴스와 화제, 학술, 박석흥).

(5) 푸친 고조선에서 삼국까지

[한국사에서 가장 이설이 많은 기원전 2세기에서 기원후 4세기의 역사를 정리한 '한국: 고조선에서 삼국까지'가 소련에서 출간되었다. 소련과학원 시베리아지부 역사언어철학연구소가 1984년 말에 펴낸 이 책은(13.5㎝×20.5㎝)은 한국, 중국, 일본, 소련, 북한의 연구 논문과 중국과 한국 역사서를 총정리한 단행본으로 한국고대사에 대한 거시적인 시각이 눈길을 끈다. 지난 82년 고조선을 냈던 유 엠 푸친이 쓰고 아페제레반코가 책임 감수한 이 책은 한무제 침입에 의한 고조선 멸망으로부터 한사군, 삼한의 변천 및 우리 민족이 한족을 몰아내고 삼국을 건설하기까지를 다루었다. 핀란드 헬싱키대 아시아 아프리카 연구소 고송무 교수가 최근 긴급 입수, 국내학계에 소개한 것이다. 노보시비르스크에 있는 시베리아 출판부가 펴낸 것으로 일제 시대 수준을 크게 뛰어넘지 못한 우리 학계에 자극제가 될 것으로 기대된다. 분단상황에 따른 연구 자료의 한계로 우리 학계의 연구가 답보 상태인 한사군 및 삼한의 위치 및 변천을 밝힌 이 저술은 3장으로 구성됐다. 제1장은 고조선 영토에서 한사군의 설치와 우리 민족의 저항에 의한 한사군 축출 과정을 다뤘다. 제2장은 남만주와 북한에 걸쳐 있었던 부여, 옥저, 동예와 고구려를 소상히 기록하고 고대국가 형성 과정을 체계화했다. 제3장은 남한 지

역의 진국과 삼한 문제를 정리하고 백제와 신라 건국 과정을 다루었다. 푸친은 머리말에서 한반도 최초의 국가 고조선이 기원전 109년 한(漢)의 침략을 받게 된 것은 무역때문이었다고 풀이했다. 푸친은 고구려에 의해 낙랑이 망하기까지 한사군은 400년간 지속됐으나 남만주와 북한이 완전히 중국 영향권에 들어가지 않았으며 상당수의 중국인 이주자에도 불구하고 그들과 동화되지 않고 한족을 추방해 독립을 쟁취했다고 밝혔다. 푸친은 한사군의 분할은 민족정치적, 경제지리적, 재정적 특성에 따라 정해진 것으로 낙랑을 제외한 3군은 이동했다고 분석했다. 철기를 기원전부터 사용한 고대 한민족이 강력한 독립국가를 형성 못 하고 분할 상태에 있었던 것은 한의 식민정책 결과라고 푸친은 분석했다. 푸친은 한의 침략이 만주와 북한 지역에 있던 국가 멸망은 물론 남한의 고대사회 및 초기 국가 형성의 지연도 초래했다고 지적했다. 푸친은 한 세력의 추방은 예맥, 옥저, 동예, 삼한이 다 참가했으며 이들은 한국민족 구성기반이 된다고 주장했다. 김철준 교수는 일본학계 영향을 못 벗고 있는 학계에 자극제가 될 것이라면서 소련의 고아시아족과 몽고족에 대한 연구는 우리 고대사 연구에 큰 보탬이 된다고 평가했다(경향신문 1985년 3월 25일 박석흥).

(6) 기후 방정(箕侯 方鼎) 발굴과 기자조선(箕子朝鮮) 논쟁 재연

[중국 요령성 객좌현 대능하 연안에서 한국고대사의 수수께끼인 기자조선 실존을 규명해 줄 청동기가 73~77년에 출토됐음이 뒤늦게 한국학계에 알려졌다. BC 11세기 전후에 제작된 청동기 기후 방정(箕侯 方鼎)과 고죽첩(孤竹疊) 등이 대능하 중상류인 요령성 객좌현 북동 고산(孤山12점), 산만자(山灣子 22점), 능원현마창구수산자(凌源縣馬廠溝小轉 山子16점), 소성자(小城子 1점) 등에서 50여 점이 출토돼, 기자조선의 실존과 그 영역이 대능하 일대였다는 가설이 제기됐다. 이 같은 사실은 이형구 문화재 전문위원이 대만대에서 중국 청동기와 은허(殷墟)를 연구하며 70년대 중공의 중국 동북부 청동기 발굴 보고서 2백여 편을 검토하는 과정에서 밝혀낸 것이다. 이 씨는 새로 나온 청동기의 명문(銘文) 기후(箕侯)를 중국 고대사서에 기재된 기자(箕子)로 고석(考釋－箕는 봉지를 받은 소재지명이고 侯는 작위)하고 백이숙제의 전설이 얽힌 고죽국이 속칭 기자조선의 위치였다고 풀이했다. 북경대사학과를 나와 은허(殷墟－하남성 안양소재 은대수도) 발굴에 참여했던 고거심(高去尋) 등 자유중국학자들은 이형구 씨가 동이계의 기자가 부사년(傅斯年)이 주장한 것처럼 은의 발원지인 발해만 북안(北岸)으로 밝힌 것

은 설득력이 있다고 동의했다. 이형구 씨는 은 시대를 상징하는 청동기문화와 갑골문화보다 앞선 순동과 인골이 이 일대에서 출토되었음도 밝히고 은문화의 선진 세력이 이 지역에 있었음을 주장했다. 학계는 삼국유사, 제왕운기, 논어, 좌전, 상서, 한서, 사기에 보이는 기자조선의 실마리를 풀어 줄 자료라고 반기면서도 기자조선을 부인해 온 학자들은 부정적인 반응을 보였다. 74년 동방학지에 기자고(箕子攷)를 발표했던 천관우 씨는 주(周) 압력으로 기자집단이 BC 11세기 전후에 대능하 유역을 거쳐 갔음을 증명한 자료라며 기자조선을 학계가 재검토해야 한다고 촉구했다. 그러나 김정배 교수는 이형구 씨의 주장에 대해 비판적이었다. 손보기, 김원룡, 김철준 교수는 긍정적인 반응을 보였다. 기자동래설은 주무왕(周武王)이 은을 정복하자 조선에 망명한 기자를 조선에 임명했다는 기록에 대한 오랜 논쟁으로, 이병도, 최남선 씨 등 한국 학자들은 부인해 왔었다(경향신문 79.1.5, 1.15. 신동아 79년 3월호 화제와 뉴스, 박석흥 기자).

(7) 한국고대사와 은 갑골문화

[중국 동북부 지역의 신석기, 청동기 연구를 통해 대능하 유역의 기자조선 실존과 만주 일원의 한민족 구석기문화권을 주장했던 이형구(한국정신문화연구원) 씨가 82년 11월 19일 정문연 학술발표회에서 은갑골문화(殷甲骨文化)의 기원이 발해 연안으로 추정된다고 발표하고 이 가설을 중국고궁박물원 '고궁계간(故宮季刊)'에 연재 중국학계의 공인을 받았다고 밝혔다. 이 씨는 '갑골문화의 기원과 한국의 갑골문화'라는 주제의 논문을 통해 은 갑골문화의 기원을 산동 용산에서 발해 연안으로 수정하고 갑골문화 전파로를 동이족의 이동 경로도 추정했다. 거북등이나 동물 뼈로 점치는 은의 갑골점이 발해 연안에서 용산보다 1천 년 앞서 글씨 안 쓴 갑골점 자료가 50년대 말부터 계속 발굴되고 있어 중국학계 일각에서도 은문화가 발해 연안에서 기원한 것으로 보게 되었다고 소개했다. 문제의 초기 갑골은 요령성 임동진의 부하구문(富河溝門)·요도양도 남단의 양두와(羊頭窪)·영성 남산근·적봉 하가점·북표풍하 등지에서 발굴되고 있으며 편년은 BC3000년대로 추정되고 있다. 이형구 씨는 발해 연안에서 기원한 갑골문화가 중국 장안에 들어가 글자가 있는 갑골문화로 발전했다가 주나라에 밀려 그 선조가 활동했던 발해 연안의 대능하 유역에서 기자·고죽국을 건설하며 다시 한반도로 이동했다고 설명한다. 사슴, 양, 돼지, 소의 어깨뼈, 늑골, 두개골, 거북등을 사용하여 국가의 운명을 점친 갑골유물은 동이문화권에서 집중적으로 발견되며 한민족의 이동

경로였던 송화강과 한반도에서도 출토된다. 송화강 유역의 갑골은 부여와 고구려 유물로 길림시 교외에서 발견된 것이 중공사회과학원에 보고됐다. 두만강 북안 길림성 왕청현 백초구에서도 양의 뼈를 사용한 갑골이 출토되었으며 함경북도 무산과 경남 김해 부안에서도 갑골이 나왔다. 무산 호곡동 갑골(BC8~3세기) 및 김해 부원동 갑골(AD1~3세기)과 만주 출토 갑골은 발해 연안에서 기원한 갑골문화와 같은 계통이다.]
(경향신문 82.11.20. 박석흥 기자)

(8) 일제의 단군부정 100년

[식민사학 극복을 위해 일생을 일제관학파 아류들과 외롭게 싸워 온 홍이섭 교수는 "식민지 문화 청산은 그 세례를 받은 세대가 죽어야 치유될 수 있는 깊은 병"이라고 한탄했었다. 그 세대가 학계 일선에서 사라졌는데도 식민지 찌꺼기는 확대 재생산돼 여전히 독소를 풍기고 있다. 일제 침략이 한국의 역사 언어 풍속까지 말살하려는 문화 침략이었기 때문이다. 광복 반백년이 다 됐는데도 우리 학계는 일본인이 세워 놓은 한국사 인식체계를 완전히 바꾸지 못했다. 일제가 왜곡한 한국사 수정은 일본보다 한국에서 더 어려웠다. 지난 79년 국정교과서 편찬 때 춘원, 육당을 친일파로 단죄하는 등 교과서를 크게 수정했으나 다음 해 춘원 친일단죄 내용 등이 모두 빠졌다. 현대사뿐만 아니라 일제 어용사학이 왜곡했던 고대사 수정도 제동이 걸렸다. 구석기, 청동기 실존을 입증하는 유적 유물 발굴을 보도하고 고대사 수정을 제기하면 "한낮에 꿈을 꾸고 있다."고 비아냥거렸다. 조선사편수회에 관여했던 학자들이 타계하고 국내외에 한국사 연구가 온축돼 한국고대사가 대폭 수정되고 있으나 유독 단군조선 연구만은 제자리걸음이다. 시라토리(白鳥古吉)가 1894년 "단군사적은 불교 설화에 근거해 가공의 선담(仙譚)을 만든 것"이라는 요지의 '단군고(檀君考)'를 발표, 단군조선을 부인한 지 100년이 되었는데도 우리 학계가 이를 압도할 논문을 못 내놓은 것은 부끄러운 일이다. 단군조선이 역사로 광복되는 데 광복 후 37년이나 걸렸다. 82년 개편 국사교과서에 삼국유사에 따르면 고조선이 기원전 2333년에 국가를 건국했다는 기사가 한 줄 들어갔다. 80년까지 단군조선 연구는 구소련과 북한 연구가 오히려 주목할 만했다. 80년 구소련의 푸친은 '고조선(古朝鮮)' 단행본을 펴냈으며 북한도 단군조선을 역사의 실체로 규명하는 작업을 폈다. 한국학계도 90년대 들어서 한국고대사연구회와 서울대국학교수들이 공동 연구를 시작, 분단민족 통일의 구심점이 될 단군 연구가 뒤늦게 불붙었음은

그나마 다행이다. 그러나 단군조선 연구를 국수주의로 보는 잘못된 인식과 구소련과 북한의 단군조선 연구를 불온문서 취급하는 행정 당국의 그릇된 인식은 변한 것이 없다. 단군조선 연구학자에게 북한 학자의 연구 논문 입수 경위를 조사하는 교육부의 구태의연한 태도는 학문의 자유를 위축시킬 위험이 있다. 푸친의 고조선은 국편이 번역했으나 일반에 공개하지 않았다.](문화일보 1994.4.6. 숨결말결, 박석흥 학술문화부장)

(9) 단군 남북학자의 공동 연구

[강화도에는 단군이 천제를 지냈다는 참성단(塹城壇)과 삼랑성지(三郎城址)가 구월산에는 삼성사(三聖祠), 평양에는 전당군릉(傳檀君陵) 등 단군 관련 유적이 남과 북 곳곳에 있다. 그러나 이들 단군유적은 젊은 세대에게 그리스신전이나 만리장성보다도 생소하다. 광복 반세기에도 단군 실체 규명이나 단군을 주제로 한 역사의식 성장 과정 등에 관한 학술 연구가 미흡한 탓이다. 건국 후 단군개국을 국경일로 정하고 단기연호도 사용했으나 학계의 단군 연구는 큰 진전이 없었으며 북한도 초기에 마르크스주의 사관으로 단군 실존을 부정, 남북한 모두 단군 연구는 미로를 헤맸다. 북한의 김석형 사회과학원장과 손영종 역사연구실장은 "단군조선은 한국사의 첫 국가가 아니다. 신화를 역사로 옮겨 놓은 것은 마르크스주의 역사가가 아니다."라며 단군 논의를 차단했었다(력사과학63년 5호). 고고학자 전주농(田疇農) 연구원도 평양의 전 단군릉은 황당무계한 전설이라고 못 박았다. 문헌에 비친 평양의 단군유적을 부인한 북한사학계는 초기 고조선은 대능하 유역인 요동에 있었다고 주장하고 한사군도 이 지역에 설정, 남한 학계에도 영향을 주었다. 평양이 단군조선과 무관하다고 주장했던 북한학계가 93년 10월 돌연 평양의 고구려식 석실 봉토분을 단군 무덤이라고 주장했다. 북한이 단군릉이라고 주장한 문제의 고분은 신증동국여지승람과 조선왕조실록에 단군릉으로 전해지고 있는 고구려식 고분으로 삼국 시대 금동관 등 유물과 86점의 인골이 수습됐다. 북한사회과학원은 인골이 5천11년 전 것으로 분석돼 단군 유골이 분명하다며 평양이 구석기인 뼈가 발견된 인류문명 발상지의 하나로 단군조선, 고구려, 고려의 중심지였다고 주장했다. 이런 주장을 하는 학자 가운데는 90년까지 고조선의 중심지가 요동이었다고 주장했던 강인숙, 손영종도 들어 있어 눈길을 끈다. 1년여 연구 끝에 '단군 그 이해와 자료'를 펴낸 서울대 역사 종교 고고학 교수 등은 지난주 말 북한학계의 단군 연구에 관한 간담회를 갖고 분단 후 남북의 단군 연구 교류를 북한학계에 제의했다. 남한학계

는 평양단군릉은 무덤 양식, 유물 편년 측정 방법의 비적합성 등의 문제점을 들어 단군릉 주장은 위험하다고 지적하면서 북한의 단군 연구 전환은 북한의 정치 이데올로기와 무관하지 않다고 지적했다. 단군 연구가 특정 집단의 정치적 목적을 위한 선전도구가 돼서는 안 될 것이다.](문화일보 1994.7.20. 숨결말결, 박석홍 편집국 부국장)

(10) 대종교의 항일구국 운동과 정부의 보훈

["천운(天運)은 빙빙 돌아가는 것이다. 낮과 밤이 바뀌듯 인간사도 끊임없이 변한다. 아침의 빛이 땅위의 어두움을 물리치듯 큰 빛이 캄캄한 우리 앞길을 비추어 준다. 동방에도 밝은 빛은 오고 있다. 희망을 가지고 일어나자." 대종교신도 이극로(李克魯)가 1942년 9월에 만주의 윤세복(尹世復) 대종교 3세 교주에게 보낸 이 편지를 일제(日帝)가 '독립선언서'라고 트집 잡아, 대종교 지도자를 검거 고문, 그중 10명이 순국한 임오참변(壬午慘變)을 일으킨다. 한국 강점기간 중 일제의 대종교에 대한 탄압과 만행은 상상을 초월한 것이었다. 광복의 희망이 있다는 편지를 트집 잡아 종단 간부 10명을 고문으로 죽인 임오참변에 앞서 청산리 전투에 대한 보복으로 일제는 만주의 대종교인들의 가옥을 방화하고 신도들을 학살한 경신참변(庚申慘變)도 저질렀다. 대종교는 나라 망한 후 만주로 망명, 항일 투쟁을 벌인 종교단체였다. 1909년에 중광(重光)한 대종교는 출발부터 독립운동을 목표로 했다. 국치(國恥) 후에도 교세가 급증했으나 일제 탄압으로 만주로 망명, 백두산 북족 청호(靑湖)에 총본사와 고경각(古經閣)을 짓고 북간도, 상해, 노령, 서울에 4개 본사를 설치, 항일 독립운동의 구심체가 됐다. 만주의 대종교는 항일독립운동가의 집결지로 김교헌, 박은식, 신채호, 안재홍, 이시영, 이회영, 김좌진 등 당대 애국지사들이 대종교인들이었다. 교조 나철(羅喆)의 구국 독립사상을 계승한 김교헌, 윤세복의 역사의식 고취, 서일(徐一) 총재가 이끈 북로군정서 등의 무장 항일 투쟁, 신규식, 조성환의 외교 활동, 안희제(安熙濟), 정인보의 국내 비밀지하운동 등 다양하다. 무오(戊午)독립선언서를 1918년에 발표, 기미독립운동을 선도한 대종교는 신흥무관·명동학교 등에서 1천6백여 명의 정예 독립군을 양성해 독립전쟁도 준비했다. 구한말 관료, 유생, 의병, 지사들이 모인 대종교는 민족사학의 구심점이었다. 백산, 단재, 민세, 호암, 백암, 위당 등이 대종교인이었다. 이른바 '조선어 학회 사건'에도 이극로, 김두봉, 이병기 등 대종교 인사들이 다수 수난을 당했다. 일제는 중국 동북 군벌 마적과 손잡고 대종교도를 탄압, 쫓기던 서일(徐一) 총재는 자결했다. 화룡(和龍), 영안

(寧安), 밀산(密山), 동경성(東京城) 등지를 33년간 전전하며 항일 투쟁을 하던 대종교는 46년 1월에 환국, 국어 국사교육을 통해 광복에 참여하나 건국기 혼란에 뒷전으로 밀려났다. 건국에 참여했던 안재홍, 정인보 등 지도부들이 6·25에 납북돼 지리멸렬해진 대종교는 홍은동 산꼭대기의 학교 건물을 개조한 초라한 건물을 본부로 사용하고 있다. 조국 광복을 위해 재산과 인재를 다 바친 대종교를 우리 사회는 신흥종교로 대우하고 있다. 민족정기를 바로잡기 위해 현대사 재조명을 제기한 정부는 단군 대종교에 대한 보훈부터 해야 할 것이다(문화일보 1994년 3월 2일 숨결말결, 박석흥 학술문화부장).

(11) 북한 단군릉 조성

내외통신은 1993년 10월 3일 북한이 단군 부부의 유골 발굴 결과를 공식 발표했다고 보도했다. 북한은 10월 2일 평양근교 강동군 강동읍 단군릉에서 단군 부부의 유골을 발굴했으며 이 유골은 지금으로부터 5천11년 전 것으로 확인됐다고 발표했다. 단군릉을 발굴한 북한사회과학원은 2일 단군릉 발굴 보고를 통해 무덤에서 단군 부부의 것으로 보이는 남녀 한 쌍의 유물을 발굴했으며 남자의 뼈를 전자상자성 공명법을 적용해 2개의 연구기관에서 각각 24회, 30회 측정한 결과 5천11년 전의 유골로 확증했다고 북한 중앙방송이 보도했다. 발굴단은 86개의 뼈를 수습했으며 골반뼈를 기초로 분류한 결과 단군과 단군부인 2인의 뼈로 확인했다고 밝혔다. 단군 뼈를 분석한 결과 키는 170cm로 당시 163cm보다 큰 체격이었다고 발표했다. 뼈 외에도 금동왕관 앞면 장식과 돌림띠 조각이 출토되었으며 도기, 조각, 관못 등이 수습됐다고 보고했다. 이 발표에 이어 북한은 10월 12~13일 '단군 및 고조선에 관한 학술회의'를 개최하고 15편의 논문을 발표했다. 박시형 김일성대학교수, 전영률 사회과학원 역사연구소장 등 북한 학계의 중진들이 모두 나섰다. 발굴 상황 보고, 고조선 성립과 중심지, 고조선의 고유문자 보유설, 일본의 대종교 말살 등이 보고됐다. 조선중앙방송과 조선통신이 강동읍 서북족 대박산(大朴山) 기슭에서 단군릉을 발굴하고 단군 뼈라고 주장하자 남한 고고학계와 역사학자들은 이견을 제시했다. 94년 1월 한국상고사학보 15호에 최몽룡 서울대교수는 '단군릉 발굴에 대한 몇 가지 이견'을 발표했다. 최 교수는 북한 발굴보고서의 연대문제, 지리적 문제, 연대측정 방법, 무덤 양식, 출토 유물 등의 문제를 지적하며 단군 뼈 보고서는 "학문적이라기보다는 북한의 정통성을 확보하기 위한 정치적 면이 더 강하다.”고 지적했다. 북한의 이지린, 강인숙, 박진욱 등은 요동 지역이 고조선 중심 지역이라고 주장해 왔는데 갑자기 평양으로 옮긴 것은 고고학 연구 결과와도 맞지 않는 것이며 연대 측정 방법도 부적합하다는 것이다. 전자상자성 공명법을 확립한 이케야도무지(池谷元伺), 야마구치(山口) 대교수도 하한 100~1000년 전의 연대 측정도 가능하긴 하나 대체로 수십~수백만 년 전 유물 측정 방법이며 연대가 떨어질수록 불확실하다고 밝혔다. 방사성탄소연대 측정이나 출토 유물과 유구에 대한 접근으로 상대 연대를 측정하는 것이 바람직하다고 주장했다. 사회과학원의 발굴보고서는 무덤이 돌칸흙무덤(石室封土墳)으로 규모가 273×276×160㎝로 북한 고고학 편년에 따르면 6~7세기에 유행했던 고구려 무덤 형식으로 기원전 단군무덤과 연결시키는 것은 무리라는 것이다. 도금된 금동 관편 조각도 고려 시대 것으로 추정된다는 것이다. 수습된 많은 뼈에 대한 해부학상 연구로 무덤의 주인공의 실존시대를 밝히기를 최 교수는 당부했다.

고고학자와 고대사 전공학자들은 입을 모아 단군릉 무덤 양식·유골·유물의 진위 문제·연대 측정 방법의 적합성 문제 등을 다각적으로 제기했다. 단군 뼈가 나왔다는 석실봉토분은 천정 구조가 말각조정 양식의 고구려 4세기 이후에 나타나는 전형적인 무덤 양식이다. 북한학계도 이 점을 인정하고 장수왕 때 수도에 옮겨 개축했다고 주장하나 고구려 때 단군묘를 개축했거나 단군 숭배사상이 있었다는 기록이 안 보인다. 평양의 중요성을 강조하기 위해 동명왕릉 위에다 단군릉을 얹혀서 주장하려고 한 것으로 보인다고 역사학자들은 지적한다. 1530년에 편찬된 신증동국여지승람에 평양이 고조선 수도였다는 기록이 보이고 강동현조에 단군묘가 있다는 민간전승을 기록하고 있다. 1935년 강동지에는 갑오경장 이전까지 보호했던 단군릉이 헐어져 1921년 개축 논의가 있었고 1936년에 개축했다는 기록은 있다. 1991년 북한사회과학원 역사연구소 편찬 ‘조선력사’ 고대편 37페이지에는 ‘고조선의 건국 사실을 전하는 단군신화’라는 항목에 “고조선 건국연대를 기원전 24세기로 보겠는가 하는 것은 아직은 확실한 근거를 갖지 못했으나, 그 해답은 장차 발굴 소개될 고고학 자료에 기대를 거는 수밖에 없다.”라는 구절이 나온다. 1993년 9월 27일 김일성이 단군릉 발굴 현장을 둘러보면서 단군릉 재건을 지시했다고 하나 1991년부터 구체적인 단군릉 발굴 계획이 수립되기 시작했다. 북한학계는 단군릉에서 단군 뼈를 확인함으로 고조선의 중심지는 평양이라고 주장하고 평양이 고조선, 고구려, 고려, 북한 정권의 중심지로 이어져 평양이 한국역사의 정통성을 계승하고 있다고 선전한다. 단군릉 발굴을 계기로 그동안 고조선 요동 중심설을 발표했던 강인숙은 과거 요동 중심설에 대한 설명도 없이 평양이 단군의 출생지이며 사망지일 뿐만 아니라 인류문명의 발생지며 세계문명의 중심지라고 주장한다. 북한학계는 청동기문화가 성립되었던 BC10세기에 고조선이 건국되었다고 주장해 왔으나 단군복원을 계기로 5011년 전 건국을 주장, 2000년 이상 끌어올렸다.

(12) 서울대 종교문제연구소-'단군-그 이해와 자료' 편찬(1994년 출판)

서울대 종교문제연구소가 1994년 '단군-그 이해와 자료'를 서울대출판부에서 펴냈다(736면). 북한이 이른바 '단군 뼈'를 발굴, 단군릉을 축조할 같은 시기에 남한학계는 단군을 역사·종교·문학·민속학이 종합적으로 연구했다. 이 연구는 대종교 계통의 교과서 개편 주장과 소련학자 푸친의 고조선 연구 결과 발표가 한국학계에 준 충격의 결과다.

◇제1부 단군신화와 한국사＝노태돈(고조선의 변천), 서영대(단군관계 문헌자료 연구), 이필영(단군연구사), 최병헌(고려시대 단군신화 전승문헌의 검토), 박광용(조선 시대 단군인식의역사적 변천), 신용하(한말 일제시기의 단군사상과 독립운동), 성현경(단군신화의 문학적 연구), 강돈구(단군신화의 민속학 및 철학 사상 분야의 연구), 김정숙(북한에서의 단군연구)

◇제2부 단군의 신앙과 민족운동＝이은봉(단군신앙의 역사와 의미), 조흥윤(한국단군신앙의 실태), 송호수(단군사상과 민족운동)

◇제3부 단군 관계 자료

◀고려시대~1910년까지의 단군 관계 자료 ◀일제시대 단군 관계 자료 ◀해방 이후 단군 관계 자료

◀북한의 단군릉 발굴 관계 자료

(13) 노태돈 편저 '단군과 고조선'(2000년 3월 사계절사 364면)

◇제1부 단군과 고조선사의 이해＝노태돈

◇제2부 고조선사와 단군신화＝노태돈, 서영대

◇제3부 단군과 고조선사에 대한 인식의 변천

◀전통시대의 단군인식＝서영대◀단군의 민족주의적 의미＝정영훈◀재야사서 위서론(僞書論)－단기고사, 환단고기, 규원사화＝조인성

◀북한학계의 고조선사 연구동향＝노태돈

① 1945~1956년의 고조선사 이해

② 요녕성 중심설과 노예제사회설의 정립

③ 주체사상화와 학문의 침체(1967~1992)

④ '단군릉' 발굴과 역사학의 위기(1993~)

3) 부여, 동예, 옥저, 삼한 등 열국의 등장

(1) 부여

부여는 기원전에 예맥족이 세운 나라로 중국 기록에 나타난다. 기원전 1세기 후한의 완충이 지은 논형(論衡) 길함편(吉驗篇) 동명왕 건국 설화도 북이(北夷) 고리국의 왕실 계통으로 되어 있다. 부여 선주 세력으로 믿어지는 고리국은 기원전 4~3세기부터 중국 기록에 나타난다. 중국 고문헌은 고구려, 백제는 부여의 별종으로 기록했다. 두 왕실 모두 부여 계통이다. 동명으로 대표되는 부여 건국신화는 고구려, 백제 두 나라가 공유 한다. 삼국유사에는 해모수가 하늘에서 내려와 흘승골성에 도읍을 정하고 북부여라고 했다는 설화가 있다. 또 다른 설화는 동명이 고리국왕의 여자종에게 태어났으며 물고 기, 자라 도움으로 남쪽으로 내려와 엄호수를 건너 부여왕이 되었다는 내용이다. 삼국 유사는 북부여왕 해부루의 신하 아란불이 꿈에 천제가 동해 해변 가섭원으로 옮기라고 했다고 하여 수도를 옮기고 나라 이름을 동부여로 했다는 것이다. 부여는 선비족 모용 씨 침공으로 의려왕이 자살하는 등 4세기 후반에 심한 타격을 받은 뒤 AD494년 고구 려에 병합되기까지 존속한다. 부여는 북으로 흑룡강 이남, 남으로 백두산에서 요하 상 류, 동으로 연해주까지 미치는 광대한 지역에서 활동했다. 부여는 고조선과 마찬가지로 연맹왕국으로 발전했다. 정월에 영고라는 행사를 했다. 3세기 후반 진수의 삼국지, 위 서, 동이전에 동예와 옥저에 관한 기록도 나온다.

(2) 삼한 사회

한강 이북의 예맥족들이 청동기문화와 철기문화를 바탕으로 고조선과 부여 등 연맹 왕국을 형성할 무렵 한강 이남에서도 같은 유형의 청동기문화에 기초하여 통합 운동이 일어났다. 이들은 중국 동북 지방에서 이주해 온 동이족의 한 갈래로서 예맥과 동일한 종족으로 추정한다. 기원전 7세기경 이미 한강 이남에는 높은 수준의 비파형동검이 사용되었고 기원전 4세기 이후에는 세형동검을 사용하는 수많은 성읍국가가 출현했다. 기원후 3세기에 쓰인 삼국지, 위지, 동이전에는 삼한 소속 국가가 70~80국에 이르며 큰 것은 1만 호, 작은 것은 6~7백 호를 거느리고 있다고 했다. 남한 지역에서 국가 형성이 가장 빠른 지역은 한강 유역에서 금강 유역에 이르는 서해안 지대였다. 이 지역은 중국과 교통이 편하고 물산이 풍부해 고조선에서 망명한 정치 집단이 내려와 일차 정착했던 곳으로 볼 수 있다. 기원전 4세기경에 진국(辰國)으로 불리는 큰 연맹국가를 형성했다. 삼국지에 1만여 호를 기진 큰 나라라고 한 것은 진국으로 보는 학자도 있다. 진국은 천안 지역의 목지국(目支國)과 한강 유역의 백제국이 양립되는 형세를 보이다 가 백제국에 통합되는 것으로 본다. 철기문화 단계에 들어간 진국은 철제 농기구 사용으로 농업 생산력이 크게 향상되었다. 움무덤[토광묘]과 돌곽무덤[석관묘]에서 이 시대를 증언하는 유물이 발굴됐다. 중국과도 교역했다. 한에게 밀린 고조선 세력의 일부가 경상북도 지방으로 내려와 진한(辰韓)을 형성하고 경상도 남해안 지역에 변한(弁韓)이 세워지자 이들을 관할하면서 삼한 전체의 대표자로 군림했던 것으로 추론한다. 출토한 고고발굴을 토대로 남한 지역의 삼한 연구도 종합적인 연구가 시도되고 있다.

4) 고구려, 백제, 신라, 가야

(1) 고구려

삼국사기 고구려 동명왕본기는 부여에서 남하한 주몽(동명성왕)이 압록강 중류 渾江 (동가강)과 독로강 유역 산골짜기 환인 지방에서 고구려를 건국한 것이 B.C37년이라고 했다. 그러나 북한 학자들은 부여를 세운 예맥족의 한 분파가 부여보다 조금 늦은 시기인 BC277년에 압록강 중류에 고구려를 세웠다고 주장한다. 고조선에 소속되었던 고구려가 처음 일어난 곳은 지금의 혼하 상류와 혼강[동가강] 상류에 걸치는 산골짜기다. 북쪽의 동부여에서 권력 쟁탈전이 일어나서 패배한 주몽 일파가 졸본 지방[환인]으로 내려와 고구려 연맹 왕국을 통합한 것으로 풀이하는 학자도 있다. BC4세기경 이 지역에 철기문화가 보급되고 사회문화가 진전되면서 고구려의 선구적인 세력이 결집되고 있었다. 중국 기록에 예맥(濊貊)이라고 불리던 세력인데 B.C.2세기에 28만의 인구를 거느렸다는 예군 남여(濊君南閭)도 그중 큰 세력의 하나였다. 예군 남여가 위만조선에 이탈하여 한의 협조를 요청하자 한은 여기에 창해(滄海)군을 두려 했었다. 그 후 현도군을 설치했으나 30년 만에 북쪽으로 쫓겨 가고 이 지역에 고구려 연맹 체제가 형성된 것으로 해석한다. 유력 친족 집단을 중심으로 일정한 계곡이나 하천 유역의 마을들이 규모가 커지면서 성을 쌓기도 해서, 그 촌락을 '홀(忽)', '골', '구루(溝婁)'라 한 것으로 고문헌에 보인다. 기원전 2세기에는 고구려라는 실체가 등장했다. 중원의 세력과 경쟁하던 고조선 후기에 새롭게 부상한 여러 집단이 부여의 기존 세력을 바탕으로 고구려가 성립된 것으로 보는 것이 정설이다. 고구려는 중국민족과 투쟁 과정에서 성립했고 성장했다. 건국 초기부터 중국과 충돌이 빈번했다. 왕망이 흉노 정벌에 고구려를 동원시키려 하자 이를 거부한 고구려와 충돌이 일어나고 왕망은 고구려를 하구려(下句麗)라 했다는 기록도 있다.

고구려 건국사는 동국이상국집, 삼국유사, 삼국사기, 한서, 후한서, 삼국지, 광개토왕릉비에 ①해모수-북부여, ②금와-동부여, ③주몽-졸본부여(고구려), ④온조-남부여(백제) 등으로 기록되어 한결같이 초기 역사가 모두 부여가 뿌리다.

고구려 건국은 BC37년이 정설이다. 그러나 북한학계는 삼국사기 문무왕 10년(670) 8월조에 고구려가 건국한 지 800년이 된다는 기록, 신당서 고려전에 고구려가 900년간 계속되었다는 기록, 고구려 망하던 678에 900년이 못 가서 망하리라는 비기가 있었다는 기록, 광개토왕비문을 근거로 고구려 건국을 기원전 130~120년경 소급하는 가설을 제시했다. 고구려가 고조선 멸망 전에 고조선의 후국으로 존재했을 가능성을 암시했다.

이옥 파리대교수도 삼국사기의 고구려 초기 기사를 의심했다. 태조대왕이 7세에(53년) 왕위에 올라 119세(165년)에 사망했고 146년에 차대왕에게 양위했다는 기록이 의심이 간다고 지적했다. 차대왕도 71년에 태어나서 165년에 죽었으며 76세에 통치를 시작했다는 김부식의 기록이 석연치 않다는 문제를 제기했다. 태조대왕의 막내 동생 백고 신대왕도 왕위에 오른 것이 77세였다. 그도 89년에 태어나 179년에 왕위를 물려주는 것으로 돼 있다.

북한 손영종 교수는 고구려가 기원전 277년에 건국했다고 주장했다. 삼국사기에 누락된 5왕을 재구성했다. 손 교수는 삼국사기 고구려본기 끝 사론에 '고구려가 진나라, 한나라 이래 중국 동북 모서리에 있었다.'는 중국 기록을 주목했다. 중국 진나라는 기원전 9~8세기에 세워졌다. 진이 연나라를 치고 고조선, 고구려와 경계를 접하게 된 것은 기원전 222년 이후다. 삼국사기, 삼국유사 동명왕편 등에 고주몽이 즉위한 갑신년은 서기전 222년 이전 갑신년(기원전 277년)으로 올라가야 한다는 주장이다. 광개토왕비도 광개토왕이 시조 추모왕의 17세손으로 기술되어 삼국사기의 12세손 기록보다 5세대 왕이 더 있다. 손영경 교수는 동명왕, 유류왕, 여률왕, 대주류왕, 애루왕, 중해왕, 류리명왕으로 고구려 초기 계보를 정리 삼국사기의 고구려 2대왕 유리왕을 제7대왕이라고 주장했다.

4세기 초 미천왕 14년 낙랑군을 축출하고 대동강 유역으로 진출했으나 4세기 중엽 고국원왕은 중국으로부터 전연 모용씨의 침입을 받고 왕모, 왕비 등 5만 명이 포로로 잡혀 갔다. 백제의 침입을 받아 왕이 전사하기에 이르렀다. 이어 즉위한 소수림왕은 국가체제 정비에 주력했다. 광개토왕과 장수왕대의 웅비를 준비했다.

고구려사를 재조명한 이진희교수의 '광개토왕비 연구'

남한학계의 고구려에 대한 재인식은 광개토왕비문에 대한 재해석을 제기한 이진희씨의 '광개토왕비의 연구'(1972)와 다카마츠츠카(高松塚) 발굴 등 일본에서 온 충격 때문이었다. 광개토왕(391~413)은 18세에 왕이 되어 대규모 정복 사업을 시작했다. 서쪽으로 후연을 격파하여 오랫동안 숙원이던 요동 진출을 이룩하였고 왜의 침입을 받은 신라를 도와 왜병을 낙동강 유역에서 섬멸시키는 등 64성 1400촌을 공파했다. 우리 민족의 영웅시대를 되살리게 하는 만주 벌판 즙안현 통구에 414년에 세워진 광개토왕비는 1802자가 새겨져 있다. 압록강 중류 강안을 따라 16㎞쯤 있는 통구는 고구려가 평양으로 천도하기 전까지 4백30년간 도읍으로 있었던 곳으로 크고 작은 석총과 토총 산성이 남아 있다. 지금은 길림성 집안시 태왕향 태왕촌, 피라미드 형태의 7층 계단축 묘인 장군총(한 변 33m, 높이 13m)과 태왕릉(한 변 63m, 높이 18자)과 함께 눈에 들어오는 맷돌 만드는 응회암 자연석에 광개토왕의 영웅적인 대외 정벌을 강건한 예서

(1802자)로 음각했다. 높이가 6.39m 비면의 아래 폭 부분 제1면이 1.48m, 2면이 1.35m, 3면 2m, 4면 1.46m. 1면이 11행으로 매 행 41자[6행만 39자], 2면 10행 41자, 3면 14행 41자, 4면 9행 41자. 글자 크기 12㎠. 깊이 6㎜. 265자는 읽을 수 없다. 중국 한민족과 대등하게 각축했던 고구려 전성기의 넘치는 힘을 과시했던 광개토왕비는 5세기 동북아 역사 규명에도 귀한 사료다. 비문 내용은 3단으로 나누어져 있다.

제1단은 시조 주몽왕 건국 설화와 대왕이 18세에 왕위에 올라 39세에 죽어 장수왕 2년 갑인년 9월 29일에 석비를 세우기까지 서술한 241자다. 고구려 개국 사적과 고구려 세계를 서술했다. 삼국사기는 시조를 주몽, 2대 유리왕, 3대 대무신왕이라고 기록했으나 비문은 시조 추모왕, 2대 유류왕, 3대 대주류왕으로 기록. 광개토왕비문 사실에 맞게 검증돼야 하며 따라서 건국연대도 수정이 불가피하다.

제2단은 비석 1면 제7행부터 3면 8행까지 9백20자로 대외 정벌에 관한 기록들이다. 비려, 서의 후연, 동의 백신 동부여, 남의 백제, 신라, 왜구 등을 부수는 기록이다. 서쪽으로는 요하, 북쪽으로는 흑룡강, 동은 연해주, 남은 한강에 이르는 광대한 지역을 차지했다.

제3단은 3면 8행 16자에서 4면 끝까지 641자. 능과 비를 위해 330가(家)를 능묘지기로 삼는 등 수묘인과 입비 제도를 기록한 부분이다. 한예(韓穢·약취인민)와 구민(舊民·고구려 당지인)을 취하여 묘지기를 국연(國烟) 30, 간연(看烟) 300을 설치했다는 기록이다. 일월지자(日月之子) 천제지자(天帝之子)로 자부하며 성장한 고구려는 중국 한족과 충돌이 잦았다. 비문에는 가장 팽팽하게 맞섰던 당시 국제관계가 잘 정리돼 있다. 광개토왕 3대전 고국원왕 때 전연이 침입 미천왕릉이 파헤쳐지고 왕모가 끌려가는 치욕을 당했다. 다시 백제가 침입 고국원왕이 살해당하는 격동기 후에 왕이 되어 전후 9차례 외국 정벌에 나선다. 삼국사기에는 왕4년까지 백제를 원정한 가벼운 사실만 기록하고 왕9년부터 20년까지 큰 전적은 볼 수 없다. 그러나 비문에는 백제, 신라를 정벌하고 동부여, 연까지 큰 성 64, 촌락 1천4백 촌을 공파했다.

영락 5년 을미 비려를 공략했다. 고구려 서북방 계단 일파인 비려를 때려 소, 말, 양 등을 사로잡았다.

이어서 나오는 辛卯년 기사 "백잔과 신라는 예로부터 속민으로서 조공을 바쳐 왔는데 그 후 신묘년(391)부터 조공을 바치지 않으므로 백잔(왜구) 신라를 파하여 이를 신민으로 삼았다."는 기사를 명치시대 일본 어용사학자들이 광개토왕이 즉위한 신묘년에 왜가 바다를 건너와 백제와 신라를 식민지로 했다고 주장하며 대화 정권이 임나일본부를 한반도 남단에 경영했다는 황국사관의 방증 자료로 제기했었다.

1880년대 초 일제(日帝) 육군참모본부 사까와 중위 등이 이 비석을 발견, 비석에 나오는 왜·임나 등의 기사를 중요시 여기고 탁본을 해 가지고 본국에 보고, 광개토왕비문이 임나일본부설의 자료로 엉뚱하게 이용되다가 한국학계의 반론과 이진희 씨의 치밀한 연구로 조작설까지 제기됐으나 일본 일부의 학자들은 지금도 임나일본부설을 고집하고 있다. 일본은 "왜가 신묘년에 와서 바다를 건너 백제, 신라를 쳐서 신민으로 삼았다."고 하고 있다. 박시형, 정인보 씨가 반론을 제기했고, 이진희 씨는 비에 석회를 바르고 변조해서 탁본을 조작했다고 주장했다. 그 뒤 속출하는 고고학 자료는 일본학계의 임나일본부설 허구를 입증했고, 김현구 고대교수는 임나일본부는 가야에 파견돼 있던 백제 연락 사무소였다고 밝혔다. 신묘년 기사(391년)는 영락 원년 기사의 뒤에 오면서 다음에 오는 영락 6년, 9년, 10년, 14년 기사를 서술하기 위한 서론(緖論)이다.

영락 6년 병신(396년) 수군을 거느리고 백제를 토벌, 58성 700촌을 빼앗고, 백제왕 아신왕이 포로 1천여 명과 세포 1천 필을 바치며 무릎 꿇고 노객이 될 것을 약속했다.

영락 8년 398년 군대 파병하여 숙신 가태라 곡에서 3백여 포로 잡아 돌아오다.

영락 9년 399년 신라가 광개토대왕에게 백제가 맹세를 어기고 왜와 통하고 신라를 침공하여 성과 못을 파괴했다고 보고하며 구원 요청

영락 10년 400년 보병과 기병을 보내어 왜구 정벌하고 신라를 구원했다.

영락 14년 404년에 왜구가 서해안을 따라 대방 고지에 침범 이들을 격멸했다.

영락 17년 407년 보병 기병 5만 명을 파견하여 후연 정벌, 적을 탕진시키고 빼앗은 철갑이 1만 여에 이르렀다.

영락 20년 410년 백제 진지왕 6년 실성임금 9년 동진 안제 6년에 시조 이래 조공해 왔던 동부여가 배반하고 조공하지 않기 때문에 응징한 내용이다.

삼국 시대 꽃핀 석조문화 예술

[석조물(石造物) = 우리나라 고대 유물 수는 석조문화재가 단연 압도적이다. 화강암이나 수성암 등 석조 자원이 풍부해 일찍부터 돌을 이용하여 독창적인 공예품 석조물을 남겼으며 수많은 전쟁에도 견디어 남았기 때문이다. 한국 고대 예술의 특징은 석조문화재가 잘 말해준다. 불국사 석탑 석굴암에서 느끼는 부드럽고 아담하며 순박한 맛은 한국미의 특성이다. 석조물은 여러 장인들의 공동 작품이라는 것도 자랑거리다. 우

리 조상들의 돌 다루는 솜씨는 석기시대 생활도구에서도 이미 엿볼 수 있다. 국보로 지정된 최고의 석조유물은 경남 울주의 거대한 천전리 암벽 벽화(9.5×2.7m)다. 천전리 암벽 벽화 이전의 작품으로 고인돌, 선돌 등 거석문화재가 즐비하며 고인돌에 석검을 조각한 예술 흔적도 발견되었다. 이 거석문화의 전통을 계승한 비석이 세계 최고 (6.2m)의 능비 광개토왕비다. 거대한 자연석을 가공하지 않고 그대로 기념비로 이용한 광개토왕비를 답습한 비석이 국보3호 신라 진흥왕 순수비, 진흥왕 척경비(국보33호)가 있다. 이 비석들은 백제 사택지적비와 함께 사료가치뿐만 아나라 아름다운 글씨체로도 주목된다. 한국의 석비는 공적비 기념비 공덕비 묘지명 사원 창거비 승려의 부도에 부 속된 탑비 등 종류도 다양하다. 조형과 조각 솜씨는 비신은 없어졌지만 신라 태종무열 왕릉비(국보25호)를 최고의 걸작으로 치며, 최치원이 지은 성주사 낭혜화상탑비(국보8 호), 쌍계사 진감선사대공탑비(국보47호), 법천사 지광국사탑비(국보59)가 모두 국보다. 한국석조문화의 예술성은 고분 문화에서도 볼 수 있다. 한 변의 길이 63m, 높이 18m 의 태왕릉과 장군총(한 변 길이 32m, 높이 13m) 등은 화강석으로 조성한 피라미드식 고분으로 지배자의 권위를 상징했다. 이보다 후대에 만든 쌍영총, 무용총, 우현리 대묘, 부여 능산리 고분, 모두 화강석 석재로 조립한 고분으로 벽화의 솜씨와 건축 솜씨가 빼어났다. 성덕왕릉 앞 석인(AD8 세기) 김유신묘 12지상 조각 등이 눈여겨볼 만하다. 한국 석조문화재의 난숙한 경지는 불교 전래 후 탑, 불상, 석등 등 사원예술이 계승한 다. 삼국 시대 초기에는 망루식 목탑을 만들었지만 곧 석탑으로 발전시킨다. 국보11호 전북익산 미륵사지석탑은 목탑에서 석탑으로 넘어가는 초기의 작품으로 거대한 규모를 자랑한다. 탑 예술은 고려, 조선에서는 재료를 대리석으로 바꿔 더욱 정교한 작품을 남 겼다. 석등은 1973년 현재 254개가 확인되었다. 부석사 석등(국보17호)을 비롯해 화엄 사 각황전 석등(국보12호) 중흥산성 쌍사자 석등 등 사찰마다 디자인이 다른 석등이 남아 있다. 고대 석조문화의 절정을 이룬 석굴암은 정확한 기하학적인 설계와 조각 예 술의 난숙한 경지를 세계에 자랑할 만하다(경향신문 1973년 7월 19일 한국의 재발견 석조물 박석흥).

국강상 광개토경 평안호태왕(國岡上廣開土境平安好太王) 비

[석조문화재 가운데 오래된 것으로는 석비가 단연 많다. 한국인 손으로 만들어진 최 고의 석비는 서기 414년에 세운 광개토왕비다. 높이 6.34m 응회암 자연석에 광개토왕

의 업적을 새긴 이 비석은 강건한 문장과 독특한 서체도 주목된다. 고대 동양 삼국의 역사를 밝혀 줄 광개토왕비는 만주 벌판 즙안현 통구에 우뚝 서 중국과 맞대결했던 영웅시대의 기억을 되살리게 하고 있다. 압록강 중류강안을 따라 16㎞쯤 되는 분지에 있는 통구는 고구려가 평양으로 천도하기 전 430년간 도읍했던 고구려 유적지로 1만을 넘는 크고 작은 무덤과 산성이 남아 있다. 많은 고분 가운데 피라미드 형태의 7층 단축묘인 속칭 장군총(한 변 32m, 높이 13m)과 태왕릉(한 변 63m, 높이 18m)과 함께 얼른 눈에 들어오는 것이 바로 광개토왕비다. 광개토왕의 대외 정벌을 강건한 예서로 1802자를 음각, 새긴 글자 숫자로도 동양 최대다. 제1면 폭이 1.53m, 제2면이 1.5m, 제3면은 1.9m, 제4면은 1.43m의 사다리꼴 형태로 4면 모두 글씨가 새겨져 있다. 한 행 41자(1면 6행만 39자)로 모두 44행에 비교적 장문의 사실을 기록한 이 비석은 한자의 크기가 12㎠며 글자의 깊이는 1963년 조사에는 6㎜였다. 현재 265자를 판독할 수 없지만 서체는 동양 3국의 서예가들이 입을 모아 칭찬하는 웅건하고 고졸한 글씨체로 고구려의 웅혼하고 야성적인 특성이 나타나고 있다. 문체도 당대 중국의 화려하고 말장난하는 문장과 다른 강건하고 질박한 문체다. 광개토왕비 글씨체는 1946년 경주에서 발굴된 청동함에 양각된 '乙卯年國岡上廣開土地好太王壺杅十'과 광개토왕릉이라고 추정되는 태왕릉의 기와편에 쓰인 '願太王陵安如山固如岳'에서만 볼 수 있다. 외국 정벌 과정에도 정복 지역을 덕으로 다스린 대왕은 '國岡上廣開土境平安好太王'이란 시호를 추서받았다. 시호 가운데 국강상(國岡上)은 그의 능이 있는 곳을 말하는 것이고 광개토경(廣開土境)은 국토를 넓힌 영웅적 업적을 표현한 것이고 평안호태왕(平安好太王)은 천하를 평정하고 만백성을 편안하게 한 왕이라는 뜻이다. 비문은 왕이 백제, 신라 및 일본(당시 왜) 지역과 일본열도의 백제 세력까지 모두 정복하고 동부시베리아, 연(燕 북경) 량(凉 감숙성)까지 포섭하여 새로 얻은 성이 64개, 촌락이 1400이라고 적고 있다. 그러나 이런 산발적인 전공은 중국과의 결전을 앞둔 주변 정리 과정일 뿐이다. 광개토왕 3대전 고국원왕이 전연의 침입으로 미천왕릉이 파헤쳐지고 왕모가 끌려갔고 다시 백제의 침입으로 고국원왕이 전사했던 치욕을 씻기 위해 9차례 해외 정벌은 준비 과정이었다. 39세의 젊은 나이로 죽은 광개토왕의 안가(晏駕 죽음)는 한민족의 유일한 중국 정벌의 기회를 놓친 것이다. 광개토왕비문은 엉뚱하게도 명치 시대 일본 어용사학자들의 황국사관 입증사료로 오용됐다. 일제 때 활약했던 이홍직 박사는 일인 학자로부터 "탁본의 2자를 고쳐 해석했다고 실토하며 유감스럽다."는 말을 들었다는 말을 제자들에게 강의시간에 증언했다. 비문 가운데 일본 지역 정벌로 추측되는 두 줄

125자가 완전히 뭉개진 부분이 있다. 이끼를 없애기 위해 말똥을 바르고 불을 질러 글자가 없어졌다고 하나 두 줄이 칼로 벤 듯 떨어져 나갔다는 것은 설득력이 없다. 일본 군부가 없애기 전 자료가 공개되는 날이 있을 것이다. 그런 결단이 일본이 국제사회에서 선진국으로 인정받게 하는 날이 될 것이다(경향신문 1973년 7월 26일 한국의 재발견 9. 박석흥 기자).

중원 고구려비

[충북 중원군 가금면 용전리 입석(立石) 부락에서 4세기 말에서 5세기 초에 건립한 것으로 추정되는 고구려비가 79년 4월 7일 단국대고적조사단에 의해 확인됐다. 충주지방 문화재를 조사하고 있는 충주예성동우회(총무 유창종 검사)의 제보로 학계에 알려진 이 비석은 높이 2.03m(다듬지 않은 54㎝ 포함)의 화강암 자연석에 해서(楷書)로 700여 자를 음각한 것으로 남한 최초로 발견된 고구려비다. "五月 中 高麗大王"으로 시작된 이 비문은 1면과 4면에 새긴 244자가 판독됐다. 한 줄 23자씩 음각한 이 비석은 전면에 10행, 2면에 7행을 새겼으며 3면, 4면에도 새긴 글자가 보이는 4면비다. 고구려의 남침정책과 고구려 원조를 받던 신라의 자주화 노선이 정면충돌한 부산물로 세운 비로 보고 있다. 비문은 당시 고구려와 신라 관계를 '如兄如弟', '上下相和'로 표시했으며 인질로 했던 신라왕자를 돌려보낼 때 고구려가 의복 등을 하사해서 신라를 고구려가 복속국가로 다루었음을 알려 주고 있다. 광개토왕비보다 뒤에 세운 것으로 보이는 이 고구려비의 비문이 덜 세련된 것으로 보아 왕명을 수행한 관리나 장군이 건립한 것으로 추정하고 있다(신동아 79년 6월호 뉴스와 화제, 학술, 박석흥).

고구려의 대외관계

광개토왕의 뒤를 이은 장수왕(413~491, 394~491)은 97세 장수한 왕이다. 부왕의 정복사업을 계승하여 고구려 최고의 전성기를 구가했다. 그는 중국이 남북조 시대(439~589)로 분열된 정세를 이용하여 남북 왕조와 각각 교통하여 대립되는 두 세력을 조종하는 외교정책을 펴며 427년에는 수도를 평양으로 옮겼다. 수도를 군사 방어적인 성격이 짙던 만주의 산골짜기의 야영 도시로부터 넓은 평야 평양에 자리 잡아 정치, 경제, 문화의 도시로 발전했다. 장수왕의 평양 천도는 백제와 신라에 위협이 되었다. 백제와 신라가 동맹을 맺고(433) 북위에 사신을 보내 고구려의 남침을 방어할 군사를 청한 것(개로왕18년 472)은 이러한 절박한 상황 속에서 이루어진 것이다. 그러나 장수왕23년에는 백제 수도 한성을 함락시키고 개로왕을 죽이고, 백제는 수도를 웅진으로 옮겼다.

수 고구려 침공과 멸망

300년 가까운 오랜 세월 계속돼 온 중국의 남북조 시대가 끝나고 수로 통일(589)되었다. 돌궐, 고구려, 백제, 왜가 한 세력, 신라, 수가 동서로 연합형 세력을 형성했다. 수가 중국을 통일하자 평원왕, 영양왕은 전쟁을 준비했다. 영양왕 9년 말갈군사 1만 명을 거느리고 요서를 공격했다. 수문제가 598년 6월 수륙 30만 대군으로 고구려를 공격했다. 612년 2월 수양제가 113만 3800명을 이끌고 고구려를 침략했다. 고구려 침략에 시달리던 신라 진평왕이 양제에게 군사 원조를 요청한 원광이 쓴 걸사표를 보낸 것도 이때다. 육군은 요동성에서 막히고 수군 4만 명은 대동강을 올라와 평양성 외곽까지 진격했으나 결사대 습격으로 크게 패했다. 30만 명의 별동부대를 우문술, 우중문 등 여러 장수가 거느리고 평양성 공격에 나섰으나 을지문덕의 유도 작전에 빠져서 살수에서 대패했다. 7월에 퇴각했다. 살아 돌아간 병사가 겨우 2700명이었다. 613년 4월 2차 침입했으나 6월에 하남성에서 반란이 일어나자 철수했다. 병부시랑이 망명 투항했다. 614년 3차 침입하여 망명한 수 나라 병부시랑 압송 조건으로 강화 제의했으나 고구려가 거절했다. 그 뒤에도 영양왕 입조 요구를 거절했다. 수양제가 4차 원정을 계획했으나 전국적인 반란으로 취소, 계속된 고구려 원정 실패로 내란이 일어나 618년 수가 멸망했다. 고구려는 철기로 무장한 강군이었다.

고구려와 당과의 전쟁

당이 건국하던 해 고구려 영양왕이 죽고 아우 영류왕이 즉위, 622년 당고조는 포로 교환 제의 해와, 1만여 명 중국인 포로 송환해 전쟁을 막았다. 626년 당태종이 등장한 후 양국 관계에 틈이 나기 시작했다. 고구려 부여성에서 발해만 비사성에 이르는 1천 리에 걸친 장성을 연개소문 감독으로 완성했다. 연개소문은 영류왕 등 반대파 대량 학살하고 대막리지가 되어, 의자왕과 합세하여 신라를 공격했다. 당태종 644년 7월 개모성, 비사성, 요동성, 백암성 공격, 그러나 안시성이 60일 항전 9월에 퇴각했다. 당태종이 30만 대군으로 고구려 칠 계획을 세웠으나 649년 죽어서 시행되지 않았다. 보장왕

20년(661) 당이 바다를 건너 대동강구로 평양성 포위, 7개월 공격에 당의 별장군대는 전멸하고 지휘관도 전사했다. 연개소문이 665년에 죽자 권력 장악 싸움이 일어나 남생은 남건과 남산에게 밀려나 당에 투항했다. 연개소문 동생 연정토는 12성을 신라에 바치고 투항했다. 이세적이 남생을 앞장 세워 667년에 고구려를 멸망시켰다. 남건이 끝까지 버티었으나 군사를 맡았던 신성이 668년 성문을 열어 주었다. 당은 3만 8천여 호(20만 인)의 고구려인들을 당으로 끌고 가 회하(淮河) 양자강 하류와 중류, 서안 방면에 분산시켰으며 이들 중 고선지장군처럼 중국인으로 귀화한 사람도 있다. 그러나 10년간 고구려 부흥운동은 지속됐다.

고구려 고분 벽화

[드높은 푸른 하늘과 사계절 변화가 뚜렷한 아름다운 풍토 위에서 외래 선진문화를 끊임없이 교류 흡수한 우리 민족은 회화 면에서도 세계문화사에 특기할 뚜렷한 자취를 남겼다. 민족의 영고성쇄와 발전을 거듭한 회화도 계속되는 새로운 문화 충격을 소화 흡수하여 한국 특유의 문화를 만들어 가는 문화능력을 과시한 것이다. 삼국 시대부터 조선 시대까지 회화사에 등장하는 인물만 740여 명이 넘는다. 회화사에 오르는 1000여 점의 작품 가운데 국보5점을 비롯하여 15점이 74년 현재 문화재로 지정됐다. 근세 1백 년 수난기에 외국에 흘러나간 회화가 부지기수다. 구석기 시대 뼛조각에 새긴 얼굴 모양, 신석기 시대 얼굴 모양 토기, 고인돌에 새긴 청동검이 청동기 시대에 암각화와 청동기 제기의 그림으로 나타난다. 국보 147호 울주 전천리 석각과 반구대 암각화는 청동기 시대 돌에 그린 회화로 문명사의 단편을 보여준다. 청동기 시대 조형예술은 암각화 외에도 청동기에 조각된 밭갈이하는 그림으로 이어져 그림의 지속정인 발전을 엿볼 수 있다. 본격적인 그림은 민족의 진취적인 기상과 높은 수준의 문화향수를 과시한 고구려 고분 벽화에서 보게 된다. 만주 즙안현 통구지방과 대동강 유역에 밀집되어 발굴된 고분 벽화는 무덤 안에 해와 달, 별을 비롯한 우주 현상을 표현했으며 시간 공간을 지배하는 신상(神像) 등을 벽에 정교하게 그리고 일상을 그린 기록화와 무덤 주인공 초상화를 그려 놓았다. 많은 그림 가운데 사냥하는 그림, 씨름하는 풍속도 등의 사실적인 필치는 현대화로 내놓아도 빠지지 않는 솜씨를 보여주고 있다. 고구려 고분 벽화는 백제 능산리 석실 고분 벽화에 전승되었으며 일본 다카마츠츠카 벽화와 신라 고분 그림으로 전승되었다. 현존하는 본격적인 한국 그림은 4~7세기 고구려·백제의 고분 벽

화를 비롯하여 경주와 공주 고분에서 출토된 장식화로 모두 고대 분묘의 장식용이었다. 고분 벽화가 그려진 석실분묘는 거대한 돌무덤의 잔영으로 고구려의 강건하고 질박한 기풍이 담겨 있다. 거석문화를 계승한 고분 가운데 광개토왕릉 인근의 장군총은 밑바닥 한 변의 길이가 32m, 높이가 13m나 되는 거대한 고분으로 수나라 침공을 격퇴한 고구려의 저력을 실감케 한다. 벽화 고분은 만주의 무용총 각저총 구갑총 통구사신총 미인총 황해도 안악과 평남 순천 용강 강서 중화 등지에서 크고 작은 벽화 고분이 발견됐다. 벽화는 무덤의 돌벽 또는 석회를 칠한 벽에 흑 황 적 자 청 록(黑 黃 赤 紫 靑 綠) 색을 채색하고 때로는 금박을 해서 찬란한 채색화를 남겼다. 해와 달, 별을 그려 무덤 안에 소우주를 설정하고 일상생활을 회화화했다. 벽화 주제는 인물 풍속 사신도 장식물 신앙 등으로 다양하며 그리스 벽화 문양이 나타나기도 한다. 각저총 그림은 조선의 민화처럼 해학적인 내용을 담고 있다. 큰 나무 아래 젊은이들이 씨름하는 모습을 백발노인이 잡념 없이 지켜보며 나뭇가지에 앉은 새들을 구경하고 있다. 일본의 스모 자세가 이 각저총 그림에 나타난다. 유머러스한 풍속도 바로 곁에는 무용총의 수렵도는 힘이 넘치고 강건한 필치로 대조적인 화풍이다. 필사적으로 도망가는 호랑이를 말을 달리며 활을 쏘는 건장한 용사의 기백과 생동감이 잘 표시된 수렵도는 곡선 셋으로 산을 묘사한 능숙한 화법을 보여주기도 했다. 안악제2호고분의 비천도는 선녀가 하늘을 나는 모습이 마치 종이에 그린 것처럼 절묘하게 묘사했으며 안악제3호고분의 행렬도는 10.5m에 이르는 큰 화면에 250명의 대행렬이 묘사됐다. 강서대묘의 사신도는 최고의 걸작이다. 청룡 백호의 등과배로 꿈틀거리며 흘러 내려간 선의 강경하고 원활한 선의 흐름과 더불어 구름과 산이 들어 있는 벽화의 호연한 분위기는 놀랍기만 하다. 고구려 고분 벽화는 부여능산리 석실 고분에서 더욱 세련된 연화류 운문과 사신도로 나타나며 무령왕릉 목조 두침과 족좌에도 고구려 고분 벽화에서 보았던 연화와 주작이 보인다. 73년 경주 155호고분에서 발견된 백화수피에 그린 천마도 기마인물도 서조도 등은 고구려 고분 벽화를 계승한 그림이다. 천마도 비슷한 양식은 무용총 천장 그림에서 찾을 수 있으며 서조도의 수법은 강서대묘의 주작을 그대로 옮긴 것으로 고대 삼국의 회화가 하나로 귀일됨을 증명한다(경향신문 74.1.17. 한국의 재발견 고구려 고분 벽화 박석홍).

장천 고구려 불화 고분 벽화

[비천도 예불도 등 불화를 그린 중국 즙안 장천의 고구려 벽화가 83년 4월 23일 경향신문 주최 한일고대사 국제심포지엄에서 공개됐다. 니시다니 다다시(西谷正) 일본구주대 교수가 이날 공개한 장천 고분 벽화는 82년 말 중국 동북고고와 역사편찬위원회가 '동북고고와 역사' 제1집에 발표한 것으로 길림성 박물관 즙안현 문물보관소가 광개토왕비에서 약 45㎞ 떨어진 압록강 중류연안 충적지 고구려 고분군의 방추형 거대 고분(높이 6m, 둘레 88.8m)에서 발견한 것이다. 도굴된 채 발굴된 이 고분은 전실과 현실이 있는 5세기 초의 전형적인 고구려 고분으로 전실, 현실의 벽과 천장은 물론 관에도 각종 그림을 그려 놓았다. 고구려 고분 특유의 말각조정(抹角藻井)식 천정에서 불공드리는 그림이 발견된 전실은 장방형(2.3×2.9×3.3m)의 공간 4면 벽과 천장에 벽화가 그려져 있다. 한국 고분에서 최초로 발견된 불공드리는 그름은 전실 동쪽 벽 천장에 사신도 연꽃그림 위에 불상과 공양드리는 주인공 모습이 유려한 필치로 묘사됐으며 북벽과 남벽의 천정에도 부처와 불상그림이 보인다. 전실 북 벽에는 수렵, 씨름, 무용, 연희 등 무덤 주인공의 생전 활동상이 다양하게 그려졌고 전실 남 벽에는 식사 장면도 그렸다. 무덤 주인공이 누워 있던 후실 천장 가운데는 북두칠성과 해와 달이 그려져 당시 불교 신앙과 함께 해와 달, 별을 신앙한 고구려인의 정신세계도 알려 준다. 전실과 후실 사이를 잇는 연도에는 시녀와 시종의 인물화가 선명하게 남아 있고 전실 남면에는 악기를 연주하는 기악인 모습도 보인다(경향신문 83년 4월 23일 박석흥 기자).

(2) 백제

근대적인 백제사 연구는 일본 학자에 의해 시도되었다. 스에마츠 스다 쇼기치 등 '임나일본부의 지배하에 타율적으로 유지된 역사'로 발표했다. 백제사를 일본사로 변조한 일본서기에 의한 일본인들의 백제사 해석이 백제사를 혼란스럽게 했다. 1971년 무령왕릉 발굴로 백제사 연구는 새 전기를 맞았다. 무령왕릉 발굴 이전 백제사 연구는 문헌고증 사학은 기피하는 풍토였고, 미술사 연구가 있었으나 빈약했다. 풍납리 토성·석촌동 고분·가락동 고분, 몽촌토성 발굴이 백제사 연구를 잠에서 깨웠다. 김상기, 김철준, 양기석, 노중국, 신형식, 이형구 교수의 백제사 연구, 도수희 교수의 백제어 연구, 원광대 익산 미륵사 연구 등이 백제사 연구의 기폭제가 되었다.

온조의 남부여

백제 건국신화도 부여를 뿌리로 했다. 주몽은 동부여 금와왕 아들 대소 등의 위협으로 졸본 부여로 피해온 뒤 졸본왕의 딸과 결혼하고 졸본왕이 죽자 왕위를 잇고 비류와 온조 형제를 낳았다. 주몽이 동부여에서 결혼한 부인과 사이에 태어난 아들 유리가 성장하여 부왕 주몽을 찾아 졸본으로 왔다. 주몽은 유리를 태자로 삼았다. 또 하나의 건국설화는 북부여왕 해부루의 손자 우대가 졸본으로 와서 졸본 사람과 결혼 비류와 온조를 낳았다. 우대가 죽은 뒤 주몽이 남하하여 고구려를 세웠다. 이때 주몽은 우대의 미망인을 왕비로 삼고 두 아들 비류, 온조를 친자식처럼 사랑했다. 그러나 그 뒤 부여에서 실자인 유리가 찾아와 주몽의 태자가 되고 이어 왕위에 올랐다. 비류, 온조는 졸본부여 태자인 유리에게 용납되지 않을까 두려워 생모를 모시고 망명, 미추홀과 위례성에서 국가를 세웠다는 것이다. 온조는 부여씨라 했다.

서울 석촌동일대의 백제 고분군이 서울시 개발정책으로 파괴되었으나 압록강 변에 있었던 피라미드식 고분이 한 기가 보존되어 고구려문화의 전승을 입증하고 있다.

백제의 성장과 해상 진출

백제의 서해 진출은 고이왕(234~286)이 본격 추진한다. 근초고왕을 전후한 4세기 후반 숙도(풍천)에서 적산포로 직행하는 적산항로 개척했다. 근초고왕 때 태자 근구수가 연과 진을 정벌했고 왕이 된 후 요서, 산동, 강소, 절강 등지를 경략했다. 최치원은 고구려, 백제 전성기 백만의 강병이 오월을 침입, 북으로 연, 제, 로를 흔들어 중국의 큰 걱정거리가 되었다고 증언한다. 그러나 백제의 중국 진출은 고구려 방해로 서해 직통항로는 자주 차단됐다. 관미성(강화 예성강하구 교동도)을 두고 진사왕2년 관방을 설치했으나 8년 광개토왕에게 함락된다. 왜와 연결하는 새 전략을 구상했다. 백제는 서산마애불상이 조성된 시기에 당진과 중국 연결 항로를 개설하고, 6세기 이후 남조와 교섭 위해 흑산도에서 명주를 잇는 남로도 개척했다. 양서 백제조에 왕자 왕족을 지방장관으로 봉하여 통치하는 백제의 담로제도가 보인다. 동성왕 12년 면중왕, 팔중후 등 지명에 왕, 후를 붙인 통치자를 임명했다. 17년에는 공을 세운 4명에게 邁羅왕, 불중후 등 왕과 후라는 직위를 주었다. 치수 관개사업, 천문학이 발달한 높은 수준의 국가였다.

369년 고구려 침략군을 근초고왕이 백천에서 저지한다. 371년 근초고왕 태자 근구수와 함께 병사 3만을 이끌고 평양을 공격, 고구려 고국원왕이 전사한다. 소수림왕 백제 침략, 근구수왕 평양 공략한다. 백천 신계가 백제, 고구려 양국 대치선이었다. 백제 강진 전남해안까지 영역 확대한다. 왜의 임나지배설은 천관우, 김현구 교수의 연구로 백제의 가야 지배로 확인됐다. 김현구 고대교수는 왜의 한반도 남부 경영론의 주역인 소아만지(蘇我滿智)가 백제인 목만치(木滿致)로 밝히고, 근초고왕과 함께 가라 7국을 평정한 목라근자도 목만치의 아버지로 고증했다. 고구려 침공으로 수도가 함락된 후 왜와 협력 관계를 맡았던 목만치가 구원을 청하기 위해 도일하여 성만 일본식으로 소아씨(蘇我氏)로 바꾸어 소아만지(蘇我滿智)로 일본에 정착한다. 김현구교수가 6세기 전반부터 약 1세기 야마토 조정의 실권을 장악한 소아씨(蘇我氏)를 백제인 목만치로 일본 역사에 기록된 과정을 밝혀낸 것이다. 가야 지방에서 백제 장군으로 백제와 연락했던 이른바 임나의 주인공도 왜인이 아니라 백제인 목라근자였다. 망명 백제인 부자가 일본 야마토 정권의 실세로 활약하자 일본서기가 그들을 야마토 정권이 한반도로 파견한 것으로 윤색한 것으로 밝혀냈다. 백제인의 일본 열도 진출은 여러 차례 있었다. 곤지 동성 무령왕 등이 일본에 머무르다가 귀국하여 백제왕이 되었으며 권력 싸움에 실패한 세력이 일본에 건너가기도 했다. 6세기 중엽 이후 7세기 말까지 한반도에서 일본에 건너간 고승 41명 중 백제승이 23명이었다. 비조사는 백제승이 건립했고 비조사 개원식 참석자들이 모두 백제 옷을 입고 있었다는 기록도 있다.

　삼국사기 기록 중 천문기록은 백제 기록이 제일 많다. 백제 구수왕11년(224)부터 나타나기 시작하는 금성 太白晝見 기록은 중국 측 기록은 구수왕 때 관측 기록만 보이고 아신왕(394), 비류왕(321) 때 관측 기록은 중국문헌에는 없다. 과거 스다 쇼기치 스에마츠 등이 백제 고구려 천문 기록이 중국 기록의 복사라고 주장했으나 그 반대였을 가능성이 크다. 기토라 고분의 천문도는 풍납토성 관측 천문도로 추정된다.

성왕 부여천도＝무령왕(501~523)에 즉위 탐라를 백제 관할로 포함시키고, 남조의 양과 국교를 맺는다. 성왕16년 사비로 천도, 국호를 남부여로 한다. 진흥왕과 동맹 북진 정책을 폈다. 신라에 한강 유역을 유린당하고 554년에 신라 정벌에 나섰으나 관산성 전투에서 패배하여 좌평 4명과 2만 9000여 명 병사를 잃고 120년간 나제동맹관계 깨졌다.

백제문화＝국제관계가 무역, 해외 정벌, 일본 진출 등으로 활발했던 백제문화는 개방적이고 세련된 문화였다. 통일신라기 경주문화의 진수는 백제인이 만든 것이 대부분이었다고 홍사준 전 경주박물관장은 주장했다. 일본에는 백제 당시의 문화가 보존되어 있어 백제 시대의 고급문화 수준을 알려 준다.

사택지적비와 무령왕릉 지석

[비옥한 호남평야를 바탕으로 찬란한 문화를 꽃피운 백제문화는 이 지역을 정복한 침략군의 분탕질로 거의 인멸되어 도굴된 고분과 몇 개의 불상, 탑 등 석조물만이 백제문화의 편린을 전할 뿐이다. 그런 가운데도 1948년 백제고도 부여에서 나씨성주사택지적(奈祇城主砂宅智積)의 원비(願碑)와 1971년 공주 무령왕릉에서 나온 일괄 유물과 지석(誌石)은 백제 상류 문화의 편린을 알게해 주고 있다.

충남 공주읍 금성동 고분(일제 때 도굴) 보수 중 71년 7월 6일 발굴돼 3일 만에 세상에 공개된 무령왕릉 발굴은 졸속 발굴로 지탄의 대상이 되었지만 백제 역사에 대한 기왕의 인식을 바꿔놓았다. 88종 2561점과 함께 나온 지석(誌石)은 백제사와 백제와 왜와의 수수께끼를 푸는 열쇠가 되었다. 73년 현재사적으로 지정된 왕릉과 고적은 80여 곳에 이르지만 무덤의 주인공을 확실하게 확인하는 자료가 나온 고분은 몇 개 안된다. 무령왕릉 지석은 523년에 죽은 무령왕의 대묘를 525년에 만들었다는 기록이며 왕비 지석은 529년 개장 시에 써 넣은 것으로 삼국사기 기록과 일치했다. 무덤 안에 나란히 놓였던 이 두 지석은 중국 육조 시대의 해서체(楷書體)의 원필(圓筆)로서 유려 웅혼한 기품이 같은 시대 중국의 금석문에 뒤지지 않는다. 왕의 지석은 35.2×41.5㎝, 두께 4㎝로 6행 52자가 2.5㎝의 크기로 음각되었으며 왕비 지석은 35.5×41.3㎝, 두께 4.8㎝의 석판에 4행 41자(글자 크기 2㎝)를 명문했다. 왕비 지석엔 58자의 흥미 있는 명문이 새겨져 있다. "을미년(525) 8월 12일 백제 사마왕(斯麻王)은 토왕(土王지신)과 토백(土伯) 토부모(土父母) 상하 중관(衆官)에게 2천 석을 주고 땅을 사 묘를 만들고 매지권(買地卷)을 작성하여 앞으로 이 토지에 대해서는 세상의 율령에 다르지 않음을 해 둔다."는 것이다. 이런 풍습은 중국에도 있었던 것으로 왕비의 지석은 왕의 묘를 만들 때 사용했던 매지권을 다시 사용했던 것이다. 무령왕릉 부장품에는 이 두 지석 외에도 은제 팔지에 제작자 이름을 비롯한 17자의 문자가 명기되어 역사 연구에 도움이 되었다.

무령왕릉 지석이 나오기까지 백제의 유일한 금석문이었던 사택지적비는 일제 총독부가 부여에 신궁이라는 것을 세우기 위해 모아놓은 돌 가운데서 1948년 8월에 홍사준 부여 박물관장이 발견한 것으로 1950년 백제 비석으로 밝혀졌다. 홍사준 씨는 서산마애불상도 발굴, 황수영 씨가 중앙학계에 보고했다. 사택지적비는 화강암 표면을 잘 다듬어 가로세로 정간(井間)을 치고 그 안에 비문을 새긴 것으로 사행(1행 14자) 56자만이 판독됐다. 높이 101㎝, 폭 38㎝, 두께 29㎝, 글자 크기 5.5㎝, 정간 7.7㎝. 비문의 문장은 중국 육조 시대 46병려체의 미문으로 노장사상이 담겨 있고 글씨체는 사경체(寫經體)를 연상케 하는 세련된 것으로 전자(篆字)에서 해서(楷書)로 넘어가는 과도기의 글씨체로 보인다. 백제 의지왕 때 상좌평(총리)을 역임했을 것으로 추정되는 사택지적이 정계에서 은퇴한 뒤 몸이 늙어 감을 강개(慷慨)하며 금으로 불당과 옥으로 탑파를 만들어 세우니 그 건조물의 위관이 장려하다는 내용의 비문이다. "甲寅年正月九日 奈祇城砂宅智積 慷身日之易往慨體月之難還穿金以建珍堂鑿玉以立 寶塔巍巍慈容 吐神光以透雲峨峨悲 ……."

이 비석을 세운 사택지적의 성 사택은 백제 팔대성(砂 燕 協 解 眞 國 木 苗)의 하나로 백제 지배계층에 속했다. 충남 강경에는 사·목·국씨가 많다. 사택지적에 관한 기록은 일본서기에도 보인다. 일본서기 24권 황극천황 원년(임인년 642년) 7월 초에 배게사신 상좌평 지적이 일본에 와 궁중에서 환대했다는 기록이 있다. 이때 함께 참석한 백제인들도 관직 밑에 성을 빼고 이름만 밝혀 놓았다. 일본서기 기록을 근거로 사택지적비를 풀면, 상좌평 지적이 의자왕 14년(갑인년) 관계에서 은퇴하고 나시성(奈祇城 부여군 은산면 내지리 추정)에 사원을 짓고 탑을 세웠다는 해석이 가능해진다. 1m 밖에 안 되는 사택지적비는 일본서기에 언급된 백제인 가운데 실증 금석문 자료가 나온 유일한 유물로 고대 백제의 일본 진출 관련 사실도 추정케 한다. 국보106호로 지정된 게유명 전씨아미타불 삼존석상은 홍사준 씨가 해방 뒤 비암사(충남연기군 전동면)에서 발견한 것으로 백제 멸망 뒤 백제유민의 동태를 알려 주는 14행의 명문이 남아 있다(경향신문 1973년 8월 2일 한국의 재발견 석조물편 사택지적비와 무령왕릉지석 박석홍 기자).

공주 부여의 석조와 법주사 석련지

[전통적인 석공예의 정교한 기교는 불상과 탑, 석등뿐만 아니라 사원의 생활필수품과 의식도구에까지 미쳐 다양한 작품을 남겼다. 국보64호 법주사 석연지(石蓮池)와 부여석조(石槽 보물194호)와 공주의 2개 석조(보물148, 149호)는 관욕식(灌浴式)에 사용

했던 돌그릇의 일종이다. 연꽃무늬로 장식한 법주사 석연지(높이 1.95m, 지름 6.65m)
는 팔각형의 지대석 위에 3단의 굄을 만들고 그 위에 구름무늬가 조각된 잘쑥한 중간
석을 놓고 그 위에 반구형의 연지를 얹고 다시 그 연지 위에 돌난간을 돌렸다. 연지
표면에는 연꽃을 이중으로 조각하여 전체가 연꽃송이 같고, 그 위에 세운 돌난간은 파
손은 심하나 균형 잡힌 비례나 기발한 의장이 조화롭다. 거대한 화강석 하나를 파서
만든 법주사 석연지는 통일신라의 화려한 문화를 돌에 잘 표현했다. 이 전 단계의 석
조가 부여와 공주에 있어 속리산 법주사 석연지로 발전하는 과정을 알려 준다. 부여
박물관에 보관 중인 보물194호 부여석조(직경 1.42m, 높이 1.57m)는 사발 형태로 외
부 장식은 없으나 백제 중기의 큰 가람 대통사에 있었던 투박한 형태의 보물148호 중
동석조(직경 1.34m, 높이 72cm)와 보물149호 반죽동석조(직경 1.88m, 높이 75cm)보다
우아한 곡선미로 백제 말기의 석공예를 과시했다. 공주-부여-법주사 석련지의 사원
의식도구의 변화 발전을 볼 수 있다. 삼국유사에는 노힐부득과 달달박박의 두 성인이
여자로 변신한 관세음보살을 목욕시키고 그 물로 목욕을 해서 성불했다는 관욕식 관련
설화가 있다. 사원에서 관욕식에 사용한 석조는 일반 생활도구보다는 정성 드려 만들
었을 것이다. 법주사 석련지 부여 공주의 석조가 그 대표적인 사원 의식용 석조물이다.
공주 갑사에는 사원의 막강한 세력을 알려 주는 보물265호 철제당간이 있다. 50cm의
철당간 24개로 높이 15m가 되는 공주갑사의 철당간은 현존 당간 중 최고의 규모다.
당간은 불화가 그려진 괘불이나 불교 깃발을 걸었던 도구로 사원의 위계 표시가 됐다.
본래 불교 깃발은 인도에서 마귀를 누르기 위해 계양했던 사원 용구로 기원전 2세기
마투라 출토 조각품에서 처음 나타난다. 처음엔 장방형이었으나 4세기 경 중앙아시아
로 전파되면서 제비꼬리형으로 바뀌고 당시대에 번두(幡頭), 번신(幡身), 번수(幡手)를
갖춘 불교 깃발이 정형화된다. 당간은 사원의 영역을 표시하는 거대한 깃발, 탑과 불전
에 장식한 장엄용 깃발, 공양용 깃발, 교화용 깃발 등 다양해졌다. 일본에는 신라 시대
불교 깃발의 편린이 남아 있다. 오사까 예복사(叡福寺) 소장 불교 깃발은 비단에 연주
문과 귀면을 오색으로 수놓은 염직공예품으로 7세기 말 8세기 초에 신라에서 제작된
것으로 보인다. 삼국 시대 건축된 일본 법륭사에 있던 것을 에도(江戸) 시대에 예복사
로 옮겼다는 기록도 있어 신라제품으로 믿고 있다(경향신문 1973년 9월 17일 한국의
재발견 석조물편 석련지 석조 당간지주. 박석흥 기자).

잃어버린 백제문화의 신비

[국학자들이 ‘백제인’이라고 불렀던 홍사준 전 부여박물관장은 생전에 경주의 통일신라 초기 문화재와 일본 비조(飛鳥) 시대 문화유적은 대부분 백제인의 작품이라고 주장했다. 경주박물관장을 역임했던 기간을 제외하면 생애 전부를 백제문화 찾기에 바친 홍 관장은 그가 실측한 국보31호 첨성대도 백제 석공의 작품이라고 발표했다. 그는 삼국사기, 삼국유사 기록 외에도 첨성대의 늘씬한 곡선은 신라 토박이 예술과 어울리지 않는 백제인의 여유 있는 조형감각이라고 설명했다. 홍 관장의 이 같은 주장을 서울학자들은 촌사람의 잠꼬대라고 일축해 버렸다. 백제사를 소홀하게 취급하는 서울 교수들의 일방적인 주장에 홍 관장은 입을 다물면서도 부여 능산리 동남리 등지에 숨어 있던 백제 유물이 나오면 백제사 인식이 달라질 것이라고 내다보았다. 백제 사택지적비 서산 마애불상 등은 홍 관장이 찾아내 황수영 박사에게 연락해 세상에 알려진 것이다. 1m30㎝의 땅속에 묻혀 있던 백제 향로 출토는 잃어버린 백제사와 백제문화의 신비를 일깨우는 충격이었다. 백제사 재조명을 환기시킨 향로가 출토되자 중국에서 수입한 것이라고 주장하는 사람과 백제 작품이라는 주장이 맞섰다. 우수한 작품이 나올 때마다 일단 현지인의 솜씨가 아닌 수입품이라는 겸손한(?) 반론이 나온다. 그러나 이 금동향로의 용(龍), 봉황(鳳凰), 산(山) 조각이 부여에서 출토된 백제 전(塼)의 무늬와 똑같으며 향로에 새겨진 도가사상은 의자왕 때 상좌평(총리)이었던 사택기적의 비문이나 무왕이 만든 부여 남궁지(池)에도 담겨 있어 향로는 백제 작품이라고 학계의 의견이 모아졌다. 부여 시대 백제는 이 향로를 만들 수 있는 기술과 자원이 갖춰진 문화 수준이 높은 국가였다. 우선 이 지역에는 탁월한 청동기 제작 기술이 송국리 요령식 동검과 용범으로 뒷받침되고 있으며 금, 동, 철 광산이 부여 인근에 10개소나 있다. 당시 백제와 중국 관계는 중국은 5호 16국 시대의 혼란기였으나 백제는 요서 및 중국 극동 해안에 진출했고 남조와도 교류했던 해양국가로 일본 구주에도 분국을 설치 식민지를 운영했던 국력 팽창기였다. 이 시기 백제인이 일본에 건너가 일본 고대국가와 문화를 만든 것은 일본학계도 인정하는 역사적 사실이다. 백제는 삼한 토착사회에 고구려계 부여계 대방 중국 유이민의 유입과 중국 남조 문화가 복합된 고대국가였으나 고구려, 신라, 중국과의 계속되는 전쟁으로 갑자기 망하며 역사 자료가 산실되어 버렸다. 능산리 백제 금동향로는 백제사 복원의 실마리를 풀어줄 상상력의 보고다. 통일신라 이후 왜곡되기 시작한 백제사의 실체를 찾기 위해 더 많은 자료의 출현을 기대한다. 이런 유

물을 보존할 고도보존법이 제정되어야 한다(문화일보 93.12.29. 숨결말결 박석흥 학술 문화부장).

백제 금동대향로

[7세기 동아시아 최고의 금속공예품 백제 금동향로가 1년여 장기 보존처리 작업에 앞서 18일부터 2주간 국립중앙박물관에서 전시되고 있다. 백제 향로가 왜 홀연히 이 시기에 나타났는지는 아무도 알 수 없지만 잃어버린 백제문화가 신라보다는 분명히 한 수 위였던 것을 알려 주고 있다. 백제 향로 앞에서 학자들은 공예 기술과 백제 향로에 담긴 백제인의 정신세계에 대해서 감탄했다. 임시 보존처리를 하고 유리상자 안에 공개된 64㎝의 향로는 화엄경 법망경이 그리는 연화장(蓮華藏)세계와 도가사상·백제인의 일상 등을 신기(神技)에 가까운 금속 공예술로 형상화했다. 반가사유상에 뒤지지 않는 백제 향로 출현은 민족문화에 대한 자긍심과 아울러 축소되고 왜곡된 백제문화에 대한 새 시각의 연구를 촉구하는 기폭제가 되고 있다. 백제 향로는 연꽃 가운데 일체국(一切國)·일체물(一切物)을 간직하는 연화장세계를 조형화, 백제인의 세계관을 표현했다. 비로나자불이 있는 광대하고 장엄한 세계를 향수해(香水海) 연호(蓮華) 금강륜산(金剛輪山) 삼라만상으로 조형화한 향로의 연화장세계는 부처와 중생이 일체인 대승불교의 이상세계를 구체화한 것이다. 화엄경 설법대로 향로는 용이 받침대로 연꽃무늬와 물고기가 있는 몸체를 떠받들고 뚜껑 부분에는 삼라만상이 조각되고 꼭지 부분에는 봉황이 날개를 활짝 펴고 있는 형상을 조각했다 봉황 밑에는 봉황의 묘음(妙音)에 귀를 기울이고 있는 5마리 새들과 선계의 악사들의 모습이 보이고 74개의 산봉우리, 65마리의 동물, 명상에 잠긴 수도자 기마인물 등 18인의 인물, 폭포, 호수, 바위 등이 세밀하게 주조되어 불교의 연화장세계를 정교하게 조형했다. 기원전부터 종교의식과 구도자의 수양정진을 위해 사용되었던 향로는 중국에서 불교의 향화공양(香華供養) 목적으로 변질되었다. 부여 출토 백제 향로는 연화장세계를 주제로 하고 있으나 한대(漢代) 박산향로의 도가적 요소 고구려 백제의 수렵 등 실생활 모습도 담고 있다. 불교의 연화장세계와 도가사상이 융합된 백제 향로의 정신세계는, 거의 같은 시기에 만든 사택지적비에도 나타나는 7세기 당시 백제인의 사상이 높은 수준임을 알려 주고 있다. 의자왕 때 상좌평을 역임한 사택지적이 늙어 감을 한탄하며 금으로 불당을 짓고 옥으로 탑을 만들었던 사택지적의 불가와 도가사상의 공유가 부여 은산에 이어 궁남지에서도 나타

난 것이다. 7~8세기 불교경전의 세계를 조형화하는 예술은 자바, 인도, 일본 등지에서도 유행하며 1백 년 뒤 통일신라도 정교한 만불상을 만들었다는 기록이 보이나 백제향로에는 못 미친다. 그것은 백제가 당시 해양상업국가로 발전, 토착문화와 국제문화를 조화시킨 찬란한 문화를 꽃피운 배경이 있었기 때문이다. 그러나 사택지적비나 금동향로가 그린 정신세계가 갑자기 사라져 버린 백제를 암시하고 있었던 것은 아닌지(문화일보 1994년 4월 20일 숨결말결, 박석흥 학술문화부장).

(3) 가야

가야는 많은 유적 유물을 남겼으나 잊혀 온 신비의 왕국이었다. 삼국사기가 가야를 제외시켜 수백 년간 경남 일대에 존속했던 가야는 소외되었다가 고려 후기 삼국유사에 가락국기가 수록되었다. 금관국의 후손인 김해김씨와 인주이씨가 통일신라 및 고려 시대의 상층 문벌귀족으로 부상해 잊혀진 역사가 복원된 특수한 사례다. 실학 시대 연구가 가야 연구를 심화시켰다. 낙동강 하류 변한 12국은 철기문화 발달에 따라 연맹왕국으로 발전한다. 금관가야(구야국 본가야−김해), 아라가야(−함안), 고령가야(−함창), 성산가야(−성주), 대가야(−고령), 소가야(−고성)가 국가 형태를 갖춘다.

가야는 일본 규슈 지방과 가까운 곳으로 많은 사람들이 이주하여 소국을 건설, 이들이 왜라는 이름으로 가야 지방과 왕래하면서 무역, 활동했다. 가락국기는 본가야 개국연대를 A.D.42년으로 본다. 가야 역사는 4~5세기 전반 낙동강 하류 금관국을 중심으로 한 전기 가야와 5세기 후반부터 562년 대가야 멸망 때까지 낙동강 서안 산악 지대에 거점을 둔 고령의 가야가 맹주로 했던 후기 가야로 나눌 수 있다.

전기 가야맹주였던 금관국의 김해 대성동 부산복천동 유적의 무덤과 유물은, 백제나 신라문화에 크게 뒤지지 않았다. 풍부한 철을 바탕으로 중국이나 일본 등과 교역하여 부를 축적하여 강력한 군사 집단을 형성했다. 고구려 세력을 등에 업고 급성장한 신라가 5세기 전반 전기 가야연맹을 약화시키거나 편입함으로써 가야 세력을 와해시켜 5세기 후반 낙동강 동안 가야 세력은 신라 영향력 아래 통제 간섭을 받는 일종의 신라 연맹체로 편입되고 낙동강 서안의 가야 세력들은 다시 고령을 중심으로 결집되어 대가야연맹을 형성한다. 백제가 고구려 공격을 받아 가야에 대한 영향력이 약해진 틈을 이용하면서다. 그러나 고령을 중심으로 한 대가야연맹도 합천 옥전 유적에서 드러나듯 독자적인 정치적 기반을 유지한 채, 권력을 맹주국에 응집시키지 못했다. 함안아라가야는 일본과 교류로 금관국과 고령가야에 필적할 만한 세력을 유지했다. 6세기 가야를 둘러싼 국제관계가 크게 변동한다. 한강 유역을 잃은 백제는 그 보상을 가야에서 찾으려 하여 적극 진출했다. 이것은 신라를 자극했다. 백제가 가야를 끌어들여 가야는 격렬한 국제관계 소용돌이에 휩쓸리게 되었다. 대가야왕은 법흥왕에게 혼인을 신청하여 신라에 접근했다. 신라는 이 제의를 받아들여 이찬 비조부의 누이동생을 대가야에 시집보냈다. 법흥왕이 남진정책을 적극 펴자 532년 본가야는 동요했으나, 정식 통합한다. 백제의 힘을 이용하려던 대가야 외교정책은 554년 성왕이 신라 관산성을 치다 패사하자 실패로 돌아갔다. 562년 이사부가 쳐들어와 대가야는 항복하고 말았다. 가야 궁정음악 가야금은 우륵에 의해 신라에 전해져 궁중음악으로 채택된다. 본가야 후예들이 신라 조정에 진골귀족으로, 신라의 백제, 고구려 침략에 한 역할을 했다. 관산성 싸움에 공을 세운 김무력은 본가야 마지막 왕 구형(해)왕의 아들, 한편 그의 아들인 김서현은 대야주 군주가 되어 진평왕 때 활약한다. 이 김서현이 진흥왕 아우인 숙걸종의 딸과 결혼하여 김유신, 김흠순 형제와 태종무열왕의 왕비가 된 문명부인을 낳았다.

복천동 가야 처녀 고분 발굴

[부산 동래구 복천동 산50 가야 고분 지대에서 80년 10월 25일부터 가야 고분을 발굴 중인 부산대 박물관(단장 김석희)은 1980년 12월 3일 금동관으로 보이는 가야 보관을 발굴했다. 10월 25일부터 발굴을 시작한 부산대 발굴단은 3일 상오 9시부터 원형상태의 11호 가야 고분의 석실 개석을 개봉, 신비의 베일에 싸인 가야문화와 첫 대면을 했다. 검붉은 흙이 묻어 있는 투구·갑옷·환도대두·창·토기 등이 확인됐다. 금동관은 경주나 대구에서 출토된 신라 금관과 다른 가야식관으로 금동 대륜의 금판이나 금동판을 오려 만든 입식을 세운 것이 특징으로 고령 출토 금동관과 비슷한 양식이었다. 가야 특성이 잘 나타나는 투구와 갑옷, 칼 등 병기류가 많이 출토되었다. 11호고분의 석실은 주곽이 길이 7.9m, 폭 4.8m이고 부곽인 토광은 길이 6m, 폭 3.5m로 사방을 석곽으로 쌓은 뒤 2~3t짜리 개석 4개로 덮여 있었다. 고분 안에는 갑옷과 투구를 쓴 수장이 반듯이 남북으로 누워 있었고 금동관은 그 왼편에 있었으며 발밑으로는 토기가 쌓여 있었다. 수장의 오른쪽에는 환도가 가지런히 놓여 있었으며 특히 어린이 유골도 있어 발굴단은 순장의 가능성도 비쳤다. 이날 출토된 유물은 ◇토기류 ▲고배 18점 ▲원저단경호 1점 ▲파수분유대완 1점 ▲기대 1점 ◇철기류 ▲ 칼 3점 ▲도끼 1점 ▲철정

50점 ▲창 6점 ▲은제귀고리 1점 ▲금동관 1점 ▲단검 1점 낫 1점 관련 기사 5면.](경향신문 80.12.3 부산＝이용 우종원기자)

베일 벗는 가야사

[줄거리조차 세우지 못한 채 미궁 속에 빠져 있던 우리 학계의 가야사 연구가 최근 속출하는 고고학 발굴로 활기를 띠고 있다. 70년대 말부터 불붙기 시작한 가야사 연구는 78년 경북 고령 지산동 44, 45호 고분 발굴에 이어 철기, 마구, 갑주 등 400여 점의 유물과 도굴되지 않은 원형의 가야 고분이 부산 복천동 가야 고분에서 발굴돼 큰 전기를 맞게 되었다. 복천동 가야 고분은 부산시 토지 구획 정리 작업 중 구제 발굴된 가야 유적으로 80년 12월 3일 현재 43기(수혈식 석실분 18기 토광묘 16기)가 확인됐다. 34기 가운데 석실묘와 부장품을 넣은 토광이 한 조를 이루는 도굴되지 않은 전혀 새로운 형태의 처녀 가야 고분 2조가 특히 학계의 주목을 받고 있다. 문제의 가야 고분은 토광(6×3.5m)이 부속된 대형 덮개돌(2.4×1.4m) 3개가 덮고 있는 수혈식 대형고분(7.9×4.8m)으로 백제무령왕릉 신라 98호 고분에 버금가는 귀중한 사료를 제공할 것으로 학계는 기대하고 있다. 3일 발굴 현장에 내려온 최순우 국립박물관장, 김원룡 서울대교수, 김철준 서울대교수, 진홍섭 이대교수, 김정기 문화재연구소장, 한병삼 경주박물관장은 가야사 연구의 새 장을 여는 귀한 자료의 출현이라고 말하며 기쁨을 감추지 못했다. 경주 지역 고분과 부산 지역 초기 철기 시대 유적을 조사하며 기왕의 한국고대사 편년 수정을 제기해 온 한병삼 경주박물관장은 복천동 가야 고분은 고령가야에 필적하는 대집단의 유적이라고 말하며 공백의 가야사를 체계화해 삼국 전 단계의 사국시대사를 정리해야 한다고 주장했다. 복천동 제10호 고분에서 나온 철제 마면주(馬面胄 길이 50㎝, 광폭 23㎝, 협폭 13㎝, 챙 높이 18㎝)와 철도끼, 철촉, 철제, 등자, 마령(馬鈴) 등을 주목하며 삼국사기와 삼국지 동이전 한조에 나오는 잃어버린 왕국의 하나일 것으로 추정했다. 실전용 마면주는 이 시기에 이미 큰 말을 탄 지배 세력이 가야 지역을 다스렸음을 입증, 왜가 4~6세기 한반도 남단을 지배했다는 일본학계의 임나일본부 경영설이 허구임도 아울러 밝혀 주고 있다. 일본학계가 주장해 온 4~6세기 한반도 남부경영설의 허구는 계명대박물관이 경북고령 지산동 가야 고분에서 발굴한 가야 철제 투구와 갑옷으로도 반증했다. 김종철 계명대박물관장은 지난달 고령 지산동 가야 고분에서 발굴한 금동제관형장식, 삽엽환두대도 충각부주(衝角附胄) 횡장판정결판갑(橫長板

釘結板甲)을 복원한 결과 일본 고분 시대의 것과 같은 것으로 밝혀져 선진가야문화가 오히려 일본에 건너간 것으로 보아야 한다고 주장했다. 고고학 발굴로 재조명되고 있는 가야사는 일제식민사학의 왜곡으로 한국사학이 기피하는 환상의 나라였으나 천관우, 김철준, 이기동, 김현구, 김정학, 김기웅, 김태식의 연구로 실체가 밝혀지고 있다. 가야사 사료는 삼국유사의 가락국기, 삼국사기의 탈해 파사 소지 법흥 진흥기에 보이는 연대기와 위지한국변진 기록이 고작이며 가야 고분은 일제 때 일본의 한국 침략 합리화를 위한 임나일본부설 입증자료로 도굴 약탈되어 한국학계의 가야사 연구는 속수무책이었다. 8세기에 완성돼 9세기와 명치(明治)연간에 수정된 일본서기에는 가야가 임나로 표기, AD4~6세기에 가야 지역이 왜의 지배하에 있었다고 식민사학은 주장하며 이것을 증명하기 위해 가여고분을 파헤친 것이었다. 최근 광개토왕비문 변조 왜곡 해석 사실을 둘러싼 논쟁, 다카마츠츠카 고분 발굴 등으로 일본학계도 고대에 일본이 한국 남단을 경영했다는 주장은 거짓임을 인정하는 단계에 들어섰으나 일본의 교육용 역사교재에는 그대로 기술되고 있다. 해방 후 한국학계는 일본서기와 임나문제는 기피해 왔으며 70년대 들어 고고학 발굴 자료를 근거로 가야사 연구가 기지개를 켜기 시작했다. 임나일본부설을 반박한 김정학 교수의 '임나와 일본'이 일본 소학관에서 1977년 출간돼 2만 부나 매진됐고 김기웅 씨의 '가야의 고분'이 78년에 일본학생사에서 단행본으로 나왔다. 단행본 외에도 경향신문에 '인물한국사'를 연재 중인 천관우 씨가 일본 학자들의 '왜의 임나 지배'는 백제의 가야 지배를 왜곡 변조한 것으로 밝힌 복원가야사를 3회에 걸쳐 '문학과 지성'에 연재해 가야사를 검토했다. 가야 처녀 고분을 여는 역사적 현장에 참석한 학자들은 가야가 고신라보다 앞선 문화였다고 설명하며 가야사는 유이민 파동 과정과 연결시켜서 보아야 한다고 주장했다. 김철준 교수는 가야문화에는 고구려 계통의 말 탄 사람들이 제천 고령을 거쳐 내려온 한파와 낙랑 등지의 바다를 건너 부산, 김해 지역으로 상륙한 문화의 두요소가 복합돼 있는 것 같다고 언급했다. 출토된 가야 유물과 일본서기 기록을 근거로 가야는 일본에 식민국가를 건설했던 고대국가로 보는 학자도 있다(경향신문 1980년 12월 3일 박석흥 기자).

1980년 10월 저녁 인사동 한식집에서 김철준, 최영희, 최순우 씨와 식사 중에 한병삼 경주박물관장이 합석하게 되어 은사인 김철준 교수에게 복천동 가야 고분 발굴 소식을 흥분해서 이야기했다. "개석(덮개돌) 사이의 공간을 통해 금동관과 환두대도, 철제갑옷, 마구류가 뚜렷하게 보였다."고 흥분하며 개석을 열 때 꼭 오셔서 보시라고 보고했다. 그것만으로도 기사가 될 수 있었다. 그러나 그날 모두들 흥분하는 것을 보고

구체적인 기사를 쓰고 싶어 한병삼 관장과 엠바고를 약속했다. 2달이 지나 개석 여는 날을 물어도 기다려 달라고만 한다. 그때 신군부가 모든 기자에게 새마을 기자교육을 강요해 두 번이나 연수원 입소시기를 연기하다 마지막 교육팀으로 떠나기로 한 날 아침 10시에 개석을 연다는 연락이 왔다. 미리 현장에 가 있던 이용 기자가 보낸 스트레이트기사와 해설기사를 정리해 특종보도하고 저녁에 새마을 교육장소로 갔다. 새마을 교육장에서 만난 다른 신문 부장들이 복천동 기사의 비중을 내게 물어왔다. 한병삼 관장은 그 뒤 국립중앙박물관장 재임중 다호리 가야 고분 발굴 때도 엠바고를 요구해 동의한 일이 있다. 다호리 가야 유적은 김철준 교수가 주장한 바다 건너온 문화였다. 배 모양의 통나무형 목관에서 출토된 유물은 붓, 동검, 철검, 칠기부채자루, 나무농기구 등 다양했다. 한병삼 관장은 재임 중 1991년 8월 부산 복천동 고령 지산동 창원다호리 김해 대성동경상 임당동 가야 유물을 모아 전시회를 열고 도록도 발간했다. 건국 후 발굴한 고고자료를 종합해 김태식 교수가 가야사를 체계화하고 있다.

(4) 신라(新羅)

신라는 서기전 57년(혁거세거서간 1)부터 935년(경순왕 9)까지 56대 992년간 존속했다. 당의 침입을 물리치고 한반도를 통일했다. 698년 발해가 고구려 고토에서 건국, 남북국 시대를 열었다. 국호는 사로(斯盧)·사라(斯羅)·서나(徐那)·서나벌(徐那伐)·서아(徐耶)·서야벌(徐耶伐)·서라(徐羅)·서라벌(徐羅伐)·서벌(徐伐) 등 다양했다. 503년(지증왕 4)에 신라로 확정하였다. 김부식은 신라의 '신(新)'은 '덕업일신(德業日新)'에서, '라(羅)'는 '망라사방(網羅四方)'에서 각기 취했다고 했다. 삼한이 맹주국을 중심으로 정치적 통합을 달성한 것이 백제, 신라, 가야였다. 마한세력이 백제, 진한 세력이 신라, 변한 세력이 가야로 재편성된 것이다. 삼국지 동이전에 진한과 변한은 서로 섞여 살았으며, 의복과 가옥, 언어, 법속이 서로 비슷했다고 했으며 종종 변진이라고 합칭하기도 했다.

 * **혁거세거서간**
 * **남해차차웅**
 * **유리니사금 탈해니사금 파사니사금 지마니니사금 일성니사금 아달라니사금 벌휴니사금 첨해니사금조분니사금 첨해니사금 미추니사금 유레니사금 기림니사금 흘해니사금**

* 내물마립간 실성마립간 눌지마립간 자비마립간 소지마립간 지증마립간
* 법흥왕, 진흥왕, 진지왕, 진평왕, 선덕왕, 진덕왕
* 태종무열왕~경순왕

내물왕(356~401)부터 박·석·김 3성의 교차 왕위 계승 현상이 없어지고 김씨가 왕위를 독점 세습한다. 특히 5세기에는 왕실 분쟁을 미리 막기 위해 왕위의 부자상속제도가 확립되었다. 지증왕은 국호를 신라로 정했다. 505년에 행정체계를 주군제도로 하는 등 국가체제를 일신했다. 대외관계도 502년과 508년 두 차례 중국 북조의 북위(北魏)에 사신을 보내 382년 이래 120년간이나 단절되었던 중국과의 관계를 개선했다. 법흥왕은 이러한 기반 위에서 율령을 반포하고, 중요 관부를 설치하며, 진골귀족회의를 제도화하는 등 신라의 전반적인 국가체제를 법제화·조직화했다. 경상북도 울진군 죽변면 봉평리에서 발견된 524년(법흥왕 11) 건립 거벌모라(居伐牟羅)비와 550년경 충청북도 단양적성(赤城)에 세운 비에는 형사처벌과 호령(戶令), 전령(田令)이 시행되었음을 암시하는 내용이 새겨져 있다. 군사문제를 전담하는 병부를 설치했고 531년에는 진골귀족회의 주재자로 상대등제도를 채택했다.

진흥왕 순수관경비

[고구려, 백제, 신라 삼국 중 문화유산이 비교적 풍부한 나라는 신라다. 석조문화재 석비 경우 통일국가 이루기 전만 해도 오작비·청제비·남산 신성비 4개·단양적성비·울진 거벌모라비·진흥왕 순수관경비 4개 등 12개나 발견되었다. 광개토왕비에 버금가는 진흥왕 순수관경비는 국토를 확장하고 새로 점령한 변경 지역에 신하를 이끌고 시찰하면서 세운 비로 대서사시 삼국통일의 서곡이 담겨 있다. 통일의 기초를 다진 진흥왕의 업적을 기록한 순수관경비는 격식에 구애받지 않은 소박한 형태로 비문 자체는 고구려, 백제에 비해 후진적이었다. 진흥왕비는 함남 황초령비·마운령비·북한산 순수비(국보3호)·창령 척경비(국보33호) 등 모두 4개다. 한왕의 기념비가 이처럼 여러 곳에서 나온 예도 드물다. 고구려 광개토왕, 백제 근초고왕과 더불어 삼국 시대 삼걸왕(三傑王)으로 꼽히는 진흥왕은 지증·법흥을 이은 신라 24대왕으로 삼국통일의 초석을 다졌다. 법흥왕 조카로 7세에 왕이 된 그는 37년간 통치를 통해 고구려, 백제를 교묘하게 이용해 해안선을 타고 함경도까지 진출했고 한강 유역을 점령해 중국과의 통로를 만들고 낙동강 유역의 가야를 완전히 정리했다. 국사를 편찬했으며 피정복민 우륵에게

가야금을 신라 음악으로 전수하게 했다. 왕위에 있었던 36년간 개국(開國), 대창(大昌), 홍제(鴻濟)라는 연호를 쓰고 제왕의 행세를 한 그가 새로 얻은 지역을 돌며 새로 군단(軍團)을 설치하고 비를 세운 것이 순수관경비다. 제일 먼저 국보로 지정된 북한산순수비는 북한산 비봉(표고 556m) 거위암에 있던 것을 72년 8월 경복궁으로 옮겨 왔다. 북한산비가 있었던 비봉은 서울을 한눈에 내려다보는 풍광이 수려한 곳이다. 진흥왕이 한강 유역을 백제로부터 빼앗아 삼국통일의 전초기지로 마련한 호장한 기풍을 상상할 만하다. 비석은 큰 바위 꼭대기를 파서 기단을 만들고 화강석으로 비신을 세운 것이다(높이 1.54m, 두께 0.15m, 폭 0.71m). 비문은 비신을 간 뒤에 130여 자씩 12줄을 음각했다. 12째 줄은 아직까지 판독하지 못했다(글자 깊이 3㎝). 글씨체는 중국 육조식의 해서(楷書). 북한산비를 진흥왕 순수비로 밝혀낸 사람은 금석학의 대가인 명필 추사 김정희다. 1816년(순조16년) 7월 추사가 친구 김경연(敬淵)과 감격적인 대발견을 하기까지는 무학대사비로 알려졌다. 이때의 감격을 추사는 그의 금석과안록에 적어 놓았다. "승가사를 거쳐 비봉에 올라 비석을 자세히 보니 황초령비와 흡사하여 몇 번이나 탁본을 떠 보니 진(眞) 자가 분명히 드러나 진흥왕비라고 단정했다." 추사는 "1200년 고적을 하루아침에 밝혀내니 금석이 사승(史乘)보다 더욱 중요한 것을 실감했다."고 흥분했다. 이듬해 친구 조인영(趙寅永, 1782~1850 헌종 영의정)과 다시 올라 68자를 판독했다. 환희에 젖은 이들은 비석 옆에 "김정희, 조인영 이 68자를 판독했다."고 새기고 내려와 지금도 그들이 새긴 글이 또렷이 보인다. 그 뒤에 추사는 2자를 다시 판독하여 70자를 밝혀 놓았다. 현재는 127자를 판독했다. 비문의 첫줄은 진흥왕과 여러 신하가 순수(巡狩)하면서 썼다는 제기(題記)며 2째 줄부터 7째 줄까지는 왕의 성덕을 칭송하고 순수의 목적과 과정을 적었다. 8째 줄과 9째 줄은 따라간 신하 이름이 나온다. 백제에서 빼앗은 남천군주(南川軍主)를 비롯한 8명의 신하가 열거됐다. 진흥왕비는 한문이긴 하지만 한자를 빌려서 쓴 신라 향가와 같은 문체로 같은 시대 백제의 세련된 한문과는 다른 글이었다.

국보33호 창령 척경비(拓境碑)는 1924년에 발견되었으며 비를 세운 시기(진흥왕 22년 561년 신사년 2월 1일)가 정확하게 명기됐다. 화강석의 편편한 자연석 표면을 약간 다듬어 만든 가장 소박한 형태(최대 높이 1.78m, 최대 폭 1.75m, 두께 0.3m)로 27행의 비문을 새기고 비문 전체를 단선(單線)으로 둘러쌌다. 왕을 수행한 신하가 제일 많이 기록됐다. 총 42명의 신하 이름이 위계에 따라 차례차례 기재되고 있다. 거칠부 같은 이름난 신하로부터 신라에 병합된 금관가야 왕자 무력(武力)도 보인다. 김무력은 김

유신의 할아버지로 진흥왕14년 신주(한성) 군주로 부임하여 왕 15년 백제 성왕을 쳐부
술 때 공을 세운 사람이다. 창령비 비문 양식도 북한산비와 흡사하다. 신라 17관등이
자세히 비치고 있다. 비문 글자는 643자로 신하 이름만 383자다. 북한산비 창령비는
비석의 규모나 문장의 세련미가 고구려, 백제비보다 떨어진다(경향신문 1973년 8월 6
일 박석홍 기자).

황초령비 마운령비

[진흥왕이 동북으로 멀리 옥저와 동예의 연고지인 함남 지방까지 진출하여 세운 황
초령비와 마운령비는 통일 전 삼국 판도에 대한 종래의 인식을 뒤엎는 획기적인 금석
문 자료다. 왕위에 오른 지 29년 되는 무자년(568·태창 원년) 진흥왕이 다시 순수길
에 올라 8월 21일 황초령, 9월 21일 마운령에 올라 세운 두 비석은 식민지 시대 일인
학자들이 납득할 수 없는 곳에 신라비가 있다고 지적하며 두 비석이 다른 곳에 있었던
것을 옮겨 놓은 것이라고 주장해 논쟁을 일으키기도 했다. 일인 학자들은 신라의 판도
가 광활했던 사실이 납득이 안 돼 이 두 비가 후대에 옮겨진 것이라고 떼를 쓰기 시작
했다. 이게우치(池內宏)와 마에간쿄사쿠(前間恭作)는 경상북도 개령과 강원도 철원에 있
던 것을 옮겨 놓은 것이라고 떠들었고 이들에게 세뇌받은 일부 한국 학자들도 이 주장
에 동조하기도 했다. 그러나 조선총독부 조선사 편찬에 동원되었던 이마니시(今西龍)는
"자신도 처음엔 생각지도 못했던 곳에서 신라비가 나타나 옮겨 놓은 것이라고 생각했
으나 한국역사를 깊이 이해할수록 그런 억측이 얼마나 쑥스러운 일이었나를 깨닫게 되
었다." 고백하며 일인 학자들의 수준 낮은 한국사 인식의 문제점을 토로했다. 군국 일
본의 식민사관에는 한국 전통을 이해하지 못하고 저지른 잘못도 많았다. 황초령비는
함남 함흥군 하기면 진흥리 황초령에 쓰러져 있던 것을 윤정현(尹定鉉) 함경도 관찰사
가 1852년에 하기천면 송단리에 수습해 놓은 것이다. 본래 비가 서 있었던 황초령은
해발 1225m의 남쪽 경사가 급한 지세로 장진고원 남단이며 함흥 방면과 압록강 중류
를 연결하는 요충지다. 현재는 황초령에서 약 12리 떨어진 표고 920m에 있다. 진흥왕
순수비, 윤정현 관찰사가 깨어진 순수비를 수습한 경위를 기록한 작은 비, 광무9년
(1900)에 비각 중건을 새긴 세 비가 나란히 서 있다. 세 조각 난 비석의 한 부분이 없
어졌지만 탁본이 전해져 422자 대부분을 읽을 수 있으며 나머지도 같은 해에 세운 마
운령비를 통해 알 수 있다. 비석 크기는 높이 1.5m, 폭 48cm, 두께 21cm이며 1줄 35

자씩 12줄을 새겨 놓았다. 이 비에 대한 최초의 기록은 선조 때 차천로(1556~1615)가 남긴 오산 설림이다. "신립장군(1546~1592)이 선충령에서 탁본해 온 비문 가운데 나오는 지명이 무엇인지 모르겠다."는 글을 발표하여 진흥왕비의 실존을 알렸다. 선조의 손자 낭선군이 만든 대동금석첩, 1726년에 나온 김성일 연보, 이익의 성호사설, 홍양호의 이계집 등에 자세한 내용이 나오며 신경준, 권돈인 등이 황초령비를 연구했다. 황초령비 연구 총정리는 김정희가 했다. 그는 삼국사기가 시호라고 본 진흥은 생존의 존칭(태종무열왕부터 시호가 쓰이기 시작)이며 삼국사기가 진흥왕의 황초령 북방 순수 사실을 빠뜨렸다고 고증했다. 수행한 신하는 18명이었다. 사문도인 법장이 제일 먼저 기재되고 거칠부 약사(藥師) 이름도 나온다.

함남 이원군 동면 마운령에 있는 비는 황초령보다 한 달 늦게 만들어 세운 비석으로 황초령비와 수행한 신하 명단만 다르다. 마운령비는 한백겸의 동국지리지에 단천비라고 언급되는데 이 비를 세상에 알린 사람은 함경도 벽촌의 이름 없는 선비였다. 요계 강필동(姜必東, 1793~1857)은 함경도에 유배 온 사람계보와 함경도 지방사를 정리하기 위해 42세부터 18년간 전국을 누빈 끝에 1백여 책의 '제성보'와 아울러 '요계랑인징록'을 남겼는데 이원의 고사를 조사한 '이원고성 고기' 끝에 진흥왕 순수비가 언급됐다. "언전(한글책)을 본즉 무자에 진흥왕이 변계를 순수하여 현동면 운산 꼭대기에 이르러 정계비를 세웠다······." 이 글을 읽은 육당 최남선이 1919년 현지에 가서 확인하여 세상에 알려지게 되었다. 비석은 높이 1.46m, 폭 44㎝, 두께 30㎝로 앞면은 26자씩 10줄, 뒷면은 25자씩 8줄이 새겨져 있는데 4비석 중 보존 상태가 가장 좋다. 국토 확장을 위해 동분서주했던 진흥왕은 전사한 군인을 위해 팔관회를 베풀었고 황룡사를 창건했으며 왕과 왕비는 말년에 스님이 되었다(경향신문 1973년 8월 9일 한국의 재발견 석조물편 박석흥 기자).

단양적성비

[단국대학술조사단(단장 정영호)은 78년 1월 6일 충북단양군 적성산터에서 신라 진흥왕 시대에 세운 신라비를 발견했다. 자연석을 이용한 창령척경비와 유사한 이 비석(높이 93㎝, 상폭 1m7㎝, 하폭 53㎝, 두께 25㎝)에는 288자의 한자와 이두문이 음각됐다. 비문 내용은 진흥왕의 교지를 갖고 온 중신들이 새 점령지를 선무한 사실을 세 부분으로 나누어 구성했다. 첫 부분은 이사부(伊史夫), 무력(武力), 내례부(內禮夫) 등

신하와 사벌촌 당주(思伐村 幢主)가 왕명을 수행한 일을 적고 비문의 핵심 부부인 중간 부분에는 새 점령지 적성의 야이차(也尓)가 충성한 것을 칭찬하고 그와 처, 자식, 형제 등에게 포상하는 한편 앞으로 야이차(也尓)와 같은 사람들에게는 국가가 포상할 것을 공포하고 끝부분에는 글을 짓고 쓴 사람을 밝혔다. 비문에 나오는 무력(김유신 할아버지), 이사부 등은 진흥왕 시대 활약한 인물이며 진흥왕 12년 고구려, 신라 접경 지역이었던 적성 등 10여 성을 신라가 빼앗은 역사적 사실을 근거로 이 비석을 진흥왕 선무비로 조사단은 단정했다. 비 건립 연대는 진흥왕12년(551)경으로 추정했다. 비문 속에 보이는 小子, 小女, 大人, 小人 등은 일본 정창원에서 발견된 신라 장적에서 발견된 용어들이다. 이것은 법흥왕7년(520)의 율령 반포가 일인 학자들 주장처럼 복색제(服色制)에 국한되지 않고 정치, 경제, 사회 전반에 걸친 것임을 입증한 것이다. 전사법(佃舍琺)이라는 토지제도가 진흥왕 시대에 실시됐음을 알려 주고 초기 이두식 특유한 문체가 보여 우리나라 고어와 한문 발전 연구에도 기여할 것으로 기대된다. 신라관찬사서인 국사(國史) 편찬 다음에 세운 것으로 추정되는 단양적성비 한자에는 훈차(訓借)의 사용례가 있고 불교 특수용어도 사용해 불교가 토착화 단계임도 알려 준다. 역사지리지 고증을 위해 전국의 산하를 돌며 금석문 등 일차 사료를 찾아낸 정영호 교수의 업적은 사학계 후학들에게도 기억될 것이다(신동아 78년 3월호 뉴스와 화제, 학술, 박석흥).

청제비, 오작비, 신성비, 임신서기석

[신라 석비는 왕의 기념비에 국한되지 않고 성, 저수지를 쌓은 기록에서 화랑들의 면학과 충성을 서약하는 것에 이르기까지 여러가지 금석문을 남겨 놓았다. 1968년 12월 19일 신라 삼산학술조사단(단장 김상기)이 경북 영천군 도남동 청못에서 발굴한 청제비(菁堤碑)는 6세기 나라가 주도하여 농업 진흥을 위해 큰 저수지를 만들었음을 알려 주고 있다. 영천읍에서 6㎞ 되는 금호강 동편에 있는 이 저수지는 현재도 수십만 평의 넓은 평야의 수원이 되고 있다. 비석은 저수지에서 북쪽 40m 골짜기 비탈에서 발견되었다. 다음 해 6월 두 차례 조사로 1400년 전 신라 백성들이 제방 축조를 했다는 사실을 확인했다. 첫 조사에는 홍사준, 이기백, 정영호, 황수영, 진홍섭, 예용해, 문명대 씨가 참여했으며 2차 조사에는 석주선, 이강칠, 허선도, 윤용진 씨가 참여하는 등 학계의 참여가 높았다. 이기백 교수가 비 발견에 감격해 함께 갔던 홍사준 씨에게 만세를 부르자고 했다는 에피소드도 전한다. 비문은 음각한 양면비로 전면에는 병진년

(536년) 2월 8일 저수지를 처음 만들 때 새긴 10줄의 비문이 해서체(楷書體)로 새겨졌고 뒷면에는 정원14년(원성왕14년 798)에 저수지를 고친 기록이다. 화강암 자연석에 새긴 것으로 문체는 진흥왕 순수비와 유사하다. 비신 높이 1.3m, 폭 93.5㎝, 두께 15~32㎝, 자연석에 4~6㎝의 크기로 새겼다. 저수지 축조시기·규모·동원인원·담당관을 기록했을 것으로 추정되는데 73년 현재 비문 중 이두문 해석의 장벽으로 정확한 판독을 못 했다. 798년 저수지를 수리하면서 원 비석 뒤에 새긴 비문 130자(12줄)는 전문을 해독, 공사 규모가 대단했음을 알려 준다. 동원된 인원이 부척(斧尺) 136명, 법공부(法功夫) 14140명이며 그 밖에 인근 군에서 인력이 동원된 대공사였다. 성곽 축성 기록은 평양성 성벽의 22자가 있으며 4개 경주 남산 신성비와 대구에서 나온 오작비도 성 축조에 관한 기록들이다. 1946년 임창순 씨가 대구 길가에서 발견한 오작비(塢作碑)는 높이 102㎝, 폭 65㎝, 두께 12㎝로 성을 축조한 것을 기념해 만든 비석이다. 진지왕3년(578년)에 만든 것으로 추정했다. 경주시 남산에서 나온 4개의 남산 신성비는 높이 1m 내외의 화강석 자연석에 115~180자의 명문을 새긴 것으로 비문 중에는 "법대로 지은 후 3년 안에 무너지면 벌을 받을 것을 서약한다."는 내용도 보인다. 남산 신성비는 1934년 10월 최남주 씨가 경북 월성군 내남면 탑리 식혜골 도랑 답석으로 사용하던 것을 찾아낸 것으로 적갈색을 띤 달걀 모양의 화강석 위에 169자를 새겼다. 남산 신성비는 진평왕13년(591) 경주 남산성을 증축할 때 세운 것으로 3.9㎞의 성 축성을 맡은 200여 분단이 남긴 비석 중 4개로 보인다. 천전리 석각에서 발견된 화랑서석과 함께 1934년 경주 견성면 금장리 언덕에서 발견된 임신서석기(길이 34㎝, 두께 2㎝, 폭 12.5㎝)는 75자의 짧은 문장이지만 당시 화랑의 국가에 대한 충성과 결의를 알려 준다. 3년 안에 시·상서·예기 등 고전을 습득할 것을 약속한 두 화랑의 결의가 후진국 신라가 한반도를 당의 침략에서 구출한 원동력이 되었던 것 같다(경향신문 1973년 8월 13일 한국의 재발견 석조물편 박석홍 기자).

최병헌 교수의 최치원 사산비명 연구

[당나라군을 몰아내고 강력한 통일 집권 정치로 경주 중심의 찬란한 불교문화를 완성한 통일신라는 37대 선덕왕부터 155년간 문화가 지방으로 분산되어 지방에도 주목할 사원문화재를 남긴다. 나말여초 선사의 공덕을 칭송한 탑과 탑비로서 비문이 전하는 것이 30여 개나 되며 탑도 10여 개나 된다. 그중 문체의 화려함이나 내용이 풍부한

것이 최치원의 사산비명(四山碑銘)이다. 이 사산비명은 최병헌 서울대교수가 한국사 연구 제7집에 '신라 하대 선종9산파의 성립'으로 발표한 신라불교 연구로 전모가 밝혀졌다. 다음은 최 교수의 사산비명 연구를 간추린 것이다. 사산비명은 최치원이 지은 4편의 비석글로 대숭복사비(경주) 쌍계사 진감선사비(하동) 성주사 낭혜화상비(보령) 봉암사 지증대사비(문경)문 등이다. 이 중 숭복사비만 절 창설에 관한 비문이고 나머지 3개는 선사들의 탑비다. 탑비의 3주인공 진감선사(774~850)는 신라 하대 선종 수입의 선구자였고, 낭혜화상 무염(800~888)과 지증대거 도염(824~882)은 한국선종 구산파의 양대 산맥인 성주산파와 희양산(曦陽山)파의 개조였다. 광해 때 철면노인이 고운집에서 뽑아내어 만든 사산비명은 승려 필독의 과외독본으로 한국 불교사 이해를 위해서는 필독 자료다. 성주사 백월 보광탑비(국보8호)와 쌍계사 진감선사대공탑비(국보47호)는 신라 하대 대표적인 탑비로 국보로 지정되었으며 파손이 심한 봉암사지증대사 탑비도 보물로 지정되어 국가 보호를 받고 있다. 사산비는 비석의 조형미의 우수성과 아울러 세련된 문장과 글씨로 서예의 높은 경지가 인정받고 있다. 최치원이 글을 짓고 쓴 쌍계사 진감선사대공탑비는 중국의 같은 시대 4대가에 손색없는 문장과 필체로써 신라의 독립된 고전을 이룬 석비다(높이 3.6m, 비신 높이 2.02m, 폭 1m 귀부와 이수 화강석 비신 흑대리석 글자 크기 2.3㎝, 887년 제작). 신라 최대 거작 성주사 백월보광탑비(높이 4.55m, 비신 높이 2.52m, 폭 1.5m)는 5천 수백 자의 장문이며 글씨체는 해서(楷書)로 쌍계사 비와 함께 선사비의 백미다. 전문 4천여 자의 문경봉암사지증대사탑비는 최치원이 붓을 들어 8년간 노심초사하다 진성여왕 7년(893)에 완성한 비문이다. 한국 선종사와 불교 인물사 정리에 없어서는 안 되는 지증대사비는 통일신라 최초의 선승인 법랑을 비롯해 신라 하대 선승들을 일별하고 있다. 중국 유학승과 유학하지 않은 신라승을 비교한 최치원은 중국에 유학하지 않고 신라 불교의 모순을 개혁하려고 노력한 지증대사 김도헌을 극찬했다. 지증대사비에는 최치원 당대까지 활약한 이름난 선사들이 총망라되고 있다. 당의 7개 선종 가운데 3파를 연 신라승 무상(성덕왕의 셋째 아들)을 비롯해 중국 고승전에 올라 있는 혜각·익주김·진주김 등 중국에서 활약한 신라 선승과 중국 유학을 마친 도의·홍척·대안철·혜목육·쌍운봉·고산일·성주염 등 이름난 승려를 거명하며 지증대사를 최고봉으로 꼽았다. 지증대사비에 언급된 도의(가지산), 홍척(실상사), 태안철 혜철(동리산문 태안사), 쌍운봉 도윤(사자산문 쌍봉사), 현욱(봉림산문), 무염(성주산문), 범일(사굴산문)은 지증대사(횡양산문 봉암사)와 더불어 한국선종 9종의 개조들이다. 최치원이 지증대사를 선종의 최고봉으로 꼽은 것은 중국의 선종을 직수입하던 단계를 넘어서서 자기 성격을 굳힌 것을 높이 평가한 것이다. 최치원 당시 꽃피운 선종 발전은 교학불교를 비판하고 나선 원효의 불교 반성이 큰 힘이 된 것이다. 법흥왕에서 진덕여왕까지 왕 이름까지 불교에서 빌려 오는 불교왕명 시대까지 이룬 신라 교종 불교에 도전한 선종불교를 중앙 정치권력에서 소외된 육두품 지방호족이 지원했음은 흥미 있는 사실이다. 민중과 괴리되어 공리공론만 일삼던 교종을 비판하고 나선 선종을 처음엔 마어(魔語)라고 비난하는 등 푸대접이 심했으나 신라 말기엔 강력한 세력으로 성장했다. 쌍계사 진감선사 비문에는 민애왕이 사람을 보내 만나자고 하지만 진감선사 최혜소(774~850)는 "군왕의 할 일은 선정만을 근수하면 되는 것"이라며 사양했다. 대황룡사주지로 임명하고 경주에서 수차례 불렀지만 끝내 움직이지 않았다. 낭혜화상 무염(801~888)도 경문왕과 헌강왕에게 극진한 대우를 받아 2대에 걸쳐 국사 노릇을 했지만 왕실에 대해 소극적이었다. 헌강왕은 무염에게 왕사로 왕 곁에 머물러 줄 것을 요청했으나 "왕 곁에 신하들이 많은데 늙은 산중이 가만히 앉아서 식량만 축낼 필요가 있느냐?"라고 말하고 성주사로 돌아가 버린다. 지증대사 김도헌도 헌강왕 초청을 거절했는데 이것은 선사의 출신 성분과 신라의 족벌정치의 한계에 대한 반발 때문이었다. 왕의 보필을 한결같이 거절한 혜소·무염·도헌 3선사는 당시 파워엘리트가 될 수 없는 신분상 한계가 있었다. 선종 수입에 공이 큰 진감선사 혜소는 최씨 성을 가진 완산주 금마 사람이었다. 금마 지방은 고구려 망할 때 고구려 유민을 정착시켰던 지역으로 혜소 역시 지역 차별 대우를 체험한 사람이었다. 집안이 가난해 중국에 유학 갈 때 뱃사공이 되어 겨우 뜻을 이루었다는 기록이 비문에 보인다. 중앙에서 진골귀족층이 세력 다툼을 할 때 피지배층이 지방 사원을 중심으로 새로운 세력을 구축한 것은 주목할 현상이다. 그는 얼굴색이 검어 흑두타(黑頭陀)란 별명을 가졌는데 평생 경주와는 절연하고 살았다. 낭혜화상 김무염도 본래는 왕족(무열왕의 8대 손자)이었으나 아버지대에 와서 육두품으로 떨어져 왕실과는 거리가 있었다. 지증대사 김도헌도 비문에 "왕도 사람으로 친척족당이 다 죽고 없어져 그의 재산이 타인 손에 들어갈 것을 두려워하여 사원에 희사했다."는 것으로 보아 정권 쟁탈전에 밀려난 진골 세력의 후예가 분명하다. 4산 비명에 등장하는 혜소, 무염, 도헌뿐만 아니라 선종9산파의 개조들이 모두 중앙 귀족에서 몰락한 지방 세력이거나 지방의 피지배층에서 새로 등장하는 육두품 이하의 신분으로 이들 종교인들이 신라 해체 과정의 거점이었던 것은 주목할 만하다. 경전에 집착한 교종을 비판하여 '불입문자 견성오도'(不立文字 見性悟道)를 들고 나온 선종은 신라 말기에는 대중에게 깊이 파고들었으며 사회교화 기능도 컸다. 그러나 초기 성립 과정에는 유치한 일화도 남겼다. 진감선사 혜소에 앞서 쌍계사에 절을 세웠던 삼법화상은 김유신 부인 법정니(法淨尼)를 움직여 중국 선종 6대조 혜능의 두개골을 당에서 훔쳐오게 하는 어리석은 짓을 꾸몄다. 법정니가 거금을 내놓아 혜능의 두개골을 훔치려 한 쇼는 중국 경덕 전등록에도 전하고 성주사 낭혜화상비에도 나온다. 선진 중국 것이라면 무조건 선호하던 신라의 콤플렉스가 드러난 촌극이었다. 당나라 문화에 압도당한 신라는 말기에 이런 식민문화의 약점도 이 비석에는 기록하고 있다(경향신문 73.8.20, 8.23. 한국의 재발견 석조물편 최치원의 사산비명 박석홍 기자).

숭복사비

[경주시 원성왕릉 부근에서 파편 몇 조각이 발견된 숭복사비는 최치원이 당에서 돌아온 바로 뒤(885년) 헌강왕(49대 875~886 재위)의 명령으로 붓을 들어 다음 왕 정강왕을 거쳐 진성여왕 때 완성한 3청여자의 대작으로 사원 창건 과정과 아울러 당대 정치, 경제, 사상 연구 자료를 제시했다. 숭복사는 신라 하대의 실질적인 원조 원성왕(38대 내물왕의 후손으로 경순왕까지 그의 직계다)릉 옆에 세운 왕실의 원찰(願刹)이다. 왕릉 자리에 있던 곡사(鵠寺)를 헐고 왕릉을 조성한 뒤에 왕릉 옆에 곡사(鵠寺) 복원 형식으로 세운 절이다. 본래 곡사(鵠寺)는 원성왕비 김씨의 할아버지 김원량의 별장을 회사하여 세운 절로 이 절을 헐어 왕릉을 만들 때 반대여론이 비등했다. "절의 땅을 빼앗는 것은 부당하다."는 강한 반발이 있었지만 "절은 있는 곳마다 감화하지만 무덤은 지맥과 천문에 응해야 한다."고 집정자가 여론을 설득해 왕릉을 만들었다는 최치원의 비문을 보아 이미 이 시기에 풍수지리설이 궁중에까지 침투했음을 알려 준다. 불교계의 반대를 뿌리치고 절터에 만년유택을 차지한 원성왕은 신라 중대(삼국 통일 후 김춘추 후손이 왕위를 계승한 시기)를 대신하여 들어선 신라 하대의 실질적인 원조로 그의 직계들이 저무는 마지막 신라를 장악한다. 비문에는 태종무열왕계의 마지막 왕인 혜공왕이 96 각간의 내란으로 처형당한 뒤 왕위 계승에 혼란이 있었음을 기술하여 신라 하대 권력 싸움도 알려 준다. 최치원은 법흥왕 이후 불교의 융성과 사원의 막강한 세력도 서술했다. "산림에는 수행하는 무리들이 모여들었고 강하가 바다로 향하듯이 백성이 불법 따르기를 물 흐르듯 했다."고 적은 최치원은 숭복사 이전에는 "5리가 붐비고 산이 일시에 사람들로 설산이 되었다."고 묘사했다. 숭복사, 감은사 등 왕실이 세운 원찰뿐만 아니라 하대에 들어서면 지방의 선종계통 사원도 광활한 사원 소유 토지

를 바탕으로 부를 축적하며 자체 병력을 확보하여 서양 중세의 장원 비슷한 세력으로 군림했음을 사산비명은 증언한다. 경문왕12년(872년) 지방의 한 사원(태안사)이 2939섬 의 식량을 비축하고 있으며 전답, 산, 염점까지 소유했음이 적인(寂忍) 선사비에 보인 다. 김인문의 봉토를 근거로 한 성주사는 문도가 2000명이었으며 그 건물이 천 칸에 달했고 도적을 막기 위해 승군까지 조직했음이 비문에 보인다. 낭혜화상비에는 성주사 에 염포의 도적무리가 떼를 지어 몰려왔으나 이들을 절 식구로 흡수했다고 기술했으 며, 지증대사비에도 도적을 포섭했다는 비문이 보인다. 사원의 승군 확보는 해인사에 남아 있는 승군 공양탑으로 알 수 있다. 신라 하대 큰 절은 승군뿐만 아니라 노비까지 소유했음이 지증대사비에 보여 장원경제 비슷한 세력이었음도 알려 준다.

귀국과 동시에 시독겸한림학사수병부시랑지서서감(侍讀兼翰林學士守兵部侍郎知瑞書監) 이란 요직에 임명된 최치원은 당에 뒤지지 않는 신라문화에 대한 자부심을 숭복사 비 문에 서술하고 있다. 당에서 온 사신 호귀후(胡歸厚)가 경문왕과의 한시 문답에 혼이나 당에 돌아가 복명한 사실을 자랑스럽게 적고 곁들여 자신의 왕도 정치 이상을 피력했 다. 신라의 당 유학승이 중국 선종 발전에 크게 공헌했음을 지증대사비에서 강조했던 최치원은 당시 선사들이 유학사상과 노장철학에도 상당한 수준이었다고 비문에 적고 있다. 이것은 선사들이 비록 교종의 문자경전 위주의 불교 이해와 기성체제 예속화를 부정했으나 구체제를 극복하려는 새로운 지식계층으로 폭넓은 지식의 소유자였음을 알 려 주는 것이다. 최치원의 사산비문이 모범이 되어 고려까지 승려의 부도와 탑비가 줄 을 이어 건립됐다. 국보59호인 법천사 지광국사현묘탑비처럼 사산비와 유사한 비가 계 승되는 한편 받침대, 옥개석 등이 큰 변화를 이루지만 선사를 기리는 입비는 더욱 늘 어 12세기 말까지만 해도 30여 개의 비가 전하고 있다(경향신문 73.8.30. 한국의 재발 견 석조물편 11. 사산비명 박석흥 기자).

중국 서안의 원측비

[중국 서안(西安) 홍교사에는 7세기 동아시아 불교의 대전환을 가져온 현장법사를 기린 탑 좌우에 그의 제자 규기(窺基)와 신라승 원측(圓測)의 탑이 서 있다. 현장의 유 식학 보급의 양대 산맥이었던 서명학파의 대표 원측의 탑은 규기의 탑보다 400년 뒤 에 건립된 것이다. 원측은 규기 제자들의 비방으로 종남산에 8년간 칩거하기도 하고 송고승전에는 현장의 학설을 훔친 표절자로 기록되기도 했다. 규기 제자들에게 파문당

했던 원측이 현장 계승자로 복권된 것은 1115년이다. 규기는 현장이 가져온 유식이론 가운데 호법(護法)의설을 전달했지만 원측은 신구 유식은 물론 중관(中觀)사상까지 포괄하는 회통(會通)의 논리를 세웠다. 원측은 규기가 인간 근기를 5종으로 나누어 최하위 근기는 구제될 수도 성불할 수도 없다고 한 '오성종성설'(五性種性說)을 부인했다. 원측의 문제 제기에 규기의 제자 혜소 손제자 지주가 반론을 폈고 신라승 태현 도륜 일본승 선주가 원측을 옹호하고 나서 3대에 걸쳐 장기 논쟁을 폈다. 이 논쟁으로 원측은 산사로 추방되었다가 말년에 다시 장안으로 돌아와 역경 사업에 참여하기도 한다. 제자가 단절되어 23부 1백8권 가운데 '반야심경', '인왕경소', '혜심일경소'가 전할 뿐이다. 서울대 최병헌 교수가 원측의 대표저술 '성유식론소' 복원집을 발굴, 잃어버린 원측사상 재조명의 계기가 됐다(문화일보 1994년 6월 8일 숨결말결, 박석흥 부국장).

5) 발해

신당서 고려전은 당이 고구려 정벌 후 고구려인 3만 8천여 호(약 20만 인)를 회하(淮河) 양자강 하류와 중류 서안 방면으로 강제 이주시켰다고 기록했다. 고구려인은 말갈, 돌궐 등으로 망명하기도 하고 신라로 귀화하기도 했다. 奈良의 다카마츠츠카(高松古憤)는 망국 후 일본에 망명한 고구려 지배층의 무덤으로 추정된다. 696년에 요서 지방(遼西地方)에서 거란족 이진충(李盡忠)의 난이 일어나고 고구려 출신 걸걸중상(乞乞仲象)이 말갈족의 지도자 걸사비우(乞四比羽)와 더불어 당나라에 반기를 들었다. 걸걸중상이 죽자 아들 대조영(大祚榮)은 통솔자를 잃은 걸사비우의 말갈병까지도 흡수한 뒤 천문령(天門嶺)을 넘어 장령자(長嶺子) 부근에서 당나라 군대를 격퇴하고 옛 고구려의 계루부(桂婁部)의 고지, 지금의 길림성(吉林省) 돈화시(敦化市)에 있는 성산자산성(城山子山城)으로 옮겨와 산성을 쌓았다. 이곳이 동모산(東牟山)이다. 발해 초기 지배층 무덤이었던 육정산고분군(六頂山古墳群)이 이 지역에서 발굴됐다. 대조영은 여기서 698년 진국왕(振國王)이 되었다. 당은 713년 대조영을 발해군왕(渤海郡王)으로 인정했다. 이로부터 진국(振國) 대신 발해국이 중국 사서에 등장한다. 대조영의 아들 대무예(大武藝)도 계루군왕(桂婁郡王)으로 봉했다. 당도 발해를 고구려 계열로 본 것이 분명하다. 속일본기 등 일본 고문헌도 발해왕을 고려국왕으로 자칭했다.

大祚榮 **고구려인설**-발해 망한 지 20년쯤 뒤인 945년(후진)에 나온 '구당서' '발해 말갈전'에는 대조영은 고려의 별종이다. 발해를 고구려인의 나라로 본 것은 구당서 이후 당회요(唐會要)·5대회요·구5대사를 거쳐 1060년 전후 나온 신5대사·무경총요(武經總要) 등이다

대조영 말갈인설-1067년(송)에서 펴낸 신당서의 발해전에 "발해는 본래 속말갈 가운데 고려에 부(附)하였던 자로서, 성은 대씨다."라고 해서 대조영 말갈인설이 제기된다.

① 발해, 고구려설-10, 11세기 자치통감 고려도경 14세기 원사 요사 원대의 송회요

② 발해, 말갈설-13, 14세기 옥해 금사

박시형은 신당서가 발해를 말갈계로 본 잘못을 지적했다. 박시형은 신당서 진표(進表)를 쓴 曾公亮은 '무경총요'에 "발해는 본래 부여의 별종으로 본래 예맥의 땅이었다."고 기술했으며 신당서 편찬 작업에 함께 참여했던 구양수도 '신오대사'에서 "발해는 본래 말갈이라 호(號)했으나 고려의 별종이다."고 했다고 밝히고. 발해가 말갈계라고 한 신당서 편찬 핵심 인물들이 다른 명찬서에는 부여-고구려-발해라는 계통을 밝히고 있다고 주장했다.

신당서 발해전은 2대 무왕에 대해, "무예가 즉위해 크게 영토를 개척하자, 동북의 여러 오랑캐가 두려워서 신하로 복속하였다."고 했다. 무왕은 일본에 보내는 국서(國書)에 "고구려의 옛 땅을 회복하고 부여의 풍속을 계승하게 되었다."고 하였다. 732년 무왕은 산동반도의 등주(登州)를 공격, 자사(刺史) 위준(韋俊)을 살해했다. 문왕(文王)이 즉위 대흥(大興)으로 연호를 바꾸고, 평화 외교정책을 취하고, 대내외적인 국가 통치에 내실을 기하고 당나라 문화를 적극적으로 수용, 유학과 불교를 진작시키고 고려국(高麗國)을 표방하였다. 당나라가 762년 문왕을 발해군왕(渤海郡王)에서 발해국왕(渤海國王)으로 올려 책봉한 것은 발해의 충실한 국력 신장을 반영한 것이다. 3대 문왕이 사망한 뒤로부터 선왕이 즉위하기 전까지 25년간 6명의 왕이 바뀌었다. 818년 10대 선왕이 즉위하며 연호를 건흥(建興)으로 하고, 5경 15부(府) 62주(州)의 지방행정제도로 정비했다. 선왕 등장으로 왕의 계보가 바뀌었다. 선왕이 영토를 크게 개척 '사방 2천 리'였던 영토가 이 무렵에 '사방 5천 리'로 늘어났다. 830년 손자 대이진(大彝震)이 뒤를 이어 연호를 함화(咸和)로 했다. 11대 선왕~13대 경왕의 시기가 발해의 최대 전성기였다. 이때 당나라가 발해를 해동성국(海東盛國)이라 했다. 897년 당나라 조정에서 발해 사신이 신라보다 윗자리에 앉기를 요구했다는 쟁장사건(爭長事件)이 있다. 경왕의 아들 대위해(大瑋瑎)가 제14대 왕으로 즉위하였다. 이어 마지막 왕 대인선(大諲

諲)에게 왕위가 이어졌으나 거란에 멸망했다. 야율아보기(耶律阿保機)가 거란족을 통합, 중국 본토 진출에 앞서 925년 12월 발해를 공격하였다. 이듬해 정월 거란 방어 최전선 부여성(扶餘城: 현재의 農安)을 뚫고 거란은 발해를 멸망시키고 그 자리에 '동쪽 거란 국'이란 동단국(東丹國)을 세웠다. 거란은 태조의 맏아들에게 통치를 맡겼다. 928년 동단국을 동평(東平: 현재의 遼陽)으로 옮기면서 발해 유민들도 요동 지방으로 강제 이주시켰다. 발해가 멸망한 후 발해 유민들은 각지에서 부흥운동을 했다. 서경압록부(西京鴨濾府)에서 일어난 대씨(大氏)의 후발해국(後渤海國, 926~?)과 열씨(烈氏)와 오씨(烏氏)의 정안국(定安國, ?~980년대), 부여부(扶餘府)와 상경용천부(上京龍泉府)에서 일어난 오사국(烏舍國), 거란의 동경도(東京道)에서 일어난 대연림(大延琳)의 흥료국(興遼國, 1029~1030)과 고영창(高永昌)의 대발해국(大渤海國, 1116), 거란 상경(上京) 부근에서 활약한 고욕(古欲)의 저항(1115) 등이 있다. 유민의 저항은 멸망 후 200여 년 지속됐다. 발해 유민은 새 지배계층에 참여했거나. 여진족(女眞族)으로 동화했거나, 고려로 망명했다. 멸망 전후부터 시작해 1117년에 이르기까지 30여 차례에 걸쳐 수만 명의 사람들이 고려로 망명, 발해 왕실인 대(大)씨는 태(太)씨로 이어진다. 발해는 거대한 왕국을 유지하는 데 필요한 산업의 뒷받침이 있었다. 당나라나 일본과 교역을 했다. 발해인의 일본 도항은 35회나 거듭되었다. 발해에서 일본에 보낸 23편의 문서 가운데 발해 국왕이 보낸 것이 16편이고, 발해 중대성이 일본 태정관(太政官)에 보낸 관청 문서가 7편이다. 구당서 발해 말갈전에는 "문자가 있다."고 했다. 기와에 찍혀 있는 판독하기 어려운 글자들을 근거로 발해에 고유문자가 있었다는 주장이 자주 제기되곤 한다. 발해 불상은 당나라 이전의 양식을 취하고 있고, 막새기와(瓦當)의 연꽃 문양이 고구려의 전통을 보여 주고 있다. 원나라 때에 편찬된 도회보감(圖繪寶鑑)에 대간지(大簡之)가 송석(松石)과 소경(小景)을 잘 그렸다는 기록이 있다. 발해 시대의 그림으로는 정효공주 무덤과 삼릉둔(三陵屯) 2호묘의 벽화가 있다. 정효공주 무덤에는 널길과 널방의 3벽에 모두 12명의 인물이 그려져 있다. 발해의 공예품으로는 조각도자기, 기와, 벽돌, 금속 세공품 등이 있다. 상경성 2호 절터에는 현무암으로 만든 높이 6m의 거대한 석등(石燈)이 남아 있다. 정혜공주 무덤의 연도에서 출토된 두 마리의 화강암제 돌사자상(石獅子像)과 묘지석(墓誌石) 등이 있다. 일본은 유학생 내웅(內雄)을 발해에 파견한 발해 음악을 배워 오게 한 적도 있다. 발해 음악은 발해가 멸망한 뒤에도 중국의 송나라와 금나라에 이어졌다. 정효공주 무덤의 서쪽 벽에 그려진 3명의 악사(樂師) 그림을 보면 각기 보자기에 싼 악기를 들고 있다. 노래 및 악기 연주와 함께 춤도 포함되어 있었다.

답추(踏鎚)라고 하는 춤도 있었다. 발해문화는 건국 초기에 고구려문화를 바탕으로 하였다. 초기의 도성(都城) 체제나 고분 양식 불교도 고구려계가 주도하였다. 그러나 그 뒤에 당나라 문화를 적극적으로 받아들임으로써 발해의 각종 제도는 당나라 제도로 바뀐다. 벽돌 무덤 양식이나 벽화 양식도 당문화를 반영하고 있다. 말갈문화와 중앙아시아나 시베리아로부터 전파된 요소도 눈에 띄며, 발해인들이 창조한 고유한 요소도 나타난다. 동단국 좌상 야율우지 상주문에 발해 멸망 원인을 "선제(아보기)께서 그들의 마음이 서로 흩어져서 틈이 생겼을 때 군을 움직였던 까닭에 싸우지 않고 이겼습니다."고 지적, 국력이나 군사력이 아니고 자기 모순을 극복하지 못해 멸망했던 것 같다. 발해의 남자는 지혜와 용맹심이 뛰어나 세 사람만 있으면 호랑이라도 이겨냈다는 주변 종족들에게 두려움을 주는 존재였다. 중국은 동북공정 작업의 일환으로 발해사를 한국사에서 분리시켰다. 북간도 등 한만(韓滿) 국경 문제와 관련하여 중국학계에서 가장 주목하였던 것이 발해사였다. 발해는 당연히 중국사의 일부로 논쟁거리도 되지 않는다는 입장이다. 중국은 환인(桓仁)과 즙안(集安)의 고구려 유적을 발굴 정비한 이후 흑룡강성 영안현의 상경성(上京城) 일대의 발해 유적과 길림성 돈화시의 발해 구국 유적에 대한 대대적인 정비에 들어갔다. 고구려의 유적 정비 때와 마찬가지로 한국 학자의 접근은 일체 허용되지 않고 있다.

정효공주 고분 벽화 등 유적 발굴

[고구려 유민이 만주에 세웠던 발해(698~926) 옛터에서 발해 고분과 성이 무더기로 발굴돼 '잃어버린 왕국'의 신비가 풀리고 있다. 중공 고고학계는 길림성 돈화현 육정산고분군(300여 기) 대주둔고분군(70여 기) 용두산 고분군(10여 기) 화룡현 서고성자 하남둔고성 등을 조사, 발해사 연구에 새바람을 넣고 있다. 81년 9월 조선인 자치주 연길(延吉)시에서 열린 제3차 길림성 고고학대회에는 40편의 논문과 20종의 발굴 자료 보고서가 공개됐다. 이 가운데 발해 관련 논문이 30여 종이었다. 660여 기의 발해 고분 가운데 80여 기를 발굴했는데 연변박물관과 연변조선족자치주 문물관리위원회가 공동 발굴한 정효공주(貞孝公主)묘가 특히 주목을 받았다. 길림성 연변조선족자치주 화룡현 용수공사 용해대대 서룡 두산에서 구제 발굴된 정효공주묘는 연도와 묘실에 그려진 다섯 폭의 채색벽화와 판독 가능한 묘비 등 귀중 자료를 학계에 제공했다. 정효공주는 안록산의 난을 계기로 요동반도의 소고구려국까지 지배한 문왕(대흠 737~793)의 넷째

딸로 49년 길림성 돈화현 고분에서 묘비가 발견된 정혜공주(문왕의 2녀)의 동생이다. 80년 10월과 81년 2차례 조사된 정효공주묘(15×7m)는 발해 연호가 즉위 칭원법을 채택했다는 사실 등을 밝혀 준 비가 연도 후부 바닥에 간 벽돌 위에서 발견됐다. 화강암석의 사다리꼴 모양의 묘지명(높이 1.05m, 폭 0.58m, 두께 0.26m)은 28행 728자의 비문에 정혜공주가 대흥56년(792년) 6월 19일에 36세로 사망, 그해 11월 28일 서원에 매장했다는 내용을 담고 있다. 46병려체 문장이며 정혜공주묘 묘지명과 대동소이하다. 연도 뒷부분 동서 양면 및 묘실의 동서북 3면에 12명의 인물을 그렸다. 선이 유려하고 색채가 아름다워 생동감과 입체감을 느끼게 했다고 보고서에 기록돼 있다. 남자 26명, 여자 5명의 인골이 수습돼 순장 풍습도 알려 주었다. 한국, 중공, 소련의 국경 분쟁이 가능한 발해 지역 고분 발굴에 나선 중공의 움직임을 한국학계는 주시하고 있다. 중공, 소련, 일본의 발해 연구가 활발하다. 그러나 한국사학계는 연구인원도 부족하며 자료 수집도 어렵다. 실학 시대에 발해 연구가 본격화되었으나 일제 침략 후 맥이 끊겼다. 신채호, 장도빈 등에 의해 발해사가 한국고대사로 체계화되었으며 김철준, 이용범 교수의 연구로 국사에 편입돼, 국사교과서에 올랐다. 소련도 최근 '연해주 발해 유적과 그 문화'를 펴냈다(경향신문 83.1.14. 박석홍 기자).

중공 발해간사 출간

고구려 멸망 후 그 유민들이 세운 발해(698~926)를 고구려와 분리시켜 정리한 발해간사(簡史)가 출간되어 발해사를 중국 변방사로 편입하려는 저의를 보여주고 있다. 84년 말 하얼삔 흑룡강 인민출판사에서 나온 발해간사는 중공학계의 발해 발굴 자료와 금석문을 총정리한 것으로 한국학계의 발해사 연구에도 충격이 되고 있다. 중공사학자 왕승례가 펴낸 발해간사는 23면으로 발해 영역과 지리, 사회제도, 경제, 정치, 문화, 국제관계 등을 소상하게 밝혔다. 김육불의 유년칭원법(踰年稱元法)을 즉위년칭원법(卽位年稱元法)으로 발해 재위 연표도 재정리했다. 발해역사를 9장으로 정리한 왕승례(王承禮)는 제1장에서 발해 건 국자 대조영은 속말 말갈인(粟末 靺鞨人)으로 추정, 발해를 말갈인이 주체가 되어 고구려 귀족과 연합하여 세운 국가라고 기술했다. 발해역사는 고려 시대 이승휴가 제왕운기에서 구당서 등을 근거로 고구려사의 연장으로 파악한 후 유득공, 한치연, 허미수, 장도빈 등에 의해 한국사의 일부로 체계화했으나 서울대 송기호 교수가 사학과에서 고군분투할 뿐 제자리걸음을 하고 있는 가운데 중공학계는 한국사에서 제외시키려는 연구를 하고 있는 것이다. 중공학계는 40년대 말부터 만주 지역에서 고조선, 고구려, 발해 고분을 다량 발굴, 고조선, 고구려, 발해사를 한국사와 분리시키는 논문을 70년대 말부터 발표해 왔다. 왕승례의 발해간사도 이런 경향의 일환이다. 발해사 관련 저술은 김육불의 '발해국지장편'(志長編)(34년 중국화문서국), 鳥山喜一의 '발해역사상의 제문제'(68년 일본풍문서방), 샤프쿠노프의 '발해국과 연해주에 있어서의 발해문화유적'(68년 레닌그라드), 주영헌의 '발해문화'(79년 일본 雄山閣) 등이 있고 송기호 교수의 발해 연구가 있다. 정치적 목적을 갖고 추진하는 중국의 발해 연구에 대응할 준비를 해야 할 것이다(경향신문 85년 1월 25일 박석흥).

6) 후삼국 시대(後三國時代)

신라, 후백제, 후고구려(태봉 마진 고려)의 세 나라가 정립했던 후삼국 시대는 고대사회에서 중세사회로의 전환기다. 신라는 말기 통치력이 약화되고, 각 지역에 호족 세력이 할거하는 가운데 과다한 조세의 부과로 전국적인 반란이 일어나면서 군웅이 등장하였다. 많은 반란 세력들 중에서 사벌주(沙伐州: 지금의 경상북도 상주)의 원종(元宗)과 애노(哀奴), 죽주(竹州: 지금의 경기도 안성 竹山)의 기훤(箕萱), 북원(北原: 지금의 강원도 原州)의 양길, 완산주(完山州: 지금의 전라북도 全州)의 견훤, 철원(鐵圓: 지금의 강원도 鐵原)의 궁예 등이 큰 세력이었다. 견훤은 후백제를 궁예는 후고구려를 건국하였다. 궁예는 국호를 마진(摩震)으로 고치고 서울을 철원으로 옮기더니 다시 국호를 태봉으로 개칭하였다. 미륵불을 자처하며 전제주의를 강화해 나갔다.

후백제 견훤은 사벌주 출신으로 서남 지방 방수군(防戍軍)의 비장 (裨將)으로 서남 지방의 주현(州縣)을 쳐서 세력을 확장하기 시작하였다. 군사가 5,000명에 이르렀으며, 892년에는 무진주(武珍州: 지금의 전라남도)를 점령하고 왕이 되었다. 이어 서남 지방 각지의 호응을 얻어 지금의 전라남북도와 충청남도의 대부분을 차지하였다. 900년(효공왕 4)에 완산주로 도읍을 옮겨 국가체제를 갖추었다.

후고구려 궁예는 신라 왕실의 몰락한 진골귀족 출신으로 세달사(世達寺) 중(선종·善宗)이 되었다가, 891년 죽주의 반란군 두목 기훤에게 투신, 다시 북원의 반란군 두목 양길에게 투항했다. 궁예는 양길의 군사로 10여 군을 명주(溟州: 지금의 江陵)에

들어가 그곳 지방 세력의 후원으로 병력을 늘리고 장군으로 추대되어 자립의 기반을
마련했다. 895년에 내외 관직을 설치해 국가체제를 갖추었다. 901년 고구려의 부흥과
신라의 타도를 표방하며 스스로 왕위에 올라 국호를 후구려(즉 후고구려)라고 하였다.
904년에 국호를 마진으로 고치고 연호를 무태(武泰)로 정했으며, 이듬해에는 다시 연
호를 성책(聖册)으로 고치고 서울을 철원으로 옮겼다. 911년에는 다시 국호를 태봉, 연
호를 수덕만세(水德萬歲)라 하고 914년에 연호를 정개(政開)로 고쳤다. 후삼국 판도의
3분의 2를 차지하는 최대의 세력이다. 918년 왕건에게 쫓겨난 궁예는 고주몽의 후계자
로 자처, 이름도 김선종을 궁예(弓裔)로 개명하고, 만주를 장악하는 대동방국의 건설을
내걸고 북진정책을 계획했다. 기존 불교 개혁 등을 강조했으나 인심을 잃어 고구려 국
토 회복의 꿈은 좌절되었다.

7) 고려

왕건은 송악 지방에서 예성강 하구와 강화도 일대를 중심으로 중국과의 교역을 통해
세력을 형성하였던 지방호족이었다. 아버지 왕륭(王隆)이 송악 지방의 호족으로서 궁예
에게 귀속하였다. 이때 왕건도 궁예의 휘하에 들어가 장군으로서 크게 활약하였다. 충
주·청주 등지를 점령하기도 하고 나주 지방을 경략하여 궁예의 세력 기반을 튼튼히
하였으며 궁예로부터 두터운 신임을 받았다. 918년 왕으로 즉위하였다. 국호를 고려,
연호를 천수(天授)라 하였다. 건국 이듬해 수도를 송악으로 옮겼다. 송악은 그 뒤 개경
(開京)으로 바뀌어 고려 500년의 수도가 되었다. 고려 태조는 중국 오대와 외교관계를
맺고, 각 지방의 독립된 호족세력에게는 포섭과 회유정책을 폈다. 후삼국 통일 후 북방
개척에도 힘을 기울였다. 이를 위하여 고구려의 수도였던 평양을 서경(西京)으로 삼고
관부(官府)를 설치하는 등 도성으로서의 시설을 갖추었다. 또 새로 개척한 북방 영토에
진(鎭)을 설치하여 이민족의 침입에 대비하였다. 926년 거란에 멸망한 발해의 유민을
동족으로 인정하여 적극적으로 받아들였다. 특히 발해왕자 대광현(大光顯)에게는 왕씨
(王氏)의 성을 주는 등 민족융화정책을 폈다. 이리하여 후삼국뿐만 아니라 발해의 고구
려계 유민까지도 포함한 민족통일을 이룩하게 되었다. 7세기 중엽에 신라가 백제와 고
구려를 병합하였으나 종래 고구려의 영토 거의 전부를 상실하였다. 고려의 후삼국 통

일은 신라와 후백제의 영토와 문화 전부를 통합한 것이다. 호족세력을 포섭하고 왕권을 안정시키려는 태조의 정책은 그 뒤 광종의 훈신숙청과 노비안검법(奴婢按檢法) 및 과거제의 실시로 발전했다. 경종 때는 전시과의 제정으로 집권체제의 경제적 기반이 마련되었다. 성종 때는 내외의 정치제도가 정비되어 중앙집권적인 지배체제가 성립되었다. 성종은 당나라 제도를 채용해 삼성육부의 중앙관제를 제정하고, 처음으로 지방관을 파견하는 한편, 지방호족들의 지위를 격하하는 향직을 개혁해 중앙집권체제를 확립하였다. 귀족사회 형성의 기반이 마련된 성종 이후 현종을 거쳐 문종에 이르는 사이에 고려의 정치기구와 토지제도 및 신분체제가 완비되었다. 문종 때 절정기에 이르러 문화가 난숙해지고, 경제적·정치적으로 국력을 신장하였다. 그러나 지배 세력 내부 모순으로 각종 반란과 변혁이 이었다. 인종 때 '이자겸(李資謙)의 난'과 '묘청(妙淸)의 난', 의종 때 무신란이 일어나 고려 지배체제가 혼란에 빠졌다. 1170년 정중부(鄭仲夫) 등 무인이 일으킨 쿠데타로 문신 위주의 통치체제는 끝나고 새로이 무인들의 정권이 성립되었다. 무인집정을 정점으로 무신들이 정권을 장악해 문신을 억압하고 왕권이 약화되었으며, 사회질서의 문란으로 각지에서는 민란이 발생하였다. 무신정권은 교정도감(敎定都監)을 중심으로 독자적인 지배기구를 설치하고, 사병을 양성해 무력 기반으로 삼았으며, 광대한 토지를 집적해 경제적 기반을 이루었다.

1270년 몽고의 세력을 업은 원종과 그 일파의 거사로 무신정권이 몰락하고 왕정이 복구되었다. 그러나 고려는 원나라의 부마국이 되었다. 고려 무인의 마지막 대몽항전인 삼별초의 저항(1270~1273)이 끝나자, 원나라의 요구에 따라 두 차례나 일본 정벌에 동원되었다. 왕실은 원나라에 예속되어 원나라의 공주를 왕비로 맞아들이고 왕실의 호칭도 낮추어 부르게 되었다. 관제도 격하되고 원나라의 관청인 정동행성(征東行省)이 설치되고, 또 함경도와 평안도 지방에 쌍성총관부와 동녕부가 설치되어 영토의 일부를 빼앗기게 되었다. 고려 후기의 지배 세력은 친원파를 중심으로 형성된 권문세족은 도평의사사로 정권을 장악하고 광대한 농장을 차지하고 있었다. 이들은 가문을 중요시한 점에서 종래의 문벌 귀족의 일면을 계승하면서도 또한 현실적인 관직을 중시했다. 그러나 점차 학자적 관료인 사대부가 공민왕의 개혁정치로 인해 신흥 세력으로 성장하였다. 불교적 성향이 강한 권문세족은 친원정책을 주장하고, 기성 질서의 유지에 급급하였다. 반면, 유교적 신흥 사대부는 친명정책을 주장하고, 개혁정치를 요구하였다. 이들은 기성세력인 권문세가에 대항하면서 정치의 표면에 나서게 되었다. 그 뒤 고려는 이들 신흥사대부 세력과 손잡은 이성계에 의해 멸망되고 새 왕조로 교체되었다. 이성계는 1388년(우왕 14) 요동정벌 중 위화도(威化島)에서 회군해 정치와 군사의 실권을 장악하였다. 그리고 1391년(공양왕 3) 과전법을 공포해 새 왕조의 경제적 기반을 마련한 뒤, 1392년 역성혁명(易姓革命)을 일으켜 '조선'을 개창하였다.

고려의 대외관계

고려 시대는 외민족의 침입이 잦았던 시기이다. 대륙 정세가 불안정해 계속해 그 파도가 고려에 파급되었다. 고려가 건국된 10세기 초부터 멸망한 14세기 후반까지 중국 대륙에서는 북방의 유목·수렵 민족인 거란·여진·몽고 등이 차례로 일어나 중원의 한족을 압박하고 대륙을 장악하였다. 거란, 여진, 몽고에 앞서 중국의 북주·수·당도 중국 서북방의 섬서성, 감숙성의 關隴 지방(중심: 위수 연변 내몽골 무천진) 출신이 중심이 된 제국이다. 수양제(양견 楊堅)와 당고조(이연 李淵)는 이종 간이다. 이들은 남북조 시대 귀족(호족)집단도 아니고 화북 지방 정복자인 북방민족[5호 胡]도 아니다. 선비족과 관련이 있다고 보는 학자도 있다. 755년 안사의 난으로 150년간 절도사(군벌) 체제가 성립되는 시기를 거쳐 당이 망하고 후양이 일어나는 907년부터 송이 건국되는 960년까지 53년간은 5대 혹은 5대10국 시대라고 한다. 후주의 절도사 조광윤(세조)이 쿠데타에 의해 황제로 추대되어 송(960~1279)을 건국했다. 한편 북방의 거란은 요를 건국(916)하고 발해를 멸망시키고(926) 중국 동북방 정복 국가로 성장했다. 송·요에 의한 남북 대립 국제관계가 형성됐다. 고려는 건국 이후 오대(五代)로부터 송에 이르기까지 중국의 역대 왕조에 대해 친선관계를 유지하였다. 특히 송나라와 문화적·경제적으로 밀접한 유대를 맺었다. 반면 북방민족인 거란·여진·몽고는 야만시하고 대립하였다. 그러나 거란·여진·몽고 등 북방민족이 문약한 송 왕조를 압박하고 중원에 진출, 고려도 계속해 북방민족의 침입을 받게 된다. 북방민족의 압력에 대한 고려의 대응은 국가 지배 세력의 체질에 따라 달랐다. 거란(요)에 대해서는 건국 초기의 강건한 자주적 의식을 밑받침으로 굳건한 항쟁을 계속해 효과를 거둘 수 있었다. 그러나 12세기에 금나라에 대해 유약한 사대주의를 결정해 강화를 맺기에 이르렀다. 금나라 세력 밑에 있었던 몽고는 13세기 초 테무친(鐵木眞)이 여러 부족을 통일하고 1206년 칸(汗)의 지위에 올랐다. 그가 칭기즈칸(成吉思汗)이다. 몽고는 영토를 확장하고 북중국에 자리 잡은 금나라를 침략하고, 고려와도 충돌하게 된다. 몽고군은 1259년 강화가 맺어질 때까지 여러 차례 침입하였다. 강력한 반몽정책을 견지한 최씨 정권이 강화도에서 항전을 지휘했고, 육지에서는 일반 민중들이 침략군에 대항해 용감히 싸움으로써 몽고군을 격퇴할 수 있었다. 농민들은 산성과 해도(海島)로 들어가 농사를 지으면서 싸워 항전의 주체가 되었다. 그러나 1258년 최의가 제거되자, 강화파인 문신들의 주청에 따라 이듬해 몽고에 대한 화의가 성립됐다. 항몽전 선두에 섰던 삼별초가 개경환도를 반대하고 배중손(裵仲孫)이 이끈 삼별초는 강화도에서 승화후온(承化侯溫)을 왕으로 옹립하고, 몽고세력을 등에 업은 원종의 개경정부에 반기를 들었다. 제주도로 옮겨 김통정(金通精)의 지휘 아래 항쟁을 계속했으나 1273년에 평정되었다. 대몽항쟁은 종식되고 이후 고려는 몽고 통제국이 된다.

고려문화의 국제화

고려는 송나라와의 통교를 통해 발달된 선진 문물을 수입하였다. 고려는 사신과 학생 승려를 송나라에 파견해 유학·불교·예술 등을 받아들여, 송나라의 영향으로 심화되었다(의천). 그리고 송판본의 전래로 고려의 인쇄술이 발달되었으며, 송자(宋磁)의 영향으로 고려자기가 발달하게 되었다. 또한 공적인 사신과 사적인 상인의 왕래로 송나라와의 교역이 활발하게 이루어졌다. 고려는 송나라의 선진문화에 대한 흠모와 또 귀족들의 욕구를 충족시키기 위해 송나라의 서적·비단·자기·약재·차·향료 등을 수입했으며, 반대로 금·은·동·인삼·나전칠기·화문석 등을 수출하였다. 그때 예성강 구의 벽란도(碧瀾渡)는 송나라 상인뿐 아니라 멀리 대식국(大食國: 아라비아) 상인까지도 출입하는 국제항구로 성황을 이루었다. 몽고와 항쟁을 거쳐 국교가 정상화되었으나 원나라 문화도 흘러들어와 고려문화의 일부가 되고 조선 시대 세종조 문화는 이 문화융합을 정리한 것이다. 고려의 속요도 그중의 하나다. 가시리, 청산별곡, 만전춘 등 고려 가요는 고려 시대 일반 서민의 정서를 반영한 것이다.

고려 불화와 인물화

[대륙에 웅비했던 고구려의 옛 기상과 강토 수복을 건국정신으로 했던 고려(918~1392)는 통일신라의 난숙한 문화를 지속 발전시키고 그 위에 새로운 국제문화를 소화 흡수하여 찬연한 문화를 남겼다. 자기와 인쇄문화로 높은 문화 역량을 과시했던 고려는 회화 또한 높은 경지를 이룩했다. 국내에 남아 있는 고려 회화는 공민왕 작품이라는 천산대첩도, 영주 소수서원의 안향영정(국보11호), 부석사벽화(국보46호), 익재

영정(국보110호), 예산 수덕사 벽화, 개성 수락동 고분 벽화, 공민왕릉 벽화, 거창 고분 벽화 등으로 3점이 국보로 지정됐다. 송의 곽약허(郭若虛)의 '도화견문지'에는 "송과 교통하는 나라가 많은데 오직 고려국이 문아(文雅)를 숭상하여 예술이 뛰어나고 화법이 또한 정묘하여 지금 전래된 것만 해도 산수도 불화가 독자적인 채색을 하여 훌륭하고 독특하다."고 극찬했다. "1076년 겨울에 고려사신 조사훈이 화공을 데리고 와서 상국사 벽화를 묘사해 갔는데 그 화공의 기술이 만만치 않았다."고 기술했다. 고려 건국 후 1세기에 당시 고려 회화 수준이 송나라에 뒤지지 않았음을 알려 주고 있다. 원나라 저술에도 "외국 그림으로 고려의 관음상이 심히 정묘(精妙)하다."고 평하여 고려 말기 불화 수준이 높았음을 증언했다. 현재 일본에 전하는 고려 불화가 이것을 잘 말해주고 있다. 고려 회화는 인물화, 종교화, 산수도, 사군자도, 실경사생화, 천문지리도, 건축, 고분, 복식, 기치 등의 장식화 등 다채롭다. 고려사 백관지와 문집에는 도화원이라는 관직이 있어 화공을 통솔했음을 알 수 있다. 고려사와 문집에 보이는 화가는 47명 정도 손꼽을 수 있다. 공민왕, 인종, 명종 등 왕이 5명, 이인노, 정지상 등 사대부가 20여 명, 이령, 이광필, 이신 등 화공이 7명, 노영, 한선 등 화승 15명 등이 문헌에 기록된 화가들이다. 이령은 송나라 궁에 들어가 예성강도를 그렸는데 송휘종이 감탄했다고 고려사가 전한다. 이령의 아들 이광필도 소상팔경을 그려 명종의 사랑을 받았다고 했다. 고려의 진경산수 솜씨가 뛰어났음을 전하는 자료다. 고려는 건국 초부터 역대왕의 초상화를 보관하는 경령전이 있으며 이름난 절에는 왕과 왕비, 공주의 초상화를 비치했다. 공민왕은 윤택진 등 신하 7명의 초상화도 그려 주었다.

한국 고대문화 전통 수립에 결정적인 역할을 한 고려 불교는 송과 왜에 천태종을 전수했을 뿐만 아니라 불화의 해외 보급에도 괄목할 자취를 남겼다. 원에 징발되어 간 고려 사경승(寫經僧)이 남긴 원나라 경전 속의 삽화는 고려 회화의 우수성을 과시했으며 일본에 남아 있는 고려불화는 고려문화의 우수성을 재삼 깨닫게 한다. 일본 도쿄 절에 있는 양류관음상(楊柳觀音像)은 섬세 유려한 고려 불화 특성이 유감없이 발휘했다. 견본착색의 이불화(136×75㎝)는 큼직한 버들잎형 광배 앞에 선 보살상으로 섬세한 옷의 선이나 은은한 색감에서 관음의 자비를 느끼게 하는 걸작이다. 화폭 오른편 변두리에 화승의 이름이 보인다. 도쿄 근진미술관(根津美術館)에 있는 여의륜관음상(如意輪觀音像)의 의상에 그려진 국화 무늬 구성은 13세기 고려 청자상감무늬에 자주 쓰인 국화 무늬와 매우 닮아 고려 불화의 독자적인 세계를 엿보게 한다. 고려 불화는 1점 1획에 정성을 들인 정밀화의 극치로 종교화만이 갖는 심오한 맛까지 곁들여 고려 예술의 난숙한 솜씨를 알려 준다. 불경의 변상도와 불당 벽화의 유사한 기법도 고려 불화의 높은 예술성을 알려 준다. 불당 벽화는 흙벽 위에 프레스코로 그린 것으로 배경을 짙은 초록색으로 메운 뒤에 빨강, 자주, 초록, 흰색 등을 사용하여 불상을 조형했다. 원나라에 예속됐던 고려 상류사회의 개혁을 시도했던 공민왕은 수렵도, 산수화, 인물화, 불화 등 다양한 그림을 통달했는데 16세기까지 전했던 그의 아방궁도(阿房宮圖)는 파리만큼 작은 모자, 신, 옷까지도 세밀하게 그려 김안로는 그의 용천담적기에서 극찬했다. 성현은 "공민왕의 화격(畵格)이 높았다. 도화서에 간직된 노국대장 공주 초상화와 덕흥사에 있는 석가 출산상 등은 인물화의 뛰어난 솜씨를 자랑하며 왕의 산수화도 참으로 높은 경지"라고 높이 평가했다.](경향신문 74.1.28, 2.4 박석홍)

8) 조선

(1) 조선조 정치체계와 정치형태. 절대 권력을 통제한 견제와 균형

조선조 정치체계는 형식상으로는 국왕을 정점으로 하는 절대주의적 군주체제였으나 실질적으로는 양반 관료에 의해 통치되는 제한된 절대군주체제다. 서구 절대주의 왕정과 다른 통치자의 수덕(修德), 위민(爲民), 안민(安民)의 정치 이념 구현을 위해 언로(言路)를 넓게 하고 비판을 장려하고 견제와 균형을 이룰 수 있는 제도적 장치를 모색했다. 국왕과 관료, 사림이 상호 복합적으로 작용하는 정치 과정을 조선 초기에 모색했다. 건국 초기 구조적으로 국왕은 최고 권력기관이지만 의정부가 중요한 국사를 논의, 6조가 집행했다. 국왕 자문기관으로 홍문관·사헌부·사간원의 3사가 비판과 견제 기능을 담당했다. 각 기관의 의사 결정은 합의제로 했다. 정5품 당하관인 이조전랑(吏曹銓郎)에게 3공 6경에 대한 비판 견제 기능과 당하관 통청권·전랑 자대권을 주어 견제와 비판 및 공론을 조성하게 했다. 의금부 형조 한성부 등의 사법기관 기능, 예문관 춘추관의 제찬과 역사 기록 기능, 국왕 비서관인 승정원 역할, 성균관 유생의 국정 참여, 경연을 통한 국정 논의 등의 복합적 작용으로 권력의 독단을 막고 왕도정치의 이념을 구현할 제도적 장치를 마련했다. 언로를 개방하고 공론에 따라 국시를 정했다. 그러나 왕권 강화를 주장한 태종, 세조 등에 의해 변질, 정치 혼란을 초래했고, 조선 후기 숙종11년(1685년) 전랑의 자대권을 없애고 영조17년(1742년) 당하권, 통청권까지 없애자 권력은 안동김씨에게 넘어가 조선은 부패한 나라로 망한다. 주자학적인 정치 이념의 부정적인 측면으로 사변성과 형식주의 명분주의 폐단도 나타났으며 신분 차별 정치 참여 제한 당파적 갈등 투쟁도 있었다. 그러나 한국문화는 새 문화의 수용과 창조, 변형과 조화가 특징이다. 한국의 자연에 어울리고 그 속에서 살아온 한국인에게 알맞는 모델의 선택이었다. 원(元)대의 과학기술 발전이 명(明)의 폐쇄정책으로 정돈상태(deadlock)에 들어갔으나 조선 초기 특히 세종조는 원대에 들어온 국제문화를 한국 상황에 맞게 창조적 발전시킨 시기였다. 세종 시대의 과학기술과 문화는 송과 원을 모델로 한 고려문화를 재창조한 것이다.

*인쇄－세종2년 경자자 세종16년(1420) 갑인자. 목활자－동국정운, 목판인쇄－세종 28년 훈만정음(관판) 월인석보(왕실) 사찰 서원 사가판본

*과학－천문기상학이 높은 수준이었다. 세종20년 규표 혼천의 앙부일귀 자격루 등 15가지 완성. 23년 측우기 수표 발명.

*군사기술－거북선 다포장 중장갑 연해용 돌격 전함, 대형 총통 호준포 제작.

*의학－향약제생집성방, 향약본초 의방유취.

*농업기술－농사직설.

*한문학－동문선 용비어천가.

*훈민정음－용비어청가 월인천강지곡.

*시조－장악서 악학도감 장학원.

*음악－정도전 하륜이 지은 가사에 고려 악곡의 선율 차용, 고려 향악곡 개작－만전춘 서경별곡 쌍화점, 정간보 오음악보 창안.

*건축－도성 건설, 읍성 건설 관아시설 사전 건축 사묘 건축 학교 건축 사원 건축 민가.

*도자기－조선청화백자.

*회화－고려전통 수용과 중국 화풍 수용, 도화서원, 왕공 사대부안견 화풍, 강희안 강희맹 화풍, 이상좌 화풍, 이암 신사임당 화풍, 일본 무로마찌(室町) 시대 회화에 미친 영향－이수문 묵죽화책.

*서예－송설체－문종 안평대군 박팽년 이개 성삼문

조선 전기의 회화

[조선 건국으로부터 16세기까지는 고려 시대의 난숙한 예술의 경지가 계승된 시기로 국초에 고려 도화서원을 모방해 만든 도화서가 재질 있는 직업화가를 배출했다. 상류 지식인인 문인화도 높은 경지였다. 직업화가로는 안견, 최경, 이상좌 등이 유명하며 강희안, 홍언필 등을 꼽을 수 있으며 세종, 성종, 인종, 이용, 이정 등 왕과 왕손들도 주목할 활동을 했다. 안견의 몽유도원도는 세종의 셋째 아들 안평대군(이용)이 꿈속에 놀았다는 도원경을 안견이 작품화한 것으로 안평대군의 자필제발(自筆題跋)과 박팽년, 성삼문, 김종서, 신숙주, 이개, 최항, 김수온, 서거정 등 21명의 자필발기(跋記)가 즐비하게 붙어 있는 시서화 일치의 긴 그림이다. 건국 초에 세운 도화원은 조선의 회화 발전에 결정적인 역할을 한다. 도화원은 세종 때 도화서로 바뀌어 화원 양성과 기록화 제작산실이 된다. 처음엔 서울 중부 견평방(현재 견지동)에 있다가 후기에는 남부 태평방(현재 태평로)으로 옮겨 갔다. 도화서 화원은 평민 출신의 그림솜씨가 뛰어난 사람을 뽑아 썼다. 화원은 예조 판서가 주관하는 취재(取才)라는 고시에 합격해야 도화서원이 되었다. 경국대전에는 취재는 대나무, 산수, 인물, 영모(짐승), 화초 5가지 그림 가운데 2가지씩을 골라 그리게 했다. 좋은 그림을 그린 화원은 병역을 면제해 주기도 했으며 종9품에서 출발 종6품 별제(別提)가 정상이지만 현감(군수)까지 오른 화원도 있다. 이들은 왕 초상화와 각종 행사를 그리는 것이 주 업무였다. 단원 김홍도도 도화서원 출신이다. 김홍도는 정조의 사랑을 받아 각별한 지도를 받아 좋은 그림을 남겼다. 세종 때 세종을 그린 안견도 최고 벼슬에 오른 화원이다. 전주 부호의 노예였던 이상좌는 특채되어 중조의 초상화를 그리고 명조의 원종공신 화상도 그려 무관직을 받았으며 '송하보월도'란 명작을 남겼다(경향신문 한국의 재발견 74년 2월 11, 25일 박석홍).

(2) 인조반정 이후 견제와 균형시스템 무너져

영정조 시대의 이른바 실학이 정치에 영향을 미치기도 했으나, 중세사회의 모순을 중세적인 방법으로 개혁하려고 하는 수준을 뛰어넘지 못했다. 선조 때 서인, 동인의 싸움으로 일본의 한국 침략 기미를 알고도 5년을 헛되이 보내고 임진왜란 참화를 겪은 뒤에도 병자년 청군의 침입에도 다시 국토가 초토화되었다. 임진년(1592)부터 병자년(1636)까지 44년 전란을 겪고 나서도 다시 북벌론으로 국민을 기망했다. 국난을 타개하기 위해 현실을 수용했던 최명길, 이경석 등은 반대파의 지탄 대상이 되었다. 그러나 청나라와 싸우자고 주장했던 명분론자 세력은 병자호란 후 다시 정권의 실세가 되어 조선을 결정적으로 망하게 하는 안동김씨 세도정치로 연결되어 조선 후기 역사 모순은 정리되지 못했다. 지배층 중심의 질서 유지를 표방, 가부장적 가족 윤리를 지나치게 강조하여 공적인 사회의식, 국가의식보다는 족벌의식 지연, 학연의식을 강화하는 전근대성을 보강했으며 보수적 경향으로 새로운 사상과 문화능력의 성장을 억제하고 소수 기득권 세력의 안주에만 혈안이 되었던 조선 후기 한계에 대한 새 세대 학자들의 연구가 주목된다.

안동김씨 세도정치와 부패는 숙종 영조의 전랑권 혁파에서

조선 망국의 원인이었던 정조 사후 순조(1800~1834), 현종(1834~1849), 철종(1849~1863) 시대 3대 60년간 안동김씨 세도정치는 숙종과 영조가 전랑의 당하관 통청권과 전랑 자대권을 혁파해서 조선 시대 언로를 장악했던 전랑을 무력화시킨 정치 과정에서 나온 모순이었다. 사헌부·사간원·홍문관의 이른바 청직의 정삼품 이하를 추천하는 전랑의 통청권과 후임자를 스스로 정하는 자대권을 빼앗아 전랑을 중심으로 이루어진 견제 장치가 무력화되어 안동김씨 일당 독주와 부패를 가능하게 한 것이다. 사헌부 사간원의 견제 장치를 무력화시켜 영조와 정조는 잠깐 왕권 강화를 즐기지만 나라는 외척의 발호와 일당 독재로 망국의 길에 들어선 것이다. 안동김씨 60년 횡포는 병자호란 때 척화파 김상헌, 김상용의 손자 김수홍, 김수항이 줄지어 영의정에 오르고 김창흡, 김창집의 6창시대 골수 노론으로 부상, 노론의 주류가 되어 1804년 정순왕후(김한구의 딸로 사도세자에 대한 참소. 순조4년까지 수렴청정하며 시파를 천주교 신자로 모함 박해) 수렴청정 시대 숨죽이고 있다가 정순왕후가 죽자 김조순이 딸(순조 왕비 순원왕후)을 이용해 정권을 장악한 후 김조근(헌종 장인), 김문근(철종 장인), 김병기, 김병국, 김병학 등 왕의 처족들이 전교동 시절을 구가한다. 김좌근의 애첩 나주 기생(양)이 나주합부인으로 행세하며 벼슬을 팔아먹어 그 치마폭에서 20만 냥이 나오는 부패 시대를 연출하여 뇌물 정치, 사랑방 정치의 놀음 속에 나라가 일본의 식민지가 된다.

정조가 죽자 정순왕후는 먼저 사도세자 죽음이 당연하다는 노론 벽파와 결탁, 사도세자에 동정했던 노론 시파를 공격하고, 이어 천주교도 제거를 빌미로 시파를 포함한 반대파를 축출했다. 정순왕후는 남인도 신유박해로 대거 숙청하여 기호남인을 정권에서 완전히 배제했다. 노론은 갑술환국으로 영남과 기호남인을 정계에서 축출하고 이어 신유박해로 다른 당파도 모조리 몰아냈다. 순조의 장인 김조순은 경복궁 북쪽 창의문 아래 북악산과 인왕산 사이 자하동에 살았다. 당시에 사람들은 장동[자하동]김씨라고 지칭하며 욕했다. 김유근, 김좌근, 손자 김병기가 교동, 철종 장인 김문근, 조카 병학, 병국 전동에 살아, 김씨들이 전횡한 이 시대를 전교동 시절이라고 사람들은 비웃었다. 전랑이 사헌부·사간원·홍문관의 인사권을 장악하고 있던 시대에는 권력이 집중되는 세도정치가 불가능했다. 왕의 운신의 폭은 좁았으나 부패하지는 않았다. 숙종·영조가 언관들의 견제를 없애버리자 국가권력이 영조, 정조를 거쳐 안동김씨 손에 들어간 것 이다. 정치가 척족의 농간에 좌우되는 시대였다. 이러한 정치적 혼란 속에 전정·군정 ·환곡 소위 조세행정은 극도로 문란했다. 정약용은 감사와 수령 향리를 큰 도적과 굶 주린 솔개에 비유했다. 피곤한 백성은 유민, 화전민으로 전락하여 간도, 연해주로 이주 하는 자가 줄을 이었다. 명화적·수적 등 도적이 창궐하고 방서, 괘서가 붙고 조세저항 운동도 생겼다. 순조11년(1811년) 홍경래, 우군칙, 김사용, 이희저, 김창시 등이 주동이 된 홍경래난이 평안도민의 호응으로 청천강 이북 9읍을 점령했다. 좌수 향임 별장 유 랑 농민이 참여했다. 철종13년(1862년) 진주민란을 필두로, 경상도 20개 군현, 전라도 37개 군현, 충청도 12개 군현, 경기도 함경도 황해도에서도 민란이 있었다.

진주민란 - 진양초변록(樵變錄)

[19세기 말 삼남 일대를 휩쓴 임술(壬戌) 농민봉기의 도화선이 된 진양농민봉기의 전모를 기록한 진양초변록이 발굴돼 조선 후기 지방경제사 연구의 기폭제로 기대된다. 고서수집가 박영돈 씨(45, 부산은행서울지점)가 고서점에서 입수, 1년의 검증을 거쳐 공개한 진양초변록은 205면의 한장 필사본으로 민란 발생부터 뒷수습까지 약 5개월간 의 전 과정을 일기체로 정리한 고문서다. 민란 당시 아전 河 모 씨가 지방관과 지방관 사이에 오고간 문서 42건을 수록 정리한 것으로 이 가운데는 철종실록·일성록·임술 록 등 중앙 문서에 누락된 지방문서가 15건 들어 있어 전공 학자에게 새로운 사실을 알려 줄 것으로 기대된다. 철종13년(1862) 2월 18일 민란봉기부터 6일간 소요를 보고 한 병사계재차수개로부터 민란 수습 뒤의 진주 상황을 보고한 장계까지 망라되어 있 다. 나무꾼(초군)이라고 부르면서 머리에 흰 수건을 동여매고 언가(諺歌)를 부르면서 6 일간 봉기했던 민란에 대해 이것을 기록한 지방 아전은 농민에 동정적이며 양반 토호

에 대해 비판적이다. 진주민란에 대해 각기 다른 보고를 했던 선무사 이삼현(李參鉉), 암행어사 이인명(李寅命), 안핵사 박규수의 각종 보고서와 이들과 만났던 지방관리와 나루터 뱃사공의 의견까지 수록해 당시 상황 판단에 결정적인 자료가 되고 있다. 이 초변록에는 경상우병 백락화, 진주목사 홍병원 등의 교활한 수탈 방법과 지방행정의 모순, 농민 경제의 파탄을 소상하게 기술하고 있다. 일성록에는 6일간의 민란 후 주모자 유계춘(柳繼春) 등 10명을 효수한 것으로 기술하고 있다. 그러나 지양초변록에는 이들 외에도 14명을 각 지역별로 때려죽인 것을 비롯해 많은 사람들이 처형된 것으로 밝히고 있다. 진주민란은 김용섭 교수의 철종 시 민란 발생에 대한 시고, 김진봉 교수의 민주민란에 대하여, 하현강, 박경성 교수의 논문이 있다. 지난 67년 모범장서가로 표창받은 고서수집가 박영돈 씨는 해동가요를 발굴하여 국문학계에 큰 자극을 주기도 했다(경향신문 80.12.17. 박석홍 기자).

(3) 대원군의 쇄국 민비 일족의 부패

[홍선대원군 이하응(1820~1898). 영조의 현손 남연군구(南延君球)의 넷째 아들로 종친부의 유사당상(有司堂上), 오위도총부의 도총관 등의 한직을 지내면서 안동김씨의 세도정치하에서 호신책으로 천희연(千喜然)·하정일(河靖一)·장순규(張淳奎)·안필주(安弼周) 등 천하장안(千河張安) 무뢰한과 어울려 파락호(破落戶) 생활을 하였다. 안동김씨 가문을 찾아다니며 구걸도 서슴지 않아 궁도령(宮道令)이라는 비웃음을 사기도 하였으나 익종비(翼宗妃) 조대비(趙大妃)에게 접근하여 장차 후계자 없이 승하할 철종의 왕위 계승자로 그의 둘째 아들 명복(命福: 고종의 兒名)을 지명하기로 묵계를 맺었다. 1863년 12월 초 철종이 사망하자, 12세인 고종을 왕위에 오르게 하고 조대비가 수렴청정(垂簾聽政)하였다. 홍선군은 홍선대원군으로 봉해졌으며 대비로부터 섭정의 대권을 위임받아 국정의 전권을 쥐게 되었다. 고종(이재황)이 12세에 왕이 되어 이하응(홍선대원군)이 섭정, 정치를 주도하게 된 1863년은 일본이 메이지유신(1868)을 하기 5년 전이다. 대원군은 외척의 전횡을 막고 왕권을 강화하기 위해 개혁을 단행했다. 정조가 타계한 후 60여 년 만의 변화였다.

  (1) 외척세도와 벌열정치의 폐단을 시정, 안동김씨를 축출하고 남인과 북인 무신까지도 등용.

  (2) 영정조의 서원 개혁정책을 계승하여 서원 철폐를 단행했다. 면세 면역 특권, 당

론의 온상으로 왕권 견제 기능을 한 서원 폐쇄는 혁신적인 것이었으나 유림의 반발을 받았다. 고종2년 1865년 노론의 정신적 지주인 만동묘를 철폐하고 1868년에는 1천여 개 서원을 철폐, 납세하도록 했다. 1871년에는 47개만 남기고 나머지는 철폐했다.

(3) 국가 재정 수입을 늘리고 세 부담을 고르게 했다. 군포를 동포, 호포로 바꾸고 양반에게도 징수했고, 환곡을 폐지하고 사창제를 실시했다.
(4) 고종5년(1868) 경복궁 재건 - 원납전 당백전 물가 등귀 민원 부작용
(5) 세도정치 중심 기관이던 비변사를 철폐하고 의정부 기능 회복하고 삼군부를 설치하여 군부의 위상을 높였다.
(6) 병인양요(1866) 신미양요(1871)

대원군 컬러사진 속에 쇄국 왕권의 영욕이

[ㅇ- 기울어가는 조선왕조의 마지막 절대 권력자로 등장, 과감한 개혁과 옹고집의 쇄국정치를 단행했던 흥선대원군 이하응(1820~1898)의 컬러사진이 발굴돼 쇄국 왕권의 영욕을 되새기게 했다. 대원군 컬러사진은 포항시 예수성심시녀 사제관 남루이 델랑드 신부(1895~1872)가 모은 교회사 자료에서 찾아낸 것으로 대원군 사후 81년 만에 햇빛을 보게 된 것이다. 1880년부터 1930년대의 한국교회사 자료와 한국 풍물 사진을 수집해 놓은 남 신부는 1923년부터 50년간 한국에서 선교 활동을 한 파리외방전교회 소속 신부다. 남 신부는 72년 작고할 때까지 한국에서 사회사업공로훈장을 프랑스에서 레지옹 도뇌르 훈장도 받았다.

ㅇ- 가톨릭교회사 자료에서 대원군 천연색 사진이 발견된 것은 결코 우연이 아니다. 청나라 보정부(保定府)에서 중국옷을 입고 찍은 대원군의 흑백사진도 남 신부가 모아 놓은 사진 가운데 하나다. 역사의 도도한 흐름을 외면한 돈키호테로 혹평받지만 대원군은 사실 어떤 군주보다 강력한 권력을 행사하며 밀려오는 외세와 맞서 자기를 지키려 했던 의지의 정치인이었다. 안동김씨 세도정치로 빈사상태에 빠진 왕실을 구하기 위해 대원군은 집권 초기에 과감한 개혁을 단행, 일반 서민의 지지를 받았다. 그는 문벌과 당색을 초월하여 인재를 등용하고 백성을 괴롭혀 온 탐관오리를 숙청하는 등 내정의 일대 혁신을 기도, 국민의 신뢰를 두텁게 하는 데 성공했다. 지방 토착 세력들이 일반 서민을 괴롭히는 소굴로 전락한 서원을 철폐하고 풍속 개량에도 신경을 써 사회

에 새 기풍을 진작시키는 등 수준 높은 정치적 수완을 보여주기도 했다. 세제 개혁을 통한 재정 확충과 군제 개혁을 통한 국방력 강화 및 법전 정비로 절대 왕정의 기반을 다져 왕권을 굳건히 다진 절대 권력자였다.

ㅇ—그러나 그의 개혁이 전 시대적인 유교정치 이념에 의한 강력한 왕권 전제 정치를 회복시키려는 복고적인 정치사상을 벗어나지 못했다는 것이 우리 근대사의 비극이다. 왕실권위를 높이기 위해 경복궁을 중건하여 국가 재정을 고갈시키고 집중된 정치권력은 또 하나의 세도정치를 재현하는 역사를 후퇴시킨 결과가 되었다. 낭인 생활에서 절대 권력을 한 손에 쥔 최고 권력자 대원군은 많은 교훈을 남겼다. 요란한 정치구호 속에 시간만 낭비하여 외세의 침범의 기회를 준 대원군은 역사의 죄인으로 단죄받아 마땅하다고 비판하는 역사학자들이 많다. 전쟁의 노예가 되어 며느리 죽이려는 음모에 앞장서는 것도 서슴지 않았던 노정객의 얼굴 속에서 역사의 교훈을 또 배우자고 한다는 것은 한국현대사의 비극이기도 하다.](경향신문 79년 10월 10일 박석흥 기자)

박은식 한국통사－대원군과 민비를 통사(痛史)의 원흉으로 지적

망국 전야의 부끄러운 역사와 국권 상실과 독립투쟁의 아픈 역사를 지켜보았던 언론인 백암 박은식의 '한국통사'와 '한국독립운동지혈사'는 망국의 반성에서부터 나라 잃은 민족의 수모와 피맺힌 투쟁을 객관적으로 기술하고 있다. 기미년 한국인에 대한 일제의 만행을 신문기자가 기사 쓰듯 한국혈사에 정확하게 기술했으며, 110여 개의 주제를 다룬 통사는 일본 제국주의 침략에 대한 철저한 고발 규탄과 함께 자기성찰과 자기반성, 자기비판으로 일관하고 있다. 허문만 숭상하고 국력을 쇠약게 한 조선 후기 정치를 비판했고 국정 쇄신의 기회를 무식한 대원군이 잃어버렸다고 통탄했다. 대원군이 "배운 것이 없어 세계의 흐름을 몰라 문명한 열국과 바다와 육지로 함께 달렸어야 하는데 쇄국으로 일관 스스로 소경이 됐음이 아픈 역사가 여기에서 비롯된 것"이라고 한탄했다. 3대에 걸친 세도정치를 척결할 대원군의 등장에 백성들이 환영, 대원군이 자리, 재주, 시운 모두 긍정할 만했으나 배우지 못해 도모하지 못한 것이 아쉽다고 했다. "배운 것이 없어 내정을 다스리되 사사로운 지혜를 사용하여 파동이 크고 거동이 지나쳤으며 외국을 배척하여 스스로 소경이 되고 가까운데서 변이 발생하여 화가 나라에 미쳤으니 애석하다. 한국통사의 비극이 여기에서 비롯됐다."고 통탄했다. 민비 일파의 부패 정치에 대한 비판도 마찬가지였다. 통사 25장에는 '내정 부패가 극도에 달함'이라는 항목에서 외척의 발호를 극렬하게 지적했다. "갑신정변 후 10년간은 내정 부패가 극도로 치닫고 있었다. 외척 처족 세력을 믿고 방자한 짓을 서슴지 않고 왕의 측근은 권력을 휘두르고 시정무뢰배까지 관계에 간여하여 거간 노릇을 하고 무당, 점쟁이들이 거만하게 은택을 입고 음사를 널리 확장하며 연회를 즐기고 주지육림에 허비하는 돈이 큰 액수였으며 매관매직이 성행했다."고 지적했다. 100년의 외척 세도정치가 나라를 망쳤다고 한탄했다.

노베르토 베버 신부 일제 침략으로 사라지는 조선문화 연민

[조선이 일본의 식민지로 전락한 경술국치(1910년) 5개월 뒤 한국을 찾아온 성베네딕수도회원장 노베르토 베버 신부(1870~1956)는 높은 문화를 향유하던 한국민족이 열등한 일본민족에게 나라를 빼앗겨 귀한 전통이 사라져 감을 애통하며 민속자료를 채집하고, 꼭 독립하여 독자문화를 계승 발전시키기를 염원한다. 경향신문은 경술국치 직후인 1911년 2월 21일부터 5개월간과 1925년 2차 방문, 6개월간 금강산 등 한국을 탐사하며 아름다운 산하와 문화를 글·사진·필름으로 담아 놓은 노베르토 베버 신부(1870~1956)의 '조선', '금강산' 두 저술과 기록 영화 4롤을 79년 4월에 공개했다. 베버 신부는 서독 뮌헨 근처 성오틸리엔 농촌에 본부를 둔 성베베딕도수도회원장으로 2년여 준비를 하고 한국에 2차례 방문, 한국문화를 2권의 책과 영화필름으로 정리했다. 460면의 '조선'에는 컬러사진만 24장이 수록됐다. 1925년 2번째 한국에 온 베버 신부는 16㎜ 기록영화필름 4롤에 금강산·불교의식·소고춤·승무·장례의식 짚신 만들기·옹기 굽기·서울거리·우물가·서당 스케치 등을 담았다. 베버 신부는 독일에 돌아가 저술한 '조선'으로 뮌헨 대학에서 명예박사를 받았다. 한국인의 늠름하고 자연스런 모습을 컬러사진으로 담은 베버 신부는 한국의 높은 문화 수준에 심취했다. 그의 일기체 저술 '조선'에는 한국사랑이 물씬 풍긴다. 부산에 도착한 베버 신부는 일본 침략 기점인 부산의 변모를 기록하며 "외모가 당당한 조선인들이 체구가 작은 일인들의 지배하에 노예생활을 하고 있다니 얼마나 모순인가." 하는 것으로 기행문을 시작한다. 조선인은 짚신을 신고 있어 걸음이 탄력성이 있는데 게다를 신은 일본인들은 발을 질질 끌면서 걷는다고 묘사했다. 조선인의 옷은 눈이 부실 정도로 흰데 일인의 옷은 칙칙하다고 했으며 일본 어린이들은 요란한 꽃무늬를 수놓은 옷을 입고 있으나 베버 신부의 눈은 담백하고 짙은 색깔 옷을 입은 조선 어린이를 쫓고 있었다고 고백했다. 서울에 온

베버 신부는 튼튼한 성곽이 외견상 견고한데 나라가 왜 망했을까를 생각하며, 지배층의 부패를 안타까워한다. "백성을 지도하고 투쟁의 선봉에 서야 할 고관대작들이 시골에 파묻혀 재산과 정력을 탕진하면서 주색잡기에만 골몰하고 있는 실정이다. 돈으로 관직을 매수한 후 백성의 고혈을 착취하고 고리대금으로 치부를 일삼다 이제는 일신의 안전을 도모하기에 전전긍긍하고 있는 실정이다. 이미 진정한 저항을 생각할 수 없을 만큼 백성은 지도자를 잃고 말았다. 그러니 조선은 옛날의 기백을 잃고 물밀듯 들어오는 동서열강에 맞서 항쟁 한번 제대로 못 한 채 수탈당할 수밖에 없게 된 것이다. 일본은 고관을 매수하여 민족을 배반하는 매판적 활동을 하도록 유혹하고 관직을 제공할 것이다. 가난한 사대부에게 많은 은급을 주고 있으나 사용가치가 없으며 이것마저 중단할 것이다." 서울의 모습을 베버는 이렇게 측은하게 지적했다. 그러나 한국문화의 기본은 일본보다 월등하며 세계에 내놓아도 경쟁력이 있다고 높이 평가한다. "조선문화 가운데 염색술은 가장 발달한 예술 가운데 하나다. 조선 의복의 색깔이 맑고 밝은 것은 특수한 식물에서 추출한 천연색 염료를 이용하기 때문이다." 그러나 일본에서 만든 광물 색소와 염색술이 유입 보급됨에 따라 조선 교유의 염색술이 점점 자취를 감추고 있어 안타깝다고 베버는 지적했다. 비단 염색술만이 아니라 조선의 전통적인 민속·과학·예술 감각마저 소멸될 위기에 있으니 애석한 일이라고 지적했다. 조선인의 옷 색깔은 자연과 나이에 따라 잘 적응한다. 일본인은 야유에 가도 자연을 파괴하며 아름다움을 소유하려고 하지만 한국인은 관조할 뿐이라고 한국문화의 우수성을 베버는 칭찬했다. 개화기 미국, 영국, 일본의 한국조사팀과는 다른 시각으로 1910~1925년의 한국을 정리했다(경향신문 79.4. 박석홍 기자).

(4) 고종 시대의 개혁 모색

강경한 쇄국정책을 고수하던 대원군은 집권 10년 만인 1873년에 물러나고 처족 민씨 일파가 정권을 장악했다. 개화는 중국의 변화에 놀란 북학파들이 제기했었다. 박제가는 청, 일, 서양과도 통상의 길을 터야 국가가 부강해질 것이라고 주장했고 이규경, 최한기, 박규수, 오경석, 이유원 등도 역설했다. 민비는 유림의 서원 철폐 반발과 통상 개화론을 이용해 대원군을 퇴진시켰다. 고종은 중국의 중체서용(中體西用)이나 양무운동(洋務運動)과 비슷한 서양의 과학기술을 빌려 왕조국가를 부강하게 만들려는 자강정책을 추진하려 했다. 북학을 계승한 대외통상론은 일본의 영향력이 커지면서 김옥균,

홍영식, 안경수, 김홍집, 서광범, 윤치호 등에 의해 일본의 메이지유신을 모델로 하는 변법개화사상으로 발전했다. 변법개화론은 약육강식을 긍정하는 사회진화론과 연결되면서 극단적으로 힘을 숭상하는 공리주의로 나가고 매국론으로 전락했다. 일부 학자가 개화의 선구자로 높이 평가하는 이동인은 일본의 첩자였다. 개화파 중에는 친일매국으로 전락한 인사가 적지 않았다. 1875년 운양호(雲揚號) 강화도 초지진 침략에 박규수, 신헌 등의 의견을 들어 1876년 12개조의 통상조약 병자수호조약 체결했다. 자유무역 보장, 일본인 범죄자에 대한 영사재판[치외법권]을 허용했다.

  *1882년 조·미수호통상조약 불평등조약.

  *1882년 조·청상민수륙무역장정.

  *1883년 영국, 독일과 수교.

  *1884년 이탈리아, 러시아, 1886년 프랑스, 오스트리아와 통상조약을 각각 체결했다.

망국 전야 조선 파워엘리트의 저항 위정척사와 의병

바른 것을 지키고 옳지 못한 것을 물리친다는 벽이론(闢異論)에 바탕한 유교적 정치윤리사상이 일본의 식민지로의 전락을 앞둔 조선 파워엘리트의 마지막 저항이었다. 중국에서 송대 이후 여진족의 침공으로 한민족(漢民族)과 중화문화의 위기에 주자(朱子)는 한민족의 독립과 문화적 자존성을 확립하기 위해 유교의 정통성을 강조하고 존왕양이의 춘추대의로 이민족을 응징할 것을 역설하여, 민족적 화이의식(華夷意識)을 근간으로 한 위정척사사상을 체계화하였다. 조선은 건국과 동시에 신유교 성리학을 국가지도이념으로 받아들여 정통사상으로 정립해 갔다. 그러나 성리학은 점차 형식화하면서 그 본질을 상실해 갔다. 이를 시정하기 위하여 실학(實學)이 대두하였으나, 근본적 개혁 논리로 발전하지 못했다. 천주교(서학·西學)가 들어오자, 전통사회를 위협하는 위험한 사상으로 인식되어, 위정척사사상이 대두되었다. 위정척사사상은 주자학적 화이의식에 기반, 이질적 문화를 무조건 비문화(非文化)로 말살하려는 주자학적인 배타성을 드러냈다. 이단사설인 천주교를 신봉하는 자는 사람이 아닌 금수로 규정되었다. 성리학자들은 천주교를 국가의 전통질서를 파괴하는 반국가적, 반사회적인 위험사상으로 배격했다. 그러나 이러한 사상적 한계성은 한말의 역사적 위기 상황 속에서 지양되었다. 한말 위정척사사상을 애국우국의식의 민족주의사상으로 발전시킨 사상가는 이항로(李恒老)와 기정진(奇正鎭)이다. 기정진의 민족자존적인 위정척사사상을 이어받아 실천한 사람은 기우만(奇宇萬)과 송병선(宋秉璿)이다. 기우만은 1895년(고종 32) 을미사변과 단발령을 계기로 일제의 만행과 위정자들의 친일개화를 응징, 배격하기 위하여 의병을 일으켰다. 1905년 을사조약이 일제의 강압으로 체결되자 결사항쟁을 호소하기도 하였다. 송병선은 벽사론을 지어 양학(洋學)의 배격과 강화도조약의 체결을 반대하였다. 을사조약이 체결되었을 때 조약의 폐기와 조약 체결에 참여한 역신들의 참형을 극력으로 간하였으나, 받아들여지지 않자 순국하였다. 한말 위정척사사상의 양대 지주의 한 사람은 이항로다. 그의 애국우국정신, 위민정치관, 문화적 자존의식, 경제적 배타성은 한말의 역사적 위기 상황에서 위정척사사상의 전개방향을 제시하였다. 이러한 이항로의 사상은 제자들에 의해 실천화, 행동화하여 한말 위정척사사상의 주류가 되었다. 김평묵(金平默)·유중교(柳重敎)·최익현(崔益鉉) 등이 대표적인 인물이다. 한말 위정척사사상은 주자학적 유교사상, 즉 성리학의 화이적 춘추대의와 존왕양이의 명분론을 사상적 근간으로 하고, 이항로의 애국우국정신과 기정진의 내수외양론을 바탕으로 하고 있다. 이 사상은 그들의 제자 김평묵의 척화적 어양론과 최익현의 실천적 척화론에 의하여 항일민족운동의 지도이념으로 정착함으로써 민족주의 사상으로 발전하였다. 위정척사사상을 근대화를 저해한 보수사상으로 부정적으로 보는 견해도 있다.

동도개화정책·임오군란(1882)·청의 간섭

* 1880년 고종 통리기무아문을 개설 부국강병을 위한 실무관장─한성순보 창간
* 1876년 일본에 김기수 일행을 수신사로 파견, 1880년엔 김홍집 일행 1881년엔 조선시찰단[일명 신사유람단] 박정양, 조준영 등 12명 관리 51명 4개월 도쿄 오사카 시찰. 어윤중, 수행원, 유길준, 윤치호 등은 일본 유학 파견.
* 1881년 김윤식을 영선사로 38명 학도와 장인을 청나라에 파견, 1년간 천진 기기국에서 무기 제조 기술을 배우게 했다.
* 1883년 미국에 민영익, 홍영식, 서광범 등을 파견하여 서양문명을 견문하게 했다.
* 1882년 6월 구식군인과 왕십리 이태원 빈민들이 선혜청 단상이며 병조판서 민겸호 등 일부 관리를 처단하고 일본 공사관을 습격 불태운 임오군란이 일어났다. 민비 장호원으로 피신하고 고종은 대원군에게 정권을 넘겨주었다. 청은 김윤식, 어윤중 요청을 받아 '속국'을 보호한다는 명분으로 3천 명 군대를 파견, 일본군을 견제하며 대원군을 청나라로 납치했다. 오장경, 원세개 등이 지휘하는 군대를 서

울에 상주, 마건충, 묄렌돌프 등 30여 명을 정치 외교 고문으로 보내 내정 간섭, 일본 하나부사 공사 파견(군함 4척 육군 1개 대대).

* 김옥균, 박영효, 서광범, 홍영식, 이동인, 변수, 유상오, 이창규 등 이른바 일본당원들은 갑신정변을 일으켰다. 일본의 재정 군사적 협력을 받아 서구형 근대국가를 만들려고 했던 일본당은 1884년 12월 4일 우정국 개국 축하연을 기회로 정변, 박영효, 서광범, 홍영식, 서재필, 김옥균 등이 실권을 장악하고 갑신혁신 정강을 발포했다. 30~20대가 주도한 이 쿠데타는 심순택, 김윤식 등 동도개화파의 요청으로 원세개가 지휘한 청군대(1500명) 개입으로 3일 만에 무너졌다. 김옥균, 서재필, 박영효, 서광범, 다케소에 일본공사와 함께 일본에 망명, 일본은 7척의 군함과 2개 대대 군사를 인천에 파병, 무력시위하여 한성조약(1885.1.)을 맺고 사죄와 더불어 배상금 10만 원을 요구했다. 이토 히로부미를 중국에 보내 이홍장과 담판하여 천진조약도 체결했다.

* 고종의 개화정책은 교육, 언론, 기술 분야 등으로 추진됐다. 1883년 발행 갑신정변으로 중단됐던 한성순보를 속간, 86년에는 주간으로 발행했다. 83년 8월 근대적인 관립학교 동문학사를 세워 외국어를 가르쳤다. 86년에는 육영공원을 세워 현직관료와 고관자식들을 가르쳤다. 원산학사, 배재학당, 이화학당, 영명학교, 경신학교, 정신학교 등 사립학교도 설립됐다.

* 1860년 민중종교로 창도된 동학은 1864년 최제우교주를 처형, 기세가 수그러졌으나 70년대 후반 경상, 충청, 전라에서 뿌리내려 80년대에는 충청도에서 손병희, 손천민, 전라도에서 손화중, 서장옥, 황하일, 김개남 등의 지도자가 나와 교세를 확충했다. 1892년 삼례집회에서 교조 신원 요청, 1893년 광화문에서 40여 명의 동학교도가 복합 상소. 4월 보은 속리면에 2만여 명이 모여 교조신원 요구 차원을 넘어서 '일본과 서양을 물리치고 대의를 세운다.'는 척왜양창의(斥倭洋倡義)를 내걸고 싸울 것을 결의했다. 전봉준은 1천여 명 농민을 이끌고 고부 관아를 습격 제1차 동학농민항쟁을 했다. 전주에서 12조의 개혁을 요구했다. 고종은 청에 동학진압을 위해 출병 요구, 일본군도 거류민 보호를 구실로 출병. 갑신정변 후 10년 만에 청일 두 나라가 대치상태가 됐다. 청병 3천여 명이 아산만을 통해 들어왔다. 7천여 명의 일본군은 인천을 통해 서울로 들어와 궁궐을 점령, 민씨 척족 세력을 밀어내고 대원군을 내세웠다. 청일전쟁을 도발했다. 동학농민 10만여 명이 1894년 10월 전주 북쪽 삼례에서 집결, 제2차 농민항쟁을 했다. 손병희도 10만여 명의 북

접 농민군을 이끌고 논산에서 합류했다. 공주 남쪽 우금치(牛禁峙)에서 관군 및 일본군과 1주일간 50여 회의 공방전 후 500여 명의 생존자가 전주 남쪽 금구 원평으로 후퇴했다. 무기의 열세를 극복하지 못해 크게 패했다. 전봉준은 순창에서 체포되어 일본공사의 재판을 받고 사형됐다(1895.4). 동학은 외세 배척 반봉건의 기치를 높이 들었으나 1년 만에 실패했다.

* 갑오경장(1894.7.~1896.2.)

아산만에서 일본군의 선제공격으로 시작된 청일전쟁은 일본이 승리, 시모노세키에서 조약을 맺고 청은 요동반도와 대만을 일본에 주기로 했다. 일본은 국왕을 무력화시키면서 친일 정권을 세워 갑오경장을 단행케 했다. 이노우에 카오루를 특명전권공사로 조선의 내정에 직접 간여하게 했다. 대원군을 축출하고 고종에게 압력을 넣어 군국기무처를 해체하고 박영효, 서광범 등을 대신으로 입각시켜 친일적인 개혁을 추진케 했다 94년 7월 27일 군국기무처라는 임시특별기구를 만들어 경장을 추진했다. 영의정 김홍집을 총재관으로 박정양, 김윤식, 김가진, 안경수, 유길준 등 17명이 위원으로 12월까지 210건의 제1차 개혁안 제정 실시했다. 정치와 경제 개편이었다. 왕권은 축소시키고 의정부와 8개 아문의 실권을 높여주고 삼사의 언론기관을 폐지했다. 궁중의 잡다한 부서를 궁내부 산하에 통합, 기능을 축소하여 왕실을 약화시켰다. 경제개혁은 은본위화폐제도와 조세의 금납화를 실시했다. 과부 재가 허용 공사노비 반상문벌 죄인연좌제 혁파했다. 213건의 제2차 개혁안이 제정되었다.

* 민비와 을미의병, 광무개혁(1897.10.~1907)

갑오경장으로 일본의 외압이 거세지자 고종과 민비 세력은 러시아를 끌어들여 일본을 견제하려고 했으나, 이를 눈치 챈 박영효는 민왕후를 폐위시키려고 하다가 발각되어 일본으로 망명했다. 고종과 민왕후는 1895년 8월 김홍집, 김윤식, 이범진, 박정양, 이완용 등으로 내각을 구성하고 반일정책을 추진했다. 친일 세력 실각에 불안한 일본은 미우라고로를 주재공사로 보내 일본인 수비대와 경찰, 신문기자 등으로 경복궁을 습격하여 민왕후를 시해했다(95.10.8). 민비 시해 후 제3차 김홍집 내각(1895.8.~96.2.)을 구성하고 일본 조종하에 140여 건의 법령을 제정 공포했다. 태양력 사용, 연호 건양, 서울에 소학교 설치, 단발령과 양복 착용, 서울에 친위대, 지방에 진위대를 설치했다.

민비 시해와 단발령에 항거, 친일관료 응징을 명분으로 내걸고 여주 박준영, 춘천 이소응, 제천 유인석, 강릉 민응호, 홍주 김복한, 산청 곽종석, 문경 이강년, 장성 기우만이 관군·일본군과 싸웠다. 고종과 민비 척족의 배후 지원도 있었다. 고종은 1896년 2월 11일 러시아 공사관으로 피신(아관파천)하며 친일 관료 체포를 명했다. 김홍집, 정병하, 어윤중 등이 군중에게 맞아 죽었다. 유길준은 일본으로 도망, 김윤식은 제주도로 유배 됐다. 이들 대신 이완용, 이범진, 윤치호 등으로 새 내각을 구성했다. 고종은 1년간 러시아 보호를 받았다. 1904년 노일전쟁이 일어나기까지 8년간은 러시아가 일본의 한국 침략을 견제했으나 나라는 파국으로 치달렸다. 이러한 분위기에서 대한제국이 탄생한다.

1897년 2월 20일 경운궁[덕수궁]으로 돌아온 고종은 10월 12일 원구단에서 황제 즉위식을 거행하고 국호를 대한제국으로 고쳤다. 연호는 광무로 고쳤다. 광무개혁을 단행했다. 황제권 강화, 무관학교 설립, 국가, 어기, 군기 제정, 해삼위통상사무관 북변도관리 설치. 1898년 토지조사사업 실시, 확인된 소유주에게 지계 발급. 과학기술 상공업진흥정책도 추진, 기예학교, 의학교, 외국어학교 설립, 방직, 제지 금은, 세공, 무기 제조 공장 설립을 지원. 황제 직속 궁내부 내장원이 재정을 관장 이용익에게 일임. 서울을 근대도시로 계획, 서대문 홍릉 간 전차 부설, 전화 가설, 미국식 도로건설(대한문 앞을 중심으로 계획한 흔적이 있다), 경의철도 부설 시도, 강력한 황제권을 바탕으로 국방, 산업, 교육, 기술 면에서 근대화를 시도했고 일부 성과를 거두었다.

(5) 을사조약(1905), 정미조약(1907), 경술국치(1910)

러시아-두만강 압록강 동해안 연안 광산 산림 어장 개발권. 미국-운산금광채굴권 서울 전차운영권. 독일-강원도 당현금광채굴권. 일본- 경부철도부설권 경인철도부설권 어업권 긍광채굴권 금융시장잠식. 활빈당, 보부상이 황국협회조직상권 지키기에 나섰다. 영일동맹(1902)으로 일본은 한국에 대한 특수 권익을 영국으로부터 인정받았다.

한일의정서(1904.2.) 한국주차군(1904.3.) 군사경찰제(1904.7.) 한일협정서(제1차한일협약(1904.8.)-고문정치. 태프트-가쓰라 각서(1905.7.)로 일본의 한국지배 미국승인. (1905.11.) 제2차 한일협약(일명 을사조약) 황제 재가없는 조약문서-외교권 박탈. (1907.7.) 순종 한일신협약(1907.7.)-정미7조약 차관정치. 1907.8.-군대해산 보안법 신문지법. 1910년 8월 29일 황제퇴위.

을사조약 후 민영환 조병세 홍만식 송병선 이상철 등이 자결. 민종식 최익현 정용기

신돌석 임병찬 — 의병, 군대 해산 후 의병(1907~1910) — 민긍호 지홍윤 유명규. 13도창의군 — 1907 양주에 집결 — 이인영 허위. 언론투쟁 — 황성신문 대한매일신보제국신문 만세보. 정치 사화단체 — 대한자강회, 대한협회 기호흥학회 신민회. 교육 — 3~4년 사이에 3천여 개의 사립학교 설립. 영명(1905). 종교 — YMCA, 천도교 기독교 단군교 불교. 국학운동 — 주시경 장지연 김택영 신채호 박은식.

9) 일제 침략과 독립투쟁

(1) 한국 독립투쟁의 특징

한국 독립운동은 일제(日帝) 식민지 압제를 벗어나기 위한 민족의 끈질긴 투쟁이었다. 국권을 빼앗긴 민족적 반성에서부터 무력투쟁 국제관계 개선 독립운동 기금 모금 문화투쟁에 이르기까지 한민족이 있는 곳이면 어디서나 다양하게 독립운동이 전개되었다.

* 그날이 오면(심훈1930.3.) = 그날이 오면 그날이 오면/삼각산이 일어나 더덩실 춤이라도 추고/한강물이 뒤집혀 용솟음칠 그날이,/ 이 목숨이 끊기기 전에 와 주기만 하량이면,/ 나는 밤하늘에 날으는 까마귀와 같이/ 종로의 인경을 머리로 들이받아 울리오리다./두개골은 깨어져 산산조각이 나도/ 기뻐서 죽사오매 오히려 무슨 한이 남으오리까/ 그날이 와서 오오 그날이 와서/ 육조 앞 넓은 길을 울며 뛰며 뒹굴어도/ 그래도 넘치는 기쁨에 가슴이 미어질 듯 하거든/ 드는 칼로 이 몸의 가죽이라도 벗겨서 / 커다란 북을 만들어 들쳐 메고는/ 여러분의 행렬에 앞장을 서오리다./ 우렁찬 그 소리를 한번이라도 듣기만 하면/ 그 자리에 거꾸러져도 눈을 감겠소이다./(일제하 암흑 속에서도 시인들은 이렇게 독립을 갈구했다.)

* 나라가 망할 때 많은 지식인들이 절명시를 남기고 자결했다. 망국 후 광복까지 의병 3·1운동 강제 징용 등으로 한국인의 인명 피해는 기하급수적으로 늘어갔으며 일제의 민족문화 말살 역사 왜곡 등이 극심했다.

* 1941년 12월 11일 임정은 대일본 선전 포고를 하고 이승만을 통해 미 국무성에 임정 승인과 광복군 지원을 요청했으나 미국은 이미 미국과 교전 중에 있었던 일본이 일본 지배하에 있는 미국인에 대한 보복 가능성을 이유로 거절했다. 당시 주중 미국대

사관은 "임시정부는 중경에 와 있던 1천여 명의 한국인만을 대표하여 세력도 약하고 당파 분열로 조직도 미비하여 본토 국민들과 접촉도 없고 국부 중국의 원조는 받아 왔지만 이는 중국의 전통적 패권 복구 노력의 일환이었다."고 보고했다.

* 독립운동에서 이승만의 외교 교섭론도 재조명할 대상이다. 독립운동사 연구도 정치나 이데올로기의 선전 선동과 별개로 실사구시해야 할 대상이어야 한다. 채만식의 탁류, 이난영 목포의 눈물 등도 일제하 한국인의 고난을 대변하는 독립정신의 표현이었다고 홍이섭 교수는 주장했다.

* 독립운동 개념＝독립·광복·해방·복벽·민족운동·민족해방운동·사회주의 혁명

(2) 일본 메이지유신 7년 만에 한국 침략, 침략 35년 만에 한국 병합

제1차 세계대전(1914~1918)과 러시아혁명(1917)으로 동아시아도 변화의 소용돌이에 들어갔다. 일본이 메이지유신(1868)후 7년 만에 1875년 운양호강화도 초지진 침투 포함외교로 1876년 강화도조약(병자수호조약) 체결. 부산 외에 경기 충청 전라 경상 함경 연해 중 2개 항 개항, 1882년 임오군란 제물포조약, 1894년 8월 청일전쟁 1895년 8월 20일 을미사변 1904년 2월 러일전쟁 중 일본 조선주차군 사령부 설치 조선국 중립선언 1905년 11월 17일 제2차 한일협약(을사조약) 체결, 통감정치, 외교권 박탈, 보호국화 1906년 2월 통감부 설치. 1907년 고종 퇴위 군대 해산 1910년 8월 22일 이완용이 전권위원으로 '한일 합병조약' 체결 조인, 8월 29일 일본 '한국병합에 관한 조약' 발표 조선은 일본의 속국이 되었다.

가. 무단통치체제 확립

나. 일제의 '토지조사사업'＝1910~1918 토지조사사업

다. 재정 교통 통신 운수 장악 광업 어업 독점. 무역 대일 종속,

라. 천황조서 '완전히 영구히' 지배한다. 조선민족 말살－조선의 단열화. 왕족 정부 고관 회유책자금 공여 작위 부여

(3) 의병과 계몽운동으로 독립운동 태동

1895년 8월 20일 민비 시해와 단발령 계기로 의병봉기, － 유인석(제천) 맹영재 김백선(지평) 허위(문경) 이설 김복한(홍주) 기우만(장성)

1905년 한일신협약(을사조약·통감정치 외교권 박탈 보호국) 이상설 이유승 안병찬 조병세 항의 상소. 민영환 송병선 이상철 김봉학 순국. 최익현 격문.

1910년 8월 29일 한일 합방조약 경술국치 군대해산 제1대대장 박승환 순국. 민긍호 의거. 황성신문 제국신문 대한민보 대한매일신보 경향신문 폐간. 최면암집 소의신편 음빙실문집 압수. 의병전쟁과 애국계몽운동＝서북학회 기호학회 교남학회 호남학회 관동학회 흥사단.

1919년 3·1운동 박은식 독립운동지혈사에 따르면 3월부터 5월까지 1천5백42회의 항의집회에 2백여 만 명이 참여했으며 일본군 2개 사단과 경찰이 동원돼 대량 학살 무더기 체포 고문 태형 방화 등으로 7천5백여 명이 학살됐다. 4만 6천9백48명이 구속됐고 불탄 민가가 7백15호, 교회가 47개였다. 기독교가 독립운동의 핵심세력으로 부상했다.

상해 임정 수립 1920년대 봉오동전투 청산리대첩, 농민운동형평운동, 여성운동 학생운동 1930년대 한국독립군 조선혁명군 윤봉길의사 의거 낙양군관학교

(4) 독립운동 지역－한반도 내, 만주 연해주 미주 일본

1895년 강계의병 유인석 의병 서간도 관전현, 연해주 이범윤 안중근 의병활동, 상해 임시정부. 하와이 멕시코－1902년 하와이 노동 이민 시작되면서 한인사회 형성되고 독립운동단체 결성, 프랑스－임시정부 파리통신부 설치, 런던 1905년 이한응 자결, 만국 평화회의 열린 네덜란드 헤이그, 모스크바 이르쿠츠크 인도버마 일본 동경 등지에서 독립운동이 전개되었다.

(5) 독립운동 방법

가. 전쟁＝의병투쟁 계몽운동의 실력 양성론이 경술국치 전후 국외 독립운동 기지 건설로 합의. 1910년대 후반부터 만주 지역 독립군 국내 진입 작전 전개. 1920 년대 봉오동 청산리 전투, 1931년 중국과 연합 일본군과 전투, 37년 조선 의용 대 대일 항전 41년 한국광복군 인도 버마 전선에서 영국군과 함께 대일전 수행
나. 의열투쟁＝1908년 전명운 장인환 스티븐슨 처단, 1909년 안중근 이토 저격, 1931년 이봉창 일왕에게 폭탄 투척, 1932년 윤봉길 의사 홍구공원 의거

다. 외교＝1907년 이상설 헤이그, 1919년 파리 강화 회의 대표 파견, 이승만 대미
    외교
라. 실력양성론＝군자금 경제적 후원, 노동운동 농민운동 학생운동 여성운동 교육운
    동 국학운동 언론 활동

(6) 독립운동의 목표와 이념

유생과 농민 의병은 복벽론, 개화지식인의 계몽 운동은 공화주의 국민 국가 건립. 노
선과 이념 차이는 3·1운동에서 극복. 민주공화제 표방 1920년대 자유주의 사회주의
무정부주의로 다원화 독립운동 분열. 1920년대 중반 민족유일당 운동, 안창호의 대공
주의(민족평등 정치평등 경제평등 교육평등)와 조소앙의 삼균주의(정치 경제 교육의 균
등)가 그러한 정치 이념. 1930년대 임시정부 인사들은 한국독립당으로 삼균주의 채택.
한국 국민당 조선 혁명당도 마찬가지. 1935년 5개 정당 단체가 통일 조선민족해방혁명
당도 삼균주의 수용.

(7) 독립운동의 특기할 사항

가. 50년간 지속적인 투쟁이었으나 집합과 분열의 진자운동이었다.

1894년 일본군 경복궁 침입 대원군정권 수립한 갑오왜란에 대항한 의병 봉기 후
1945년 해방까지 50년간 항일독립운동 지속적으로 전개됐다. 독립운동도 집합과 분열
의 역사였다. 3·1운동 후 임시정부가 수립됐으나 23년 좌파들의 공략으로 임정 분열
되었다. 국민대표회의 좌파 책동이 무산되면서 국내외에 민족유일당운동이 전개되고,
29년 신간회가 결성되었으나 좌파의 정치운동으로 31년 해체되었다. 만주에서 참의부,
정의부, 신민부 3부가 국민부와 한족 자치 연합회로 집합과 분열의 역사였다.

나. 세계성

1908년 연해주에서 유인석 이범윤 최재형 안중근 의병 해조신문 한민학교 중심 계
몽운동
1908년 장인환 전명운 스티븐슨 처단

1909년 박용만 덴버 해외독립운동지도자총회 네브라스카소년병학교

1905년 안창호 공립협회 공립신문

1910년 유인석 이상설 등이 성명회를 결성 국제적으로 항쟁하자 러시아 정부 독립
운동자 검거. 문창범 등 7명은 이르쿠츠크로 유배

1914년 다시 탄압 이상설 박은식 신채호 중국으로 탈출. 이동휘

1917년 2월 혁명 시 활동 10월 혁명 후 일본군 진주 4월 참변 자유시 참변

1937년 스탈린 한국인 강제 이주

다. 독립운동의 성과와 반성

민족의식과 민주주의 발전에 기여했고 민족문화도 정리했다. 이념 다원성, 분열, 다
양성, 민중주도, 격렬한 투쟁성, 지역 분파 다툼이 심했다. 동족 살해(김좌진 현익철 송
진우 장덕수 여운형 암살) 국제 인식 결여가 취약점이었다. 나라 망한 뒤 지식인들이
중국, 소련, 일본에서 사회주의 혁명이론을 구국의 대안으로 습득 몰입했으나 미국에
망명한 지식인들에게는 대안이 아니었다. 임시정부가 임시사료편찬회를 구성 독립운동
관련 자료집 수집 1920년 '혈사' 출간, 김승학 '한국독립사', 조지훈 '한국민족운동사',
60년대 국사편찬위원회 한국독립운동사와 자료집, 70년대 독립운동사편찬위원회가 구
성되어 독립운동사와 자료집을 발간했으나 객관적이고 진실을 밝히는 연구 작업이 시급
하다.

10) 상해 임시정부

(1) 대한민국임시정부(大韓民國臨時政府)수립 배경

* 1910년 일제가 한국을 식민지화하자 국내외에서 즉각 독립운동이 불붙었다.

* 1912년 미국에서 가정부 대한인국민회(이대위 박용만 김병종 안창호)

* 1914년 대한광복군정부 러시아 연해주 블라디보스토크에서 이상설 이동휘 중심
  권업회가 망국의 재건을 모의했으나 러시아가 일본과 손을 잡음으로 활동 제약

* 1917년 대동단결선언＝1917 신정(신규식) 박용만 조용은(조소앙) 신헌민(신석우)

박은식 신채호 등 해외독립운동자 14명이 상해에서 임시정부 수립 제의한 선언서

* 1919년 1월＝신한청년단 김규식 파리에 파견, 자금 조달과 조직 위해 여운형 노령에 파견 독립운동 전략 논의. 여운형 이동녕 조완구 상해에 임정 수립 주장, 문창범 남공선 김립 노령 주장.

* 1919.2.25. 대한국민회의조직결의, 러시아 연해주 니콜리스크－우수리스크시에서 러시아 지역 서간도 북간도 국내 노령 대표 80여 명이 주최한 독립운동 단체대표회에서 조직.

* 3.17. 블라디보스토크에서 독립선언서 발표와 만세운동. 문창범 김치보 김하석 장기영 김진 등 5인 발기로 대한국민회의로 확대개편하기로 의결. 조직을 소비에트 체제를 채택

* 4.13. 상해 임정문제 논의. 상해 임정 승인하되 노령으로 이전할 때까지 완전 협력 보류. 원세훈 교섭위원으로 5월 7일 상해 도착. 8월 초 5개항 통일안 마련(①한성 정부를 계승한다. ②정부 상해에 둔다. ③상해정부의 제도와 인선 한성 정부 집정관총재 채용한다. ④국호는 대한민국임시정부 ⑤집정관총재 이승만 국무총리총재 이동휘). 9월 18일 이동휘 일행 상해 도착, 문창범 국민회의의장 교통총장 취임 위해 원세훈과 함께 상해에 왔으나, 국민회의 측 상해 임정이 독자적으로 임시헌법 제정하고 한성정부의 집정관총재를 대통령으로 개조했다고 비판. 이동휘만 취임하고 문창범 취임 거부.

* 이동녕 조완구 조성환 조영진 북간도 거쳐 만주의 이시영 김동삼 조조앙과 합류 상해 도착 임정 조직 추진. 아동녕 이시영 조소앙 이광수 조성환 신석우 현순 8인 위원회 구성.

* 1919.4.10.＝29명 지방 대표 소집, 임시 의정원 원장 이동녕 부의장 손정도 선출.

* 대한민국임시정부 수립 선포＝1919년 4월 13일 임시의정원 의장 이동녕, 국무총리 이승만 내무총장 안창호 외무총장 김규식

* 한성정부(漢城政府): 1919년 4월 23일 봉춘관에서 국민대회(國民大會). 집정관 총재(執政官 總裁) 이승만(李承晩), 국무총리총재 이동휘(李東輝), 파리강화회의 대표 이승만·민찬호(閔瓚鎬)·박용만·이동휘·김규식·노백린 등 선임. UP통신 보도 국제적으로 선포 효과. 서울에서 국민대회라는 국민적 절차에 의해 조직.

* 대한국민의회: 1919년 3월 17일 신한촌, 대통령 손병희 국무총리 이승만

* 천도교＝조선민국임시정부(1919.4.9.) 손병희 정도령, 이승만 부도령

* 신한민국정부＝1919년 4월 17일 평북 전단 정부, 철산 의주 지역 이동휘 집정관
  이승만 국방총리
* 조선민국임시정부(朝鮮民國臨時政府) 고려공화국(高麗共和國) 간도임시정부(間島臨
  時政府) 신한민국정부(新韓民國政府)는 전단으로 발표된 정부.
* 상해 임시 의정원 단독으로 헌법이 제정된 것에 대한 불만, 노령 동포 가운데 이
  동휘를 중심으로 한 한인사회당 이외의 인사들은 임시정부에 참여하는 것 거부.
  그 뒤 그들은 일크츠크파 고려공산당에 합류하였다.
* 안창호 통합임시정부 수습. 한성정부와 상해 임정 통합. 이승만 대통령 직함 사용
  주장. 노령 대한국민회의 원세훈 파견 상해 임정과 통합 논의. 임시정부 소재지
  노령 이전 주장
* 1919년 9월 11일 새 헌법으로 통합, 11월 9일 내각과 의정원 구성 단일정부 대한
  민국임시정부 수립. 대한민국임시정부 임시 대통령 이승만 국무총리 아동휘
* 3·1운동 후 3월부터 4월 사이에 국내외에 민주공화국 건설을 목표로 하는 5개 임
  시정부 수립. 대한국민회의(2.25. 블라디보스토크, 손병희 대통령 이승만 국무총리)
  조선민국임시정부(4.9. 서울, 손병희 정도령, 이승만 부도령)
  대한민국임시정부(4.10. 상해, 이동녕 의정원의장 이승만 국무총리)
  신한민국정부(4.17. 철산의주지역, 이동휘 집정관 이승만 국방총리)
  한성정부(4.23. 이승만 집정관총재 이동휘 국무총리총재＝13도 대표 국민대회명의로)

(2) 통합임정 수립

3·1운동 전후로 국내외 임시정부 수립, 상해를 거점으로 1919년 9월 11일 개헌 형
식으로 통합되어 1919년 11월 9일 대한민국임시정부 정식 수립. 한성정부안을 따라 대
통령 이승만 국무총리 이동휘. 활동 중점을 민족운동 통합과 국제외교, 본국과 연락을
위해 연통제 설치 교통국 설치 독립신문기관지 발행, 워싱턴 파리 북경에 외교관 파견.
1919년 5월에 김규식 등 대표 파리강화회의에 파견 독립청원서 제출. 국제적으로 한국
정부 알리고 암흑기 국민에게 희망과 용기 주었다. 이승만 상해에 와서 6개월간
(1920~1921) 체류하면서 이동휘 해임하고 이동녕과 신규식을 국무총리 대리로 임명. 임
시정부 사회주의 계열의 요구로 국민대표회의(1923.1.~1923.5.)를 소집, 분열이 시작된다.

(3) 임정 분열과 국민대표회의(國民代表會議)

국내·상해·만주·북경·간도일대·노령·미주 등지에서 120여 개의 단체 대표 참석국민대표회의를 1923년 1월 3일 개막했다. 국민대표회의에서 좌파는 임시정부 해체 새 정부 조직해야 된다는 창조파와 임시정부를 그대로 유지하면서 실정에 맞게 효과적으로 개편 보완하여야 한다는 개조파 주장 맞서 난항이었다. 정부조직만 개조하자는 개조파는 실력 양성을 우선하면서 자치운동과 외교 활동을 강조한 안창호와 상해공산주의자 57명이 동조했다. 원세훈 김규식 김창숙 신채호 이동휘 이상룡 등 좌파 계열과 노령공산주의자 등 80여 명 창조파는 무력 항쟁을 강조하면서 조선공화국 수립을 고집했다. 임시정부를 그대로 유지하자는 현상유지파[이동녕 김구 등]가 살아남았다. 개조파와 창조파가 상해를 떠나버림으로써 현상유지파는 1925년 박은식을 제2대 대통령으로 추대. 헌법을 개정 국무령 중심의 내각책임제 채택했다. 1927년에는 주석이 국무위원의 합의에 의해 정부를 운영하는 집단지도체제로 바뀌었다가 1940년 주석 중심제로 개편하였다. 이상룡 홍진 김구 등이 국무령에 취임하고 이동녕이 주석에 선출되었다. 국민대표회의 개최 자금은 한형권(韓馨權)이 모스크바로부터 지참한 돈으로 충당했다.

백범 국민대표회의 해산하고 공금횡령범 김립 총살

이동휘는 레닌에게 40만 루블을 받아온 한형권에게 비서장 김립(金立)을 보내 수령케 했다. 김립은 그 돈으로 북간도에 개인 명의로 토지를 매입하고 공산분자라는 한인 중국인 인도인에게 일부를 주고 상해에 비밀 잠복하여 광동여자를 작첩하여 향락했다. 임시정부가 레닌에게 받은 공금 횡령을 이동휘에게 문책하자 총리 사면하고 소련으로 도망했다. 한형권은 다시 소련에 가서 상해 임정을 접수 사회주의식 통일운동을 하겠다고 하고 다시 20만 루블을 가지고 상해에 돌아와 돈을 뿌려 소위 국민대표회의를 소집했는데 좌파만 3파로 분립하였다. 상해파 수두는 이동휘, 이르쿠츠크파 수두는 안병찬 여운형, ML파는 일인 福本和夫와 김준연으로 분열했다. 레닌과 접촉을 시도했던 좌파들은 만주에서 맹활약했으나 상해에서는 세력이 미약했다. 그러나 이을규, 이정규 형제와 유자명 등은 무정부주의를 신봉하고 상해 천진에서 맹활동했다. 국민대표회의가 양파로 분립 독립운동자까지 분열 상해 임정까지 요란케 되므로 김구는 내무총장 직권으로 국민대표회의에 대한 해산령을 내리고 공금형령범 김립을 총살했다.

(4) 백범일지 국민대표대회의 허구와 임정 공산당 운동 비판

　당시 상황을 백범일지는 "기미년 대한민국 원년에는 민족운동만으로 진전됐으나 임시정부 직원 중에도 공산주의니 민족주의니 분파적 충돌이 격렬했다." 김구는 이동휘가 "이대로 독립되면 피 흘리는 공산혁명을 하게 되니 자기와 함께 공산혁명을 하자."고 요구했다고 술회하면서 "한형권의 붉은 돈 이십만 원으로 상해에 개최된 국민대표대회라는 것은 참말로 잡동사니회라는 것이 옳을 것이다."라고 기술했다. "형형색색의 명칭으로 2백여 대표들이 모였는데 이르쿠츠크파 상해파 두 공산당이 민족주의자인 다른 대표들을 서로 경쟁적으로 끌고 쫓고 하여 이르쿠츠크파는 창조론, 상해파는 개조론을 주장했다. 두 파는 암만 싸워도 귀일이 못 돼서 소위 국민대표회는 필경 분열되고 말았다. 창조파는 한국정부라는 것을 창조하여 김규식이 수반이 되어서 해삼위로 가서 러시아에 출품하였으나 모스크바가 돌아보지도 아니하므로 흐지부지 쓰러지고 말았다." 좌파들이 임정을 장악하려 했던 것이 실패한 것이다. 상해국민대표회의는 모스크바의 의도를 크게 훼손하였으며 창조파는 눈 밖에 나고 말았다. 임정을 개조하여 통일하려던 코민테른의 계획은 와해되고 말았다. 러시아에 대한민국임시정부 세우는 것도 불허했다. 1922년 일본의 시베리아 철병과 노일 협상으로 일본의 도발이 두려워 한국의 새 정부 수립 기피한 것이다. 블라디보스토크는 창조파 40명을 추방했다. 창조파 만주로 이산했고 모스크바 당국은 자금 원조를 중단했다.

　* 레닌 공작자금으로 임정 장악 시도하다 실패한 이동휘

　1873년 함경도 단천 출생으로 군관학교 졸업 후 참령(參領). 강화진위대(江華鎭衛隊) 군대 해산에 1909년 3월 의병 계획을 세우다가 잡혀 유배. 캐나다 선교사 그리어슨 조사(전도사)로 눈물로 호소하는 전도 사업을 했다. 신민회(新民會)에 참여, 1911년에는 윤치호(尹致昊) 양기탁(梁起鐸) 등과 105인 사건에 연루 투옥되었다가, 1915년경 노령(露領)으로 망명한다. 한인사회당(韓人社會黨) 조직. 1919년 8월 김립(金立)과 사위 오영선(吳永善)을 데리고 대한민국임시정부의 국무총리에 취임한다. 1920년 봄 공산주의자 그룹 조직. 1921년 고려공산당(高麗共産黨)으로 개칭한다. 1921년 6월 박진순 이극로 통역 데리고 모스크바에서 레닌 만났다. 이동휘 국무총리 레닌에게 공작자금 200만 루블을 받아, 그중 40만 루블을 고려공산당 조직기금으로 유용하고 국민회의 활동비로 썼다. 임시정부가 공금횡령을 추구하자 사임했다. 대한민국임시정부 국무총리 사임 후 시베리아에서 죽었다. 이동휘를 수행했던 박진순은 모스크바대정치과 출신으로, 한인사

회당 코민테른에 가입한 공산당원이다.

 * 임정은 파리강화회의 태평양 회의에서 한국독립 호소했으나 실패

국제연맹으로부터 독립 보장·가입 실패했다. 이승만은 미국정부 상대로 벌였으나 미국은 임정이 많은 독립운동 세력 중 하나에 불과하다고 판단했다. 만주 연해주 등지의 독립군 단체들을 직접 통제하지 못했다고 보았다. 재정적 인적으로 역량 부족하고 내분이 있었다. 이념과 독립운동 방법론이 다르기 때문에 대립했다. 사회주의 계열의 러시아에서 온 이동휘 일파가 주장하는 무장 투쟁과 민족주의 세력이 주장한 점진론이 맞서 사회주의 계열이 임정을 장악하려다 실패하자 임정에서 이탈했다. 민족주의자 사회주의자 기호파 서북파 지역적인 파벌주의도 내분의 주요 요소도 작용했다. 1923년 국민대표회의를 김구는 한형권이 모스크바에서 가져온 돈으로 임정 분열시키는 데 사용했다고 비난했다. 국민대표회의 파동 뒤 임정은 미국에 위임통치안을 낸 이승만을 탄핵하고 헌법을 국무령 체제로 개정했다.

 * 임시정부 헌법이 여러 번 바뀌자 지도급 인사들 사이에 노선 갈등이 일어나 임시정부를 떠나 버린다. 1927년 11월 상해에서 대독립당 민족유일당 결성 합의하나 ML계 주도 좌파 세력 해체 선언한다. 1930년대에 조소앙 삼균주의를 수용하여 좌우 노선을 절충하는 새로운 건국방략을 마련하고 1932년 4월 윤봉길(尹奉吉)의 의거로 활로를 찾았다. 그러나 일제의 반격으로 상해를 떠나게 되었고, 뒤이어 일어난 중일전쟁(1937)으로 항저우(杭州, 1932) 전장(鎭江, 1935) 창사(長沙, 1937) 광둥(廣東, 1938) 류저우(柳州, 1938) 치장(鮫江, 1939) 충칭(重慶, 1940) 등지를 이동. 광복군(光復軍)을 창설하여, 대일선전포고(對日宣戰布告)를 하고 연합군과 함께 중국, 인도, 버마 전선에 참전. 중국정부를 통로로 국제 외교도 강화하여 카이로선언(1943) 이후 우리나라의 독립에 대한 열강의 약속도 호소했다. 건국강령(建國綱領)을 발표(1941)하고 헌법을 개정(1940, 1944)하면서 광복 한국의 새로운 통치 기반을 다져 나갔다.

 (5) 임시정부 형태

통합 정부 성립 이후, 1919년 임시헌법(제1차 개헌), 1925년 임시헌법(제2차 개헌), 1927년 임시약헌(제3차 개헌), 1940년 임시약헌(제4차 개헌), 1944년 임시헌장(제5차 개헌) 등 다섯 번에 걸쳐 헌법 개정. 권력구조를 나타내는 정부 형태도 다섯 번 바뀌었다. 처음부터 끝까지 정부 형태의 주류는 의원내각제. 다만 1차 개헌에서 대통령 중

심제를 도입한 절충형을 취하였고, 3차 개헌에서 국무위원 중심제에 의한 스위스 방식의 관리 정부 형태, 대개는 의원내각제였다.

(6) 임시정부 조직

* 1919년 9월 통합정부의 각료 조직은 한성정부의 것을 인수한 것이다. 대통령 이승만, 국무총리 이동휘(李東輝 한인사회당 당수), 연립내각 성격. 외무총장 박용만(朴容萬)과 교통총장 문창범(文昌範)이 취임 거부, 몇 개 부서는 공백 상태. 1920년 이동휘는 소련에서 지원한 자금을 독자적으로 처리하여 말썽을 빚어, 1921년 대한민국임시정부를 떠나고 이동녕(李東寧) 신규식(申圭植) 노백린(盧伯麟) 등이 차례로 국무총리대리를 맡았다. 1925년 박은식(朴殷植)을 대통령에 선출. 이어 국무령을 수반으로 하는 헌법을 개정. 국무령제 정부조직에서 이상룡(李相龍) 양기탁(梁起鐸) 안창호 홍진(洪震) 등이 차례로 국무령에 선임되었으나 조각이 유산되거나 길지 못하였다. 1926년 말 김구 내각을 구성하여 1927년 다시 제3차 개헌을 통해 집단 지도체제인 국무위원제로 개편했다. 1945년 3월 광복군 외에 109명이 종사, 당시 충칭에 있던 한국인은 600명 정도였다.

(7) 임시정부 국제관계

초창기 대한민국임시정부는 외교 활동에만 전념했다. 외교 활동의 주 대상은 미국과 중국이었다. 초기에 대미 외교가 주종을 이루었던 것은 제1차 세계대전의 전후 처리를 미국이 주도하고 이승만 노백린 김규식 안창호 등 미국 유학 또는 미국과 인연이 많았던 인사가 활약했기 때문이다. 강화회의에 대한 외교도 주로 미국정부를 대상으로 하였으며, 3개월간 계속된 1921년 워싱턴회의(일명 태평양회의) 때도 미국 정계를 창구로 했다. 그러나 냉대를 받고 말았다. 제국주의가 국제정계의 주류를 이루고 있던 당시, 민족자결의 원칙은 독일 오스트리아 터키 등 동맹국의 식민지에만 적용되었을 뿐이었다. 1943년 카이로회담 때도 미국의 태도는 불투명. 당시 영국은 전후에도 동남아시아에서 식민적 지배가 가능할 것으로 망상하고 식민지들의 독립 분위기를 봉쇄하기 위해 한국의 독립을 방해했고 미국도 동조했다. 카이로선언에서 한국은 '적당한 시기'에 독립한다고 단서를 붙였다. 그러한 미국의 태도는 1945년 샌프란시스코연합국회에서 국제연합을 탄생시킬 때도 마찬가지였다. 대한민국임시정부 대표의 참석 요구를 묵살하고 여권마저도 회의가 끝날 무렵에 발급해 주었다. 대한민국임시정부 대표의 여비까지 부담하고 있던 중국정부와 대조적이었다. 종전기에 미국의 태도가 불투명했던 것은 영국을 의식하는 것도 있었지만, 직접적인 이유는 소련이 대한제국 때 당시 제정러시아가 소유하고 있던 한국에서의 이익을 회복하는 것에 동조하고 있었기 때문이다.

대중 관계는 대한민국임시정부가 중국에 있었고, 또 많은 독립운동 단체가 만주에 있었기 때문에 중요했다. 1920년대는 중국 국내분란으로 손문(孫文)의 광둥정부(廣東政府)와 개인적 친분에 따라 교섭하는 길밖에 없었다. 1930년 국민당대회 때 동삼성한교문제(東三省韓僑問題)를 제안하였지만, 접수되지 않았다. 1932년 윤봉길(尹奉吉) 의거를 계기로 상황은 달라졌다. 그러나 이때도 중국정부는 일본과의 관계 악화를 주저하여 공식적인 지원보다는 김구 등의 대한민국임시정부 관계자 또는 김원봉 등의 독립운동자를 개별적으로 비밀리 지원했다. 중국정부는 태평양전쟁 후부터는 종전의 비밀지원과는 달리 공개적이고 정당 또는 정부적 차원에서 지원, 임시정부 운영은 물론, 광복군 보조. 전후 처리에서도 한국의 완전 독립을 주장한 유일한 국가다.

대한민국임시정부의 대소 외교는 한인사회당 당수였던 국무총리 이동휘가 지원자금을 자의로 처리 대한민국임시정부의 혼란만 야기했다. 1922년 초 극동인민대표대회(極東人民代表大會)가 모스크바에서 열렸을 때 교섭하였으나, 소련은 제3인터내셔널(코민테른)의 계획에 따라 국제공산주의적 계산을 구상하고 있었으므로 서로의 관계가 성립될 수 없었다. 1925년 국내에서 조선공산당이 창설된 뒤로는 인연이 끊기게 되었다.

파리통신부 활동은 먼저 베르사유강화회의에 대한 교섭이 있었다. 김규식, 윤해, 고창일, 조소앙, 황기환(黃杞煥), 이관용(李灌鎔) 등이 활약하였으나, 이것도 실패였다.

국제적으로 유일하게 한국의 독립을 승인한 회의는 1920년의 국제사회당 대회였다. 조소앙, 이관용 등의 활약(국제사회당이란 제2인터내셔널의 민주사회주의자의 모임, 단체가 오래 지속되지 못하여 실질적인 효과는 적었다). 유럽 각국에 대한 외교는 프랑스, 영국, 이탈리아에 대한 교섭이 비교적 활발. 어느 것 하나 정부적 차원에서 관계가 성립될 수 없었고 민간 교섭에 불과, 한국친우회가 한때 결성된 정도. 그 밖의 외교관계로는 대한민국임시정부가 상해의 프랑스조계에 있었기 때문에 프랑스 행정 당국과 교섭이 있었고, 국제연맹 국제적십자사 등에 대한 교섭도 산발적으로 있었다.

(8) 대한민국임시정부 독립전쟁

대한민국임시정부의 독립전쟁은 군사활동과 의열투쟁이었다. 1920년 이른바 일제의 간도출병(間島出兵)으로 독립군이 파괴된 뒤 23년 대한민국임시정부가 관여하여 남만주에 참의부(參議府)를 결성하긴 했으나 작전 문제까지 관계한 것은 아니었다. 대한민국임시정부의 군사 활동은 1933년 윤봉길 상해의거로 중국정부와의 관계가 친밀해졌을 때, 장개석 배려로 중국 중앙군관학교 뤄양분교(中央軍官學校洛陽分校)에 한인특별반(韓人特別班) 설치, 독립전쟁에 필요한 사관을 양성했다. 만주에서 온 지청천 이범석(李範奭)이 한인특별반을 주관. 한인특별반에 입교한 사관생도는 92명, 1935년 4월 62명이 졸업. 이들이 후일 광복군의 기간요원이 되었다. 1940년 9월 17일 광복군이 결성되었다. 광복군은 1942년 김원봉의 조선의용대(朝鮮義勇隊: 1938년 결성되었는데 주류 인원은 延安의 조선의용군)를 통합하여, 사령부(사령관 池靑天) 밑에 3개 지대로 편성. 제1·2지대는 인도, 버마 전선에까지 출정, 제2·3지대는 미군의 OSS라는 특수부대와 합동 작전. 그리고 제3지대는 중국 전선에서 활약하며 일본군으로 파견된 한국인을 광복군에 복귀시키는 데 큰 공을 세웠다. 광복군은 처음 중국 군사위원회에 예속되었기 때문에, 대한민국임시정부의 작전권 밖에 있었다. 8·15광복 직전 대한민국임시정부에 이관됨으로써 명실 공히 대한민국의 광복군이 되었다. 대한민국임시정부의 의열투쟁은 대한민국임시정부 계열단체인 한인애국단(韓人愛國團)이 단행한 1932년 이봉창(李奉昌)의 동경의거(東京義擧)와 윤봉길의 상해 의거와 1921년 소련자금 문제로 이동휘의 비서였던 김립(金立)과 관련자 처단 등이다.

(9) 대한민국임시정부헌법(大韓民國臨時政府憲法)

1919년 3월 17일 노령(露領)의 대한국민의회경의안(決議案, 大統領制), 1919년 4월 11일의 상해 임시정부대한민국임시헌장(의원내각제), 같은 해 4월 23일의 한성정부(漢城政府: 約法, 집정관총재제) 등 세 임시정부를 1919년 9월 11일 상해의 임시정부가 개헌형식(통합헌법, 제1차 개헌)으로 노령대한국민의회를 흡수하고 한성정부와 통합하여 하나의 독립운동추진기구로 통일정부 수립했다. 대한민국임시정부는 환국할 때까지 임시헌법을 5차 개정, '헌장'·'약법(約法)'·'헌법' '약헌(約憲)' 등으로 그 명칭을 바꾸었다. 헌정체제도 대통령제(대한민국임시헌법, 전문, 8장, 본문 58개조－제1차 개헌),

국무령제(國務領制: 대한민국 임시헌법, 6장, 본문 35개조－제2차 개헌), 국무위원제(대한민국 임시약헌, 5장 약헌, 본문 50개조－제3차 개헌), 주석제(主席制: 대한민국 임시약헌, 5장, 본문 42개조－제4차 개헌) 및 주·부석제(대한민국 임시헌장, 전문, 7장, 본문 62개조－제5차 개헌)로 달리하면서 27년간 국내외 동포들에게 상징적 대표기관으로서 독립운동을 전개했다. 제헌국회에서 이승만(李承晚) 의장은 개원식사(開院式辭)에서 "오늘 여기에서 열리는 국회는 기미년 서울에서 수립된 민국임시정부의 계승이다."라고 선언, 대한민국임시정부의 헌법과 대한민국건국헌법과의 상호 관계를 천명했다.

11) 1920년대 국내 독립운동의 갈등

(1) 국내사회주의 운동 실력 양성, 민족개조운동, 문화운동론 등과 갈등

상해 임정이 국민회의로 진통하고 좌파들이 탈퇴한 뒤 국내에도 비슷한 바람이 불어온다. 자치를 일제 통치의 수용으로 배격했던 민족주의파 일부에서 자치를 논의, 1824년 1월 2~6일 동아일보사설 '민족적 경륜'을 발표, "조선 내에서 정치 산업 교육적 결사운동을 제안"하자 상해판 독립신문은, "이것은 독립운동의 탈선일 뿐, 독립운동은 아니"라고 비난했고 조선노농총동맹 동경유학생학우회 등도 타협운동 논의를 비난하고나서 연정회 결성은 유산됐고 서울에서 조선노농총동맹, 조선청년총동맹, 조선공산당이 창립했다. 소련의 한인사회주의 운동의 영향이 컸다. 비귀화인이 많았던 바이칼 호 동쪽의 이동휘 중심 한인사회당과 서쪽의 귀화집단으로 김철훈 중심 이르크츠크볼셰비키당 한인지부가 한국에 영향을 미치기 시작했다. 여운형, 박헌영, 허헌, 김원봉 등이 등장했다. 박헌영은 미군정청의 공산당간부체포령과 함께 지하로 잠복, 월북하고, 조선공산당은 남한지역의 남조선노동당과 북한 지역의 북조선노동당으로 양립한다. 남조선노동당은 김일성에게 숙청당한다. 1926년 말 전국에 350개 사회주의 사상단체 조직되어 농민 노동 청년 여성 형평 등의 민중운동을 조직화한다.

(2) 민족주의 우파

1925년 9월 15일 서울 명월관에서 백남훈·백남운(白南雲)·박찬희(朴瓚熙)·백관수(白寬洙)·안재홍(安在鴻)·박승철(朴勝喆)·김준연(金俊淵)·홍성하(洪性夏)·김기전(金起纏)·최원순(崔元淳)·선우전(鮮于全)·한위건(韓偉健)·조정환(曺正煥)·김수학(金秀學)·최두선(崔斗善)·조병옥(趙炳玉)·홍명희(洪命熹)·유억겸(俞億兼)·이재간(李載侃)·이순탁(李順鐸) 등이 조선에 대한 학술조사, 연구와 이에 관한 공개강연과 팸플릿 발간을 목적으로 조선사정연구회(朝鮮事情研究會)를 창립한다. 1925년에 비타협적 민족주의자들과 사회주의자들이 민족협동전선론을 논의, 비타협민족주의자들이 결성한 조직이다. 뒤에 신간회(新幹會)가 결성되었을 때 이 회원들이 여기에 참여하였다. 그러나 조선사정연구회에서 공산주의를 주장하는 사람이 있음을 규탄하고 11월 28일 서울 천도교강당에서 태평양문제연구회를 조직한다. 조선에는 조선의 역사가 있고 독특한 민족성이 있으니 사회주의 모방 행위는 조선민족을 자멸하게 할 위험이 있으므로 그 타당성 여부를 연구해야 한다고 주장했다. YMCA 총무 신흥우(申興雨)·윤치호(尹致昊)·이상재(李商在) 등 지도급인사 30여 명은 민족운동세력의 단합과 현실 문제를 연구하기로 했다. 신간회가 조직되면서 사실상 큰 활동은 없었다.

(3) 신간회(新幹會)

신간회는 1927년 서울에서 조직된 국내 민족유일당운동의 구체적인 좌우합작적 모임이다. 신석우(申錫雨), 이상재(李商在), 안재홍(安在鴻) 등 조선일보사계 인물이 중심이 된 34명이 발기인이다. 활동 강령은 정치적·경제적 각성을 촉진하고, 기회주의를 거부했다. 민흥회(民興會) 명제세(明濟世) 등과 통합을 추진, 이상재와 권동진(權東鎭)이 정·부회장으로 선출되었다. 1927년 3월 회장 이상재가 죽자 부회장 권동진이 그 뒤를 이었다. 신간회에서는 민족자주독립의식을 고취하기 위해 국내외에 지회를 설치하기로 하고, 먼저 일본 동경에 지회를 설치하여 지회장에 조헌영(趙憲泳)을 임명. 7월 10일에는 서울 지회장에 한용운(韓龍雲). 1928년 말에는 국내외에 143개의 지회와 3만 명의 회원을 확보했다. 1929년 7월 1일 조선중앙기독교청년회(YMCA)에서 열린 대회에는 사회공산주의 진영에서 회칙 개정을 요구하며 대거 참여, 허헌(許憲)이 중앙집행위원장에 선출되었고, 좌익계의 중앙집행위원 45명과 중앙검사위원 10여 명이 선출되었다. 창립 당시부터 좌우익 간의 갈등·대립으로 분란이 계속되던 신간회는, 1931년 5월 16일 조선중앙기독교청년회에서 대의원 77명이 참석한 가운데 해소대회를 열고 해산을 결의, 창립된 지 만 4년 만에 막을 내렸다.

(4) 1920년대 국외운동

1920년대 1백여 만 명 한인 이주자를 배경으로. 동북만주 지역에 40여 개 남만주 지역에 30여 개 독립군부대. 20년대 전반기 만주 지역독립운동＝청산리 봉오동 전투 일본군 간도출병 경신참변 독립군 러시아령으로 이동, 자유시사변 독립군 만주 회귀 독립군 재편성. 20년대 후반기 참의부, 전의부, 신민부 3부했다.

가. 청산리대첩(靑山里大捷)

청산리대첩(靑山里大捷)은 1920년 10월 김좌진(金佐鎭), 나중소(羅仲昭), 이범석(李範奭)이 지휘하는 북로군정서군(北路軍政署軍)과 홍범도(洪範圖)가 이끄는 대한독립군(大韓獨立軍) 등을 주력으로 한 독립군부대가 독립군 토벌을 위해 간도에 출병한 일본군을 청산리 일대에서 대파한 전투다. 국권 상실을 전후해 간도와 연해주 지방으로 옮겨 온 의병 출신의 애국지사와 교민들은 각기 독립운동단체를 결성하고 독립군기지를 설치해 장차 독립전쟁에 대비한 독립군을 양성하고 있었다. 1919년 8월에 서일(徐一), 김좌진, 이장녕(李章寧), 김규식(金奎植), 최해(崔海), 정훈(鄭勳), 이범석 등이 조직한 북로군정서는 북만주 일대 독립운동의 중심이었다. 북로군정서는 국경에 가까운 밀림지대인 길림성 왕청현(吉林省 汪淸縣) 서대파구(西大坡溝)에 본부를 두고 있었으며, 사관연성소(士官練成所)를 설치해 독립군을 양성하였다. 1919년 8월 이후에는 의병장 출신인 홍범도가 이끄는 대한독립군 및 국민회군 등이 국경을 넘어와 일본군과 격전을 벌이고 철수하는 일이 종종 있었다. 봉오동전투(鳳梧洞戰鬪)도 독립군의 침공작전에 시달린 일본군이 그 근거지를 공격하다가 패배한 전투였다. 일본은 1920년 10월의 혼춘사건(琿春事件)을 조작, 이를 구실로 간도에 대규모의 병력을 파견하였다. 일본군의 간도 출병에 앞서 연길현(延吉縣)을 거쳐 화룡현 서부 지역으로 이동한 북로군정서부대는 10월 10일경 안도현 경계지역인 삼도구 청산리에서 이도구로 이동해 있던 홍범도부대와 더불어 일본군의 간도 출병에 대한 대책을 협의하였다. 10월 21일부터 시작된 청산리대첩에서 독립군은 26일 새벽까지 10여 회 전투에 연대장을 포함한 1,200여 명을 사살하였고, 독립군 측도 100여 명이 전사했다. 청산리대첩은 독립군이 일본군의 간도 출병 후 그들과 대결한 전투 중 가장 큰 규모였으며, 독립군이 최대의 전과를 거둔 가장 빛나는 승리였다. 이 전투에 참가한 북로군정서군의 병력은 그해에 사관연성소를 졸업한 298명을 포함해 약 1,600명이었고, 무기는 소총 1,300정, 권총 150정, 기관총 7문이었다. 전투에 참가한 간부는 총사령관 김좌진, 참모부장 나중소, 부관 박영희(朴寧熙), 연성대장 이범석, 종군장교 이민화(李敏華)·김훈(金勳)·백종렬(白鍾烈)·한건원(韓建源), 대대장서리 제2중대장 홍충희(洪忠憙), 제1중대장서리 강화린(姜華麟), 제3중대장 김찬수(金燦洙), 제4중대장 오상세(吳祥世), 대대부관 김옥현(金玉玄) 등이었다. 홍범도부대는 대한독립군·국민회군·의군부·한민회(韓民會)·광복단·의민단·신민단 등이 홍범도의 지휘 아래에 연합한 부대였으며, 그 병력은 약 1,400명이었다.

나. 일제의 잔혹한 한인학살 경신참변(庚申慘變)

1920년 10월 청산리에서 한국 독립군에게 대패한 일본군은 이에 대한 보복으로 만주의 한인을 무차별 학살하였다. 3, 4개월 동안 벌어진 일본군의 무차별 학살로 수많은 동포가 참혹한 죽음을 당하였다. 일본군은 한국인 마을을 포위, 습격한 뒤 모든 남자들을 한자리에 모아 놓고 총이나 창으로 학살했고, 부녀자들은 보이는 대로 겁탈하고 살해하였다. 모든 민가를 소각하고 가축을 약탈, 마을을 폐허로 만들었다. 화룡현 장암동(和龍縣 獐巖洞)에서는 28명의 기독교인을 세워 놓고 소총 사격 연습의 과녁으로 만들었으며, 연길현 의란구(延吉縣 依蘭溝)에서는 30여 호의 전 주민을 몰살하고 4형제를 불타는 가옥 속으로 밀어 넣어 태워 죽이기도 하였다. 연길현 와룡동(延吉縣 臥龍洞)에서는 교사를 붙잡아 얼굴 가죽을 모두 벗기고 두 눈을 빼내어 누구인지 식별할 수도 없게 만들었다. 어린아이를 칼로 찔러 죽이고 시체를 태워 버렸으며 어린 소녀를 폭행한 뒤 죽이는 등 만행을 저질렀다. 이와 같은 일본군의 잔인한 만행은 만주에서 선교 활동을 하고 있던 선교사 마틴(Martin, S.H.)과 푸트(Foote) 외국인 선교사의 기록과 사진으로 전 세계에 알려졌다. 패전 후 '인간의 조건'이라는 소설로 폭로됐다. 일본군의 학살 장면을 목격한 미국인 선교사는 "피 젖은 만주 땅이 바로 저주받은 인간사의 한 페이지"라고 개탄했다. 당시 이와 같은 일본군의 만행을 취재하기 위해 현지에 갔던 장덕진(張德震) 동아일보 기자는 실종됐다. 1920년 10월 9일에서 11월 5

일까지 27일간 간도 일대에서 학살된 한국인은 3,469명이었다.

다. 대한민국임시정부육군주만참의부(大韓民國臨時政府陸軍駐滿參議府)

1923년 백광운(白狂雲), 조능식(趙能植), 박응백(朴應伯), 김원상(金元常), 조태빈(趙泰賓) 등이 임시정부와 교섭 광복군사령부의 전통을 계승한 임시정부 직속 남만군정부(南滿軍政府)로 대한민국임시정부육군주만참의부를 만들었다. 1923년 9월 발족한 참의부는 집안(集安), 무송(撫松), 장백(長白), 안도(安圖), 통화(通化), 유화(柳化)의 각 현에 거주하는 동포 사회를 관할하며 항일전을 전개하였다. 1924년 참의장 백광운이 피살당하자 제2중대장 최석순이 참의장을 겸임. 1925년 고마령(古馬嶺)에서 간부회의 중 일본 군경의 기습을 받아 간부 29명이 전사하기도 했다. 1924년 일본 군경 습격, 일제 기관 파괴, 친일파를 숙청했으며 특히, 5월 19일 총독 사이토(齋藤實)가 경비정에 승선, 압록강 하류로 내려오는 것을 기습했다. 1925년 3월 전 부대가 3대로 나누어져 평안북도 초산 방면으로 출동, 추동 경찰관주재소, 하단동 경찰관주재소, 벽동군(碧潼郡) 여해 경찰관주재소를 습격, 파괴하고 퇴각하면서 국경수비대와 교전했다.

마. 정의부(正義府)

대한통의부 의용군이 중심이 되어 상해 임시정부와 연결하여 참의부(參義府)를 결성하자 같은 해 11월 정의부가 결성됐다. 중앙행정위원으로 이탁(李鐸), 오동진(吳東振), 현정경(玄正卿), 김이대(金履大), 윤덕보(尹德甫), 지청천(池靑天) 등을 선출하였다. 상해 임시정부의 국무령(國務領)에 정의부 간부 이상룡(李相龍)이 선임되어 재만항일독립운동단체를 중심으로 한 연립내각이 성립되었지만, 재만독립운동단체들의 입각 거부로 조각에 실패, 이듬해 2월 이상룡은 국무령직을 사임했다. 화흥중학교(化興中學校)·동명중학교(東明中學校)·화성의숙(華城義塾) 등을 설립하여, 일반교육 외에 군사교육 및 사상문화계몽에도 힘을 쏟아 혁명간부를 양성하였다. 기관지 전우와 대동민보(大同民報)를 간행하여 민족정신을 고취시켰다. 1928년 2월 정의부·참의부·신민부의 간부들은 영고탑(寧古塔)에 모여 삼부연합회의를 개최하기로 결의함으로써 민족유일당운동은 활발히 전개되었다. 그러나 기성단체를 부정하는 전민족유일당조직촉성회와 기성단체 본위를 주장하는 전민족유일당조직협의회로 분열되었다. 협의회 중심세력인 정의부는 신민부의 민정파와 참의부의 일부세력을 합쳐 1929년 국민부(國民府)를 조직하고 정의·참의·신민 3부를 해체. 한편, 촉성회 측은 신민부의 군정파와 정의부의 일부, 참의부의 주력이 중심이 되어 혁신의회를 조직하여 국민부 측과 대립하였다.

바. 신민부(新民府)

1925년 1월 길림성 목릉현(吉林省 穆陵縣)에서 부여족통일회의(扶餘族統一會議)가 개최되고 3월 10일 영안현 영안성(寧安城) 내에서 신민부가 결성되었다. 신민부는 대한독립군단(金佐鎭·崔灝·朴斗熙 등)과 대한독립군정서(金赫·曺成煥·鄭信 등) 대표를 주축으로 공산계의 적기단을 제외한 각 단체 대표 및 여러 지역의 민선 대표와 국내 단체 대표들이 창립과 진로를 천명하는 선포문과 12개 항의 결의안을 채택하였다. 신민부는 창립 이후 지방 조직을 확장, 강화하는 한편, 권총과 소총으로 무장한 약 500여 명의 별동대와 보안대를 편성하여 군사부 위원장 겸 총사령 김좌진의 통솔하에 활동을 개시하였다. 그 뒤 항일전에 대비할 독립군 양성을 위해 목릉현 소추풍(小秋風)에 성동사관학교를 설립하고 500여 명의 졸업생을 배출하였다. 각 지역에는 둔전제(屯田制)를 실시하여 모든 장정에게 군사훈련을 시켜 항일전을 준비하였다. 1927년 8월 이중삼(李重三) 등 특수 공작대를 국내에 밀파하여 일본 군경의 주둔 배치 조사와 작전 지도를 작성하였고, 군자금 모금 활동을 벌여 성과를 거두었다. 북만 지역의 친일단체 습격, 축출과 친일 반역자를 응징하는 등 무장 활동에 주력하였다. 50여 개의 소학교를 설립하고, 각 마을마다 노동 야간 강습소를 설치, 운영하였다. 1925년 4월 이후 기관지 신민보(新民報)를 발행하여 문맹 퇴치와 항일 독립정신을 고취했다. 1926년 12월 모연대장(募捐隊長) 황일초(黃一樵) 등이 하얼빈에서 군자금을 모금하다가 일본 경찰에 잡혔다. 1927년 2월 일본 경찰과 중국군의 습격을 받아 중앙집행위원장 김혁을 비롯하여 유정근(俞正根) 등 많은 중앙 간부가 붙잡히기도 하였다. 1927년 12월 석두하자(石頭河子) 총회에서 군정파와 민정파로 대립, 1928년 11월 발생한 빈주사건(賓洲事件)을 계기로 두 개 파는 적대관계가 되었다. 1928년 12월에 해체된 군정파는 그 뒤 한족총연합회(韓族總聯合會)의 중심세력이 되었고, 1929년 3월에 해체된 민정파는 국민부(國民府)에 참여함으로써 신민부는 와해되었다.

12) 1930~1940년대 독립운동

일본은 중일전쟁을 전후해서 '내선일체', '황국신민화' 구호 아래 창씨개명과 신사참배로 민족 말살정책을 폈다. 1932년 윤봉길 의사의 상해의거로 한국의 독립의지를 알렸다.

1931년 만보산사건이 일어나고 남만주에서 조선혁명군, 북만주에서 한국독립군이 중국 의용군부대들과 연합군 편성. 의열단 간부학교, 낙양군관학교 한인특별반, 성자군학교 조선인학생대, 중앙육군학교 한인입교생들이 조선의용대 한국광복군 조선의용군으로 항일독립운동에 나섰다. 31년에 신간회 해체되고 조선어연구회가 학회로 개편 한글 창간 사전 편찬 맞춤법통일안 제정했다. 1940년대 독립운동의 지역 기반이 약해졌다. 일제의 만주 점령과 스탈린에 의한 한인 강제 이주가 요인이다. 만주와 연해주 지역 기지가 사라지고 중국 관내로 옮겨, 중경과 연안이 거점이 되었다. 독립운동세력도 중일전쟁 후 재편되었다. 임시정부와 조선민족혁명당, 김구와 김원봉이 지휘부였다. 39년 기강에서 단일당결성 원칙과 방법 합의했으나 결렬되었다.

3. 광복과 대한민국 건국

1) 광복과 일제식민 통치의 후유증

일본 패전 후 우리 민족은 해방되었으나 최악의 조건에서 대한민국은 건국했다. 일본이 패망해 도망갈 때 남한의 보수진영은 준비한 것이 없었다. 점령군 미국도 사전 준비 없이 상륙, 한반도를 중국이나 소련에 넘겨도 좋다고 생각했다. 이런 악조건에서 국가를 건설하고 60년 만에 선진국 진입을 눈앞에 두고 있는 것은 건국 주역들의 탁월한 노력의 결실이다.

1930년대 이후 조선은 군국주의적 팽창과 직결된 일본 재벌들의 독점체제가 되어, 조선인이 소유한 기업들은 미미했다. 1940년 100만 엔 이상 자본금을 가진 기업 중

6%만이 조선인이 소유했다. 일제가 물러간 후 민족자본이 미미해 조선 경제는 혼란스러웠다. 전쟁 수행 목적 산업화도 북한 지역에 집중되어 중화학 분야 중 금속 90.9%, 화학 86%, 가스 전기업 79.6%가 북한 지역에 치중되었다. 근대 교육이 도입되고 교통 통신 항만 수도 사회 간접자본 투자가 있었으나 전쟁 수행 목적이었다. 특히 일제하 농촌의 해체가 심각했다. 1912~1918년 이른바 토지 조사 사업 후 일인 토지 경영인 수는 10배로 증가, 면적은 4배 증가했다. 반면 한국인 자작농은 소작농으로 전락했다. 농민은 화전민이 되거나 도시 이농 만주 일본으로 탈주했다. 일본 이주자들은 하급 노동자였다. 41년 147만에 달했다. 일제식민지교육은 조선인 동화와 일본 제국주의 체제 통합 방편이었다. 학교가 의식 고취와 집단행동 기회는 제공했다. 학교는 마르크스주의 급진사상이 싹튼 장소였다. 민족의식이나 독립을 위한 체계적인 사고와 조직이 싹트지는 못했다. 일제하 언론은 민족주의적 지식인을 규합, 민족 사멸을 방지하고 해방 후 엘리트를 충원했다. 그러나 일본 제국주의 목적에 필요한 범위 안에서만 존재하였고, 투쟁은 한계가 있었다. 실력 배양론 독립 준비론 입장(이광수가 동아일보에 '민족적 경륜'을 1924년 1월 2일부터 5회 연재, 총독부와 타협적 자치운동 전개 주장 위한 연정회 결성 위한 민심 타진용)을 견지해 사회주의자들의 비판을 받았고, 일제 말기 친일파 부일 협력자로 전락하기도 했다. 해방 후 선명한 지도 세력이 될 수 없었다. 최근 이러한 일제식민지 상황을 근대화의 기본 레일을 깐 것이라고 해석하는 경제학자도 있으나 역사학자들은 강하게 비판한다.

일제는 독립운동의 중심세력인 대종교 등 민족 종교의 국내 활동을 압살하고 3·1운동 후 문화 정치를 내걸고 종교 활동을 허용했다. 3·1운동 추진 세력이 일제 탄압과 회유 속에 일제에 순응하는 친일파로 전향했다. 일제는 경찰을 강화했다. 1911년 6000명 경찰을 1941년 6만 명으로 늘렸다. 해방은 되었으나 한국엔 식민지 체질화된 말단관료와 조선조 잔류 양반이 참여한 중추원만이 유일한 훈련된 기구였다. 사상 통제와 경찰의 압제 강화 속에 정치 사회 단체가 해산되고 신문도 폐간된 상태였다. 1938년 한 해에 6626명 체포하고, 1943년에는 학병 4만 5000명을 포함하여 20만 명이 전쟁터와 노동 현장에 끌려갔다. 해외 독립운동의 기지였던 임시정부는 수립 초기에 이승만의 미국식 민주주의 제창과 외교독립론 방법과 사회주의 계열의 사회혁명론으로 분열 대립됐다. 이동휘는 레닌 자금으로 임시정부를 좌경정부로 만들려다 쫓겨난 상태였다. 안창호가 중재했으나, 기호파, 서북파 등 지역적 파벌주의가 각을 세우고 암투했다. 사회주의 공산주의 운동도 내분으로 대립 상태였다. 김철훈의 이르쿠츠크 공산당, 이동휘의 고려 공산당으로 분열 합당이 실패하자 코민테른은 1922년 12월 두 파를 해체시켰다. 1921년부터 무정부주의 사회주의 사상이 전파되어 1925년 조선공산당을 결성했으나 일제 탄압으로 4차례 재건설과 해체를 거듭했다. 체계적 조직을 갖추거나 대중과 연대를 맺거나 오랜 기간 전개되지는 않았다. 그러나 이들이 내세운 민중적 개혁정책들이 일반 대중과 지식인의 호응을 얻었다. 일제와 타협하지 않은 투쟁으로 희생당했다는 명분이 있었고, 국내에 남아 지하조직을 구축했던 경험은 해방 후 정국 전개에 적극적으로 대응할 수 있었다. 한국의 좌파의 뿌리는 깊고 연대의식이 강하다.

(1) 해방과 분단

해방 후 우리 민족의 제일 과제는 반제국주의·반봉건·통일민족국가 건설이었다. 국민대표 세력이 없었고 미국의 한반도에 대한 청사진이 없었다.

가. 미·소협상 실패

① 미국의 불확실한 한반도 정책과 신탁통치안

2차 대전 끝날 무렵 미국정부가 가지고 있던 한반도 정책

ㄱ. 카이로 회담에서 소련 및 영국 정부와 합의한 대로 적당한 시기에 독립시킨다.

ㄴ. 임시정부를 승인하지 않고 모든 독립운동 세력을 동등하게 취급한다.

ㄷ. 국제신탁통치하에 둔다.

1943년 카이로 선언에서 '적당한 시기에' 독립시켜 주겠다. 얄타회담(1945.2.11.)에서 소련 참전 결정, 원폭 투하 후 소련이 서둘러 참전(1945.8.9.)했고 일본이 포츠담선언 수락(1945.8.10.)하여 종전 됐으나, 1945년 8월 12일 소련군이 청진에 상륙하자 미군은 유구에 있다가 1945년 9월 8일에 인천 상륙했다.

② 38선 획정

＝노일전쟁 직전 러시아 남하에 위협을 느낀 일본이 38도선으로 분할을 제기(1896)

＝영일동맹에 위협을 느낀 러시아가 39도선 이남에서 일본의 우위권을 인정하고 그 이북의 땅을 중립 지대로 할 것을 제의했다(1903.7).

＝일본이 鴨綠江 선까지의 지배와 만주에 대한 이권을 요구하면서 39도선 분할안을 거절함으로써 노일전쟁. 당시 고종은 중립을 선언했지만 보호국 식민지로 전락.

= 일본은 조선과 만주에서 대미, 대소 작전준비 강화(1945.5.30.)를 위한 작전 분담 지역을 38도선을 경계로 북쪽은 관동군 지휘하에, 남쪽은 일본 대본영 직접 지휘 아래 편입, 38도선이 한반도 분할 경계선으로 다시 등장.

= 8월 12일 청진에 진주한 소련군이 남진하자 미국이 항복받을 경계선으로 38선을 제의 소련이 동의(8.11. 러스크 대령 본스틸 중령 작성). 분계선 확정. 38선은 얄타회담이 결정한 신탁통치 실시 전의 일시 경계선이었으나 한국민의 반대로 실시되지 않음으로 실질적인 분단선이 되었다.

= 임진왜란 당시 명나라와 일본 사이에 한반도 분할이 검토됐다는 사회학자의 연구가 나왔다.

(2) 건국준비위원회 - 여운형, 안재홍 등 좌우 규합

해방 후 국내 정치 세력은 ①김성수, 송진우 중심의 우익 민족주의 세력, ② 여운형 사회주의적 민족주의 세력, ③.박헌영 공산주의 세력, ④ 기독교계 인사 종교 세력 등이 있었다.

 * **조선건국준비위원회** = 8·15 해방 직후 여운형, 안재홍 등 온건좌파와 중도우파가 44년 8월에 결집한 건국동맹이이 중심이 되어 조선건국준비위원회가 제일 먼저 조직하였다. 44년 8월 조선건국동맹 결성, 여운형, 조동호 뒤에 이여성, 김세용, 이만규, 이상백 가담했다. 조선총독부는 송진우에게 치안권과 행정권 인수를 요청했으나 송진우가 거절했다. 8월 15일 총독부 여운형에게 치안권과 행정권 위임, 여운형 건국준비위원회 조직 착수, 17일 위원장 여운형 부위원장 안재홍 26일 선언과 강령 발표했다. 31일 건국준비위원회 12부 1국의 준정부조직, 지방지부도 145개 조직했다. 안재홍 건준이 좌경화된다며 탈퇴했다.

 * **조선인민공화국** - 건준은 9월 6일 경기여고에서 1천300명의 인민대표 모인 가운데 여운형을 임시 의장으로 전국인민대표자 대회를 개최. 이승만 주석, 여운형 부주석, 국무총리 허헌 지명했으나, 좌익 주도였다. 건준 후신으로 인공 조직했다. 중경 임시정부 추대 운동에 대한 좌파의 대응이었다.[임정 초기 좌파 움직임과 유사] 건준 지부는 인민위원회로 대체되고, 실권은 조선공산당 재건한 박헌영이 장악했다.

 * **한국민주당** - 송진우, 김성수 등 보수적인 명사 유지 참여(9.16.) 지주와 부르조아 세력 대변했다. 중경 임시정부 추대 운동 앞장섰고, 건준 인공 세력 타도를 내세웠다.

* **국민당**－안재홍 주도(9.24.) 신민주주의 신민족주의 표방 중도우파, 좌우연합 민족 단결 주장

* **조선공산당**－박헌영이 조직(9.16.) 8월테제(부르주아 민주주의혁명론) 채택, 부르주아 혁명 토지 혁명 제시. 조선공산당 조직과 대중조직에 힘썼다. 1946년까지는 온건했다.

* **조선인민당**－11월 여운형 중심 조선인민당 발족, 부르주아와 공산주의자들이 좌우연합의 매개 역할 선언.

* **조선공산당 북조선 분국**＝북에서는 10월 조선공산당 북조선 분국 창설. 조선공산당 하부 조직임을 표명하였지만 실제로는 독자적으로 활동.

＝소련군이 진주한 북에서는 1946년 초부터 북조선공산당(책임비서 김일성)으로 호칭. 11월에는 조만식을 당수로 조선민주당 창당(조민당). 조민당은 간부 다수가 월남, 공산주의자들이 침투 정체성을 상실. 12월 중국에서 조선독립동맹 간부들이 입북, 다음 해에 김두봉 등은 신민당으로 바꾸었다.

＝1945년 10월에 이승만이 귀국, 독립촉성중앙협의회를 조직, 조공이 반발했다.

＝11월에 김구 등 중경 임시정부 요인 개인 자격으로 환국, 인공 측이 법통 인정하지 않아 두 세력 간의 타협 실패

＝12월 모스크바 회담에서 미국무장관 신탁통치안 제시, 소련은 임시정부 수립을 중심으로 수정안 제시, 미·영·소 삼 국 외상은 27일 합의. 45.12.16~26 모스크바 삼상회의－한국 문제에 관한 4개 항의 결의서[이른바 신탁통치안] 결정했다.

① 조선민주주의 임시정부 수립할 것

② 임시정부 수립 원조 위해 미소 공동위 설치할 것

③ 미, 영, 소, 중은 한국을 최고 5년간 공동관리[신탁통치]할 것

④ 2주일 이내에 미소 사령의 대표회의 개최할 것……

반탁 운동 중경 임시정부 주도로 서울, 인천 등지에서 시작, 한민당, 국민당 호응.

＝46년 1월 2일 조공, 인공 신탁통치 지지. 김규식, 안재홍, 김병로 등 중도우파도 임시정부 수립을 위해 미소 공동위에 협조하되 신탁통치는 반대

＝46년 2월 김구 중심 비상국민회의 이승만이 이끄는 남조선 대한민국 대표 민주의원에 집결. 좌익은 민주주의 민족전선으로.

＝북에서는 북조선 행정 10국을 중앙집권적으로 조직한 북조선 임시인민위원회(위원장 김일성) 조직.

＝46년 3월 20일 미소 공동위, 임시정부 수립 협상 결렬, 5월 초 휴회.

＝6월 3일 이승만 남한정부만이라도 정부 수립 피력

＝북에서는 46년 7월 12일 북조선 민주주의 민족통일전선 결성. 북조선공산당과 신민당을 통합하여 북조선노동당(위원장 김두봉) 조직.

＝미소 공동위 속개를 촉구하고 민족 대단결을 위해 좌우 합작 운동 전개. 미군정은 조공 탄압, 이승만, 김구 견제하면서 좌우 합작 운동 지원.

＝좌우합작위원회―비상국민회의 민주의원 등에서 우익 대표로 김규식, 원세훈, 안재홍, 최동오, 김명준 등 5명 좌익은 여운형, 성주이, 정로식, 이강국 등 5명을 선정, 7월 25일 첫 회의 7월 27일 민전에서 합작을 반대하기 위한 5원칙 발표. 민전 5원칙은 박헌영이 평양에서 돌아온 뒤 조선공산당이 채택한 신 전술. 5원칙 발표 후 좌익에서는 여운형 세력만 참여했다. 미군정에 대해 공세적 군중 투쟁 노선을 담고 있다.

＝1946년 중반 이후 좌익 약화. 박헌영 '정당방위 역공세' 구호 아래 신 전술 채택. 공산당 미군정 협조 포기, 폭력혁명 노선선회. 1946년 7월 26일 '신 전술에 대한 지시'

① 반미운동 전개

② 남조선에서의 북조선과 같은 제 개혁의 무조건적 수행

③ 미 제국주의에 대한 민중의 강력한 투쟁 전개

④ 모스코바협상 절대 지지

⑤ 적극적, 공격적 대세로 우파 진영에 대한 일대타격 수행

⑥ 군정으로부터 인민위원회로의 정권 이관 운동 적극 전개

＝신 전술 등장 후 좌익 대분열. 공산당, 인민당, 신민당 좌익 3당 합당 추진되었지만 박헌영 지지 세력과 여운형 세력으로 분열. 박헌영 지지 세력이 중심이 되어 11월에 남로당 건설, 9월 총파업, 10월 항쟁. 좌익 내부 분열 고조되고 좌우 대립 심화. 12월 관선 의원(정원 45명)과 민선 의원(정원 45명)으로 구성된 남조선과도 입법의원이 출범. 김규식이 의장. 중도파와 극우 세력 간의 대립.

＝북에서는 47년 2월 각급 인민위원회 선거, 북조선인민위원회(위원장 김일성) 창설.

＝1947년 5월 21일 미소 공동위 재개, 7월 공전. 47년 3월 트루먼 독트린 미소 냉전 격화.

＝9월 미국 한국 문제 유엔에 요청. 11월 14일 유엔 감시하 남북 총선거안 통과. 소련 반대. 48년 1월 유엔 임시위원단 소련은 북에 들어오는 것 불허용.

＝한국 문제 유엔 이관 후 민족 자주 연맹 중심 중도파 민족주의자들과 한독당은

남북지도자회의 통해 통일국가 건설 전개하고자 김구, 김규식은 김일성, 김두봉에게 회담 개최 제의.

  =48년 2월 26일 유엔 소총회는 남한만의 총선거 결의. 5월 10일 선거 실시

  =3월 25일 북측은 남북 제정당 사회단체 대표자 연석회의 제의.

  =김구, 김규식 요청으로 26~30일 열린 남북 요인 회담.

(3) 해방 후 남한의 좌우 양파 활동 비교

① 좌파 제압기(45년 8~12월)＝(1) 건국준비위원회와 인민공화국 (2) 미군 진주 (3) 이승만 귀국

② 좌우파 대치기(46년 1~5월)＝(1) 신탁통치 반대 운동 (2) 미국의 혼선

③ 우파 득세기(46년 5월~47년 9월)＝(1) 미소 공동위원회 (2) 미국의 중간파 육성기 (3) 이승만 활동 (4) 좌익 약화

④ 정부 수립기(47년 9월~48년 8월)＝(1) 유엔 상정 (2) 즉각 독립과 통일정부 수립의 경쟁

2) 대한민국 건국

(1) 대한민국 건국에 대한 좌파들의 잘못된 선전

친북 좌파 세력들의 이승만의 분단 고착 책임 추궁에 대해 김영명 교수는 두 가지 질문을 던진다. 첫째, 분단 고착화에 과연 이승만이 가장 큰 역할을 했는가. 둘째, 당시 과연 민주적인 통일정부 수립이 가능했는가. 분단 정부 수립은 북한에서 먼저 진행됐다. 해방 첫해 조만식 등 민족주의자 숙청 46년 2월 북조선 임시인민위원회 수립, 47년 북조선 인민위원회 개편 48년 2월 군 창설 헌법 초안 작성. 국가, 국기 제정 등 공산 정권 수립은 남한보다 일관되고 명확하게 추진됐다. 남한은 오락가락했다. 미국은 중간파를 육성하려다가 이승만 중심의 우익에게 정치적 패배를 당했다. 우익 주도의 대한민국이 건국되지 않았다면 반도 전체가 공산국가로 통일되었을 것이다. 공산국가

로 통일되었다면 북한이나 유럽 공산국가와 같은 후진국가의 길을 걸었을 것이다. 이승만의 대한민국 건국을 비난은 선전 선동 차원을 넘어 객관적으로 평가돼야 한다.

(2) 해방 전 미국의 한국 평가

1917년 볼셰비키혁명(1917년)으로 러시아 제국을 타도한 마르크스－레닌주의는, 자유민주주의와 산업자본주의 체제에 도전하는 코민테른을 결성, 전 세계에서 사회주의 국가 혁명 노선을 실행에 옮기고 있었다. 미국은 일본과 전쟁하기 전까지 한국을 무시했다. 남북전쟁 후 동아시아 무역 기회 확대 정책 일환으로 서양 국가 중 제일 먼저 한국과 우호통상 조약을 체결했으나 한국이 투자 기회도 적을 뿐만 아니라 패권 경쟁 대상도 아니라고 판단, 일본의 한국 침략 방관했다(가스라 태프트조약). 1941년 12월 11일 임정은 대일본 선전 포고한 후 이승만은 미 국무성에 임정 승인과 광복군 지원을 요청했다. 이승만은 "광복군이 한국 내 일본군의 병참과 보급선 교란 이득과 소련이 참전하는 경우 소련의 한반도 점령을 방지할 수 있는 효과"가 있음을 역설. 그러나 미국정부는 일본과 전쟁 중에 있음에도 임정을 승인하면 일본 지배하에 있는 미국인들에 대해 일본이 보복 행동을 할지 모른다는 이유로 국무성은 어떠한 조치도 취할 수 없다는 회답을 보내왔다. 주중 미국대사관은 "임정은 중경에 와 있던 1천여 명의 한국인만을 대표할 뿐, 세력도 약하고 당파 분열로 조직도 미비하며 본토 국민들과도 접촉도 없고 그동안 국부 중국의 상당한 원조는 받아 왔지만 이것은 중국의 전통적 패권 복구 노력의 일환이었다."고 본국에 보고했다. 국무성 소속 랭던은 "한국인이 대부분 문맹 상태이고 경제적으로 후진국이고 정치적 경험도 없다."며, "한국이 근대국가로 발전하기 위해서는 강대국들의 보호, 지도, 원조를 받아야 할 것"이라고 평가했다.

1942년 4월 장제스 총통이 임정 승인을 미국에 통보해 오자 Hull 국무장관이 루스벨트 재가를 얻어 중국에 보낸 공식 회답은 ①한국의 독립 주장과 임시정부 승인은 별개다. ②해외 독립운동가들이 분열되어 있고, ③이들은 내국인들과 연결되어 있지 않고, ④ 중국이 임정을 승인하면 소련 또한 친소련 독립운동 단체를 구성, 승인할 우려가 있으므로 임정 승인을 재고하라고 임정 승인을 거부했다. 루스벨트는 중국이 이웃 나라 한국을 지배하는 것을 허용할 수 없다고 본 것이다. 1942년 8월 미국은 신탁통치 개념을 제시했다. 서방 열강의 식민지 해체 반대에 대해 신탁통치라는 점진적 해결 방안을 내놓은 것이다. 루스벨트는 카이로 회담에서 영국, 중국, 미국 3개국이 신탁통치안을 동의하도록 상정할 예정이었으나 장제스가 즉시 독립을 주장 중국이 한국을 군사적으로 점령하거나 친중국적인 임정을 통해 지배를 꿈꾸고 있다고 의심했다.

(3) 해방 직후 남북한의 사회분위기

* 해방 직후 북한은 시부터 혁명을 고취했다.

아아 타는 깃발/ 영 스물 또 더 많이 나부끼고/ 민중의 깃발/ 붉은 인민의 깃발

[임화, '길']

강나루건너서 /밀밭길을/ 구름에 달 가듯이/ 가는 나그네/ 길은 외줄기/남도 삼백리/ 술 익는 마을 마다/ 타는 저녁놀/ 구름에 달 가듯이 /가는 나그네

[박목월, 나그네]

* 소설

채만식의 민족의 죄인, 염상섭의 38선, 계용묵의 별을 헨다, 김동리의 역마, 황순원의 카인의 후예

(4) 남북한 정부 수립

가. 대한민국 수립

① 미소공동위원회 결렬과 한국 문제 유엔 이관

미군정 일반명령 제1호(1945.8.15.) - 북위 38도선을 경계로 분할 점령.

1945년 12월 모스크바협정 - 5년간 신탁통치 결의.

제1, 2차 미소공동위원회 - 결렬.

한국 독립 문제를 유엔총회 안건으로 상정하자는 미국안건 47년 9월 23일 유엔총회 가결

1947년 11월 14일 - 유엔총회 한국 문제 해결안 미국안 채택

② 유엔 한국 감시 위원단 입국 남한 선거 결정

남한 선거 정부수립 주장 - 미국, 중국, 프랑스, 필리핀, 이승만, 한민당

단선 반대 - 영국 블록, 호주, 캐나다, 인도, 김규식, 김구 - 남북 요인 회담

③ 5·10선거

좌파 세력 검거 — 47년 8월 남조선 적화 및 군정 파괴 음모 사건으로 2000명 검거. 남로당 좌파 정당 사회단체 불법화. 국가기구 및 공공 부문 좌파 세력 색출 검거 남로당 세포 사건 적화 사건 670명. 47년 8월~48년 5월 1300명 검거.

5월 31일 대한민국 국회 개원, 의장 이승만, 부의장에 대한독립촉성회 신익희 한민당 김동원 선출.

7월 17일 헌법 공포식 7월 20일 국회 196명 재석 중 180표로 이승만 대통령 당선.

1948년 8월 15일 대한민국 수립. 서구 대의제 법제화에 성공 근대국가 건국. 민주주의 실현, 정통성, 교육을 통한 근대화 초석. 출범 과정에서 일제 부역 세력이 경찰 행정부 군 등 신생 정부에 참여 정통성 시비를 안게 되었다.

나. 조선민주주의인민공화국 수립

(1) 북조선에 대한 월남인들의 기록 증언

* 오영진(조만식 비서 영락교회신도. 평안도 기독교인, 조선민주당 당수, 극작가: 맹진사댁 경사: 시집가는날) "소군정하 김일성 정부는 소련의 괴뢰였다."고 증언
* 김창순 북한15년사(45~60)
* 이동준, 한재덕 59년 귀순자들의 15년 폭로기
* 황순원 카인의 후예 소련 점령하 체험을 소설화
* 점령 소련군 약탈 성폭행, 김일성 소련 앞잡이＝45년 12월 모스크바 지령 따라 한반도 신탁통치 지지, 100만 북한 동포 민주주주의 위해 월남, 46년 소련식 사회주의 토지개혁 때 월남.
* 기독교인 한경직, 함석헌 증언

(2) 김일성 영웅으로 미화

50년대 후반 북은 김일성 일당 독재체제를 확립하고 근현대사 왜곡했다. 58년 반대 세력 제거하고 일인독재권 확립하고 스탈린 죽고 후르시초프 교체기 소련 통제 약화되자 한반도 해방 김일성 공로로 분식했다. 60년대 역사 정리는 소련군이 아니고 김일성이 관동군 격파하고 개선하는 것으로 미화했고 70년대에는 김일성 증조부 조부 부모까지 미화했다.

(3) 소련이 북한의 날조를 뒤집는 자료 공개

중소 대립기에 북한의 이중 외교를 견제하기 위한 소련의 전략으로 북한 건국과 김일성 자료 활용했다. 수정주의 학자 대두하기 전 미국학자들은 김일성이 소련군의 광대였다고 평가한다. 그러나 친북 수정주의 학자들은 김일성의 30년대 항일 운동을 인정하고, 김일성은 괴뢰가 아니며, 북조선은 동 유럽 항가리, 체코, 폴랜드, 루마니아, 동독과 다르게 자율권 행사했다고 추켜세웠다. 토지개혁도 북한 공산당이 했다고 주장했다. 그러나 80년대에 소련이 김일성 통제 수단으로 북한정권수립자료 자료공개하기 시작해, 김일성 신화가 벗겨지기 시작한 것이다. 제일 먼저 김일성부대가 일본군 정벌하고 평양에 개선했다는 주장 뒤짚는 자료를 공개했다. 45년 한국에 진군했던 쏘련 장성 회고담 '조선의 해방'(45.8~45.12)이 웅기, 경성, 원산, 함흥, 평양에 소련 진군기를 소상하게 증언 김일성 선전을 뒤집었다. 해방 직후 극동 사령군 주선으로 열차편으로 오다가 하밥로스크로 돌아가 푸카초프호로 원산에 오는 것으로 공개했다. 당시 소련의 15개 위수 사령부와 소련군 극동군 25군과 주고받은 자료를 공개함으로써 그동안 날조했던 왜곡 북한사가 드러나기 시작했다고 김학준 동아일보 사장이 광화문포럼에서 밝혔다. 북한 정부 수립기의 실상을 보고 체험하고 온 월남 인사들의 발표가 사실로 확인됐다고 증언했다. 김학준 사장은 당시 군사위원이었던 스티코프일기를 그 근거로 제시했다. 소련군이 북한을 전면 장악하고 미주알 고주알 보고한 자료다. 김일성이 주장한 자율권 의심된다. 토지개혁도 모스크바 극동군안이었다. 25군 현지 의견 종합해서 모스크바 지령으로 결정한 것으로 김학준 사장은 밝혔다. 김일성이 32~40년 중국 공산당원 코민테른으로 보천보 전투 참여 사실은 인정된다. 극동러시아 부대로 넘어가 40년대 활약 소련군 소령 (33세)으로 평양에 등장한 것이다. 조만식, 박헌영 등은 소련과 연결보다 통일국가 건국이 목표였다. 그러나 김일성은 통일보다 국가 창건 뒤 서울 해방을 주장하는, 소련의 주구 역할을 했다.

45년 8월 8일 소련이 일본에 선전포고. 소련은 얄타회담에서 대일전 참전 조건으로 사할린 부속도서 반한 여순 항구 조차권 등 옛 러시아 제국의 극동 지역 이권 재확보를 미국으로부터 약속받았다. 소련은 일본 관동군과 만주국군을 무너뜨리기 위해 제1극동전선, 제2극동전선, 자바이칼전선 등 3개 전선 조직했다. 치스차코프 대장이 지휘하는 제25군이 8월 11~20일 웅진 나진 청진 나남 점령, 8월 21일 상륙 부대 원산 점령, 8월 24일, 25일 함흥 평양 공수부대 일본 항복 접수. 북한 진주 소련군에는 한국인들이 포함됐다. 東北抗日聯軍敎導旅(일명 88여단) 소속이었다. 1354명 중 한국인이 103명이었다. 김일성 동행 그룹은 9월 19일 원산항에 배로 도착했다. 평양 주둔 경무사령부 부사령관(고문에 해당)이란 보직은 소련군 지도부로부터 받은 직책이다.

조선공작단위원회 – 서기 최용건 김일성 김책 안길 서철 최현 위원

* 8 · 15 지역마다 다른 북쪽의 조직

평안남북도 – 기독교 민족주의 세력 기반으로 민족자본주의 계열이 건준지부 결성

함경남북도 – 혁명적 농민조합 노동조합운동 전통이 강한 지역으로 사회주의자들이
            주도

황해도 – 사회주의 계열과 민족자본주의 두 세력이 경쟁

평양 – 민족자본가층이 두텁게 존재. 기독교 민족주의 운동이 활발한 지역 조만식

* 1946년 11월 3일 북조선 임시인민위원회 선거

1947년 2월 21일 북조선인민회의 제1차 회의 개최

2월 22일 북조선인민위원회 성립

* 1947년 11월 14일 유엔에서 한국 임시위원단 조직하자 나흘 뒤 18~19일 열린 북
  조선인민회의 3차 회의에서 헌법 제정 논의

* 1948년 4월 29, 북조선인민회의 특별회의는 헌법 채택

* 북한은 48년 2월 8일 조선인민군 창건. 9월 9일 조선민주주의인민공화국 수립

(5) 북한과학원 역사연구소 편 조선통사(1958년판 하권)에 비친 북조선 건국

제5편 현대사회

제22장 위대한 소련 군대에 의한 조선 해방

제1절 해방 직후의 조선의 정치 정세

15개 성상을 두고 항일무장 투쟁을 전개하여 온 조선인민의 영도자 김일성 원수는
소련 군대와 협력하여 원수들을 격멸한 후 고국에 개선했다. 산만한 공산당 지방 조직
체들은 비로소 조직체계가 서기 시작했으며 대중이 인민위원회를 중심으로 민주역량을
집결했다. 미군은 남조선을 군사적으로 강점하고 식민지로 만들려는 야욕을 노골적으
로 드러냈다. 김성수, 송진우, 김동원 등 지주 예속자본가 친일파 두목을 군정장관 최
고 고문으로 등용 반동분자를 배치했다. 박헌영, 이승엽 간첩 도당을 조종하여 민주 역
량을 내부로부터 파괴하려고 시도했다. 이리하여 우리 혁명의 기본 임무는 새로운 역
사적 조건하에서 미 제국주의의 침략 세력과 지주 자본가 친일 친미파 민족 반역자들

을 타도하는 북조선 민주기지 창설이 혁명 노선의 중요한 하나였다.

제2절 조선에서의 마르크스 – 레닌주의 당 창건

남조선에서는 당 내부에 잠입한 간첩 도당과 과거 조선공산당을 분열시킨 화요파, 엠엘파 서울파, 서상파 등에 속했던 종파분자들이 8·15 후에도 종파 행동을 계속함으로써 혁명 대열을 분열시키는 데 광분했다. 1945년 10월 10일 평양에서 북조선 5도 당대표 및 열성자 대회 소집 조선공산당 북조선 조직위원회 창설

제3절 북조선 임시인민위원회 수립

1945년 12월 28일 미, 소, 영 3국외상회의 결정 발표. 46년 1월 2일 조선공산당 공동지지성명서 발표.

1946년 2월 8일 북조선 임시위원회(위원장 김일성) 조직.

1946년 6월 1일 삼척탄광노동자 4000여 명 파업 단행. 대구 광주 목포 데모

제23장 조선민주주의 인민공화국 창건(1947.2.~1948.9.)

1947년 2월 21~22일 북조선인민회의 제1차 회의소집 북조선인민위원회 조직

1948년 2월 8일 조선인민군 창건. 1948년 9월 9일 조선민주주의인민공화국 수립

대한민국 건국이 분단의 원인이라는 주장은 북한이 정리한 자료만 봐도 사실이 아님을 알 수 있다. 북한 진주 소련군이 38 이북에 사회주의 공산 정권 설립을 주도면밀하게 준비했음을 알 수 있다. 남한까지 적화하려는 계획을 차단시키고 대한민국이 건국한 것은 기적이었다. 남북에 두 정권이 건립한 것을 46년 6월 3일 이승만 대통령의 단독정부 선언 때문이라고 전가하는 것은 정직하지 않다. 46년 2월 8일 북조선 임시위원회가 조직돼 조선민주주의 인민공화국 창건이 진행되고 있었다. 이승만 대통령 때문에 남북한 통합 공산 정권이 건립 안 된 것이 유감이라고 하는 것은 가능할 것이다. 스탈린은 1945년 9월 20일 소련군 점령 지역에 부르주아 정권을 수립하라고 지령을 내렸었다. 미국과의 교섭이나 타협을 기다리지 말고 소련 점령 지역에 단독정부를 수립하라는 것이었다. 이 지령은 스탈린 소련군 총사령관과 안토노부 참모장 공동 명의로 연해주 군관구 제25군 군사평의회에 발송된 것이다. 이 전보 제2항에 "소련군 점령 지역에 반일적인 민주주의 정당 조작의 광범한 연합을 기초로 한 부르주아적 민주주의 정권을 수립할 것"을 지시했다. 이 전보에는 남한을 점령한 미군과 협의나 한반도 통합 통일문제는 언급이 없고 연해주 군관구 군사평의회가 북조선의 민간행정 지휘를 담당하라고 했다.

4. 6·25

1) 6·25 직전 한국의 국내외 관계

6·25는 2차 대전 후 조성되기 시작했던 미소 냉전 후 첫 이데올로기 전쟁이었다. 한반도의 정치, 사회, 경제, 문화 등 한국현대사를 규정짓는 상처와 굴절의 유산을 남겼으며 국제적으로는 냉전체제 고착화의 결정적인 계기가 됐다. 48년 8월과 9월 남북한 독자적인 정부 수립 후 2년도 안 되는 시점에서 북한의 기습이었다. 48년 5·10선거 당시의 좌익의 도전으로 제주 4·3사태, 48년 10월의 여수 순천 반란, 좌우익의 극한 대립 충돌은 남한사회의 정치 불안 혼동을 확인시켜 주는 사건들이었다. 월남인 급증, 해외 교민 귀국 행렬로 물가 불안, 미국 철수 등으로 한국은 혼란에 빠졌고 이런 와중에 김일성의 남침으로 한반도는 초토화되었다. 쏘련과 중국의 고백으로 6·25 전쟁 발발 원인과 결과가 밝혀졌는데도 아직도 북한이 주장하는 남한정부의 북침설이나 음모설 등을 친북 좌경 세력들이 고집하고 있는 것은 이해할수 없는 일이다. 이우진 교수가 해방 정국과 미군정을 다룬 한국현대사인식에 발표한 '미국의 대한반도정책'과 김기정 교수의 '전쟁 직전 미국의 대한반도 정책'을 통해 6·25전쟁까지 미국의 대한 정책을 알아보자.

(1) 미국의 대한반도 정책(45~48)

1917년 볼셰비키 혁명에 성공한 소련의 자유민주주의와 산업자본주의 체제에 대한 도전이 시작되었다. 미국 국무성 안에 러시아국(Division of Russian Affairs) 부서가 설립되었다. 대소련 억제론자들은 ① 마르크스레닌주의, 교조주의 침략성, ②세계혁명 목표로 세력 팽창 기도하는 믿을 수 없는 국가, ③미국 자본주의 체제 보호하기 위한 결의 다지고 소련 적성국가를 신중히 취급해야 한다고 주장했다. George Frost Kennan 주러시아 대리대사는 소련 봉쇄정책을 제시했고, 이것이 결국은 공산권 붕괴로 이어졌다. 캐넌의 아시아 기본 정책은 중국과 러시아 지배체제 인정이다. 캐넌은 한국엔 명목상 독립만 주고 소련, 중공의 영향권에 두고 가치가 있는 일본은 소련과 중공으로부터 자유롭게 해야 한다는 것이었다. 러일전쟁 때 루스벨트 대통령의 대한국관이나 애치슨 선언과 같은 사고방식이었다. 한반도는 미국 세계 전략상 주변부로 미국이 소련과 대결할 만한 가치가 없다고 평가한 것이다.

39년 소련이 2차 세계대전 직전 나치독일과 불가침조약을 체결했으나 41년 독일이 소련 침공하자, 미국의 대소 방어론 후퇴하고, 루스벨트의 대소 화합론 자리잡게 되었다. 루스벨트는 소련 문제 등 전시 외교를 국무성에서 떼어내어 자신이 직접 관장했다. 45년 얄타회담에서 소련 대일본전에 참전을 권유하고 그 대가로 러일전쟁 전 러시아가 극동에서 가졌던 이권 회복을 약속했다. 대공황으로부터 미국경제 회생시킨 4선의 노 대통령 정책에 대한 미국민의 전폭적인 지지를 기반으로 한 것이다. 유럽 중심에서 미국과 소련이라는 초강대국 체제로 바뀌는 시기에 45년 5월부터 연말까지 미 국무성의 소련 봉쇄정책 밑그림이 그려졌다. 외교가 백악관에서 국무성으로 복귀했다. 소련이 미국 관용을 이용하여 약속 위반하는 국제 깡패(World Bully)이기 때문에 강력 대처하여 하고 자유세계를 방어하기 위해 미국이 십자군이 되어야 한다는 트루먼 외교가 자리잡는 과정에서 6·25가 발발했다.

48년 8월과 9월 남북한 독자적인 정부가 수립됐다. 48년 5·10선거 당시 남한 좌익의 도전은 대단했다. 제주 4·3사태로 제주도는 선거가 불가능했다. 48년 10월의 여수 순천 반란으로 정치도 불안했다. 월남인 급증으로 물가 불안한 최악의 상태에서 북한의 남침 우려를 워싱턴에 보고하면서 49년 주한 미군은 철수(disengagement)했다. 한국은 최악의 상태로 몰리고 북한은 절호의 기회라고 오판했다. 49년 주한 미군의 철수(disengagement)와 50년의 한국전 개입(engagement) 양극단의 궤적을 음모라고 보는 것은 실증자료를 무시하는 독단이다. 맥아더 사령부는 미국의 한국전쟁 참여는 막대한 재정을 투입해야 하는 재앙 수준이라고 보고했다. 분명한 것은 미국의 대한 정책이 "한국 문제에 대한 낮은 정책적 우선순위"가 가져온 결과일 뿐이었다고 김기정 교수는 분석했다. 49년 미군 철수는 미국의 대소련 봉쇄정책 수행에서 결정적인 지역이 아니라는 전략적 판단에 근거하여 결정된 것이라는 것이다. 한반도는 "그저 스쳐 지나가는 문맥에서 언급된 부차적 문제"이며 동아시아라는 거대한 체스판에 놓인 하나의 졸(卒)에 불과했다는 것이다. 1882년 조미수호조약 이래 미국의 대한 정책은 개입(engagement)과 철수(disengagement)의 양극을 오가는 진자운동의 역사였다고 김기정 교수는 지적했다. 미국은 1905년 러일전쟁 종결 후 일본의 독점적 지배를 외교적으로 승인하여 준 첫 국가였다. 군정 수립, 신탁통치 시도와 좌절, 국제연합 이관, 단독정부 수립 후원, 군 철수, 군사 원조와 경제 원조, 방위선에서의 제외, 6월 군사적 개입은 그런 개입과 철수를 반복한 미국의 대한 정책 방황기의 미로 학습이었다. 2차 대전 후 패권 국가로 구축해 가던 미국 외교의 우선순위에서 한반도는 중요한 지역이 아니었다. 47년 소련의 위협을 방지하기 위해 봉쇄정책의 추구를 천명했다. 동아시아 정책의 무게 중심은 일본으로 옮겨졌다. 국무성 정책기획국장 George F. Kennan은 일본을 세계 5대 산업 지역의 하나로 평가, 일본 우대 정책을 수립했다. 미국의 금융 전문가 Joseph Dodge는 일본 부흥 정책을 통해 아시아에서 자유무역과 경제발전에 의한 자본주의 질서 복원을 꾀했다. 일본은 아시아의 미래였다. 한국전쟁으로 일본의 안정이 흔들리지 않을까 걱정하는 보고서도 있었다며 한국전쟁 도발 음모설은 지나친 비약이라고 김교수는 주장했다.

(2) 6·25 직전의 미국 대한 정책

김기정 교수는 전후 미국의 대한 정책 실패의 출발점은 소련과 미국의 협조체제 모색이었다고 본다. 그 상징물은 45년 1월 모스크바 삼상회의 신탁통치를 결정이었다고 지적한다. 47년 중반기부터 워싱턴의 대한 정책이 대전환한다. 한국은 미국의 국가 안보상 긴요한 원조 중요도 면에서 16개국 중 15위가 되었다. 47년 7월 23일 3성조정위원회(SWNCC) 산하 기관으로 한국 특별위원회 설치 9월 '개입의 지속'과 '빠르고 우아한 철수'를 결정했다. 군부는 "전략적 이익이 없으며 한국 주둔 2개 사단은 다른 지역에서 활용할 수 있고 주한 미군의 철수는 남한 지역에서 소련의 군사적 증강이 일본을 위협할 수 있는 수준이 되지 않는 이상, 극동 사령부의 군사적 입장에서 아무런 문제가 되지 않는다."고 보고했다.

48년 4월 NSC-8(Report by the National Security Council on the Position of the United States with Respect to Korea, Apr.2.1948.)로 철군 결정은 확정됐다. NSC-8[48년 12월 31일로 철군을 마무리 하되, 남한에 대한 군사적, 경제적 지원을 강구하고 있다. 경제적 붕괴를 막기 위한 경제 지원과 국방경비대 보강 지원 강구]. 미국의 방위 개념은 48년 초 이미 도서 방위선 전략 개념으로 확정되었다. 일본과 필리핀 방어, 지상군보다 해군과 공군 위주 전략이었다.

48년 여순 반란 사건으로 1949년 3월 22일 국가안보회의는 NSC-8/2 채택했다. 철군 이후 남한에 대한 경제 군사적 지원을 명백히 규정했다. 군부는 주한 미군 철수가 미국 안보, 이익 훼손이라는 국무성 의견은 수용하지 않았다. 맥아더 보고서는 북한의 전면적 침공에 충분히 대응할 수 있도록 한국을 지원하는 것은 미국의 능력 범위를 넘어서는 것이라고 주장했다. 미국의 방어 전략은 도서 방어 전략과 서태평양상의 해양 수송로의 통제가 기축이 되어야 한다는 것이었다. 철군 기한은 49년 6월 30일로 확정. 철군 완료하기 전 미국 육군성은 6월 27일 북한의 전면 남침 보고서를 국무성에 제출했다. 대응책을 촉구했으나, 그 대응책에 미군의 재투입, 한반도에서의 군사적 재개입이 고려된 것은 아니었다. 미국인 긴급 대피, 유엔안보리 제소 유엔에 의한 경찰 행동 제시 정도였다고 김기정 교수는 밝혔다.

맥아더의 극동 사령부에서 작성한 유사시 작전 계획 차우차우작전(Plan Chow Chow)에는 소련의 명백한 공격 가능성은 배제되어 있고, 침공 시 미국인 소개를 제시한 정도였다. 1950년 1월 12일 에치슨 연설 "미국이 직접 개입 관리해야 할 방위선(Defence Perimeter)은 알류샨열도 일본 오키나와 필리핀을 잇는 U 자형 내부 지역이 포함되어 있다." 이 개념은 소련과의 전면전을 염두에 둔 것이었다. 이 구상은 47년 6월 합참이 최초로 기안한 극동에서의 비상전쟁 계획(Emergency War Plan), 이른바 MOONRISE계획에서 제시됐다. 소련과 전쟁이 발발할 경우 한반도로부터 일본으로 철수하여 전략 공군력을 기초로 전쟁을 수행한다는 것이었다. 에치슨 연설은 도서 방위선에서 미국의 개입 의사의 재확인, 그 밖의 지역에 대해서는 다자주의적 억지 전략 원칙 확인이었지만 북한과 소련의 오판을 가능케 했다. 러시아 사료에 따르면 49년 이래 김일성 남침 요구를 자제시키고 49년 12월 이래 모택동의 군사동맹 체결을 거부해 왔던 스탈린이 미국과의 얄타협정 정신을 파기하는 중공과 소련의 동맹 체결을 결심, 1월 22일에 전달하고 1월 30일에는 김일성에게 남침 계획 추진을 허용하는 전문을 보냈다. 워싱턴은 유럽의 경제적 위기 유럽 부흥책, 유고슬라비아 티토 문제, 중국 공산화, 일본의 경제 부흥 안보 등이 문제였다. 한국은 부차적 문제였다. 월츠는 한국이 미국의 세계 전략 동아시아 정책이라는 거대한 장기판에 놓인 졸에 불과했다고 분석했다.

(3) 6·25 직전 대한민국

이승만은 5·10선거에서 한민당 65−70석, 독촉 55−60석 중간파와 비교할 때 130 대 50으로 압승했다. 그러나 남한의 정치 세력 판도는 우익과 좌익, 우익 내 이승만과 비이승만 세력 간의 두 개의 균열구조였다고 류길재 교수는 분석했다. 이에 반해 북한은 45~48년에 정치제도가 완성되고 정치권력이 단일화, 공고화되었다. 북한은 체제 공고화에 의해 통일정책이 일사분란하게 되었으나 남한은 혼란스러웠다. 이 시기 남한에서는 김구와 김규식이 적극적으로 통일을 주창했고 실천했다고 류길재 교수는 지적했다. 김구는 대한민국 조기 건국 반대 세력으로 남북 간 협상에 의한 평화 통일을 제창했다. 48년 1월 남북협상을 제안하면서 '미소 양군의 즉각 철퇴'를 주장했다. 4월 남북연석회의에 김규식과 함께 참석했다. 7월 북한 정부 수립을 위한 남조선 인민대표자회의 대의원 선거가 지하에서 한창 진행되고 이에 대한 남한당국의 탄압이 진행될 때 통일독립촉진회를 조직하여 통일운동에서 공동보조를 취했다. 정부 수립 직후인 9월부터는 더욱 강력하게 주장하기 시작했다. 10월 19일 김구는 '반탁과 철병은 애국자의 동일 주장'이라고 하면서 미소 양군의 철퇴를 주장했다. 김구의 통일 방안은 49년 5월 유엔 한국 위원회에 남북회담을 위한 구체적인 방안으로 이어졌다.

① 남북 민간 지도자 정당 단체 대표자로서 사인 자격에 의한 남북 회담을 개최하여 통일 방안을 강구할 것.

④ 이 회의에서 통일 방안에 대하여 초보적 합의가 성립되는 대로 각기 원 지역에 돌아가서 정식 남북회담이 실현되도록 노력할 것.

①은 48년 4월 김구 김규식이 참석했던 남북연석회의의 연장선에 있는 방안이며,

④는 남북 양 지역에 국가 수립된 상황을 반영하는 것이다. 그러나 김구와 민족자주연맹의 이러한 통일 방책은 남과 북 모두에서 수용되지 않았다. 김구, 김규식의 협상에 의한 통일 방안은 현실 정치와 양립 가능성이 없었다. 김구의 임정계에 있었던 조소앙이 48년 10월 11일 한독당과 결별 성명을 내면서 대한민국 지지를 밝힌 것은 김구가 처한 현실의 벽을 단적으로 보여준 것이었다. "통일의 구호만을 부르고 통일로 가는 첩경을 차단하여서는 안 될 것"이라고 김구 측을 비판했다. 김구, 김규식에 대해 북한은 양 김씨가 유엔위원단에서 통일 노선을 추진하는 것에 대해 '미국 계획'에 놀아나는 것뿐이라고 공격했다. 김구는 김일성으로부터도 외면당했다.

6·25직전 남북한 관계의 전개과정을 발표한 류길재 교수는 남한이 이렇게 정치적으로 혼란스러울 때 북한은 소련군·인민위원회·공산당 3자 정립 구도가 혁명 완수를 일사불란하게 추진남침 성공에 대한 확신이 있었다고 분석했다. 소련군은 지침과 자원 제공, 공산당은 정책화, 인민위원회는 동의 창출을 맡았다. 46년 말경에 북한은 약탈·폭동·혼란·무절제·폭력 사태·파업·압살 없이 탈식민화를 추진했다고 류길

재 교수는 평가했다. 북한에서 혁명적 사회 변환 과정이 평탄하게 진행된 이유의 하나는 이런 변화에 거부감을 갖는 계층 또는 사람들이 대거 남하했기 때문에 가능했다고 류길재 교수는 설명한다. 45~47년에 월남한 북한사람 100만 명. 이는 47년 현재 북한 인구의 10% 정도다. 이승만은 토지개혁 단행해서 지주계급 한민당 세력 권력 기반을 제거했으나 하야할 때까지 한민당의 공격을 감수해야 했다(이승만은 건국 후 남한 체제 안정을 위해 48년 9월 4일부터 49년 4월 30일까지 남한에서 친북좌경 세력 80710명 체포, 군대 장교 3분지 1 이상 축출, 국회의원 7%가량 투옥했다. 이것은 남한의 반이승만 친북세력의 일차 결집 요인이 된다).

(4) 6·25 직전 소련과 북한

북한 정권이 선 지 4개월 만인 48년 12월 25일 소련은 북한 주둔 소련군을 철수시키기 시작했다. 그 대신 소련은 46년 5월경부터 북한에 대한 군사 원조를 시작했다. 산업시설을 조선인민 소유로 양도하고 산업 재가동을 위한 소련기술자들을 2~3년 기한으로 파견, 연료 및 원료 양식을 공급했다. 북한만의 국가 수립 전망을 소련이 계획하고 있음을 입증하는 증거다. 48년 3월 기관단총 생산, 49년 2월 박격포, 소총탄, 수류탄, 포탄 생산 등이 이루어졌다.

2) 북한 전쟁 선택과 남한의 대비

(1) 북한의 전쟁 준비와 남한의 무방비

류길재 교수는 북한이 49년부터 본격적인 전쟁 준비에 나섰다고 주장했다. 47~49년에 군수공장 건설, 49년 8월경 군사력 강화와 전쟁 대비하는 3가지 조치를 했다.
첫째, 무력후방위원회 조직－군수물자 공급 책임
둘째, 전 인민적 조국보위체계 수립－군사훈련과 군사기술 보급 사업 진행
셋째, 지방인민자위대 조직
중국은 국공내전 참가자 한국전 파견 추진했다. 6·25 직전 북한군 20만 명이었다.

남한은 제주 4·3사태, 여순 반란 사건으로 혼돈 상태였다.

이범석 국무총리 겸 국방장관은 미군 철수를 반대했다. 남한은 국방뿐만 아니라 경제도 심각했다. 50년 1월경 쌀값이 6주 동안 2배 올랐다. 매일 6%씩 상승했다. 공산 게릴라 대비하기 위해 국가재정의 40%를 국방비로 지출했다. 그런데도 남한군은 10만 명으로 북한의 중국 국공전 참가 경험 있는 군대 등으로 구성된 20만 명의 절반 수준이었다.

남한정부는 건국 후 평등 실현을 위한 민주화·국리민복을 위한 산업화·민족자존을 위한 자주화의 세 가지 목표를 갖고 노력했다. 그러나 내적 갈등·분단·냉전체제의 일선기지라는 제약 속에서 근대화를 위한 사회통합·주체 세력의 형성·빈곤 타파·자주성 확립을 내세웠으나 구호에 그쳤다. 이승만 대통령은 48년 제주 폭동과 여순 반란 사건 좌익 운동 막기 위해 11월 20일 국가 보안법을 제정해 국가보위 의지를 천명했다. 인구 증가, 도시화 현상, 계층 이동과 교육열 등이 한국사회의 긍정적인 변화를 알렸다. 언론은 전형적인 정파 신문을 지향했다. 동아일보는 한민당 대변지 역할을 했고 조선일보는 임정 계열에 우호적이었으며 가톨릭서울교구가 내는 경향신문도 독자적인 시각을 표출, 백가쟁명의 사회분위기를 연출했다. 알래스카, 하와이, 사바사바, 빨갱이, 빽, 코리안타임이 이 시대를 상징하는 유행어였다. 이것이 6·25 직전 한국의 혼란상이다. 이런 절망적인 상황에서 일어난 6·25를 남한정부와 미국의 음모라고 주장하는 것은 설득력이 없다.

3) 한국전쟁에 대한 이른바 수정주의 사관의 편견과 오류

(1) 유영익 교수의 수정주의 비판

유영익 연세대 교수는 한국사학계를 강타한 6·25에 관한 '수정주의'를 냉철하게 비판 검증했다. 수정주의(REVISIONISM)는 50~70년대 초에 '미국 외교의 비극' 등을 저술한 외교사가 윌리엄스(Williams Appleman Williams) 위스컨신대 역사학교수와 그 제자들이 주도한 냉전 시대 연구학풍이다. 위스컨신학파라고 불리는 이들 비주류 역사학자군은 마르크시즘 네오마르크시즘의 유물사관에 입각하여 19세기 이래 미국이 추구한 대외정책은 미국이 농업사회에서 산업사회로 전환하는 데 따른 경제적 필요에 기인한 것으로 파악, 기존의 전통 정통주의(traditional/orthodox)학파 및 현실주의 학파의 정치 이념 중심 통설에 반기를 들었다. 이들 중 일부는 미국이 참여한 주요 전쟁의 원인 구명 작업, 그중 '급진적 수정주의자'로 알려진 Gabriel Kolko는 "미국의 대외정책은 미국 자본주의의 위력과 이익을 극대화하는 데 있었다."는 기본 관점하에 1·2차 세계대전, 한국전쟁, 베트남전쟁 등은 모두 미국 자본주의 체제의 경제적 필요성 때문에 발단되거나 참전한 것으로 보았다. 냉전도 Pax Americana를 위해 군사적, 경제적으로 취약한 소련에 공세를 취했고 소련은 시종 수세였다고 주장함으로써 미국의 패권주의를 비판하고 소련 대외정책을 옹호했다. 한국전쟁도 수정주의 해석의 중요 토픽이되었다. 언론인 스톤은 1952년 '한국전쟁비사'(The Hidden History of the Korean War)에서 맥아더, 이승만, 장개석, 덜레스 간 침묵의 음모에 의해 발단된 전쟁이라고 추론. 소련이 한국전쟁을 사주했다는 전통주의적 해석에 의문을 제기했다(이것은 소련의 문서 공개로 소련이 북한의 남침을 6·25 전에 협의한 것으로 밝혀졌다). 콘데(David W. Conde)는 1968년 일본어로 발간된 '조선 전쟁의 역사 1950~1953'를 통해 남한정부 정통성을 부인하고 북한을 '민족해방의 전통 세력'으로 파악하는 입장에서 북침설을 내세웠다. 1972년 '힘의 세계: 세계와 미국의 대외정책 1945~1954'(The Limites of Power: The Wold and United States Foreign Policy. 1945~1954)를 펴낸 콜코 부부는 스톤 추론을 확대 부연하여 한국전쟁은 맥아더가 이승만과 공모하여 북한의 침략을 유도했다는 유도설을 제창했다. 미국의 수정주의 학풍이 한국현대사 연구에 폭풍을 일으키게 된 것은 1970년대 베트남전쟁 참전반대운동에 앞장섰던 아시아 전문가들의 기관지 '아시아 정책 비판학자 휘보'(Bulletin of Concerned Asian Scholars)의 편집장 브루스 커밍스의 한국현대사 관련 논저들이 한국학계에 소개되고부터다. 신좌파(the New Left)의 이론적 기수 커밍스(Bruce Cumings)는 1975년 컬럼비아대 정치학과에서 '해방의 정치: ·한국, ·1945~1950'(The Politics of Liberation: ·Korea, 1945~50)라는 논문으로 박사학위를 받았다. 이 논문을 바탕으로 1981년 '한국전쟁의 기원: 해방과 분단정권의 등장, 1945~47'(The Orignes of the Korean War; Liberation and the Emergence of Separate Regimes, 1945~47), 그리고 '폭포의 큰 울림, 1947~50'(The Roaring of the Cataract, 1947~50)이라는 부제가 달린 제2권을 1990년에 출판했다. 한국전쟁의 배경을 규명하는 작업을 커밍스는 폴라니(Karl Polanyi)와 월러스타인(Immanuel Wallerstein)의 세계체제론(the world systems theory)에 입각하여 미국·한국·일본에 산재한 방대한 양의 한국현대사 관련 자료를 망라하여 한국현대사를 일별했다.

(2) 커밍스 이론

① 해방 당시 한국은 사회혁명(social revolution) 여건이 성숙돼 있었다.
② 외세가 아니었다면 한국의 사회혁명은 성공했을 것이다.
③ 38선 획정과 정부 수립에 의한 남북분단 고착화의 책임 미국에 있다.
④ 남한의 지도자와 정부는 시종 비판적으로는 논급하는 반면 북한의 지도자 및 정부에 대해서는 호의적인 평가로 일관했다.
⑤ 1948년 5월 유엔한국임시위원단의 감시하에 치러진 총선거를 통해 탄생한 대한민국은 정통성을 결여한 일종의 괴뢰정부다.
⑥ 김일성은 민중이 갈망했던 사회혁명을 구현시킨 것이었고, 북한이 이룩한 경제성장은 전 세계 사회주의권에서 가장 돋보이는 성과였다.
⑦ 1950년 6월 25일은 시작 아니라 대단원(denouement)이었다.

한국에 평화봉사단원으로 체류했던 커밍스는 6·25를 '내전'(civil war) 내지 '시민적 혁명전쟁'(civil revolutionary war)으로 규정. '민족해방 전쟁'이기 때문에 "이 전쟁을 누가 시작했는가?"라고 묻는 것은 우문이라고 단언했다. 그의 논리도 일제식민사관처럼 대한민국에 대한 멸시와 우월주의로 한국현대사를 재단하고 있다. 북한군의 6월 25일 공세는 남한군의 옹진반도 공격에 대응한 작전으로 발단되었을 가능성이 높으며 북한 측의 전쟁 목표는 남한 전체를 점령하는 것이 아니라 서울을 점령한 다음 남한 지도부와 정치 협상을 통해 통일정부를 수립하고 나아가 남한 전역에 '민주개혁'을 실시하려 하는 것이었다고 소설을 썼다. 1950년 5월 선거 후 위기감을 느낀 이승만이 자구책으로 미국의 군사 개입을 얻어내기 위해 — '북진통일'의 명목하에 — 남한의 군대가 옹진반도를 침공하게 했을 것이라고 추단. 6·25전쟁의 도발 책임을 미국 및 남한 측에 전가하고 김일성이 소련의 지원 없이 거의 독력으로 '민족해방 전쟁'을 수행하려 했다고 주장했다. 말장난을 현란하게 했으나 커밍스의 기본 가설은 허위와 날조로 드러났다. 그런데도 이 책을 번안한 표절 저술과 선전 선동이 아직도 위세를 떨치고 있다는 것은 한국 지식사회에 문제가 있음을 드러낸 것이다.

(3) 수입학문에 깜짝 놀란 한국학계

커밍스의 저술은 한국대학을 강타했다. 1973년에 발표한 '미국정책과 한국의 해방'(American Policy and Korean Liberation)이라는 논문을 '전통주의적 해석에 대한 하나의 폭격'에 비유한 바 있는 김학준은 '기원1'을 '해방 이후 한국정치 분야에 있어서 그리고 전후의 한·미관계사 분야에 있어 의문의 여지 없는 기념비적 대작'이라고 높이 평가했다. 그러나 그도 소련문서가 공개되자 '광화문포럼'에 나와 커밍스의 가설은 허위로 밝혀진 부분이 많다고 증언하고 해방 직후 월남인사들의 증언이 옳았다고 수정했다. 커밍스의 한국현대사 관련 논지가 한국학계에서 폭발적 인기를 모은 것은 1970년대에 발표한 커밍스의 논문들이 '한국현대사의 재조명'(1982), '분단전후의 현대사'(1982), '한국현대사, 1945~1975'(1984), '한국전쟁과 한미관계, 1943~1953'(1987) 등에 속속 번역·소개되고부터다. 커밍스의 대표작 '기원1'이 1986년에 번역·출판되고 잘못된 가설로 밝혀진 콜코 부부의 '미국의 세계 전략과 한국전쟁'(1989), 콘데의 '조선전쟁의 역사, 1950~1953', 메릴의 '제주도 4·3인민항쟁', 시몬즈의 '한국내전'(1988) 등 미국 수정주의자들의 저서가 앞 다투어 번역·출간되어 전후세대의 6·25 인식을 혼란스럽게 했다.

커밍스의 6·25 수정주의 시각은 반공 이데올로기 일색이었던 한국 지성계에 일대 파문을 던지고 친북 좌파 세력들의, 반미운동과 맞물리면서 민중사학자들의 교본이 되었다. 커밍스 수정주의 폭풍 후 한국현대사 연구물이 서점에 쏟아져 나왔다. 유영익 교수는 커밍스류의 수정주의가 한국의 역사 및 사회과학계에서 주류 학풍이 됨에 따라 국내 한국사학계에는 다음과 같은 특수 연구 경향이 나타났다고 지적했다.

① 한국현대사 연구의 초점이 1945~53년의 8년간에 집중되었다.

② 현대사 연구·서술이 민중운동을 지나치게 강조한 나머지 이승만 내지 대한민국사에 대한 연구가 김일성 내지 조선인민공화국사 연구에 비해 뒤떨어지는 현상이 빚어졌다.

③ 현대사 연구의 초점이 좌익 운동에 모아짐으로써 남한 정치·사회의 실세였던 우익 세력에 대한 연구가 간과되었다.

④ 독립운동사 연구도 사회주의 운동 및 김일성 계열만 강조되면서 3·1운동을 위시하여 국내 민족개량주의 자들의 독립운동과 상해-중경의 임정 및 구미위원부 측의 '외교독립운동' 등은 상대적으로 소홀히 취급되었다.

⑤ 사회·경제사를 지나치게 중시한 나머지 정치사·외교사·문화사 연구가 저조했다.

그럼에도 불구하고 커밍스의 논저를 위시한 미국의 '수정주의' 학설은 반공 보수 이데올로기 일색으로 침체의 늪에 빠져 있던 한국역사학계에 참신한 자극제로 기능했다. 총체적·분석적 연구 방법론과 풍부하게 인용한 미국 측 자료들은 국내 한국현대사 연구의 새로운 지평을 열어 주었다. 커밍스의 '기원1'은 1941~1953년의 한미관계사의 정리, 해방공간 한국의 민중운동사 발굴, 한국전쟁사의 쟁점화 및 그 연구수준 제고, 북한현대사 연구 촉진, 세계체제론·종속이론·계급이론·농민운동이론 등 서구 사회과학계의 최신이론 도입, 그리고 미국에 있는 한국현대사 관련 자료에 대한 소개 등 여러 획기적 공헌을 하였다고 유영익 교수는 평가했다. 그러나 커밍스의 논저에는 미흡한 점이 많다. 그의 논저는 언뜻 보아 완벽한 것 같지만 자세히 살펴보면 허점투성이다.

(4) 유영익 교수가 지적한 커밍스의 허점

① 목적론적 연구 방법론: 1970년대 미국 '신좌파'의 대변자였던 커밍스의 글은 전반적으로 네오마르크시즘의 이념적 편향성을 지니고 있다. 미리 결론을 상정해 놓고 이에 맞추어 가설을 세우고 사료를 선별·동원하는 방식, 즉 '꿰어 맞추기식'으로 논의를 전개하는 경향이 짙다. 정직하지 않고 이데올로기의 노예가 되어 거짓말도 서슴지 않고 했다.

② 균형감각의 결여: 이념적으로 편향되었기 때문에 역사적 사건이나 인물 평가에 균형감각을 결여하고 있다. 한국전쟁은 내전이었다는 무리한 결론을 내리고 남한정부와 그 지도자들에 대해서는 가혹하리만큼 비판적이면서 북한·소련 및 중공정부와 그 지도자들에 대해서는 비판을 삼갔다. 해방 이후 남·북한의 발전상 평가에도 두 개의 다른 자를 사용했다. 공산주의 망상에 빠져 진실을 추구하지 못했다.

③ '음모이론'의 허상: 한국전쟁의 기원을 이승만과 미국 일부 세력의 음모로 상정한 후 그들의 '침묵의 음모'가 완벽하게 실행에 옮겨진 것이 한국전쟁이라고 추단하였다.

④ 자료의 편향적·제한적 이용: 문헌과 통계자료를 아전인수식으로 선별·활용하였을 뿐만 아니라 일부 주요 자료를 엄격한 사료비판 없이 원용하였다. 북한 김일성의 선전 선동 자료는 사료비판을 가하지 않은 채 풍부히 인용하였다. 그러나 남한과 미국 정부의 자료·문헌·증언이 커밍스 이론과 충돌하면 대부분 이를 무시하거나 '믿을 수 없다'느니 '조작되었을 것'이라고 주장하면서 일축하였다. 그러면서도 이러한 자료들이

왜 믿을 수 없는지 그리고 어떻게 조작된 것인지에 대해 해명하지 않았다.

북한 점령군 소련사령관 스티코프 비망록은 1946년의 이른바 '9월 총파업'과 '10월 인민항쟁'('추수폭동')은 당시 평양 주둔 소련군 최고실력자(연해주 군관구 정치담당 부사령관) 스티코프(Terentii Shtykov)가 500만 원의 자금을 조달하여 성사시킨 사건임을 알려 주고 있다. '9월 총파업'과 '10월 폭동'에 대한 소련의 개입이 명백해졌음에도 커밍스류의 남·북 현대사 서술 수정이 불가피함에도 아무 말이 없다. 중앙일보사의 북한관계 특별취재반은 김일성이 해방 후 소련군 대위 계급장을 달고 귀국하였으며 귀국 후 소련군 정치장교들의 지원하에 권력 기반을 굳혔으며 스탈린으로부터 직접 지명을 받아 집권한 시실 등을 밝혀냈다.

한국정부가 1994년에 러시아 외무부로부터 인수받은 '러시아 6·25 자료'를 검토한 김학준은 6·25전쟁의 발발에 관련하여 아래와 같은 중요한 사실을 확인, 수정주의 사관의 많은 오류를 찾아냈다.

① 김일성과 박헌영은 늦어도 1949년 1월부터 남한에 대한 전면적 침공 계획을 세워 놓고 이에 관한 스탈린 및 모택동의 동의를 얻기 위해 모스크바를 적어도 두 번(1949년 3월 초와 1950년 3월), 그리고 북경을 한 번(1950년 5월) 방문하여 소련 및 중공 지도자와 만나 적극적인 설득 작업을 벌였다.

② 1949년 3월 5일 김일성과의 회담에서 스탈린은 김일성의 남침 계획에 대해 회의적이거나 신중한 반응을 보였지만 1950년 4월 다시 만났을 때 "국제 환경이 유리하게 변하고 있다."라고 말하면서 '북조선이 통일 과업을 개시'하는 데 동의했다. 그러면서 그는 중국의 모택동으로부터는 반드시 동의를 받으라고 강조했다.

③ 모택동은 1950년 5월 15일 김일성과 만났을 때 먼저 스탈린 측의 태도를 확인한 다음 "만일 미국이 참전한다면 중국은 병력을 파견해 북한을 돕겠다."고 약속했다.

④ 수정주의자들은 1950년 6월 25일에 북한이 취한 군사적 행동은 남한 전체의 점령과 공산화를 목표로 한 것이 아니었다고 주장하지만 김일성은 스스로 '옹진반도작전'을 개시한 다음 곧바로 서울을 침공하고 서울 점령이 성공하면 남한 전체를 공산화하려고 했다.

'한국전쟁의 발발과 기원'을 펴낸 박명림도 한국전쟁의 배경에 관련된 국내외의 주요 문서를 철저히 검토한 끝에 "6·25전쟁 발발 과정에 대한 커밍스의 주장이 오류였다."고 밝혔다. 동시에 그는 한국전쟁은 "북한의 김일성과 박헌영이 군사적 수단에 의해 남한과 북한을 통일하려는 의지에서 구상하게 되었으며, 이를 스탈린에게 제의하여 동의를 얻고 이어서 중국의 모택동의 동의에 의해 최종적인 합의에 도달함”으로써 가능했던 ‘침략전쟁’으로서 “단순한 민족해방 전쟁이나 시민전쟁이 아니었다.”고 결론했다.

⑤ 한국사에 대한 퍼스펙티브상의 문제: 커밍스는 역사학도가 아니라 정치학도로서 한국현대사를 연구하였기 때문에 그의 논저들은 예리한 사회과학적 분석도구를 활용한 면에서 돋보이지만 그 대신 한국사 전반에 대한 건전한 거시적 이해를 결여했다. 이러한 문제점 중에 두드러진 예를 제시해 보면 다음과 같다.

① 커밍스는 1930년대 이전의 한국역사, 특히 19세기 후반의 한국사를 거의 완전히 사상하고 해방 전후사를 다루었기 때문에 한편으로 한국사회의 뿌리 깊은 권위주의적·보수적 전통을 과소평가하고 다른 한편으로 한국 민중의 ‘혁명적’ 잠재력을 과대평가했다.

② 커밍스가 그린 해방 후 8년간 남한의 역사상은 암울하기 짝이 없다. 이에 비해 해방 후 소련의 내정불간섭 정책하에서 ‘자주적으로’ 민주개혁을 실시했다는 북한의 역사상은 그지없이 밝다. 남한의 역사는 ‘퇴보’하고 있었고 북한의 역사는 ‘진보’하고 있었다는 것이다. 이러한 커밍스의 남한역사 퇴보관 내지 북한역사 진보관은 거시적으로 볼 때 과연 타당한가?

한국현대사에 관련된 미국 수정주의자들의 논저는 주로 미국적 시각에서 미국의 대외정책을 비판하는 데 초점을 두고 집필된 글들이었다. 특히 커밍스의 한국현대사론은 미국의 대한 정책을 비판하는 데 주안점을 둔 것이다. 수정주의자들의 저술에 공통적으로 나타난 이러한 반미·반제의 비판의식과 약소국 민중에 대한 동정적 관심이야말로 1980년대 한국의 ‘진보적’ 사회과학자 및 역사연구자들의 심금을 울린 최대 매력이었다. 역사 저술이 반드시 객관적으로 믿을 수 있는 진실을 밝히는 것은 아니다. 수정주의도 나타났다가 사라져 간 학설이나 이론과 마찬가지로 장점과 단점이 다 있는 하나의 일과성적 외래 사조였다. 수정주의는 그것에 내재한 이데올로기적 편향성과 수정주의 사가들의 방법론적 결함 및 자료 활용의 한계 등 기본적 약점 때문에 냉전 종식 이후 급속히 조락하지 않을 수 없다. 1989~1991 소련과 동구 공산국가가 사라져 소련을 동경하던 수정주의 사관은 진실이 아니었음이 확인되었다. 그런데 아직도 커밍스의 왜곡된 6·25 이야기에서 벗어나지 못하는 친북자학사관이 고개를 들고 있고 그 세례를 받은 세대들이 거짓을 진실보다 선호하는 것은 지난 10년 왜곡된 역사교육의 결과였다.

6·25 수정주의 사관은 반공·안보 논리의 안이한 역사 기술을 해 왔던 국내학계에

경종을 울려 주었다. 수정주의는 한국현대사 연구의 새로운 지평도 열어 주었다. 그러나 미국 외교사학계의 비주류 학풍에 불과했던 수정주의가 한국에서 1980년대 초로부터 2000년대 초에 걸쳐 현대사 연구의 주류학풍으로 자리잡았다는 것은 한국 학문의 후진성을 드러낸 부끄러운 일이다. 6·25를 직접 체험한 기성학계가 출발부터 잘못된 수정주의 사관을 수수방관해 새로운 세대에게 혼란스런 역사교육이 시행되게 한 것은 비겁하다. 수정주의를 무비판적으로 수용한 일부 '진보적' 사회과학자 및 역사학자들은 한국정치를 후퇴시키는 '시행착오'를 남겼다.

　한국전쟁사 전문가들 간에 전통주의와 수정주의 그리고 민중사관을 다 지양하고 '제3의 새로운 연구 시각'을 개발하자는 자성의 목소리가 높아지고 있다. 수정주의로 인하여 왜곡된 한국현대사 — 특히 해방 8년사 — 서술의 오류를 바로잡는 일을 서둘러야 할 것이다. 수정주의의 압도적 영향하에 위축되었던 관련 근·현대사 분야의 연구를 활성화시킴으로써 역사 연구의 균형을 바로잡는 일에도 박차를 가하여야 할 것이다.

4) 6·25 후 남과 북 한국전쟁의 사회학

(1) 전상인 교수 등 사회학자가 분석한 6·25의 사회구조적 변동

　전상인(사회학, 서울대) 교수는 6·25에 관한 수정주의 사관을 비판하며 6·25가 남북한 사회에 끼친 영향을 정리했다. 6·25의 사회구조적 변동은 인구 변화, 도시화, 사회계급 변동, 사회제도 변화 등 거시구조적 차원의 변동과 사회의식 변화, 민주화 등 미시적 차원의 변동 등 장기적으로 한국사회에 남긴 역사적 유산은 크다.

　다음은 전 교수의 분석을 요약한 것이다.

　① 6·25는 많은 인구 손실이 있었다. 군인 2만 9천여 명, 민간인 37만 4천여 명 총 40만 명이 사망했다. 납치, 실종, 포로까지 합치면 56만 명, 전쟁미망인 20만 명, 전쟁고아 10만 명, 피난민 240만 명이었다. 북한 공식 발표는 없었으나, 사망자 130만 명, 인구 손실 200만 명으로 추정한다. 피난 인구 240만 명, 월북 인구 29만 명, 월남 등 난민 이동 65만 명, 이산가족 500만 명, 흥남 철수만 10만 명이 월남했다.

　② 전통적 가족제도가 해체됐다. 이산가족이 많았고, 도시화(도시화율 49년 17.3%,

55년 24.5%)가 급하게 이루어졌다. 가족 이기주의, 연고 주의적 연줄망 심화됐다. 그러나 전쟁은 '위대한 평등 장치'(great equalizer)였다. 신분제적 유제가 일소됐고, 계급 상승·사회이동 기회·사회 평등화·개별화·국민 창출·국민 형성 등이 초스피드로 진행되었다. 그러나 국민이 국가권력에 대응할 수 있는 시민사회 주역으로 등장한 것이 아니라 대중사회 속에 함몰되었다. 전쟁은 사회경제적 평등화 조건 속에서 사실상 사회적 불평등 구조를 잉태했다. 전쟁은 위대한 평등장치였으나 권력과 자원이 집중되었다. 매판자본 원조 자금 혜택·고등교육 특례화·지역 간 불균등화·종교 세력의 과두화, 권력화·지연, 학연 등 연줄망이 위력을 발휘했다.

③ 사회심리적 변화도 심각했다.

남한 체제에 대한 충성심 정당성 제고·국가권력에 대한 공포와 경계심·負의 통합 방식(negative integration)·국가테러리즘(state terrorism)·냉전적 세계관의 내면화·극단적인 반공주의 red allergy·공산주의 공포심 내면화·red comlex·사회를 만인의 만인에 대한 투쟁으로 만들었다.

④ 한국전쟁의 사회적 유산

한국전쟁은 전후 독재와 민주주의 기원의 공통 분모였다. 계급구조의 재편과 신분제 해체는 사회 구성원의 '국민적 평준화'와 근대적 국민을 탄생시켰다. 그러나 50년대 '강한 국가'와 '약한 사회'의 공존, 이승만 권위주의는 외양적으로 '대의민주주의'에 기초. 전쟁 중 신장된 국민주권 의식이 권위주의를 견제하는 사회적 힘이 되었다. 한국전쟁은 60년대 이후 발전 국가 등장에 의한 급속한 자본주의 산업화의 부분적 기초가 되었다. 강한 국가는 하루아침에 이루어지지 않는다. 이승만은 전쟁을 군부 강화, 교육기회 확충, 산업화, 무역 등 경제 건설 등 국가 건설의 호기로 활용했다. 그 군부는 60년대 이후 국가 발전의 선도 역할을 했다.

⑤ 60년대 한국 경제성장을 선도한 재벌이 탄생한 것도 한국전쟁의 산물이다. 한국전쟁은 사회 구성원 간의 상대적 평준화와 기회 균등 원리의 형식적인 제시에도 불구하고 실질적으로는 사회 불평등을 구조화하고 사회 내 기득권층의 탄생을 예고하였다고 사회학자들은 지적했다. 공동체 의식이 파괴되고 한국사회를 극단의 저신뢰 사회로 만들었다. 이념적, 정치적 공동체는 어디까지나 외견사에 불과하고 대내적으로는 불신과 경계가 만연하고 있는 야만적 전투사회의 성격을 띠고 있는 것이다. 구조화된 사회적 불평등과 기득권 세력의 도덕적 헤게모니 결핍이 정치가의 선동에 의해 체제 자체를 쉽게 흔들 수 있게 했다. 이 정치 만능 풍조는 한국사회의 모든 현상을 '정치화'시

컸으나 이 정치 만능 풍조는 정치 불신을 팽배케 했다. 심각한 문제는 위로부터 설정했던 이념적, 정치적 공동체가 효력을 상실하기 시작했다는 사실이다. 그 결과 그동안 저신뢰의 야만적 전투사회를 겉에서 보존 유지해 왔던 그릇 자체가 깨어질 가능성도 있다. 한국의 성장과 보호막이었던 미국에 대한 적대감정의 조장도 그런 우려의 표징의 하나다. 6·25가 만들었던 사회구조와 사회의식 간의 외면적 합일이 밑으로부터 와해되고 있는 것이다. 한국전쟁이 야기한 사회변동은 이중적이고 양면적인 성격이다. 국민적 평등 기회 균등 원칙 밑그림을 그렸으나, 다양한 사회적 영역에서의 불평등 구조를 제도화하면서 새로운 기득권을 차지하는 파워엘리트를 형성했다. 사회심리적인 측면에서도 국가관 이데올로기 공동체주의 대외의식 등의 제반 측면에서 이율배반적인 변화를 유발했다. 그리고 그것은 궁극적으로 민주주의 경제발전, 사회갈등, 사회의식 등 거의 모든 분야에서 긍정적이고 부정적인 효과를 동시에 복합적으로 발현했다.

⑥ 6·25의 양면성

* 사회 평등화와 사회 불평등화의 구조화가 진행되었다. 계층 간, 지역 간 벽이 무너졌다. 그러나 전후처리 과정에서 매판자본 원조 자금 혜택으로 사회 불평등이 조성되었다. 자본주의적 산업화의 기초 작업에서 정실 자본주의의 상징인 재벌이 등장, 천민성 매판성 자본이 축적되었으나 자립경제의 기반은 다졌다. 전후 권위주의 정치 공고화와 민주주의 학습이 함께 이루어졌다. 사회주의의 강제적 부재 속에 자유민주주의는 발전했지만 혈연 지연 연줄망 구성에 의한 편향적 배분과 정경 유착으로 사회가 양극화와 부패의 늪에 빠졌다. 공동체 의식의 파괴 극단의 저신뢰 사회가 되었다. 심각한 문제는 위로부터 설정했던 이념적, 정치적 공동체가 효력을 상실한 것이다. 저신뢰의 야만적 전투사회가 보존 유지됐던 그릇 자체가 깨어질 가능성도 있다. 6·25가 만들었던 사회구조와 사회의식 간의 외면적 합일이 밑으로부터 와해되고 있는 것이다. 신뢰 부재 야만성 정치적 보호막의 해체와 함께 극단적인 사회 해체로 이어질 가능성, 개연성을 염려할 시점이다. 우리 내부의 심리적 공황 및 전투 상태 청산 작업이 문제다. 한국전쟁이 야기한 사회변동은 이중적이고 양면적인 성격이다. 국민적 평등 기회 균등 원칙 밑그림을 그렸으나, 다양한 사회적 영역에서의 불평등 구조를 제도화하면서 새로운 기득권을 차지하는 파워엘리트를 형성했다.

* 한국전쟁과 사회의식 문화 변화—국민개병제도, 의무교육제도, 군은 근대의 훈령장으로 각종 기술학교 출신자가 10년 동안 82만 8936명 배출, 50년대 후반 국방예산 세출 예산의 3분지 1, 59년 문교예산비율은 정부 예산 중 14.9%, 그중 의무교육비

80.4%였다.

5) 한국전쟁과 한국정치변혁

(1) 6·25전쟁의 상처

박명림 연세대교수는 한국전쟁과 사회구조의 변화(백산서당 한국현대사의 재인식 7 권)에서 전쟁 중 공권력에 의한 희생과 정부의 실책을 지적했다. '한국경찰사2, 1948~61'에 따르면 한국전쟁 전 시기를 통틀어 친공산주의적 활동을 했다는 부역자는 무려 55만 915명이다. 이 중 검거 15만 3천825명, 자수 39만 90명이었다. 이 중 북한군 1천448명, 중공군 28명, 적유격대 9979명, 노동당원 7661명 등 도합 1만 9116명을 제외하면 대부분 강압으로 부득이 부역한 사람들이다. 이때 국가가 규정한 부역자란 "공산독재의 사상을 이념적으로 공명하거나 또는 이론적으로 맹신하여 대한민국의 민주정치를 반대함은 물론 국가의 기본 조직을 파괴하는 행동을 취하거나 또는 그들의 행동에 가담하여 반민족적 비인도적 행위를 감행한 자"를 말했다. 전쟁 후 자주 등장한 역도(逆徒)는 이북 공산괴뢰에 협력한 자들을 지칭한다고 경찰은 규정했다. 전쟁 도발 직후인 50년 7월 이후 충북 지방에서는 적어도 3천 명 이상 보도연맹원이 학살되었다는 주장도 있다. 토벌 작전에서 많은 민간인이 통비분자로 몰려 학살되기도 했다. 산청, 함양, 거창 양민학살 등 경상남북도, 전라남북도 곳곳에서 유사사건이 속출했다. 거창학살 주민 752명 중 3세 이하 119명, 14세까지 259명, 60세에서 92세까지 노인 70명. 산청 군내 8개 마을에서도 529명 희생. 4·19 후 구성된 국회조사단 보고에 따르면 빨갱이로 학살당한 민중이 신고된 수치에 한정하더라도 경남 1892명, 경북 2220 명, 전남 524명, 정북 1028명, 제주 1878명이었다. 전쟁으로 일어난 국가테러리즘의 극치였다.

(2) 이승만 대통령의 휴전 반대와 대의정치 혼란

김일영 성균관대교수 정치학교수는 연세대학교 국제대학원 주최 이승만 대통령의 역사적 재평가 국제학술회의(2004.11.12.)에서 발표한 논문 '이승만 대통령과 근대 국민 국가의 형성'과 한국과 6·25전쟁주제학술회의(2000.10.6.)에서 발표한 논문 '한국전쟁 중 북진통일론과 두 갈래 개헌론의 관계' 등을 통해 이승만 재인식을 제의했다. 김일 영 교수는 6·25전쟁 중 벌어진 보도연맹 불법 처형, 국민방위군 사건, 거창 양민 사 건, 부정선거, 사사오입개헌 등에서 이승만 대통령이 책임져야 할 몫은 분명히 있다. 그러나 이승만 대통령이 냉전이라는 국제적 조건과 전쟁이라는 어려운 여건 속에서 신 생국가를 만들고 국가 보위를 했다는 점을 간과하는 경향이 있다고 주장했다.

　6·25전쟁 중 미국은 한국의 민주주의, 안보, 경제 세 측면에서 결정적인 영향력을 행사했다. 52년 부산 정치파동 직후 29일 무초 미 대사가 워싱턴에서 트루먼에게 불려 가, 한국에 돌아가 이승만에게 자신의 개인적 관심을 전달하라고 지시했고 이에 앞서 하루 전 5월 28일 국제연합한국통일부흥위원단(UNCURK)도 공식 성명을 이승만에게 보냈다. 52년 1월 18일 이승만이 제기한 직선제 개헌안 표결에서 의회는 찬성 19표 반 대 143표로 부결시켰다. 이승만은 이러한 의회의 개헌 부결에 대해 민의 배반, 의회 독 재, 반민족적이라며 국민에 대한 직접적인 호소로 대응했다. 계엄령 선포 등으로 발췌 개헌안을 통과시키는 과정에서 미국과 갈등이 있었다. 미국은 부산 지역 계엄령 해제, 국회의원 석방을 요구했다. 발췌개헌안이 통과된 다음 날인 52년 7월 5일 클라크 사령 관은 이승만 제거를 위한 6개 항의 구체안을 합참에 상신했다(이승만을 서울이나 다른 지방으로 보낸다. 유엔군이 부산으로 이동 독재 정치에 참여한 5~10명의 지도자를 잡 아넣고 계엄령을 해제할 때까지 그 집행을 유엔군이 한국군으로부터 인수한다. 이승만 에게 계엄령 해제를 지시하고 국회 정상화 언론자유 보장한다. 만약 이승만이 거부하 면 보호 구속 상태로 격리 수용하고 장택상에게 계엄 해제를 지시한다. 국무총리가 동 의하지 않으면 임시정부 수립 필요할 것이다). 클라크의 이 개입 원칙은 53년 5월 4일 에버레디 계획으로 발전되었다. '언제든 출동 가능한 작전 계획'이라는 Plan Ever ready는 대전협정 파기를 위협하는 이승만을 축출하는 계획이었다. 이승만이 유엔군 통 제를 벗어나겠다고 위협하는 상황 속에 문자 그대로 언제든지 준비될 수 있는 추상적 인 안이었다. 미국은 더 적절한 지도자를 구하려고 시도했으나 물리적이며 인위적인 개입으로 문제를 해결하는 것은 무리라고 판단, 장기적이고 간접적인 개입을 도모하는 데 그쳤다. 부산 정치파동 시절 미국 대리대사 라이트너는 부산 정치파동 중 이종찬 육군참모총장이 대사관 관사로 찾아와 쿠데타를 상의했다는 것을 워싱턴에 보고했다. 이종찬 쿠데타가 불발했을 때 육본 작전교육차장이 박정희였고 이용문이 작전교육국장

이었다. 이용문도 장면 비서실장 선우종원을 찾아가 이승만 제거 쿠데타를 제의한 일이 있었다. 미국의 이승만 제거 비상 계획의 배경에 대해 김일영 교수는 이승만 독재에 대한 제재도 있지만 이승만의 전전상태로 환원하려는 미국의 휴전회담 반대도 무관하지 않다는 논문(한국전쟁 중 북진통일론과 두 갈래 개헌론의 관계)을 발표했다. 차상철 교수도 논문 '이승만과 한미상호 방위조약'에 "1950년 10월 중공군 개입 후 완전히 새로운 전쟁이 되었다. 트루먼 정부는 '독립적이고 반공적인 통일 한국'의 달성이라는 원래의 전쟁 목표를 수정하기 시작 1951년 봄에는 '독립적이고 반공적인 분단된 한국'이라는 전전상태로 원상회복을 원했다. 1951년 3월 미국 국무부는 38도선을 따라 휴전할 것을 제의하는 정책 초안을 작성했으며 5월 중순 미국 공식 정책으로 확정됐다. 이승만은 200만 명 희생의 대가로 얻은 한민족의 통일 기회를 미국이 중공의 압력에 굴복하고 전쟁 전 상태로 돌려놓고 철군을 서두르는 것은 한국에 대한 사형 집행 영장이라고 단언하며, 트루먼의 전전상태로 돌아가는 한반도정책 변경을 반대했다.

51년부터 시작된 휴전협정회담 중(51.10.~53.7.) 이승만은 북진 통일을 주장하며 반대했으며 미국은 이승만 제거계획인 Plan Ever ready까지 만들었다. 이승만 대통령은 미국과 결속 강화가 가장 확실한 민족국가 발전 전략이라고 여기고 미국을 붙들기 위해 미국 정책에 반대하는 전략을 구사하기도 했다. 반공 포로 석방 등 초강수를 썼고 민중 동원을 했다. 클라크 유엔 사령관은 워싱턴 합동 참모 본부에 53년 4월에 "이승만이 정부기관과 군뿐만 아니라 일반 국민에게까지 미군에 대해 공개적인 적대행위를 하도록 할지 모른다."며 "유엔군의 안전과 단결, 미국 보급품과 군사기지 보호, 한국군에 대한 통제권 회복 등을 위해 이승만을 제거하고 임시정부를 수립해야 한다."고 건의했다. 국방성과 군부는 이승만 공갈에 굴복하지 말고 그를 체포 감금시켜야 한다고 주장, 미국은 쿠데타 위장 계획까지 수립해 놓고 있었다. 그러나 국무성은 휴전협정 동의 조건으로 상호방위조약 협의하겠다는 공약을 이승만에게 주어야 한다고 주장했다. 미국은 절충안으로 첫째, 한국군을 동원한 이승만 감금 후 임시정부 수립, 둘째, 이승만의 휴전 동의 및 협조 시 한국과 상호방위조약 체결한다는 두 개의 최종안을 마련해 클라크에게 그의 선택권과 함께 통고. 클라크는 두 번째 안을 선택 건의했고 국방성 군부 국무성도 동의했다. 클라크는 재임 중 부산 정치파동, 공산 포로 석방, 휴전협정 조인 등으로 자주 이승만을 만났다. 그는 From the Danube to the Yalu에서 이승만의 포로 석방을 대단한 결단으로 평가했다.

2차 세계대전 후 한국은 반공 투쟁의 전진기지였다. 자본주의 경제 민주주의 정치체계의 진열장이었다. 이승만 대통령은 이러한 국제상황을 제대로 읽고 미국에 한국의 안보책임을 요구 달성한 것이라고 평가하는 것이 정치학자들의 공통된 의견이다.

(3) 올리버 일기 51.5.(Robert T. Oliyer, Syangman Rhee and American Involvement in Korea. 1942~1960)

무쵸 대사가 조병옥 내무장관 사표 수리를 항의했다. 조병옥은 무쵸의 사람이었다. 그를 통해 미국인들은 다음 선거(대통령)를 통제하려고 했다. 무쵸는 조병옥이 사라졌기 때문에 다른 인물을 찾았는데…… 온화한 장면 총리였다. 국무성은 다가올 몇 해 동안 한국을 손아귀에 두고 싶었다. 선거는 한국전쟁을 제한 전(조기 휴전을 의미: 필자)으로 끌고 가려는 미국 계획을 실현시키는 데 매우 중요한 것이었기 때문이다(51년 봄 전쟁 전 상태로 휴전하는 것이 미 국무성 정책 초안, 5월 공식 정책으로 확정. 휴전회담: 51.10~53.7). 만약 미국이 자신들의 계획에 동조하는 한국 대통령을 갖게 된다면 미국으로서는 중국에 한반도의 절반을 갖게 할 수도 있다. 이승만의 재선은 이러한 미국의 계획과 맞지 않을 것이다. 이승만이 어떤 조건도 붙이지 않고 한국의 완전 독립을 계속 주장하리라는 사실을 그들은 알고 있었다(올리버＝위스컨신대 ph.d. 시라큐즈대교수 펜실바니아대 명예교수 이승만 정치 고문).

조용중: 대통령의 무혈혁명 1952 여름, 부산.

김일영: 이승만이 1951년 5월 7일 거창 양민 사건(51.2.) 책임을 물어 신성모 국방장관(신정동지회)을 사퇴시키고 조병옥 내무장관의 사표를 수리한 것은 한국 정치에 대한 미국 영향력을 제거하고 대통령 선거를 대비하기 위함이었다. 민국당에 가까운 경찰간부를 대거 해임하고 김도연 법무장관(민국당세력)을 경질했다. 4월 24일에 낸 조병옥 사표를 이 대통령이 수리하자 무쵸 대사가 사표수리에 대해 항의했다.

6) 6 · 25 후 미국의 지원으로 자본주의 경제체제로

(1) 50년대 한국경제수입 대체 산업과 재벌

이종원(일본 릿코대학 미국의 동아시아 지역통합전략) 교수는 미국이 한국을 일본 공업화를 위한 배후지(＝경제적 요인) 일본 방위를 위한 앞마당(＝안전보장적 요인)으로 간주했다고 분석한 수정주의 이론은 의미 있다고 지적했다. 애치슨은 일본을 중심으로 하는 지역통합 추구 입장에서 한국의 경제적 가치를 중요시했다. 한국전쟁 중 일본은 병참기지였으며 일본의 재무장과 미국의 지역통합전략 수정이 불가피했다. 한국전쟁으로 미국이 주도하는 안보체제와 세계 자본주의 체제의 하위체제로 편입되었다. 57~61년의 한국정부 세입의 45.5%가 원조 재원이었다. 실질적인 원조 규모 역시 엄청났다. 56년 미국 경제 원조는 3억 2600만 달러, 군사 원조 4억 달러, 미군 한국 주둔 경비 3억 달러 등 총 10억 달러였다. 1954~1960년 7년 사이에 미국 원조금액 18억 8900만 달러, 1인당 13~14달러로 다른 나라의 7~14배였다. 인구 급증을 살펴보면 55년 2150만 명, 60년 2500만 명, 부부 평균 자녀 수 6.3명으로 도시화되었다. 6 · 25로 한미동맹체제 구축, 한국은 반공 투쟁의 전진기지이며, 자본주의 경제 민주주의 정치체계의 진열장이 되었다. 국민개병제도, 의무교육제도, 군은 근대의 훈련장 각종 기술학교 출신자가 10년 동안 82만 8936명 배출되었다. 50년대 후반 국방 예산 세출 예산의 3분지 1, 59년 문교 예산 비율은 정부 예산 중 14.9%였다. 그중 의무교육비 80.4%, 무장 공비 소탕, 연좌제로써 월북 부역자 가족 관리, 전후 철도 도로 교량 복구, 발전소 건설, 비료 시멘트 · 판유리 공장 건설, 국산품 전시회, 1인 1기 교육, 보건소 확충 등이 59까지 진행되었다.

경제 분야를 살펴보면 50년대에 수입 대체 산업화 원료 가공형 소비재 산업 중심 독과점적 재벌기업이 형성되었는데 면방, 제당, 제분 3白산업이 주축이 되었다. 자유당 말기 2000년대 국제사회에 나가 경쟁하는 한국 기업의 골격이 성립됐다. 삼성(이병철), 삼호(정재호 - 조선방직 제일화재 제일은행 삼호무역), 삼양(김년수 경성방직), 개풍(이정림 대한양회 삼화제약), 동아(이한원 대한제분), 낙희(구인회 반도상사 낙희화학), 대한(설경동 대한방직 대한전선), 동양(이양구동양시멘트 동양제과), 화신(박흥식 화신산업 화신신신백화점 흥한방직), 한국유리(최태섭 한국유리 동화산업), 극동(남궁연 극동

해운 한국정유), 현대(정주영 현대건설), 태창(백낙승 태창방직), 금성(김성곤 금성방직)이 재벌기업의 기초를 다졌다. 대체로 기업적 기반이 취약해 대기업 소유자에게 정부가 자원을 집중적으로 배정, 재벌 위주의 산업화가 진행됐다. 정부의 특혜와 비호하에 비대화·가족 중심의 폐쇄적 경영체제 유지·정경 유착·50년대 산업화 과정에서 구조화 등의 문제가 있었으나 국제경쟁력 강화를 위한 전략이었다.

(2) 원조 경제의 운용과 개발계획

경제개발계획 입안 시도

① 한국경제재건계획(일명 Nathan 보고서)＝미국 Robert R. Narthan 협회가 국제연합한국재건위원회(UNKRA)와 계약해 1952년 9월부터 1953년 9월까지 한국경제 실태조사를 거쳐 1953년 9월에 시작하여 1959년 8월에 끝나는 5개년 계획을 1953년 3월에 발표했다.

② Tasa보고서＝타스카 3개년 대한 원조 계획, 1953년 4월 17일 내한한 아이젠하워 대통령 특사 Henry J. Taska 사절단이 2개월에 걸쳐 정부 미국 유엔 기구 등과 접촉해 보고서를 작성, 1953년 7월 15일 미국의 대한 경제 원조 사용 지침으로 한국정부에 건의했다. 미국이 경제 원조를 통하여 한국의 경제 부흥 3개년 계획을 수립, 이를 기초로 상공부는 공업 부문 종합 계획을 마련.

③ 1954년도 경제 부흥 계획서(54~58)＝이승만 대통령 방미에 앞서 54년 7월에 입안, 대미교섭용으로 급조된 것이다.

④ 경제개발 3개년 계획＝50년대 아시아 각국은 경제개발계획을 세웠다. 인도는 1952~1956, 1957~1961 경제개발 계획을 입안했다. 57년 3억 8000만 달러 경제 원조를 고비로 미국의 한국 원조 감소했다. 57년 중반부터 USOM 관리들이 김현철 부흥부 장관에게 장기개발계획 세우라고 통고했다. 송인상 부흥부장관(56~59) 미국 원조 감소 대책으로 경제계획 구상 착수했다. 송 장관은 58년에 방미하여 허터 국무장관대리를 만나 장기개발 기본 방향을 미국과 상의했다.

ㄱ. 장기계획 공동으로 만들 것

ㄴ. 원조를 1년 베이스가 아니라 3~5년으로 할 것 제의

미국 원조 재원인 대충자금으로 유지되는 산업개발위원회(EDC)가 부흥부 산하 자문

기관으로 58년 봄에 대통령령에 의해 설립된다. 미국 오레건 대학교수 5명이 자문역으로 초대되었다. 7개년 계획으로 전반부 3년, 후반부 4년으로 잡아 먼저 경제개발 3개년 계획(1960~1962)이 마련되었다. 2년 작업 끝에 59년 12월 31일에 확정되었다. 60년 4월 15일 4·19 전야 정국 불안 속에서 중앙청 국무회의에서 부흥부장관이 제의 수정 채택되었다. 경제성장 투자 생산 고용 국제수지 등 개발 목표와 정책 방향 등이 별책으로 보고됐다. 경제개발 3개년 계획의 5대 계획 목적은 생산력 극대화, 국제 수지 개선, 고용 기회 증대, 국민생활 수준 향상, 산업구조 근대화였다. 경제성장 목표치는 5.7%였다. 제1공화국 마지막 국무회의가 의결한 경제개발 3개년 계획은 4·19로 종이 계획으로 그쳤다.

7) 북한 김일성의 권력 강화

6·25 후 김일성과 노동당 독재가 강화됐다.

* 50년 10월, 허가이 등 소련계 당조직 잘못 정비했다는 이유로 제거.

* 같은 해 연안파 김무정 장군 직권남용 이유로 숙청.

* 52년 말 부수상 박헌영 당비서 이승엽 등 남로당계 숙청. 종파 분자 미제 스파이 쿠데타 음모 협의, 월북한 남한 좌익을 김일성이 제거.

* 6·25 후 김일성이 추진한 중공업, 경공업 병진 정책 대신 경공업 우선 정책을 주장한 연안파 최창익, 박창옥 등은 유연한 수정주의 노선을 주장하다가 56년 종파주의, 사대주의, 교조주의, 반혁명주의자로 낙인 찍혀 권력에서 밀려났다.

* 조국 광복회 관련 인사가 주축인 갑산파도 67년 제거. 김일성 일인독재체제 구축.

5. 건국 60년 이승만 건국대통령 재조명

1) 정치학·사회학 국제정치학계의 새시각

연세대 현대한국학연구소는 제6차 국제학술회의(2004.11.12~13.)에서 이승만 재평가를 제의했다. 유영익 교수와 소장 정치 사회학자들의 이승만 재조명과 대한민국사의 긍정적인 해석 시도로 정파주의적 이승만 매도에서 객관적인 진실 규명에 한발 다가섰다.

이정식 펜실바니아대 정치학과 명예교수는 이승만 건국대통령의 단독정부 비방론의 타당성을 먼저 검증하라고 지적했다. 이승만의 대한민국 건국은 역사적 이벤트였다. 그러나 독립투사들은 불참했고, 북조선인민위원회는 분열행위라고 규탄했고, 남조선 노동당은 무력 동원 반대 투쟁에 나섰다. 이승만을 건국의 아버지(Founding Father)라고 숭상하는 사람은 적고 민족 분열을 가져온 원흉이라고 규탄까지 한다. 학자들까지 그렇게 비방하고 친북 좌파 정권은 그렇게 가르치는 왜곡된 현대사 교육도 방관했다. 이정식 교수는 이승만 자신의 그릇된 처사가 원인이기도 하지만 이승만 단정론이 나온 배경 등을 무시한 반이승만 세력의 감정적인 역사 평가도 문제라고 지적했다. 아직도 이승만 혹평은 개인과 가족 친지가 겪은 경험이 역사인식을 좌우하고 있고 자료의 미공개 등이 문제라고 분석하고 한국학계의 현대사 연구가 분단되어 있는 것도 문제라고 주장했다. 현대사 연구학자의 편견과 예단을 지적한 것이다.

왜 이승만은 5·10선거를 서둘렀던가. 이정식 교수는 이승만 대통령의 정읍 발언 배경으로 5가지를 지적했다.

① 이승만이 남달리 국제 정세에 해박했다.

② 미소 간의 냉전이 악화되고 화해 가능성이 전혀 보이지 않았다.

③ 소련이 북한에서 단독 노선을 따르고 있었다.

④ 미국이 한반도 정책이 표류 상태이고 남한의 정치, 경제가 혼돈 상태.

⑤ 이승만이 미국정부를 불신했다.

이승만은 남북 지도자들이 대화를 위해 5·10선거를 지연하자는 것을 거절했다.

① 한반도에 대한 결정권을 쥐고 있는 강대국들의 대립이 악화되고 있는 상태에서 아무리 남과 북 지도자들이 합의를 거듭해도 남북분단 해소가 불가능함이 자명했기 때

문이다

② 5 · 10선거를 연기할 경우 다시 총선거를 할 수 있을지 기약할 수 없기 때문이다.

③ 독립정부가 서지 못하면 남한은 미국의 통치하에 남을 수밖에 없고 북한은 단독정부 수립을 공개적으로 진행하고 있기 때문이다.

북한은 이미 1948년 2월 8일 조선인민군 창군, 2월 10일 조선임시헌법 초안 발표, 47년 11월 임시헌법 제정위원회를 조직했다. 스탈린은 숙적 중국공산당 수뇌에게도 "공식적인 정부가 정식으로 설립되어 있지 않은 동안에는 외국인이 간섭할 수 있다."며 정권 수립을 앞당기라고 충고했다. 유소기가 인민공화국 수립 선포를 50년 1월 1일에 할 예정이라고 하자 스탈린은 날짜를 앞당기라고 충고, 49년 10월 1일에 중공 수립했다. 대한민국 수립은 시급했다. 이승만과 임시정부는 독립운동 과정에서 주권이 없기 때문에 40년간 세계 각국과 각종 국제회의에서 조선 독립을 청원하고 다녔으나 자치 능력 없는 망국노예라는 격멸과 매도를 감수해야 했다. 일제로부터 해방된 지 2년이 지났건만 주권을 되찾지 못하고 외국의 통치를 받고 있었다. 김구와 김규식이 주장한 통일 우선주의는 심금을 울리는 고귀한 감정 표현이었지만 실현 불가능한 것이었다. 소련 스탈린의 지령이 민족 통일을 막고 있었기 때문이다. 스탈린은 1945년 9월 20일 소련군 점령 지역에 부르주아 정권을 수립하라고 지령을 내렸다. 미국과의 교섭이나 타협을 기다리지 말고 소련 점령 지역에 단독정부를 수립하라는 것이었다. 이 지령은 스탈린 소련군 총사령관과 안토노부 참모장 공동 명의로 연해주 군관구 제25군 군사평의회에 발송된 것이다. 이 전보 제2항에 "소련군 점령 지역에 반일적인 민주주의 정당 조작의 광범한 연합을 기초로 한 부르주아적 민주주의 정권을 수립할 것"을 지시했다. 이 전보에는 남한을 점령한 미군과 협의나 한반도 통합 통일문제는 언급이 없고 연해주 군관구 군사평의회가 북조선의 민간행정 지휘를 담당하라고 했다. 주권 회복을 지연시킬 경우 외국 통치 기간만 늘어날 뿐이다. 김규식은 하지, 이승만, 김구와 만나(2월 22일) 조국 분단이 결정되는 이때 우리가 최후 노력을 기울이지 않는다면 우리를 역적이라고 규탄할 것이라고 했을 때 이승만은 자기가 역사에 대한 책임을 질 터이니 염려 말라고 했다.

김일영 성균관대 정치외교학과 교수는 1980년대 수정주의 사관을 들고 나온 커밍스 추종 세력들(Cumings and his children)을 중심으로 분단과 한국전쟁 기원과 경과를 새롭게 조명하며 이승만을 '미국의 앞잡이', 분단과 전쟁 책임자로 각인시키고 있는 것은 잘못이라고 비판했다. 커밍스 추종 세력들은 한국을 보다 민주적이고 통일적인 사회로 만들기 위해 이승만과 미국은 분단과 전쟁 독재의 책임을 걸머진 존재로 비판되어야 한다고 믿고 있다. 이 '학문을 현실에 복무케' 하는 태도는 80년대 운동권의 전형적인 논리였다는 것이다. 김영일 교수는 이 논리로 한강다리 폭파, 보도 연맹원 불법처형, 국민방위군 사건, 거창 양민 학살, 부패스캔들, 사사오입 발췌개헌 등 이승만이 책임질 몫을 분명히 한 것은 인정할 만하다. 그러나 건국대통령 이승만은 냉전이라는 국제적 조건과 전쟁의 악조건에서 신생국가 건국과 나라 만들기 산업화, 민주화를 한꺼번에 해결해야 하는 어려움이 있었다. 이 상황을 잘 알면서 이승만에게 분단 전쟁 후진 정치의 모든 책임을 지우는 것은 무리라면서 한국현대사 연구가 정치 목적을 위한 선전 선동보다 진실 찾기에 봉사해야 한다고 지적했다. 냉전은 1947년 3월 12일 트루먼 독트린(Truman Doctrine) 발표로 시작되어 1989년 베를린 장벽이 무너지고 1991년 소련이 붕괴되면서 끝났다. 1947년에 냉전이 시작되면서 모든 나라는 미국 주도의 자본주의 진영과 소련 주도의 사회주의 진영 독자노선 선택을 강요받았다. 이승만은 미국 중심의 냉전 질서에 편승하는 것이고 김일성의 민주기지론은 소련 중심의 냉전 질서에 편승한 것이다. 중간파는 남북협상을 통해 통일 수립을 추구하는 노선이었다. 1948년에 정부가 수립되면서 법적 제도적으로 영토와 주권을 지닌 국가가 만들어졌고 참정권을 지닌 국민이 생겨났다. 그러나 형식상의 국민국가 탄생에 불과, 제주 4·3사태, 여수 순천 반란, 빨치산 활동 등 남한의 주권은 끊임없이 위협받았고 외부로부터 주권과 영토의 위협을 받았다. 부산 파동은 내각제와 대통령직선제 개헌 움직임이 대결하는 형국이었다. 이 갈등은 단순히 권력을 장악하기 위한 정쟁 차원에 그치는 것이 아니었다. 그것은 작게는 미국의 영향권 내에 들어간 한국의회와 상대적으로 독자적인 한국정부 사이의 힘겨루기로, 크게는 한국전쟁을 휴전으로 봉합하여 또 한 번 분단선을 설정하려는 미국과 북진 통일을 주장하는 이승만 사이의 싸움으로 볼 수 있다. 그 정점이 부산 정치파동이라는 것이 김일영, 유영익, 이채진 교수의 공동 분석이다.

미국은 처음에는 자신들의 전쟁 수행 방침에 반기를 드는 이승만을 제거하고 유순한 장면을 대신 앉히려 했다. 그러나 결국 미국은 이승만을 계속 지원하기로 바꾸었다.

유영익 연세대 국제대학원교수는 이승만 건국대통령이 건국의 아버지, 통일을 저해하고 민주주의를 압살시킨 시대착오적인 독재라는 두 개의 얼굴을 가진 야누스(Janus)를 닮은 거인으로 평가되고 있다고 지적했다. 유영익 교수는 장준하, 신상초, 테일러 (Richard C. Allen이라는 가명으로 Korea's Syngman Rhee; An Unauthorized Portrait

라는 제목의 이승만 전기를 쓴 John M. Taiylor), 송건호 등이 이승만을 부정적으로 평가했으며 이러한 평가를 종합해 김삼웅이 이른바 이승만 '죄악상'을 12가지로 간추려 이것이 중고교, 대학교재에 검증 없이 인용되어 일반 국민에게 보급 확산되고 있다고 지적했다.

김삼웅은 ① 분단의 책임, ② 친일파 중용, ③ 한국전쟁 유발 내지 예방 실패, ④ 독립운동가 탄압, ⑤ 헌정유린, ⑥ 정치군인 육성, ⑦ 부정부패, ⑧ 매판경제, ⑨ 양민학살, ⑩ 극우반동, ⑪ 언론탄압, ⑫ 정치보복 등을 이승만이 우리 현대사에 남긴 '악의 유산'이라고 열거했다(한국현대사 뒷얘기, pp.282－285). 유영익 교수는 김삼웅류의 비판론이 이승만 평가뿐만 아니라 대한민국현대사를 어둡게 그리고 있으나 1942년 이래 이승만의 자문 홍보를 맡으며 이승만을 지켜본 오리버(Robert T. Oliver 1909~2000)가 이 대통령이 애국심, 학문적 실력, 역사적 형안, 투지, 종교적 초월성 등 자질 면에서 당대 어느 정치가보다 뛰어난 인물이었다고 평가한 것을 반론으로 제시했다. 올리버는 '신화에 가려진 인물 이승만'에서 이승만의 재직기간 업적을 다음과 같이 요약했다.

① 여수 순천 반란 사건과 같은 국가위기로부터 신생 대한민국을 구출하고 국가보안법을 제정, 국가 기본 존립의 기본 조건인 안보를 확보했다.

② 6·25전쟁 중 국민들의 국가에 대한 충성을 확보했고 미국정부를 설득해 강력한 군대를 육성했다.

③ 공산주의 경력이 있는 조봉암을 초대 농림장관으로 기용, 지주 출신 의원들로 가득 찬 국회에 압력을 가하여 농지법을 통과시켜 농지개혁을 완수하고, 농협을 만들어 농민들을 전통적인 고리대금업자들에게서 해방시켰다.

④ 건국 초 어려운 재정여건에도 교육에 우선순위를 배정하여 학교, 교사, 교재에 집중 투자하여 국민교육 수준을 높이고 해외유학을 장려해 경제개발에 필요한 인력풀을 확대했다. 교육대통령으로 기억될 만한 업적을 남겼다.

⑤ 신생 대한민국이 군사, 경제 면에서 미국과 유엔의 원조에 매달리는 속국(client state)이었지만 탁월한 외교를 통해 한국을 진정한 주권국가로 대접하게 만들었다.

올리버는 이 대통령이 신생 대한민국의 건국기의 혼란과 6·25와 같은 재앙을 극복하면서 대한민국의 안보와 외교, 군사, 경제, 교육 등을 튼튼한 기반 위에 올려놓아 60년대 경제발전의 기초를 다졌다고 높이 평가한 것이다.

① 이승만 대통령은 건국에 절대적으로 공헌한 정치가로 높이 평가된다.

② 유엔을 통해 한반도 내 유일한 합법정부로 인정받았으며(48.12.) 유엔군 참전, 이승만 라인 선포, 한미 상호방위조약 체결 등 탁월한 외교수완을 보여주었다.

③ 6·25 발발 당시 국군병력 북한군의 2분지 1인 10만 명을 52년에 25만 명(16사단), 54년에 65만 명(2군 20개 사단)으로 늘렸으며 군자질도 향상시켜 이들이 한국근대화에 기여한다.

④ 농지개혁을 했으며, 경제발전계획을 수립했고 재임 중 산림녹화를 강조했다.

⑤ 1959년 96%가 취학, 문맹을 퇴치하고, 식민사관 극복 등 식민지 잔재 청산도 독려했다.

2) 신두영 국무원사무국장이 남긴 제1공화국 말기 국무회의록

이승만 건국대통령에 대한 객관적이고 공정한 역사적 평가는 대통령의 도덕성과 리더십 정립을 위해서도 필요하다. 건국대통령을 감정적으로 공격 비판한 전형적인 정파 신문·친북 좌파 역사학자·수정주의 사관의 맹폭격으로 이승만 건국대통령에 대한 평가는 잔혹하다. 특히 4·19 전야의 3년은 4·19로 묻혀 잃어버린 시간이 되었다. 자유당의 부정선거로 물러났지만 이 대통령은 이 3년간 정치보다 산업 경제개발, 법제 정비, 대미외교 등에 관심을 갖고 국무위원들을 독려했다. 경제개발계획·산림녹화·수출장려·관광개발·관료체제 정비 등이 이 기간에 준비돼 5·16 뒤에 실천된다. 이것은 제1공화국 58년 1월부터 60년 7월까지 315회 국무회의록이 증언한다. 57년 6월부터 60년 9월까지 국무원 사무국장이었던 신두영 전 감사원장이 58~60년 국무회의를 직접 기록하여 경무대에 보고하고 부본으로 보관했던 자료를 경향신문에 내놓음으로 공개된 것이다. 제1공화국 국무원은 대통령과 국무위원으로 조직되는 합의체로 대통령의 권한에 속한 주요 국책을 의결하는 기관이었다. 자유당 국무회의는 매주 화요일과 금요일 정기회의와 임시회의까지 합쳐 1년 120여 회나 개최되었다. 화요일 상오 경무대에서 열리는 국무회의만 대통령이 주재하고 화요일 하오와 금요일 중앙청에서 열린 국무회의는 수석국무위원이 주재했다. 경향신문에 공개한 국무회의록은 신두영 사무국장이 화요일 오후와 금요일 중앙청 회의실에서 열린 국무회의를 대통령에게 보고하기 위해 기록한 것이 모아져 역사 자료가 된 것이다. 대학노트에 기록했던 국무회의록을 미농지에 묵지를 대고 2부를 만들어 1부를 경무대에 보고하고 1부를 국무원 사무국장실에 보존했던 것이다. 4·19 뒤 소각될 뻔한 것을 김기억 비서관이 보관해 빛을 보게 된 것이다. 깨끗한 글씨로 정리된 국무회의록은 대통령 발언을 독특한 말투대로 기술, 속기록을 보는 것 같다. 대체로 주요 안건은 대통령이 직접 주재한 화요일 오전 경무대 회의에 상정됐고 화요일 오후 회의는 오전에 대통령이 지적한 쟁점들이 토의됐다. 화요일 오전 9시 경무대 대통령 집무실 옆방에서 열리는 국무회의는 국무위원 12명과 국무원사무국장, 법제실장, 공보실장, 대통령 비서관 1명이 서열대로 3줄로 앉아서 기다리다 대통령이 입장하면 회의가 시작된다. 1회에 토의된 안건은 10~19건이었다. 회의 시작은 대통령이 현안이나 반공 외교 문제에 대해 말문을 여는 경우가 많았으며 각 부 장관의 보고를 듣고 대통령이 질문을 하기도 했다. 경무대 국무회의실 국무위원석은 책상이 없어 국무위원들은 보고서를 들고 앉아 회의를 했다. 국무회의는 본래 합의체 의결기관이지만 대통령이 국무위원들에게 강의하는 시간이 많았다. 이 대통령은 국무회의를 국무위원 교육 장소로 활용했다. 3년간 국무회의에서 이 대통령은 미국의 공산권 유화정책과 친일정책을 강도 높게 비판했고 해외시장 개척, 경제개발, 사방사업, 식목, 주택건설 등을 역설했다. 그의 강의식 국무회의는 신진 관료가 대거 기용된 59년까지 계속됐다. 국무회의는 58년까지 이 대통령 체제로 일사분란하게 운영되었으나 이기붕에게 국무위원 인사권이 일부 넘어가고부터 대통령 통치권에 누수 현상이 나타난다. 58년 전반기까지는 국무위원들이 자유당의 부당한 압력에 집단 항의하고 장관직 사퇴로 맞서 바로잡기도 했으나 59년 개각으로 국무회의가 완전히 서대문(이기붕)의 눈치를 본다. 58년 국무회의는 40대 신진 관료들에 의해 전후 복구 사업이 마무리되고 행정 근대화·경제개발 사업이 수립되고 추진돼 대통령이 신진 관료들을 칭찬하는 여유 있는 회의 진행도 보인다. 3·15 선거가 예정된 60년 국무회의에서 이대통령은 국내 정치보다 미국, 일본의 압력을 우려하며 미국과의 관계 개선을 지시한다. 59년의 겨우 124회 열린 국무회의에서 논의된 1288건의 안건 가운데 법제 정비와 산업 경제 분야가 각각 17%로 제일 많고 재정 물가(13%), 외교(7.9%), 국방 치안(6.5%), 정치(5.3%) 순서였다.

이 대통령은 국무회의에서 기회 있을 때마다 산림녹화와 사방사업을 강조하고 미국과의 관계를 강조하며 미국의 일본 중심 아시아 정책을 크게 우려했다. 60년 미국의 압박을 실감한 이 대통령은 "미국의 덫에 걸린 것 같다."고 걱정하며 미국에 사람을 보내 설득하라고 지시하기도 한다. 미국의 대한국 정책을 불신했지만 이 대통령은 끝까지 한국과 미국의 돈독한 관계를 강조했다. 비교 대상은 안 되지만 김일성의 소련 선택과 이 대통령의 미국 선택의 결과는 60년 만에 국력의 현격한 차이로 나타났다. 또 하나 이대통령의 산림녹화 정책도 60년 뒤 남과 북이 도와주는 나라와 구걸하는 나라로 확연히 구별되는 결과가 되었다. 이 박사는 계단식 논을 만들겠다는 농림부장관에게 노발대발 꾸짖으며 벼 품종 개량을 지시하며 석탄 채굴과 수송에 군 수송체제까지 동원하라고 지시한다. 이때 현역 군인으로 석탄 수송을 맡았던 김일환 씨가 장관이 된다. 이 대통령은 산이 푸르러질 때쯤이면 우리나라 국민도 잘살 것이라고 예언했는데 그것이 실현됐다. 반면 김일성은 당장의 벼 수확량 증대에 눈이 멀어 계단식 논을 만들어 해마다 많은 국민이 굶어 죽는 나라로 전락했다. 전후 복구 사업이 유리공장, 비료공장 건설로 진행되자 이 대통령은 수출을 검토하라고 지시하고 경제개발계획을 미국과 검토하라고 독려한다. 국무회의에 해방 후세대 송인상, 신현확, 신두영, 최규하, 홍진기 등이 등장하자 이 대통령은 이들에게 각별한 사랑을 표시하고 서울도시개발 상하수도 개선 등을 국무회의에서 토론한다. 서울 도심에 5층 건물을 세워 1층은 상가로 이용하고 2층 이상을 주택으로 전용하면 좋을 것 같다고 안을 내놓고 성실한 기업체에 맡겨 보라는 당부까지 한다. 송인상 부흥부장관의 전후 복구 사업안을 국무회의에 상정하면 "very good"을 연발하며 송인상, 신현확, 홍진기 등 신진장관을 칭찬하며 주미대사가 귀국하자 대한민국에도 자랑스러운 장관이 있다고 직접 송 장관을 주미대사에게 소개까지 한다. 이 국무회의록은 4·19에 대한 재검증을 제기한다. 4·19 일주일 전 4월 12일 경무대에서 대통령이 주재한 국무회의에서 이승만 대통령은 선거에 문제가 있는 것이 아닌가 하는 질문을 세 번이나 한다. 그러나 홍진기 내무장관은 "마산이 좌익분자가 노출 정리되지 않은 지역이라 공산계열 책동이 가능성이 많다."고 보고한다. 이 대통령은 "정당(자유당)을 내버리고 새로 만들어 본다는 것도 생각할 수 있는 일이지만 무슨 생명이 좀 보여야지."라고 한탄하며 "지금 말들 하는 것을 들어서는 안 정책이 못 된다. 이 대통령이 싫다고 한다면 내가 사퇴하는 것이 좋을 것 같다."고 말하고 사퇴를 비친다. 국무회의까지 이기붕 계열 사람으로 진용이 짜여 대통령의 대안이 안 먹혔다. 신두영 당시 국무원 사무국장은 국무회의록을 내게 넘기며 4·19는 재검토되어야 한다고 지적했다. 선거 부정에 대한 대통령의 추궁·자유당해체·재선거·내각 책임론 등이 제기돼 수습 기회가 여러 번 있었으나 자유당과 자유당에 동조하는 장관들의 반대로 이승만 대통령이 망명하는 것으로 제1공화국이 막을 내린다. 자유당 말기 국무회의록을 내게 넘긴 신두영 전 감사원장은 아버지의 중학교 1년 선배로 평생을 교유한 특별한 관계였다. 내 결혼식을 주례했고 어려서부터 아버지처럼 모신 어른이라 나는 기자가 되어 취재하다 기사를 써도 해결이 안 되면 감사원으로 찾아가 그 사실을 말하고 시정을 건의하기도 했다. 완전학습 부교재, 사립학교 부정, 독도 연구 등은 아버지를 통해 문제를 해결하기도 했다. 10·26 전야 공화당 말기의 모순과 대학의 이반현상을 아버지에게 말씀드려 함께 대방동 집을 방문, 개혁의 필요성을 말씀드린 적도 있었다. 신 원장은 80년이면 물러날 분인데 너무 초조하게 지식인들이 몰아붙인다고 대답했었다. 그런 일이 있은 뒤 얼마 안 되어 10·26이 일어났고 공주에 낙향한 신 원장을 찾아가 인터뷰를 하는 중에 4·19 전야에 대한 대화를 하는 중 국무회의록을 공개해 경향신문에 직접 신 원장이 연재하기로 했다. 연재 시작을 위해 상경한 날 갑자기 병원에 입원했다고 연락을 받고 다음 날 운명, 나는 진덕규 교수에게 정리를 부탁했으나 사양해 이달순 수원대교수와 송충식, 이승구 경향신문기자 등과 함께 국무회의록 일부를 경향신문에 연재했다. 연재는 11회로 중단되고 나는 신생 문화일보로 옮겼다. 복사한 국무회의록 한 부를 총무처 정부기록 보존소에 신 원장 유족들이 넘겼는데 그것이 사라져 신 원장 유족이 한 부를 다시 만들어 기증한 사고가 있었다. 경향신문에 자유당 말기 3년의 국무회의록이 연재되자 신 원장 유족에게 권고해 정부기록 보존소에 사본을 기증하도록 주선한 이회영 전 감사원장 비서실장이 내게 찾아와 정부기록 보존소에 기증한 국무회의록이 신문사로 넘어갔다고 귀띔하며 경향신문이 '제1공화국 국무회의' 연재를 서둘러 끝낸 특별한 이유가 있었느냐고 질문했다. 신 원장도 내게 국무회의록 자료를 넘기며 조심스럽게 다루어야 한다는 말은 했었다. 정부기록보존소에서 사라진 국무회의록 유출 과정을 탐사취재하던 중 신 원장의 운전기사에게 신 원장이 돌아가시던 날 자동차 사고가 있었다는 사실도 들었다. 국무회의록 도난 사실을 내게 귀띔한 이회영 비서실장은 유출 당시의 총무처 장관 박모 일간신문사 부장 유출시킨 총무처 정부기록보존소 기록관리 과장 등을 모두 확인하고 잘못도 밝혔으나 유족이 한 부를 재 복사 기증해 일단락됐다고 알려와 나도 국가기록 보존소에 있는 것을 확인하는 것으로 취재를 중단했다. 4·19관련 책임론 때문에 벌어진 일 같다고 이회영 실장은 추리했다. 주재한 대통령에게 직접 보고한 신 원장의 국무회의록 기록의 정확성은 경향신문 연재 중 보충 취재했던 송인상, 오재경 등 당시 장관들의 증언을 통해 확인했다. 국무회의록을 나는 3부를 복사해 진덕규, 강명규, 이달순 교수에게 검증을 부탁했으며 수원대학에도 신 원장 생전에 1질이 기증됐다. 신 원장이 정리하기 전 받아쓴 노트와 4·19 뒤 대학노트에 기록한 정리 안 된 국무회의록도 공개되어야 할 것이다.

경향신문 탐사보도 '제1공화국 국무회의'를 11회로 중단하며 나는 제1공화국 58~60년 국무회의록을 읽은 강명규(서울대 경제학), 진덕규(이화여대 정치학), 이달순(수원대 정치학) 교수와 자유당 말기 3년을 재조명하는 좌담회를 가졌다.

◀박석흥 편집위원＝경향신문은 제1공화국 국무회의록을 발굴 58~60 제1공화국 말기 4·19 전야의 격동사를 정리했습니다. 우리는 이 작업을 통해 이승만 정부의 경제개발계획과 불편한 대미관계 자유당 내분 등 새로운 사실도 밝혔습니다. 먼저 신두영 국무원 사무국장이 정리한 국무회의록에 대한 평가부터 말씀하시지요.

◀이달순 수원대교수＝대통령이 실수한 발언까지 가감 없이 기록하고 괄호 안에 신두영 사무국장의 견해를 적어 조선왕조실록을 읽는 것 같았습니다. 이 박사는 외교, 국방, 산림녹화 등은 일방적으로 지시했지만 경제문제는 경제장관의 의견을 경청했습니다. 김현철 재무장관의 소신 있는 발언으로 대통령 지시가 수정되기도 했습니다. 국무회의가 의결기관 기능을 충분히 했습니다.

◀진덕규 이화여대교수＝이 기록을 통해 제1공화국에 대한 이해를 학자들이 자의적으로 평가한 면이 많았다는 것을 확인할 수 있었습니다. 경향신문이 독점 공개한 국무회의록은 최고 의결기관의 토의 내용이며 기록한 사람이 신뢰할 만한 사람이기 때문에 더욱 가치가 있습니다.

◀강명규 교수＝경향신문 연재를 읽으면서 제1공화국을 미국 종속 국가로 규정했던 것에 의문을 느꼈습니다. 6·25 뒤 국가예산까지 미국에 의존했던 것은 사실이지만 이 박사는 국무회의 때마다 자주국가를 강조했습니다. 자립경제확립·사방수리사업을 추진해라·쌀품종을 개량하라·발명가를 보호하라고 지시했으며 경제개발계획을 부흥부 장관이 보고하면 Very Good!을 연발하며 관련 장관에게 신뢰를 표시하기도 하더군요.

◀진 교수＝57년을 전후해 한국경제는 인플레이션을 잡고 경제안정기에 들어갔습니다. 전후 복구 작업이 본궤도에 오르고 정부의 재정안정 정책이 실효를 거둔 것이지요. 그런데 자유당에서 이승만 이후를 겨냥한 정치싸움이 본격화되어 장기집권 말기 현상이 나타납니다. 58년은 자유당이 60년 정부통령 선거를 겨냥한 무모한 강권정치로 제1공화국의 무덤을 판 해였습니다. 이 박사의 후계자 선정이 잘못돼 전후 복구 사업이 퇴색되었지요.

◀박 위원＝이 박사가 제1공화국 말기 국무회의에서 집중적으로 강조했던 산림녹화 사방사업, 농어촌 고리채 정리, 아파트 건설, 공무원기강 확립 등은 5·16 후 단행되고

이 작업에는 이 박사 밑에서 훈련받은 신두영, 송인상, 삼현환, 최규하 등 관료들이 참여합니다. 국무위원들이 해방 후 배출된 신진엘리트로 교체돼 국가발전계획 등을 세우던 제1공화국이 붕괴된 것은 이 박사와 미국의 아시아 정책이 정면충돌한 것도 한 원인이 된 것 같습니다. 4·19 나던 해 이 박사는 "내가 미국 덫에 걸린 것 같다."며 미국의 대소련 유화정책과 일본 위주로 한 아시아 정책을 비판하며 민간대미외교 강화를 권고합니다. 자유당 붕괴를 어떻게 보십니까.

◀진 교수＝이 박사는 대일 항쟁으로 최고의 권위가 인정됐던 지도자였습니다. 미국과 연계된 야당의 비난이나 군일부의 쿠데타 음모도 이 박사를 흔들지 못했습니다. 건국과 좌파 준동도 잘 잠재우고 6·25를 극복한 지도자로 국민의 절대적인 지지를 받았습니다. 이 박사에 대한 민심이반은 이기붕 중심의 후계 구도가 굳어지면서부터였습니다. 이 대통령도 정부통령선거를 앞두고 국무회의에서 가끔 이기붕을 염려하는 발언을 했고, 4·19 직전에는 자유당 포기까지 검토했으나 너무 늦게 판단한 것이었습니다. 야당과 자유당 일각에서는 반이기붕 연합전선 같은 것이 나타나기도 했습니다. 이기붕 세력은 강경파를 앞장세워 온건파를 배격했지요. 국무위원 중 이기붕을 불안해하는 친이승만 사람들부터 제거했습니다. 이승만 후계 구도를 두고 여야 모두 대권 경쟁이 치열해져 반이승만, 반이기붕 공세가 가열되는 현상이 벌어졌지요. 국무회의에서 선거를 너무 의식하지 말라고 이 박사는 말했지만 체제 내 양심 세력의 사기가 떨어졌습니다.

◀이 교수＝이기붕과두체제의 핵은 경찰이었습니다. 최인규는 59년 재선에서 관권 동원 부정선거로 압승하고 이 연습을 3·15 부정선거에 실행하다 국민의 저항을 받았지요.

◀박 위원＝3·15 선거에 도 경찰국장의 권세에 도지사도 눈치 볼 정도였습니다. 충남에서는 4·19 전야에 내무국장과 경찰국장이 부정선거에 협조 안 한다고 교유관료 간부에게 공갈 협박할 때 도지사가 감싸고 보호는 했으나 경찰책임자를 감독할 형편이 아니었습니다.

◀진 교수＝내무부와 공무원 조직이 이기붕 부정선거의 조직이었습니다(장경근, 홍진기 등 특정교 출신과 최인규 등이 인맥을 이루어 이 박사까지 소외시켰다). 이 박사가 후계자를 잘못 선택한 것이 잘못이지요.

◀박 위원＝이 박사는 "물은 배를 띄우기도 하지만 뒤집기도 하는 것"이라고 경고하며 관위주의, 편의주의 행정을 지탄하는 경우도 많았습니다. 국무회의가 장관들 교육

시간 같은 장면이 많습니다.

◀강 교수＝이 박사는 몸에 밴 유교철학, 오랜 경륜 등으로 장관 수준보다 높은 통찰력을 갖고 있었습니다. 국제관계 감각이나 정보 분석 능력도 앞섰던 것이 국무회의 강의에 나타납니다. 이 박사의 권위주의 통치 행태를 독재라고 비난하는데 이것을 어떻게 보아야 할 것인지가 문제입니다. 경제 면에서 볼 때 이 박사는 민간 주도의 경제 활동을 불신해 관이 주도해야 한다고 생각했습니다. 박 정권 때 구축된 재벌구도가 이 박사 말기에 이미 제시됩니다. 이 박사는 구체적으로 중앙 건설 등을 제시하며 일을 맡겨 보라고 말하기도 합니다. 그러나 비료수입을 민간에게 맡기자고 장관들이 주장하면 그렇게 하면 농민들 피해가 크다며 관에서 공급하라고 고집했습니다. 매년 비료 전달 시기를 못 맞춰 농민들에게 피해를 준 이 제도는 개선되지 않았으나 이 박사의 독선이기도 하지만 농민을 괴롭힐 장사꾼에게 넘기는 것을 반대한 이 박사의 주장은 당시에는 타당성이 있었습니다.

◀진 교수＝이승만의 장기집권과 독재가 정당화된 상황 등에 대한 종합적인 연구가 필요합니다. 국무회의 자료는 이승만 대통령의 속내를 드러낸 발언이 생생하게 담겨 있어 이 연구에 결정적 자료로 기대됩니다.

◀박 위원＝이 박사가 집권 말기에 노령이라 통치권에 누수현상이 생겼고 전쟁을 기피하는 미국의 대소 화해정책에 편승하지 못한 반공 전략이 이 박사의 망명으로 이어진 것은 아닌지요

◀이 교수＝미국과 연계된 야당세력을 이 박사가 설득하지 못한 것이 정국 불안의 요인이 됩니다.

◀진 교수＝이 박사의 국제감각은 탁월했으며 이 박사의 반공노선은 정당했던 것으로 입증됐습니다. 민족, 국가이익을 생각했던 이 박사는 공산주의 세력과 공존할 수 없다고 판단한 신념을 확고히 했던 것으로 보입니다. 닉슨도 이 박사의 국가보위 의식에 탄복했다고 술회했습니다.

◀박 위원＝이 박사가 미국의 지도부를 겁쟁이들이라고 비난하며 미국의 일본 중심 아시아 정책에 강하게 맞서는 장면이 국무회의에 여러 번 나타나고 특히 한일회담에 대한 미국의 종용을 끝까지 거부합니다. 이승만 대통령을 미국의 앞잡이라고 비난하는 사람도 있는데 어떻게 보십니까.

◀진 교수＝미국, 일본에 대해서 독립국가의 주권을 강조했고 이승만라인 설정, 반공 포로 석방, 한미방위조약 등 국익을 앞세운 외교전략을 세웠지요. 국무위원들과 속

마음을 털어놓고 미국을 비판하기도 했고 일부 인사들이 미국과 손잡고 반이승만 선전 선동에 나선 것도 알지만 문제 삼지 않았습니다.

◀강 교수＝경제적 손실이 있었고 미국과 균열이 생기는 원인이 되었지만 철저한 배일 자세로 일관한 것은 당시 상황으로는 필요했던 것 같습니다.

◀진 교수＝이 박사가 경제적으로 일본과 손잡았다면 친일파는 더욱 발호했을 것입니다. 이 박사는 대일 강경 자세가 제3공화극의 대일외교에 도움이 되었겠지요. 이 박사가 망명한 후 미국의 종용한 한일국교정상화가 졸속으로 이루어진 것은 대조적입니다.

◀강 교수＝환율 500대1 고정환율 유지가 문제라고도 하지만 당시 환율이 물가에 영향력을 주어 고정환율 유지는 긍정적인 측면이 더 많았습니다. 이 박사 하야 후 환율도 미국 측 주장대로 타결됩니다. 이 박사가 대통령 자리를 걸고 버텼던 것들이 4·19 후 모두 강대국 요구대로 들어주게 된 것입니다.

◀박 위원＝이 박사의 마지막 국무회의에서 사방관리 사업이 보고됩니다. 오늘 아름다운 금수강산이 회복된 것은 이 박사의 산림녹화 사업을 박정희 대통령이 계속하여 추진한 결과라고 봅니다. 국무회에서 산림녹화 사방사업은 중요한 항목이었습니다.

◀강 교수＝경제개발에 대한 박 대통령의 일화가 많이 나오고 있지만 이 박사 일화도 많습니다. 주택건설, 관광개발, 무역 등에 대해 기발한 아이디어도 내놓았습니다. 그러나 강권으로 밀어붙이지 않은 것은 이 박사의 건전한 경제관이라고 생각합니다.

◀박 위원＝자유당 말기 경제개발계획 수립 움직임에 대한 조명이 있는데 강 교수께서는 어떻게 생각하십니까.

◀강 교수＝58년 산업개발위원회가 생겨 송인상, 김현철 씨 등 신진 관료와 젊은 학자들 중심으로 연구가 진행됐고 관련 부처 자문위원회가 여러 형태로 구성돼 개발문제가 다양하게 검토되었습니다. 다만 그것을 추진할 재원이 없어 추진하지 못했는데 5·16 뒤 이때 검토된 것이 정책으로 반영되고 자유당 말기 이것에 관여했던 사람들이 참여합니다.

◀박 위원＝이 박사의 인사정책에 대해 평가한다면.

◀강 교수＝은행장도 10년 가까이 한 사람도 있습니다. 큰 문제가 없으면 전문인력을 버리지 않았습니다.

◀박 위원＝4·19 일주일 전 국무회의에서 이 박사가 3·15 부정선거를 추궁하는 장면이 나오는데 정말 모르고 한 질문일까요.

◀진 교수＝이 부분이 상당히 중요한 문제인데, 주한미국대사가 추궁해 알고 있었을

것이라는 것이 통설이지요. 그러나 부정선거를 사전에 보고하지는 않았을 것입니다.

◀박 위원＝고 신두영 원장은 미국 측으로부터 항의성 정보가 들어가지 않았나 추측하더군요. 선거 전까지 국무회의록에는 부정선거 논의는 없었습니다. 서대문 기록이 없지만 부정선거나 사후 대책은 이기붕 ,장경근, 홍진기 등이 서대문에서 별도로 했다고 보아야지요. 비록 망명해서 타국에서 영민했지만 이승만은 건국대통령으로 대한민국의 기초를 세운 정치가입니다. 마지막 3년의 국무회의록을 통해 이승만을 어떻게 정리할 수 있을까요.

◀진 교수＝이승만은 정치를 사적 이익 추구에 이용하지 않고 권위주의 통치체제를 유지 장악해 온 사람입니다. 국무회의록을 통해 건국대통령과 제1공화국을 언론에 의해 자의적으로 해석해 왔던 것을 많이 보완해야 할 것이라는 생각을 하게 되었습니다.

◀강 교수＝이 박사의 권위주의 정치행태는 제3공화국에 계승되고 이 박사의 국가이념은 계승 발전되어 국가산업화의 원동력이 되었습니다. 이 박사는 6·25전쟁을 미국의 도움으로 정리하고 나서 당시 유능한 관료를 내세워 경제부흥 노력을 기울였습니다. 군사정권이 이것을 밀어붙여 성공을 거둔 것입니다. 기본 전략이나 이념은 이 박사의 부강한 나라 만들기에서 출발한 것입니다. 정권이 바뀌면 전 정권 깎아내리는 작업만 해 오다 보니 우리 역사가 만신창이가 됐습니다. 제1공화국의 산 역사 자료가 출현해 이 시대 역사를 객관적이고 정확하게 재조명하게 된 것은 다행입니다.

◀박 위원＝신두영 국무원 사무국장은 국무회의록을 정리하고 나면 자정을 넘기는 때도 많았다고 하며 이 박사의 잦은 영어 이용을 정확하게 기록하기 위해 종로영어학원을 국무원 사무국장 시절에 청강했다고 합니다. 이 자료가 자라는 세대에게 한국현대사 이해의 자료로 활용되길 바랍니다(경향신문 1981.3.23. 경향 일요저널 박석흥 편집위원 강명규, 진덕규, 이달순 교수 송충식 기자).

6. 한국의 압축경제성장과 식민지 근대화론

1) 5 · 16 군사정부와 미국 CIA

1961년 5월 16일 3600여 명을 동원한 쿠데타에 대해 오전 11시 매그루더 유엔사령관과 그린 주한 미 대리대사는 유엔군 방송을 통해 장면 정부에 대한 지지와 군의 질서 회복을 요구하는 성명을 발표했다. 그러나 18일 CIA는 케네디 대통령에게 "어떠한 저항도 존재하지 않고 국민들은 무관심했고 장면 총리의 저항 포기, 장도영의 이중 행동, 윤보선 대통령의 타협적 태도, 합헌적인 정권 이양을 약속한 군사정권"의 동향을 보고한다. 7월 장도영 중심의 서북 출신 군인 육사 5기 · 63년 3월 김동하 주축 동북 출신 군인 세력 제거하고 이어 장군 40명 포함한 약 2천 명 장교 예편하고, 사회악 소탕 명분으로 1만여 폭력배, 4만여 부정 공직자, 축재자 등 구속 내지 파직했다.

1963년 10월 15일 대통령 선거에 박정희, 윤보선, 허정, 송요찬, 변영태, 오재영, 장이석이 출마하여(허정, 송요찬 사퇴) 15만 6천26표 차이로 윤보선 누르고 박정희가 신승했다. 1963년 11월 26일 제6대 국회의원 선거에서 175석 중 공화당이 110석 차지, 박 정권에 힘을 실어 주었다. 63년 박 정권은 대내 지향적인 수입 대체산업 육성에서 대외 지향적인 수출 지향으로 전환했다. 서독에 광부와 간호사 파견, 브라질 이민선 출발, 선원 수출, 원양 어업 개척, 울산 공장에 대한 걸프의 투자 외자 유치, 환율 현실화, 외자 도입법 제정, GATT 가입 등이 이 시기에 단행됐다. 미국과는 65년 한일국교 정상화, 베트남 파병으로 관계 개선했다.

2) 제1차 경제개발계획과 미국의 역할

(1) 제1차 경제개발 이전의 개발계획

이완범 교수는 한국의 경제개발계획은 미국의 방향 설정이 중요한 역할을 했다고 정리했다(이완범: 제1차 경제개발계획 입안과 미국의 역할. 한국현대사의 재인식 10권).

제1공화국에서 검토된 경제개발계획 수립에서부터 미국은 적극적으로 참여 지도했다. 다음은 이완범 교수의 제1차 경제개발 5개년 계획과 미국의 역할을 간추린 것이다.

자유당 시절 국제연합한국재건위원회(UNKRA)가 발표한 '부흥에 관한 예비 보고'－네이산보고서, 1953년 내한한 아이젠하워 대통령 특사 Henry J. Taska 사절단이 미국의 대한 경제 원조 사용 지침으로 한국정부에 건의한 타스카 3개년 대한 원조 계획, 이승만 대통령 방미에 앞서 54년 7월에 대미교섭용으로 급조된 경제부흥 5개년 계획 경제개발, 60년 제1공화국 마지막 국무회의가 의결한 경제개발 3개년 계획 등이 있으나 모두 문서로 끝났다. 민주당이 만든 경제개발 5개년 계획안(5개년 종합경제재건계획안이라고도 함 1961~1965)도 마찬가지였다. 민주당은 자유당 3개년 계획안을 발전시켜 경제개발 5개년 계획안을 편성했다. 60년 10월부터 논의해, 11월 말부터 부흥부 산업개발위원회가 주무부서가 되어 5개년 계획 수립 작업에 착수했다. 61년 1월 5일 장면은 대강을 발표했으나, 미국은 비공식 경로를 통해 부정적인 반응을 보였다. 사회주의적 기획이라는 평가도 있었다. 61년 4월 말 성안해 이한빈 예산국장, 김영록 이재국장, 부흥부 이기홍 국장 5월 9일 AID본부에서 대한 원조 상의했다. 미국은 5개년 계획안을 보고 shopping list 내지 project list라고 혹평하면서도 소요 예산에 대해서는 걱정하지 말라는 우호적인 태도를 보여주었으나 지원계획이 구체화되지 못했다.

(2) 박정희 제1차 경제개발 5개년 계획 작성 배경

가. 군사정부 출범과 미국

이완범 교수는 미국국가안전회의(NSC)가 5·16 전 61년 4월부터 새로운 대한 정책 수립 작업에 들어가 경제개발계획을 점검했다고 밝혔다. 5월 5일 국가안전보장이사회의 483차 회의에서 '미국의 대한 정책'이라는 보고서를 작성하기 위해 '한국 문제에 대한 국무차관 직속 특별 대책반'을 구성했다. 이 대책반은 "허약한 장면 정부를 사회경제적 개혁에 단호하게 착수할 수 있는 정부로 바꿀 수 있느냐."라는 문제의식 아래 국무부 극동 지역 경제담당 패터슨, 국무부와 원조 기관인 국제협력처(ICA)의 한국 문제 담당자, 백악관 로버트 존슨 등으로 구성되었다. 이 대책반의 보고서는 5월 15일 작성, 19일 안전보장회의에서 토의할 예정이었다. 이러한 시점에서 5·16쿠데타가 발생했다. 주한 미군사령부는 "한국군 작전참모부장(박정희)은 공산주의자다. 체코슬로바

키아도 공산화되기 전에 육군의 작전국장이 빨갱이였는데 그 사람이 주동이 되어 국가 전체를 공산화시켰다.”는 의견서를 본국 정부에 보냈다. 5·16 직후 매그루더 사령관과 그린 대사는 장면 지지 성명을 발표했으나 미 국무부는 이러한 성명에 소극적인 반응이었다. 5·16 당일 CIA 한국지부장 실바(Peer de Silva)는 쿠데타 세력에 대한 객관적인 분석을 본국에 보고했다. 사령관이나 대사의 감정적인 반응과 전혀 다른 객관적인 보고서였다. 군사정부 성격을 민족주의적이며 대미 자립적이며 사회주의적이라고 평가했다. CIA의 분석은 비교적 정확한 것이었다. CIA 특별대책반이 작성한 6월 6일자 보고서는 공산화 방지를 위해 한국정부의 경제개발을 지지 기대하는 것으로 집약됐다. 6월 13일 485차 국가안보회의에서 케네디와 맥카나기 극동차관보는 한국 문제를 절망적이라고 진단했으나 대통령 안보담당 특별 보좌관 로스토우는 그렇게 희망이 없는 것은 아니라고 진단했다. 그 이유로 세 가지를 들었다.

① 새롭고 효과적인 경제사회 계획 수립, ② 새 정부 내에 젊고 공격적이며 능력 있는 인사들의 존재, ③ 일본과의 관계 개선 등 세 가지를 들었다.

6월 13일 회의 결과 NSC Action No.240을 작성. 미국은 경제 원조를 지렛대로 민정 이양 조기 실현을 달성하고자 했다. 이 보고서는 미국이 ① 추락하는 경제성장률을 역전시킬 경제개발계획 목표치를 설정할 것, ② 35%로 추정되는 실업률을 하향시킬 것, ③ 농가 실질 소득을 증가시킬 것, ④ 수입과 수출을 균형시킬 것을 제시했다.

버거 대사는 6월 24일 부임 박정희와 만나 민정 복귀와 경제개혁 두 가지 약속을 이행하면 박정희를 지지하겠다는 조건을 붙여 관계 개선했다. 이완범 교수는 결국 박정희 정권은 미국의 종용으로 경제개발계획을 추진할 수밖에 없었다고 해석했다.

나. 입안과 추진

① **건설부안**＝이승만, 장면 정권하의 부흥부는 61년 5월 26일 건설부로 개편됐다. 산업개발위원회는 건설부 종합 기획국에 흡수되었다. 건설부는 산업개발위원회에서 입안하기 시작했던 5개년 계획안을 복사해 5월 하순 제1차 5개년경제개발계획(시안)을 발표했다.

② **최고회의안**＝ 최고회의 의장 자문위원 박희범 서울상대교수가 이론적 근거 제공. '내포[향]적 공업화 전략'이었다. '자립 경제를 지향하는 자주적 공업화 전략'이었다. 제철 제강 기차 조선 공작 기계, 자동차 기계 공업 기초 화학 공업 등의 토대 마련에

중점을 두었다. 국가의 적극적인 시장 개입 자금 지원을 예측했다. 대미 자주 노선을 추구하려는 혁명 주체 장교들의 지지로 박 교수의 자력갱생 노선이 62년 7월 통화개혁 실패 전까지 계속 추진됐다. 민족자본 동원 방법으로 통화개혁, 국영 정유 공장 건설 추진 등으로 구체화했다.

1차 5개년 계획 밑그림은 20~30대 젊은 인재(정소영, 백용찬, 김성범)와 박희범 교수가 상임위원 50명과 60여 일 만에 완성, 7월 21일 최고 회의에서 제안 설명했다. 최고회의안은 건설부안을 참고로 하면서도 독자적인 경제계획을 만들려고 했다. 자립화 지향이 두드러졌다. 성장률을 높게 잡았다. 건설부안이 5.6%인 데 비해 7.1%를 책정했다. 안정보다 성장 지향적이었다.

(3) 경제기획원안

이완범 교수는 61년 7월 22일 경제계획을 일원적으로 취급하기 위해 경제기획원을 신설함과 동시에 종합경제재건계획을 공표, 장기경제개발을 실시했다고 밝혔다. 경제기획원이 최고회의안을 참고로 제1차 경제개발계획안을 7월부터 9월까지 검토, 11월 20일 최고회의 심의를 거쳐 62년 1월 13일 시작되는 제1차 5개년 계획을 61년 12월 말에 완성했다. 62년 1월 5일에 발표했다. 국가가 민간 부문인 시장에 적극적으로 개입해 국가 주도적인 경제개발을 추진하려 했다. 경제성장률의 목표치는 7.1%였다. 자주적 공업화를 지향했다.

매사추세츠공과대학(MIT) 경제학교수 로스토우는 50년대부터 저개발 지역에 대한 정책적 대응을 주장해 오다가 61년 1월 케네디 행정부 국무부 정책기획위원회(PPC) 의장으로 발탁되었다. 장면 정부 이후 한국경제개발계획에서 로스토우의 영향이 컸다. 그는 아시아 공산주의는 전근대적 사회의 정체와 모순에 기생하는 풍토병적 현상 내지 질병으로서, 미국 자금에 의해 전통사회에서 근대사회로 급속한 이행을 유도하면 도약 과정에 진입할 수 있을 것이라고 내다보았다. 이 과정에서 장기경제개발계획이 필요하고 도약을 위한 효율적 원조로서 장기적인 차관과 기술 원조 정책을 제안했다. 로스토우의 경제개발론, 즉 도약을 위한 장기개발계획이 필요하며 효율적 원조로서 장기적인 차관과 기술원조 정책을 필요하다는 정책 제안을 케네디가 받아들여 61년 3월 22일 케네디 행정부는 '외국 원조에 관한 특별 교서'를 의회에 제출했다. 케네디는 60년대를 '결정적인 개발의 10년'으로 내세워 저개발국의 자립적 성장의 전환을 이룩하고자 종래의 연 단위 증여 원조를 장기의 유상 원조로 전환하고, 유상 원조를 통한 저개발국의 장기개발계획에 주력할 것임을 밝혔다.

이미 미국은 1957년을 전후해 대외정책을 군사 우선에서 경제 중시로 전환하기 시작했다. 소련, 중국, 북한 등 사회주의 국가들이 급속한 산업화 단초를 열게 됨으로써 미국도 정책 전환이 불가피했다. 이승만 정부 부흥부의 경제개발계획도 이러한 배경에서 추진된 것이다. 1951~1961의 트루먼(1945~1953), 아이젠하워(1953~1961) 행정부까지 지속됐던 상호안전보장법(Mutual Security Act: MSA)이 케네디에 의해 신대외원조법(Foreign Assistance Act: FAA 1961년 9월)으로 대체되었다. 케네디의 뉴프론티어 정책에 의거해 자조할 수 있는 나라만이 유상의 차관을 제공받을 자격을 주었다. 군사 원조에서 경제 중시로 대외정책을 전환했다. 경제 원조 총액은 50년대 연평균 26.5억 달러에서 60년대에는 41.5억 달러로 증액되었다. 그러나 지역적 편차가 있었다. 60년대 쿠바혁명 계기로 미국 대외 원조 정책의 중심은 중남미와 중동으로 옮겨 가 한국, 대만은 축소했다. 미국은 한국에 대한 원조를 일본에 분담시키는 지역 통합을 모색했다.

65년 5월 3일 로스토우는 서울대학 강연에서 한국은 도약 단계 초기에 있다고 평가, 제2차 경제개발계획 입안을 검토하고 그 계획을 재정적으로 뒷받침함으로써 참여하려고 했다. 이완범 교수는 로스토우가 미국의 대한 원조가 소비재 중심의 원조 형식에서 투자 분야를 확장한 개발 원조로 변화될 것이라고 예측하고 한국 경제발전을 긍정적으로 전망했다고 지적했다.

3) 1차 계획을 둘러싼 한미 간 갈등과 수정안 마련

(1) 공산화 방지를 위한 경제안정

미국은 45년 이래 한국의 '공산화 방지'가 최우선 정책이었다. 60년대 초반 정치 사회적 불안이 한국을 공산화시킬 가능성이 높다고 인식했다. 경제발전을 통한 경제안정이 최선의 안보정책이라고 미국은 판단했다. 이완범 교수는 미국은 박희범식의 내포적 경제발전(한국경제의 자립)을 정면으로 반대한 것이 아니라 성장률의 과대 설정과 같은 현실성 없는 계획을 반대한 것이라고 분석했다. 급작스런 변혁이 아닌 장기적인 계획에 의해 서서히 성장하는 것이 경제안정에 도움이 된다는 것이 미국의 시각이라는 것이다. 7.1%라는 수치에 대해 반대했으며 이를 달성하기 위한 외자를 비롯한 자금 동원 능력에 회의적인 시선을 보냈다는 것이다. 국무부 당국자는 미국 원조와 한국인들의 내핍을 통해 농업 발전과 기반 산업의 발전을 추구한다면 경제적 자립과 생산 수준을 향상시킬 수 있다고 보았다.

(2) 자생적 경제발전안과 미국의 견제

미국정부 당국자와 협의하지 않고 계획 수립된 1차 경제계획안은 많은 시행착오를 겪으면서 추진되었다고 이완범 교수는 밝혔다. 한국전쟁 후 5·16까지 경제정책은 한국정부와 미 원조 당국이 공동으로 결정. 미국과 상의하지 않고 결정하는 군사정부의 자세에 당혹했으며 갈등이 증폭됐다고 지적했다. 결국 정유, 철강, 화학공업 등의 기초 공업과 비료, 시멘트, 화학섬유 등의 공장을 일거에 건설한다는 제1차 경제발전계획은 미국의 냉담한 반응과 재원 부족으로 실현되지 못했다. 제2차 통화개혁(62년 6월 9일 밤 10시 공표, 10일 0시 발효)이 실패한 것은 독자적인 한국 경제개혁의 한계를 보인 것이다. 미국은 버거 대사를 통해 실시 48시간 전인 8일 밤에 통고받았다. 킬렌 USOM 처장은 정래혁 상공장관을 만나 국유화와 통제경제를 포함한 국가 자본주의적 방향으로 나갈 것을 우려하기 때문에 반대한다고 했다. "미국이 산업개발 공사의 설립 자금으로 4천만 달러를 제공할 것이니 봉쇄예금(동결자금)을 푸는 것이 어떠냐."고 박정희에게 제시했다고 유원식 최고회의 수석재경위원이 '혁명은 어디로 갔나'에서 증언했다. 6월 16일 긴급 금융 조치 공포에 21일 미 국무부 에드워드 라이스차관보는 정일권 주미 대사를 불러 강제 동결시킨 예금을 풀지 않으면 원조를 끊겠다는 식으로 말했다. 정부 예산의 반을 미국 원조 자금에 의존하고 있던 한국정부는 손을 들었다. 유원식이 화폐 개혁 실패를 책임지고 62년 7월 10일 최고회의 위원을 사임하고 군에 복귀했다. 김정렴은 모든 동결 예금의 3분의 1을 자유 계정으로 풀고 나머지 3분의 2는 기한 1년의 정기 예금 계정으로 전환한다는 특별조치법을 기안하여 7월 13일 공포했다. 국내 기업과 미국의 압력에 못 이겨 화폐 단위만 10분의 1로 절하했을 뿐이다. 통화개혁 실패로 유원식, 박희범 등 급진파가 물러나가고 대외개방적 공업화를 추구하는 이병철, 박충훈, 김정렴 등 실용주의자들이 힘을 얻기 시작했다. 이때부터 대외개방의 방향으로 선회한 한국경제는 수출드라이브의 본격 추진(64년 후반)을 향한 기초를 마련하게 되었다. 통화개혁 실패 이후 민족자본에 의한 기간산업 건설과 수입 대체 산업화 같은 발상은 힘을 잃고 외자 도입, 보세 가공 무역, 수출 입국과 같은 대외개방 노선이 대세를 이루었다고 이완범 교수는 해석했다.

(3) 수정안 마련 과정

62년 경제성장 목표치는 5.7%였으나 달성률은 2.8%에 그쳤다. 63년 흉작 곡가 파동, 정부 보유 외환 고갈, 64년 외환 파동을 겪게 되었다. 63년 9월 외환보유고 9300만 달러. 경제개발 초기에 추진했던 정부 주도 '경제 자립화'(농업 육성을 통한 국내 시장 확대, 중화학공업 중심으로 수입 대체 산업화 추진)를 포기하고 한일회담을 추진하는 한편, 민간 기업 주도권을 보장하고 개발체제를 지향하면서 외국자본을 적극적으로 도입하는 정책으로의 전환을 불가피하게 했다. 63년 2월 4일 최고회의 재경 제55호로 제3년차 계획을 포함한 5개년 계획의 보완 작업을 경제기획원에 지시했다. 이완범 교수는 63년 8월에 정부는 원안을 대폭 수정한 보완 계획을 본격적으로 작성, 민정 이양 후 수정안을 64년 2월에 확정했다고 했다. 사업이 축소되어 성장률을 당초 7.1%에서 6%로 낮추었다. 중농주의 기조가 후퇴하고 공업 우선 정책, 수출 지향적 공업화 정책을 강화했다.

(4) 수출드라이브 – 수출지상주의

1차 계획원안은 수출 지향적 공업화를 명시한 것은 아니지만 민간 기업들의 단순가공품 수출이 예상 밖으로 목표치를 상회했다. 5·16 이전 2~3천만 달러였던 수출 실적이 62년 5700만 달러, 63년 8300만 달러에 이르렀다. 미국은 미달러화에 대한 원화의 환율을 현실화할 것을 집요하게 요구했다. 한국정부는 64년 5월 3일 공정환율을 1달러 당 130원에서 255원을 하한선으로 대폭 인상했는데 이것이 수출 증대로 나가는 계기가 되었다고 이완범 교수는 풀이했다. 환율 현실화로 고환율 시대가 오자 수출만이 살길이라는 판단을 할 수 있게 되었다. 64년 6월 24일 상공부는 수출 진흥 종합산업 시책을 마련하여 65년부터 시행했다. 수출 능력 육성, 수출 구조 고도화, 국제경쟁력 강화 등 본격적인 수출드라이브를 전개했다. 민정 첫해였던 64년 후반기 65년 초 수출 지상주의 깃발을 세웠다. 65년 1억 7천만 달러 수출. 64년 중반부터 수출드라이브 정책 채택은 박정희의 결단이었다. 64년에 대한무역진흥공사가 설립되었다.

(5) 제1차 계획 수정을 유도한 미국의 의도 — 민정 이양과 한일국교 정상화

1차 계획 수정은 민정 이양 스케줄(63년 10월 15일 제5대 대통령 선거)과 병행해서 이루어졌다. 미국은 원조를 지렛대로 삼아 민정 이양을 시키기 위해 1차 계획을 수정케 했다고 이완범 교수는 주장했다. 미국의 계획 수정 권유 배경에는 민정 이양보다 한일관계 정상화가 더 중요했다는 해석도 있다. 미국의 동북아 지역통합전략이 한국 경제개발과 연결된다는 분석이다. 일본의 대한 진출 욕구를 한국 경제개발과 결부시킴으로써 미국의 극동에 대한 군사적, 경제적 부담을 덜려는 미국의 지역통합정책의 실현으로 한국의 경제개발 수정 종용의 원인이었다는 것이다. 미국은 제1차 경제개발 5개년 계획 및 공업화에 필요한 미국 자금줄을 봉쇄하는 작전을 구사하며 한일관계 정상화를 종용했다고 이완범 교수는 주장했다. 미국은 한일국교 정상화를 이승만에게 일관되게 종용했었다. 이 과업은 박정희 정부에서 결말을 본 것이다. 제1차 경제개발 5개년 계획을 추진하기 위해선 미국의 경제 원조에 대신할 새로운 자금원이 필요한 군사정부는 일본 자금 동원이 절실했다. 미국은 한일관계 조기 화해를 위해 한국 원조를 급격하게 삭감하면서 이승만 정부에게 압력을 가했던 것으로 보인다. 미국의 초기 지원은 대부분 무상원조(증여)였다. 59년 처음으로 공공차관을 받기 시작했다. 60년 무상원조액 2억 2500만 달러, 62년 1억 6500만 달러, 63년 1억 1900만 달러, 64년 8800만 달러, 65년에는 7100만 달러로 줄었다. 미국 AID 원장 벨은 한국의 경제 성장과 새로운 경제 원조를 이유로 한국에 대한 미국의 경제 원조가 경감될 것이라고 말했다. 한국정부는 차관 도입을 결정하고 65년 한일국교 정상화 조치를 취해 일본으로부터 차관 도입의 길을 열었다. 수출 지향적 공업화 전략은 미국 원조 삭감과 한일국교 정상화에 따른 대일 종속적 국제분업 체제로 재편입되면서 이루어진 것이다. 수동적 선택이다. 그래서 제3공화국의 산업화를 일본이 깔아 놓은 레일 위를 달렸다는 해석도 있으나, 경제개발계획 수립·추진세력 교육·추진자금·생산제품 구매까지 미국의 전폭적인 지원이 큰 보탬이 되었다. 한일국교 정상화로 들어온 돈은 새발의 피였다. 월남전과 중동에서 흘린 피와 땀의 대가로 얻은 달러가 산업화의 결정적인 밑거름이 되었다. 유병용 교수가 한국현대사의 재인식 11권에 발표한 '박정희 정부와 한일협정'을 통해 한일국교 정상화를 본다.

4) 한일국교 정상화

군사정부 김홍일 외무장관은 61년 5월 22일 한일국교 수립을 공식 발표했다. 이어서 61년 7월 29일 박정희 의장이 한일회담 연내 해결 방침을 발표했다. 61년 가을 제6차 회담 청구권 금액 한국 8억 달러, 일본 5천만 달러. 62년 3월 한일외상회담부터 11월 김종필 오히라회담에 이르기까지 이케다 정권 고자세로 청구권 금액 조정 어려웠다. 3월 외상회담 앞두고 청구권 총액으로 일본 대장성은 1억 7천만 달러, 외무성 7천만 달러 각각 산정 이케다 수상에게 제출. 최덕신 외무장관과 고사카 외상 사이에 열린 외상회담에서 한일 양국 청구권 금액 한국 7억 달러, 일본 7천만 달러 공식 제시. 김-오히라 메모 무상 3억 달러, 유상 2억 달러, 민간차관 1억 달러 이상으로 합의한다.

64년 1월 27일 러스크 국무장관 방한, 박 대통령과 회담 후 "교섭의 조기 타결이 한일 양국뿐 아니라 자유세계 전체의 이익을 가져올 것이다."고 공동 성명.

유병용 교수는 존슨 정권이 64년 1월 중국프랑스 국교 수립, 64년 8월 2일 통킹 만 사건으로 베트남전쟁 확대 등 긴박한 동아시아 사태 변화에서, 64년 9월부터 적극적인 조정 공작 착수했다고 분석한다. 10월 16일 중국이 핵 실험에 성공한다. 미국은 중국이 공산화된 후 동아시아 기조는 일본 중심의 지역통합전략(regional integration strategy)이었다. 50년대는 이승만과 장개석이 반대로 실현되지 않았다. 미국 원조가 56년 3억 2600만 7천, 57년 3억 8200만 9천, 58년 3억 2100만, 59년 2억 2200만, 60년 2억 4500만, 61년, 1억 990만, 62년 1억 6500만, 63년 1억 1900만, 64년 8800만, 65년 7100만으로 급속히 줄어들고 있는 상황에서 박정희 정부는 외자 도입이 절대적으로 필요했다. 제1차 경제개발계획에 소요되는 약 7억 달러 중 62%인 외자 4억 2600만 달러가 착수한 지 2년이 지났으나 64년까지 30%에 불과. 정부는 외교적 노력이 외자 도입에 집중될 수밖에 없었다. 가장 손쉬운 것이 일본 자금 차관이었다. 64년 12월 3일 제7차 한일회담에서 김동조 다카스키 수석대표는 재일교포 영주권, 어업 직선기선, 공동규제수역 협력자금 등을 논의했다. 유병용 교수는 기본 관계문서 작성에서 한일 간 대립점은 두 가지였다고 지적했다.

첫째, 과거 조약의 무효 시점에 관해서 한국은 1910년 한일 합방조약 및 그 이전의 협약이 원칙적으로 무효(null and void), 일본은 합방조약은 일본의 패전 혹은 대한민국 성립까지는 유효하며 일본의 한국통치가 합법적이었다는 관점에서 have become null and void라는 표현을 주장했다.

둘째, 한국 관할권을 전역과 남한에 국한한다는 차이였다.

이동원 외무장관과 시이나 외상 간의 정치적 협상에서 구조약 무효 문제는 '이미 무효다.'(are already nul and void), 유일 합법성 문제는 '1953년 유엔총회 결의에서 명시된 바와 같은 한반도에서 유일한 합법적인 정부'(the only lawful government in Korea as specified in the Resolution 1953)이라고 문서에 표기했다. 65년 6월 22일 일본 수상 관저에서 정식 조인됐다. 8월 14일 임시국회에서 '한일 협정 비준동의안' 통과 14년 만에 완결된 것이다.

5) 베트남전쟁 참전

베트남전쟁은 2차 대전 이후 국제체제 내의 권력구조의 변화를 야기한 획기적인 사건이었다. 홍규덕 교수가 한국현대사의 재인식 11권에 발표한 '베트남전 참전 결정과 그 영향'을 통해 베트남전 참전과 한국의 산업화 추진을 알아본다. 2차 대전 이후 초강대국인 미국에 의해 만들어지고 주도되어 온 민주주의와 시장경제에 의한 세계질서상 1954년 프랑스가 패퇴한 이후 공산화되어 가는 베트남과 인도차이나 문제는 좌시할 문제가 아니었다. 아이젠하워 정부의 8년간 노력에도 불구하고 베트남 문제는 해결되지 않았다. 민주당 정권인 케네디 정부는 베트남 쿠데타를 사주하고 특수전 요원을 파견하는 군사적 개입을 단행하기 시작했다. 케네디 암살 후 존슨 행정부에서도 베트남 확전을 시도했으나 전황은 나아지지 않았다. 국민 여론이 악화되고 민주당의 인기 하락으로 공화당 닉슨이 베트남 조기 철수를 공약으로 대통령에 당선되었다. 명예로운 철수의 묘기를 찾던 닉슨 행정부는 방황하다가 반전 요구에 직면, 국민의 지지를 잃기 시작, 워터게이트 사건으로 미국 역사상 초유의 탄핵으로 중도 하차한다. 베트남전쟁으로 미국은 힘의 한계를 경험하게 된다. 지나친 전비 소모로 경제적 어려움에 처하게 되고, 71년 달러 위기와 함께 73년 오일 쇼크까지 겹쳐 심각한 도전을 받는다. 반문화 현상, 계층 간, 인종 간 갈등 심화, 워터게이트 사건은 정부와 국민 간의 신뢰 붕괴의 결과였다. 정체성의 위기를 경험하게 된다. 닉슨 행정부는 2차 대전 후 미국을 주도했던 반공주의와 봉쇄정책으로부터 탈출하기 위해 안간힘을 쓰게 된다. 중국, 소련과 데

탕트를 추구하며 닉슨 독트린을 선포한다. 이러한 거대한 국제적 변화를 제공한 월남 전쟁은 한국의 신생 정권에도 역동적으로 변화하는 국제 세계에 편승할 수 있는 의미 있는 기회를 제공했다고 홍규덕 교수는 주장했다.

(1) 미국의 베트남 확전과 한국의 참전

1961년 11월 14일 방미 일정 중 박정희는 비공개회의에서 월남 파병 의사를 밝힌다. 케네디정부는 반대했다. 베트남 파병 카드는 박 대통령 독창적 아이디어는 아니었다. 54년 베트남 라오스 국경 요새인 디엔비엔푸 함락을 앞두고 프랑스군을 구하기 위한 방안으로 미국합참(JCS)에서 한국 파병이 대안으로 제시된 적이 있었다. 이 당시 이승만 대통령은 한국군 1개 사단을 베트남에 즉시 투입할 의사가 있음을 미국에 알린 바 있다. 래드포드 해군 제독이 제시한 한국 파병안은 3개 사단 규모였다. 아이젠하워 대통령은 미국 국가안보회의에서 한국 참전안을 거부했다. 1957년 베트남 고 딘디엠 대통령이 서울 친선 방문했을 때 이승만 대통령은 우방 돕는 차원에서 한국군 파병 의사 있음을 천명했다. 그러나 미국은 이승만의 공세적인 반공주의와 대중공, 대북한 확전 필요성 주장 등을 우려해 선택하지 않았다. 혁명정부도 군사 고문단 파견 등의 적극적 제안을 했다. 심흥선 소장을 단장으로 15명의 조사단을 현지에 파견하여 파병 가능성을 조사했다. 군사정부는 반공을 연대로 위기에 처한 동남아 반공 국가를 도울 수 있다는 메시지를 적극적으로 내보냈다. 당시 라오스 내전에서 위기에 처한 우익 군사 정부를 돕겠다고 관심을 표명했지만, 라오스 문제를 담당하고 있던 해리만 특사가 서울에 도착하여 미국의 중립화안을 위태롭게 할 조치는 바람직하지 않다고 주장하며 군사정부의 자제를 요청했다. 송요찬 국무총리도 베트남 내전 도울 병력을 파견할 용의가 있다고 했다. 김종필 공화당 의장이 1962년 2월 베트남을 방문하여 파병 의사를 전달했고 김현철 주미 대사를 통해 파병 의사를 미국정부에 표명했다. 그러나 케네디 행정부는 지상군 파병을 고려하지 않을 때였다. 사뮤엘 버거 주한 미대사 "양국 간의 군사 교류는 미국정부와 주월 미국군사 고문단의 허락하에 이루어져야 한다."고 밝히고 한국이 베트남 군사 문제와 관련해 지나친 접촉을 자제하길 희망했다.

케네디 사후 존슨 행정부는 베트남 문제에 대한 적극적인 해결 방안을 찾기 시작했고 동맹국들의 적극적인 지지를 필요했다. 존슨 정부가 동남아안보조약기구와 동맹국들에 베트남 지원을 요청했으나 냉담했다. 1964년 4월 러스크 국무장관 SEATO회의에서 공동선언 채택했으나 기대할 수 없다는 것을 확인, Engage More Flags in Vietnam 보고서를 작성 More Flag Campaign을 시작했다. 4월 22일 러스크 국가안보회의에서 이 문제를 공식 의제화했다. 4월 23일 존슨 대통령 공식 발표. 1964년 5월 1일 러스크 25개 대사관에 훈령을 보내 도움 요청. 호주, 뉴질랜드, 태국이 병력을 보내기로 했고 필리핀도 소수 병력 파견을 발표했다. 한국은 야전 병원과 통신 지원단 파견을 제안했다. 그러나 주한 미국대사관은 특수전 고문단 유도하라는 본국 훈령을 받는다. 64년 5월 20일 제5차 국가안전보장회의에서 이동외과 병원과 태권도 교관단 파견을 결정했다. 한국은 미국의 대베트남 직접 개입을 위한 다국적군 동원의 일환으로 130명의 이동외과 병원 소속 의무병과 10명의 태권도 교관단이 1964년 9월 11일 부산에서 베트남으로 출발했다. 한·베트남 양국은 베트남 내 주둔군 지위에 관한 협정을 10월 31일에 체결했다. 2416명으로 구성된 한국군 비둘기부대 1965년 2월 25일 베트남에 제1진 600명이 도착, 활동 시작했다.

65년 2월 베트남에 대한 미국 공습 시작. 도처에서 베트남 민족해방 전선 활동 증가, 미국 주요 정책 결정자들 미국 지상군 추가 파견 주장. 존슨 행정부 강력한 군사력에 의한 베트남전 해결로 방향 선회. 65년 3월 15일 이동원 외무장관 워싱턴 방문, 존슨 대통령 러스크 국무장관과 회담, 베트남 파병 조건 제시했다.

① 한미행정협정 조속한 타결, ② 주한 미군 불철수, ③ 한국을 전략 물자 공급하는 연안 구매국에 포함시킬 것 촉구. 미국 지원할 전투부대 파견 의지 확인.

65년 4월 1일 하와이에서 열린 국가안보위원회에서 베트남전에 한국군 참전 최종 결정. 65년 5월 17일부터 12일간 박 대통령 국빈 방문으로 미국 초청.

65년 5월 19일 존슨 미대통령 공동 성명을 통해 ① 북한 침략 시 미국의 즉시 개입과 지원, ② 한국군 유지 위한 충분한 군사 지원, ③ 대베트남 지원을 위한 긴밀한 협조, ④ 군원 이관 재검토, ⑤ 추가 개발차관 1억 5천만 달러 제공, ⑥ 한국 상품의 대미 수출 확대, ⑦ 한미행정협정의 조속한 체결, ⑧ 한국기술 발전을 위한 KIST의 설치 및 지원 등 약속.

사단급 전투부대 파병 국회 동의 과정에서 국방위 소속 의원들 강력한 반대.

65년 7월 25일 존슨 친서 조속한 파병 요구. 65년 10월 9일 해병대 청룡부대 미해군 수송선 타고 베트남 캄란 만에 상륙. 65년 10월 22일 육군 맹호부대 제1진 퀴논에 도착. 1966년 1월 미국 함프리 부통령 내한 존슨 친서 전달, 한국군 사단급 파병을 요청했다.

한국 파병 조건 제시

첫째, 군사 부문＝① 군장비 현대화, ② 3개 예비사단 전투사단화, ③ 한미 상호방위조약 보완.

둘째, 한국군 처우 문제＝① 파월 장병 전투 수당 지급, ② 근무 수당 인상, ③ 전사 및 부상자 수당 인상, ④ 군봉급 인상

셋째, 경제문제＝① Buy American 정책 완화, ② 군원 이관 중지의 연장, ③ 무상원조 계속 유지, ④ AID 차관 증액 등 20개 요구 조건 제시

65년 2월 25일 이동원 외무장관과 브라운 대사 합의 의사록에 서명.

Brown Memorandum

첫째, 월남에 파병되는 사단과 한국에서 이에 대체되는 데 연관된 순수 추가 비용을 한국정부에 보상한다.

둘째, 앞으로 2년 한국에 있는 한국군 장비의 현대화를 촉진한다.

셋째, 한국정부의 대간첩 장비를 개선한다.

넷째, 66년도 AID 차관을 증액한다.

다섯째, 한국군 주둔 기간 동안 군원 이관 계획 중단한다.

여섯째, 미국의 해외 구매에 있어서 한국이 참여할 수 있는 보다 많은 특별한 기회를 부여한다.

일곱째, 월남에 있는 한국군 대우를 개선한다.

65년 3월 비둘기부대 2천 명, 65년 10월 청룡부대 맹호부대 2만 명, 69년까지 5만 명 파견

(2) 베트남전 참전이 한국사회에 미친 영향

가. 경제적 발전

64년 9월 140명 비전투 요원 파병을 필두로 1973년 여름까지 육군 2개 사단, 해병 1개 여단, 사령부 군수 지원부대, 공병부대, 의무 지원부대까지 약 5만 명 파병. 연인원 30만 병력 교체 투입됐다. 한국은 베트남 참전 대가로 경제발전에 필요한 개발자금을 얻을 수 있었다고 홍규덕 교수는 지적했다. 공공 및 상업차관에 힘입어 제2차 경제

개발계획을 성공리에 진행시켜 산업화로 향한 값진 토대를 마련했다고 주장했다. 미국은 전투사단 파병을 계기로 단순 무상 원조보다 초기 단계의 고도성장을 위한 도약할 수 있는 무역 특혜나 차관 공여 정책 지원 등을 아낌없이 뒷받침해 주었다. 대통령 경제 고문인 로스토우 박사를 한국에 보내 한국의 전반적인 경제조건을 살펴보았고 그 자문은 미국의 대한 경제 지원 정책에 반영되었다.

① 삼각무역 – 베트남 특수 참여와 수출 활성화

60년대 한국의 고도성장이 가능했던 것은 지역 내 수출 시장을 활용할 수 있었기 때문이다. 홍규덕 교수는 베트남전에 대규모 전투 병력이 투입되면서 거대한 소비 시장이 형성되었다고 분석했다. 소비재 수출에 이어 군수품과 군납 관련 수출을 확대해 나갔다. 64년에 630만 달러 수출량이 66년에는 4배에 가까운 2380만 달러로 급성장했다. 65년 전투 병력 파병하면서 대미 수출도 6배 이상 급증했다.

② 인력 송출과 외환보유고 증가

64년 비전투부대 공병대 파병에서 병장 일당 1달러 50센트, 66년 7월에 추가 보병 사단 백마부대 파병에 20~25% 인상 얻어냈다. 미국은 1인 기준으로 5분의 4의 재정 절감 효과. 한국군은 40배에 가까운 대단한 월급이었다. 국내 송금으로 외환보유고 증대. 72년까지 약 2억 달러 이상 송금. 그중 40%는 국내 은행에 저축.

미국은 또 다른 특혜로 서비스 및 건설 분야에 한국 업체들의 진출을 허용했다고 홍규덕 교수는 지적했다. 건설, 토목, 하역, 수송, 세탁소, 유흥 업체에 주력했다. 서비스 업체 50여 개 이상 진출했다. 건설 회사도 최다 12개 이상이 공사를 맡았다. 72년까지 이들이 송금한 외화 총수입은 2억 3800만 달러였다. 건설 업체들은 66년 이후 군사기지 구축, 군사건물 건축, 교량 토목 공사. 공사대금 총액 72년까지 6100만 달러. 베트남에서 쌓은 건설 토목기술 경험과 자신감은 70년대 이후 중동 등 각 지역 해외 건설 사업에 진출할 수 있는 발판을 마련했다고 홍규덕 교수는 밝혔다. 연인원 10만 명 정도의 민간 기술자 송출은 한국인의 해외 진출할 수 있는 계기가 되었다. 베트남전 종전 이후 이들 중 상당수가 호주와 캐나다 등 세계 각국에 진출하여 교민 사회 개척, 한국인의 세계화 기틀을 만들었다. 이들은 베트남전 근무 외국 인력의 40%를 차지했다. 이들의 봉급과 보상비 등 약 1억 6600만 달러를 국내에 송금.

56~72년까지 베트남전으로 유형적인 총수입은 10억 3600만 달러로 집계됐다. 이는

66년에 시작한 제2차 경제개발 5개년 계획에 절대적으로 기여했다고 홍규덕 교수는 지적했다. 베트남전 특수에 의한 수입은 국내 산업 기반과 소비 수요의 창출에도 기여했다. 냉장고, TV, 트랜지스터라디오 등 가전제품이 보급되기 시작했다. 국민들의 생활 수준도 나아지기 시작했다. GNP는 100억 200만 달러로 늘었으며, 1인당 GNP도 64년 105달러에서 73년에는 373달러로 300% 이상 증가했다.

③ 사회 간접자본 시설 확충

제3세계 발전의 관건은 개발에 필요한 자금 확보 여부다. 전투사단 파병을 계기로 막대한 공공 및 상업차관을 도입할 수 있었다. 이 차관의 대부분을 사회 간접자본의 확충과 전략적 기간산업 시설의 확충에 이용되었다. 파병 대가로 얻은 1억 5000만 달러 차관 외에도 다른 차관 도입을 위해 많은 노력을 기울였다. 66~72년 약 35억 달러의 외자 도입, 그중 45%가 상업차관, 공공차관 도입은 11억 달러 기록, 총 외자도입의 24.6%를 차지했다. 홍규덕 교수는 베트남전과 관련하여 들어온 공공차관은 주로 발전소 및 댐 건설, 철도 및 고속도로 건설에 투자했다. 경부 고속도로 건설은 대표적인 사회 간접자본 투자이다. 김영삼, 김대중 등 야당의 반대에도 불구하고 수출과 지역 발전에 기여했다. 상업차관은 정유, 화학, 시멘트, 철강 등 전략적 기간산업 설립 구축에 쓰였다.

미국정부로부터 도입된 차관은 총 5억 2250만 달러였다. 베트남전 공공차관은 총액의 45.5%, 외국인 투자액을 합친 총 차관의 16%, 총 외자 도입의 12.7%에 해당한다. 섬유산업 등 수출 전략 산업 부문에 집중 투자했고 수출입 은행에서 도입한 3250만 달러는 원료와 원자재 도입에 쓰였다. 그 밖에 사회 간접시설 확충에 집중적으로 쓰였다. 2500만 달러는 증기기관차를 디젤기관차로 바꾸는 데 쓰였고 900만 달러는 서울시 수도시설 확충에, 2100만 달러는 당인리 화력발전소 건설에 투입되었다.

④ 과학기술 토대인 KIST 창설

파병 대가로 박정희가 정부 과학기술원 창설에 미국의 도움 요청했다. 존슨 행정부 적극 수용, 미국 오하이오 주 배텔연구소를 모델로 홍릉에 건립. 2000만 달러 차관 공여, 우수 과학자 귀국과 함께 파격적 대우 보장, 한국의 산업화 기반 구축에 기여했다고 홍규덕 교수는 지적했다.

⑤ **기업 해외 진출 토대 마련**

홍 교수는 경제발전 주역이 될 민간 기업들을 육성하고 특혜를 제공함으로써 기업이 재벌로 성장할 기틀을 마련했다고 지적했다. 정부와 특수 기업의 밀월 관계를 형성해 나가면서 재벌은 한국경제의 견인차 역할을 하게 되지만 권력과의 밀착을 통해 구조적 문제를 야기하는 결과를 초래했다. 건설, 운송, 섬유 산업 분야에 진출한 현대, 한진, 대우 등은 독점적 대기업으로 떠올랐고 정부 지원의 다각화로 세계적인 기업으로 발돋움했다.

나. 군사력 강화

① **실전 경험 통한 전투력 증강**
② **무기 현대화**

월남전 참전 당시 한국군이 보유하고 있던 무기의 70% 이상이 노후 무기였다. 개인 화기를 M－16으로 교체했다. 73년 2월 미국 2개 사단이 철수할 때까지 한국 주력 부대 베트남에 잔류한 것은 브라운 각서에 명시된 군원 이관의 효과와 베트남전에서 사용하던 현대 무기를 모두 가져올 수 있다는 기대 때문이었다. 그러나 1개 연대 분의 무기만 가져올 수 있었다.

③ **미군의 계속적 주둔**

다. 정치력 강화

① **경제 활성화를 통한 전통성 확보**
② **미국의 전폭적 지지 획득과 정권 안정화**
③ **군부 완전 장악**

라. 사회적 측면

① **정체된 한국사회의 활성화 계기 마련**
② **국제화 초석 마련 이민사회 건설－호주, 캐나다 이민, 중동 인력 수출**

(3) 베트남 참전의 부정적 측면

가. 정치적 측면

베트남전 참전은 박정희 정권의 정치적 기반 안정화에 더없이 좋은 기회였다. 그러나 지나친 자신감으로 대미관계에도 지나치게 대결적인 자세로 일관했고, 69년 이후에는 베트남 철수 과정에서 받은 실망감과 충격으로 미국과 정면충돌도 불사하는 도전적인 자세를 노골화했다고 홍 교수는 지적했다.

나. 사회적 측면

베트남전 특수에 따른 산업화 증진은 70년대 접어들면서 노동 문제 민주화 투쟁 요구가 구체화되어 사회운동의 구심점이 되었다.

다. 외교적 측면

① 대미 의존의 심화와 대외 이미지 실추

60년대 중반 이후 미국 내 반전운동이 본격화되며 한국 이미지 손상이 컸다. 북한 등 공산국가의 한국 비난이 거세졌다. 홍 교수는 한국정부가 이미지 개선을 위해 아프리카에 의사를 파견했으나, 미국의 베트남전 비판 여론에 한국도 비난 대상이 되었다고 지적했다. 베트남전 종전과 더불어 펼쳐지는 새로운 국제 질서 변화에 적응하지 못했다.

② 사이밍턴 청문회와 한국의 용인병 낙인

베트남 파병은 대미관계에서 한국을 동반자로 격상시켰으나 반전운동가들과 제3세계로부터 비난을 받았다. 60년대 중반부터 자라기 시작한 반전 움직임 속에 한국 이미지는 큰 손상을 입었다. 북한이 용병설을 퍼뜨렸으며 사이밍턴(Symington) 청문회를 개최하여 한국의 베트남전 참전 조사를 했으며 한국군 처우 개선 차원에서 전투 수당, 사상자 수당을 미국으로부터 받았다는 것이 공개되었다.

라. 군사적 측면

북한의 도발 위협 증가

휴전협정 위반 사례 급증＝65년 88회, 66년 80회, 67년 784회, 68년 985회, 69년 188회, 70년 181회, 71년 84회, 72년 0. 북한 무력 도발이 절정에 이른 시기는 68년이었다. 한국에서 예비역들로 구성된 추가부대 파병을 검토할 때였다. 68년 1월 21일 김신조 일당 청와대 피습 공비 남파. 1월 23일 미국 정보함 푸에블로호 나포 사건. 11월에는 울진에 무장공비 120여 명 침투. 존슨의 푸에블로호 사태를 공격했던 닉슨이 대통령에 당선 직후 69년 4월 14일 북한은 공해상에서 미국 해군 해상정찰기 EC－121기 격추.

(4) 파병을 통해 박정희 정권이 얻은 것을 홍 교수는 5가지로 집약했다.

가. 베트남 파병을 자처한 것은 미국의 군사적 안보 공약을 확고하게 할 수 있다고 판단했다. 미국이 한일관계 회복을 독려하면서 미군을 베트남으로 빼돌리려는 것이 아닌가 하는 우려가 컸었다. 미국과 피의 동맹을 맺었다.

나. 참전을 통해 신무기 얻고 전투 능력도 배양시킬 수 있었다. 미국은 파병 대가로 군현대화 소요 군사 장비와 시설 제공, 파병에 따른 군사비 부담 약속 지켰다.

디. 수출 지향 개발계획에 따른 수출시장으로 베트남을 활용. 한국군 사용 물자와 용역을 한국에서 구입, 미국이 베트남에서 국제개발처(AID)의 자금으로 시행하는 건설 및 구호 사업에 소요하는 물자와 용역도 한국에서 구매케 했다. 베트남에서 65~73년에 2억 8300만 달러 벌어들였다.

라. 높은 실업률 해소했다(63년부터 대외개방정책 일환으로 노동력 해외 수출. 서독 광부, 간호사, 선원 수출. 65년 해외 취업자 송금 외화가 상품 수출액의 10.5%, 무역외 수입의 14.6%, 65~72년 사이에 한국 기업들이 벌어들인 수익과 군인, 노동자들이 받은 봉급 및 보상금은 7억 5000여만 달러).

마. 미국으로부터 조건이 좋은 공공차관 다량 도입했다. 미국 안보 공약이 확고해짐에 따라 상업차관 얻기도 쉬워졌다. 그 결과 66~72년 사이에 35억 달러 외자 도입. 공공차관이 26.4%인 11억 달러, 45.6%인 19억 달러는 상업차관. 이 차관은 발전, 철도,

고속도로 등 기간설비 건설에 투입.

6) 60년대 한미 경제관계

1882년 한미우호통상조약이 체결된 후 100주년이 되는 1982년에 조순 교수의 '한미 경제관계의 전개와 전망', 데이비드 스타인버그 씨의 '한미경제 관계 과거의 경험으로 부터의 교훈'이 발표되고 1999년에 전택수 교수의 '1960년대 한미경제관계'(한국현대 사의 재인식 11권)가 발표되었다. 60년대 한국의 경제성장이 식민지 근대화의 동력에 의한 것이라는 식민지 근대화론의 진실을 판단하게 하는 실증적 자료를 제시하고 있 다. 전 교수의 객관적 자료를 통해 진위를 가려보는 것이 좋을 것 같다.

(1) 62년 이전 한국경제에 대한 미국의 시각

가. 국제방위전략의 일부로서 한국경제관

이승만 대통령과 덜레스 국무장관 사이에 있었던 2차 회담보고서는 '한국에 대한 경 제 원조'로 작성됐다. 아이젠하워 대통령은 1만 톤 구호 식량 보내고 H. J. Tasca 박사 를 한국경제문제 특별보좌관으로 보내 한국경제 포괄적 보고서 제출케 했다. 타스카 박사는 군사 지원, 민간 수호, 경제 재건을 위한 3개년 통합경제계획을 건의하면서 54 년 3억 달러, 55년 3억 4천8백만 달러, 56년 2억 7천5백만 달러 각각 지원하도록 했 다. 공산국가에 대항한 나라에 대한 정신적이고 물질적인 보답 선례를 자유아시아 제 국과 세계에 보일 수 있다는 기대 효과도 제시했다. 또한 한국에 대한 경제 지원은 한 일 간 무역 증진의 시너지 효과도 있어서 일본경제의 자유세계 지향을 가능케 할 것이 라고 내다보았다.

타스카 보고서 실행에 앞서 미국 안전보장위원회는 한국정부가 선행할 몇 가지 조건 을 부가했다. 한국정부의 휴전협정 준수와 연계시켜 한국정부가 미국과 UN군의 시책 에 비협조적이면 지원을 중단한다는 것이다. 덜레스는 아시아에서 일본의 중요성과 그 역할을 중시하면서 이승만과 한국국민이 일본에 대한 생각을 바꾸도록 요청했다. 주요 투자처로 공중위생, 교육, 농업, 수송시설을 제시했다. 은행여신 엄격통제, 시장가격으로 회복 위한 통화개혁, 세금인상, 균형예산 등도 지적했다. 운송시설 부족으로 상품 이동이 활발하지 못하고 부적절한 재정 금융정책으로 53~56년 25~81%의 고율의 도매 물가상승률을 보였다. 55년 CIA문서에 재정 적자 125만 달러 보전하기 위한 전년 대비 80%나 증가한 통화 공급으로 인플레이션 발생 위험을 전망했다. 암시장과 투기 부정부패의 악순환을 몰고 와 미국 원조 정책을 무력화시켰고 지역산업의 발전과 수출 증대를 방해할 것이라고 보았다. 장면 정권에는 현실적인 단일환율제도 확립, 원조 자금 사용에 대한 양국 간 협정, 교통요금과 정력요금 인상, 전력산업 정상화 위한 제반 조치를 요구했다. 61년 6월 1일 미국 'Presidential Task Force on Korea'가 작성한 보고서는 한국경제안정을 위해 필요한 제반 개혁 실행한다는 조건하에서 한국혁명 수반을 초청하라는 제안이 포함되어 있다고 전택수 교수는 지적했다.

나. 경제안정을 위한 효율적인 미국의 지도와 감시 지적

미국은 한국경제 안정화를 위해 장기발전계획 필요성을 지속적으로 강력하게 제기, 그 계획은 신중하게 성안되고 엄밀하게 추구되어야 한다고 했다. 한국인의 경제문화에 대한 부정적 면도 지적, 그 대안을 제시했다고 전 교수는 열거했다. 미국대사관 관계 정보수집자들과 미 국무성 백악관 사이에 교환된 문서에 의하면 국가 발전에 대한 장기 비전과 국가 지도자의 지도력 부재, 상호간의 불신, 부정부패 횡행, 전통적인 교육 내용 등에 문제점을 우려했다. 특히 미국 관리들은 한국 공무원들의 능력과 한국경제의 잠재력에 대한 의구심을 품었고 원조 자금의 불공정한 처분을 염려했다. 민주적이지만 우유부단하고 허약한 장면 정권에 실망한 미국은 한국사회의 변화를 위해 군사정권의 효율적인 지도력에 기대했다. DDC(79)416A Anti－Corruption Program은 한국의 부정부패를 정확하게 분석, 대안까지 제시하고 있다고 전 교수는 지적했다. 조선 시대 일제하 관리의 부패, 뇌물 착취 관행이 해방 이후에도 국방, 공직사회, 교육, 경제계, 언론 등 모든 분야에 만연돼 있다고 보았다. 미국의 경제, 군사 원조 자금 처분을 놓고 부패의 기회가 더욱 확대되었으며 군까지 석탄 나무연료의 실질적인 독점자로서 군 차량을 이용하여 민간 암시장에 제공했고, 각종 군사 장비를 처분했으며, 이를 통해 많은 부정 소득을 올렸다고 미국 보고서는 고발했다. 해안 경비대는 밀수에 관여했고 경찰은 기업이나 일반 국민들로부터 불법적인 경비를 뜯어냈으며 농업과 내무 관련 공무원은 비료 수급 과정에서 재무부는 세금의 부과 및 징수 과정에서, 한국은행은 수출입

허가 과정에서, 대학은 입학생 선발 과정에서 부정을 자행해 많은 수입을 올렸다고 나열했다. 사업가나 언론도 마찬가지였다고 보고했다. 이런 관행을 척결하기 위해 공사계약에서 공정 경쟁, 중앙 관리의 예산 집행, 공무원의 인사관리 봉사정신 합리적인 조세체계, 정상적인 이자율 수준, 엄정한 법집행, 기업의 책임감과 기업윤리 확보 등에 필요한 조치 취하는 한국정부의 노력을 적극 지원하는 동시에 원조 계획에 참여해서 기업의 엄정한 선정, 부정협의 있는 공무원과의 접촉 금지, 한국인의 내핍 절약 운동 전개 장려 등 구체적 대안을 제시했다. 교육도 중등 과정에서부터 무역 기능능력 향상을 높이기 위한 직업학교 확충과 개선, 고등교육에서 기초교육 중시, 원조 계획을 교육에까지 연장할 것을 제안했다. 복무 중인 군인들에게 직업교육을 시켜 제대 후 민간경제에 도움이 되도록 강구해야 한다는 것이었다. 전택수 교수는 미국은 정책적인 지도(guidance)와 재정적 지원(assistance)을 효율적으로 활용할 수 있고 나아가 점증하는 민족주의, 미실현된 높은 기대감, 자립, 자족에 대한 청년들의 조급함을 결집시키고 달랠 수 있다고 믿고 역동적인 지도력이 관건이라고 보았다고 지적했다. 한국사회의 냉소주의 패배주의 환멸감 등을 추방하기 위해서도 절실히 개혁의 필요함을 지적했고 국가 지도력에 의한 국가비전과 분명한 국가목표가 부가되어야 국민들은 사회적 응집력과 동기 부여를 느끼고 장기적으로 국가경제를 개선하며 안정적인 민주사회를 확립할 수 있다고 보았다. 전택수 교수는 자금기술 지원 외에 사회개혁까지 미국이 각별한 관심을 갖고 지원했음을 밝혔다.

(2) 60년대 경제발전계획과 성과

가. 60년대 제1차 경제개발 성격과 성과

제1차 개발목표는 모든 사회경제적인 악순환을 시정하고 자립경제의 달성을 위한 기반 구축

ㄱ. 전력, 석탄 등 주요 에너지원 확보, ㄴ. 시멘트, 비료, 정유공장 등 기간산업 확충과 사회간접자본 충족, ㄷ. 농업생산력 증대, 농업소득 증대, 국민경제구조적 불균형 시정, ㄹ. 수출 진흥 주축 국제수지 개선, ㅁ. 과학기술 진흥.

목표 - 연평균 성장 7.1%, 투자율 22.6%, 국내저축률 9.2%, 해외저축률 13.7%.

수정 - 보완계획 성장률 5.0% 국내 총투자율 17.0% 총저축률 7.2%로 해외저축률 9.9%

정책수단동원

첫째, 재정수단 강화. 지도받는 자본주의 채택, 국민경제성장제일주의 천명.

둘째, 저축의 획기적 증대

셋째, 수출 증대

넷째, 소비규제

다섯째, 과학기술 진흥

나. 제2차 개발목표는 산업구조를 근대화하고 자립경제의 확립을 더욱 촉진

시장경제원칙을 통한 국민경제의 역동성 제고.

ㄱ. 식량의 자급자족과 수산개발 및 산림녹화 주력

ㄴ. 화학, 철강, 기계공업 건설 공업구조 고도화

ㄷ. 7억 불 수출 달성 수입대체국제수지 개선

ㄹ. 고용 증대와 가족계획 추진

ㅁ. 국민소득의 획기적 증대와 농가소득 향상

ㅂ. 과학 경영기술의 진흥과 인적자원의 배양 생산 제고

계획기간 중 연평균 경제성장률 7%, 광공업 10.7% 성장. 수출과 무역 외 수입 합계는 연평균 약 17%로 증가, 65년 2억 9천만 달러에서 목표연도인 71년에는 7억 1천9백만 달러로

(3) 미국의 한국 경제개발 기여

양질의 풍부한 국내의 인적자원을 동원, 선진국으로부터 도입한 자본과 기술을 이용하여 선진국으로부터 도입한 원자재를 가공하여 선진국으로 수출함으로써 수요 공급의 애로를 동시에 타개했다. 전 교수는 미국이 투자자원의 조달과 기술 제공이 경제개발의 동력이 되었다고 주장했다.

가. 미국의 경제 원조

한국에 제공한 경제 원조와 군사 원조

53~61년 경제 원조 25억 7900만 달러, 군사 원조 15억 6000만 달러

62~69년 경제 원조 16억 5800만 달러, 군사 지원 25억 13만 달러

70~76년 경제 원조 9억 6360만 달러, 군사 지원 27억 9700만 달러

나. 외자도입

미국이 1차 계획 기간 중 47.1% 1억6천만 달러, 2차 계획 44.2%

일본이 1차 계획 21.4%, 2차 계획 24.2%

다. 기술도입

제1차 — 미국이 14건, 일본 10건, 서독 3건

67년 이후 일본이 압도적 비중

라. 인적 자본 관계

경제전문가, 경영전문가, 과학기술자, 국가관료 교육 — 미국에서 이루어졌다.

국무성 초청 관료 언론인 학자 양성

62~66년 612명 기술자 초청 교육, 2549명 해외파견 기술 수여. 기술연수 위해 2천만 달러 기술 원조 자금 제공. 1천7백만 달러 용역 제공, 4천6백만 달러 기술 원조 공여. 연세대 고려대 경영학 교과과정 현대화 교수진 양성 공동 연구 기업진단.

포드재단 프로젝트스탠포드대학에서 한국교수 재교육.

플부라이트 재단 공무원이나 은행 간부들 단기코스 연수. 미국식 관리 방식 저변 확대 효율성 전파. 미국에서 재교육받은 학자 관료 정부의 경제 담당자로 등용되면서 경제정책 수립과 집행에 공헌

마. 무역관계

(1) 수출과 경제성장

(2) 수출시장

(3) 무역분쟁

바. 경제정책관계 – 격려와 견제를 통한 간섭

전 교수는 5·16 후 경제개발 과정에서 미국은 결정적인 역할을 했다고 지적했다. 1차 계획에 대해 미국은 독단적인 추진에도 제동을 걸었지만 과잉 목표와 방법론 등에 모순을 지적하고 수정하게 했으나 기본 목적에는 동의했다. AID를 중심으로 많은 미국인이 그 역할을 했다. 63년의 재정수요 정책의 재도입, 64년의 환율 현실화, 65년의 세제 개혁 및 이자율 인상 등의 정책 채택 배경에는 미국경제학자들의 권고가 있었다. 제2차 계획 작성에는 직접 개입했다. 미국은 경제운영의 안정성을 중시하고 투자 우선순위에서 농업을 먼저 제시했으나 한국은 광공업에 대한 우선적인 투자와 고속성장 달성이었다. 미국은 재정 및 금융의 안정을 추구했다.

사. 고속성장의 시동을 건 미국의 정책

60년대 초까지 한국경제에 대한 미국의 시각

첫째, 자유세계와 일본을 포함한 아시아 방위 측면에서 한국경제를 바라보았다.

둘째, 한국경제안정이 주한 미군의 안정 보장한다고 하면서 안정 추구.

셋째, 국가지도력 부재, 불신 부정부패 경제문화에 대한 부정적인 시각.

한국의 경제개발은 미국의 물적 기본 관계, 인적 기본 관계, 무역관계, 경제정책관계에 전적으로 의존했다.

첫째, 1, 2차 개발계획에서 미국은 필요한 투자재원과 생산기술의 제공자였다. 60년대 중반까지 공공차관을 비롯한 미국 원조는 총수입액의 50% 정도를 보전했다. 제2차 계획기간 중 총 외자도입액 23.9억 달러의 47%가 미국으로부터 조달되었으며 주로 중화학공업 분야에 투입되었다.

둘째, 인적자원 면에서 미국은 한국인 경험학습 지휘관을 양성했다. 한국인 기술자를 초청 연수시키고 미국인 전문가를 한국에 파견하여 용역사업에 참여케 했다. 신기술 습득과 전파에 공헌했다. 기존 경제관료 경제 경영학자들을 미국유수대학에 장기간 연수시키는 동시에 개인별 학업에도 다양한 형태의 지원을 했다.

셋째, 미국은 수출시장을 제공했고 무역분쟁을 제기했다. 미국은 61년 총수출액 대비 16.6%에서 71년에는 49.8%로 한국 경제성장의 필수적인 수출시장을 제공했다.

미국은 경제정책관계에서 격려와 견제를 지속적으로 했다. 미국은 한국정부에 조달 가능한 재원을 고려한 투자계획, 과도한 중화학학투자 자제, 정부보증의 상업차관 엄선

도입, 국내저축 증대시키는 경제적 환경 조성을 조언했다. 이러한 지적은 성장 지향적인 박정희 정권의 경제정책에 상당한 제동 역할을 했으나, 안정장치가 되기도 했다. 2차 계획에 미국 AID 고문단이 적극적으로 참여하여 내적 정합성 확립에 상당한 기여를 했다. 36년 일제식민지 지배가 한국을 근대화시켰다는 일본과 한국 경제학자의 식민지 근대화론은 재고되어야 한다.

7. 김대중, 노무현 정부와 한국 언론

1) 21세기 한국 언론의 위기와 도전

[2006년 12월 15~17일 인도 뉴델리 자와할랄 네루대학에서 열린 제8차 태평양－아시아 한국학 학술회의(8차PACKS)에 보고한 논문 ‘21세기 한국언론의 위기와 도전’에 ‘신문 등의 자유와 기능 보장에 관한 법률’과 ‘언론 중재 및 피해 구제 등에 관한 법률’에 대한 헌법재판소의 2006년 6월 29일 일부 위헌 판결과 노무현 정권이 2007년 5월 22일 발표한 이른바 ‘취재선진화 방안’을 둘러싼 언론과 정부의 갈등을 추가했다.]

21세기 한국 신문은 정보통신 혁명에 따른 인터넷 보급 등 새로운 매체 환경 변화와 정치권력과의 갈등으로 위기를 맞고 있다. 정치적·경제적 통제에 따른 신문구독자 감소, 신뢰성 상실, 경영 부실로 도산위기의 신문사도 늘고 있다. 21세기 새천년 벽두 김대중 정부 후반기부터 공개적으로 불붙은 좌경 집권 세력과 한국 유력 일간신문과의 갈등이 노무현 정부 집권 종반기까지 계속되었다. 국제적으로 언론 통제로 비친 정치권력과 언론과의 갈등은 정치, 경제, 법제 다방면으로 확산되고 한국 신문은 구독률, 열독률까지 떨어지고 있으며 신문보도에 대한 제소도 늘고 있다. 노무현 정부의 언론 규제는 정치적, 경제적 규제에 이어 언론을 통제하는 법률 개정과 제정 취재 제한까지 다양하게 전개되었다. 노무현 정부가 개정 제정한 신문법과 언론중재법은 논의 단계에 서부터 반론이 제기되고 헌법재판소에 제소돼 위헌 판결까지 받았다.

2005년 1월 27일 정부가 제정한 ‘신문 등의 자유와 기능 보장에 관한 법률’(다음부터 신문법으로도 표기)과 '언론 중재 및 피해 구조 등에 관한 법률'(다음부터 언론중재법으로도 표기)을 헌법재판소(헌재)는 2006년 6월 29일 일부 위헌 판결을 했고, 대법원은 조선일보 사주의 탈세 혐의를 유죄로 확정했다. 헌법재판소(다음부터는 헌재로도표기)는 정부 권력의 언론자유 통제 위험을, 대법원은 언론의 관행적인 부조리를 징계하는 판결을 했다. 헌재는 노무현 정부가 이른바 '개혁 입법'의 일환으로 제정한 신문법과 언론중재법 중 4개 조문을 위헌, 1개 조문에 대해 헌법 불일치 판정을 했다. "1개 신문사의 시장 점유율이 30% 이상, 3개 신문사 점유율이 60% 이상이면 시장 지배적 사업자로 인정해 공정거래법에 의해 과징금 부과가 가능하다."는 신문법 17조는 신문 사업자의 평등권과 신문의 자유를 침해해 위헌이라고 헌재는 판결했다. 신문법 34조 제2항 제2호가 제17조의 시장 지배적 사업자를 신문 발전기금 지원 대상에서 배제한 것도 신문 사업자를 차별하는 것이므로 평등원칙에 위반된다고 판결했다. 언론중재법 제26조(정정보도 청구 등의 소) 6항(정정 보도 청구를 민사집행법상 가처분 절차에관한 규정에 의해 재판하며)은 "피해자의 보호만을 우선하여 언론자유를 합리적 이유없이 지나치게 제한하는 것은 위헌이다."라고 판결했다. 헌재는 노무현 정부의 언론개혁 입법이 언론자유 침해 위험이 있다고 지적한 것이다. 또 신문법 제15조(겸영금지등) 2항 일간신문이 뉴스통신이나 일정한 방송사업 겸영 금지에 대해 합헌으로 판결했으나, 3인의 위헌 판결 의견도 있었고 제3항의 복수 신문 소유 금지 조항은 헌법 불일치 결정을 했다. 헌재는 이른바 민주화 이후 정부 차원에서 제기한 언론 규제론에 대해 적극적이지는 않지만 일부 제동을 건 셈이다. 그러나 헌재의 6·29판결문에 대해헌법학자와 언론학자들은 비판적이었다. 언론법학회는 2006년 6월 29일 헌재 판결문을해마다 언론관계 우수 판결문을 시상하는 '철우언론법상' 심사대상에서 제외했다. 헌재의 판결에 대해 언론과 학계는 정치적이었다는 지적도 있었다.

한국 언론은 이른바 민주화 이후 정치적 통제에서 벗어났으나 김대중 정부부터 공개적인 마찰을 빚기 시작했다. 김대중 정부는 새천년 벽두 2001년 1월 대통령 연두기자회견에서 이른바 '언론개혁'을 선포하고 언론사 세무 사찰 결과에 따라 조선 동아 국민일보 사주를 구속, IPI로부터 언론자유 감시대상국으로 경고를 받았다. 노무현 정부도 집권 초기인 2003년 3월 29일 청와대 직원 워크숍에서 노무현 대통령이 "우리는나쁜 언론 환경 속에서 일한다. 우리는 언론의 시샘과 박해에서 우리 스스로를 방어해야 한다."고 언론과의 전쟁을 선언하고 집권 말기까지 언론과 불편한 관계였다. 노무현대통령은 정부 출범 초기에 인터넷 매체와 단독 회견, 친여 특정 신문 방문, 기자실 폐쇄, 신보도 지침, 오보성 기사와 왜곡 보도에 대한 사안별 대응 조처 지시 등 보수 언론 대책을 속속 발표한 데 이어 2007년 5월에는 '취재선진화 방안'을 발표하고 취재를 통제, 언론과의 싸움을 집권 말기까지 지속했다. 김대중, 노무현 정권의 언론과 적대적 관계는 전직 언론인들의 모임인 대한언론인회의 2004년 한국언론자유상황 보고서가 언론자유를 54.6점으로 저평가하기에 이르렀고 또 집권 세력 측으로부터 언론이 정권의 무책임, 무능력, 무소신 등을 부각시켜 근본적으로 권력을 무력화시키고자 하는 의도까지 드러냈다고 원망하는 상황에 이르렀다. 권력과 언론의 적대적 관계는 노무현 정부에서는 비밀이 아니었다. 정부의 홍보 담당자들이 신문과의 싸움이 빈번했다. 청와대 홍보담당 비서관 둘이 특정 신문을 비방하다가 청와대 근무 도중 하차하기도 했다. 노무현 정부 출범 후 행정부와 정부 산하 기관의 대언론 제소가 급증했으며 대통령이 주관한 언론대책회의가 공개되기도 했다. 친여 언론 매체와 시민단체가 앞장섰던 보수 언론과의 싸움을 대통령이 전면에 나서, 언론의 대통령 비판 수위가 높아지고 노무현 대통령은 신문을 불량 상품이라고 비난하며 퇴임 후에도 언론과 싸움을 지속한다고 선언했다. 2007년 5월 22일 노무현 정부는 국무회의에서 '취재선진화 방안'을 공표한 데 이어 취재실 통폐합, 총리의 '취재지원에 관한 기준안' 등을 발표, 기자협회, 편집인협회, 편집국장, 보도국장들의 공개적인 비판선언과 변협 IPI 등이 노무현 정부의 언론 통제에 항의했으나 노무현 정부는 굽히지 않고 강행, 정권 말기까지 언론과의 싸움은 강도를 높이고 있다. IPI 요한프리츠 사무총장은 "한국이 다시 IPI의 언론자유 감시대상국 명단에 들어가는 것을 보고 싶지 않다."는 서한을 2007년 8월 27일 노무현 대통령에게 보냈다. IPI 사무총장의 서한은 이른바 '취재선진화 방안'이 기자들의 관공서 출입을 금지하고 공무원들이 기자들에게 자유롭게 말하지 못하도록 함으로써 한국의 언론자유를 크게 해칠 뿐만 아니라 공중의 알 권리를 침해하고 있다고 천명했다. IPI는 최근의 취재 봉쇄 조치뿐만 아니라 정부 부처들이 언론비판에 대해 맞대응을 권장한 것과 비판언론에 대한 정부광고 통제, 국정브리핑을 통한 언론 공격 등을 예로 들며 언론에 대한 적대적 감정과 오해를 지적했다. "기자실에 대못질 하겠다."는 대통령 발언은 "전 세계 민주국가에서 활동하는 경험 많은 언론인들을 경악게 만들었다."고 밝혔다. 2007년 8월 30일 전국신문 방송 통신편집 보도국장 일동도 "정부에 대한 취재 자체, 접근 자체를 원천적으로 차단하려 하는 노무현 정부의 취재 봉쇄 조치는 군사정권 시절보다 질적으로 더 나쁜 언론 탄압"이라는 결의문을 발표했다.

노무현 집권기의 신문도 이데올로기를 개입시킨 대통령 비판 공격 저널리즘과 정치인의 비행을 폭로하는 적대적 보도의 비판 수위를 늦추지 않았다. 조심스런 분석 및 탐사보도보다는 논쟁을 일으켜 상대방 이미지를 훼손시키고 피상적인 비난에 중점을 두면서 투쟁과 불협화를 주제로 삼는 보도 행태가 많아진 것도 사실이다. 공평하고 객관적인 사회 감시 기능 수행의 한계선을 뛰어넘어 정권과 직접 투쟁하기도 하고 사회에 불협화를 초래하는 갈등과 충돌을 빚기도 한다. 기자들이 조용한 관찰자가 아니고 스스로 싸움 무대에 오르기도 한다. 비판 저널리즘이 적대감을 증폭시키는 분노의 저널리즘으로 변질되기도 했다. 그 결과 갈등이나 충돌을 강조해 수용자들에게 갈등과 충돌이 문제 해결하는 방법이란 인식을 심어 주기도 했다. 대통령에 대한 공격적인 기사가 정치에 대한 냉소주의를 심어 주어 정치적 무관심과 정치 참여 의욕을 상실케 하며 공중에게 정확한 정보나 사실을 전달하지 못해 신문의 신뢰도를 실추시켜 신문 불신을 자초하기도 했다. 민주화를 내건 김영삼, 김대중, 노무현 세 정권에 걸친 집권 세력과 신문의 갈등은 노무현 정권 말기까지 지속됐다.

경제, 과학, 스포츠, 무대 예술, 기술 제반 분야가 선진국 수준에 진입했으나 언론만은 아직 그 대열에 끼지 못하고 있다. 선진 언론의 기본 조건인 언론자유와 언론인의 윤리가 모두 낙제점이다. IPI(국제언론인협회)는 2001년 한국을 OECD(경제개발협력개발기구) 가입국 가운데 유일한 "IPI Watch List" 국가에 포함시켰다. IPI는 2001년 9월 6일 서울에서 열린 2001년 IPI Press Conference 중 한국의 언론자유가 'IPI Watch List' 대상이라고 공식 발표했다. IPI는 2004년 5월 18일 바르샤바에서 개최된 이사회에서 "한국사회의 화해를 위해 일하고자 한다는 노무현 대통령의 발언을 환영하고 언론 분야도 한국사회 내부의 화합을 위한 새로운 노력들에 포함되기를 희망하면서" 한국을 감시대상국에서 제외시킨다고 발표했으나 2007년 노무현 정권의 취재 봉쇄정책으로 감시대상국 재지정을 IPI가 대통령에게 보낸 서한에서 거론하고 있다.

IPI가 2001년 9월 6일 한국을 언론자유 감시대상국으로 결정을 하기 20일 전인 8월 17일 김대중 정부는 동아·조선·국민일보 세 사장을 탈세 혐의로 구속했다. 한국에서 이승만·박정희 권위주의 정권에 저항했던 동아·조선의 두 사주가 파렴치한 탈세범으로 구속되기 꼭 한 달 전인 7월 17일 워터게이트 사건을 파헤쳐 닉슨을 하야시킨 워싱턴포스트의 캐서린 그레이엄 사주가 타계하자 미국 조야는 고인을 언론의 독립과 자유를 실천한 언론인으로 높이 평가하고 최대의 경의를 표했다. 2001년 여름 강력한 정치권력과 맞서서 부정과 비리를 고발, 민주주의 발전에 기여했던 한미 양국의 언론 사주에 대한 한미 양국의 대조적인 대우는 두 나라 정치 문화의 수준차라는 지적도 있었지만, 한국 신문의 관습화된 윤리 무감각이 불러온 재앙이었다는 자성론도 언론계에서 제기됐다.

이른바 보수 언론과 연대해 권위주의 정부를 해체했던 구한민당에 뿌리를 둔 민주당계의 정치 세력이 정권을 장악한 후 시작된 집권 세력과 유력 신문과의 이전투구의 진실은 무엇일까. 군부 권위주의 통치가 끝난 후 언론도 통제에서 풀려나 정치권력에 버금가는 유사 권력기관으로 변신, 정치권에 언론은 한판 승부를 벌여야 하는 대상으로 부상돼 한국 신문은 김대중, 노무현 두 대통령 집권 기간에 개혁 대상이 되었다고 진단한 정치학자도 있다. 이 싸움은 식민지 시대와 권위주의 시대 언론의 굴종과 언론의 관행적인 윤리적 결함을 비난하는 '언론개혁론자'들의 선전 선동에 가까운 동아·조선 비판이 대중 특히 전후세대에게 파고 들어가 유력 신문의 열독률과 신뢰도가 떨어지기도 했다.

언론 윤리 확립은 정치적 탄압으로부터 언론의 자유와 독립 못지않게 한국 언론이 21세기 초에 풀어야 할 명제인 것은 사실이다. 2001년 1월 김대중 전 대통령의 이른바 '언론개혁' 발언이 있기 전에 언론계 내에서도 21세기 한국 언론의 새 좌표를 모색하는 언론개혁이 90년대 중반부터 활발하게 논의됐었다. 관훈클럽, 한국언론학회, 한국언론연구원 등이 벌인 언론개혁 논의의 쟁점은 ① 신문 편집, 지면 구성, 정보 선택의 문제, ② 언론 소유주와 기자의 문제, ③ 언론인의 윤리 및 언론사의 관행 적인 비리, ④ 취재 시스템, ⑤ 언론 소유 및 시장 구조, ⑥ 언론의 편견과 이데올로기, ⑦ 언론의 뉴스 가치 선택과 배제의 기준, ⑧ 언론의 권력화, ⑨ 권력과 언론의 유착, ⑩ 과열 경쟁에 의한 자원 낭비 등이었다. 대체로 언론의 윤리 확립이 의제였다.

이런 논의를 집약해 관훈클럽 '한국언론 2000년 위원회'가 5년간의 토론을 거쳐 2000년 10월에 발표한 '한국 언론의 좌표'는 한국 언론이 안고 있는 문제점을 분석하고 21세기 한국 언론의 새 방향을 제시했다. 미국 허친스 위원회의 '자유롭고 책임 있는 언론' 보고서에 비견되는 관훈클럽의 '한국언론 2000년 위원회 보고서'는 김대중 정부 주도의 '언론개혁 파동'의 외압에 밀려 선언으로 그치고 말았다. 참으로 애석한 일이다. 언론도 스스로 반성하고 개혁하는 자성의 기회를 놓치고 민주화를 자랑하던 김대중 정부도 언론을 탄압한 비민주적인 정부로 전락하지는 않았을 것이다.

2001년 김대중 정부의 언론 사주 구속을 신호로 이른바 민주화 세력에 의해 한국 언론은 스스로 반성할 능력도 없는 비리와 부조리로 얼룩진 개혁 대상으로 매도당하고 있다. 노사모와 앤티조선 등은 특정 신문 비방 운동을 공공연하게 벌였고 일부 젊은 세대에게 유력 신문을 나쁜 신문으로 각인시키는 한 역할을 하기도 했다.

21세기 초 한국 신문은 정치권과의 갈등뿐만 아니라 경영도 심각한 도전을 받고 있다. 거대 언론 기업으로 성장했으나 파산 직전의 신문이 한둘이 아니고 국세청 세무 조사만으로 사주가 구속되는 경영과 윤리의 취약점을 드러냈다. 김대중 정부에서 본격화된 언론자유 탄압은 김영삼 문민정부에서부터 비롯되었다. 김영삼 정부의 내밀한 언론사 세무 조사 압력에 언론은 스스로 정치권력에 대한 환경 감시 기능을 포기, IMF 관리체제로 들어가는 국가 부도 사태를 관망하는 오점을 남겼다. 권위주의 정부의 독재를 비방했던 민주화 세력에 의해 언론자유가 유린된 것은 불행한 일이었다. 그러나 김대중, 노무현 두 정권의 정치적 통제에도 신문이 IMF사태의 잘못을 반면 교재 삼아, 권력과 타협하지 않고 언론의 기본 기능을 다하며 윤리 확립과 선진화의 전기로 삼자고 다짐하는 자성론이 확산되고 있음은 그나마 다행이다.

21세기 초 한국 신문의 위기 요인은 정치 세력과의 갈등, 흔들리는 언론 윤리, 인터넷 발전에 따른 언론 매체 환경과 수용자 변화, 경영불합리, 대중 영합주의 등 복합적인 것이다. 이미 20세기 말부터 전통적인 매체 외에 뉴미디어들이 여론 시장에 대거 참여하며 영향력을 확대해 나가 언론 내부 질서가 재편되는 상황에 따라 권력과 언론 관계도 새로운 양상을 드러냈다.

1981년 여름 미국 워싱턴 시의 Washington Star가 문을 닫았다. 30만 부 이상의 부수와 30억 달러(한화 약 3조 원)의 GDP를 기록한 140년을 버틴 신문사였다. 3주 후 뉴욕의 New York Daily News가, 4개월 후에는 남부전쟁 전 창간되어 40만 부 판매 부수를 유지하던 Philadelphia Bulletin이, 2개월 후에는 100년 역사의 Minneapolis Star와 또 1878년에 창간되어 30만 부를 발행하던 Cleveland Press가 도산했다. 컴퓨터, 광섬유, 레이저, 위성 통신 등 새로운 통신기술 발전에 따른 신문 산업 변화의 부산물이었다. 우리나라 신문도 이런 충격으로 한국일보를 비롯한 몇 개 신문사가 도산 위기에 직면해 있다.

1990년대 이후 매체 환경은 급속하게 변하고 있다. 컴퓨터 기술과 정보 통신기술의 발전뿐만 아니라 산업구조 등 총체적인 변화에 의한 것으로 혁명적인 것이다. 전자신문, Cable TV, 위성방송과 같은 뉴미디어 도입에 따라 다매체, 다채널 시대가 열려 다양한 정보가 공급되고 정보 선택의 기회가 크게 확대되는 한편 기존 매체와 뉴미디어 사이에 치열한 경쟁이 벌어지게 되었다. 특히 디지털 혁명으로 커뮤니케이션의 쌍방향성이 가능하게 되었다. 인터넷은 시공간을 압축시키고 신문, 방송이 보도하던 정보의 많은 부분이 인터넷을 통해 공급되고 있다. 누구나 인터넷 홈페이지를 가질 수 있게 됨으로써 신문, 방송 등 기존 매체가 독점해 온 정보 발신력이 만인의 손으로 넘어가게 되었다. 신문은 저널리즘 매체로서 TV는 오락매체로 구분되던 상황도 끝이 났다. 미디어 융합에 의한 전자신문, 뉴스전광판, PC통신을 비롯해 신문, 잡지, 방송, 출판, 라디오, 영화 등 기존 매체가 인터넷에서 혼합되어 가고 있는 추세다. 신문 경영이 다른 매체를 포괄하는 다각 경영과 통신 산업과 방송, 영화, 음반 등 미디어 산업이 합병하는 복합 기업이 등장하는 변화가 일어나고 있다. 방송이 Cable TV나 인터넷 방송을 겸영하기도 하고 신문이 전자신문, 영화 등을 겸영하기도 한다. 노무현 정권이 제정한 신문법이 겸영을 금지하는 것은 이런 추세에 역행하는 것이다. 미국은 새로운 매체 출현으로 종이 신문의 위기설이 있었으나 신문이 겸영체제로 경영을 개선하고 특화해서 생존해 나가고 있다. 노무현 정부의 신문법이 매체 환경 변화에 대응하는 선진국의 탈출 방법까지 규제함으로 이른바 '언론개혁'이 결국 신문 통제였다는 한계를 드러냈다.

정보 통신기술의 발달로 매체 환경의 개방으로 언론을 둘러싼 국제 환경도 크게 변했다. 정부 권력의 보호 아래 대중지만 지향해 온 한국 신문이 선 고급지 앞에 초라한 몰골이 되었다. 미디어 수용자도 변했다. 독자들의 정보 욕구는 다양한데 신문은 기자와 취재원의 관심사에 집중돼 있는 보도가 많았다. 신뢰할 수 없는 정치권과 관료의 거짓 발표를 비판 없이 보도하는 신문에 대한 신뢰는 떨어진다. 한국언론연구원이 88년부터 98년까지 매체 수용자 의식조사를 한 결과, 매년 신문 구독 시간이 짧아지고 신뢰도도 다른 매체보다 낮게 나타났다.

한국 신문은 19세기 말 근대적 언론 매체가 들어오기 전 고려, 조선 시대부터 체제 모순을 광정하여 이상 정치를 구현한다는 언관(言官)의 전통을 갖고 있다. 조선 시대 언론은 주자학적인 이데올로기 한계는 있었으나 목숨을 걸고 언론의 자유와 정론을 고집했다. 이 전통은 언론이 독립투쟁과 민주화 과정에서도 정기능을 했다. 그러나 해방 후 좌우싸움에서 언론이 특정 이데올로기의 선전 선동의 도구였던 것이나 국가 건국 이후 제1공화국 시대 일부 신문이 편 정치 공격성 신문 논조나, 제3공화국 이후 대선 과정에서 특정 후보 공개 지지 선언 없이 불공정하게 특정 후보를 지원한 사례 등 정파 신문 행태나 집권 세력의 나팔수로 전락했던 것은 부끄러운 족적이었다.

한국언론연구원이 98년에 발표한 '신문보도와 비평'은 신문보도의 문제점으로 ① 언론인의 전문 직업인으로서의 윤리규범 부재－촌지 오보 정보원과의 유착, ② 정치면 기사의 정파적 보도, ③ 의견과 정보시장의 독과점: 여론 독과점 및 조작 가능성, ④

정보와 의견의 다양성 위축—공중의 정보 선택권 제한, ⑤ 대중지 지배구조: 권위지 고급정보의 부재, ⑥ 획일화 동질화—대중적 상업주의 만연, ⑦ 관급 정보에의 높은 의존도 등을 열거했다.

언론학자들도 *신문 기사의 획일화, 규격화, 동질화 현상과 다양성 결여, *정치와의 연계와 피구속성으로 인한 제약, *강자에 약하고 약자에게 강한 이중성 *권력의 통제술을 능가할 시각과 줏대의 상실, *권력층 보도에서 파수견 기능의 실종. *권력의 중요 쟁점 물타기를 통한 여론 조작, *정보원의 언론 플레이에 이용당하는 비전문성 보도, *정부 기업의 관료적 선전의 도구로 전락, *편파 보도, *미확인 보도, *선정적, 단정적 사회조사, *여론영합주의, *보수성, *대안 해결 방안 제시 부재, *오보, *물타기 보도, *불공정성, 편파성 등을 지적했다.

정파적 보도와 권언 유착

김대중 정부가 제기한 '언론개혁 파동'으로 그동안 간과했던 한국 신문의 정파주의 등의 문제가 언론학의 연구 과제로 급부상했다. 2005년 11월 25일 '권력 비판과 언론: 표현의 자유와 한계를 주제'로 연 제11회 한국언론법학회 세미나에서 최영재 한림대교수는 대통령 관련 보도 특성과 문제점으로 한국 언론의 정파성 공격 저널리즘의 문제점을 제기했다. 그러나 이 세미나는 정파성 공격의 문제점을 부각하면서도 "언론의 대통령에 대한 불공정 왜곡 편파 보도를 문제 삼아 대통령을 포함한 국가권력이 직설적으로 언론개혁에 나설 경우 언론자유를 침해한다."고 경고했다. 언론자유 남용을 치유하겠다는 정치권력의 발상이 오히려 언론자유를 규제하고 통제하는 모순을 초래한다고 지적한 것이다. 신문의 정파주의 모순은 미국 신문 역사에서도 보인다. 1831년 9개월간 미국에 체류하고 프랑스에 돌아가 '미국의 민주주의'를 저술한 토크빌이 미국 도착 후 처음 본 신문에서 민주 공화파 앤드루 잭슨(Andrew Jackson 7대 대통령)에 대한 비방 기사를 보고 쓴, 제11장 '합중국의 언론자유'에는 다음과 같은 글이 있다. "내가 아메리카에 도착해서 처음 읽은 신문에는 이런 기사가 실려 있었다. 잭슨의 언사는 자신의 권위를 부지하기에 급급한 무자비한 독재자의 언사였다. 그의 죄악은 야심이며 그 야심은 그에 대한 처벌로 변할 것이다. 음모는 그의 타고난 재질이며 그 음모는 자신의 계략을 뒤죽박죽 만들어서 권력을 잃게 만들 것이다. 그의 행실은 극악무도한 도박사의 행실이다. 나락에 떨어질 시간이 다가오고 있다. 그는 전리품을 게워 내고 자기의 속임수 노름패를 던져버린 채 은둔처에서 그의 말년을 끝내야 할 텐데, 그때 그곳에서 자신의 미친 과거를 저주하게 될 것이다. 왜냐하면 그는 영원히 후회라는 덕성을 알지 못한 채 끝나 버릴 것 같기 때문이다(Vincennes Gazette). 아메리카 언론은 파괴적이며 분노할 만한 이유도 없이 횡포를 부린다. 이것은 개탄할 일이다. 아메리카에서도 언론은 선과 악이 이상야릇하게 뒤섞인 독특한 권력이다. 그렇지만 이 언론이 공공질서 확립에 기여한다.”고 기술했다.

미국의 민주주의를 높이 평가했던 토크빌까지 미국 정파주의 언론의 횡포에 놀랐다. 앤드류 잭슨이 선출되던 대통령 선거 당일 앤드류 잭슨 부인이 반대파 신문이 대통령 부인으로는 처녀 시절 부정한 여인이었다는 공격 보도에 자살했다. 미국의 1789~1860년 정파 시대 신문은 미국 건국 과정에서 해밀턴파와 제퍼슨파의 정파싸움에서 비롯된 것이다. 공화파의 대표로 1800년, 1804년 두 번 대통령에 당선되었던 Thomas Jefferson은 “신문 없는 정부를 가질 것인가, 정부 없는 신문을 선택할 것인가를 나에게 결정하라면, 나는 후자를 택하는 데 조금도 주저하지 않을 것이다.”라고 말했지만 두 번째 대통령 임기가 끝날 무렵, “신문에 드러난 사실은 믿을 바가 못 된다. 오염된 매체에 들어간 진리는 신뢰할 수 없게 된다.”고 했다. 수정 헌법을 통해 언론자유를 보장했던 제퍼슨이 이처럼 언론을 불신한 것은 신문들이 정파 신문으로 지나치게 정치성을 띠었기 때문이다.

그러나 노무현 대통령 재임 시 신문과 집권당의 갈등과 정파적 공격 기사는 일반 정파적 공격 기사 논의를 뛰어넘는 특수한 문제다. 신문의 노무현 정부 비판이 정파적 공격 기사로 비친 것이 오히려 문제인 것 같다. 그런 실례로 2008학년도 통합 교과형 논술고사를 둘러싼 서울대 정운찬 총장과 노무현 대통령과의 논쟁 기사는 교육개혁이나 대학교육의 질 향상과는 거리가 먼 말싸움 수준이었다. 노무현 정권에 대한 신문의 정파성 공격 저널리즘이 폭로저널리즘 수준에 머물러 의제 설정을 제대로 못 했다. 대통령 공격이 낡은 레코드판을 돌리는 판에 박은 비난으로 그친다는 지적도 받았다. 신문의 고급화와 언론인의 자질 향상이 시급하다. 신문의 질을 높이기 위해 신문 유통 지원보다 언론인 재교육 기회를 늘리는 것이 효과적일 것이다.

집권 세력과 신문의 싸움이 지루한 가운데 현직 중진 언론인들이 김영삼 정부에서 노무현 정부까지 신문의 정파적 공격성 보도의 문제점을 분석한 논문들이 발표돼 학계에 신선한 충격을 주었다. 전남식 경향신문 부국장(2008년 현재 뉴스저널 편집장)은 2004년 경희대 박사논문 ‘한국 신문의 공격적 기사프레임 분석’을 통해 김영삼, 김대중, 노무현 정부와 신문의 갈등을 신문의 정파적 보도 측면에서 분석했다. 전 국장은 쟁점의 소지가 있는 사회적 의제가 등장할 때마다 신문의 정파적 보도 관행으로 권력과 언론이 충돌했고, 국론을 사분오열하는 막대한 사회적 비용을 치렀다고 비판했다. 노무현 정부 시절 신문과 노 정권 사이에 이념적 차이가 드러나면 서로 의심하고 적대감을 갖는 악순환으로 양자 간 갈등구조가 심화됐다는 것이다. 정파적 속성의 공격적 기사는 정치인들을 인신공격하는 '광란의 특종 쫓기', 비판할 여지 있는 말이나 행동에 대해 전말을 충분히 취재하는 심층 취재 대신 즉시적 공격, 조심스런 분석 및 탐사보도보다는 비난에 중점을 두면서 투쟁과 불협화를 주제로 삼는 보도, 투쟁과 불협화의 가운데로 들어가 직접 갈등과 충돌을 빚는 갖가지 부작용이 나타났다. 독자들에게 갈등과 충돌이 문제 해결하는 방법이란 인식을 심어 주고 정확한 정보나 사실을 전달하지 못해 신문의 신뢰도도 실추시켰다.

특히 노무현 정부의 언론 관계는 시장을 지배하고 있는 보수 언론과 반목 대립이 일종의 언론 통제 전략이었다고 보았다. 소수 정권이 보수 언론을 언론 시장에서 격리시키며 진보 언론과의 대결 구도를 유도하고 이 과정에서 진보 진영의 영역을 확대하는 전략으로 언론을 통제하는 정책을 폈다. 보수 언론의 기득권을 빼앗고 상대적으로 우호적인 진보 언론 매체의 활동 영역을 확대했다. 권력과 언론이 공론장 쟁탈을 위한 투쟁 단계였다. 권력과 언론이 여론 시장 선점을 위한 전쟁을 한 셈이다. 인터넷 매체들이 정권과 코드를 맞춰 가며 오프라인과 열독 경쟁을 벌였다. 노무현 정부는 공격받을 큰 정책 문제점에서 벗어난 사소한 말싸움, 말장난으로 넘어갔다.

한국 언론의 개선 방향

제1공화국 시대 일부 신문이 특정 정파의 시각으로 이승만 건국 대통령을 공격한 정파성 신문 제작이 대한민국의 정통성을 부정하는 전후세대의 자학적인 현대사 인식의 한 요인이 된 것을 부인할 수 없다. 유재천 한림대교수는 관훈저널 100호 기념 특집 논문을 통해 한국 신문이 주창(advocacy) 저널리즘을 지양, 공정하고 객관적이며 진실을 전달하는 보도를 통해 공론을 형성해야 한다고 지적했다. '전환기 한국언론'을 주제로 한 2004년 한국언론학회 학술회의에서 임상원 고대교수는 언론의 통치 도구화를 경고했다. 사실에 대한 충성과 정직성, 독립성을 강조한 것이다. 정파적인 미국 신문이 선정적인 황색 신문의 대중지 단계를 지나 진실을 보도하는 고급지, 정론지로 발전했다. 진보 보수 싸움의 한복판에 있는 한국 신문 개혁 논쟁도 가면을 벗고 독자에게 진실을 알리는 역사의식 있는 신문으로 거듭나야 한다.

한국 언론 2000년 위원회는 21세기 한국 언론의 새 좌표 설정을 위한 17개 항의 개선 방안을 제시했다.

가. 언론계에 대한 제언

ㄱ. 21세기 언론은 언론의 정도를 지켜야 한다. 시민 포럼 기능, 정치적 참여를 제고시키는 동원 기능, 자유로운 경쟁을 도모하는 정치적 자유와 권리를 보장하는 감시 기능을 충실하게 이행해야 한다.
ㄴ. 언론의 자유와 독립은 보장되어야 한다.
ㄷ. 언론의 자유에는 책임이 따라야 한다.
ㄹ. 보도와 비판에 성역이 있어서는 안 된다.
ㅁ. 언론에 대한 비평이 활발하게 이루어져야 한다.
ㅂ. 언론의 차별화가 필요하다.
ㅅ. 지나친 선정주의나 속보 경쟁은 자제해야 한다.
ㅇ. 남북문제 보도는 새롭게 정립되어야 한다.
ㅈ. 경영의 투명성이 확보되어야 한다.
ㅊ. 발행의 자유가 오용되어서는 안 된다.
ㅋ. 직업윤리 제고를 위해 자율적 규제 장치를 강화해야 한다.
ㅌ. 언론인들에게 직업윤리를 내면화시켜야 한다.
ㅍ. 기자 재교육을 강화해야 한다.
ㅎ. 기자 충원제도는 개선되어야 한다.

나. 정부에 대한 제언

ㄱ. 정부는 언론에 대한 간섭을 하지 말아야 한다.
ㄴ. 정부기관지는 없애야 한다.

다. 시민사회에 대한 제언

언론에 대한 시민사회의 감시는 지속돼야 한다. 그러나 그 감시는 합리적 절차와 합법적 절차에 따라 이루어져야 한다.

사문서가 된 언론 윤리 강령

신문윤리강령, 신문윤리실천요강, 신문사마다 윤리강령 등이 제정되었으나 사문서가 되었다. 언론인 재교육 등을 강화해 전문직 언론인으로서의 직업윤리를 제고시켜야 한다.

Siebert Peterson, Schramnm이 '언론의 4이론'에서 가장 초보적인 언론으로 규정한 "국가와 이념을 위해 봉사하며 발행 제한 검열 등 국가의 직·간접 통제를 받는 권위주의형 언론관"이 '언론개혁' 논의 과정에서 언급되고 있다. 노무현 정권에 동원됐던 전 청와대 고위직 인사는 이임 후 "재직 중 언론 문제를 풀려고 노력했으나 최고 정책 결정권자가 단호히 거절했다."고 털어놓았다. 이 증언은 대통령 임기가 끝난 뒤에도 언론과의 싸움을 계속하겠다는 노 대통령의 발언으로 확인되었다. 언론자유가 민주화를 표방한 3정권과 충돌하는 것은 필연적이었다. 권위주의 정권이 붕괴된 후 정치 민주화와 함께 언론 자율화가 실시되면서 국가와 언론의 관계는 국가 통제에서 벗어나 서로 견제하는 관계로 바뀌었고 이 과정에서 언론이 유사 권력기관으로 변신, 정치권과의 충돌이 불가피하게 되었다. 21세기 초 언론과 정권의 정면충돌은 규범적인 언론 창달 목적보다 정치적 이해관계가 더 큰 요인이었다. 집권 세력의 강압적인 신문 규제에서 신문은 정면대결과 함께 신문이 스스로 사회 책임형 언론으로 발전하는 방법을 강구해야 한다. 민주화를 표방하는 정부가 언론 통제에 나서는 것은 크게 잘못된 일이다.

대전환의 한국과 언론의 새 방향

건국 후 몇 차례 정권 교체가 있었으나 새 시대를 열망하던 국민의 기대를 배신했다. 도덕성과 비전을 상실한 정치, 불완전한 시장 원리와 불공정한 정부 개입 사이를 방황하는 경제, 식민지 시대 관료의 타성을 완전히 청산 못 한 과도한 행정 규제와 관료의 집단 이기주의, 그리고 공공성을 살리지 못한 시민단체의 윤리적 타락까지 혼재돼 변화가 시급한 현실이다. 우리 국민들이 어떤 미망과 최면에 사로잡혀 있는지 언론이 직시할 필요가 있다. 2001년 동아, 조선 사주 구속 직후 열린 한국언론학회 세미나에서 신문 사주 구속을 부패한 언론 권력을 응징하는 공권력의 조세 정의 실현이라고 긍정적으로 평가하는 시각과 대선을 앞둔 집권 세력의 '언론 길들이기'라는 전혀 상반된 시각이 맞섰다. 국제언론인협회(IPI)는 한국을 경제개발협력개발기구(OECD) 가입국 가운데 처음으로 언론탄압 감시대상국으로 결정했고 국제기자연맹 대표단은 한국의 언론개혁은 지연돼서는 안 될 급박한 과제라고 밝혔다. 한국 언론이 자유롭지 못하다는 지적과 개혁 대상이라는 불명예스런 지적을 동시에 받은 것이다. 이번 이른바 '언론개혁파동'이 한국 언론의 선진화를 가로막는 제반 걸림돌을 제거하는 기회가 되어야 할 것이다. 그러기 위해서는 언론인들의 윤리 확립과 언론이 정치권력으로부터 독립되는 자정 작업이 선행되어야 한다. 언론이 특정 정치 세력의 앞잡이가 되는 권언 유착만은 차제에 청산해야 할 것이다. 신문 개혁은 자율적으로 하는 것이 바람직하다. 신문의 불법이나 탈법은 정부의 관심 대상이 될 수는 있다. 그러나 선진국에서 정부가 가능한 개입을 자제하는 이유는 더 큰 공익인 민주주의 자체가 만에 하나라도 훼손될까 두렵기 때문이다. 신문이 강요에 의해서 침묵하면 신문만 망하는 것이 아니라 정권도 망하고 체제 자체가 붕괴된다. 구소련이나 공산권 체제의 붕괴에서 그것을 보았다. 국민은 명실상부한 신문의 주체로서 신문 개혁을 요구할 권리가 있다. 그러나 특정 세력의 선전 선동 도구로 이용되는 잘못을 범하지 말아야 한다. 신문은 국민의 사랑과 존경을 받으면서 자랑스럽게 서기 위해 신문 제작 기본 원칙과 윤리요강을 실천해야 한다.

첫째, 신문은 인간의 의사소통 현상이며, 사회의 신경 조직이다. 민주화의 견인차며, 국가 운영의 항해사임을 명심해야 한다.

둘째, 신문의 생명인 언론자유의 진정한 의미를 정확하게 인식해야 한다.

셋째, 신문은 공익성, 기업성, 전문성의 명제를 조화시켜 나가야 한다.

넷째, 현대사회의 변화, 한국사회의 변화와 국가적 요청, 그리고 독자 성향의 변화들에 대해서 능동적으로 대처해 나가야 한다.

신문 경영인은 신문의 생명인 저널리즘의 본질을 회복하기 위해서 신문의 정치적 자유와 경제적 독립성을 유지하면서 공익성과 전문성을 확대해 나가야 한다. 진실 보도의 가치는 불변이다. Albert Camus는 노벨상 수상 연설에서 "우리의 천직(언론)이 고매함은 두 가지 우리의 서약에 근거를 두고 있다. 그 두 가지란 ― 지키기는 어렵다고 하지만 ― 우리가 알고 있는 것에 대해 거짓말하기를 거부하는 것과 탄압에 저항하는 것이다." 한국 신문은 만들어진 이데올로기의 논쟁을 극복하고 본연의 기능을 충실히 해야 한다. 박석흥(한국언론법학회이사 · 한국외국어대학교 언론정보학부겸임교수)

2) 언론도 죽인 영조

  지난 주말 일간신문엔 70세 전후의 전직 언론사 사장 주필 국장 논설위원들이 노무현 정부의 언론 정책을 규탄하는 기사가 크게 실렸다. 자유당 정권을 붕괴시킨 4·19를 비롯해 김대중 정권의 북한 송금 비리까지 역사의 진실을 기록했던 원로 언론인들이 "정부가 벌인 언론과의 긴 전쟁으로 질식 상태에 빠진 언론 상황을 더 이상 참고 볼 수 없다."며 언론 탄압 조치 즉각 철회를 촉구하는 성명도 냈다. 원로들이 분연히 일어선 것은 기자실 폐쇄 등 취재 통제가 직접 동기였지만, 2001년 8월 김대중 정부의 동아, 조선, 국민일보 사장 구속으로 시작된 정부와 언론의 지루한 6년 전쟁에 대한 종식 권고였다. 김대중 정부가 강력한 권위주의 정권에 저항했던 동아, 조선 사주를 탈세범으로 구속하기 꼭 한 달 전인 7월 17일 닉슨을 하야시킨 미국 워싱턴 포스트의 캐서린 그레이엄 사주가 타계하자 미국 조야는 "언론의 독립과 자유를 실천한 언론인"으로 고인을 높이 평가했다. 불과 한 달 사이에 한국과 미국에서 벌어진 이 판이한 상황을 잊지 말아야 한다. 조선, 동아 두 사주가 구속되자 국제사회에서 한국의 '언론자유'와 '언론인의 윤리'는 모두 낙제점을 받았다. 국제언론인협회(IPI)는 총회를 열어 한국을 OECD 가입국 중 유일한 언론자유 감시대상국(IPI Watch List)으로 분류할 정도였다. 3년 뒤 IPI는 한국을 그 대상국에서 제외시켰으나 올해 현 정부의 이른바 '취재지원 선진화 방안' 발표로 갈등이 고조되자 다시 경고했다.

  2003년 3월 노무현 대통령이 "언론의 시샘과 박해에서 우리 스스로를 방어해야 한다."며 언론과의 전쟁을 선언한 후 '취재지원선진화 방안'을 발표하기까지 정부는 언론과 불편한 관계를 지속했다. 현 정부는 2005년 1월 '신문 등의 자유와 기능 보장에 관한 법률'(신문법)과 '언론중재 및 피해 구조 등에 관한 법률'(언론중재법)을 개정 제정, 합법적인 언론 통제를 모색했으나 헌법재판소가 2006년 6월 핵심 조항 일부를 위헌으로 판결했다. 헌재는 "1개 신문사의 시장 점유율이 30% 이상, 3개 신문사 점유율이 60% 이상이면 시장 지배적 사업자로 인정해 공정거래법에 의해 과징금 부과가 가능하다."는 신문법 17조는 사업자의 평등권과 신문의 자유를 침해한 위헌이라고 판결했다. 이런 신문을 신문 발전 기금 지원자 대상에서 배제한 조항도 평등원칙에 위반된다고 판결했다. 정정보도 청구를 가처분 결정에 의해 재판할 수 있게 한 언론 중재법도 언론자유를 합리적 이유 없이 지나치게 제한한 위헌이라고 판결했다. 신문의 다른 매체

겸영 금지는 합헌으로 결정했으나 3인의 위헌 판결 의견이 있었고 복수 신문 발행 금지 조항은 헌법불일치 판정을 했다. 현 정부가 제·개정한 법률에 의한 언론 규제에 헌재가 제동을 건 것이다.

김대중, 노무현 정권의 6년여 지속적인 언론과의 적대적 관계는 대한언론인회의 '2004년 한국언론자유상황 보고서'가 한국의 언론자유를 54.6점으로 저평가하고 있다. 집권 세력들은 정권 말기에 언론이 정권의 무능력, 무책임, 무소신 등을 부각시켜 무력화를 획책하고 있다고 원망하는 상황에 이르렀다. 언론도 집권 세력의 언론과의 전쟁에 휘말려 지난 6년간 정부의 비리 본체는 못 보고 말장난에 놀아났음을 반성하고 있다. 이런 수준 낮은 정부와 언론과의 전쟁은 서둘러 종식되어야 한다.

아들 사도세자를 죽이고 장기 집권했던 조선 21대왕 영조 이금(李昑, 1694~1776)은 사림정치의 상징인 언론도 목 졸랐다. 3공6경의 권력 남용을 견제하는 장치였던 전랑의 언론권과 인사권을 영조는 박탈, 잠시 왕권을 강화했으나 순조 이후 외척에 의한 세도정치를 견제할 사림의 기본 틀마저 무너트려 조선왕조의 몰락을 재촉했다. 어머니가 무수리였던 신분 콤플렉스, 아버지 숙종의 장희빈 사건, 자신의 경종 독살혐의, 노론소론 갈등 등으로 시달렸던 영조는 언론 삼사를 관장했던 전랑의 인사권을 이조 판서에게 넘겨 사림의 언론을 봉쇄하는 데는 성공했다. 그러나 왕도 감시했던 사림의 언론 체계가 무력화되자 권력의 부패와 무지가 번져 나라가 망했다. 이를 보며 정부와 언론과의 6년 전쟁이 과연 무엇을 위한 갈등이었나를 묻게 된다. <대전일보 2007.11.5. 박석홍 세상보기>

8. 헌정 60주년 한국 정치는 몇 시인가.

1) 침묵하는 다수를 대변하는 신문의 진실 추구

오늘은 제52회 신문의 날이다. 신문인들은 4일 기념식에서 "권력을 감시하는 파수견 역할을 충실히 하며 질을 높이고 신뢰를 쌓아 세상을 변화시키는 주역이 되겠다."고 다짐했다. 이 대통령도 이날 헌법재판소가 2006년 일부 위헌 판결한 신문법과 언론중재법을 올해 안에 재정비하겠다고 밝혔고 총리실은 1일 노무현 정부의 이른바 '취재지원선진화 방안'을 구체화한 총리훈령 503호를 공식 폐기처분했다. 김대중 정권의 언론 3사 사장 구속으로 시작되어 노무현 정권의 기자실 대못질로 절정에 이르렀던 김·노 정권의 언론 통제는 종언을 고했고 이제 언론자유와 독립은 언론인에게 공이 넘겨졌다.

18대 국회의원 선거, 북의 핵 위협, 어린이 성추행 범죄, 삼성특검, 현대사 논쟁 등 잇따른 큰 뉴스로 최근 신문 지면은 생동감이 있다. 그러나 이렇게 중요한 쟁점들을 우리 사회는 얼마나 진지하게 논의했나. 한국 신문은 지난 10년 좌편향 정권의 언론 길들이기에 시달리면서 취재 보도의 정확성·객관성·신속한 보도는 진일보했다. 그러나 신문이 진실을 밝혀 사회를 통합하는 지도 기능과 독자의 신뢰도는 떨어져 52회 신문의 날 신문인들은 이 점을 깊이 반성하고 신문의 전문성·심층성·진실 탐구 강화를 결의했다. 이런 다짐에도 불구하고 이틀 앞으로 다가온 4·9총선 보도는 경마식 보도가 주종을 이루는 피상적인 내용이 대부분이다. 역대 잘못된 국회의원 선출이 가져온 국정 파탄을 거울삼아 이번 선거에서 어떤 인물을 선택할 것인지를 제시하는 심층보도나 해석기사는 태부족하다. 다음 대통령 선거를 겨냥한 권력 싸움 양상을 띤 이번 총선의 이상 기류를 경고해야 할 신문의 감시견 기능도 소홀히 하고 있는 것 같다. 신문은 독자들의 정치적 무관심을 풀어주지 못하고 저조한 투표 참여율만 걱정하고 있을 뿐이다. 선거기간 중 신문 방송의 토론도 정곡을 찌르지 못해 지루했다. 한마디로 언론의 직무유기다.

지난 10년 코드인사에 의한 행정의 난맥과 법질서 파괴의 한 단면을 드러낸 어린이 추행범 사건에 대한 우리 사회의 논의나 보도도 객관 보도 차원을 크게 벗어나지 못하고 있다. 북의 핵 위협 관련 보도도 마찬가지다. 북의 전방위 공세에 대한 남한 신문의 해석은 수박 겉핥기식이고 이명박 정부의 대북 전략에 대한 분석도 빈약했다. 남한을 위협하는 핵무기 폐기는 한미 대통령회담에서도 분명히 해야 할 것이다. 교과서포럼의 한국근·현대사 출간을 둘러싼 신문 논쟁도 보수와 진보의 편 가르기 싸움의 재연이었다. 신문은 이 논쟁은 빌미를 제공한 노무현 정권이 검정한 한국근·현대사 교과서부터 검증하는 것이 순서였다. 노무현 정권 시절 육군사관학교 가입교생들의 의식조사에서 주적이 미국(34%), 북한(33%) 순서였고 그것을 학교에서 배웠다고 대답했다고 당시 육사교장이 공개했다. 북한의 구호인 '우리끼리'를 선호했던 김·노 정권 시절 일부 현대사 교과서는 이승만 대통령의 대한민국 건국은 분단을 초래했다고 기술했고 압축성장을 이끈 대통령의 리더십도 혹평했다. 식민잔재, 6·25, 이데올로기 대립, 정치혼란 등의 악조건을 극복하고 다른 민족이 200년 걸려서 완성한 산업화와 민주화를 반세기 만에 달성, 선진국 문턱에 진입한 건국 60년사를 폭압적인 정치 현실을 혐오하던 일부 반정부 지식인들이 북한 주체사관과 일본의 신식민사관 등을 모방해, 자학사관으로 재단한 결과였다. 이런 편향적인 역사교육을 받은 전후세대는 한강의 기적을 이룬 할아버지 아버지 세대를 부인, 세대 간 갈등도 노증하고 있다.

역사는 사관에 따라 다르게 기술할 수 있다. 그러나 교과서는 학생이 이해할 수 있는 수준의 학계가 공유하는 정리된 사실만 설득력 있게 기술해야 한다. 집권 세력 취향에 따라 건국, 6·25까지 친북사관으로 재단한 노무현 정권의 역사교과서 검증 통과는 잘못이었다. 교과서포럼의 대안교과서가 일본 나카무라 교수(中村哲 京都大)의 중진자본주의론을 베껴 식민지 근대화론을 제시한 것도 오류다. 이명박 정부는 현대사 교과서를 엄격하게 수정보완 검정해야 할 것이다. 미디어에 관한 교령을 발표한 언론전문가 바오로 6세는 "변화의 물결 속에 언론은 줏대 없이 흔들리거나 특정 경향만을 들추어 사실을 호도하지 말고 조종사의 눈으로 세상을 주시하고 침묵하는 다수의 의견을 대변해야 한다."고 역설했다(대전일보 2008.4.7. 박석홍 세상보기).

2) 북한핵무기와 미국의 배신

북한이 영변 원자로 냉각탑을 27일 폭파했다. 미국과 한국정부는 핵불능화를 상징적으로 보여주는 조치라고 환영했다. 그러나 일본 주요 언론은 "미국에 배신당했다."·"미국이 북한에 손을 들었다."·"부시는 동맹국을 잃는 결정을 내린 대통령"이라고 강도 높게 비판했으며 일본 관방장관도 "일본 국민은 쇼크를 받았다."고 미국에 공식 항의했다. 28일 미 국무장관에게 이명박 대통령도 "핵무기를 포기할 수 있도록 한·미 양국이 긴밀히 협력해 나가야 한다." 말했고 유명한 외교통상부장관도 북한의 핵무기 미신고는 유감스럽다고 지적했다. 그러나 28일 한·미 외무장관 회담에서도 북한핵무기 폐기에 관한 시원한 방안이 없었다. 쇠고기문제가 한·미 양국 간의 현안인 것처럼 비쳤다. 쇠고기 파동 속에서 북한핵무기 인정과 미국의 한반도 정책 전환이 간과되고 있는 것 같았다. 북한핵문제 대응도 졸속 쇠고기 협상 타결과 비슷한 결과가 오지 않을까 우려된다. 미국의 워싱턴 포스트 등 권위지들도 북한의 핵무기 폐기는 멀었다고 걱정하고 북한이 부분적인 핵신고 이행만으로 중유지원·테러지원국지정 해제 등을 얻었다며 부시 정부의 북한핵 정책의 맹점을 지적했다. "부시는 얼마 남지 않은 임기 중 북한과 마지막 합의를 서두르기보다 제조한 핵무기 등을 밝히고 검증을 받지 않는 한 추가 양보는 없다는 확고한 원칙을 구축"하라고 충고했다. 그렇게 함으로써 차기 정부를 위한 협상토대를 마련하는 데 초점을 맞춰야 한다고 권고했다. 부시 행정부의 북한핵 정책에 대한 미국 언론의 논평보다 북한핵 일차 위협 대상인 한국민의 입장은 착잡하다. 핵무기 신고에서 북한핵 무기는 포함되지 않는다는 힐 차관보의 발언으로 북한핵무기 보유를 미국이 인정한 것으로 우려하는 한국민이 많다. 한국민의 이런 미국 불신을 이명박 정부는 부시 정부에 전달해서 육자회담에서 이런 의구심을 말끔하게 해소해야 한다.

북한 외무성은 이번 미국의 테러지원국 해제 등을 환영한다며 "대조선 적대시 정책을 완전하게 전면적으로 철회하는 데로 이어져야 한다."고 주문했다. 미국과의 외교관계 전환도 제시한 것이다. 이러한 미국과 북한의 대전환을 앞두고 일본은 납치자 문제 해결을 미국에 강력하게 주문했고 미국은 기회 있을 때마다 일본의 주장을 대변했다. 그런데 한국의 당장 위협이 되는 북한핵무기 폐기와 일본인 납치자보다 훨씬 많은 한국인 납북자와 포로 송환 문제를 미국은 중요 아젠다로 삼지 않고 있다. 한미 정상회담에서도 이 문제가 가장 심도 있게 논의됐겠지만 미국정부의 설득력 있는 공식 반응은 아직 없었다. 육자회담에 앞서 이명박 정부는 사전에 미국의 북한핵무기 보유 인정은 절대 안 된다는 한국국민의 의사를 분명하게 전달해야 할 것이다. 김대중, 노무현 좌편향 정부 10년으로 한국 국민의 전쟁과 국가안보 개념이 크게 흔들렸다. 행정안전부 2008년 여론조사에 따르면 6·25가 북한군 남침으로 시작됐다는 사실을 아는 청소년은 48.7%에 불과했다. 북한의 핵개발도 55.8%만이 위협적이라고 대답했다. 안보에 위협적인 국가는 미국(28.4%), 일본(27.7%), 북한(24.5%) 순서로 꼽았다. 북한이 핵보유국으로 공식 발표되고 핵무기로 남한을 위협하면 청소년의 안보의식은 더 놀랍게 변할 것이다. 1945년 소련군과 함께 한반도에 상륙한 미군은 6·25 발발의 위험을 감지하면서도 한반도에서 철수했다. 1882년 조미(朝美) 수호조약 체결 이래 6·25까지 미국의 대한 정책은 개입과 철수의 양극을 오고 가는 진자(振子)운동을 했다. 6·25에 참전했던 미국이 휴전하고 철군하려 하자 이승만 대통령은 포로 석방 등 강경책으로 맞섰다. 이승만 대통령의 휴전 반대에 미국은 이승만을 제거하는 '에버레디 플랜'까지 만들었었다. 이승만 대통령은 한미 방위조약 체결로 북의 재침략을 예방하고 전후 복구와 산업화를 추진할 토대를 마련했다. 북한핵 인정은 불바다를 위협하며 적화통일의 꿈을 버리지 않는 북한의 망상을 부추길 염려가 있다. 북한핵이 남한정부의 숨통을 조여 오는 재앙의 도구가 되지 않게 정부는 치밀한 대책을 수립, 쇠고기 파동의 전철을 밟지 말아야 한다(대전일보 2008년 6월 30일 박석흥 세상보기).

3) 헌정 60년 한국정치는 몇 시인가

제18대 국회가 가까스로 문을 열었다. 그렇지만 4·9 총선에서 출범까지 석 달을 쇠고기 파동에 휩쓸려 국권 최고기관으로서 정부 정책 통제 기능을 방기했다. 북한핵 신고에서 핵무기 제외, 국제유가 급등에 따른 경제혼란, 민주주의의 한 버팀목인 언론 편가름 갈등, 정부 전복 음모 등 내우외환의 사태에 국회와 정당은 국민 대표기관의 권한과 의무를 포기했다. 새로운 세계 질서를 재편하는 대전환의 시기에 두 달을 반정부 시위 사태에 빠져 허우적거리며 헌정 질서를 파괴한 정치를 역사는 과연 어떻게 평가할까. 7월 12일은 헌법 제정 60주년 되는 날이다. 1948년 7월 12일 전문 10장 103조의 제헌 헌법이 제16차 본회의에서 제3독회를 마침으로써 이승만 국회의장 이름으로 제정되었다. 근대적인 국가 통치 조직과 통치 원리를 정한 대한민국 헌법은 공짜로 얻은 것이 아니다. 제헌국회 개원식에서 이승만 건국 대통령은 "국회를 열기 위해 모인 우리는 하나님의 은혜와 애국선열의 혈전(血戰)과 국민의 희생, 우방 특히 미국과 UN의 원조를 감사치 않을 수 없다."고 말했다. 동학농민의 봉기, 기미년 일제(日帝) 총칼에 무참하게 학살당한 7500여 명의 순국열사를 비롯한 애국선열의 혈전, 대구·제주 폭동과 노조 파업에 의한 이름 없는 국민의 희생, 해방 정국에서 장덕수·송진우 등 지도자들이 피 흘린 대가로 대한민국 헌법이 만들어진 것이다. 1948년 헌법 제정 전야는 반정부, 반미 선전 선동이 판세를 잡은 이명박 정부의 표류하는 정국과 비슷한 사회분위기였다. 상해 임정 시절부터 지리적으로 가까운 일본·소련·중국을 통해 사회주의 이념에 몰입한 좌파 지식인들은 헌법 제정 전후에도 대한민국 건국을 반대하는 사회 혼란을 극대화했다. 박헌영 세력은 '정당방위 역공세' 신전술을 채택, 민중의 강력한 반미 투쟁 선동, 우파 진영에 대한 일대 타격 수행 전개를 강행했고, 임정 일부 세력까지 공산주의에 동조 건국을 반대했던 분위기였다.

　헌법이 제정되고 건국한 것은 기적이었다. 역사는 반복하지 않는다. 그러나 제헌 60주년 한국 정치와 친북 좌파의 준동은 그때와 비슷하다. 좌편향 정치 세력의 이명박 정부에 대한 반정부 활동과 그 지지 세력의 시위가 심상치 않다. 김·노 정부의 잃어버린 10년에 이어 이명박 정부의 역사시계도 멈춰 서 있다. 대한민국호가 좌초된 배와 같다. 정치가 불안하자 정치인들은 그 원인을 헌법 탓으로 돌리고 18대 국회는 개원 전부터 헌법 개정 연기를 피웠다. 9차례 개정과 쿠데타로 헌정이 중단되기도 하고, 전임 노 대통령은 "그놈의 헌법 때문에"라며 헌법을 원망하기도 했으나 130조 부칙 6조의 현행 헌법보다 엉성하지만 제1공화국 헌법은 사회주의 실현과 균형 있는 경제발전을 기본으로 기업의 국·공영제와 농지개혁을 규정했던 균형 잡힌 헌법이었다. 그동안 여러 차례 개정으로 헌법은 누더기 옷처럼 기워졌지만 대한민국은 선진국 진입을 눈앞에 두고 있다. 경이적인 국가 발전에도 정치가 혼란스러웠던 것은 정치인과 정당이 불량했기 때문이다. 만신창이가 된 헌법에 또 칼을 대려는 사람들은 연방제 헌법 제정을 서두르는 성급한 통일론자들과 정치안정을 내세워 선거제도와 통치기구 개편을 주장하는 정치가들이다. 헌법 개정에 앞서 정치개혁을 서둘러야 할 것이다. 48년 헌법이 제정된 후 선출된 10명의 대통령 중 이승만과 윤보선을 제외하고 나머지는 대체로 어려운 가정 출신 사람이었다. 대한민국은 대통령직까지 모든 사람에게 열려 있는 기회의 나라였다. 국민들은 이념·출신 성분을 뛰어넘어 대통령을 선출했지만 대통령이 된 사람들의 정직성, 도덕성 한계와 자신의 콤플렉스를 극복하지 못해 국정을 어렵게 한 경우가 많았다. 종교인까지 반정부 시위에 나섰다. 불행한 일이다. 여야 정치인들과 파워엘리트들이 크게 반성해야 한다. 언론은 선거전에서 지금 일어날 혼란을 미리 예측하고 후보자를 검증했어야 마땅하다. 헌정 60년사에서 극복해야 할 과제는 정치, 언론 등 파워엘리트그룹의 정신적 해이다. 이들이 뼈를 깎는 자기 혁신이 있어야 한다. 정치인들은 제헌 국회의 초심을 배워야 할 것 같다(대전일보 2008.7.14. 박석홍 세상보기).

글을 마감하며

　‘건국60년 한국역사학과 역사의식’은 건국 후 한국사학이 본격적으로 도전한 일제식민사관과 김대중·노무현 좌편향 정권이 주도한 친북자학적인 대한민국사 폄훼와 역사교육의 문제를 밝히고 그 대안 일부를 제시한 것이다. 이 논의는 철학·서양사학·동양사학 및 국학 전반을 대상으로 했어야 할 주제이지만 이번 작업은 공개된 한국사 연구 논쟁만으로 국한했고 그것도 일제식민사학과 좌편향 역사교육에 비중을 두어 한계가 있었다. 그렇지만 건국60년 제1세대 학자들의 치열한 식민사학 극복 의식과 건국 후 현재까지 한국역사학이 무엇을 고민했고 어떤 문제를 안고 있었는가는 대강 점검했다. 1960년대 서울대 국사학과에서 제기한 서울대 사학과 인맥의 한국사 개론서의 식민사관 논쟁을 비롯해서 2000년대 친북좌편향 정부가 만든 현대사교과서 논쟁까지 한국사학계에서 벌어졌던 큰 논쟁의 배경과 학국사학의 문제를 연대기적으로 탐사했다. 문제 제기와 함께 대한민국사를 왜곡한 친북 자학사관을 반박한 정치·사회학자들의 실증적인 한국 현대사 해석을 대안으로 일부 제시했다.

　한국역사학은 아직도 이데올로기 논쟁에서 자유로울 수 없다. 패전 후 황국사관을 재정비한 일본의 식민지 근대화론과 좌편향 사관의 재도전을 받고 있기 때문이다. 건국 60년 한국역사학과 역사의식은 일제식민사관·북한 주체사관·일본 지식인의 한국을 멸시하는 오리엔탈리즘·미국의 수정주의 사관·중국의 동북공정 등의 공략과 좌편향정권의 정치적인 대한민국사 폄훼로 혼란스럽다. 그러나 건국 60년 한국사학은 우수 연구 인력 충원·연구분야의 전문화·연구기관의 확충으로 기초가 튼튼하고 자유롭고 활발한 토론과 연구 자료의 속출로 한국사의 지평이 넓어져 전망은 밝다. 아직도 정리해야 할 과제가 산적해 있지만 한국사학은 일제식민사학이 왜곡한 고대 한일 관계사와 조선사의 정체성론은 극복했다. 김상기·천관우·김철준·이진희 교수가 시도한 임나일본부설과 반도사관 극복은 교과서에도 반영되었다. 소장학자들은 건국 2세대 학자들이 일제식민사학 극복을 위해 서둘러 제기했던 자본주의 맹아론 등 내재적 발전론의 허구와 한계를 지적하고 실증적으로 역사의 진실을 탐구할 것을 촉구했다. 한국사학계는 건국 1세대 2세대 학자들이 제기한 문제의식과 연구 방법을 뛰어넘어 새연구 영역을 개척하고 진일보한 연구 결과를 내놓고 있다.

　‘건국 60년 한국의 역사학과 역사의식’은 치열한 논쟁사를 통해 한국역사학을 발전 시킨 학문 성장 과정을 되돌아보며 한편 표절과 좌편향 정권의 선전 선동 도구로 전락한 친북자학사관 등 어두운 단면도 조명했다. 건국60년 한국사학이 안고 있는 가장 큰문제인 친북자학사관은 김영삼·김대중·노무현 3정권에서 본격화 된 것이지만 이승만·박정희 대통령에 대한 폄훼는 미국·일본 언론의 자국 이익을 목적으로 한 편향보도와 일부 한국 언론의 정파주의 보도에 의한 왜곡된 평가와 조작도 한 원인이 되었다. 1997년 4월 발족한 한국현대사연구소(소장 한흥수)가 이승만 건국대통령과 압축경제성장을 이룩한 박정희대통령을 재조명했지만 민중사관과 친북자학사관 계열의 선전 선동의 역풍으로 빛을 잃었다. '건국 60년 한국의 역사학과 역사의식'은 국내외 비밀문서와 중요 인사들의 증언 등 제 자료를 근거로 대한민국사를 정리한 한국현대사연구소의 한국현대사 재인식·제1공화국 말기 3년의 국무회의록·정치학 사회학자들의 제1공화국 재평가 연구 논문 등을 토대로 친북자학사관의 대한민국사 왜곡을 일부 반박했다. 이번 작업에서 대한민국사를 새롭게 체계화하지는 못했지만 최소한 대한민국 건국, 6·25, 압축경제성장의 동력 등에 관한 새 시각의 재조명을 제기했다.박정희정부의 근대화 작업이 이승만 건국대통령의 근대국가 지향정책과 프로그램을 실천한 대한민국의 지속적인 성장이었으며, 제3공화국의 압축경제성장을 일제의 한국 식민지근대화의 부산물이라고 주장하는 한·미·일 경제학자들의 오류를 반박하는 논문도 제시했다.

학술 담당 전문기자로 학술 논쟁 보도는 사실만 확인하고 정확하고 객관적으로 취재해서 권위 있는 학자의 논평을 곁들여 보도하면 큰 문제는 없었다. 그런 기사를 가지고 이 책을 정리하면서 대체로 학자들의 논쟁과 학설을 다룬 기사였기 때문에 사실 자체 확인에 문제는 없었으나 그 논쟁이 한국 사회에 던진 의미 등 가치평가는 새로운 문제였다. 그러나 성실하게 취재하고 좋은 취재원에게 자문했던 기사는 큰문제가 없었다. 식민사관 극복을 위해 치열하게 고민하고 싸웠던 김철준 교수는 말년에 후배와 제자들의 엉뚱한 저술을 보며 배신당한 것 같다고 술회한 적이 있었다. 역사학의 정치 예속화를 우려했던 것 같다. 이 책 원고가 거의 정리됐을 때 서울대 국사학과 최병헌 교수의 권고로 돈황학술조사팀에 참여하게 되었다. 학술조사 기간 중 기초가 튼튼한 젊은 불교사 연구학자들의 넓은 연구 지평과 그들의 온축된 연구 결과를 보며 김철준 교수의 우려가 기우였음을 확인했다.

이 책에서 자주 언급한 김철준 교수 외에도 나는 대한민국 건국과 발전에 참여한 현대사의 산 증인들을 만나 취재할 기회가 많았다. 대한민국 건국에 참여했던 최현배, 백낙준, 홍이섭, 김상기, 한경직, 청담, 서용, 성철, 노기남, 이병도, 이은상, 이혜구, 성경린, 윤석오, 노마리아 황운성 등 해방 전 활약했던 세대를 비롯해 건국 후 식민시대 극복 작업에 앞장섰던 김철준, 이기백, 황성모, 최영희, 최석우, 김옥균, 법정, 강원용, 김원룡, 김수환 황수영, 천관우, 손보기, 유제경, 신두영, 박재규, 이규호, 고병익, 김동길, 이문영, 성래운씨 등을 통해 대한민국사의 이면사도 발굴 취재 보도했다. 그리고 1995~2000년에는 남시욱, 한승주, 김세중, 김진현, 홍일식, 김정기, 현승종, 이현재, 조용중, 김영호, 노재봉, 김영식, 유석춘, 전상인 이택휘, 유재천, 송복, 이재열, 김경동, 이영란, 서지문, 박종대씨와 문화일보 포럼 담당 에디터로 매일매일 한국사회의 쟁점을 토론할 기회도 가졌다. 5년간 문화일보 포럼 에디터로 100여 명 필진과 오피니언면을 제작하며 이 포롬에 기고했던 글을 간추려 김대중·노무현 시대의 변혁을 경고하는, '위기의 한국 어디로 가나'를 2000년에 편집 간행하기도 했다. 나는 2001년 정년 2년을 남기고 사규가 바꾸어 학술기자를 마감했다. 신문사를 떠나서도 관심을 갖고 학계 움직임을 지켜보았지만 심층 취재는 불가능했다. 그래서 이 책에서 친북좌편향 자학사관에 관해 구체적인 학자나 저술에 대한 언급은 안했다. 친북자학사관의 오류나 한계는 파악되었으나 그 뿌리에 대해서는 짐작을 할뿐 확인이 안됐기 때문이다. 보완돼야 할 것이다.

한국학은 각 분야에서 진일보한 연구가 진행되고 있다. 지난 10년의 혼란에도 한국사 연구 분야도 주목할 논문과 저술이 쏟아져 나왔다. 친북 자학사관으로 얼룩진 한국사를 바로잡기 위해 순수한 학술 업적을 체계화하는 작업을 서둘러야 할 것 같다. 한국사 전반을 새롭게 보는 천재적인 역사학자가 나올 때도 되었다. 한국 인문학의 빈곤 극복도 역사학에서 먼저 시작할 것으로 기대한다. 20세기말 1998년부터 1991년 사회주의 국가가 자멸한데 이어 21세기 초 세계는 새로운 질서 개편을 위해 또 요동치고 있다. 사실 기술과 해석 평가에 치중해온 한국역사학은 한국 역사의 새 비전을 제시하는 학문으로 우리 사회에 기여해야 할 것이다. 그러기 위해선 무엇보다도 정치 도구화되었던 편향적인 사관을 극복, 진실을 추구하는 역사학 본연의 자세로 돌아와야 한다.

|참고문헌|

김철준, 한국문화사론, 지식산업사.

　　　　한국문화전통론, 세종대왕기념사업회.

　　　　한국고대사연구, 서울대출판부.

　　　　한국사학사연구, 서울대출판부.

박은식, 백암 박은식전집, 동방미디어사.

신채호, 단재신채호 전집, 한국독립운동사 연구소.

홍이섭, 홍이섭 전집, 연세대출판부.

현대사 연구소 편, 한국현대사의 재인식, 1~6권, 도서출판 오름.

한국정신문화연구원 편, 한국현대사의 재인식, 7~23권, 백산서당.

한영우, 다시찾는 우리 역사, 경세원.

이성무, 한국역사의 이해, 집문당.

　　　　조선 초기 양반연구, 일조각.

이우성, 한국의 역사상, 창작과비평사.

천관우, 인물로 본 한국고대사, 정음문화사.

이기백, 한국사상의 재구성, 일조각.

김현구, 백제의 목만치(木滿致)와 소아만치(蘇我滿智), 일본사학회.

이진희, 한국과 일본문화, 을유문화사.

전상인, 고개숙인 수정주의, 전통과 현대.

전상인. 한국현대사: 진실과 해석, 나남출판사.

강재언, 한국의 근대사상, 한길사.

천관우 선생 환력기념사업회, 한국사학논총, 정음문화사.

손영종, 고구려사의 제문제, 신서원.

노태돈, 단군과 고조선, 사계절.

이진희, 광개토왕비의 탐구, 일조각.

윤이흠 외, 단군, 서울대출판부.

김　구, 백범일지, 집문당.

신용하, 독립협회 연구, 일조각.

강만길, 분단시대의 역사인식, 창작과 비평.

이난영, 박물관 창고지기, 통천문화사.

한국사 시민강좌 편집위원회, 한국사 시민강좌 1~40, 일조각.

이은순, 조선후기 당쟁사연구, 일조각.

연세대 국제대학원, 이승만 대통령의 역사적 재평가, 현대한국학연구소.

김용섭, 한국근현대농업사연구, 일조각.

최승희, 조선초기 언관 언론연구, 한국문화연구원.

이광린, 한국개화사의 제문제, 일조각.

윤병석, 한국독립운동사.

김영명, 한국현대정치사.

주채혁, 순록치기가 본 조선 고구려 몽골, 혜안.

신동아 76년 2월호~86년 8월호

경향신문, 69~90년

문화일보, 90년 9월~2001년 5월

한국사연구회, 한국사 연구입문, 한국사연구 제2판, 새로운 한국사 길잡이, 지식산업사

연합연감, 1979~1986년

· 저자 ·

박석흥
(朴錫興)

•약 력•

1961	대전 고등학교 졸업
1967.	서울대 문리대 불문학과 졸업
1972.	연세대행정대학원 졸업(학위논문: 다산정약용의 행정개혁론연구)
1969~1991.	경향신문 문화부 기자 부장 논설위원
1985~1988.	한국도서잡지주간신문 윤리위원회 위원
1988~1990.	간행물 윤리위원회 위원
1991.	UNESCO 한국위원회 문화분과위원
1991~2001.	문화일보부국장 편집국장대우, 출판국장겸 편집국오피니언 포럼 담당
1997~1999.	한국신문 방송 편집인협회 보도자유위원회위원
1999~현재	외솔회 이사, 조중봉 선생 기념사업회 자문위원
2000~현재	한국행정학회 회원, 한국정치학회 회원
2001~현재	서울 Y.M.C.A. 국제친선위원회 위원, 홍보위원회 위원
2001~현재	한국외국어대학교 신문방송학과 강사 겸임교수
2001~2002	숙명여자대학교 정법대학 정보방송학과 강사
2001~현재	한국언론학회 회원
2001~2004.	독립기념관 감사
2002.	연세대 교육대학원 강사
2002~현재	언론법학회 이사, 감사
2003~2005.	대전대학교문과대학 한국문화사학과 강사, 겸임교수
2004~현재	한국전통문화연구회 이사
2006.	가톨릭대학 영성대학원 강사
2006~현재	건양대학교 겸임교수
2007~현재	건국대학교 신문방송학과 강사

건국60년 한국의 역사학과 역사의식
-잃어버린 역사와 문화를 찾아서-

• 초판 인쇄	2008년 11월 7일
• 초판 발행	2008년 11월 7일
• 지 은 이	박석흥
• 펴 낸 이	채종준
• 펴 낸 곳	한국학술정보㈜
	경기도 파주시 교하읍 문발리 513-5
	파주출판문화정보산업단지
	전화 031) 908-3181(대표) · 팩스 031) 908-3189
	홈페이지 http://www.kstudy.com
	e-mail(출판사업부) publish@kstudy.com
• 등 록	제일산-115호(2000. 6. 19)
• 가 격	38,000원

ISBN 978-89-534-5307-4 93900 (Paper Book)
978-89-534-5308-1 98900 (e-Book)